Schriften zur Business Analytics und zum Informationsmanagement

Reihe herausgegeben von
Carsten Felden, Freiberg, Deutschland

Die Reihe beschäftigt sich mit dem Themenkomplex der Business Analytics aus der Sicht der Wirtschaftsinformatik. Im Spannungsfeld der Mensch-Aufgabe-Technik-Systeme werden einerseits fachliche Fragestellungen adressiert, die im Kontext der Business Analytics managementorientierter oder innovativer Lösungsansätze bedürfen. Andererseits werden methodische Ansätze beleuchtet, um gewonnene Ergebnisse zu neuen Lösungs- und Denkansätzen aufzuzeigen. Hervorstechendes Merkmal dieser Reihe ist es, dass fachliche Dimensionen mit algorithmischen und analytischen Dimensionen verknüpft werden, um den Charakter der Business Analytics angemessen aufzeigen zu können. Daher integriert diese Reihe auch unterschiedliche Wissensgebiete, um zum wissenschaftlichen Diskurs beitragen zu können.

Weitere Bände in der Reihe http://www.springer.com/series/15759

Marco Pospiech

Aufgabengerechte Informations- bereitstellung in Zeiten von Big Data

Konsequenzen für ein Informationsmanagement

Marco Pospiech
Freiberg, Deutschland

Dissertation Technische Universität Bergakademie Freiberg, 2019

Die Arbeit wurde am 10.07.2018 von der Fakultät für Wirtschaftswissenschaften der Technischen Universität Bergakademie Freiberg als Dissertation angenommen.

Schriften zur Business Analytics und zum Informationsmanagement
ISBN 978-3-658-27195-4   ISBN 978-3-658-27196-1   (eBook)
https://doi.org/10.1007/978-3-658-27196-1

Die Deutsche Nationalbibliothek verzeichnet diese Publikation in der Deutschen Nationalbibliografie; detaillierte bibliografische Daten sind im Internet über http://dnb.d-nb.de abrufbar.

Springer Gabler
© Springer Fachmedien Wiesbaden GmbH, ein Teil von Springer Nature 2019
Das Werk einschließlich aller seiner Teile ist urheberrechtlich geschützt. Jede Verwertung, die nicht ausdrücklich vom Urheberrechtsgesetz zugelassen ist, bedarf der vorherigen Zustimmung des Verlags. Das gilt insbesondere für Vervielfältigungen, Bearbeitungen, Übersetzungen, Mikroverfilmungen und die Einspeicherung und Verarbeitung in elektronischen Systemen.
Die Wiedergabe von allgemein beschreibenden Bezeichnungen, Marken, Unternehmensnamen etc. in diesem Werk bedeutet nicht, dass diese frei durch jedermann benutzt werden dürfen. Die Berechtigung zur Benutzung unterliegt, auch ohne gesonderten Hinweis hierzu, den Regeln des Markenrechts. Die Rechte des jeweiligen Zeicheninhabers sind zu beachten.
Der Verlag, die Autoren und die Herausgeber gehen davon aus, dass die Angaben und Informationen in diesem Werk zum Zeitpunkt der Veröffentlichung vollständig und korrekt sind. Weder der Verlag, noch die Autoren oder die Herausgeber übernehmen, ausdrücklich oder implizit, Gewähr für den Inhalt des Werkes, etwaige Fehler oder Äußerungen. Der Verlag bleibt im Hinblick auf geografische Zuordnungen und Gebietsbezeichnungen in veröffentlichten Karten und Institutionsadressen neutral.

Springer Gabler ist ein Imprint der eingetragenen Gesellschaft Springer Fachmedien Wiesbaden GmbH und ist ein Teil von Springer Nature
Die Anschrift der Gesellschaft ist: Abraham-Lincoln-Str. 46, 65189 Wiesbaden, Germany

Danksagung

Die vorliegende Dissertation ist im Rahmen meiner Tätigkeit als wissenschaftlicher Mitarbeiter am Institut für Wirtschaftsinformatik an der TU Bergakademie Freiberg entstanden. Mein besonderer Dank gilt daher Prof. Dr. Carsten Felden, an dessen Förderung und persönlichem Rat ich mich seit meiner Zeit als studentischer Mitarbeiter erfreue. Er begleitete meine Promotion von der Themenfindung bis zur Veröffentlichung, unterstützte die Suche nach Praxispartnern, fand stets Zeit für fachliche Diskussionen und wurde nie müde, gemeinsame Veröffentlichungen und Projekte mit neuen Perspektiven anzureichern. Nicht zuletzt die konstruktive und methodische Atmosphäre an seinem Lehrstuhl erlaubt mir heute den Rückblick auf erfolgreiche Veröffentlichungen in internationalen Journalen und Konferenzen. Sein Engagement und Qualitätsanspruch werden mir stets ein Vorbild sein und mich in meinen zukünftigen Vorhaben leiten.

Darüber hinaus richtet sich mein Dank an Prof. Dr. Chamoni, der selbstlos das Zweitgutachten dieser Arbeit übernahm. Prof. Dr. Andreas Horsch danke ich zudem für den Vorsitz im Promotionsausschuss, sowie Prof. Dr. Stumpf-Wollersheim und Prof. Dr. Rogler für ihre Mitwirkung in diesem Gremium. Mein herzlicher Dank gilt allen Promovenden, Kollegen und Freunden am Institut für Wirtschaftsinformatik. Ohne ihren Zuspruch in Momenten des Zweifels und ohne ihren fachlichen Rat wäre die Arbeit in dieser Form nicht zustande gekommen. Für die Organisation und Hingabe in allen CC-Treffen und Doktorandenkolloquien bedanke ich mich zu tiefst bei Claudia Koschtial. Ihre immerwährende Hilfsbereitschaft und Inspiration hat nicht nur in dieser Arbeit tiefe Spuren hinterlassen. Mit Freude denke ich an die gemeinsame Zeit mit meinem Mitstreiter Tom Hänel und an die kreativen Impulse beim Ballspiel, in und außerhalb des Büros. Er stand stets als wissenschaftlicher Sparringspartner bereit, wusste als Erster von neuen Einfällen, vervollständigte Argumentationen und teilte seine Erfahrungen. Ferner danke ich Daniel Huhn, Christian Walter und Frank Pfützner für ihre außergewöhnliche Unterstützung während meiner Promotion. Ohne ihren Einsatz wären der Arbeit viele praktische Einblicke verwehrt geblieben.

Der letzte Dank gilt meiner Familie und meinen Freunden. Ihr Vertrauen und Rückhalt bilden das solide Fundament für mich und für diese Arbeit. Hierbei möchte ich Anke Demmerling meinen Dank für das hilfreiche und gewissenhafte Lektorat aussprechen. Undenkbar wäre diese Arbeit jedoch ohne meine Eltern. Sie vermittelten mir die notwendigen Eigenschaften und Werte, um ein Werk dieser Art abzuschließen. Sie waren es, die meinen gesamten Bildungsweg begleiteten, mich liebten, motivierten, führten, förderten und mir dennoch den nötigen Raum zur Entfaltung gaben. Ihr Verdienst und mein Dank gehen über diese Arbeit hinaus. Nichtsdestotrotz sind es die Partner, die die meisten Entbehrungen einer Promotion tragen. Daher richtet sich mein größter Dank an meine Lebensgefährtin Jennifer Gretzler. Ohne ihre Aufopferungen und Geduld wäre mir die Fertigstellung dieser Arbeit verwehrt geblieben. Sie war stets meine erste Anvertraute, durchlebte die Erfolge und Frustrationen der Arbeit mit mir gemeinsam und verstand es, in feinfühliger Weise erbauende Worte zu schenken. Meine Dankbarkeit für ihre Liebe und Zuversicht ist unermesslich.

Marco Pospiech

Abstract

Um den drastischen Anstieg an verfügbaren Daten zu versinnbildlichen, hat sich in den letzten Jahren das Synonym Big Data in der praktischen und wissenschaftlichen Diskussion etabliert. Unlängst sind neue Technologien entstanden, die große Datenmengen aufnehmen, verarbeiten oder speichern können. Nichtsdestotrotz führen technische Anstrengungen alleine zu keiner Wertschöpfung. Vielmehr muss das vergrößerte Informationsangebot den betrieblichen Aufgaben effizient bereitgestellt werden. Hierfür sind die Unternehmensumwelt sowie die unterliegenden Systeme und Informations- und Kommunikationstechnologien gemeinsam zu betrachten. Das Informationsmanagement (IM) widmet sich diesem Spannungsfeld. Es ist jedoch unklar, inwieweit das Phänomen Big Data das IM beeinflusst und eine aufgabengerechte Informationsbereitstellung verhindert. Ziel dieser Arbeit ist die Identifikation von Konsequenzen in Zeiten von Big Data für das IM und die Aufdeckung von adäquaten Gestaltungsempfehlungen, um denen zu begegnen. Da die Unschärfe des Phänomens eine Beobachtung erschwert, leitet die Abhandlung zunächst ein konsistentes Big Data Begriffsverständnis ab. Dieses beschreibt die inhärenten Ursache-Wirkung-Beziehungen und ermöglicht die Aufdeckung eines repräsentativen Betrachtungsgegenstands in der Energiepreisvorhersage. Jener dient als Beobachtungsobjekt, erstreckt sich über alle Ebenen des IM hinweg und wird mittels Prototyping detailliert erläutert. Als Resultat identifiziert die Arbeit 39 Big Data spezifische Konsequenzen mithilfe von Experten. Um dennoch eine aufgabengerechte Informationsbereitstellung zu gewährleisten, erfolgt ein umfangreicher Literaturüberblick. Dieser ermittelt 479 Gestaltungsempfehlungen und ordnet diese den jeweiligen Konsequenzen zu. Alle Lösungen werden positiv evaluiert und drei stammen aus dem eigenen Betrachtungsgegenstand. Infolgedessen deckt die Arbeit nicht nur existierende Gestaltungsempfehlungen auf, sondern bereichert Praxis und Forschung um innovative Herangehensweisen, deren Anwendbarkeit sich nicht auf die Energiepreisvorhersage begrenzt. Nichtsdestotrotz verzeichnet die Arbeit in den Konsequenzen und Gestaltungsempfehlungen eine hohe Spezifität. Eine gemeinsame Anwendung aller Lösungen ist daher abzulehnen. Vielmehr profitieren Verantwortliche von einem Maßnahmenkatalog, der eine zielgerichtete Adressierung von potenziellen Konsequenzen im IM zu Zeiten von Big Data ermöglicht und somit eine aufgabengerechte Informationsbereitstellung sicherstellt.

Inhaltsverzeichnis

Abbildungsverzeichnis XI
Tabellenverzeichnis XIII
Abkürzungsverzeichnis XV
Symbolsverzeichnis XVII
1 Einleitung 1
2 Handlungsbedarf in Zeiten von Big Data 3
   2.1 Diskursbereich der Forschungsarbeit 3
       2.1.1 Informationsmanagement 3
       2.1.2 Big Data 21
   2.2 Herleitung der Notwendigkeit der Forschung 24
3 Erarbeitung des Forschungsvorgehens 35
   3.1 Positionierung und Forschungsziele nach Becker et al. 35
   3.2 Positionierung und Forschungsziele der vorliegenden Arbeit 38
   3.3 Forschungsmethodisches Gesamtbild der vorliegenden Arbeit .. 40
4 Gang der Arbeit 47
   4.1 Stand der Forschung 47
       4.1.1 Beitrag 1: Big Data – A State-of-the-Art 48
   4.2 Bestimmung der Begrifflichkeit 50
       4.2.1 Beitrag 2: Deployment of A Descriptive Big Data Model .. 51
       4.2.2 Beitrag 3: Big Data – A Theory Model 55
   4.3 Betrachtungsgegenstand Preisvorhersage im Energiehandel 60
   4.4 Big Data Prototyping 65
       4.4.1 Betrachtungsgegenstand Informationswirtschaft 66
           4.4.1.1 Beitrag 4: Towards a Price Forecast Model for the
           German Electricity Market Based on Structured and Unstructured Data 97
           4.4.1.2 Beitrag 5: Price Trend Forecasting Through Textual Data 99
           4.4.1.3 Beitrag 6: Instance Selection by Identifying Relevant
           Events Using Domain Knowledge and Minimal Human Involvement 101
           4.4.1.4 Beitrag 7: Detecting Similar News Tickers In The Area of
           Natural Gas Trading 103
       4.4.2 Betrachtungsgegenstand Informationssysteme / Informations- und
           Kommunikationstechnik 105
           4.4.2.1 Beitrag 8: Automatisierte Vorhersagetechnik 119
5 Diskussion 121
   5.1 Erkenntnisziel: Konsequenzen von Big Data für das Informationsmanagement. 121
   5.2 Gestaltungsziel: Gestaltungsempfehlungen für eine aufgabengerechte
       Informationsbereitstellung 136
   5.3 Kritische Bewertung der Forschungsergebnisse 164
       5.3.1 Dokumentation der Forschungsergebnisse 164
       5.3.2 Auswahl und Anwendung der Forschungsmethode 165
       5.3.3 Zielsetzung der Forschung 166
6 Fazit und Ausblick 175
Literaturverzeichnis 177
Anhang 247

Abbildungsverzeichnis

Abbildung 1: Historische Entwicklung Informationsmanagement 4
Abbildung 2: Modell des Informationsmanagements 6
Abbildung 3: Lebenszyklusmodel im Informationsmanagement 7
Abbildung 4: Abgeleitete Bestandteile des Informationsmanagements 9
Abbildung 5: Informationswirtschaftliches Gleichgewicht 25
Abbildung 6: Entscheidungsparameter Forschungsdesign 36
Abbildung 7: Forschungsmethodisches Gesamtbild der eigenen Arbeit 41
Abbildung 8: Prototyping-Prozess 44
Abbildung 9: Deskriptives Big Data Modell 52
Abbildung 10: Ergebnisse Big Data Messmodell 57
Abbildung 11: Literaturüberblick Elektrizitätsmarkt 68
Abbildung 12: Literaturüberblick Gasmarkt 68
Abbildung 13: Verknüpfung Handelstransaktion mit Nachricht 71
Abbildung 14: Datenausschnitt in der Trendberechnung 72
Abbildung 15: Verknüpfung Datenbestand Forward und Backward Mapping 77
Abbildung 16: Vorgehen Modelltraining 78
Abbildung 17: Vorgehen Echtzeitbetrieb 78
Abbildung 18: Konzeption interaktive Benutzeroberfläche 82
Abbildung 19: Impact Berechnung für Forward und Backward Mapping 85
Abbildung 20: Erweiterung Vorgehen Modelltraining 87
Abbildung 21: Vorgehen Identifikation historisch ähnlichste Nachricht 92
Abbildung 22: Identifikation historisch ähnlichste Nachricht in RapidMiner 92
Abbildung 23: Konzeption und Erweiterung interaktive Benutzeroberfläche 94
Abbildung 24: Schematische Darstellung des Gesamtsystems 107
Abbildung 25: Schematische Darstellung des Clusters 108
Abbildung 26: Beispielhafter Prozess aus Pentaho 110
Abbildung 27: Beispielhafter Datenausschnitt aus einer Transformation 110
Abbildung 28: Beispielhafter Ausschnitt aus dem Trainingsbestand 111
Abbildung 29: Verknüpfte Handelstransaktionen, Marktdaten und Nachrichten ... 113
Abbildung 30: Klassifikations- und Clusterungsprozess RapidMiner 114
Abbildung 31: Ergebnis Klassifikation und Clusterung RapidMiner 115
Abbildung 32: Umsetzung interaktive Benutzeroberfläche mit MicroStrategy ... 116
Abbildung 33: Detailansicht interaktive Benutzeroberfläche mit MicroStrategy ... 117
Abbildung 34: Zusammenfassung des Experteninterviews und Identifikation der Konsequenzen im Informationsmanagement (Erkenntnisziel) 123
Abbildung 35: Gestaltungsempfehlungen Management der Informationswirtschaft (Gestaltungsziel) 142
Abbildung 36: Gestaltungsempfehlungen Management der Informationssysteme (Gestaltungsziel) 151
Abbildung 37: Gestaltungsempfehlungen Management der Informations- und Kommunikationstechnik (Gestaltungsziel) 156
Abbildung 38: Gestaltungsempfehlungen Führungsaufgaben des Informationsmanagements (Gestaltungsziel) 160
Abbildung 39: Anzahl Gestaltungsempfehlungen pro Konsequenz 162

Tabellenverzeichnis

Tabelle 1: Beschreibungen der Bestandteile des Informationsmanagements 10
Tabelle 2: Potenzielle Konsequenzen innerhalb des Informationsmanagements 31
Tabelle 3: Zusammenfassung wissenschaftstheoretische Positionierung 36
Tabelle 4: Wissenschaftstheoretische Positionierung der Arbeit 39
Tabelle 5: Abgeleitete Big Data Messvariablen 56
Tabelle 6: Abgleich Betrachtungsgegenstand Big Data Prädikatoren 61
Tabelle 7: Initiale Anforderungen des Prototyps 67
Tabelle 8: Ergebnis Modellevaluierung polynomiale Klassifikation 74
Tabelle 9: Ergebnis Anforderungen Prototyp erster Zyklus 75
Tabelle 10: Ausschnitt Einflussfaktoren Vorhersage 79
Tabelle 11: Ergebnis Modelleuierung binomiale Klassifikation 80
Tabelle 12: Ergebnis Modellevaluierung Naive Bayes Forward Mapping 81
Tabelle 13: Ergebnis Modelleuierung DOWN und UP 81
Tabelle 14: Ergebnis Anforderungen Prototyp zweiter Zyklus 83
Tabelle 15: Vergleich Modellevaluierung Instance Selection 89
Tabelle 16: Ergebnis Anforderungen Prototyp dritter Zyklus 91
Tabelle 17: Themenspezifischer Vergleich zwischen zwei Nachrichten 93
Tabelle 18: Evaluierung historisch ähnlichste Nachricht 95
Tabelle 19: Ergebnis Anforderungen Prototyp vierter Zyklus 96
Tabelle 20: Anforderungen Informationssysteme/Informations- und Kommunikationstechnik 105
Tabelle 21: Vergleich Berechnungszeit Klassifikation RapidMiner und Radoop 112
Tabelle 22: Vergleich Berechnungszeit Clusterung RapidMiner und Radoop 113
Tabelle 23: Ergebnis Anforderungen Informationssysteme/Informations- und Kommunikationstechnik 118
Tabelle 24: Zusammenfassung der Experteninterviews und Identifikation der Konsequenzen im Informationsmanagement (Erkenntnisziel) 125
Tabelle 25: Ausschlusskriterien Literaturüberblick 136
Tabelle 26: Anwendung Ausschlusskriterien Literaturüberblick 138
Tabelle 27: Industrieverteilung Evaluierung Gestaltungsempfehlung 139
Tabelle Anhang 1: Big Data Gestaltungsempfehlungen (detailliert) 247

Abkürzungsverzeichnis

AODE	Averaged One-Dependence Estimator
ARIMA	Autoregressive Integrated Moving Average
ARIS	Architektur integrierter Informationssysteme
BM	Backward Mapping
CMMI	Capability Maturity Model Integration
EAI	Enterprise Application Integration
EAM	Enterprise Architecture Management
ENN	Edited Nearest Neighbor
ESB	Enterprise Service Bus
ETL	Extract, Transform und Load
FCM	Fuzzy C-Means
FM	Forward Mapping
FPGA	Field Programmable Gate Array
GPU	Graphics Processing Unit
HDFS	Hadoop Distributed File System
HPC	High Performance Computing
IT	Information Technology
IM	Informationsmanagements
IS	Informationssysteme
IKT	Informations- und Kommunikationstechnologie
KBT	Knowledge Based Theory of the Firm
KNN	k-nearest neighbor
LVQ	Learning Vector Quantization
MC	Monte Carlo
MPI	Message Passing Interface
OLAP	On-Line Analytical Processing
RENN	Repeated Edited Nearest Neighbor
RDF	Resource Description Framework
RDMA	Remote Direct Memory Access
RMHC	Random Mutation Hill Climber
RNGE	Relative Neighborhood Graph Editing
SOA	Serviceorientieren Architekturen
SVM	Support Vector Machine
SPICE	Software Process Improvement and Capability Determination
TF-IDF	Term Frequency - Inverse Document Frequency
TOGAF	The Open Group Architecture Framework
TRN	Thomson Reuters News Archive
TTF	Task-Technology Fit
WLVQ	Weighted Learning Vector Quantization
XML	Extensible Markup Language

Symbolsverzeichnis

i	Zählvariable
k	Clusteranzahl
N	Anzahl der Summierungen
p-Wert	Signifikanzwert
R^2	Bestimmtheitsmaß

1 Einleitung

Die Menge der verfügbaren Daten steigt ständig an. Nach letzten Hochrechnungen betrug das Datenvolumen im Jahr 2010 weltweit ca. 1.227 Exabytes. Diesen Prognosen folgend, werden alleine im Jahr 2020 40.000 weitere Exabytes produziert. [GaRe2012] In diesem Zusammenhang hätte sich die Datenmenge seit 2010 um den Faktor zweiunddreißig vergrößert. Gründe können in der Zunahme von informationserfassenden Einheiten wie Mobiltelefonen, RFID Lesegeräten oder Kameras gesehen werden, aber auch in Bemühungen wie Soziale Medien oder dem Internet der Dinge. [Bitk2013, 7 ff.] Um diese Entwicklungen abzubilden hat sich in den letzten Jahren der Begriff Big Data in der wissenschaftlichen und praktischen Diskussion zunehmend etabliert [BRMH2013, 65]. Der Begriff geht unter anderem auf Laney [Lane2001] zurück, der größer werdende Herausforderungen und Möglichkeiten durch das wachsende Datenvolumen vorhersagt. Die Gründe sieht er in den Dimensionen Datenvolumen (Volume), Geschwindigkeit der Datengenerierung und -transferierung (Velocity) und in der steigenden Bandbreite von verschiedenen Datentypen und Datenquellen (Variety). Doch der Begriff bleibt unscharf und die Zugehörigkeit von Konzepten bzw. Ursachen-Wirkungs-Beziehungen sind noch weitgehend unerforscht [Losh2009, 1 ff.] Allein das gestiegene Informationsangebot scheint erwiesen zu sein [GaRe2012]. Inzwischen sind neue Technologien am Markt, die große Datenmengen aufnehmen, verarbeiten oder abspeichern können [CuSD2011, 101]. Die technische Fähigkeit alleine führt jedoch zu keiner Wertschöpfung [MeKG2004, 283]. Vielmehr muss das vergrößerte Informationsangebot den jeweiligen Aufgaben effizient bereitgestellt werden, um eine möglichst hohe Unterstützung zu leisten. Diese Bereitstellung ist jedoch nicht unabhängig von den unterliegenden Systemen und der Informations- und Kommunikationstechnologie (IKT). Auch wechselnde Rahmenbedingungen in der Unternehmensumwelt sind zu beachten. Veränderungen in diesen Dimensionen führen zu veränderten Nutzenpotentialen und Kostenstrukturen. Daher muss eine geleitete und ständige Anpassung erfolgen. [Krcm2005, 12]

Das Informationsmanagements (IM) widmet sich diesem Spannungsfeld [Hein2002, 21]. Kernaufgabe des IM ist „... die in Bezug auf die Unternehmensziele effiziente Versorgung aller Mitarbeiter und anderer Stakeholder mit relevanten Informationen mit Hilfe der Gestaltung und des Einsatzes der IKT.". Demnach strebt es eine aufgabengerechte Informationsbereitstellung an. [Krcm2015, 87]. Hierbei teilt sich das IM in die Managementebenen Informationswirtschaft, Informationssysteme (IS) und IKT auf. Diese Ebenen sind durch die gesamtheitliche Betrachtung von Führungsaufgaben umrahmt [Krcm2015, 107]. Ziel der Informationswirtschaft ist das informationswirtschaftliche Gleichgewicht, in der Informationsangebot und Informationsnachfrage zueinander in das Verhältnis gebracht werden [Pico1988, 236]. Die Bereitstellung dieses Informationsangebot erfolgt durch die Informationssysteme und Informations- und Kommunikationstechnik [Krcm2015, 107]. Bis dato ist ungeklärt, inwieweit das Phänomen Big Data das Informationsmanagement beeinflusst. Das übergeordnete Ziel dieser Arbeit ist das des IM und damit eine aufgabengerechte Informationsbereitstellung. Der Grad der Erfüllung ist abhängig von der Ausgestaltung der Ebenen Informationswirtschaft, Informationssysteme (IS), IKT und der Führungsaufgaben [Krcm2015, 87]. In diesem Zusammenhang sind die Konsequenzen von Big Data für das Informationsmanagement aufzudecken und darzustellen inwiefern eine aufgabengerechte Informationsbereitstellung erfolgen kann. Letzteres bedingt die Identifikation von Gestaltungsempfehlungen für das Informationsmanagement. Hierbei folgt diese Arbeit den wissenschaftstheoretischen Forderungen der Wirtschaftsinformatik, sodass dem übergeordneten Ziel der Arbeit ein Erkenntnis- und ein Gestaltungsziel zugeordnet wird [BHKN2003, 4 ff.]. Diese lauten wie folgt:

- **Erkenntnisziel:** Aufdecken der Konsequenzen von Big Data für das Informationsmanagement.
- **Gestaltungsziel:** Gestaltungsempfehlungen für eine aufgabengerechte Informationsbereitstellung im Zeitalter von Big Data.

Um die genannten Zielen zu erreichen, unterteilt sich diese Arbeit in sechs Kapitel. Gefolgt von einer Einführung im ersten Kapitel, erörtert das zweite Kapitel die Notwendigkeit der Forschung. In diesem Zusammenhang erfolgt zunächst die nähere Vorstellung der beiden Diskursgegenstände Big Data und Informationsmanagement. Erst im Anschluss kann die Notwendigkeit der Forschung argumentativ anhand von Literatur und eigenen Überlegungen hergeleitet werden. Abhängig vom identifizierten Bedarf erfolgen im dritten Kapitel die wissenschaftliche Positionierung und die Erarbeitung des Forschungsdesigns. Das vierte Kapitel beinhaltet die Darstellung vom Gang der Arbeit. Hierbei werden die eigens publizierten Beiträge vorgestellt sowie deren zentrale Erkenntnisse rekapituliert. Der erste Beitrag behandelt den Stand der Forschung. Da der Begriff Big Data unscharf bleibt, bestimmen der zweite und dritte Beitrag ein gemeinsames Begriffsverständnis. Um Konsequenzen für das IM abzuleiten, ist es zunächst notwendig, einen Big Data Betrachtungsgegenstand zu erschaffen. Dieser Gegenstand kann erst durch ein einheitliches Big Data Begriffsverständnis identifiziert werden. Um eine ganzheitliche Beobachtung des IM zu ermöglichen, muss er sich über alle Ebenen strecken. In diesem Zusammenhang wird in den Beiträgen 4, 5, 6 und 7 ein Artefakt mittels Prototyping erschaffen, der Aufschlüsse über die Informationswirtschaft geben soll. Erkenntnisse für die Ebene Informationssysteme / Informations- und Kommunikationstechnik werden in einem achten Beitrag durch die Umsetzung anhand einer Big Data Technologie abgeleitet. Das fünfte Kapitel nutzt die Erkenntnisse aus Kapitel 4, um die Forschungsziele zu beantworten. Die Ableitung der Konsequenzen für das IM erfolgt durch Experteninterviews. In diesem Zusammenhang benennen die Experten Bestandteile des IM, in denen Konsequenzen durch die Einführung des Big Data Betrachtungsgegenstands zu beobachten waren. Gestaltungsempfehlungen werden für die identifizierten Konsequenzen durch einen Literaturüberblick ausgesprochen. Die Evaluierung der Empfehlungen erfolgt anhand von Experteninterviews. Der anschließende Abschnitt diskutiert die Qualität der gewonnenen Forschungsergebnisse kritisch. Kapitel 6 schließt mit einem Fazit und Ausblick. In diesem werden die Erkenntnisse der Arbeit kurz rekapituliert sowie der zukünftige Forschungsbedarf ausgewiesen.

2 Handlungsbedarf in Zeiten von Big Data

Um die Notwendigkeit der Forschung zu verdeutlichen, müssen zunächst IM und Big Data (Abschnitt 2.1) als grundlegende Bestandteile der Arbeit näher erläutert werden. Ausgehend von diesen Erörterungen leitet Abschnitt 2.2 anhand einer argumentativ-deduktiven Diskussion potenzielle Konsequenzen eines IM in Zeiten von Big Data ab.

2.1 Diskursbereich der Forschungsarbeit

In diesem Abschnitt erfolgt eine Einführung in das Informationsmanagement sowie eine Darstellung der zugehörigen Komponenten. Im Anschluss findet eine Beschreibung des Phänomens Big Data statt. Hierbei sind verschiedene Definitionen und populäre Bestandteile vorzustellen. Es wird deutlich, dass kein klares Begriffsverständnis für Big Data besteht und dadurch die Identifikation von Konsequenzen für das Informationsmanagement erschwert ist. Des Weiteren hat das IM in der Big Data Diskussion keine Berücksichtigung gefunden.

2.1.1 Informationsmanagement

Das Informationsmanagement wird als Teilbereich der Unternehmensführung betrachtet und verfolgt den bestmöglichen Einsatz des Produktionsfaktors Information. [Krcm2015, 1] Die Bedeutung des IM ist Gegenstand einer breiten Diskussion. Im Allgemeinen werden produktivitätsgewinne, Unterstützung der Geschäftsprozesse, koordinative Vorteile in der Leistungserstellung und Unternehmensstrategie als mögliche Vorteile angeführt. [Schü1989, 184; Krcm2005, 1 ff.] Da das immaterielle Gut Information andere Eigenschaften als materielle Produktionsfaktoren aufweist sind abweichende Managementaufgaben wahrzunehmen. Dies begründet die Notwendigkeit eines eigenständigen Informationsmanagements. [Krcm2005, 18 f.] Die existierenden Ansätze sind zahlreich und können in fünf Hauptströme unterteilt werden. Zusammengetragen in [Krcm2015, 90 ff.], zeigt Abbildung 1 (siehe S. 4) eine repräsentative Auswahl an existierenden Instanzen. Hierbei wird deutlich, dass alle Ansätze in etwa gleichzeitig aufkamen und deren Diskussion bis heute andauert.

© Springer Fachmedien Wiesbaden GmbH, ein Teil von Springer Nature 2019
M. Pospiech, *Aufgabengerechte Informationsbereitstellung in Zeiten von Big Data*, Schriften zur Business Analytics und zum Informationsmanagement,
https://doi.org/10.1007/978-3-658-27196-1_2

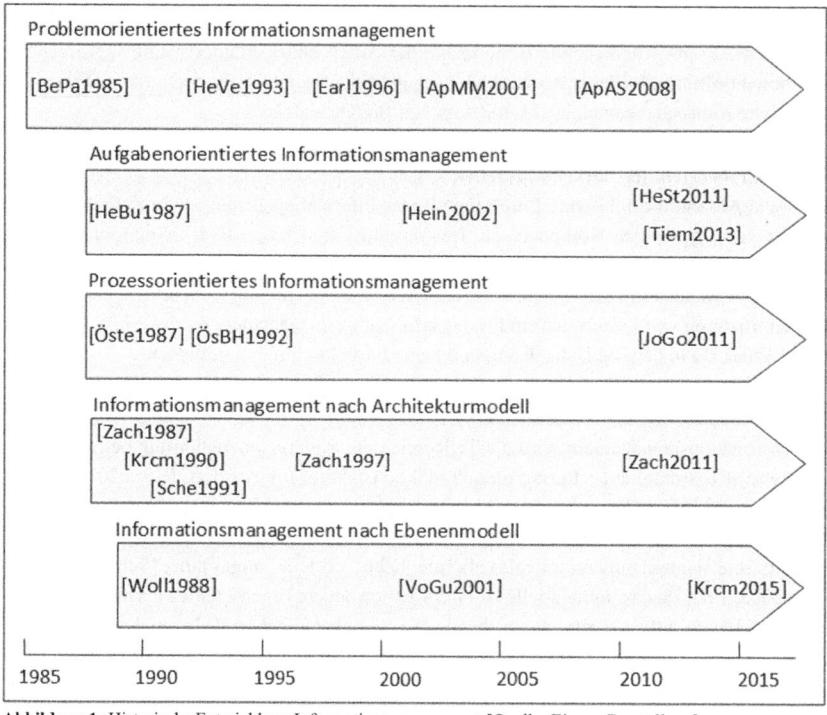

Abbildung 1: Historische Entwicklung Informationsmanagement [Quelle: Eigene Darstellung]

Problemorientierte Ansätze betrachten die gegenseitige Beeinflussung von strategischer und geschäftlicher Planung, deren Auswirkungen auf die Informationssystemarchitektur und somit die Begrenzung der vorhandenen Informationstechnologie. Letzteres beeinflusst in einem iterativen Schritt die strategische Planung. [PaBT1988, 59] In diesem Zusammenhang rückt das Konzept einer Anpassung der Informationssysteme an die Unternehmensorganisation (Alignment) in den Vordergrund. Infolgedessen kommt der IT die Rolle eines *Enablers* zu. [Earl1996, 485 ff.] Zwar führen die problemorientierten Ansätze zu einem besseren Verständnis der Probleme im IM, aber nicht unbedingt zur Lösung des Problems. Eine Aufgabensystematik wird in diesen Ansätzen verneint, da sich Probleme nicht eindeutig einzelnen Aufgaben zuordnen lassen. [Krcm2015, 88 ff.]

Im Gegensatz dazu, werden im deutschen Sprachraum aufgabenorientierte Ansätze vorangetrieben. Diese zielen eine möglichst vollständige Auflistung der Aufgaben und Ziele des IM ab und weisen mögliche Lösungsstrategien zu deren Erreichung in der Strukturierung der Aufgabe auf. Erste Ansätze gehen auf Heinrich und Burgholzer zurück [HeBu1987]. Anderes als vorhergehende Ansätze ordnen sie den Aufgabenschwerpunkt des IM der Informationsfunktion und nicht dem Management zu [Krcm2015, 96]. Die Aufgaben des IM werden erstmalig in die Ebenen strategisch, administrativ und operativ strukturiert. Zu den strategischen Aufgaben zählen u.a. die strategische Situationsanalyse, Zielplanung, Strategieentwicklung und Technologiemanagement. Administrative Aufgaben sind beispielsweise Datenmanagement, Personalmanagement und Lebenszyklusmanagement zugeordnet. Zu den operativen Aufgaben gehören Benutzer-Service-, Problem- und Produktionsmanagement. [Hein2002, 21] Andere Ansätze definieren Anforderungen an das IM. In diesem Zusammenhang unterteilt Tiemeyer [Tiem2013, 18 ff.] in Ziele, Aufgaben, Rollen und Situationen, sodass der Manager eine Balance zwischen kritischen Bereichen und IT-Funktionen sowie der IT-Governance bereitstellen kann. Ein Vorteil der aufgabenorientierten Konzepte ist der hohe Detailierungsgrad. Die vornehmliche Strukturierung in operative, administrative und strategische Aufgaben ist jedoch aufgrund von langen Bindungsfristen im Bereich der Informationssysteme (Software und Datenstrukturen) und den kurzen Fristen im Technikbereich (Abschreibung von Desktoprechnern in drei Jahren) nicht immer zweckmäßig. [Krcm2015, 106]

Diese Einschränkungen können durch das Ebenenmodell nach Wollnick [Woll1988] gemindert werden. Dieser unterteilt Managementaufgaben (Planung, Kontrolle, Organisation) mit Orientierungsschwerpunkten: Management des Informationseinsatzes; Management der IS; Management der Infrastrukturen für Informationsverarbeitung und Kommunikation. Die erste Ebene beinhaltet internen und externen Informationseinsatz, die zweite Strukturierung der IS und die dritte Bereitstellung der notwenigen Technologie. [Woll1988, 38 f.] Das Modell dient der Komplexreduktion im IM, trennt nicht in Planungshorizonte, aber unterlässt die Konkretisierung der Beziehungen zwischen den Ebenen. [Krcm2015, 101]

Architekturmodelle als weiteren Ansatz für das IM bedienen diese Interdependenzen. Diese versuchen eine Detailüberflutung zu verhindern und eine strukturierte Sichtweise durch Modellierung zu erhalten. [Krcm2015, 101 f.] Bekannte Vertreter sind z.b. das Enterprise-Architecture Framework von Zachman [Zach1987] oder das Modell der Architektur integrierter Informationssysteme (ARIS) [Sche1991]. Allerdings sind diese Modelle nicht für das IM, sondern für die Gestaltung von IS entworfen worden. Hinweise für die Ausgestaltung und den Betrieb einer zuvor modellierten Architektur fehlen. Infolgedessen sind diese Ansätze für ein holistisches IM abzulehnen. [Krcm2015, 106]

Die prozessorientierten IM Ansätze erweitern die aufgabenorientierten Ansätze um eine Ablaufperspektive in Form von Aktivitäten. Es erfolgen genaue Beschreibungen von Sollabläufen und Bezeichnungen für Teilaufgaben. Infolgedessen Aufgaben in detaillierte Einzelprozesse aufgeteilt werden. Der Fokus liegt in der Prozessplanung und Umsetzung durch die Ressourcen. [Krcm2015, 99 f.] Detaillierte Ansätze stammen z.B. von Österle et al. [ÖsBH1992]. Prozessorientierten Ansätze ermöglichen den Zusammenhang zwischen Teilaufgaben zu erschließen. Oftmals geht jedoch der Bezug zu übergreifenden Themen (z.B. Strategieplanung) verloren. [Krcm2015, 106]

Es ist ersichtlich, dass unterschiedliche Ausprägungen im IM existieren. Die Identifikation von Konsequenzen für das IM in Zeiten von Big Data setzt ein eindeutiges Verständnis für das Informationsmanagement voraus. Hierbei folgt diese Arbeit dem Verständnis nach Krcmar [Krcm2015; Krcm2005]. Dieser nutzt einen aufgabenorientierten Ansatz, wodurch (im Gegensatz zu den problemorientieren Konzepten) eine Problemlösung durch Zuordnung von Aktivitäten als möglich erachtet wird. Nur in diesem Verständnis ist die Erfüllung des Gestaltungsziels denkbar. Krcmar orientiert sich am Ebenenmodell nach Wollnick [Woll1988], sodass die

Dualität der Information (Information als abstraktes Modell und physikalischer Fluss) in den unterschiedlichen Ebenen Berücksichtigung findet. Verknüpft mit den Arbeiten von Szyperski und Winand [SzWi1989] bzw. von Krcmar [Krcm1991, 190] entstehen die Ebenen wie in Abbildung 2 (siehe S. 6) dargestellt: Management der Informationswirtschaft; Management der Informationssysteme; Management der Informations- und Kommunikationstechnologie. Um die Lücken zwischen den Ebenen zu schließen führt Krcmar die Führungsaufgaben des Informationsmanagements als Ebene ein. Diese umrahmt die restlichen Ebenen. Dieses Informationsmanagementverständnis übertrifft vorhandene Werke in Inhalt und Systematik [TeKl2002; 23 f] und soll daher als Orientierung für diese Arbeit dienen.

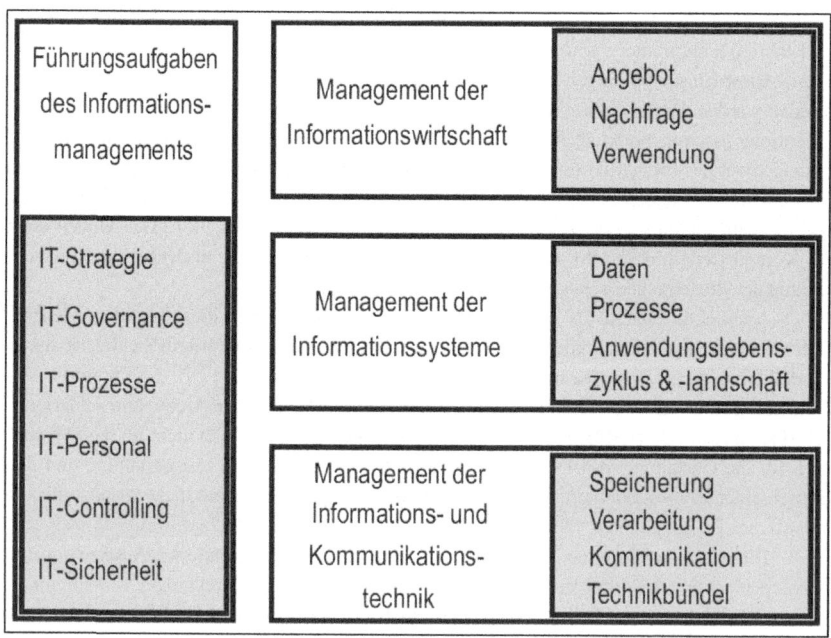

Abbildung 2: Modell des Informationsmanagements [Krcm2015, 107]

Ziel der Informationswirtschaft ist die Schaffung eines informationswirtschaftlichen Gleichgewichts in der Organisation [Link1982, 285]. Gegenstand der Informationswirtschaft ist die Information selbst [Krcm2015, 107]. In diesem Zusammenhang ist ein Ausgleich zwischen Informationsnachfrage und -angebot und eine Versorgung der Aufgabenträger mit relevanten Informationen in erforderlicher Qualität zu schaffen. Das dahinterliegende Konzept wird als Informationslogistik verstanden [Augu1990]. Zusätzlich sind Willensbildungs- und Willensdurchsetzungsprozesse zu dokumentieren sowie eine Optimierung des Informationsflusses unter Beachtung des Wirtschaftlichkeitsprinzips sicherzustellen. [Gemü1993, 1725 f.] Hierbei erstreckt sich die Informationswirtschaft auf alle wesentlichen Verwendungszwecke und allen

Teilbereichen im Unternehmen. Die Informationswirtschaft umfasst das Management der Informationsnachfrage, Informationsbedarf, Informationsressourcen, Informationsquellen, Informationsangebot und Informationsverwendung. Alle Bestandteile ordnen sich in das Lebenszyklusmodell ein und durchlaufen einen Prozess (siehe Abbildung 3, S. 7).

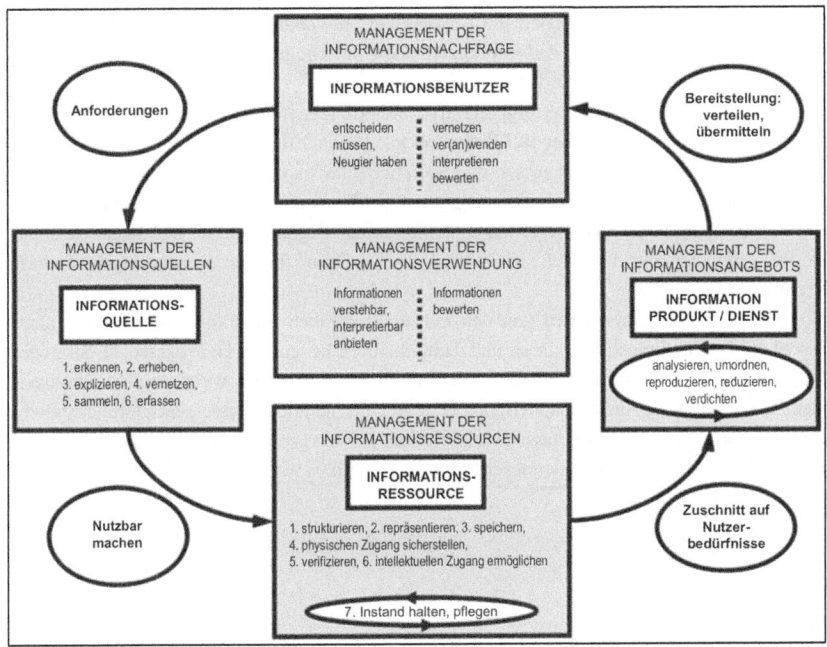

Abbildung 3: Lebenszyklusmodel im Informationsmanagement [Krcm2015, 119]

In diesem Zusammenhang werden im Management der Informationsnachfrage die Informationsbedürfnisse des Nutzers identifiziert. Sollte der Informationsbedarf nicht gedeckt sein, erfolgt die Identifikation von neuen Informationsquellen. Wiederholt genutzte Informationsquellen werden zu Informationsressourcen. Diese sind zu verifizieren, zu strukturieren, abzuspeichern und zugänglich zu machen. [ReKr1996, 20 ff.] Das Management des Informationsangebots erstellt Informationsprodukte und -dienste aus den vorhandenen Informationsressourcen und übermittelt diese aktiv oder passiv an die Informationsnutzer. Klassische Beispiele sind standardisierte Berichte, Dashboards oder Online Analytical Processing (OLAP), aber auch ganzheitliche Integrationsstrategien wie das Data Warehouse (DWH), das eine flexible und zeitnahe Informationsversorgung der Nutzer ermöglicht. [Krcm2015, 147 ff.] Weitreichende Verfahren zur Mustererkennung (Data Mining) erlauben eine automatische Klassifikation und Analyse von Daten [BiHa1993, 481], um somit eine Informationsüberflutung zu verhindern. Abhängig von der Bewertung, Nutzung, Interpretierbarkeit und menschlichen Verarbeitungsmöglichkeiten der Informationen entstehen neue Anforderungen. [ReKr1996, 20]

Die zweite Ebene betrachtet das Management der Informationssysteme. Informationssysteme sind soziotechnische Systeme, die menschliche und technische Komponenten als Aufgabenträger umfassen. Ziel von Informationssystemen ist es, eine effiziente Bereitstellung von Kommunikation und Information zu ermöglichen. [WKWI1994, 80 f.] Handlungsobjekt dieser Ebene sind Anwendungen. Der Fokus liegt im Management der Daten, der Prozesse und des Anwendungszyklus. Dies impliziert die Anwendungsentwicklung. Die zweite Ebene spezifiziert, ähnlich der ersten Ebene, Anforderungen an die unterliegende und erhält Unterstützungsleistung durch IKT. [Krcm2015, 108]

Das IKT-Management verfolgt effektive und effiziente Planung, Implementierung, Nutzung und Weiterentwicklung der IKT-Infrastruktur. [Krcm2015, 319] Handlungsgegenstände sind Verarbeitungs-, Kommunikations- und Speichertechnik sowie Technikbündel. Als Teilgebiet stellt und verwaltet das Technikmanagement die Technikinfrastruktur und plant die technische Anpassung von implementierten Systemen in der Organisation. In der untersten Ebene des IKT-Managements befindet sich die physische Basis für die Anwendungslandschaft. [Krcm2015, 108]

Alle drei Ebenen werden von den Führungsaufgaben des Informationsmanagements umschlossen. Handlungsobjekt dieser und dadurch aller Ebenen sind IT-Prozesse, IT-Strategie, IT-Controlling, IT-Governance, IT-Personal und IT-Sicherheit. Des Weiteren geht von dieser Ebene ein inhaltlicher Austausch zwischen IT- und Unternehmensstrategie aus. Grundsätzliche Managementfragestellungen befassen sich mit dem Leistungsprogramm, der Leistungserbringung und der Steuerung der Leistungserbringung. [Krcm2015, 108 ff.]

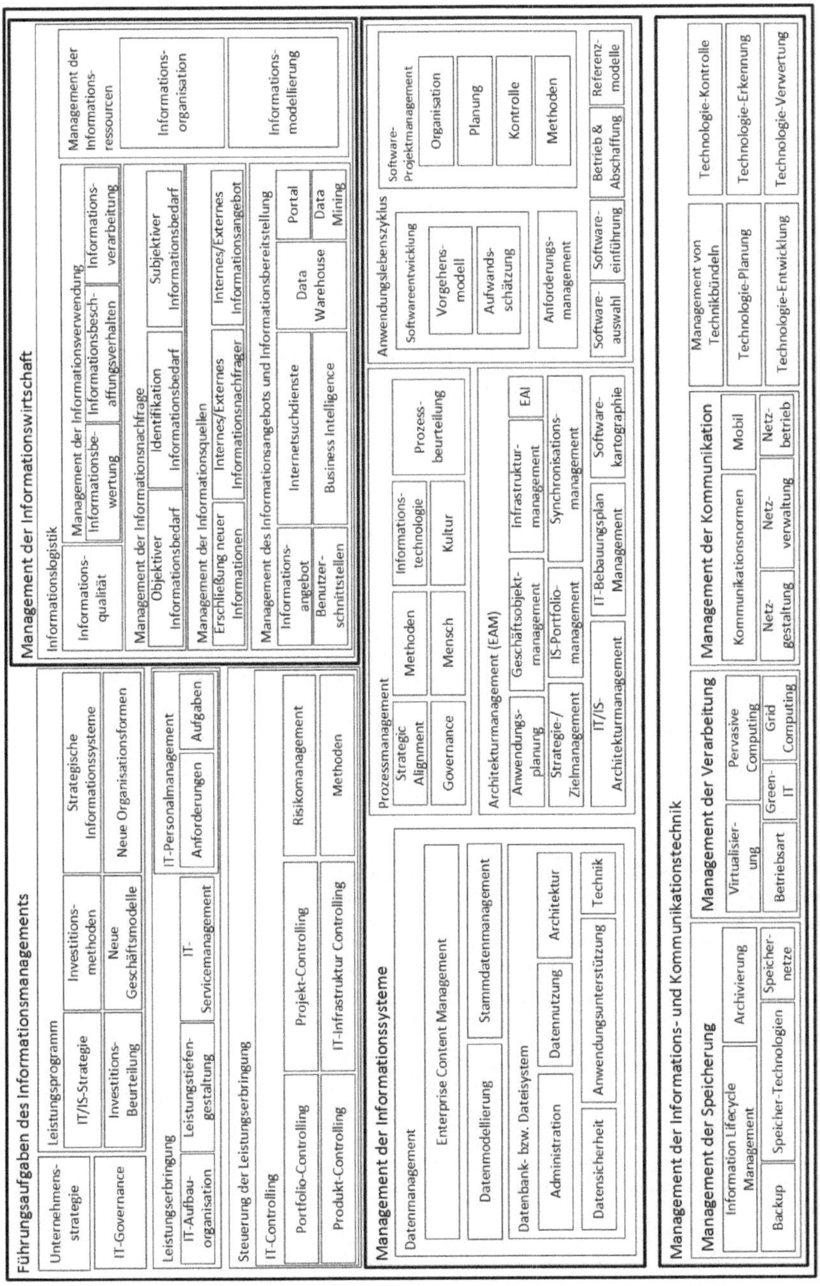

Handlungsbedarf in Zeiten von Big Data 9

Abbildung 4: Abgeleitete Bestandteile des Informationsmanagements [Quelle: Eigene Darstellung]

Grundsätzlich besteht die Vermutung, dass in allen IM Bestandteilen Konsequenzen durch Big Data beobachtbar sind. Eine detaillierte Erörterung aller Bestandteile würde eine zielgerichtete Bearbeitung erschweren. In diesem Zusammenhang wurden die einzelnen Bestandteile des IM aus dem IM nach Krcmar [Krcm2015, 113 ff.] extrahiert und in Abbildung 4 (siehe S. 9) zusammengefasst. Wie das IM ist die Abbildung in vier Ebenen geteilt, wobei Bestandteile durch Rechtecke dargestellt werden. Die Bestandteile sind hierarchisch geordnet, wobei ein inneres Rechteck einem äußeren zugehörig ist. Tabelle 1 beachtet diese hierarchische Ordnung durch abgeschwächte Einfärbungen und beschreibt die einzelnen Bestandteile von Krcmar [Krcm2015, 113 ff.] im Detail.

Tabelle 1: Beschreibungen der Bestandteile des Informationsmanagements

Bestandteil	Beschreibung
Management der Informationswirtschaft	
Informationslogistik	Ziel der Informationslogistik ist die Bereitstellung von relevanten Information, zum richtigen Zeitpunkt, am richtigen Ort, in der richtigen Menge und in der notwendigen Qualität. Es sollen die Informationsdurchlaufzeit und die Verfügbarkeit im Sinne des Just-in-Time-Prinzips optimiert werden.
Management der Informationsnachfrage	Eine Grundvoraussetzung für das Management der Informationsnachfrage bzw. des Bedarfs ist ein möglichst exakter Überblick über den zu deckenden Informationsbedarf. Dieser wird aus subjektiven und objektiven Methoden bestimmt.
Objektiver Informationsbedarf	Der objektive Informationsbedarf stellt den für die Aufgabenerfüllung nötigen Bedarf dar.
Subjektiver Informationsbedarf	Der subjektive Informationsbedarf definiert das individuelle Informationsbedürfnis des handelnden Aufgabenträgers. Allerdings erweist sich der objektive und subjektive Informationsbedarf selten als deckungsgleich.
Identifikation des Informationsbedarfs	Für die Ermittlung des Informationsbedarfs stehen subjektive und objektive Verfahren zur Verfügung. Zu den subjektiven gehören offene Befragungen, Wunschkataloge oder Befragungen von Mitarbeitern im Tätigkeitsumfeld. Die Ermittlung des objektiven Bedarfs erfolgt bspw. durch Strategieanalyse, Prozessanalyse oder Input-Prozess-Output-Analyse. Der identifizierte Informationsbedarf ist die Grundlage für die Planung der Informationsquellen.
Management der Informationsquellen	Beinhaltet das Erkennen und Erheben von Informationen, welche noch nicht deklariert wurden. Erst nachdem die Informationen gesammelt und erfasst wurden, liegt eine Informationsquelle vor. Informationsquellen sind identifizierte Quellen von Informationen. Neben dem Ort einer Informationsquelle ist der Zugang (Online-Dienste, Dokumentenmanagementsysteme, etc.) und der Markt (Forschung, Informationsbroker, etc.) zu betrachten.
Erschließung neuer Informationen	Die Erschließung erfolgt entweder über die Neubewertung von vorhandenen Informationen oder durch die Generierung von neunen Informationen.
Internes/Externes Informationsangebot	Internes Informationsangebot wird von internen (z.B. Mitarbeitern) oder externen Informationsnachfragern (z.B. Händlern) nachgefragt. Externes Informationsangebot wird lediglich von internen Informationsnachfragern in Anspruch genommen.
Internes/Externes Informationsnachfrager	Interne Informationsnachfrager äußern ein Bedürfnis nach einem internen (Betriebliche Informationssysteme) oder externen Informationsangebot (Fachinformationen).

Handlungsbedarf in Zeiten von Big Data 11

Bestandteil	Beschreibung
Management der Informationsressourcen	Wiederholt verwendete Informationsquellen werden als Informationsressourcen bezeichnet und sind zu verifizieren, zu strukturieren, abzuspeichern (vornehmlich elektronisch) und zugänglich zu machen. Infolgedessen sind ökonomische, organisatorische, Datenschutz- und Datensicherheits-Aspekte zu beachten. Des Weiteren ist ein intellektueller und physischer Zugang auf die gespeicherten Informationen zu ermöglichen. Letzterer ist durch eine Vernetzung von Informationsträgern und Anwendern innerhalb eines Netzwerks zu realisieren. Der intellektuelle Zugang kann durch Informationsorganisation und -modellierung, bzw. durch Navigationshilfen erfolgen.
Informationsorganisation	Metadaten erlauben die Organisation und Strukturierung von Informationen. Metadaten verfügen Angaben über Inhalt, Ersteller, Nutzung und Zugriffsrechten von einer Information. Eine Informationsstrukturierung auf Basis von Metadaten kann anhand von Taxonomien, Kategorien, Thesauren oder Tags erfolgen. Assoziative Repräsentationen können durch Semantic Webs geschaffen werden.
Informationsmodellierung	Informationsmodellierung erlaubt die Veranschaulichung von Zusammenhängen in Informationen. Semantic Webs stellen eine verbreitetet Möglichkeit dar, um die zuvor modellierten Zusammenhänge maschinell zu verarbeiten. Diese bestehen aus Knoten (reale Entitäten) und Kanten (Beziehungen zwischen den Entitäten). Infolgedessen können Informationen nicht nur syntaktisch sondern semantisch gefunden, ausgetauscht und integriert werden.
Management des Informationsangebots und Informationsbereitstellung	Die Menge der angebotenen Informationen wird vom Management des Informationsangebots und der Bereitstellung bestimmt. In diesem Zusammenhang werden domainspezifische oder unternehmensweite Informationsressourcen zur Verfügung gestellt. Informationsressourcen können aktiv oder passiv sein. Passive Ressourcen sind nur auf direktes Bestreben des Benutzers zu verwenden. Aktive Ressourcen erzeugen Informationsprodukte. Hierfür müssen Informationen vorab integriert, analysiert, umgeordnet, reproduziert, reduziert und verdichtet werden bevor eine Übermittlung bzw. Verteilung an den Empfänger erfolgt. Die Versorgung hat informationslogistischen Prinzipien zu folgen, da eine direkte Verbindung zum Informationskonsumenten besteht.
Informationsangebot	Das Informationsangebot umfasst alle verwendbaren unternehmensinternen und unternehmensexternen Informationen, die zur Deckung des Informationsbedarfs zur Verfügung stehen.
Benutzerschnittstellen	Benutzerschnittstellen realisieren die benutzerorientierte Integration der Subsysteme in einer grafischen Oberfläche. Häufig sind Benutzerschnittstellen in Benutzergruppen unterteilt, um den einzelnen Bedürfnissen der Nutzer gerecht zu werden. Abhängig von den Merkmalen des Nutzers sind unterschiedliche Schnittstellenarten zu wählen.
Data Warehouse	Ein Data Warehouse ist eine subjektorientierte, integrierte, persistente und zeitraumbezogene Sammlung von Informationen zum Zweck der Entscheidungsunterstützung. Neben der eigentlichen Datensammlung werden Aspekte wie Verwaltung, Anbindung an Quellsysteme, Extraktion, Transformation und Laden (ETL) zum Data Warehouse Konzept hinzugezählt.
Data Mining	Ist ein Prozess der Datenmengen analysiert um interessante, nützliche und unbekannte Muster zu identifizieren. Die Aufgaben von Data Mining umfassen Klassifizierung, Clusteranalyse, Assoziative Analysen und Prognose.
Business Intelligence	Business Intelligence ist ein Sammelbegriff für alle Anwendungen, bei denen Entscheidungsträger unmittelbaren Zugriff auf eine Benutzeroberfläche mit interaktiven Funktionen besitzt. Dies schließt OLAP-Anwendungen, Ad-hoc Berichte, Scorecards, Management Informationssysteme, analytische Customer Relationship Management und Systeme zur Planung und Konsolidierung ein.
Internetsuchdienste	Können in algorithmenbasierte automatische Systeme (Suchmaschinen) und Dokumentensammlungen (z.B. Webkataloge) unterteilt werden. Webkataloge erlauben die Navigation in Hierarchien und die Suche von Stichwörtern in Metadaten. Eine Volltextsuche wird lediglich durch Suchmaschinen ermöglicht.

Bestandteil	Beschreibung
Portal	Sind sichere und individualisierbare Zugangssysteme, in denen Nutzer, abhängig von Zugriffsberechtigung und verknüpften Systemen, Zugang zu Anwendungen, Prozessen, Informationen und Personen erhalten.
Management der Informationsverwendung	Das Management der Informationsverwendung betrachtet die menschliche Informationsverarbeitung, die tatsächliche Nutzung und Bewertung der angebotenen Informationen.
Informationsverarbeitung	Eine Verwendung von Information setzt eine kognitive Verarbeitung bei dem Nutzer voraus. Die Verarbeitung kann in Informationsbeschaffung, -speicherung und -weitergabe unterteilt werden. Dieser Prozess ist nicht passiv, sondern wird von Erfahrung und Zustand des Nutzers beeinflusst.
Informationsbeschaffungsverhalten	Beeinflusst die Informationsverwendung. Der Prozess beinhaltet die Ausdehnung auf das zu recherchierende Wissensgebiet durch verschiedene Informationskanäle (Eröffnung). Anhand der ersten Informationen werden Fragestellungen weiter konkretisiert und die gesammelte Wissensbasis auf Anwendbarkeit geprüft (Orientierung). In einem letzten Schritt erfolgt die Zusammenführung und Bewertung der Rechercheresultate (Konsolidierung). Die einzelnen Schritte sind iterativ, bis eine befriedigende Beantwortung erfolgt ist. Das Informationsbeschaffungsverhalten ist abhängig von internen, organisatorischen und externen Faktoren.
Informationsbewertung	Der Wert einer Information wird durch die Verwendung festgelegt. Abhängig vom Kontext und vom Zeitpunkt kann durch Hinzufügen, Entfernen, oder Aggregieren der Wert einer Information erhöht werden. Der Wert einer Information ist normativ, realistisch oder subjektiv zu bestimmen.
Informationsqualität	Ist der Nutzbarkeitsgrad einer Information für einen bestimmten Einsatzzweck. Die Nutzbarkeit ist abhängig von intrinsischer (Genauigkeit und Objektivität), kontextueller, darstellungs- und zugangsbezogener Datenqualität. Für das Management der Datenqualität existieren verschiedene Rahmenwerke. Kriterien der Informationsqualität sind Zugänglichkeit, angemessener Umfang, Glaubwürdigkeit, Vollständigkeit, Übersichtlichkeit, einheitliche Darstellung, Bearbeitbarkeit, Fehlerfreiheit, Eindeutigkeit, Objektivität, Relevanz, Verlässlichkeit, Aktualität, Verständlichkeit und Wertschöpfung.
Management der Informationssysteme	
Datenmanagement	Beinhaltet alle betrieblichen und technischen Aufgaben in der Datenmodellierung, -technik, -administration, -konsistenz, -sicherheit und -sicherung sowie für datenbezogene Benutzerservices.
Datenbank- bzw. Dateisystem	Das Datenbank- bzw. Dateisystem beinhaltet die Datenbasis und Programme. Die Datenbasis ist ein materialisierter Speicher. Zusammen stellen alle Programme das Datenbankmanagementsystem bzw. das Dateisystem dar. Beide unterstützen Datenadministration, -modifikation und Nutzung, wobei Integrität, Konsistenz und Sicherheit der Daten gewährleistet werden sollen.
Architektur	Die Architektur erläutert und definiert das dynamische Zusammenspiel aller Komponenten. Im Rahmen von Datenbank- bzw. Dateisystemen sind diese in grundlegende Beschreibungsebenen zu unterteilen. Beispielhaft beschreibt ANSI/SPARC eine Drei-Ebenen-Architektur (externe, konzeptionelle und interne Sicht) für Datenbanken. Dateisysteme unterliegen häufig einer externen, virtuellen und physischen Unterteilung [Khur2014, 285].
Administration	Ist die Verwaltung von Daten, Dateien und Funktionen mittels Werkzeugen. Bspw. dienen Data-Dictionary-Systeme als unternehmensweite Referenzlisten und beinhalten Informationen (Metadaten) über die Struktur der betrachteten Datenobjekte. Infolgedessen soll Konsistenz im gesamten Unternehmen erzielt werden.
Datennutzung	Ist die Bereitstellung von Auswertungs- und Berichtsfunktionen mittels Abfragesprachen (z.B. SQL). Diese ermöglichen Bezug und Manipulation von Daten.

Bestandteil	Beschreibung
Technik	Unter Berücksichtigung der Dateneigenschaften ist eine entsprechende Technologie zu wählen. Traditionell werden relationale Datenbanksysteme eingesetzt. Inzwischen sind Bewegungen hinzu objektorientierten, objektrelationalen, Non-Standard Datenbanken (NoSQL) oder Dateisystemen zu beobachten.
Datensicherheit	Ist durch geeignete Hardware und Software sicherzustellen. Datensicherheit beinhaltet Schutz vor Angriffen von außen (Identifikation, Authentisierung, oder Autorisierung) sowie Zuverlässigkeit (Ablauf- und Ausfallsicherheit). Hierbei sind technische (verteilte Haltung, Sicherungen) und organisatorische (Personal, räumliche Trennung) Handlungen zu berücksichtigen.
Anwendungsunterstützung	Ein Datenbank- bzw. Dateisystem muss Anwendungen unterstützen. Anwendungsunterstützung erfolgt bspw. durch Optimierungswerkzeuge und Statistikprogramme.
Datenmodellierung	Das Management der Daten setzt die Entwicklung eines Datenmodells voraus. Die Datenmodellierung beschreibt die Daten mithilfe von grafischen Notationen. Die Modellierung findet immer vor der Umsetzung statt. Die Modellierungstechnik ist in Abhängigkeit vom Datenmodell zu wählen, wie z.B. Entity-Relationship-Modell (ERM) für relationale oder Unified Modeling Language (UML) für objektorientierte Sachverhalte.
Stammdatenmanagement	Organisiert die Stammdaten wie z.B. Kundenstammdaten, welche im Unternehmen oft verteilt in heterogenen Systemen gelagert werden. Die Redundanz führt zu Inkonsistenzen und Datenqualitätsproblemen. Das Stammdatenmanagement beinhaltet die Identifikation, Konsolidierung, Harmonisierung und Integration von Stammdaten.
Enterprise Content Management (ECM)	Ist eine Sammlung von Strategien, um eine ganzheitliche Verwaltung von Dokumenten im Unternehmen zu erlauben. Verbreitete Anwendungen sind bspw. Groupware, Kollaborationslösungen, Archiv-, Workflow- oder Web Content Systeme.
Prozessmanagement	Das Prozessmanagement (Business Process Management) beinhaltet die Identifikation, Gestaltung, Dokumentation, Einführung, Kontrolle und Verbesserung von Geschäftsprozessen hinsichtlich Zeit, Kosten- und Qualitätskriterien. Es ist eine holistische Betrachtung, sodass eine analytische funktionsübergreifende Verbesserung von betrieblichen Abläufen erzielt werden kann. Dies erfolgt durch Software, Methoden und Techniken.
Strategic Alignment	Die Ausrichtung der Geschäftsprozesse an die Unternehmensstrategie und -ziele.
Governance	Ist ein Rahmenwerk im Prozessmanagement und regelt Rollen und Zuständigkeiten sowie Kontrollmechanismen zur Aufrechterhaltung der Prozessqualität.
Methoden	Sind Ansätze und Techniken, um Prozessmaßnahmen zu ermöglichen bzw. zu unterstützen. Beispiele stellen das Business Process Reengineering (BPR), die kontinuierliche Prozessverbesserung und die Modellierung (EKP, BPMN, etc.) dar.
Informationstechnologie	Hardware und Software, um Prozessmaßnahmen zu ermöglichen bzw. zu unterstützen. Beispiele sind Modellierungswerkzeuge oder Workflowsysteme.
Mensch	Individuum oder Gruppe mit Kenntnissen, Erfahrungen und Fertigkeiten, welche innerhalb der kontinuierlichen Geschäftsprozessverbesserung angewandt werden.
Kultur	Überzeugungen und gemeinschaftliche Werte, welche die Einstellung und das Verhalten auf Geschäftsprozesse und deren Verbesserungen beeinflussen.
Prozessbeurteilung	Maßnahmen im Prozessmanagement sind zu kontrollieren und anhand von festgelegten Zielen zu evaluieren. Ziel ist meistens die Kundenzufriedenheit und kann in die Bewertungskriterien Qualität, Zeit und Kosten unterteilt werden. Konzepte wie Balanced Scorecard erlauben die Überprüfung der Zielerreichung.
Anwendungslebenszyklus	Ist ein iterativer Prozess der IS-Anwendungen, von der ursprünglichen Idee, zur Entscheidung, zur Entwicklung und ein Einführung hin zur Wartung und Weiterentwicklung bis zur abschließenden Abschaffung.

Bestandteil	Beschreibung
Anforderungsmanagement	Das Anforderungsmanagement folgt einem systematischen Vorgehen, sodass alle relevanten Anforderungen des zu erstellenden Informationssystems definiert, spezifiziert, analysiert und vereinbart werden können. Die Anforderungen sind einem Projekt zuzuordnen und zu verfolgen bzw. neu aufzunehmen. Die Anforderungsermittlung kann durch Interviews, Workshops, Beobachtungen oder Brainstorming erfolgen. Das Anforderungsmanagement ist ein iterativer Prozess, da mit fortschreitender Weiterentwicklung der Software neue Anforderungen ersichtlich werden.
Softwareauswahl	Die Softwareauswahl ist ein Prozess in dem zunächst zu klären ist, ob eine Eigenentwicklung, Open Source oder eine Fremdentwicklung angestrebt werden soll. Letzteres impliziert die Frage nach Individualsoftware oder Standardsoftware bzw. leihen oder kaufen. Innerhalb des Auswahlprozesses sind Marktanalysen durchzuführen, Bewertungskriterien zu erheben und anhand der Kandidaten zu bewerten. Hierfür werden Bewertungsverfahren herangezogen, wie z.b. Kapitalwertmethode oder Nutzwertanalysen.
Softwareentwicklung	Ist die Tätigkeit ein Softwareprodukt zu planen, zu definieren, zu entwerfen und zu implementieren, sodass die geforderten Kundenanforderungen erfüllt sind.
Vorgehensmodell	Vorgehensmodelle unterstützen die Softwareentwicklung, indem sie der Entwicklung ein strukturiertes und in Phasen unterteiltes Rahmenwerk zur Verfügung stellen. Hierbei unterscheiden sich die Vorgehensmodelle hinsichtlich Ablaufgestaltung (sequentiell, iterativ) und Formalisierungsgrad (stark, schwach). Bekannte Vertreter sind Wasserfallmodell, V-Modell, Prototyping oder agile Methoden wie Extreme Programming.
Aufwandsschätzung	Die Abschätzung von Aufwänden ist in der Softwareentwicklung erschwert, da selten alle notwendigen Kosten und Leistungsdaten vorhanden sind. Infolgedessen muss auf Schätzverfahren zurückgegriffen werden. Zu den bekannten Vertretern gehören die Function Point Methode oder das COCOMO II Verfahren.
Software-Projektmanagement	Beinhaltet die umfassende Schaffung von Rahmenbedingungen für die zielführende Planung und Durchführung von IT-Projekten. Die Teilaufgaben sind Projektorganisation, Projektplanung und Projektkontrolle.
Organisation	Behandelt die Eingliederung der Projektgruppe in die Ablauf- und Aufbauorganisation der Organisation. Abhängig von Größe des Projekts, Mitarbeiterstunden, Innovationsgrad und Zeitdruck sind entweder Stab-, Matrix- oder reine Projektorganisation zu wählen.
Planung	Die Projektplanung zielt eine möglichst genaue gedankliche Vorwegnahme des späteren Projektablaufs an. Die Projektplanung umfasst die Planung von Zielen, Tätigkeiten, Bedingungen, Terminen und Ressourcen (Sachmittel und Personaleinsatz).
Kontrolle	In der Projektkontrolle erfolgt eine regelmäßige Informationsbeschaffung über die Zielerreichung innerhalb des Projekts. Hierfür ist ein Projektberichtswesen (Überwachung von Projektkosten und -terminierung) anzulegen. In das Projektcontrolling fallen auch Aspekte des Qualitätsmanagements. In diesem Zusammenhang muss die Qualität des finalen Softwareprodukts (Funktionalität, Zuverlässigkeit, Benutzbarkeit, Effizienz, Wartbarkeit, Portabilität) und des Entwicklungsprozesses (ISO 90003:2004) gesichert werden. Neben ISO-Normen sind das Software Process Improvement and Capability Determination (SPICE) oder das Capability Maturity Model Integration (CMMI) bekannte Qualitätssicherungsmethoden.
Methoden	Das Projektmanagement kann in der Phase der Projektklärung (z.B. Brainstorming, SWOT-Analyse, Dephi-Methode), in der Projektplanung (z.B. Netzplantechnik, Mitarbeiterplanung) und in der Projektabwicklung (z.B. Balanced Scorecard, Earned-Value-Analyse) mit Methoden unterstützt werden.
Softwareeinführung	Neben der Erstellung ist die Einführung der Software zu bewerkstelligen. Hierbei sind die Phasen Installation des Produkts, Schulung und Inbetriebnahme zu unterscheiden. Die Einführung der Software kann parallelisiert (übergangsweise Nutzung der alten und neuen Methoden) oder zu einem Stichpunkt erfolgen.

Handlungsbedarf in Zeiten von Big Data 15

Bestandteil	Beschreibung
Betrieb und Abschaffung	Nach Einführung befindet sich das Softwareprodukt im operativen Betrieb, in welchem ständige Änderungen im Umfeld von Software, Hardware, Organisationsstruktur und Nutzeranforderungen betrachtet werden müssen. Die hieraus entstehenden Tätigkeitsfelder lassen sich in Anwendungsmanagement (Aufrechterhaltung, Wartung und Wiederverwendbarkeit des Informationssystems) und technischen Betrieb unterscheiden. Die Abschaffungsphase versucht den optimalen Stilllegungszeitpunkt eines Systems zu antizipieren und beinhaltet Fragestellungen nach geeigneten Ersatz.
Referenzmodelle	Sind abstrakt gehaltene Informationsmodelle, welche in verschiedenen Anwendungskontexten verwendet werden können. Zunehmen sind Referenzmodelle von Softwareherstellern zu beobachten. Entwickler nutzen Referenzmodelle als Grundlage für eigene Entwicklungen. Referenzmodelle sind für Branchen (z.b. SCOR-Modell für Supply Chain Prozesse) oder breite Domänen (z.b. ISO/OSI- Referenzmodell) konzipiert.
Architekturmanagement (EAM)	Betrachtet nicht nur einzelne Anwendung, sondern die gesamte Anwendungslandschaft. Es steuert und plant die Ebenen des Gesamtunternehmens mithilfe von Guidelines, Abläufen, Rollenbeschreibungen und Verantwortlichkeiten. EAM betrachtet Hardware, Software, Kommunikationsinfrastruktur, Organisationsstrukturen und Geschäftsprozesse sowie existierende Beziehungen zwischen den einzelnen Komponenten. Rahmenwerke wie The Open Group Architecture Framework (TOGAF) unterstützen das EAM.
Anwendungsplanung	Beinhaltet Analyse, Definition und Design der Informationsarchitektur. Die Planung erfolgt von oben nach unten und die Implementierung von unten nach oben. Dafür sind Geschäftsressourcen, Geschäftsprozesse und Datenklassen zu identifizieren und in Beziehung mit vorhandenen und geplanten Anwendungen zu setzen. Redundanzen und Lücken sollten in der Informationsarchitektur erkenntlich werden.
Strategie-/Zielmanagement	Vorantreiben einer IT-Strategie sowie Ausrichtung der EAM Aktionen an der Unternehmensstrategie.
IS-Portfoliomanagement	Aufgrund von Komplexität sind die Investitionen mit dem höchsten Wert für das Unternehmen nur schwierig zu identifizieren. Das IS-Portfoliomanagement erlaubt eine verbesserte Entscheidungsfindung. Es stellt den Ist- bzw. den Soll-Zustand von Informationssystemen und deren Beziehungen dar. Die Umsetzung von festgelegten Strategien im Informationsmanagement wird durch das Projektportfoliomanagement vorangetrieben. Das Projektportfolio beinhaltet alle zukünftigen und aktuellen Projekte. Die Auswahl der Projekte ist an der Unternehmensstrategie auszurichten. Für die Priorisierung sind ein Ressourcenmanagement und ein Projektcontrolling nötig.
IT/IS-Architekturmanagement	Treibt die technische Realisierung der fachlichen Anforderungen voran und zielt eine möglichst homogene IS-Architektur an, sodass alle Informationssysteme optimal in die Geschäftsprozesse integriert werden. Eine mögliche Herangehensweise ist Standardisierung. Eine Betrachtung der IS-Architektur ist bis zu einzelnen Informationssysteme bzw. Teilsysteme möglich. Die Anschauung ist in dynamische und statische Perspektive unterteilt.
Enterprise Application Integration (EAI)	Die Zerlegung der IS-Architektur in einzelne Informationssysteme zeigt die Technikabhängigkeit von Schnittstellen und Frameworks. Infolgedessen die Integration in IS vorangetrieben werden muss. EAI beinhaltet Planung, Methoden und Software, um unterschiedliche und unabhängige Anwendungssysteme prozessorientiert zu integrieren. Zentrales Konzept ist der Enterprise Service Bus (ESB). Dieser integriert die lose gekoppelten Anwendungen mit einer breiten Auswahl an unterschiedlichen Schnittstellen. Neuere Ausprägungen können in den Serviceorientieren Architekturen (SOA) gesehen werden und deren Implementierung durch Web Services.
IT-Bebauungsplan Management	Dokumentiert die Ist- und Soll-Architektur. Eine große Bedeutung wird dem Bebauungsplanfit zugemessen. So müssen die einzelnen Komponenten der IT-Strategie und den vorhandenen Schnittstellen gerecht werden.
Synchronisationsmanagement	Ist die Überwachung von Abhängigkeiten zwischen aktuellen und geplanten Aktivitäten des Projektportfolios.

Bestandteil	Beschreibung
Geschäftsobjektmanagement	Betrachtet Geschäftsobjekte wie Lieferant oder Vertrag, welche im Informationssystem innerhalb eines Geschäftsprozesses erzeugt, genutzt oder verändert werden.
Infrastrukturmanagement	Verwaltung von Gebäuden, Netzwerken, Maschinen und Programmen, die zum Betrieb von Informationssystemen benötigt werden. Beinhaltet den Betrieb und die kontinuierliche Verbesserungen der IT-Infrastruktur. Redundanzen und mögliche Einsparpotenziale sind zu identifizieren.
Softwarekartographie	Ist eine Modellierung und unterstützt die Beschreibung, Bewertung und Gestaltung der Anwendungslandschaft. Die Modellierung bedient sich aus Konzepten der Kartographie und gestaltet Softwarekarten. Die Softwarekarte besteht aus einem Kartenbild und überliegenden Schichten für Anwendungssysteme, Verbindungen und Kennzahlen. Dadurch können unterschiedliche Eigenschaften auf einer Softwarekarte vereint und abgegrenzt werden.
Management der Informations- und Kommunikationstechnik	
Management der Verarbeitung	Aufgabe ist die Ermöglichung und Steuerung von Datenveränderungen (Transformation, Spezifizierung und Aggregation von Daten). Verarbeitungsanforderungen ergeben sich z.B. aus der Herkunft der Daten, der zeitlichen Abwicklung der Verarbeitung und dem Mehrbenutzerbetrieb.
Betriebsart	Bei der Durchführung eines Verarbeitungsbetriebes gibt es folgende Entscheidungsalternativen: Online- vs. Offline-Betrieb, Single- vs. Multitasking-Betrieb, lokale vs. verteilte Verarbeitung, Einprozessor- vs. Mehrprozessorsysteme, Echtzeit vs. Stapelbetrieb. Abhängig von der gewählten und unterstützen Betriebsart sind Auswirkungen auf die Systembereitstellung und Systemarchitektur zu berücksichtigen. Bei der Nutzung von vernetzten Rechnern kann eine verteilte oder zentrale Verarbeitung genutzt werden. Hierbei kann die Datenverarbeitung örtlich (Leistungsfähigkeit der Hardware) und zeitlich (Aktualität der Daten) verteilt erfolgen.
Green-IT	Green IT betrachtet den Ressourceneinsatz für die Produktion von IKT und den Stromverbrauch durch die Nutzung von IT. Aufgrund von Nachhaltigkeitsaspekten muss Green IT in die übergeordnete Strategie eines Unternehmens eingebettet werden. Aufgaben umfassen die Umsetzung von geplanten Maßnahmen der IKT, die Steigerung der Energieeffizienz der IT durch Virtualisierung, intelligente Kühllösungen, Green (Out-)Sourcing, die Entwicklung von innovativen IT-Lösungen zur Reduktion des CO_2-Verbrauchs im Kerngeschäft und den Aufbau einer gemeinsamen Maßnahmenentwicklung und -bewertung.
Virtualisierung	Ist eine Technologie und ermöglicht die Bereitstellung von Ressourcen unter Softwaresicht für über der Softwaresicht laufende Programme und Systeme. Hierbei besitzt kein Programm oder System die alleinige Hoheit. Es existieren folgende Virtualisierungsarten: Servervirtualisierung (Erhöhung der Flexibilität und höhere durchschnittliche Auslastung der einzelnen Server), Storagevirtualisierung (flexibel verfügbarer Speicher), Betriebssystemvirtualisierung (Isolation der von Workloads einzelnen Benutzern), Netzwerkvirtualisierung (Unterteilung großer Netzwerke), Desktopvirtualisierung (Reduzierung der Stromkosten) und Applikationsvirtualisierung (stabile lauffähige Anwendungen). Die eingefügte Virtualisierungsschicht (Softwaresicht) verursacht zusätzlichen Managementaufwand und verändert das Leistungs- und Last-Verhalten der Infrastruktur.
Grid Computing	Umfasst den Zusammenschluss von Rechnern zu Netzen, um Ressourcen flexibel bereitzustellen. Es bleibt zu beachten, dass mit steigender Anzahl an integrierten Einzelsystemen der Aufwand für die Verteilung und Koordination steigt.
Pervasive Computing	Beschreibt die Möglichkeit alltägliche Aufgaben mit Hilfe von tragbaren oder eingebetteten Geräten zu vereinfachen. Zu den Aufgaben des Pervasive Computing zählen: Online-Banking, Flugbuchungen, Lichtaktivierung, Groupware und Aktienhandel.
Management der Speicherung	Das Management der Speicherung beinhaltet die örtliche und zeitliche Steuerung der Datenhaltung, den Einsatz der Speichertechnik, Datensicherheit und Angemessenheit der Daten.

Bestandteil	Beschreibung
Speicher Technologien	Die Bereitstellung von Daten und deren Archivierung zählt zu den Hauptaufgaben der Speicherung. Unterschiede liegen in der Aufzeichnungs-, Verwendungsform, im Speichermedium, in der Repräsentationsform der Daten (relational vs. NoSQL), in der Gestalt des Datenträgers, der visuellen Lesbarkeit durch den Menschen, in der Lagerfähigkeit, Transportierbarkeit, Speicherkapazität, Aufzeichnungshäufigkeit, Zugriffszeit und im Preis für Datenträger, Aufzeichnung- und Lesegerät.
Backup	Backups stellen eine Momentaufnahme der Daten (Sicherungskopie) dar. Diese werden regelmäßig gespeichert und können eine verlorene Datenbasis in den zuletzt gültigen Zustand zurückversetzen.
Archivierung	Archiviert werden Daten auf die nur noch selten zugegriffen wird. Aufgrund von verschiedenen Gesetzen wird es notwendig Daten unveränderlich, fälschungssicher abzuspeichern und alle Zugriffe und Aktionen zu protokollieren. Die Speicherung der Archivdaten hat auf zwei voneinander räumlich getrennten Systemen zu erfolgen.
Speichernetze	Speichernetze erlauben eine flexible Bereitstellung von Speicherkapazitäten. Dabei werden zwei Typen unterschieden: Storage Area Network (zentral verwaltetes Speichernetz für heterogene Umgebungen, Trennung von Server- und Speicherfunktionen) und Network Attached Storage (Speicher an einem lokalen Netzwerk verbunden).
Information Lifecycle Management	Das Information Lifecycle Management versteht Informationen als einen Produktionsfaktor, der einem Lebenszyklus unterliegt. Informationsobjekte (Dateien E-Mails, etc.) bilden den zentralen Bestandteil. Geschäftsprozesse geben Aufbewahrungszeiten, den Wert der Informationsobjekte und gesetzliche bzw. regulatorische Vorgaben vor. Ziel ist die unternehmensweite kosteneffiziente Speicherung der Informationen unter Berücksichtigung ihrer Wichtigkeit. Im Fokus steht die kontinuierliche Optimierung der Geschäftsprozesse und der IT-Infrastruktur.
Management der Kommunikation	Der Austausch von Informationen zum Zwecke der Verständigung wird als Kommunikation bezeichnet. Sie findet zwischen mindestens einem Sender und Empfänger über einen Kommunikationskanal statt. Es wird zwischen Daten-, Audio-, Bild- und Textkommunikation unterschieden. Kommunikationstechnik wird benötigt, um eine Kommunikation an unterschiedlichen Orten oder zu unterschiedlichen Zeiten zu ermöglichen.
Kommunikationsnormen	Ermöglichen Kommunikation zwischen Sender und Empfänger. Definieren u.a. Regeln für die Kommunikationsinfrastruktur, den Kommunikationsaustausch und für Überprüfungsmöglichkeiten. Die Normierung von Regeln erfolgt von verschiedenen Institutionen (DIN, ANSI, CEPT, CCITT, ITU, ISO). Bekannte Normen sind das OSI-Referenzmodell oder das TCP-IP-Protokoll.
Netzgestaltung	Die Netzgestaltung ist gekennzeichnet durch die Auswahl von Software- und Hardware-Komponenten sowie die Installations- und Verkabelungsplanung. Dies beinhaltet die Reichweite und die Auswahl der Netztopologie: Punkt-zu-Punkt- (z.B. Ring, Stern) oder Mehrpunkt-Netzwerke (z.B. Bus).
Netzverwaltung	Aufgaben der Netzverwaltung sind die Bestandsregistratur, Beschaffung und Koordinierung der Instandhaltung. Sie dient der Aufrechterhaltung des Netzbetriebes.
Netzbetrieb	Der Netzbetrieb beinhaltet die laufende Instandhaltung, die Netzbedienung und den Benutzerservice.
Mobil	Unterstützung der Mobilität durch den Ausbau der Netzwerkkapazität sowie der Konvergenz von Endgeräten, Diensten und Netzen.
Management von Technikbündeln	Technikbündel beschreiben die Kombination von Basistechniken (Hard- und Software) zur Realisierung von speziellen Konzepten. Dadurch können neue komplexere Funktionalitäten, die weit über die der Basistechnik hinausreichen, bereitgestellt werden. Eine Abgrenzung von Technikbündel und Basistechnik ist abhängig von der Betrachtungsweise. Ein Beispiel sind Web Services (Technikbündel), welche durch die Basistechniken (Web Server, Prozessoren, Datennetze, etc.) ermöglicht werden. Ein Web Server gilt aber auch als Technikbündel. Das Management trifft nachhaltige Entscheidungen in Bezug auf den Kombination von Basistechnik und des Betriebs von Technikbündeln. Es dient der Komplexitätsreduktion der vielen verschiedenen Basistechniken innerhalb eines Unternehmens.

Bestandteil	Beschreibung
Technologie-Erkennung	Eine Aufgabe im IKT-Management besteht in der Identifikation und Reaktion auf technologische Veränderungen. Hierfür müssen neue Technologien kontinuierlich beobachtet werden. Die Technologieerkennung erfolgt in drei Phasen: Scanning, Monitoring und Scouting. Scanning ist die Identifikation von technologierelevanten Informationen innerhalb und außerhalb einer Organisation. Monitoring beinhaltet die sorgfältige Analyse der technologierelevanten Informationen. Letztendlich werden die Informationen im Scouting zu abgegrenzten Technologien zusammengetragen, welche in der Organisation noch nicht erschlossen waren. Eine systematische Technologieerkennung kann durch Technologieportfolios oder Delphi-Analysen Unterstützung erfahren. Disruptive Technologien stellen eine besondere Herausforderung dar, da diese altbewährte Technologien verdrängen. Eine verspätete Anpassung kann zu Marktverlusten führen.
Technologie-Planung	Beinhaltet Entscheidungen hinsichtlich der zukünftigen technologischen Ausrichtung (z.B. Standards) des Unternehmens und die Entwicklung einer Implementierungsstrategie. Der Zeitpunkt des ersten Einsatzes einer Technologie wird durch den Technologieplan bestimmt. Die Technologieplanung umfasst drei Phasen. In der Vorbereitungsphase sind Objekte, Umgebung und Zeitplan in Betracht zu ziehen. Dem folgt die Ableitung von Handlungsalternativen anhand einer Informationsanalyse. In einer letzten Phase sind die Technologien zu diskutieren, zu bewerten und anschließend dem Technologieplan hinzuzufügen.
Technologie-Entwicklung	Basierend aus den Erkenntnissen der Technologieplanung und -erkennung kann eine Technologie aktiv weiterentwickelt werden. Ausgehend von initialen Ideen kommt es über anweiterte Technologiestudien (Machbarkeit, Aufwandsschätzungen) zu Prototypentwicklungen. Bereits während der Weiterentwicklung ist das angeeignete Wissen vor unrechtmäßiger Nutzung (Patenten oder Gebrauchsmuster) zu schützen.
Technologie-Verwertung	Zielt die optimale Ausnutzung einer angeeigneten Technologie innerhalb des gesamten Lebenszyklus ab. Die Verwertung kann innerhalb oder außerhalb einer Organisation stattfinden. Innerhalb sind die Technologien mittels Techniken in Produkte oder in deren Fertigung zu integrieren, um so Wettbewerbsvorteile zu erzielen. Außerhalb kann der Verkauf von Lizenzen oder das Anbieten von Beratungsleistungen nutzenstiftend sein. Denkbar sind zudem strategische und forschungsorientierte Kooperationen.
Technologie-Kontrolle	Ein erfolgreiches Technologiemanagement beinhaltet die Kontrolle des technologischen Umfelds und eine ständige Anpassung an zukünftige Anforderungen.
Führungsaufgaben des Informationsmanagements	
Unternehmensstrategie	Die Unternehmensstrategie behandelt die Positionierung von Dienstleistungen und Produkten auf Märkten. Hierbei stehen Strategie und Informationssystem im engen Zusammenhang.
IT-Governance	IT-Governance beinhaltet Entscheidungsrechte und Verantwortlichkeiten, um ein gewünschtes Verhalten beim Einsatz von IT sicherzustellen. Die Gestaltung ist abhängig von der ökonomischen Situation, Unternehmenstyp, Führungs- und Steuerungsprinzipien, Unternehmenskultur und IT-Reifegrad. Eine mögliche Ausprägung ist das Governance-Referenzmodel COBIT. Dieses definiert allgemeine und international anerkannte Ziele und Grundsätze für IT und findet unabhängig von Unternehmensgröße und Branche Anwendung.
Leistungsprogramm	Das Leistungsprogramm beinhaltet ökonomische Entscheidung über Investitionsprogramm, Leistungstiefengestaltung und Leistungskotrolle.
IT/IS-Strategie	Die IT-Strategie erfolgt in Abstimmung mit der Unternehmensstrategie. Sie manifestiert sich in der IS-Infrastruktur, IS-Architektur und in den angebotenen IT-Services. Die IT-Strategie ist abhängig von interner (z.B. Kultur) und externer Unternehmensumwelt (z.B. Wettbewerbsklima) sowie von der internen und externen IS/IT-Situation (Reichweite, Ressourcen, Lieferanten, etc.). Abhängig von diesen Faktoren ergeben sich eine IS/IT-Management-Strategie, eine Unternehmens-IS-Strategie und eine IT-Strategie.

Bestandteil	Beschreibung
Strategische Informationssysteme	Sind Informationssysteme, die einen Wettbewerbsvorteil für Unternehmen schaffen oder ein Zurückfallen verhindern. Hinsichtlich ihrer Position in der Wertschöpfungskette, ihres Neuigkeitsgrades, dem Charakter und der Absicht des Systems lassen sich die Systeme anhand der Value-Added Services (Auftragsanbahnung, Wartungsvorgänge, etc.), der Wertschöpfungskette, der elektronischen Märkte und der neuen Produkte und Dienstleistungen unterscheiden.
Neue Geschäftsmodelle	Durch die Vergleichbarkeit von Informationen und deren sofortige Verfügbarkeit werden neue Geschäftsmodelle möglich und notwendig. Hierzu zählen auch die Bildung und Nutzung von neuen Kooperationsformen. Geschäftsmodelle wie das eCommerce sind prominente Beispiele.
Neue Organisationsformen	Neue Möglichkeiten zur Organisationsgestaltung entstehen durch den schnellen technologischen Fortschritt. Um den heutigen und zukünftigen Anforderungen gerecht zu werden ist eine grundlegende Reorganisation hin zu einer stärkeren Eigenverantwortlichkeit der Mitarbeiter zu beobachten. Für den Erfolg sind dabei die Faktoren maximale Flexibilität, hohe Innovationskraft, schnelle Abwicklung und unternehmensübergreifende optimierte Wertschöpfungsketten wichtig. Charakteristika wie Teamarbeit, Vernetzung und flache Hierarchien können neue Organisationsformen prägen.
Investitionsbeurteilung	Wert oder Nutzen einer IT-Investition ist die subjektive Zusammenfassung der negativen (z.B. Kosten) und positiven Zielbeiträge von den Eigenschaften einer IT-Investition oder deren Auswirkungen auf die Diskurswelt.
Investitionsmethoden	Methoden zur Auswahl und Evaluation von IT-Investitionen sind z.B. Total Cost of Ownership, Simple Multi Attribute Rating Technique, Realoptionen (Einbeziehen der bestehenden Unsicherheit in den Managementprozess) oder das IT Capability Maturity Framework.
Leistungserbringung	Leistungserbringung regelt die Umsetzung des Leistungsprogramms. Die Erbringung beinhaltet die interne Aufbauorganisation des IT-Fachbereichs, das IT-Personalmanagement, und die Leistungstiefengestaltung.
IT-Aufbauorganisation	Definiert das statische Gerüst einer IT-Organisation, sowie das Beziehungsgerüst zwischen den einzelnen Entitäten und deren interne Arbeitsverteilung. Sie bildet gemeinsam mit der Ablauforganisation die Organisationsstruktur einer IT-Organisation.
Leistungstiefengestaltung	Die Leistungstiefengestaltung beschäftigt sich mit der Entscheidung über Eigenerstellung oder Fremdbezug. Applikationen, Infrastruktur, Personal, Prozesse oder die gesamten IT-Aufgaben können beim Outsourcing fremdbezogen werden.
IT-Servicemanagement	Bildet eine Zusammenfassung aller organisatorischen Aktivitäten und Fähigkeiten eines IT-Dienstleisters, die einen Wertbeitrag in Form von IT-Services für den IT-Kunden erbringen. IT-Servicemanagement ist vornehmlich prozess- und serviceorientiert, um eine nachhaltige Qualitätssteigerung und -sicherung durch Standardisierung zu erreichen.
IT-Personalmanagement	Umfasst die Gesamtheit der mitarbeiterbezogenen Verwaltungs- und Gestaltungsaufgaben in einer IT-Organisation. Um einen erfolgreichen Ablauf zu erlauben, ist eine enge Zusammenarbeit mit der internen Personalabteilung notwendig.
Anforderungen	Anforderungen an Mitarbeiter sind abhängig von der Gruppe (IT-Fachkraft, IT-Manager, IT-Anwender), Aufgabe und Rolle. Abhängig von der Aufgabe entstehen unterschiedliche Anforderungen in den Tätigkeitsbereichen Planung, Verwaltung, Entwicklung, Betrieb und Befähigung.
Aufgaben	Aufgaben des Personalmanagements sind die Personalbedarfsbestimmung, Personalbestandsanalyse, Personalbeschaffung, Personalfreisetzung, Personalentwicklung, Personaleinsatzmanagement, Personalveränderungsmanagement, Personalkostenmanagement und Personalführung.
Steuerung der Leistungserbringung	Die Ergebnisse aus dem Leistungsprogramm und dessen Erbringung sind stetig zu kontrollieren und zu steuern. Ein Abgleich erfolgt anhand von zuvor definierten Zielvorstellungen.

Bestandteil	Beschreibung
IT-Controlling	Die Steuerung und Kontrolle der Leistungserbringung findet über das IT-Controlling statt. Ziel ist die Sicherstellung der Sachziele: Funktionalität, Qualität, Termineinhaltung und der Formalziele Effektivität und Effizienz. IT-Controlling dient als Koordinationsfunktion für das gesamte IM. Der Schwerpunkt liegt bei der Weiterentwicklung bestehender Methoden, Ansätze, Technik sowie deren Ausgestaltung für unterschiedliche Bereiche. Dabei soll das IT-Controlling sinnvolle Aussagen zur Erfassung und Bewertung des IT-Werts oder Nutzenbeitrags mit den vorhandenen Informationen ableiten.
Portfolio-Controlling	Das Portfolio-Controlling betrachtet alle geplanten und implementierten Anwendungen innerhalb einer Organisation. Infolgedessen kann eine strategische Relevanz und Wirtschaftlichkeit bestimmt werden. Jede Maßnahme im Projekt-Controlling überwacht Qualität, Funktionalität, Zeit und Wirtschaftlichkeit.
Produkt-Controlling	Begleit implementierte Anwendungssysteme innerhalb des gesamten Lebenszyklus. Für diese Zeit werden Funktionalität und Qualität in den Systemen sichergestellt.
Projekt-Controlling	Überwacht und steuert die Wirtschaftlichkeit, Funktionalität, Qualität und Termine in Projekten und bezieht sich auf jede einzelne Maßnahme.
IT-Infrastruktur-Controlling	Das IT-Infrastruktur-Controlling steuert die Verfügbarkeit und Weiterentwicklung von Plattformen für eigene Produkte. Es betrachtet die gesamte IT-Infrastruktur einer Organisation.
Methoden	Methoden zur Kontrolle und Steuerung der Leistungserbringung sind bspw. Kennzahlensysteme, Service Level Agreements, Operational Level Agreements oder IT-Servicekataloge.
Risikomanagement	Hauptaufgabe ist die Bestimmung und Auswahl von Maßnahmen, welche die negativen Auswirkungen von Risiken senken und dabei wertstiftend sind. Einen zentralen Aspekt nimmt das Risikomanagement der Informationssicherheit ein. Dieses soll effektive Prozesse und Strukturen in der Organisation etablieren und betreiben, die dem Schutz gegen Angriffen (Vieren, Diebstahl, Abhören) und unerwarteten Ereignissen (z.B. Naturkatastrophen) dienen. Managementsysteme für Informationssicherheit unterstützen die strukturierten Maßnahmen mithilfe von IT, sodass eine angemessene Identifikation, Analyse, Steuerung und Überwachung von potenziellen Risiken in Geschäftsprozessen erfolgen kann.

Tabelle 1 (siehe S. 10) verdeutlicht und benennt, das umfangreiche Aufgabenspektrum im Informationsmanagement. Die Auflistung soll im weiteren Verlauf als Katalog dienen, indem die Dimensionen bei Eintritt einer Big Data Situation auf Veränderungen geprüft werden. Hierfür ist der Begriff Big Data in einem ersten Schritt zu erörtern.

2.1.2 Big Data

Das Forschungsfeld Big Data erfuhr in den letzten Jahren steigende Bedeutung in Forschung und Praxis [PoFe2012, 1]. Eine einheitliche Definition ist noch ausstehend [GaHa2015, 137]. Im Jahr 2016 konnten dem Portal des Verlegers IGI Global bereits 68 unterschiedliche Definitionen entnommen werden [IGIG2016]. Die bestehenden Definitionen ordnen sich in drei unterschiedliche Kategorien ein [HWCL2014, 654]:

- Architektur Definitionen begreifen Big Data als Situation, in der das Datenvolumen, die Datenrepräsentation, die Datengenerierung und die Datentransferierung eine effektive Analyse anhand von traditionellen relationalen Ansätzen verhindert bzw. eine horizontale Skalierung für eine effiziente Verarbeitung notwendig wird. Des Weiteren kann Big Data in Big Data Science und Big Data Frameworks unterteilt werden. Big Data Science erforscht Techniken, welche Zugang, Verarbeitung oder Evaluierung von Big Data ermöglicht. Big Data Frameworks bestehend aus Software Bibliotheken und zugehörigen Algorithmen, ermöglichen eine verteilte Verarbeitung und Analyse von Big Data Problemen in Computerclustern. Ein Zusammenschluss von mehreren Frameworks wird als Infrastruktur bezeichnet. [CoMe2012]

- Komparative Definitionen wie von McKinsey definieren Big Data als Datensatz, dessen Größe die Fähigkeiten von typischen Datenbankwerkzeugen hinsichtlich Aufnahme, Speicherung, Verwaltung und Analyse übersteigt [DMRL2011, 1]. Ähnliche Auffassungen folgen Kaisler et al. "... the amount of data just beyond technology's capability to store, manage and process efficiently." [KAEM2013, 995] oder "Data that is so large and complex that it cannot be processed using traditional data processing tools or applications" [Wang2014, 772].

- Attribut Definitionen ordnen Big Data Eigenschaften zu. Die ersten Erkenntnisse gehen auf Laney zurück [Lane2001]. Dieser sah neue Herausforderungen und Potentiale durch das wachsende Datenvolumen voraus. Demnach wird Big Data durch das Datenvolumen (Volume), durch die Geschwindigkeit der Datengenerierung bzw. Transferierung (Velocity) und durch die steigende Bandbreite der verschiedenen Datentypen und Datenquellen (Variety) aufgespannt. Im weiteren Verlauf der wissenschaftlichen Debatte konnten dieser initialen Perspektive zwei weitere Attribute hinzugefügt werden [HiJa2013, 233]. So proklamiert IBM [ScSh2012, 4] den Begriff *Veracity* und Oracle [Orac2016, 4] den Term *Value*.

Die bestehenden Definitionen sind eher Beschreibungen als Definitionen. Demnach können Organisationen nicht bestimmen, ob bereits der Einsatz einer Big Data Lösung vorliegt, ob Big Data Probleme bestehen, bzw. wie sich eine Lösung darstellt und welche Resultate zu erwarten sind. [Losh2009, 1] Infolgedessen sind klare Wirkungsbeziehungen durch eine Big Data Definition offenzulegen, um Konsequenzen für das Informationsmanagement abzuleiten. Demnach ist zu klären, ab wann Big Data vorliegt, was zu Big Data führt, wie Big Data gelöst werden kann und welche Ergebnisse zu erwarten sind. Die Definition eines minimalen Datenvolumens, das den Zustand Big Data beschreibt erweist sich jedoch als nicht zielführend. [GaHa2015, 138 f.] Grundsätzlich betrachten die vorhandenen Definitionen entweder Eigenschaften eines Datensatzes oder neuartige Technik- und Methodenbündel. Beginnend mit den Eigenschaften eines Big Data Datensatzes geben die folgenden Ausführungen einen plakativen Einblick in die diskutierten Bestandteile.

Das Volumen (Volume) und die Anzahl der zu verarbeitenden und abzuspeichernden Daten steigt stetig [McBr2012, 62]. Während Ende der achtziger Jahre erste Datenbanksysteme bis zu einem Terabyte speicherten [HWCL2014, 655] überstieg 2012 allein die tägliche Datenproduktion 2,5 Exabytes [McBr2012, 62]. Die Gründe werden vielfältig diskutiert. Sie liegen in der Zunahme von informationserfassenden Einheiten wie Mobiltelefonen, RFID Lesegeräten oder Kameras, in Bewegungen wie Soziale Medien oder dem Internet der Dinge [Bitk2013, 7 ff.] aber auch in steigengenden Aufzeichnungspflichten [KAEM2013, 1000].

Die steigende Bandbreite der verschiedenen Datentypen und Datenquellen wird als *Variety* bezeichnet. Datentypen können strukturiert, semi-strukturiert oder unstrukturiert vorliegen [Krcm2015, 333]. Strukturierte Daten weisen eine gleichartige Struktur auf. Semi-strukturierte Daten besitzen unstrukturierte Charakteristika, welche mit strukturierten Annotationen versehen sind und somit maschinenlesbar werden. Eine mögliche Instanz für semi-strukturierte Daten ist die Extensible Markup Language (XML). [GaHa2015, 138] Unstrukturierte Daten weisen keine formalisierte Struktur auf. Die fehlende Struktur erschwert eine maschinelle Auswertung [Gent2001, 57 f.]. Typische Beispiele sind Bilder, Videos, Tonaufnahmen oder Textdokumente [PoFe2015a, 84]. Untersuchungen vermuten, dass lediglich fünf Prozent aller Daten in einer strukturierten Form vorliegen [Cuki2010]. Die Verarbeitung von semi- und unstrukturierten Daten ist häufig mit erhöhtem Rechenaufwand verbunden, sodass sich eine weitere Dimension von Big Data aufspannt. [GaHa2015, 138]. Die zunehmende Anzahl an neuen Datenquellen können verknüpft werden, um ein umfassenderes Realitätsbild zu ermöglichen [PoFe2016a, 5019; BRMH2013, 7].

Die steigende Geschwindigkeit der Datengenerierung bzw. Transferierung wird häufig als *Velocity* bezeichnet [HiJa2013, 233]. Häufig müssen diese Datenmengen in Echtzeit analysiert werden [Krcm2015, 334]. Infolgedessen die Größe eines Datensatzes nicht durch das Volumen bestimmt wird, sondern durch den Umstand, dass die Analyserate und Ausgabe mindestens gleich der Datengenerierungsrate bzw. der Empfangsrate sein muss. [HWCL2014, 654]

Veracity verweist auf das Datenrauschen und auf die Ungewissheit der Daten [ScSh2012, 20]. Ein typisches Beispiel ist die Unbestimmtheit von Klassen im Data Mining [GaHa2015, 139]. In diesem Zusammenhang ist sicherzustellen, dass die Daten für die Analyse in erforderlicher Qualität vorlegen [ScSh2012, 20] und entsprechende Werkzeuge und Methoden entwickelt werden, um dieser Ungewissheit zu begegnen [GaHa2015, 139]

Das Attribut *Value* verweist auf den immanenten Wert von Daten, der erst durch die Analyse von großen Mengen ersichtlich wird [Orac2016, 4]. Auch ist der Wert einer Information abhängig vom Alter. [KAEM2013, 996] Oracle versteht die Identifikation von *Value* als Prozess, in dem innovative Fragen und Hypothesen iterativ aufgestellt werden. Anschließend sind diese durch entsprechende Datenquellen zu visualisieren oder durch Data Mining Methoden zu beantworten [Orac2016, 9]. Der potentielle Wert einer Big Data Lösung sollte immer mit den entstehenden Kosten verglichen werden [GaHa2015, 140 f.]. Dennoch ist die Zugehörigkeit von *Value* als Eigenschaft nicht frei von Kritik. Vorhies [Vorh2014] führt an, dass die

Speicherung von Daten unabhängig von der Größe einen geschäftlichen Wert vermuten lässt. Auch ist fraglich, ob eher von einem Effekt als von einer Eigenschaft auszugehen ist. Andere definieren Big Data als Technik- und Methodenbündel, um die Daten in einem angemessenen Zeitraum zu verarbeiten [GVGP2015, 149]. Eine vollständige Darstellung aller assoziierten Big Data Ansätze wäre aufgrund der thematischen Breite nicht zielführend. Nachkommend erfolgt eine Auswahl.

Oft wird Big Data mit Googles MapReduce Programmiermodell in Verbindung gebracht [DeGh2004; PoFe2012, 6]. Dieses Modell erlaubt eine verteilte Berechnung durch die Aufteilung der Operationen in eine Map-Funktion und eine spätere Zusammenführung der Teilergebnisse in einer Reduce-Funktion. Infolgedessen können Vorteile durch eine parallele Verarbeitung gezogen werden. [DeGh2004] MapReduce findet beispielsweise Anwendung in Apaches Hadoop. [CuSD2011]. Das Framework ermöglicht skalierbare und verteilte Berechnungen, welche durch das Hadoop Distributed File System (HDFS) ermöglicht werden. Das Dateisystem erlaubt eine verteilte Speicherung auf unterschiedlichen Nodes, sodass eine parallele Verarbeitung ermöglicht wird. [CuSD2011]. Weiterentwicklungen wie Hive erweitern Hadoop um Data Warehouse Funktionalitäten [TSJS2009]. Generell stellt die Speicherung und Abfrage großer Datenmengen ein zentrales Thema dar [PoFe2016a, 5025]. In diesem Zusammenhang lassen sich vermehrt NoSQL Datenbanken (z.B. spaltenorientierte, dokumentorientiert) der Big Data Diskussion entnehmen [HaHL2011]. Hadoop verwendet keine Datenbank, sondern ein Dateisystem (HDFS) als datenhaltende Komponente. Die Speicherung erfolgt anhand von unterschiedlichen Dateiformaten, die eine Nutzung von NoSQL Paradigmen erlauben. Beispiele sind in dem Key-Value Format *SequenceFile* [Apac2016a] oder im spaltenorientierten *Apache Parquet* [Apac2016b] zu sehen. Andere Autoren propagieren die langfristige Datenhaltung im Arbeitsspeicher (In-Memory) [ZCOT2015]. Infolgedessen können Zugriffszeiten verkürzt werden. Andere Diskussionen greifen die Datenverarbeitung auf. Hierbei sollen Ansätze aus dem Bereich Analytics helfen Zusammenhänge in großen Datenmengen zu erkennen, Bedeutungen abzulesen und Muster vorherzusagen. Methodisch wird auf Verfahren der Visualisierung, Data und Text Mining zurückgegriffen. [Bitk2013, 10] Hadoop Erweiterungen wie Apache Spark oder Apache Mahout bieten Software-Bibliotheken mit Algorithmen an, die parallele Berechnungen auf unterschiedlichen Nodes erlauben [ZCDD2012; Maho2016]. Es wird ersichtlich, dass der Lösungsfokus innerhalb der Big Data stark technologisch getrieben ist. Verknüpfungen und Forschungen für ein Informationsmanagement in Zeiten von Big Data sind noch nicht vorhanden. [PoFe2012, 7 f.]

Hierbei zeigt sich, dass die Diskussionen im Umfeld von Big Data einem unterschiedlichen Fokus unterliegen. Infolgedessen bleibt unklar, was unter dem Phänomen Big Data zu verstehen ist. Dies erschwert die Identifikation von Konsequenzen für das Informationsmanagement.

2.2 Herleitung der Notwendigkeit der Forschung

Es wird deutlich, dass die Big Data Forschung bis dato vornehmlich technologisch getrieben ist und wenige Erkenntnisse für das Informationsmanagement vorliegen. Auch verhindern die unscharfen Definitionen die Identifikation und Betrachtung eines realen Erkenntnisobjekts. Demnach bleibt unklar, wann das Phänomen Big Data vorliegt und welche Technik- und Methodenbündel mögliche Lösungen darstellen. Beide Dimensionen implizieren Konsequenzen für das IM.

Bereits 2001 prognostizierte Laney neue Aufgaben für das Informationsmanagement [Lane2001, 1 ff.]. Demnach sollte die Auswahl von Big Data Technologien in Abhängigkeit von Informationsnachfrage, -angebot, -verwendung und -ressourcen stattfinden. Ebenfalls sah er die verstärkte Notwendig einer Informationslogistik, sodass Informationsflüsse Definierung erfahren und Informationen zur richtigen Zeit am richtigen Ort verfügbar werden. Neben diesen Aufgaben, die sich dem Management der Informationswirtschaft zuordnen lassen, sind Weitere benannt, die sich vornehmlich in das Management der Informationssysteme bzw. der IKT einordnen lassen. Infolgedessen sind u.a. einheitliche Datenstandards zu formulieren sowie EAI und Metadaten Management Vorhaben voranzubringen. Des Weiteren ist abzuwägen, inwiefern die eigene Datenhaltung fremd bezogen werden kann. [Lane2001, 1 ff.] Dennoch konnten Pospiech und Felden keine wissenschaftlichen Studien zum Informationsmanagement innerhalb der Big Data Forschung identifizieren. Infolgedessen sind die Konsequenzen für das IM unbekannt und eine Forschungslücke spannt sich auf. [PoFe2012, 1 ff.] Im Folgenden werden mögliche Auswirkungen von Big Data für das IM argumentativ erörtert, um die weitere Forschung zu motivieren. Hierbei wird von einem allgemeinen Big Data Verständnis ausgegangen (nicht wissenschaftlich belegt), um überhaupt argumentieren zu können. Veränderungen im Management der Informationswirtschaft und im Management der IKT wirken auf das Management der Informationssysteme und vice versa ein, Führungsaufgaben im IM auf alle Ebenen [Krcm2015, 108 ff.].

Mögliche Konsequenzen für die Informationswirtschaft in Zeiten von Big Data sind durch Abbildung 5 (siehe S. 25) verdeutlicht. Dargestellt ist das informationswirtschaftliche Gleichgewicht, in welchem Angebot und Nachfrage zueinander in das Verhältnis gebracht werden [Pico1988, 236]. Der Informationsstand zur Erfüllung der Aufgabe ergibt sich aus der Schnittmenge von Nachfrage, Angebot und objektiven Informationsbedarf [Pico1988, 237]. Ziel einer Informationswirtschaft ist die Erhöhung des Informationsstands.

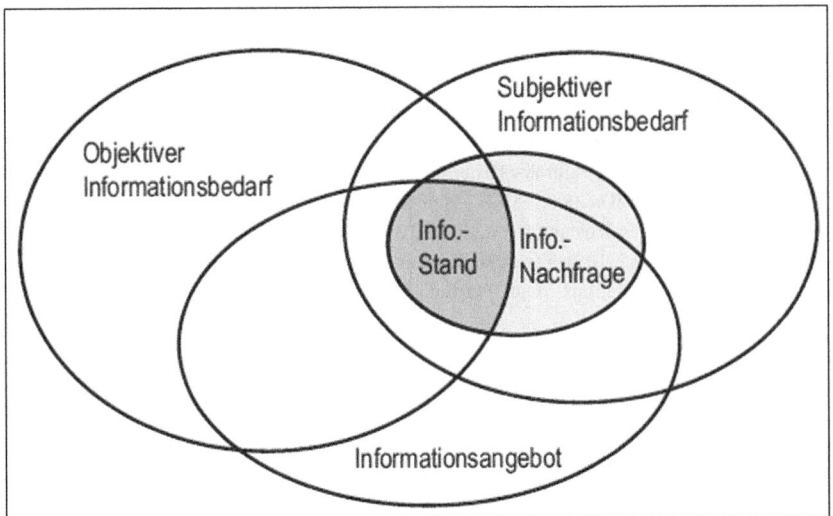

Abbildung 5: Informationswirtschaftliches Gleichgewicht [Pico1988, 246]

Der objektive Informationsbedarf stellt den für die Aufgabenerfüllung erforderlichen Bedarf dar. Die Größe des objektiven Informationsbedarfs ist abhängig vom Grad der Strukturiertheit und Veränderlichkeit der Aufgabe. Hierbei besitzen Aufgaben, die wenig Struktur in deren Abarbeitung erlauben und ständigen Veränderungen unterliegen (z.b. Forschung und Entwicklung) einem hohen objektiven Informationsbedarf. [Pico1988, 245] Dynamik und Komplexität der Organisationsumwelt erhöht die Anzahl an unstrukturierten Aufgaben [Walk2015, 42]. Da die Dynamik und Komplexität in Zeiten von Big Data steigt, ist von einer Zunahme an unstrukturierten Aufgaben auszugehen [PoFe2015a, 81]. Dies könnte zu einem erhöhten objektiven Informationsbedarf führen. Diesem kann nur mit einem erhöhten Informationsangebot oder einer verbesserten Bedarfsidentifikation begegnet werden. Sollte dies nicht gelingen, verschlechtert sich die Aufgabenerfüllung. [Pico1988, 245]

Die Menge der angebotenen Informationen wird vom Management des Informationsangebots und der Bereitstellung bestimmt [Krcm2015, 147]. Aufbauend auf den Charakteristika von Big Data ist ein steigendes Informationsangebot anzunehmen [CLBG2011, 1]. Dadurch treten mehrere Effekte ein.

Zum einen könnte der Informationsstand erhöht werden, indem die Lücke vom objektiven Informationsbedarf und geäußerter Informationsnachfrage mit dem zusätzlichen Informationsangebot geschlossen wird. Denkbar sind Informationsressourcen wie Mobilfunkdaten, Soziale Medien [Bitk2013, 7 ff.], staatlichen Institutionen (z.B. statistisches Bundesamt), veröffentlichungspflichtige Berichte (z.B. Bilanzen, Energieproduktion, etc.) oder Informationen aus der Open Data Bewegung. [GeHP2014, 4 f.] Infolgedessen kann Big Data zu einem erhöhten Informationsstand beitragen.

Zum anderen könnte das erhöhte Informationsangebot die geäußerte Informationsnachfrage bedienen, selbst wenn diese nicht dem objektiven Informationsbedarf entspricht und somit die Aufgabenerfüllung lokal (z.B. durch ein Informationssystem) nicht verbessert wird. Es ist jedoch möglich, dass die wahrgenommene Nützlichkeit und Nutzung dieses Systems global steigt, wenn eine subjektive Relevanz des Informationsangebots vorliegt. Hierbei stellt die Nutzung einer Technologie ein zentrales Kriterium dar, um positive Effekte in der Entscheidungsfindung zu erzielen. [VeDa2000, 187 ff.] Nichtsdestotrotz kann die Steigerung des Informationsangebots zu erhöhten Kosten führen, da die Anforderungen an die zugrundeliegenden Systeme steigen [Krcm2015, 109]. Typische Belastungen sind in technischer Ausstattung, Lizenzkosten sowie in Integrations- und Wartungsbedürfnissen zu beobachten [Erli2000, 17; Krcm2015, 224].

Des Weiteren birgt die Versorgung mit einem erhöhten Angebot die Gefahr einer Informationsüberflutung, sodass die Analysefähigkeiten des Informationsnutzers überfordert sind [Krcm2015, 147]. Verstärkt wird dieser Effekt bei einer manuellen Identifikation von relevanten Inhalten. [FoKS2006, 853] Infolgedessen ein effizientes Management des Informationsangebots und der Bereitstellung nötig wird, sodass die negativen Effekte vermieden werden. In diesem Zusammenhang ist eine zentrale Herausforderung die automatisierte Entnahme von relevanten und die Reduktion von irrelevanten Informationen. Bei zutreffendem Informationsbedarf kann hierdurch der Informationsstand erhöht und eine Informationsüberflutung verhindert werden. [Krcm2015, 147 ff.]

Zudem sind Wechselwirkungen zwischen Informationsangebot und subjektiven Informationsbedarf möglich. So induziert ein gestiegenes Informationsangebot beim Menschen ein erhöhtes subjektives Bedürfnis nach Informationen [Krcm2015, 116]. Infolgedessen ist, wenn von einem gestiegenen Informationsangebot in Zeiten von Big Data ausgegangen wird, ein erhöhter subjektiver Informationsbedarf zu erwarten. Dieser ist ggf. innerhalb der Informationsnachfrage nicht formulierbar.

Darüber hinaus ist der subjektive Informationsbedarf stark von Arbeitsumgebung, soziokultureller, politisch-wirtschaftlicher oder physiologischer Umwelt sowie von der Rolle und den individuellen psychologischen Eigenschaften eines Individuums bestimmt [Wils1981, 8]. Veränderungen dieser Einflüsse in Zeiten von Big Data könnten zu starken Veränderungen innerhalb des subjektiven Informationsbedürfnisses führen. Die Konsequenzen für den Informationsstand sind schwer vorauszusagen. Eine positive Wirkung für die Aufgabenerfüllung kann erzielt werden, wenn die geäußerte Informationsnachfrage proportional mehr steigt als das subjektive Informationsbedürfnis. Führen die Umweltbedingungen in Zeiten von Big Data zu einem gesteigerten Informationsinteresse, ist von einem erhöhten subjektiven Informationsbedürfnis auszugehen. Ziel muss es sein, dieses subjektive Informationsbedürfnis anhand von Methoden zu leiten, sodass das subjektive Informationsbedürfnis dem objektiven entspricht. Infolgedessen der Informationsstand erhöht wird, solange eine Informationsnachfrage formuliert werden kann. Eine negative Wirkung für die Aufgabenerfüllung (Task) tritt ein, wenn aufgrund eines steigenden subjektiven Informationsbedürfnisses ein Informationssystem (Technologie) den subjektiven Anforderungen nicht mehr entspricht (Fit) [GoTh1995, 213 ff.] Diese entsteht, wenn dem subjektiv gestiegenen Informationsbedürfnis mit mangelnder Identifikation der Informationsnachfrage und in Folge mit fehlendem Informationsangebot begegnet wird.

Es wird deutlich, dass die Informationsnachfrage eine zentrale Rolle einnimmt. Die Ableitung der Nachfrage ist jedoch stark durch den menschlichen Faktor limitiert. [Pico1988, 236] Vorhandene Methoden zur Informationsbedarfsermittlung, wie offene Befragungen, Wunschkataloge oder Benutzermodellierungen werden durch Big Data vermutlich keine direkten Verbesserungen erfahren. Im Gegenteil, wird die Identifikation der Informationsnachfrage bei einem steigenden Informationsbedarf und Informationsangebot, aufgrund einer Informationsüberflutung des Nutzers, erschwert. [Krcm2015, 124 ff.]

Des Weiteren ist zu hinterfragen inwiefern der Mensch durch das Phänomen Big Data beeinflusst ist. Um dem nachzukommen, ist zunächst festzuhalten, dass die Informationswirtschaft einem hermeneutischen Zirkel unterliegt [ReKr1996, 20]. D.h. basierend auf einem bestehenden Informationsangebot erfolgt die Definition eines neuen Informationsbedarfs. Innerhalb der Formulierung dieses Bedarfs unterliegt der Mensch psychologischen Rahmenbedingungen. Während der kognitive Informationsverarbeitungsprozess ein geschlossenes System darstellt und keinen Beeinflussungen unterliegt, ist es für das Informationsbeschaffungsverhalten (die Suche nach Informationsnachfragen) möglich. Diese Suche kann durch drei verschiedene Kontexte beeinflusst werden. Der *externe Kontext* betrachtet Aspekte wie Zeitbudget und soziales bzw. organisatorisches Umfeld. Einflussfaktoren wie individueller Erfahrungsstand und Vorwissen des Informationsnutzers sind unter dem *internen Kontext* zusammengefasst. Die individuelle Einstellung zur Suche von relevanten Informationen und die Herangehensweise werden als *kognitiver Ansatz* zusammengefasst. [Fost2004, 232 f.] Demnach wäre eine Verbesserung der Informationsnachfrage denkbar, wenn einer dieser drei Kontexte positiv durch das Phänomen Big Data beeinflusst wird. Mögliche Beispiele wären die zunehmende Wahrnehmung und somit Unterstützung für die Bedeutung der Ressource Information [Gran1996, 357]. Aber auch ein zunehmendes Vertrauen, Neugier, Akzeptanz und Erfahrung der Informationssucher in der Analyse von großen Datenmengen [Krcm2015, 119 ff.; VeDa2000, 187 ff.]. Zusätzlich wird deutlich, dass ein Gestaltungsrahmen besteht, der die Identifikation der Informationsnachfrage speziell im Umfeld von Big Data unterstützen kann. Hier sind organisatorische Maßnahmen denkbar, wie die Einbindung von Data Scientists, Big Data Kompetenzzentren oder analytische Schulungen innerhalb des Aufnahmeprozesses. Aber auch softwareergonomische Aspekte wie Oberflächengestaltung bzw. die Strukturierung des Informationsangebots können eine verbesserte Identifikation der Nachfrage ermöglichen [Krcm2015, 160]. Inwiefern sich eine Gestaltung innerhalb von Big Data darstellt ist jedoch ungewiss. Eine weitere Möglichkeit wird in der Neuentwicklung von Methoden zur Identifikation der Informationsnachfrage im Rahmen von Big Data Vorhaben gesehen, obwohl völlig offen ist, wie eine solche Methode zu gestalten ist.

Zusätzlich könnte der Einsatz von fortgeschrittenen analytischen Methoden notwendig werden, um sinnvolle Auswertungen von vergrößerten Datenmengen zu erlauben. Traditionell sind Ansätze wie OLAP in ihrer Anwendung begrenzt. Hierbei ist OLAP hypothesenorientiert, sodass die Anzahl der betrachteten Dimensionen von der Vorstellungskraft des Nutzers begrenzt wird. [Hein2015, 63] Dem gegenüber steht die hohe Dimensionalität von Big Data Datensätzen [ChZh2014, 321]. Eine vermehrte Verwendung von Data Mining Methoden könnte die Betrachtung eines breiteren Dimensionsspektrums ohne Hypothesenformulierung erlauben, um unbekannte Datenmuster zu identifizieren. [AdZa1996, 5] Zudem ist zu vermuten, dass die vermehrte Unstrukturiertheit des Datenangebots zum häufigeren Einsatz von automatischen Methoden führt, welche eine Umwandlung in ein strukturiertes Datenformat erlauben. In diesem Zusammenhang sind beispielsweise Text Mining oder Image Mining zu nennen. Aber auch andere Auswertungsformen für Audio und Film sind denkbar. [PoFe2016b]

Zusätzlich bieten Visualisierungen die Möglichkeit versteckte und komplexe Beziehungen visuell abzuleiten. Nichtdestotrotz stellen die zahlreichen Dimensionen eine Herausforderung für die bestehenden Visualisierungstechniken dar. Auch bieten die bestehenden Big Data Lösungen nur grundlegende Funktionen. Neu Graphen und Funktionen müssten im IM Einzug erhalten, um Wissen ableiten zu können. [ChZh2014, 321]

Weitere Veränderungen sind im Management der Informationssysteme wahrscheinlich. In diesem Zusammenhang erlauben oder begünstigen neue NoSQL Datenbanken bzw. Dateisysteme eine Verarbeitung und Speicherung, wenn relationale Datenbanken dem gestiegenen Datenangebot nicht mehr gerecht werden können. [HaHL2011, 363 ff.] Beispiele sind im spaltenorientierten Cassandra [LaMa2009], im dokumentenorientierten CouchDB [Couc2016], im verteilten Dateisystem Hadoop [CuSD2011, 24], in der Key-Value Datenbank BigTable [CDGH2006] oder in den unterschiedlichen Hadoop Dateiformaten, wie *SequenceFile* [Apac2016a] bzw. *Apache Parquet* [Apac2016b] zu sehen. Die gemeinsame Verwendung von unterschiedlichen Systemen kann zu einem erheblichen Integrationsaufwand führen [AmIr2013, 614].

Zusätzlich könnten sich Veränderungen in der Anwendungsentwicklung ergeben. Demnach erfolgt die Verarbeitung von großen Datenmengen oft parallel und über verteilte Nodes [CuSD2011]. Diese Verarbeitungsform ist lediglich vorteilhaft, wenn das eigentliche Problem mathematisch aufteilbar ist. Oft ist dies Art der Entwicklung anspruchsvoll, nicht effizient (z.B. kürzester Pfad) oder nicht möglich. [MeSa2003, 114] Im Falle von Hadoop wäre eine Map- und eine Reduce-Funktion zu implementieren. Infolgedessen müsste ein Paradigmenwechsel in der Anwendungsentwicklung erfolgen. [WZWD2014, 100]

Häufig existieren nur wenige Case Werkzeuge zur Entwicklungsunterstützung [SJHA2013, 402]. Infolgedessen obliegt die Implementierung IT-Spezialisten und nicht Domänenangehörigen. Um Missverständnisse zu verhindern muss die Anforderungsanalyse intensiviert werden. [GaTo2014, 42] Bis heute ist es vage mit wie vielen Anforderungsveränderungen Big Data Vorhaben einhergehen [DeDe2013, 413]. Demnach ist offen, welches Vorgehensmodell der Softwareentwicklung für Big Data Projekte geeignet ist und inwiefern dieses agil oder formalisiert sein muss [FDCD2012, 52 f.; DeDe2013, 413]. Weiterhin ist unklar, ob Veränderungen der Organisationsformen (Matrix, hierarchisch, etc.) im IM durch Big Data Vorhaben stattfinden müssen. Hierbei ist auch die Zusammenstellung der Projektgruppen (z.B. Hardware-, Software- und/oder Fachexperten) zu klären. [Galb2014, 8]

Auch fehlen akzeptierte Big Data Referenzmodelle. Entwicklungen sind somit hochgradig individualisiert und zeitintensiv. Sollte es möglich sein, allgemeine Prozesse oder Architekturen zu identifizieren könnten Erfahrungen transferiert werden, um so Aufwände zu verringern. [DeLM2014, 104 ff.]

Des Weiteren fehlt es an weitreichenden Erfahrungen im Architekturmanagement [JJOW2015, 10]. In diesem Zusammenhang bleibt offen, ob bestehende Frameworks (z.B. TOGAF) wiederverwendbar sind oder ob Erweiterungen bzw. Neuentwicklungen stattfinden müssen. [Kemp2014, 484] Mögliche Erweiterungen könnten in der Datenarchitektur stattfinden, da eine vollständige und konsistente Darstellungsform des Datenmodells durch die verschiedenen NoSQL Ansätze verhindert werden könnte [KAEM2013, 997 f.]. Vielfältige Big Data Technologien, komplexe Verknüpfungen und unklare Ziele führen zu teuren und unkoordinierten Lösungen. Ein EAI könnte die Integration unterstützen. [JJOW2015, 4] Auch ist zu prüfen, inwiefern neue Rollenbeschreibungen und Verantwortlichkeiten zu bestimmen sind. Abhängig von den benötigen Befugnissen und dem internen Grad an Ablehnung wäre der Chief Digital Officer eine mögliche Rolle, um Big Data Vorhaben voranzutreiben. Aufgaben wären z.B. Strategiefindung, Identifikation von Einsatzmöglichkeiten, Datenarchitektur und IT-Infrastruktur für Big Data Projekte. [Galb2014, 4]

Doch Veränderungen sind auch im Management der IKT zu verorten. Hierbei können neue Speichertechnologien das steigende Informationsangebot begünstigen. In diesem Zusammenhang wird u.a. der physische Ort der Speicherung unterschieden. Während traditionelle Datenbanken Festplatten bevorzugen leisten Produkte wie Exasol eine persistente Speicherung im Arbeitsspeicher [Exas2016]. Des Weiteren ist hinsichtlich der Betriebsart abzugrenzen. Hierbei ist festzuhalten, dass die parallele und verteilte Berechnung eine Verarbeitung von großen Datenmengen ermöglicht. Infolgedessen ist ein vermehrter Einsatz von Parallel Computing Frameworks wie MapReduce zu erwarten [DeGh2004, 137]. Inwieweit der Betrieb dieser Lösung im eigenen Rechenzentrum oder mittels Cloud Computing erfolgt, bleibt abzuwarten [AgDA2011, 532]. Ferner ist zu beachten, dass MapReduce einem stapelorientierten Paradigma folgt und somit eine Echtzeitberechnung verhindert. Währenddessen erlauben Produkte wie Apache Spark oder Yahoo! S4 eine unmittelbare Berechnung von Datenströmen (Streaming). [ZCDD2012, 12; ChZh2014, 324 ff.] Diese Heterogenität kann zu Integrationsbedürfnissen zwischen unterschiedlichen Technologien führen. Oftmals ist dies nur mit erheblichem Aufwand zu bewerkstelligen [RGSM2012, 1724]

Auch wird ein intensiveres Information Lifecycle Management wahrscheinlich [PoFe2012, 2]. Demnach sollte keine sinnfreie, sondern eine wertorientierte Speicherung von Daten erfolgen. Hierbei sollten die vorhandenen Datensätze in definierten Zeiträumen auf Nutzen überprüft und ggf. gelöscht werden. Weitere Techniken könnten fehlerhafte Daten identifizieren und löschen bzw. modifizieren. Insbesondere beim Datenstreaming ist dies von hohem Interesse, da eine vollständige Speicherung zu hohen Belastungen führen würde. [NaTa2015, 3 f.; QLYL2015, 18 ff.]

Des Weiteren wird die Notwendigkeit von größeren Rechenzentren deutlich, um Frameworks wie Hadoop sinnvoll zu betreiben. Gleichwohl geht dies mit erhöhten Ausgaben für Rechenleistung einher. Alternativ erhalten vermehrt Ansätze wie Cloud Computing Einzug in das IKT-Management. Insbesondere Plattform- oder Infrastrukturdienste rücken hier in den Fokus. [AgDA2011, 532] Infolgedessen müsste eine technische und organisatorische Integration in das vorhandene IKT-Management geleistet, sowie Datensicherheit und -sicherung Pflichten abgesichert werden [ChZh2014, 319]. Insbesondere die Integration der internen BI Landschaft mit einer extern betriebenen Big Data Lösung beinhaltet organisatorische Herausforderungen [DeDe2013, 414 f.]. Diese werden durch mögliche Netzwerkengpässe in der Datenübertragung von externer und interner IT bestärkt [ChZh2014, 319].

Zusätzlich sind Veränderungen für die Führungsaufgaben im IM zu erwarten. Hierbei stellt die Entwicklung von Big Data Systemen hohe Anforderungen an das IT-Personalmanagement [McBr2012, 66]. Kandidaten sollten über hohes technisches und analytisches Verständnis verfügen, Erfahrungen in paralleler und verteilter Programmierung aufweisen, Fähigkeiten im Data Mining vorweisen und wenn möglich domänenspezifisches Wissen besitzen [StWe2016, 69 f.]. Fähigkeiten in der Organisation von großen Datenbeständen und in der Bereinigung sind von entscheidender Bedeutung [McBr2012, 66]. Kreativität wird benötigt, um Datensätze von verschiedenen Datenquellen zu verknüpfen, welche nicht für eine Zusammenführung konzipiert wurden. In diesem Zusammenhang muss ein Verständnis für die Analyseumwelt, Kausalität und Generalisierbarkeit bestehen. [GaTo2014, 41] Nach derzeitigen Schätzungen Übertrifft die Nachfrage das Angebot an Big Data Experten um 140.000 bis 190.000 Positionen alleine in der USA. Hinzukommt die lange Ausbildung dieser Experten, welche mehrere Jahre andauern kann. [ChZh2014, 321] Um vorhandene Fachkräfte zu binden müssen Unternehmen neue Anreize schaffen. Alternativ sind langfristige Ausbildungsprogramme zu initiieren, um vorhandene Kapazitäten zu bilden [BRMH2013, 68].

Big Data Projekte benötigen die Unterstützung von Führungskräften. Die neuen analytischen Methoden treffen auf interne Wiederstände. Mögliche Gründe sind in der mangelnden Akzeptanz oder in der Sorge vor potentiellem Machtverlust zu sehen. Führungskräfte müssen die neuen Big Data Experten in die Entscheidungsprozesse der Organisation unterstützen und integrieren. Mögliche Konflikte zwischen den Anspruchsgruppen sind zu moderieren und zu lösen. Um Disputen vorzusorgen sind Ziele und Wertsteigerung klar zu kommunizieren. Die Implementierung von Big Data Systemen ist mit beträchtlichen Aufwänden verbunden. Aufgabe der Führungskräfte ist es, eine Kultur zu etablieren, welche vom Sinn der Datenanalyse überzeugt ist. [Galb2014, 4 f.] Entscheidungen in Unternehmen sollten nicht macht- sondern datenorientiert erfolgen. Traditionelle Machtverhältnisse müssen aufgelöst werden. [McBr2012, 65 ff.] Eine Kultur der Kommunikation wird Notwendig, sodass Big Data Experten und Fachanwender neue Fragstellungen und Erkenntnisse identifizieren können und implizites Wissen zwischen den Anspruchsgruppen offenlegen können. [ChCS2012, 1183] Führungsaufgabe wird es sein, diesen Wandel vorzuleben [McBr2012, 67; Galb2014, 4 f.].

Die zunehmende Datenorientierung und Integration verschiedener Anspruchsgruppen erlaubt den vermehrten Zugang zu sensitiven Informationen. Datensicherheit und Datenschutz werden insbesondere für Kunden- (z.B. Kauftransaktionen, Standortüberwachung, Sozial Medien) und Unternehmensinformationen (z.B. RFID) in den Fokus geraten. Zugangsbeschränkungen und Schutzmechanismen müssen die unerlaubte und unzweckmäßige Verwendung des vergrößerten Informationsangebots verhindern. In diesem Zusammenhang steht auch der zwischenbetriebliche Datenaustausch. Demnach könnten eigene und fremde Datenbestände miteinander verknüpft werden, um Wettbewerbsvorteile für beide Partner zu erzielen. Hierfür sind neben Zugangsbeschränkungen auch rechtliche Vorbehalte zu beseitigen. [GeHP2014, 4 f.] Nichtdestotrotz sind die bestehenden Übereinkünfte über die gemeinsame Datenverwendung oftmals informal und schlecht strukturiert. Der Gegenstandsbereich ist oftmals punktuell selektiert und mit isolierten Transaktionen verknüpft. [KoLe2013, 38 ff.] Es ist notwendig, für die Einbindung von externen Informationsquellen Mechanismen zu entwickeln, welche Datensicherheit, Datenschutz, Anonymisierung, Zugangs- und Rechtemanagement gewährleisten.

Aus Gründen der Übersichtlichkeit fasst Tabelle 2 alle potenziellen Konsequenzen anhand der IM Dimensionen nach Krcmar [Krcm2015, 133 ff.] zusammen. Das Kapitel macht deutlich, dass mögliche Veränderungen für das IM in Zeiten von Big Data auf allen Ebenen entstehen. Eine Nichtberücksichtigung dieser Folgen würde zu Ineffizienzen im IM führen. Somit ist die Notwendigkeit der Arbeit gegeben. Dennoch bleibt der Begriff Big Data unscharf. Die Ableitung von gesicherten Konsequenzen ist ohne klares Begriffsverständnis und ohne Beobachtungsobjekt ausgeschlossen.

Tabelle 2: Potenzielle Konsequenzen innerhalb des Informationsmanagements

Bestandteil	Beschreibung
Management der Informationswirtschaft	
Informationslogistik	
Management der Informationsnachfrage	
Objektiver Informationsbedarf	Die Zunahme an unstrukturierten Aufgaben in Zeiten von Big Data verursacht einen erhöhten objektiven Informationsbedarf.
Subjektiver Informationsbedarf	Veränderungen von Arbeitsumgebung, soziokultureller, politisch-wirtschaftlicher oder physiologischer Umwelt sowie von der Rolle und den individuellen psychologischen Eigenschaften eines Individuums in Zeiten von Big Data lösen ein erhöhtes subjektives Informationsbedürfnis aus.
Subjektiver Informationsbedarf	Der subjektive Informationsbedarf steigt aufgrund des erhöhten Informationsangebots.
Identifikation des Informationsbedarfs	Durch den steigenden Informationsbedarf (subjektiv, objektiv) sowie durch das erhöhte Informationsangebot müssen neue Methoden entstehen, die eine Identifikation des Informationsbedarfs begünstigen.
Identifikation des Informationsbedarfs	Der Informationsstand sinkt, wenn dem subjektiv gestiegenen Informationsbedürfnis mit mangelnder Identifikation der Informationsnachfrage begegnet wird.
Management der Informationsquellen	
Erschließung neuer Informationen	Der zunehmende Informationsbedarf kann durch die Erschließung oder Neubewertung von zusätzlichen externen Informationsquellen wie bspw. staatlichen Institutionen (statistisches Bundesamt), veröffentlichungspflichtigen Berichten (Bilanzen, Energieproduktion, etc.) oder durch die Open Data Bewegung bedient werden.
Management des Informationsangebots und Informationsbereitstellung	
Informationsangebot	Aufbauend auf den Charakteristika von Big Data steigt das Informationsangebot.
Informationsangebot	Die Erhöhung des Informationsangebots durch Big Data führt zu steigenden Kosten.
Informationsangebot	Der Informationsstand erhöht sich, indem die Lücke von objektivem Informationsbedarf und geäußerter Informationsnachfrage mit zusätzlichem Informationsangebot geschlossen wird.
Informationsangebot	Eine Steigerung der wahrgenommenen Nützlichkeit und Nutzung des Systems erfolgt, wenn das erhöhte Informationsangebot die geäußerte Informationsnachfrage bedient, selbst wenn diese nicht dem objektiven Informationsbedarf entspricht.
Informationsangebot	Die Versorgung mit einem erhöhten Informationsangebot birgt die Gefahr einer Informationsüberflutung, da die Analysekapazität des Nutzers begrenzt ist. In diesem Zusammenhang müssen Mechanismen geschaffen werden, welche die Relevanz der bereitgestellten Informationen sicherstellen.

Bestandteil	Beschreibung
Data Mining	Die vermehrte Verwendung von unstrukturierten Texten in Zeiten von Big Data bedingt die verstärkte Notwendigkeit einer automatischen und zeitgerechten Umwandlung in ein maschinenlesbares Format.
Business Intelligence	Visualisierungen im Rahmen von Big Data ermöglichen die Aufdeckung von neuen Beziehungen.
Management der Informationsverwendung	
Informationsbeschaffungsverhalten	Veränderungen im Informationsbeschaffungsverhalten (externer Kontext, interner Kontext, kognitiver Ansatz) in Zeiten von Big Data müssen die relevante Nachfrage von Informationen positiv beeinflussen.
Management der Informationssysteme	
Datenmanagement	
Datenbank- bzw. Dateisystem	Die gemeinsame Verwendung von unterschiedlichen Systemen (Datenbank bzw. Dateisystem) führt zu einem erheblichen Integrationsaufwand.
Technik	Durch das steigende Informationsangebot werden NoSQL Datenbanken bzw. Dateisysteme notwendig.
Technik	Durch das steigende Informationsangebot werden relationale Datenbanken unnötig.
Anwendungslebenszyklus	
Anforderungsmanagement	Durch das steigende Informationsangebot wird eine Intensivierung der Anforderungsanalyse notwendig.
Softwareentwicklung	Durch das steigende Informationsangebot wird die Anwendung der parallelen Programmierung als neues Programmierparadigma notwendig.
Softwareentwicklung	Der Bedarf an Experten in der parallelen Programmierung führt zu erhöhten Kosten.
Referenzmodelle	Big Data Referenzmodelle vermeiden individualisierte Entwicklungen und verhindern kostenintensive Implementierungen.
Architekturmanagement (EAM)	Die steigende Anzahl von Big Data Lösungen im Unternehmen führt zu einer Weiter- bzw. Neuentwicklung der Architekturframeworks.
Enterprise Application Integration (EAI)	Durch das steigende Informationsangebot wird eine verstärkte EAI notwendig.
Management der Informations- und Kommunikationstechnik	
Management der Verarbeitung	
Betriebsart	Die unterschiedlichen Betriebsarten führen zu einem erhöhten Integrationsbedürfnis, welches zu höheren Kosten führt.
Betriebsart	Durch das steigende Informationsangebot wird eine verteilte und parallelisierte Verarbeitung notwendig.
Management der Speicherung	
Speicher Technologien	Die Verarbeitung des gestiegenen Informationsangebots bedingt neue Speichertechnologien.
Information Lifecycle Management	Der verstärkte Einsatz eines Information Lifecycle Managements wird durch das steigende Informationsangebot notwendig.
Management der Kommunikation	
Kommunikationsnormen	Durch das steigende Informationsangebot wird die Integration von interner und externer IKT notwendig.
Netzgestaltung	Durch die steigende Integration von externer IKT entstehen Netzwerkengpässe in der Datenübertragung.

Bestandteil	Beschreibung
Führungsaufgaben des Informationsmanagements	
Leistungserbringung	
IT-Aufbauorganisation	Durch Konflikte zwischen verschiedenen Anspruchsgruppen wird die Integration von Big Data Experten in Entscheidungsprozesse notwendig.
IT-Personalmanagement	
Anforderungen	Durch das steigende Informationsangebot wird ein erhöhtes Domänenverständnis beim Entwickler notwendig.
Anforderungen	Durch das steigende Informationsangebot wird ein erhöhtes technisches Verständnis beim Entwickler notwendig.
Anforderungen	Die Unterstützung von Führungskräften in Big Data Vorhaben ist notwendig.
Anforderungen	Die Unterstützung von Führungskräften zur Etablierung einer analyseorientierten Unternehmenskultur ist notwendig.
Steuerung der Leistungserbringung	
IT-Controlling	
Risikomanagement	Durch den vermehrten Zugriff auf sensitive Informationen in Big Data Vorhaben wird ein intensivierter Datenschutz notwendig.
Risikomanagement	Durch die zunehmende Datenorientierung in Zeiten von Big Data wird eine intensivierte Datensicherung notwendig.

3 Erarbeitung des Forschungsvorgehens

Ziel der Arbeit ist es, Konsequenzen und Gestaltungsempfehlungen für das IM abzuleiten und zu bestätigen. Um diese herleiten zu können, bespricht der folgende Abschnitt die wissenschaftliche Positionierung der Arbeit und erarbeitet den einhergehenden methodischen Gesamtaufbau.

Erkenntnisgewinnung und Überprüfung erfolgen in der Wissenschaft über Forschungsmethoden [Hein2013, 34]. Diese Methoden unterliegen unterschiedlichen Zielen und wissenschaftlichen Grundpositionen. Der Entwurf eines Forschungsdesigns mit der einhergehenden Methodenauswahl sollte diese inkonsistenten beachten, sodass ein Erkenntnisgewinn ermöglicht wird. In diesem Zusammenhang ist es empfehlenswert, das eigene Forschungsvorhaben und deren Ziele unter weitreichender Offenlegung der eigenen wissenschaftlichen Grundannahmen darzustellen. Erst mit einer eigenen Positionierung kann ein konsistentes Vorgehen entwickelt werden. [BHKN2003, 3 ff.]

Hierbei folgt die Arbeit den Leitfragen von Becker et al. [BHKN2003, 3 ff.; BeNK2004, 1 ff.], da diese explizit für die Disziplin Wirtschaftsinformatik entwickelt worden sind, um eine wissenschaftstheoretisch, konsistente Positionierung und eine systematische Formulierung von Forschungszielen zu erlauben. Die Leitfragen werden im nächsten Abschnitt vorgestellt. In einem weiteren Abschnitt erfolgt die Beantwortung dieser Fragen anhand der eigenen wissenschaftlichen Grundposition. Abhängig von der wissenschaftlichen Positionierung und den Forschungszielen, beinhaltet Abschnitt 3.3 den methodischen Gesamtaufbau der Arbeit.

3.1 Positionierung und Forschungsziele nach Becker et al.

Die Wirtschaftsinformatik ist interdisziplinär und von jeher durch die Wirtschaftswissenschaften und die Informatik geprägt. Die Informatik geht einem konstruktionsorientierten Verständnis nach. Die Wirtschaftswissenschaften folgen vornehmlich einem empirisch geprägten Paradigma, wobei eine vermehrte Nutzung sozialwissenschaftlicher Forschungsmethoden in einer verhaltenswissenschaftlichen Ausrichtung zu beobachten ist. [BHKN2003, 3] Angesichts der interdisziplinaren Fragestellungen in der Wirtschaftsinformatik sind sowohl behavioristische als auch konstruktivistische Forschungen zu beobachten. So sind IT-Artefakte für den Erkenntnisgewinn zu erzeugen (konstruktivistisch) und in einem weiteren Schritt deren Verhalten und Auswirkungen auf Organisationen zu beobachten (verhaltenswissenschaftlich). Infolgedessen können verbesserte Artefakte erzeugt werden. [WiHe2006, 3] Die Vermittlung zwischen den unterschiedlichen Ausrichtungen, in ihren forschungsmethodologischen und wissenschaftstheoretischen Ansichten scheint nicht immer möglich. [BHKN2003, 3]

Abhängig von der wissenschaftlichen Grundposition und den Forschungszielen können geeignete Forschungsmethoden ausgewählt werden, um ein zusammenhängendes Forschungsdesign für die gesamte Arbeit zu erlauben. Hierbei beeinflussen sich Grundpositionen und Forschungsziele gegenseitig (siehe Abbildung 6, S. 36). Die wissenschaftliche Grundposition wird durch die epistemologische, ontologische und linguistische Einstellung des nach Erkenntnis strebenden Individuums beschrieben. [BHKN2003, 3 ff.]

© Springer Fachmedien Wiesbaden GmbH, ein Teil von Springer Nature 2019
M. Pospiech, *Aufgabengerechte Informationsbereitstellung in Zeiten von Big Data*, Schriften zur Business Analytics und zum Informationsmanagement,
https://doi.org/10.1007/978-3-658-27196-1_3

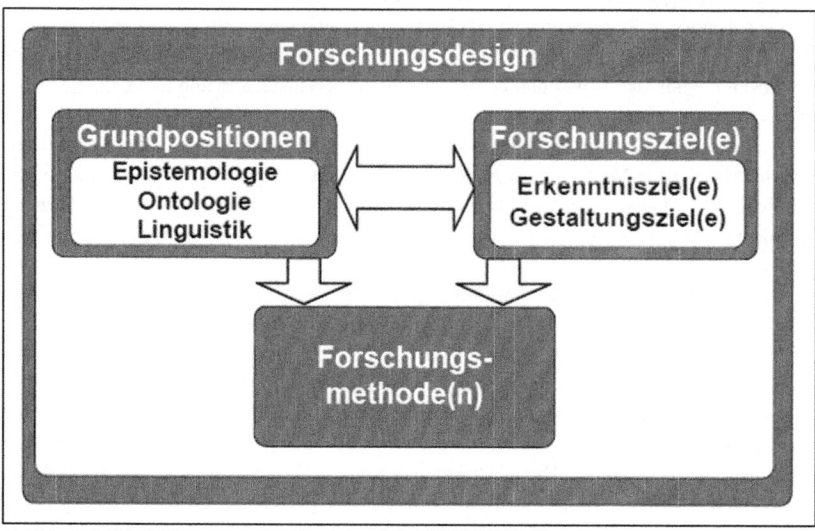

Abbildung 6: Entscheidungsparameter Forschungsdesign [BHKN2003, 5]

Die Epistemologie untersucht, inwiefern wahre Erkenntnis über das Erkenntnisobjekt und zusammenhängende Veränderungen von Vorstellungswelten erlangt werden kann. Becker et al. nennen acht Fragestellungen in Tabelle 3, die eine Einordnung ermöglichen sollen [BHKN2003, 6].

Tabelle 3: Zusammenfassung wissenschaftstheoretische Positionierung [BHKN2003, 6]

Frage	Beschreibung
Wie entstehen Erkenntnisinhalte?	Es ist in zwei grundsätzliche Erkenntnisquellen zu unterscheiden. Erfahrungen bzw. Sinneseindrücke (Empirismus) werden häufig in der naturwissenschaftlichen Theorie zur Erkenntnisgenerierung verwendet. Andere bezeichnen den Verstand als alleinige Quelle der Erkenntnis (Rationalismus). Hierbei kann das Objekt durch begriffliche Bemühungen des Subjekts unter Nutzung von Differenzierung zur Erkenntnis gelangen. Eine dritte Position erlaubt die Nutzung von Erfahrung und Verstand [Kant1976, 75].
Auf welchen Weg gelangen wir zur Erkenntnis?	Diese Frage beinhaltet die methodologische Position, wobei zwischen Induktion und Deduktion unterschieden wird. Induktion ist „… das Schließen von Einzelfällen auf allgemeingültige Sätze." [Seifl996, 154], sodass universelle, gesetzartige Aussagen (Theorien) auf Grundlage von Übereinstimmungen getroffen werden können (Empirismus). Deduktion ist die „Ableitung einer Aussage (These A) aus anderen Aussagen (Hypothesen A1, …, An) kraft logischer Schlussregeln." (Rationalismus) [Geth1995, 434]. Demnach werden aus bestehenden Theorien neue Ableitungen getroffen. Diese Theorien sind empirisch zu überprüfen.
Wie ist das Verhältnis von Erkenntnis und Gegenstand?	In diesem Zusammenhang wird geklärt, inwiefern die Wirklichkeit zumindest prinzipiell objektiv erkannt werden kann. [BHKN2003, 6] Der naive Realismus vertritt die Position, dass der Mensch die Welt objektiv wahrnehmen kann. Der kritische Realismus gesteht ein, dass lediglich eine annähernde Wahrnehmung der realen Welt möglich ist. [Losc2014, 69 ff.] Im Gegensatz dazu wird die Erkenntnis nach Ansicht

	des Idealismus lediglich aus einer konstruierten Welt bezogen. Die erkannte Wirklichkeit ist somit subjektiv. Erkenntnis wird vornehmlich mittels Differenzierung geschaffen. [Wolf2001, 94 f.]
Wie kann wahre Erkenntnis erlangt werden?	Diese Fragestellung untersucht den Wahrheitsbegriff und hinterfragt inwiefern wahre Erkenntnis geschaffen, bzw. wie dieses überprüft werden kann. In der Wirtschaftsinformatik haben sich in diesem Zusammengang die Korrespondenztheorie der Wahrheit, die semantische Theorie der Wahrheit und die Konsenstheorie der Wahrheit etabliert. [BeNK2004, 8 ff.] Die ontologische Position hinterfragt, ob in einer Untersuchung von einer Realwelt ausgegangen werden kann, die unabhängig von der Erkenntnis existiert.
Existiert eine Realwelt unabhängig von der Erkenntnis?	Die epistemologische Position vertritt die Ansicht, dass ein objektives Erkennen möglich und demnach von einer real existenten Welt auszugehen ist (Realismus). Aus einer epistemologisch idealistischen Position folgt keine ontologische Position. [Schü1998, 15] Wird dem radikalen Idealismus gefolgt ist die Außenwelt vollständig vom Individuum konstruiert und nicht real existent. Anhänger des kritischen Idealismus schließen eine unabhängig existierende Außenwelt nicht aus, führen jedoch an, dass der Mensch nicht befähigt ist diese zu erkennen. [West2000, 30] Die linguistische Position wird von der ontologischen und epistemologischen Position beeinflusst, da die Sprache als Mittel der Erkenntnisgenerierung und des Austausches unterschiedlich bewertet wird.
Welche Funktion hat Sprache im Rahmen von Denkvorgängen?	Diese Fragestellung betrachtet die kognitive Funktion von Sprache und nimmt eine Introspektion des Denkapparates vor. Es wird untersucht inwiefern Sprache im Rahmen von Denkvorgängen Verwendung findet. Anschaulich ist die Vorstellung, dass Objekte mit Hilfe von Sprache in ein geeignetes Unterscheidungssystem (Terminologie) platziert werden können. Bei genauerer Betrachtung wird jedoch ersichtlich, dass es sich um einen biologisch geprägten Fragekomplex handelt, der noch nicht abschließend verstanden ist. Das Denken in Bildern und Ideen auf vorsprachlichen Intuitionen sind mögliche Beispiele. [BHKN2003, 9]
Wie erlangen Sprachartefakte Bedeutung?	Diese Fragestellung betrachtet die expressive Funktion von Sprache. Lediglich eine epistemologisch realistische Position erlaubt die Vorstellung, dass explizierten Sprachartefakten eine eindeutige und objektive Bedeutung zugesprochen werden kann. Wird eine idealistische Position vertreten, ist die Bedeutung des Sprachartefakts subjektgebunden und nicht direkt eindeutig. In diesem Fall lässt Reden Objekte entstehen, indem durch Zuweisung von Begriffen eine individuelle Begriffsterminologie entsteht, sodass diese als wirklich erkannt werden. [BHKN2003, 9 f.]
Ermöglicht Sprache intersubjektive Verständigung?	Die letzte Frage widmet sich der kommunikativen Funktion von Sprache. In diesem Zusammenhang wird eine Positionierung nötig, die definiert, ob Sprache die Parallelisierung von Vorstellungswelten der unterschiedlichen Subjekte sicherstellen und gewährleisten kann, sodass die Empfänger des Sprachartefakts die vom Sender explizierte Bedeutung verstehen können. Sollten Sprachartefakte als subjektgebunden verstanden werden, ist eine intersubjektive Verständigung mittels Sprache als unzureichend einzustufen, da die Kommunikation die Sprache selbst zum Gegenstand hat. [BHKN2003, 10]

Neben der epistemologischen, ontologischen und linguistischen Positionierung bestimmt die Festlegung von Forschungszielen die Wahl der geeigneten Methoden. [BHKN2003, 11] Da sich der Untersuchungsgegenstand der Wirtschaftsinformatik den betrieblichen Informationssystemen, sowie deren Bedingungen, in Entwicklung, Einführung und Nutzung widmet

[WKWI1994, 80 f.] lassen sich die Zielsetzungen in Erkenntnis- und Gestaltungsziele unterscheiden [BHKN2003, 11]. Erkenntnisziele adressieren die Erlangung eines besseren Verständnisses über einen gegebenen Sachverhalt. Häufig können dadurch Vorhersagen über deren Veränderungen getroffen werden. [BHKN2003, 12] Gestaltungsziele bezeichnen den Wunsch eine Gestaltung bzw. eine Veränderung von bestehenden und somit die Erzeugung von neuen Sachverhalten hervor zurufen [Hein1993, 74 f.]. In diesem Zusammenhang ist der Erkenntnisgewinn die Basis für die Gestaltung. Infolgedessen ist die Problemlösung für Phänomene der Realwelt möglich. [BuRS2008, 71 ff.]

Anhand des Forschungsrahmens [BHKN2003, 5 ff.] erfolgt die eigene Positionierung und Ableitung der Forschungsfragen im folgenden Abschnitt.

3.2 Positionierung und Forschungsziele der vorliegenden Arbeit

Wie bereits aufgezeigt sind in der Wirtschaftsinformatik zwei erkenntnistheoretische Positionen zu beobachten. Das verhaltenswissenschaftliche Paradigma (Behaviorismus) geht von einer real existierenden Welt aus, mit dem Ziel Erkenntnis induktiv zu erzeugen. [BePf2006, 2; Sied1997, 57] Hierbei untersucht der Behaviorismus Reiz-Reaktions-Ketten, wobei lediglich das konkret beobachtbare als Erkenntnisquelle zugelassen wird. In diesem Zusammenhang würde eine empiristische Position den Verstand als Erkenntnisquelle ausschließen [VonM2009, 141]. Aufgrund der gestaltungsorientierten Zielstellungen der Wirtschaftsinformatik ist eine rein verhaltenswissenschaftliche Positionierung problematisch. Demnach kann der Behaviorismus keine gestaltungsorientierte Konstruktion von Informationssystemen leisten. [WKWI2007, 319 f.]

Der Konstruktivismus geht auf eine idealistische Betrachtung zurück. Demnach haben Individuen keinen bzw. nur einen begrenzten Zugang zur objektiven Erkenntnis, ungeachtet davon, ob eine unabhängige Welt existiert. [Schü1999, 28] In diesem Zusammenhang wird nicht die Identifikation von Wahrheit angestrebt, sondern die Schaffung von nützlichen Konstrukten. Diese müssen das Überleben des Individuums (bzw. der Organisation) verbessern [BePf2006, 3]. Nach Becker et al. [BeNK2004, 5] wird der Konstruktivismus in eine radikale und in eine gemäßigte Position unterteilt. Der radikale Konstruktivismus folgt dem radikalen Idealismus und verneint die Existenz einer realen Welt. Demnach konstruieren Individuen ihre Wirklichkeit, um mit Hilfe von kognitiven Operationen Wissen zu erzeugen. [Schü1999, 28] Infolgedessen keine subjetunabhängige Erkenntnis möglich wäre, da jedem Individuum lediglich seine eigene Realität zugänglich ist. [Glas1986, 107 ff.] Hierbei erfolgt die subjektive Erkenntnis lediglich durch den Verstand [Esse2002, 232 ff.]. Kritik erfährt der radikale Konstruktivismus durch die Vernachlässigung der Interaktion der Subjekte bei der Wirklichkeitskonstruktion. Auch ist fraglich inwiefern objektive reale biologische Verarbeitungsprozesse mit einer vollständig konstruierten Welt in Einklang gebracht werden sollen. [Vaas1996, 6; Sieb1999, 34 ff.]. Aufgrund der Negierung einer realen Welt durch den radikalen Konstruktivismus sind Beobachtungen ausgeschlossen und somit keine Verfolgung von erkenntnisorientierten Zielen in der Wirtschaftsinformatik [WKWI2007, 319 f.].

Anderes als der kritische Konstruktivismus geht der gemäßigte Konstruktivismus von einer real existierenden Wirklichkeit aus, verweist jedoch auf die Subjektivität des Individuums

Erarbeitung des Forschungsvorgehens 39

innerhalb des Erkenntnisprozesses. [Schü1999, 214 ff.] Hierbei wird den erkennenden Subjekten zumindest eine teilweise gemeinsame objektive reale Welt zugesprochen. Infolgedessen intersubjektive Erkenntnis möglich wird. Diese wird durch Verwendung von Begriffssystemen vermittelt. Ziel des Erkenntnisprozesses ist die Konstruktion (z.b. Informationssysteme) bzw. die Rekonstruktion (z.b. Modelle) der Wirklichkeit. Als Erkenntnisquellen dienen der Verstand und die Erfahrung. Um eine möglichst konsistente Bearbeitung der erkenntnis- und gestaltungsorientierten Ziele innerhalb der Wirtschaftsinformatik zu erlauben, ordnet sich diese Arbeit vornehmlich in dem gemäßigten Konstruktivismus ein. [BHKN2003, 3 ff.] Dadurch wird zumindest Konsistenz in der ontologischen Position geschaffen und die Beantwortung beider Teilziele. Eine detaillierte Positionierung der Arbeit erfolgt anhand der Leitfragen von Abschnitt 2.5.1 in Tabelle 4.

Tabelle 4: Wissenschaftstheoretische Positionierung der Arbeit [BHKN2003, 6]

Frage	Positionierung der Arbeit im gemäßigten Konstruktivismus
Wie entstehen Erkenntnisinhalte?	Der gemäßigte Konstruktivismus sieht Erfahrungen und den Verstand als mögliche Erkenntnisquellen. Demnach werden IT-Artefakte durch gedankliche Reflexion konstruiert und deren praktische Bewährung beobachtet. [BeNK2004, 12]
Auf welchen Weg gelangen wir zur Erkenntnis?	Im gemäßigten Konstruktivismus kann die Erstellung und die Erkenntnisprüfung/Nützlichkeit von IT-Artefakten durch induktive und deduktive Schlüsse vollzogen werden. Innerhalb der Verifizierung wird vornehmlich auf empirische Methoden zurückgegriffen. [BeNK2004, 12]
Wie ist das Verhältnis von Erkenntnis und Gegenstand?	Der gemäßigte Konstruktivismus geht von einer realen Welt aus die unabhängig vom menschlichen Bewusstsein existiert. Das Subjekt ist jedoch nicht in der Lage diese Welt vollständig zu erfassen. Daher wird jede Erkenntnis als subjektvermittelt verstanden. Intersubjektive Vermittlung von Erkenntnissen erfolgt durch die Verwendung von geteilten Begriffssystemen. [BeNK2004, 10]
Wie kann wahre Erkenntnis erlangt werden?	In der ursprünglichen Form der Konsenstheorie ist eine Aussage genau dann wahr, wenn diese unter idealen und optimalen Bedingungen für alle rational akzeptierbar ist. [Habe1973, 239 ff.] Da in der Realität diese Übereinkunft nicht möglich ist, erfolgt die Konsensfindung in einer kompetenten Gruppe. Die Zustimmung oder Ablehnung eines Befragten zu einer in Frage gestellten Behauptung gibt einen Indiz, ob diese als wahr postuliert werden kann. [Habe1971, 129] Dafür bedarf es aber keiner einstimmigen Zustimmung. Vielmehr ist ein begründeter Konsens anzustreben, welcher durch nachvollziehbare und akzeptable Argumente erzielt wird. [Habe1973, 239]
Existiert eine Realwelt unabhängig von der Erkenntnis?	Es wird von einer realen Welt ausgegangen, die unabhängig von der Sprache und dem menschlichen Denken existiert. [BeNK2004, 10] Somit können IT-Artefakte realweltlich konstruiert und rekonstruiert sein.
Welche Funktion hat Sprache im Rahmen von Denkvorgängen?	Bis dato konnte nicht abschließend geklärt werden, inwieweit Sprache die Denkvorgänge im Gehirn alleine zu verantworten hat. Daher erfolgt wie in Becker et al. [BHKN2003, 18] keine Positionierung der Arbeit.
Wie erlangen Sprachartefakte Bedeutung?	Die Bedeutung der Sprache ist subjektgebunden. Dennoch kann im gemäßigten Konstruktivismus eine intersubjektive Bedeutung durch die logische Propädeutik erzeugt werden [BHKN2003, 18 ff.]. In dieser sind Gegenstände mithilfe der Zu- oder Aberkennung von Prädikatoren zu unterscheiden. Der Gegenstand selbst wird immer mit einem Wort der Sprache bezeichnet. Die Vereinbarung eines Wortes und die Zuordnung einer Bedeutung erfolgt in zwei aufeinanderfolgenden Schritten. Diese

	Vereinbarung findet innerhalb einer Sprachgemeinschaft statt. Nur in dieser ist eine intersubjektive Bedeutung möglich. [KaLo1996, 29 ff.]
Ermöglicht Sprache intersubjektive Verständigung?	Nach Auffassung des gemäßigten Konstruktivismus und der logischen Propädeutik, erfüllt Sprache eine kommunikative Funktion [BHKN2003, 18 ff.]. Demnach kann Reden der Verständigung dienen, wenn der Verständigung eine vereinbarte Sprache unterliegt. Infolgedessen eine intersubjektive Kommunikation möglich wird. Eine vereinbarte Sprache besteht aus Wörtern und einstudierten zweckdienlichen Zeigehandlungsschemata. Aktuelle Rede ist wie jede Handlung flüchtig, kann aber auch in erstarrter Form bestehen bleiben (Marken). [KaLo1996, 29 ff.]

In Wechselwirkung mit der wissenschaftlichen Grundposition sind Erkenntnis- und Gestaltungsziele für diese Arbeit zu benennen [BHKN2003, 5] Das übergeordnete Ziel dieser Arbeit kann demnach in zwei Zielstellungen aufgeteilt werden. [Hein1991, 65 f.]:

Erkenntnisziel: Aufdecken der Konsequenzen von Big Data für das Informationsmanagement.

Gestaltungsziel: Gestaltungsempfehlungen für eine aufgabengerechte Informationsbereitstellung im Zeitalter von Big Data.

3.3 Forschungsmethodisches Gesamtbild der vorliegenden Arbeit

Nachdem die wissenschaftliche Grundposition und die Forschungsziele dieser Arbeit dargestellt wurden, ist die Entwicklung eines Forschungsdesigns zur Erkenntnisgewinnung und Überprüfung möglich [Hein2013, 3; BHKN2003, 3 ff.]. Dieses wird in Abbildung 7 (siehe S. 41) dargestellt. Hierbei bilden die einzelnen Rechtecke die inhaltlichen Kapitel dieser Arbeit. Diese werden prozessual durchlaufen, sodass die Beantwortung von Erkenntnis- und Gestaltungsziel ermöglicht wird. Den Ausgangspunkt stellt das IM Verständnis von Krcmar aus Abschnitt 2.1 (Grundlagen) dar. Anhand von einem konsistenten Big Data Begriffsverständnis soll ein geeigneter Betrachtungsgegenstand identifiziert und gemäß der unterschiedlichen IM Ebenen analysiert werden. Die Ergebnisse sind einer Diskussion zuzuführen.

Erarbeitung des Forschungsvorgehens 41

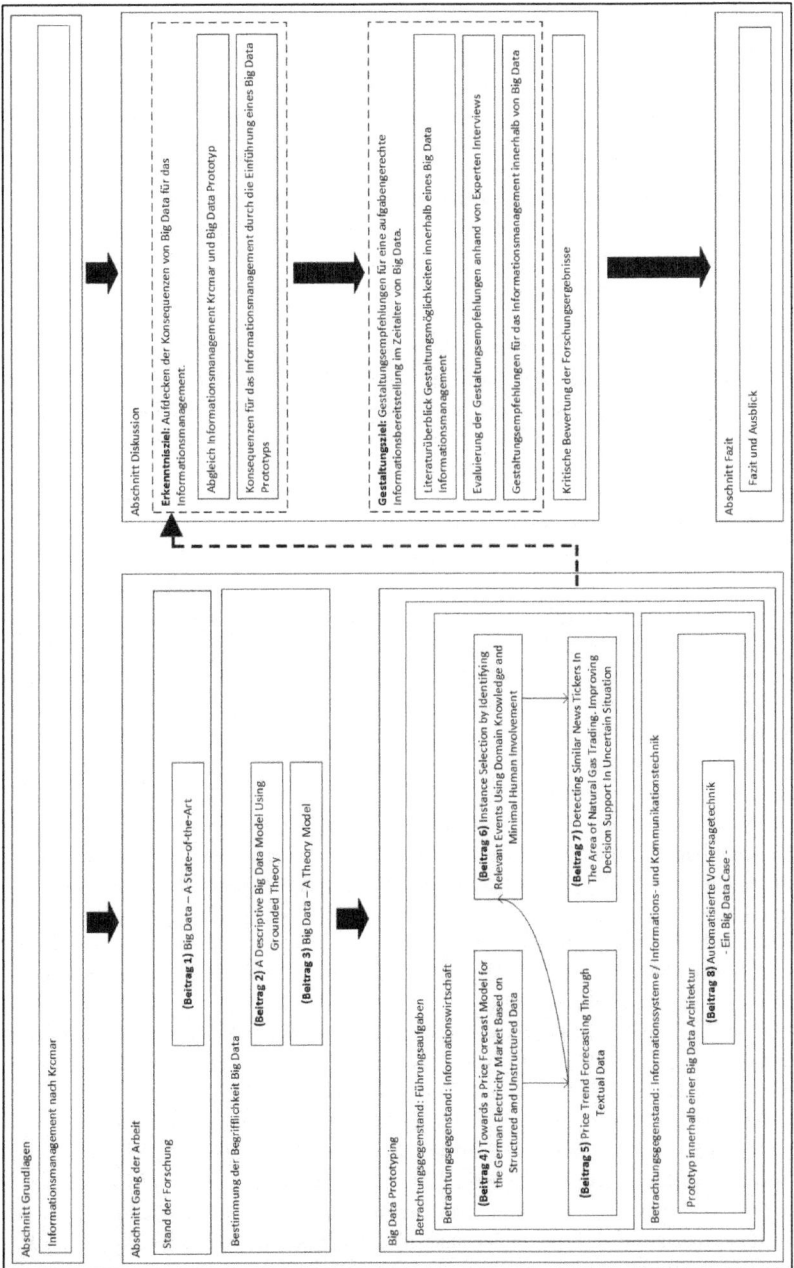

Abbildung 7: Forschungsmethodisches Gesamtbild der eigenen Arbeit [Quelle: Eigene Darstellung]

Zunächst ist anzumerken, dass das Erkenntnisziel die Grundlage für das Gestaltungziel ist [BuRS2008, 71 ff.]. Demnach sind vorab die Konsequenzen von Big Data für das IM aufzudecken. Problematisch erweist sich die Unschärfe des Konstrukts Big Data, sichtbar in unterschiedlichen Definitionen [BiBB2014, 56; CuSD2011, 101]. Infolgedessen fällt eine empirische Beobachtung des Konstrukts im IM ohne weitere Vorarbeiten schwer. Als Ausgangspunkt kann festgehalten werden, dass Big Data ein realweltliches Phänomen beschreibt, dessen sichtbare Auswirkungen in der gestiegenen Datenmenge beobachtbar sind, die es zu speichern bzw. zu verarbeiten gilt [PoFe2015a, 77 ff.]. Im Sinne des gemäßigten Konstruktivismus ist dieses Phänomen nicht vollständig objektiv, sondern nur intersubjektiv erfassbar. Infolgedessen kann das Phänomen nur über ein gemeinsames Begriffsverständnis beschrieben werden [BeNK2004, 10].

Beitrag 1: Als erster Schritt im Forschungsdesign erlaubt ein Literaturüberblick zum einen, die Begrifflichkeit und Themenstellung von Big Data innerhalb der wissenschaftlichen Diskussion näher zu betrachten und zum anderen alle publizierten Arbeiten innerhalb der aufgeworfenen Forschungsfragen zu identifizieren. In Anbetracht der Forschungsfragen ist es von besonderem Interesse, inwieweit das Informationsmanagement oder ähnliche Konzepte in der Literatur Beachtung gefunden haben. Sollten Ansätze oder Beobachtungen bestehen, so sind diese in der weiteren Arbeit zu berücksichtigen.

Beitrag 2: Erkenntnisse für das IM sind im Sinne des gemäßigten Konstruktivismus nur ableitbar, wenn ein gemeinsames und akzeptiertes Begriffsverständnis für das Phänomen Big Data existiert [Habe1973, 239], was in der Literatur bis dato nur unzureichend erfolgt ist [PoFe2015a, 77]. Dieses Begriffsverständnis soll durch Experteninterviews erzielt werden. Nach Miles und Huberman [MiHu1994, 55 ff.] ist diese Methode besonderes geeignet, um in einer frühen Forschungsphase professionelle und langjährige Erfahrungen zu erhalten. Diese Beobachtungen sind zu transkribieren und in ein gemeinsames Bezugssystem zu setzen. Grounded Theory bietet hierfür ein allgemein akzeptiertes Modellschema [StCo1990, 131 ff.], das besonderes in frühen Forschungsphasen geeignet ist [HuWo1999, 83 ff.]. Auf dieser Grundlage erfolgt eine erste deskriptive Erklärung für das Phänomen Big Data, was als Theorie verstanden werden kann [HeMP2004, 80]. Diese Theorie soll erste Aussagen über die Gründe und die Begleitumstände, die zu Big Data geführt haben, erlauben und soll Erkenntnisse über mögliche Strategie und Konsequenzen ermöglichen. Hierbei folgt die Arbeit der logischen Propädeutik mit dessen Hilfe Big Data mittels Zu- und Aberkennung von Prädikatoren unterschieden werden kann [BHKN2003, 18 ff.]. So ist es auch von Interesse, ob das IM als mögliche Strategie gesehen wird. Es ist jedoch anzuzweifeln, dass diese Ergebnisse als Konsens, ergo Erkenntnis, zu werten sind. Vielmehr wird den Experten über semi-strukturierte Richtlinien die Möglichkeit geboten, dem deskriptiven Modell Big Data Prädikatoren hinzuzufügen. Ein Abgleich auf Konsens dieser Prädikatoren findet zwischen den Experten nicht statt.

Beitrag 3: Konsens ist über eine kompetente Gruppe in nachvollziehbarer und akzeptabler Weise zu generieren. Konsens ist naheliegend, wenn innerhalb einer angemessenen Menge an Experten Signifikanz über die Zugehörigkeit von Prädikatoren nachgewiesen werden kann. [Habe1971, 129; Habe1973, 239] In diesem Zusammenhang ist es üblich, die Ergebnisse des qualitativen Modells mittels Strukturgleichungsmodellen zu verifizieren [KiCK2012, 1232 ff.]. Hierfür sind die Beziehungen des deskriptiven Modells in Beitrag 2 in Hypothesen und die

Prädikate in Messvariablen umzuwandeln. Als Resultat, sollte ein verifiziertes Modell entstehen, das die Unschärfe des Konstrukts Big Data heilt. Erst dadurch sind Betrachtungsgegenstände zu identifizieren, bei denen es sich, dem Theoriemodell bzw. dem begründeten Konsens folgend, um Big Data Instanzen handelt. Eine Identifikation hat argumentativ-deduktiv zu erfolgen, da die Eigenschaften des Betrachtungsgegenstands abgeleitet werden müssen [PoFe2015a, 88]. Die Einführung einer identifizierten Big Data Instanz sollte zu beobachtbaren Konsequenzen im IM einer Organisation führen. Um die Ableitung dieser Konsequenzen zu ermöglichen, ist ein Big Data Konstrukt (Instanz) im Sinne des gemäßigten Konstruktivismus zu erstellen und zu beobachten. Da in der Wirtschaftsinformatik und im IM Informationssysteme im Betrachtungsfokus liegen [WKWI1994, 80; Krcm2005, 24], ist es naheliegend ein solches als Betrachtungsgegenstand zu wählen. Die Implementierung eines vollumfassenden Informationssystems ist für den Erkenntnisgewinn nicht notwendig. Vielmehr ist es gängige akademische Praxis einen Prototyp zu erstellen. Dieser beinhaltet lediglich die essenziellen Funktionen des zu entwickelnden Systems, um die Gewinnung von praktischen Erkenntnissen möglichst zeitnah zu ermöglichen. [Zehn1991, 170; Schr2008, 4; NaJe1982, 30]

In diesem Zusammenhang ist in der Wirtschaftsinformatik zwischen den Methoden Aktionsforschung und Prototyping zu unterscheiden. Beide beabsichtigen die Implementierung von Informationssystemen. [Bask1999, 2 ff.; WiHe2006, 7 ff.] Gleichwohl ist die eigentliche Entwicklung nicht Kern der Aktionsforschung. Vielmehr stehen komplexe Systeme im Fokus, in denen der Wissenschaftler Aktionen initiiert. Die Beobachtung dieser Veränderungen und die einhergehende Entwicklung von Theorien, die diese Ergebnisse erklären sind zentraler Inhalt der Methode. Infolgedessen wird der Forscher Bestandteil der Studie und Forschungsobjekt. Problematisch erweist sich in diesem Rahmen der potentielle Verlust von Objektivität. [Bask1999, 3 ff.] Ziel ist jedoch die Entwicklung eines Betrachtungsgegenstandes und nicht die Ableitung von Theorien. Auch ist die Ableitung von Konsequenzen für das IM anhand von Aktionsforschung nicht sinnvoll, da der Autor keinen Einfluss auf die Ausgestaltung des Informationsmanagements in der Organisation ausübt. Vielmehr erfolgt die Auslieferung des Betrachtungsgegenstandes an die Organisation, wobei eine objektive Ableitung von Konsequenzen durch eine unabhängige und nicht involvierte Rolle des Forschers ermöglicht wird. Infolgedessen erfolgt die Entwicklung des Betrachtungsgegenstandes anhand der Forschungsmethode Prototyping [WiHe2006, 14].

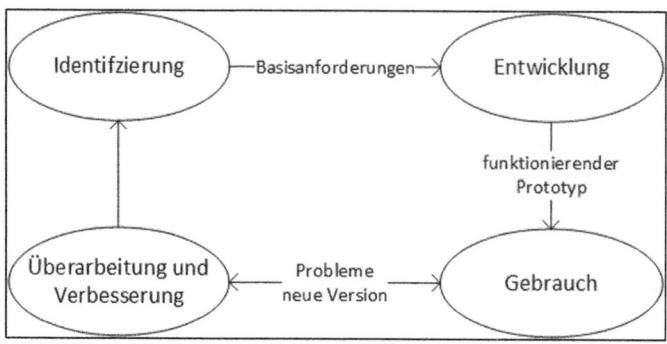

Abbildung 8: Prototyping-Prozess entnommen und modifiziert nach [NaJe1982, 31]

Diese unterteilt sich nach Naumann und Jenkins [NaJe1982, 31] in vier generelle Phasen (siehe Abbildung 8). In der ersten Phase sind die Systemanforderungen und die informationellen Anforderungen mithilfe von Methoden wie Dokumentenanalysen oder Interviews zu erheben [LeLD1994, 275; BrRa2002, 625]. Im Anschluss erfolgt Entwicklung der geforderten Funktionen, um diese in einem funktionsfähigen Prototyp bereitzustellen. Die dritte Phase beinhaltet den Gebrauch. Hierbei erfolgt die Testung von Funktionen und eine Evaluierung durch Anwender. Unerwünschte oder fehlende Eigenschaften sind innerhalb der Überarbeitungs- und Verbesserungsphase zu korrigieren. Da es zumeist nicht möglich ist, alle Anforderungen in einer ersten Analyse zu benennen, verfolgt das Prototyping einen iterativen Ansatz. In diesem Zusammenhang wiederholt sich der dargestellte Prozess, bis eine hinreichende Sättigung der Anforderungen stattfindet. [NaJe1982, 31 f.] Der fertige Prototyp dient der Gewinnung von Big Data Konsequenzen im IM.

Um eine detaillierte Ableitung auf allen Ebenen zu ermöglichen, orientiert sich diese Arbeit an Krcmar [Krcm2005, 47]. Demnach lässt sich die Betrachtung des Informationssystems in den Beiträgen 4, 5, 6 und 7 vornehmlich der Informationswirtschaft zuordnen. Die aus diesen Beiträgen hervorgehende Lösung ist unabhängig von der unterliegenden Technologie. Nichtdestotrotzt erfordern die Verarbeitungsanforderungen den Einsatz von Big Data Technologien, sodass Erkenntnisse für die Ebenen Informationssysteme und Informations-/Kommunikationstechnik bezogen werden können. Diese sind Gegenstand von Beitrag 8. Umrahmt werden die Ebenen durch die Führungsaufgaben im IM. Diese sind jedoch nicht Teil der Forschungsbeiträge, da Erkenntnisse für die Führungsaufgaben lediglich retrospektiv, nach einer Einführung in einer Organisation, gewonnen werden können.

Beitrag 4, 5, 6 und 7: Jeder Beitrag ist aufsteigend als eigener Zyklus im Prototyping zu verstehen. Ausgehend von dem Big Data Theorie Modell, wurde die Preisvorhersage im Energiehandel mittels strukturierten und unstrukturierten Daten als angemessener Betrachtungsgegenstand identifiziert. In einem ersten Schritt (Beitrag 4) wird ein initiales Konzept zur Trendvorhersage im Stromhandel herausgearbeitet. Aufgrund von Unzufriedenheit hinsichtlich Praktikabilität und Genauigkeit in der Evaluierung, beinhaltet der fünfte Beitrag eine Weiterentwicklung des Prototyps im Gashandel mit gesteigerter Nützlichkeit. Problematisch erweist sich

Erarbeitung des Forschungsvorgehens 45

die hohe Anzahl an irrelevanten Nachrichten innerhalb der Evaluierung. In diesem Zusammenhang entwickelt der sechste Beitrag ein erfolgreiches Vorgehen, um relevante Nachrichten in einem Vorverarbeitungsschritt möglichst automatisch zu selektieren. Abschließend präsentiert der siebte Beitrag einen alternativen Vorhersageansatz. Hierbei wird zu einer aktuell publizierten Nachricht die historisch ähnlichste identifiziert. Zusammen mit dem damaligen Kursverlauf und den vergangenen Marktdaten kann dadurch eine Unterstützung für eine zukünftige Vorhersage getroffen werden. Die Nützlichkeit der Ergebnisse wird mittels Befragungen nachgewiesen.

Die Inhalte aus Beitrag 7 werden im achten Beitrag in eine Hadoop Architektur (Big Data Technologie) transferiert, um später Konsequenzen für die Ebenen Informationssysteme und Informations-/Kommunikationstechnik abzuleiten. Hadoop ist repräsentativ, da sowohl die Literatur [PoFe2012, 7] als auch das Modell in Beitrag 3 die Zugehörigkeit zu den Big Data Technologie bestätigten. Infolgedessen soll ein Betrachtungsgegenstand geschaffen werden, der Aussagen über Leistungsfähigkeit und Herausforderungen ermöglicht.

Die Ergebnisse des gesamten Prototyps werden in den Abschnitt Diskussion übertragen. Dieser widmet sich dem Erkenntnis- und Gestaltungsziel. Um dem Erkenntnisziel gerecht zu werden, soll mithilfe von Experten geprüft werden, wo Konsequenzen durch die Implementierung des Prototyps im IM entstehen. Infolgedessen dieser retrospektiven Betrachtungsweise wird zudem die Analyse der Führungsaufgaben möglich, welche in Kapitel 4 noch ausgespart werden musste. In einer ersten Phase werden alle Bestandteile des IM (siehe Tabelle 1, S. 10) anhand eines Fragebogens sukzessiv geprüft. Bestandteile bei denen es zu Veränderungen (in üblichen Handlungen, Herausforderungen, Beobachtungen, Organisationen, Prozessen, Strategien, Aktivitäten, Verhalten, Möglichkeiten, etc.) durch die Einführung des Prototyps gekommen ist, werden in der zweiten Phase detaillierter betrachtet. In dieser erfolgt ein semi-strukturiertes Experteninterview, wobei die einzelnen Konsequenzen kategorisch aufgenommen und mit den prognostizierten Konsequenzen aus Tabelle 2 (siehe S. 31) verglichen werden, um somit das Erkenntnisziel zu beantworten.

Die herausgearbeiteten Konsequenzen des Big Data Prototyps bilden die Grundlage für das Gestaltungsziel. Um auf eine möglichst große Wissensbasis zurückzugreifen erfolgt ein Literaturüberblick. Dieser zielt die Identifikation von Gestaltungsempfehlungen an, um den enthaltenen Big Data Konsequenzen im IM zu begegnen. Infolgedessen steht ein Katalog von Aktionsmöglichkeiten zur Verfügung, der eine aufgabengerechte Informationsbereitstellung im Zeitalter von Big Data ermöglichen soll. Um die Eignung der finalen Artefakte im Katalog abzusichern, sind die verbliebenen Gestaltungsempfehlungen anhand von Experten zu evaluieren. Fokus dieser Einschätzung ist nicht die Implementierung an einem konkreten System, sondern die allgemeine Eignung der Gestaltungsempfehlungen im Sinne einer angewandten Disziplin wie eben der Wirtschaftsinformatik. Dem folgend sind im Gegensatz zur theoriegetriebenen Grundlagenforschung die praktische Relevanz und Nützlichkeit der Artefakte zu bewerten [Birg2011, 130]. Lediglich positiv bewertete Beiträge werden dem finalen Katalog hinzugefügt.

Nachdem Erkenntnis- und Gestaltungsziel bearbeitet wurden, ist die Ergebnisqualität kritisch zu überprüfen. Zu diesem Zweck verwendet die Arbeit das Rahmenwerk von Becker et al. [BHKN2003, 14 ff.]. Dieses beinhaltet ein methodisches Vorgehen und bewertet die Dokumentation der Ergebnisse, die Auswahl und Anwendung der Forschungsmethoden sowie die Zielsetzung der Forschung für die gesamte Arbeit. Letztere betrachtet die wissenschaftliche und praktische Relevanz, die Vollständigkeit der Zielerreichung sowie den wissenschaftlichen Erkenntnisfortschritt (Originalität, Generalisierbarkeit der Ergebnisse). Limitationen der Arbeit werden innerhalb der Diskussion erläutert.

Die Abhandlung endet mit einem Fazit. Dieses rekapituliert die Erkenntnisse und bietet einen Ausblick auf zukünftige Forschungen.

4 Gang der Arbeit

Das folgende Kapitel dokumentiert die Forschungsergebnisse dieser Arbeit. Die Erkenntnisse stammen von acht veröffentlichten Beiträgen und werden dem Forschungsdesign (siehe Abbildung 7, S. 41) folgend in die vier nachfolgenden Abschnitte (4.1 - 4.4) aufgeteilt.

Hierbei findet für jede Untersuchung zunächst die Erörterung von Forschungsziel und Methodik statt, bevor die Darstellung der Kerninhalte erfolgt. Die Erörterungen haben einen zusammenfassenden Charakter. Die Bedeutung der gewonnenen Erkenntnisse für die Arbeit werden erläutert und dem Gesamtkontext zugeführt. Dies dient der Überleitung zwischen den einzelnen Forschungsbeiträgen.

Inhaltlich erfolgt zunächst die Besprechung des Big Data Forschung anhand des ersten Beitrags. Da keine allgemeine Auffassung für das Phänomen festgestellt werden konnte, behandeln Beitrag 2 und 3 in Abschnitt 4.2 die Bestimmung eines gemeinsamen und akzeptierten Begriffsverständnisses. Dies bildet die Grundlage für die Identifikation eines Betrachtungsgegenstandes in Abschnitt 4.3. Dem Begriffsverständnis folgend, erweist sich die Gas- und Strompreisvorhersage als adäquates Anschauungsobjekt. Abschnitt 4.4 erarbeitet den Betrachtungsgegenstand anhand des Prototyping. In diesem Zusammenhang wird die Methode erläutert und jede Publikation in eine entsprechende Phase zugeordnet. Die Betrachtung der Informationswirtschaft (Abschnitt 4.4.1) erfolgt anhand der Beiträge 4, 5, 6 und 7. Ergebnisse für die Ebenen Informationssysteme und IKT werden durch die Umsetzung des Prototyps (Abschnitt 4.4.2) anhand einer Big Data Technologie ermöglicht. Diese Inhalte stammen aus dem achten Beitrag. Führungsaufgaben als umrahmende Komponente des IM werden zusammen mit den Resultaten des Prototyps in der nachfolgenden Diskussion (Kapitel 5) besprochen, um die Konsequenzen für das IM abzuleiten.

4.1 Stand der Forschung

Erster Schritt eines neuen Forschungsvorhabens ist die Identifikation von bereits publizierten Arbeiten, innerhalb der aufgeworfenen Forschungsfragen [Mant1973, 76]. Beitrag 1 zielt die Identifizierung der vorhandenen Big Data Literatur an und prüft inwiefern die Techniken und Methoden das IM Ziel, einer effizienten Informationsbereitstellung für die Aufgabenträger, unterstützen.

4.1.1 Beitrag 1: Big Data – A State-of-the-Art

Um dem Ziel zu begegnen, wird ein State-of-the-Art nach Cooper [Coop1998] durchgeführt. Die Analyse betrachtet Dokumente aus acht unterschiedlichen und domänenrelevanten Literaturdatenbanken in denen der Begriff *Big Data* im Abstract, Titel oder in den Schlüsselwörtern enthalten ist. Die Qualität der Dokumente wird durch anerkannte Orientierungslisten und peer-Review begutachtete Beiträge gesichert. Infolgedessen stehen der Analyse 46 Beiträge zur Verfügung. Hierbei hat sich die Präsenz der Big Data Forschung gemessen an den Veröffentlichungen von 2011 zu 2012 nahezu verdreifacht. Deutlich wird das unterschiedliche Begriffsverständnis anhand der verschiedenen Definitionen.

Grundlage für die inhaltliche Analyse bildet das zweidimensionale Framework von Gluchowski [Gluc2001]. Die vertikale Achse wird von der Form der Datenverarbeitung aufgespannt und teilt sich in die Perspektiven Datenbereitstellung und Datenauswertung auf. Die horizontale Achse unterscheidet den Schwerpunkt der Arbeiten in technisch oder fachlich. Um Konzentrationen und Lücken in der Big Data Diskussion zu identifizieren, erfolgt ein Clusterung der Beiträge nach Ähnlichkeit von drei unterschiedlichen Forschern. Dies erfolgt anhand von zwei Zehn-Punkte-Skalen, deren Antwort zwischen null und neun liegt. Die Ergebnisse wurden zusammengefasst und Mittelwerte berechnet. Diese Einordnung erlaubt die Einteilung von diversen Konzepten und Technologien in einem spezifischen Forschungsfeld. [Gluc2001]

Der Großteil der identifizierten Beiträge befindet sich im Quadranten der technischen Datenbereitstellung. Ein Schwerpunkt in dem Bereich behandelt Datenbankmanagementsysteme, wie NoSQL (Key-Value, Spaltenorientierung, Dokumentenorientierung) oder relationale Ansätze. Andere Diskussionen betrachten die darunterliegenden Speichertechnologien, während abweichende Ansätze eine Datenreduzierung mittels Algorithmen anstreben. Weitere Beiträge besprechen Cloud Computing, um ein skalierbares Datenmanagement zu ermöglichen. Umfangreiche Erörterungen behandeln MapReduce und Apaches Hadoop mit gängigen Bestandteilen wie Hive, HDFS, HBase, Pig oder alternative Ansätze wie Dryad von Microsoft. Andere Forschungsarbeiten besprechen Unterstützungsmöglichkeiten für ETL, DWH und BI Lösungen anhand von Big Data Technologien. Zehn Arbeiten gehören dem Quadranten technische Datenauswertung an. Der Untersuchungsschwerpunkt liegt im Bereich der parallelen und verteilten Programmierung. Umsetzung dieser Technik findet vornehmlich im Bereich Data Mining und Visualisierung statt. Häufig erfolgt dies über MapReduce. Sechs Arbeiten positionieren sich in der fachlichen Datenauswertung. Inhalt dieses Quadranten sind Anwendungsbeispiele. Big Data Szenarien finden vielfältig statt und können unter anderem in der Finanzwirtschaft, Forensik, Personenüberprüfung sowie im Börsenhandel und Bauwesen beobachtet werden. Keine Arbeit widmet sich dem Quadranten der fachlichen Datenbereitstellung.

Die Strukturierung der bisherigen Beiträge zeigt die technologische Orientierung in der vorhandenen Forschung auf. Übertragen in das IM nach Krcmar [Krcm2015, 85 ff.] adressieren die Quadranten der technischen Datenbereitstellung und -auswertung Bestandteile der Ebenen IKT und Informationssysteme. Thematisch liegt der Fokus in der Vorstellung von neuen Technologien. Die Beiträge des Quadranten fachliche Datenauswertung beinhalten Anwendungsbeispiele, die auf allen IM Ebenen beobachtbar sind. In diesem Zusammenhang werden Big Data Technologien (z.B. Hadoop) oder bekannte Verfahren (z.B. Data Mining) neuen Einsatzgebieten zugeordnet. Dies kann in einer neuen Anwendungsdomäne oder in der Beseitigung von Herausforderungen in einer bestehenden Aufgabe erfolgen. Veränderungen in der Ebene Informationswirtschaft finden durch den Quadranten fachliche Datenauswertung jedoch nur vereinzelt statt. Einzig zu beobachten sind der Einsatz von Data Mining und statistischen Verfahren in der fachlichen Datenauswertung, jedoch liegt der Fokus in der Modellanwendung. Die zeitintensive Datenbereitstellung (nahezu achtzig Prozent des Aufwands in einem Data Mining Projekts) [ZhZY2003, 375] in Form von bspw. Datenbereinigung, Datenauswahl und Verknüpfung wird nicht berücksichtigt. Dies wird besonders deutlich, da keine Arbeit die fachliche Datenbereitstellung diskutiert. Gegenstand dieses Quadranten repräsentieren Konzepte die einen Ausgleich zwischen Informationsangebot und -nachfrage ermöglichen und Aufgabenträgern Informationen bedarfsgerecht zur Verfügung stellen. Inhaltlich sind diese Konzepte der Informationswirtschaft zuzuordnen [Krcm2015, 107].

In diesem Zusammenhang lässt die aktuelle Big Data Forschung eine Adressierung der Informationswirtschaft vermissen. Demnach gehen keine neuen Konzepte oder Verfahren hervor, die Informationen integrieren, umordnen, reduzieren, verdichten und verteilen [Krcm2015, 107 f.]. Hierbei besteht die Gefahr, dass die Eigenschaften von Big Data zu einer Informationsüberflutung des Anwenders führen und traditionelle Verfahren wie BI oder OLAP scheitern. Momentan erfolgt lediglich eine Modellanwendung im Data Mining. Zwar ist eine Verbesserung der Informationswirtschaft durch die unterliegenden Technologien (IS und IKT) möglich, wenngleich kein Beitrag die Wechselwirkungen der neuen Techniken zwischen und innerhalb der IM Ebenen betrachtet. Es fehlt an Handlungsempfehlungen, welche die Konsequenzen für das IM in Zeiten von Big Data adressieren. Auch werden keine Implikationen für die Führungsaufgaben im IM diskutiert.

Im Sinne dieser Arbeit verdeutlicht der Beitrag, dass Big Data einen starken Zuwachs in der wissenschaftlichen Diskussion erfährt. Die existierende Forschung ist technologisch orientiert und lässt eine Adressierung der Informationswirtschaft und der Wirkungen auf traditionelle IKT vermissen. Infolgedessen können keine bestehenden Ansätze in der Arbeit berücksichtigt werden. Die nachfolgenden Beiträge müssen klarstellen, ob Konzepte wie das Informationsmanagement überhaupt dem Begriff der Big Data zugehörig sind. Das unterschiedliche Begriffsverständnis des Phänomens Big Data in den identifizierten Arbeiten erschwert diesen Vorgang. In diesem Zusammengang leiten Beitrag 2 und Beitrag 3 ein gemeinsames und akzeptiertes Begriffsverständnis ab.

Veröffentlicht in: Pospiech, M.; Felden, C.: Big Data – A State-of-the-Art, in: Americas Conference on Information Systems AMCIS 2012, Seattle, USA, 9-11, August, 2012.

4.2 Bestimmung der Begrifflichkeit

Schlussfolgernd aus den heterogenen Auffassungen ist es Aufgabe der nachfolgenden Beiträge ein gemeinsames Begriffsverständnis für das Phänomen Big Data zu entwickeln, das einem begründeten Konsens gerecht wird, sodass ein Big Data Betrachtungsgegenstand lokalisiert werden kann. Dies erfolgt in zwei Schritten.

Beitrag 2 identifiziert ein erstes Verständnis mittels Experteninterviews und ordnet die Ergebnisse anhand von Grounded Theory in ein deskriptives Big Data Modell ein. Die Brauchbarkeit für eine Lokalisierung eines Big Data Betrachtungsgegenstandes wird an propagierten Big Data Anwendungsfällen und wissenschaftlichen Veröffentlichungen geprüft. Es ist jedoch zu bezweifeln, dass diese qualitativen Resultate als Konsens zu betrachten sind. Vielmehr wird jedem Experten die Möglichkeit geboten, dem Modell eigene Prädiktoren ohne weitere Abstimmung hinzuzufügen. Infolgedessen weitere Verifizierungen erfolgen müssen. In diesem Zusammenhang ist Konsens naheliegend, wenn innerhalb einer angemessenen Menge an Experten Signifikanz über die Zugehörigkeit von Prädiktoren vorherrscht [Habe1971, 129; Habe1973, 239].

Beitrag 3 untersucht, ob die Prädiktoren des qualitativen Modells (Beitrag 2) mittels eines Strukturgleichungsmodells verifiziert werden können. Hierfür sind die Beziehungen des deskriptiven Modells in Hypothesen und die Prädikate in Messvariablen zu übertragen. 123 Experten stehen einer strukturierten und anonymen Online-Umfrage zur Verfügung, um die Hypothesen und somit den Konsens zu überprüfen. Das analysierte Modell ist Signifikant und schafft ein gemeinsames Begriffsverständnis. Dies ermöglicht die Bestimmung eines geeigneten Betrachtungsgegenstandes.

4.2.1 Beitrag 2: Deployment of A Descriptive Big Data Model

Beitrag 2 zielt auf die Ableitung eines Big Data Begriffsverständnisses anhand von Experteninterviews ab. Bis dato fehlen theoretische Grundlagen und zugehörige Thematiken. Infolgedessen können betriebswirtschaftliche Fragestellungen nicht adressiert werden. Die Strukturierung der Ergebnisse innerhalb eines deskriptiven Models erlaubt die Anwendbarkeit und Verifizierung der Ergebnisse.

Um existierende Forschungen von Big Data Modellen zu berücksichtigen, erfolgt ein Literaturüberblick nach Cooper [Coop1998]. Fehlende Publikationen begründen die Notwendigkeit von initialen Erkenntnissen. In diesem Zusammengang werden Experteninterviews nach Flick [Flic2009] durchgeführt, da diese besonderes in frühen Forschungsphasen geeignet sind. 20 Experten finden in der Studie Berücksichtigung. Weitere Probanden waren nicht nötig, da eine Sättigung an Erkenntnissen erfolgte. Alle Befragten sind in internationalen IT Organisationen beschäftigt und können Erfahrungen von mindestens einem Jahr im Bereich Big Data aufweisen. Die 30 bis 60 Minuten langen Telefoninterviews strukturieren sich anhand von Richtlinien, die sukzessiv nach Pretests finalisiert worden. Inhalt der Interviews sind Charakteristika, Treiber, Definitionen, Unterscheidungen, Potentiale, Anwendungsfälle, Herausforderungen und Strategien von Big Data. Die Vorverarbeitung der aufgezeichneten Befragungen erfolgt anhand von Transkription. Jene Resultate werden mithilfe von Grounded Theory eingeordnet und analysiert. Grounded Theory ist ein akzeptiertes und weitverbreitetes Verfahren und besonderes in einem frühen Forschungsstadium geeignet, ein zusehends unerforschtes Phänomen wie Big Data zu beschrieben. Die Methode leitet konzeptionelle Eigenschaften, Konstrukte und Beziehungen durch eine Kombination von induktiven, deduktiven und abduktiven Schließen in iterativen Zyklen ab. Die transkrepierten Interviews sind in unterschiedliche Prädikate aufzuteilen, sodass ähnliche Aussagen zusammengefasst werden können. Im Anschluss sind die Prädikate in Beziehung zu setzen. Hierfür empfiehlt sich die Verwendung von existierenden Modellschemas. Das akzeptierteste geht auf Strauss und Corbin zurück [StCo1990, 131 ff.] und findet Anwendung in dem betrachteten Beitrag. Wie aus Abbildung 9 (siehe S. 52) hervorgeht bildet das Phänomen (Big Data) den Mittelpunkt des Schemas, das durch initiale Gründe (Causal Conditions) und Begleitumstände (Context) entstanden ist. Dem Phänomen kann anhand von Strategien (Strategies) begegnet werden. Strategien sind kein inhärenter Teil von Big Data, sondern bekannte Möglichkeiten das Phänomen zu adressieren. Diese können auch nachträglich noch erweitert werden. Abhängig von den Strategien sind Konsequenzen (Consequences) zu beobachten. Als Resultat werden alle identifizierten Prädikate den Konstrukten zugeordnet, sodass ein finales deskriptives Modell entsteht. Da das Modell eine Einordnung des späteren Betrachtungsgegenstandes (Abschnitt 4.3) erlauben soll, wird dessen Brauchbarkeit für eine Klassifizierung anhand von propagierten Big Data Anwendungsfällen und wissenschaftlichen Veröffentlichungen geprüft.

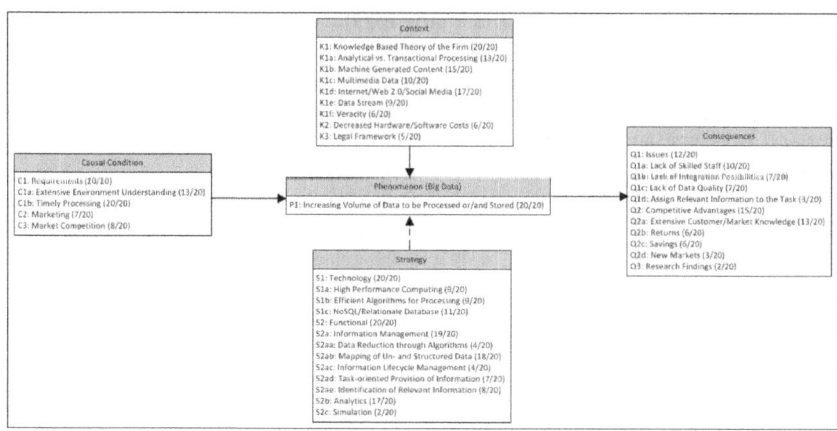

Abbildung 9: Deskriptives Big Data Modell [PoFe2015a, 82]

Big Data Zugehörigkeit liegt vor, wenn eine ausreichende Menge an Prädikatoren erfüllt ist. Hierbei ist stets eine Diskussion durchzuführen.

Sukzessiv erörtert der Beitrag die Inhalte des Modells im Detail. Hierbei können die Prädikate der Konstrukte zu existierenden Forschungsfeldern oder Technologien gehören. Die einzigartige Kombination der unterschiedlichen Komponenten (z.b. Technikbündel) spannt das Forschungsfeld Big Data auf.

Das Phänomen stellt das wahrnehmbare Konstrukt dar, das durch initiale Gründe und Begleitumstände hervortritt. Nach Auffassung der Experten ist Big Data in einem stetig wachsenden Datenvolumen zu beobachten, das es zu verarbeiten bzw. abzuspeichern gilt.

Die initialen Gründe sind vielfältig. Die meisten Experten sehen die gestiegenen Anforderungen als Ursache. Zeitnahe Verarbeitung oder ein verbessertes Verständnis für die Umwelt (Monitoring, Vorhersagen, etc.) sind gängige Antworten. Marktdruck ist eine weitere Komponente. Demnach müssen Produktionszyklen und Kosten reduziert, Trends früh identifiziert sowie Gewinne maximiert werden. Die Speicherung von großen Datenmengen aus Analysezwecken erscheint Organisationen ein patentes Mittel, um diese Ziele zu erreichen. Einige Experten verweisen auf die fehlende Substanz des Begriffs Big Data, der vornehmlich aus Vertriebsgründen im Marketing Verwendung findet.

Kontext beschreibt Begleitumstände unter denen das Phänomen hervortrat. Die meisten Aussagen können den Kerngedanken der *Knowledge Based Theory of the Firm* (KBT) zugeordnet werden. In dieser Theorie ist Wissen eine einzigartige und wichtige strategische Ressource. Die Theorie forciert die Integration und Kombination von Wissen aus unterschiedlichen Quellen, um einen wettbewerblichen Vorteil zu erlangen. IT kann diesen Vorgang durch Zusammenfassung und Verbreitung unterstützen. In diesem Zusammenhang verweisen die Experten auf eine zunehmende Akzeptanz dieser Betrachtungsweise in der Praxis und hierdurch zu einem Integrationstrend von verschiedenen Informationsquellen, -strukturen und -formaten. Dies findet z.B. Ausdruck in der gestiegenen analytischen Wahrnehmung für transaktionale oder maschinengenerierte (z.B. RFID oder GPS) Daten. Andere Schlüsseltreiber werden in der

Internet und Web 2.0 Bewegung sowie in den Sozialen Medien gesehen. Erst das Internet als physikalische Infrastruktur erlaubt die Verbreitung von Daten und den Zusammenschluss von Komponenten. Konzepte wie Cloud Computing konnten dadurch erst ermöglicht werden. Nutzergenerierte Inhalte, Kollaboration und Informationsteilung sind Konsequenzen aus dem Web 2.0 und bilden zusammen mit den Informationen aus den Sozialen Medien neuartige und nützliche Informationsquellen. Zudem begünstigt die Verbreitung und das analytische Interesse an unterschiedlichen Datentypen (Bilder, Film, Ton und Text) das steigende Datenvolumen. Häufig unterliegen diese Daten einer gewissen Unschärfe, die in späteren Analysen berücksichtigt werden muss. Neben KBT Aspekten werden vorrangig Einsparungen in Speicher- und Verarbeitungstechnologien als Kontextprädikate genannt. Andere verweisen auf die Open Source Bewegung. Infolgedessen können Organisationen bei gleichbleibenden Etat mehr Daten verarbeiten und speichern. Ein letzter Kontext wird in den gesetzlichen Rahmenbedingen gesehen, die bei zu offenen Datenschutzvereinbarungen ein gestiegenes Datenvolumen verursachen.

In Anlehnung an Beitrag 1 und 2 können Strategien technisch oder fachliche Ausprägungen vorweisen. Nahezu alle Experten nennen das Informationsmanagement. Bedingt durch die Orientierung der Arbeit am Informationsmanagement nach Krcmar [Krcm2015, 107 f.], umspannt das IM entgegen Abbildung 9 (siehe S. 52) beide Ausprägungen. Technologische Prädikate werden im Grid, Cloud und Parallel Computing gesehen, die zusammengefasst als High-Performance-Computing zu verstehen sind. Fortgeschrittene Verarbeitungsformen wie MapReduce bilden zusätzliche Komponenten. NoSQL und In-Memory Datenbanken aber auch traditionell relationale Technologien sind Gegenstand der Betrachtung.

Fachliche Strategien werden in der Verknüpfung von strukturieren und unstrukturierten Daten (Bild, Text, etc.) sowie in einer aufgabengerechten Informationsversorgung gesehen. Weitere Experten benennen das Information Lifecycle Management oder die automatische Identifikation von relevanten Informationen anhand von organisatorischen oder analytischen Methoden. Ähnliche Verfahren können in der automatischen Datenreduktion beobachtet werden. Infolgedessen keine unnötige Speicherung von wertlosen Daten stattfindet. Inhaltlich sind diese Strategien der fachlichen Datenbereitstellung aus Beitrag 1 zuzuordnen. Die Mehrheit der Experten benennen Analytics als Kernstrategie. Ausprägungen werden im Data Mining, Text Mining und Web Mining gesehen. Andere verweisen auf Social Network Analysen oder Predictive Analytics. Traditionelle Ansätze wie OLAP sind nicht adäquat. Simulationen stellen die letzte Strategie dar und erlauben ähnlich wie Analytics die Verarbeitung von großen Datenmengen.

Die beobachtbaren Konsequenzen erlauben eine Unterteilung in Herausforderungen, Wettbewerbsvorteile und Forschungserkenntnisse. Herausforderungen beinhalten den Umstand von fehlenden Big Data Experten, sowie die Integration von schemalosen NoSQL Technologien. Zudem kommen Bedenken hinsichtlich Datenqualität auf, da diese häufig über Dritten bezogen werden müssen. Auch ist die aufgabengerechte Identifikation und Zuweisung von Informationen problematisch, da die potentiellen Datenquellen zahlreich vorliegen und Zusammenhänge nicht immer bekannt sind. Wettbewerbsvorteile können durch ein verbessertes Verständnis für Markt und Kunden entstehen. Aber auch neue Geschäftsmodelle und Ideen versprechen Wettbewerbserfolge. Daneben können finanzielle Vorteile in Form von Einsparungen und Einnahmen generiert werden. Abschließend ist die Generierung von wertvollen Forschungserkenntnissen anhand von Simulationen und Analytics zu nennen.

Propagierte Big Data Anwendungsfälle sowie Veröffentlichungen werden mittels des deskriptiven Modells auf die Zugehörigkeit zum Forschungsfeld überprüft. In diesem Zusammenhang erweisen sich 60 Prozent der Publikationen und Anwendungsfälle als repräsentative Big Data Fälle. Diese können eine ausreichende Anzahl an Prädikaten vorweisen.

Der Beitrag leistet im Sinne der Arbeit eine erste begriffliche Untersuchung des Phänomens Big Data. Infolgedessen konnte eine Beseitigung der Unschärfe erfolgen. Die identifizierten Gründe und Begleitumstände geben Rückschlüsse auf die Entstehung des Forschungsfelds, sodass Organisationen das Aufkommen einer Big Data Situation gezielter kontrollieren können. Zudem konnten erste Strategien und Handlungsempfehlungen identifiziert werden. In diesem Zusammenhang wird auch das Informationsmanagement als Big Data Strategie bestätigt und somit weiterführende Forschung sinnvoll. Die identifizierten Strategien lassen sich auf die unterschiedlichen IM Ebenen verteilen. Demnach sind die technologischen Strategien den Ebenen Informationssysteme und IKT wie in Beitrag 1 zuzuordnen. Zentral ist die Feststellung, dass die Experten auch fachliche Aspekte im Informationsmanagement berücksichtigen und somit die Ebene Informationswirtschaft als Handlungsumfeld verstehen. Instanzen dieser Ebene stellen die aufgabengerechte Informationsversorgung, sowie die automatische Identifikation von relevanten und die Reduktion von irrelevanten Informationen mittels organisatorischer oder analytischer Methoden dar. Aber auch Analytics und Simulationen können dieser Schicht zugeordnet werden. Hierbei verweisen die Experten auf die Analyse von vornehmlich unstrukturierten Daten, wodurch sich die neueren von den ehemaligen Vorhaben unterscheiden. Entgegen der initialen Einordung im deskriptiven Modell, ist das Information Lifecycle Management im Sinne von Krcmar der Ebene IKT und nicht der Informationswirtschaft zuzuordnen, da das eigentliche Speicherkonzept der aufgabenorientierten Datenreduktion überwiegt [Krcm2015, 340 ff.]. Die Identifizierten Strategien der Experten haben die Ebene der Führungsaufgaben nicht zum Gegenstand. Dies ist überraschend, da keine Strategie den Mangel an Big Data Mitarbeiter (Konsequenz) durch das IT-Personalmanagement berücksichtigt. Wettbewerbsvorteile und Forschungsergebnisse bestätigen die positiven Konsequenzen von Big Data und verweisen auf die Vorteilhaftigkeit des Phänomens. Des Weiteren konnte die Anwendbarkeit des Models für Publikationen und Anwendungsfälle aufgezeigt werden, sodass eine spätere Einordnung des Betrachtungsgegenstandes gesichert ist.

Nichtsdestotrotz sind die Ergebnisse des deskriptiven Modells nicht als Konsens zu werten. Infolgedessen liegt kein gemeinsames Big Data Begriffsverständnis vor. Der nächste Beitrag überführt die Prädikate in Messvariablen und Hypothesen. Diese werden quantitativ überprüft. Signifikante Ergebnisse stellen ein konsistentes Begriffsverständnis dar und erlauben die Identifikation eines Big Data Betrachtungsgegenstandes.

Veröffentlicht in: Pospiech, M.; Felden, M.: Deployment of A Descriptive Big Data Model, in: Mayer, J.; Quick, R. (Hrsg.): Business Intelligence for New-Generation Managers, Berlin, Springer Verlag, 2015, 77-95.

4.2.2 Beitrag 3: Big Data – A Theory Model

Beitrag 3 zielt die Bestätigung des deskriptiven Big Data Modells anhand eines Strukturgleichungsmodells ab. Infolgedessen wird ein gemeinsames Big Data Begriffsverständnis entwickelt, das betriebswirtschaftliche Fragestellungen besser adressiert, Strategien aufzeigt und Werterwartungen verdeutlicht. Das überprüfte Modell erlaubt die Identifikation eines Big Data Betrachtungsgegenstandes.

Um die existierende Forschung von Big Data Modellen zu berücksichtigen, erfolgt ein Literaturüberblick nach Cooper in akademischen Datenbanken [Coop1998]. Insgesamt können zwei Arbeiten aufgefunden werden. Nichtdestotrotz, ist die Ableitung beider Modelle methodisch fragwürdig, sodass eine weitere Betrachtung nicht zielführend erscheint. Infolgedessen das deskriptive Modell aus Beitrag 2 verbleibt. Die erlangten qualitativen Erkenntnisse sind anhand von quantitativen Methoden zu vertiefen und zu überprüfen [KiCK2012, 1232]. Basierend auf dem deskriptiven Big Data Modell erfolgt die Ableitung von einundvierzig Messvariablen und vier Hypothesen. In diesem Zusammenhang führen die Konstrukte initiale Gründe (H1) und Kontext (H2) zu dem Phänomen Big Data. Die Hypothesen sind positiv gerichtet, da ein Anstieg zu einer Vergrößerung von Big Data führt. Strategien sind nicht Auslöser von Big Data sondern eine Folge. Da die steigenden Effekte von Big Data mit mehr Strategien zu adressieren sind, ist die Hypothese (H3) positiv gerichtet. Das Konstrukt Konsequenz ist abhängig von den gewählten Strategien und nicht vom Phänomen Big Data selbst. Das Ausmaß der gewählten Strategien verursacht einen Anstieg in den Konsequenzen (H4). Die Überprüfung der Hypothesen findet anhand der Methode der kleinsten Quadrate statt. Dieses Verfahren ist besonders geeignet, wenn ein neues theoretisches Phänomen mit noch zu identifizierenden Messvariablen betrachtet werden soll [HaRS2011, 140 f.]. Die Erhebung des Datenmaterials ereignet sich durch eine Onlineumfrage. Richtlinien von Babbie [Babb1990, 127 ff.] und Pretests finden Anwendung in der Erstellung des Fragenkatalogs. In diesem Zusammenhang erfolgt eine Einleitung in die Thematik und eine Erklärung der Konstrukte. Die Messvariablen entstammen den Prädikaten des deskriptiven Big Data Modells, wobei die Befragten auf einer 6er-Likert-Skala eine Aussage zwischen $1 = $ *vollständige Ablehnung* und $6 = $ *vollständige Zustimmung* wählen können. Adäquate Probanden von IT-Organisationen werden in speziellen Big Data Gruppen in der Vernetzungsplattform Xing angesprochen. Zusätzlich sind mindestens drei Jahren Berufserfahrung vorzuweisen, um eine hinreichende Expertise für die Studie sicherzustellen. Insgesamt beenden 123 Experten den Fragenkatalog und stehen der Untersuchung zur Verfügung. Gemessen an der Menge der Indikatoren des größten Konstrukts ist dies eine ausreichende Stichprobe. [Chin1998a, 316] 22,76 Prozent der Befragten verfügen über 3-9 Jahre, 40,65 Prozent über 10-19 Jahre und 36,59 Prozent über mehr als 20 Jahre Erfahrung. Die Unternehmensgröße (in Mitarbeitern gemessen) der Probanden variiert zwischen weniger als 50 (27,64 %), zwischen 50-499 (26,83 %) und mehr als 499 (45,53 %) Angestellten. Infolgedessen kann von einer repräsentativen Studie ausgegangen werden.

Tabelle 5: Abgeleitete Big Data Messvariablen

Messvariable	Beschreibung	Messvariable	Beschreibung
BD1	Speichervolumen	ST2	Programmierungsmodelle
BD2	Transformationsvolumen	ST3	Key-Value Datenbank
BD3	Zugangsvolumen	ST4	Dokumenten Datenbank
BD4	Visualisierungsvolumen	ST5	Spalten Datenbank
BD5	Analysevolumen	ST6	Relationale Datenbank
CC1	Wirtschaftliches Marktverständnis	ST7	Streaming Technologien
CC2	Wissenschaftliche Fragestellungen	ST8	Integration unstrukturierter Daten
CC3	Zeitnahe Verarbeitung	ST9	Aufgabengerechte Informationsversorgung
CC4	Marketing getrieben		
CC5	Dynamische Märkte	ST10	Information Lifecycle Management
CO1	Wissen als strategische Ressource	ST11	Simulationen
CO2	Transaktionale Datenanalyse	ST12	Analytics
CO3	Maschinengenerierte Daten	CQ1	Fachkräftemangel
CO4	Multimedia Daten	CQ2	Fehlende Integrationsmöglichkeiten
CO5	Ungewisse Datenqualität	CQ3	Fehlende Datenqualität
CO6	Internet	CQ4	Fehlende Datenzuordnung
CO7	Web 2.0	CQ5	Markterkenntnisse
CO8	Soziale Medien	CQ6	Neue Geschäftsmodelle
CO9	Sinkende IT Kosten	CQ7	Kostenersparnisse
CO10	Rechtliche Rahmenbedingungen	CQ8	Steigende Einnahmen
ST1	Cloud Computing	CQ9	Wissenschaftliche Erkenntnisse

Die abgeleiteten Messvariablen sind in Tabelle 5 gemeinsam mit den verwendeten Abkürzungen und Beschreibungen des betrachteten Beitrags aufgeführt. Anpassungen finden unteranderem mangels gegebener Prädikatoren in dem Konstrukt Big Data statt. Nach Auffassung des zweiten Beitrags ist Big Data in einem stetig wachsenden Datenvolumen zu beobachten, das es zu verarbeiten bzw. abzuspeichern gilt. Beitrag 3 stellt heraus, dass Big Data in der IT Domäne aufzufinden ist. Infolgedessen erfolgt die Beobachtung des Phänomens innerhalb von IT Aufgaben. Anknüpfend an der Informationsverarbeitungstheorie sind diese Aufgaben in Datenspeicherung, Datentransformation, Datenzugang und Datenkommunikation aufzuteilen [FaLS2006, 295 ff.]. Die Kommunikation der Erkenntnisse kann nach Beitrag 3 in Visualisierung und Analyse unterschieden werden. Infolgedessen ist die gestiegene Datenmenge in den Messvariablen *Speichervolumen, Transformationsvolumen, Zugangsvolumen, Analysevolumen* und *Visualisierungsvolumen* wahrzunehmen. Veränderungen sind auch im Konstrukt Strategie zu beobachten. Aufgrund von inhaltlichen Überschneidungen werden die Technologien Grid, Distributed und Parallel Computing zu *Cloud Computing* und die Konzepte Information Lifecycle Management und Datenreduktion durch Algorithmen zu *Information Lifecycle Management* zusammengefasst. Auch erfolgt die Übernahme des Prädikators *Streaming Technologien* aus dem Konstrukt Kontext, da ein größerer Bezug zur Strategie besteht. Des Weiteren wird der NoSQL Prädikator in *Key-Value-, Dokumenten* und *Spalten Datenbanken* aufgeteilt, um eine bessere Messbarkeit zu ermöglichen. Inhaltlich gehören diesem Prädikator auch spezielle Hadoop Dateiformate (Sequencefile, Parquet etc.) an [Wies2015, 33 ff.]. Zusätzlich findet eine inhaltliche Unterteilung des Prädikators Umweltverständnis im Konstrukt initiale Gründe in die

Messvariablen *wirtschaftliches Markverständnis* und *wissenschaftliche Fragestellungen* statt. Aufbauend auf den abgeleiteten Hypothesen und Messvariablen erfolgt die Überprüfung des Modells anhand von SmartPLS 2.0 in zwei Schritten [RiWW2014]. In diesem Zusammenhang ist zunächst das Messmodell, gefolgt von den Hypothesen im Strukturmodel, zu überprüfen. Beide Überprüfungen müssen unterschiedlichen Gütemaßen gerecht werden, um Aussagekräftigkeit zu beweisen. [Hull1999, 195 ff.] In einer Diskussion findet die Besprechung der Ergebnisse statt.

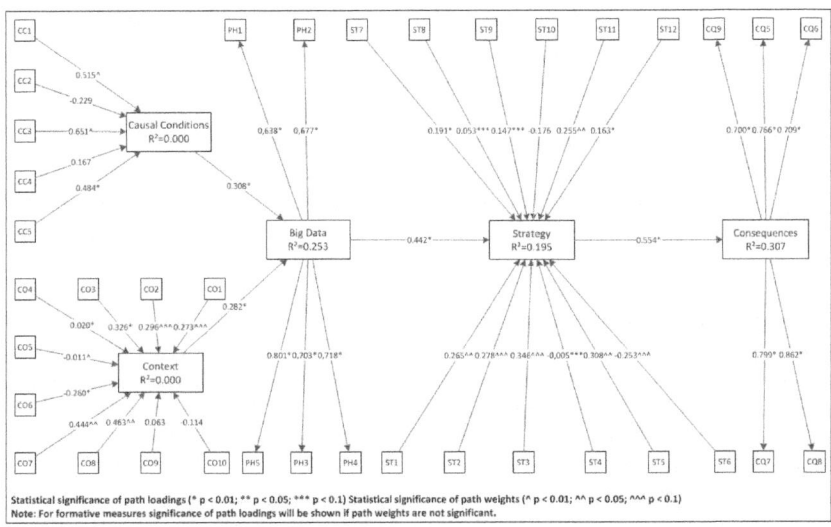

Abbildung 10: Ergebnisse Big Data Messmodell [PoFe2016a, 5019]

Die Resultate der Modellberechnung sind Abbildung 10 zu entnehmen. Dargestellt sind die unterschiedlichen Konstrukte, die durch die Hypothesen in Beziehung stehen. Gemessen werden diese Konstrukte durch Messvariablen. Pfeile vom Konstrukt zur Messvariable verweisen auf eine reflektive Ermittlung hingegen eine verdrehte Ausrichtung eine formative Berechnung symbolisiert.

Die reflektiven Messvariablen *Fachkräftemangel, Fehlende Integrationsmöglichkeiten, Fehlende Datenqualität* und *Fehlende Datenzuordnung* sind aus dem Modell zu entfernen, da sich deren Ladung als zu gering erweist. Formative Messvariablen sind lediglich auf Signifikanz zu testen. In diesem Zusammenhang kann kein Konsens für *Wissenschaftliche Fragestellungen, Marketing getrieben, Sinkende IT Kosten, Rechtliche Rahmenbedingungen* und *Information Lifecycle Management* aufgefunden werden. Eine Entfernung von formativen Messvariablen ist jedoch nicht möglich, daher verbleiben diese im Modell. Die negativen Pfadkoeffizienten sind gesondert zu interpretieren. Demnach erklären *dokumentenorientierten Datenbanken* (ST4) und *relationale Datenbanken* (ST6) das Konstrukt Strategie gut, wenn diese eben nicht eingesetzt werden. Infolgedessen der spätere Betrachtungsgegenstand auf diese verzichten sollte. Ein ähnlicher Sachverhalt ist in der Kontextvariable *Datenqualität* zu beobachten. In diesem Zusammenhang wird deutlich, dass die Datenqualität nicht unbekannt, sondern bekannt sein muss, um zu dem Phänomen Big Data zu führen. Demnach werden lediglich Daten mit hoher Qualität in Organisationen gespeichert, transformiert, visualisiert, analysiert und zugänglich gemacht. Ähnliche Prämissen gehen aus dem Business Intelligence Ansatz hervor [Krcm2015, 150 ff.]. Infolgedessen sind entsprechende Methoden anzuwenden, welche die Datenqualität sicherstellen. Des Weiteren weißt die Messvariable *Internet* einen negativen Pfadkoeffizienten auf. Folglich stellt die Verarbeitungsmöglichkeit im Internet keinen verstärkenden Kontext für die Entstehung von Big Data dar. Verständlich wird dies für Organisationen, die ihre Verarbeitung auslagern. Infolgedessen können diese keine Big Data Phänomene im eigenen Betrieb beobachtet und negieren die Bedeutung. Alle weiteren Gütekriterien des Messmodels sind erfüllt. Das Strukturmodell ist ebenfalls akzeptabel. Alle Hypothesen stimmen mit den Erwartungen überein und sind bei einem p-Wert von kleiner 0,01 hochgradig signifikant. Die restlichen Gütekriterien sind zufriedenstellend und der Erklärungsgehalt (R^2) ist bei allen Konstrukten gegeben.

Für die Arbeit ist festzuhalten, dass alle Hypothesen positiv bestätigt wurden. Die Pfadladungen zwischen den Konstrukten überschreiten 0,2 und indizieren aussagekräftige Beziehungen [Chin1998b, 11]. In diesem Zusammenhang erfolgt ein Nachweis, dass die signifikanten initialen Gründe (H1) und Kontext (H2) zu dem Phänomen Big Data führen. Dies erlaubt Organisationen das Abschätzen von Wirkungsketten, sodass das Aufkommen einer Big Data Situation besser kontrolliert werden kann. Zudem geht im Sinne der Arbeit eine Erklärung hervor, die das Aufkommen von Big Data plausibilisiert. Des Weiteren wird eine verstärkte Ausprägung des Big Data Phänomens mit einer höheren Inanspruchnahme der aufgeführten Strategien bestätigt (H3). Im Kontext der Arbeit zeigt dieser Beitrag, die Sinnhaftigkeit einer Adressierung von Big Data anhand der gegebenen Gestaltungsempfehlungen und motiviert somit das weitere Forschungsvorhaben. Zudem führen verstärkte Strategien zu erhöhten Konsequenzen (H4). Alle negativen Konsequenzen konnten aus dem Modell entfernt werden, da diese über zu wenig Aussagekraft verfügen. Infolgedessen lediglich positive Effekte durch das Phänomen bei entsprechender Strategieanwendung verbleiben.

Somit geht für die Arbeit hervor, dass die Adressierung von Big Data positive Konsequenzen erwarten lässt. Mit 32 von 41 Messvariablen ist ein Großteil der Prädikatoren aus dem deskriptiven Modell signifikant. In diesem Zusammenhang identifiziert der Beitrag in einer kompetenten Gruppe und in nachvollziehbarer Weise ein konsistentes Big Data Begriffsverständnis. Dieses findet im weiteren Verlauf der Arbeit Verwendung, indem eine Prüfung der Prädikatoren an einem Big Data Betrachtungsgegenstand erfolgt. Des Weiteren ist festzuhalten, dass keine Übereinstimmung für die Messvariable *Marketing getrieben* existiert und somit von einem substanziellen Forschungsthema auszugehen ist. Generell bilden die verbliebenen Prädikatoren der initialen Gründe und Kontext ein gemeinsames Geflecht, welches erstmalig in der Forschung die Entstehung von Big Data begründet. Auch konnten fünf messbare Prädikatoren für Big Data abgeleitet und bestätigt werden. Infolgedessen die Greifbarkeit des Phänomens für betriebswirtschaftliche Fragestellungen steigt. Der Beitrag verifiziert 9 von 12 Strategien. Diese finden als Gestaltungsempfehlungen für Organisationen Verwendung. Anzumerken bleibt, dass der Erklärungsgehalt der Konstrukte zwar gegeben ist, aber keine starke Ausprägung vorliegt. Infolgedessen nicht alle Konstrukte und Prädikatoren im Diskursrahmen identifiziert worden sind. Da eine Dynamik in dem Forschungsfeld Big Data angenommen wird, ist eine vollständige Identifikation aller Prädikate jedoch nicht möglich. Vielmehr ist von einer Momentaufnahme zu sprechen. Die aufgefundenen Prädikatoren bilden jedoch eine gemeinsame Basis.

Nach Darstellung des dritten Beitrags erfolgt im nächsten Abschnitt die Anwendung des konsistenten Big Data Modells, um einen adäquaten Betrachtungsgegenstand zu identifizieren. Dieser wird anhand der Methode Prototyping erzeugt und umfasst alle Ebenen des Informationsmanagements. Die Entwicklung ermöglicht die Ableitung von Konsequenzen für das Informationsmanagement in Abschnitt 5.1.

Veröffentlicht in: Pospiech, M.; Felden, C.: Big Data – A Theory Model, in: 49th Annual Hawaii International Conference on System Sciences HICSS, Kauai, USA, 5-8, Januar, 2016.

4.3 Betrachtungsgegenstand Preisvorhersage im Energiehandel

Als angemessener Betrachtungsgegenstand konnte die Preisvorhersage im Energiehandel (Strom- und Gasmarkt) mittels strukturierter und unstrukturierter Daten identifiziert werden. In diesem Zusammenhang führte die Liberalisierung des Energiemarktes in Europa zu veränderten Rahmenbedingungen in allen Bereichen. Die Ziele Gewinnmaximierung und Wettbewerbsfähigkeit stehen inzwischen gleichberechtigt neben dem bisherigen Ziel der Versorgungssicherheit. Während Versorger noch vor der Liberalisierung geringen Preis- und Mengenrisiken ausgesetzt waren, sehen sich diese heute mit erheblichen Marktunsicherheiten konfrontiert. [HeJa2008 1 ff.] Die Einführung des liberalisierten Marktes brachte Börsen hervor, um Teile dieser Risiken abzusichern und zusätzliche Handelserträge einzufahren. [LiWe2013, 553; StWe2000, 280 f.] Dennoch sind die Wirkungszusammenhänge und Wechselwirkungen des Marktes komplex und werden von einer Vielzahl von Einflussgrößen determiniert. Die Offenlegung von Mustern und Regeln kann zu einer präziseren Vorhersage von zukünftigen Kursentwicklungen führen. Eine mögliche Lösungsstrategie liegt hier in der Analyse von relevanten Datenbeständen. [BuHW2012, 1395; PoFe2014, 1676]

Diese hat in nahezu Echtzeit stattzufinden, da der Wert einer Information nach Veröffentlichung fällt. Dennoch ermöglichen existierende Ansätze allein eine periodische Vorhersage und betrachten lediglich strukturierte Informationen im Gas- und Stromhandel. [DFPK2015b, 122; PoFe2014, 1677 ff.] Die Relevanz von Nachrichten (unstrukturierte Informationen) als Informationsquelle ist hinreichend bekannt [Chan2003, 226]. Dennoch erfolgt deren Auswertung von Händlern und Analysten manuell und zeitverzögert. Aufgrund der zunehmenden Anzahl dieser Nachrichten ist diese Art der Analyse nachteilig, da Informationen verspätet verarbeitet werden [FoKS2006, 852]. Eine kombinierte Analyse von strukturierten und unstrukturierten Informationen in Echtzeit verspricht eine verbesserte Vorhersage und ein erhöhtes Marktverständnis. Der vorgestellte Betrachtungsgegenstand bezieht sich auf eine reale Entwicklung, die sich im Rahmen der Arbeit in den Jahren 2013 bis 2015 ereignete. Aus dieser gingen zwei unterschiedliche Preisvorhersagemethoden hervor, die Identifikation der historisch ähnlichsten Nachricht und die Preistrendvorhersage.

Letztere verknüpft historische unstrukturiert Nachrichten (Thomson Reuters News Archiv) mit strukturierten Marktdaten (Wetter, Wechselkurse, Kohlepreise, Emissionszertifikate, etc.) zu Situationen und führt diese einem Data Mining Prozess zum Zweck einer Klassifikation zu. Die resultierenden Modelle identifizieren historische Muster und ermöglichen die Preistrendvorhersage in Echtzeit. [PoFe2015b] Als problematisch erweist sich die hohe Anzahl an irrelevanten Nachrichten im Datenbestand [PoFe2016b]. Zum einem erschwert dies die Identifikation von relevanten Dokumenten im Datenbestand und endet in falschen Klassenzuweisungen, welche die Vorhersagequalität des Modells verschlechtern [BrFr1999, 131]. Zum anderen führt die Weitergabe von irrelevanten Nachrichten durch mangelhafte Modelle zu einer Informationsüberflutung beim Aufgabenträger. Traditionell erfolgte eine manuelle Selektion von historisch relevanten Nachrichten durch Experten, um ein verbessertes Modelltraining hinsichtlich Relevanz zu ermöglichen [FoKS2006, 852 ff.]. Nichtdestotrotz sind ständig wechselnde Inhalte im Nachrichtenbestand zu beobachten. [PoFe2016b] Um die Relevanz der Inhalte zu gewährleisten, müssten fortwährend manuelle Selektionen durch Experten und Modellaktualisierungen stattfinden. Dieses Vorgehen ist durch die Anzahl der veröffentlichten Nachrichten zeit- und kostenintensiv und würde die Wirtschaftlichkeit gefährden. [FoKS2006, 852 ff.] Infolgedessen werden im Betrachtungsgegenstand Mechanismen entwickelt, die eine automatische und somit ressourcenschonende Identifikation von relevanten Nachrichten ermöglichen. Des Weiteren wird ausgehend von einem aktuell publizierten Nachrichtenticker die historisch ähnlichste Nachricht identifiziert. In diesem Zusammenhang erfolgt die Darstellung der damaligen Situation mit dem nachfolgenden Preisverlauf. Der Ansatz geht auf das Paradigma des fallbasierten Schließens [AaPl1994, 47] zurück, das historische Erfahrungen für die Lösung eines neuen Problems mit gleichen Hintergrund vorsieht. Ungeachtet dessen, ist der Vergleich einer aktuellen Nachricht mit allen historischen berechnungsintensiv. Die Verwendung von Clusteralgorithmen reduziert die Identifikationszeit. Nichtdestotrotz, ist das Modelltraining sehr langwierig und beansprucht in klassischen Serverumgebungen mehr als elf Tage (siehe Abschnitt 4.4.2). Da tägliche neue Publikationen zugehen und in neuen Vorhersagen Berücksichtigung finden müssen, ist eine zeitgerechte Modellaktualisierung nicht möglich. In diesem Rahmen greift der Betrachtungsgegenstand auf Big Data Technologien zurück. Als Konsequenz konnte die Berechnungszeit auf 45 Minuten reduziert werden.

Zusammen kombinieren und integrieren Preistrendvorhersage und Identifikation der historischen Nachricht die vorhandene Wissensbasis, um eine möglichst umfassende Entscheidungsgrundlage zu bieten. Tabelle 6 stellt die Anwendung des Big Data Modells dar. Hierbei werden die Eigenschaften des Projekts anhand der signifikanten Prädikatoren argumentativ überprüft, da diese dem konsistenten Big Data Verständnis entsprechen. Der Abgleich findet im Gasmarkt statt, da die Entwicklungsstufe des Prototyps die des Elektrizitätsmarkts übersteigt. Die Einschätzung von Speicher-, Transformations-, Zugangs-, Visualisierungs- und Analysevolumen ist subjektiv, da keine gängigen Zahlen existieren, welche das Vorliegen von Big Data definieren [Russ2011, 6].

Tabelle 6: Abgleich Betrachtungsgegenstand Big Data Prädikatoren

Prädikator	Argumentative Begründung
Wirtschaftliches Marktverständnis	Erfüllt: Ziel des Betrachtungsgegenstandes ist die Identifikation von unbekannten Mustern in historischen Datenbeständen, um ein besseres Verständnis für die Preisentwicklung des Produkts Gas zu erhalten. Das Verständnis soll eine Vorhersage erlauben.
Zeitnahe Verarbeitung	Erfüllt: Der Wert einer Information ist nach Veröffentlichung abnehmend. In diesem Zusammenhang erfolgt im Betrachtungsgegenstand eine zeitnahe Vorhersage, um Wettbewerbsvorteile zu erzielen. Die Inhalte von Nachrichten unterliegen ständigen Veränderungen. Der Betrachtungsgegenstand entwickelt eine Methode, die eine automatische und zeitnahe Modellaktualisierung erlaubt. Unterliegende Technologien ermöglichen eine Vorhersage in nahezu Echtzeit.
Dynamische Märkte	Erfüllt: Die Liberalisierung im Gasmarkt hat zu veränderten Rahmenbedingungen geführt. Organisationen sind einem dynamischen Wettbewerb ausgesetzt und müssen neben der Versorgungssicherheit eine Gewinnmaximierung anstreben. Der Betrachtungsgegenstand ermöglicht eine schnellere und umfassendere Handelsentscheidung. Infolgedessen können Preis- und Mengenrisiken reduziert werden.
Wissen als strategische Ressource	Erfüllt: Die Inhalte der KBT können bestätigt werden. Demnach integriert und kombiniert der Betrachtungsgegenstand unterschiedlichen Datenquellen und -

	strukturen (Nachrichten und Marktdaten), um wettbewerbliche Vorteile zu erlangen. Die historischen und aktuellen Datenbestände werden als strategische Produktionsfaktoren im Handel verstanden und erlauben eine Entscheidungsunterstützung durch die Integration zu umfassenden Situationen.
Transaktionale Datenanalyse	Erfüllt: Eingehende Nachrichtenticker werden unverzüglich mit Marktdaten zu einer Situation verknüpft. Eine Vorhersage erfolgt in Echtzeit. Die Marktdaten stammen größtenteils von anderen Handelstransaktionen (Wechselkurse, Kohlepreise, Gaspreise, etc.) und werden als Erklärung für Veränderungen im Gaspreis verwendet.
Maschinengenerierte Daten	Erfüllt: Der Betrachtungsgegenstand nutzt verschiedene maschinengenerierte Daten von Sensoren. Beispiele sind Gasspeicherstände, Gasangebot in Leitungen, Netzeinspeisungen oder -ausspeisungen.
Multimedia Daten	Erfüllt: Der Betrachtungsgegenstand verwendet Textnachrichten als Multimedia Daten. Generell werden Textnachrichten als Ereignisse im Betrachtungsgegenstand aufgefasst. Ereignisse könnten auch in Form von Bildern, Filmen oder Sprachnachrichten auftreten. Lediglich die Form der Merkmalsextraktion wäre im Vorgehen unterschiedlich.
Ungewisse Datenqualität	Erfüllt: Der Datenbestand enthält eine Vielzahl an irrelevanten Nachrichtenticker. Diese stellen im Rahmen des Modelltrainings eine ungewisse Datenqualität dar und führen zu ungenauen Vorhersagen. Der Betrachtungsgegenstand verwendet Methoden, die eine automatische Identifikation von relevanten Nachrichten ermöglicht. Infolgedessen werden lediglich qualitative Daten im Analysebestand berücksichtigt.
Internet	Erfüllt: Es findet keine Verarbeitung im Internet, sondern lokal im Unternehmen statt.
Web 2.0	Unklar: Die Datengrundlage stammt von verschiedenen Informationsdienstleistern. Es ist unklar, unter welchen Technologien Eingabe, Verarbeitung, Speicherung und Verteilung erfolgt.
Soziale Medien	Erfüllt: Die Nachrichten entstammen den Informationsdienstleister Thomson Reuters. Neben anderen Mitarbeitern überwachen spezielle Redakteure ständig Soziale Medien. Neue Meldungen werden aufgespürt, überprüft und in Absprache mit der originären Informationsquelle als Nachrichtenticker veröffentlicht. [Albe2015]
Zugangsvolumen	Erfüllt: Das Zugangs- und Extraktionsvolumen im Modelltraining ist immens. Alleine im Gasmarkt erfolgte ein Zugriff auf 17.899.137 Nachrichten, 169.260.582 Erdöl-Handelstransaktionen, 55.311.252 Dollar-Euro-Handelstransaktionen, 32.761.717 Pfund-Euro-Handelstransaktionen, 4.011.609 Erdgas-Handelstransaktionen und 985.294[1] wetterrelevante Angaben im Zeitraum von drei Jahren (750 Arbeitstage). Die Anforderungen der Datenextraktion im Echtzeitbetrieb sind hoch. In diesem Zusammenhang werden fortwährend und in Echtzeit ca. 157 Erdöl-Handelstransaktionen, 51 Dollar-Euro-Handelstransaktionen, 30 Pfund-Euro-Handelstransaktionen und 17 Nachrichten pro Minute abgefragt.
Transformationsvolumen	Nicht Erfüllt: Zwar liegt ein hohes Zugangsvolumen vor, welches selektiert, aggregiert, verknüpft und berechnet werden muss, dennoch erlauben traditionelle Strategien die Verarbeitung innerhalb eines Tages. In diesem Zusammenhang ist auf ein übliches Transformationsvolumen zu schließen.

---

[1] Die Angaben entstammen dem Vorhersagesystem und waren nicht Bestandteil einer Veröffentlichung.

Speichervolumen	Erfüllt: Die anfängliche Speicherung des gesamten Zugangsvolumens ist aufwendig. Insbesondere die Aufbewahrung von Textinformationen erweist sich als speicherintensiv. Nichtdestrotz verringern die Transformationen das Speichervolumen im weiteren Vorgehen. Im Gasmarkt verbleiben Dimensions- und Faktentabellen. Als Resultat entstehen Tabellen mit 186.836 Nachrichtenticker, sowie Relationen mit jeweils 2.796.896^2 Zeilen für Marktdaten wie Öl-, Kohle-, Emissions-, Wechselkurs- und Elektrizitätspreise.
Analysevolumen	Erfüllt: Das gesteigerte Analysevolumen zeigt sich insbesondere in der Identifikation des historisch ähnlichsten Nachrichtentickers. Die zugehörige Clusterberechnung dauert mit traditionellen Technologien mehr als elf Tage an. Infolgedessen ist eine adäquate Modellaktualisierung mit diesen Mitteln ausgeschlossen. Des Weiteren werden pro Minute ca. 17 Nachrichten im Gasmarkt veröffentlicht. Gleichzeitig sind 322 Marktinformationen zu berücksichtigen [PoFe2015b]. Eine Reaktion hat in nahezu Echtzeit zu erfolgen. In diesem Zusammenhang ist die Gefahr einer Informationsüberflutung gegeben und eine manuelle Bewertung undenkbar.
Visualisierungsvolumen	Nicht Erfüllt: Die Testphase zeigt, dass bei 10.000 Datensätzen nicht mehr als 518 Situationen (Zeilen) zur interaktiven Benutzeroberfläche gelangen. Das Volumen entspricht üblichen Maßstäben. Es ist kein gesteigertes Visualisierungsvolumen zur Darstellung beobachtbar.
Cloud Computing	Erfüllt: Der Prädikator Cloud Computing bildet mit dem Servicekonzept ein Konglomerat aus Parallel, Grid und Distributed Computing [HwDF2011, 6 f.]. Als Parallel Computing Ausprägung verwendet der Prototyp die Apache Hadoop Distribution Cloudera Express. In diesem Zusammenhang erfolgt eine verteilte Berechnung und Speicherung in verschiedenen Nodes innerhalb eines Clusters. Die verteilte Datenhaltung ermöglicht eine parallele Verarbeitung durch MapReduce. Direktes Cloud Computing findet nicht statt, da keine Verarbeitung in Internet erfolgt, sondern eine lokale Berechnung innerhalb eines verteilten Clusters [Qusa2011, 17].
Programmierungsmodelle	Erfüllt: Im Rahmen des Betrachtungsgegenstandes erfolgt die Verwendung des Programmiermodells MapReduce. In diesem Zusammenhang kommen *Mahout Math-Scala Core Library* [Maho2016] und die *MLib Machine Learning Library* [Mach2016] zum Einsatz. Beide beinhaltet eine Sammlung von Algorithmen die in skalierbaren und verteilten Umgebungen parallel ausgeführt werden können, um Berechnungszeiten zu verkürzen.
Key-Value Datenbank	Erfüllt: Den Erläuterungen aus Abschnitt 4.2.2 folgend, beinhaltet der Prädikator neben Key-Value Datenbanken auch Key-Value Dateiformate. Im Rahmen des Betrachtungsgegenstandes erfolgt die Ablage der Daten im HDFS. Als verwendetes Dateiformat speichert SequenceFile die Daten in einem Flat File, bestehend aus Key-Value Paaren, ab.
Dokumenten Datenbank	Erfüllt: Es wird keine dokumentenorientierte Datenbank genutzt.
Spalten Datenbank	Nicht Erfüllt: Der Betrachtungsgegenstand verzichtet auf spaltenorientierte Datenbanken oder Dateiformate.
Relationale Datenbank	Nicht Erfüllt: Teile des Betrachtungsgegenstandes unterliegen einer relationalen Datenbanktechnologie andere dem HDFS Dateisystem.

---

[2] Die Angaben entstammen dem Vorhersagesystem und waren nicht Bestandteil einer Veröffentlichung.

Streaming Technologien	Nicht Erfüllt: Das Verwendete Programmierungsmodell (MapReduce) ist stapelorientiert und ermöglicht kein Streaming [DeGh2004].
Integration unstrukturierter Daten	Erfüllt: Es werden Strategien (Backward Mapping und Forward Mapping) [PoFe2015b] entwickelt, die strukturierte Marktdaten mit unstrukturierten Nachrichtentickern verknüpfen und diese dem Analysedatenbestand zuführen.
Aufgabengerechte Informationsversorgung	Erfüllt: Die aufgabengerechte Informationsversorgung ist im Rahmen der Informationswirtschaft [PoFe2012, 1; Krcm2015, 113] dem Management des Informationsangebots und der Informationsbereitstellung [Krcm2015, 147; PoFe2016a, 2017] zuzuordnen. Es beinhaltet Methoden, die relevante Informationen in der richtigen Qualität, zum richtigen Zeitpunkt und in der richtigen Menge bereitstellen. Hierfür müssen Informationen vorab integriert, analysiert, umgeordnet, reduziert und verdichtet werden bevor eine Übermittlung an den Empfänger erfolgt. [Krcm2015, 147] Im Rahmen von Big Data ist die Identifikation von relevanten Information aufgrund des Volumens erschwert. In diesem Zusammenhang entwickelt der Betrachtungsgegenstand unterschiedliche Ansätze. Ein Ansatz verringert irrelevante Informationen anhand mehrerer Klassifikationsstufen und beugt somit einer Informationsüberflutung beim Nutzer vor. Die Übermittlung erfolgt an eine interaktive Benutzeroberfläche, welche strukturierte und unstrukturierten Informationen zu einer Situation integriert und dadurch eine Preisvorhersage unterstützt. Eine andere Methode folgt dem fallbasierten Schließen, indem ausgehend von einem aktuellen Ticker der historisch ähnlichste identifiziert und zusammen mit damaligen Kursverlauf und Markdaten dem Entscheidungsträger zu einer umfassenden Situation veranschaulicht wird. Der Vergleich zur aktuellen Nachricht kann Hinweise auf den zukünftigen Kursverlauf geben.
Simulationen	Nicht Erfüllt: Es werden keine Simulationen eingesetzt.
Analytics	Erfüllt: Anhand von Nachrichten, Marktdaten und Handelstransaktionen werden mit Mitteln des Data Mining und Text Mining Vorhersagemodelle trainiert und genutzt. Ständig ändernde Nachrichteninhalte begründen die Notwendigkeit eines immerwährenden Modelltrainings. Um die Wirtschaftlichkeit sicherzustellen, entwickelt der Betrachtungsgegenstand einen Instance Selection Ansatz, welcher die Relevanz der Dateninstanzen automatisch ableitet. Die täglich neuberechneten Modelle erlauben die aufgabengerechte Versorgung von Entscheidungsträgern mit aktuellen und relevanten Informationen.
Markterkenntnisse	Erfüllt: Die trainierten Modelle verarbeiten einkommende Daten in nahezu Echtzeit und erlauben die Vorhersage von Marktveränderungen. Diese Erkenntnisse erlauben eine verbesserte Entscheidungsunterstützung.
Neue Geschäftsmodelle	Erfüllt: Erst die entwickelten Lösungen des Betrachtungsgegenstandes erlauben eine Echtzeitvorhersage anhand von strukturierten und unstrukturierten Daten zum Zweck der Entscheidungsunterstützung. Bis dato ist das noch nicht erfolgt [PoFe2015b]. Der entstandene Prototyp dient als Vorlage für eine Produktentwicklung, Dieses Produkt stellt eine neue Geschäftsidee für IT-Unternehmen dar. Traditionelle Strategien hätten dieses Vorhaben verhindert. Neue fachliche Aufgaben entstehen durch den Betrachtungsgegenstand nicht. Vielmehr erfolgt eine Unterstützung von unternehmerischen Tätigkeiten.
Kostenersparnisse	Erfüllt: Kostenersparnisse entstehen durch die automatische Identifikation von relevanten Nachrichten. In diesem Zusammenhang kann auf eine aufwendige manuelle Analyse von Textdokumenten verzichtet werden. Des Weiteren erlaubt

	der Betrachtungsgegenstand eine automatische Klassifizierung von Trainingsbeispielen, sodass keine Kosten durch eine manuelle Zuordnung im Modelltraining entstehen. Die erarbeiteten Strategien erlauben eine Reduktion des Datensatzes. Dies geht mit einer möglichen Einsparung von Hardwarekomponenten einher. Zusätzlich wird auf Open Source Software in Form von Cloudera, RapidMiner und Pentaho zurückgegriffen.
Steigende Einnahmen	Unklar: Der Betrachtungsgegenstand evaluiert die Nützlichkeit und nicht die Profitabilität des Systems. Fokus des Systems liegt in der Identifikation von relevanten Situationen und deren möglichen Auswirkungen. In diesem Zusammenhang werden keine Handelsstrategien hinterlegt, da nicht alle relevanten Situationen zu einer Preisveränderung führen [PoFe2015b, 10].
Wissenschaftliche Erkenntnisse	Nicht erfüllt: Ziel des Betrachtungsgegenstandes ist die Entscheidungsunterstützung. Eine Ableitung von naturwissenschaftlichen Erkenntnissen [PoFe2015a, 81] ist nicht fokussiert und findet nicht statt.

Es wird deutlich, dass der gewählte Betrachtungsgegenstand den Großteil der Big Data Prädikatoren abdeckt. Von zweiunddreißig sind lediglich sieben Indikatoren nicht erfüllt. Vier von diesen stellen strategische Lösungsmöglichkeiten von Big Data dar. Diese Situation ist nicht mit einer fehlenden Big Data Zugehörigkeit zu verwechseln, da im Rahmen einer Entwicklung adäquate Lösung zu finden sind und eine sture Implementierung von allen Strategien sich als ziellos erweist [GoTh1995, 213 ff.]. Auch können keine wissenschaftlichen Erkenntnisse abgeleitet werden, da der Zweck in einer wirtschaftlichen Preisvorhersage liegt. Zusätzlich kann die Zugehörigkeit von zwei Prädikatoren nicht überprüft werden (unklar). Infolgedessen ist die Preisvorhersage im Energiemarkt als adäquater Big Data Betrachtungsgegenstand einzustufen. Die Umsetzung in ein konkretes Informationssystem ist Gegenstand des nächsten Abschnittes. Zu diesem Zweck werden die unterschiedlichen Entwicklungszyklen im Prototyping aufgezeigt.

4.4 Big Data Prototyping

Grundsätzlich zielt Prototyping nicht auf die vollumfassende Entwicklung eines Informationssystems ab, sondern die Implementierung der essenziellen Funktionen an, um die Gewinnung von praktischen Erkenntnissen möglichst zeitnah zu ermöglichen. [Zehn1991, 170; Schr2008, 4; NaJe1982, 30] Hierbei unterteilt sich die Forschungsmethode in vier Phasen (siehe Abbildung 8, S. 44). In diesem Zusammenhang werden initiale Anforderungen identifiziert, Entwicklungen vorgenommen und der Gebrauch evaluiert, um in einem weiteren Schritt Probleme zu verbessern bzw. den Prototyp zu überarbeiten. Oftmals ist es nicht möglich alle Anforderungen in einer ersten Analyse zu benennen. Infolgedessen wiederholt sich der dargestellte Prozess, bis eine hinreichende Sättigung der Anforderungen des Nutzers erfüllt ist. Aufgabe des Entwicklers ist es in der Anforderungsphase, die Interessen des Nutzers aufzudecken und Domänenverständnis aufzubauen. [NaJe1982, 31 ff.] Diese können anhand von Methoden wie Dokumentenanalysen oder Interviews erhoben werden [LeLD1994, 275; BrRa2002, 625]. Die Entwicklungsphase ist zunächst durch die Aufdeckung von nützlichen Techniken und Konzepten zur Problemlösung geprägt. Hierbei sind fehlende Ansätze durch eigene Entwicklungen zu ergänzen. Erst im Anschluss erfolgen der konzeptionelle Entwurf und die eigentliche Implementierung des Prototyps. Gegenstand der Evaluierungsphase ist die Überprüfung der identifizierten

Anforderungen am System durch den Nutzer. [NaJe1982, 31 ff.] Dies kann in Form von qualitativen Interviews, empirischen Fragebögen [ArTä2003, 27] oder eigenständig durch den Nutzer erfolgen. Häufig entstehen neue Anforderungen erst durch die Verwendung des Prototyps. Fehlende und neue Anforderungen sind in der Verbesserungsphase zu überarbeiten. Bei größeren Veränderungen ist ein neuer Zyklus zu initiieren. [NaJe1982, 30 ff.]

Im vorgestellten Betrachtungsgegenstand endet das Prototyping im fünften Zyklus, mit der Erfüllung aller Anforderungen. Vier der fünf Phasen sind der Informationswirtschaft zuzuordnen. Die Inhalte für die Phasen stammen aus den Beiträgen 4, 5, 6 und 7. Der folgende Abschnitt führt die Ergebnisse des Prototypings in der Informationswirtschaft zusammen. Gebündelte Informationen können den jeweiligen Kurzdarstellungen ab Abschnitt 4.4.1.1 bzw. den Beiträgen entnommen werden.

Der fünfte Zyklus betrachtet die Ebene Informationssysteme bzw. Informationstechnik in Abschnitt 4.4.2 und erörtert die technische Umsetzung der informationswirtschaftlichen Vorgaben anhand der Vorgaben aus Beitrag 8. Dieser verdeutlicht die Notwendigkeit einer Big Data Technologie, die in einer finalen Systemarchitektur Anwendung findet. Deren Vorteilhaftigkeit wird im Rahmen eines Experiments untersucht.

Als Resultat geht der Betrachtungsgegenstand hervor. Dieser ist die Grundlage für die Ableitung von Big Data Konsequenzen in dem Informationsmanagement einer Organisation.

4.4.1 Betrachtungsgegenstand Informationswirtschaft

Im Sinne des Prototypings erfolgt die initiale und tabellarische Ableitung von Anforderungen anhand von Experteninterviews [Flic2009]. Die Kriterien sind allgemein formuliert, um die Anwendung auf den Energiemarkt zu gestatten. Nützliche Techniken und Konzepte werden durch einen Literaturüberblick identifiziert. Hierbei werden die Literaturergebnisse aus den Beiträgen 4, 5 und 7 im ersten Zyklus zusammengefasst. Zusammen betrachten diese den Energiemarkt im Allgemeinen sowie den Strom- [PoFe2014] und Gasmarkt im Speziellen [DFPK2015b]. Aufgrund der fehlenden Berücksichtigung von unstrukturierten Nachrichten in diesen Domänen erfolgt in einem letzten Schritt die Identifikation von Vorhersagemethoden durch Texte in fremden Märkten [PoFe2015b]. Infolgedessen zeichnet sich ein vollständiges Bild ab. Basierend auf diesen Erkenntnissen findet eine schrittweise Implementierung bzw. Erweiterung des Prototyps pro Zyklus statt. Semi-strukturierte Interviews und empirischen Gütemessungen [PoFe2014, PoFe2015b; PoFe2016; DFPK2015b] evaluieren die Qualität von jedem Umlauf. Zum Abschluss jeder iterativen Phase werden die identifizierten Anforderungen tabellarisch überprüft bzw. neue hinzugefügt. Die so zusammengefassten Anforderungen bilden die Grundlage für den nächsten Zyklus.

Erster Zyklus: Beitrag 4 [PoFe2014] entwickelt das konzeptionelle Rahmenwerk für die Trendvorhersage im Energiemarkt anhand von Nachrichten und Marktdaten. Inhaltlich erfolgt die Anwendung in der Strompreisvorhersage. Der Ansatz erlaubt jedoch die Nutzung in anderen Energiemärkten [PoFe2015b]. Infolgedessen werden die Anforderungen allgemein formuliert. Diese sind den semi-strukturierten Interviews des Beitrags 4 [PoFe2014] entnommen, mit Beschreibungen versehen und in Tabelle 7 (siehe S. 67) zusammengefasst. Wie aus Abschnitt 4.3 hervorgeht, stellen Marktdaten und Nachrichten wichtige Attribute in der Vorhersage am Energiemarkt dar und sollten gemeinsam in einer Analyse Berücksichtigung finden.

Da der Wert einer Information nach Veröffentlichung fällt sollte eine Vorhersage zeitnah und möglichst in Echtzeit erfolgen. [Chan2003, 226; DFPK2015b, 122; PoFe2014, 1677 ff.] Der spätere Einsatz des Systems ist jedoch von der Praktikabilität der Vorhersagegenauigkeit abhängig.

Tabelle 7: Initiale Anforderungen des Prototyps

Anforderung	Beschreibung
Verknüpfung von strukturierten Marktdaten mit unstrukturierten Nachrichten	Marktdaten und Nachrichtenticker stellen wichtige Informationen im Energiemarkt dar. Um Erklärungen für Preisveränderungen aufzudecken, muss die vollständige Situation (Marktdaten und Nachrichten) zum Zeitpunkt der Handelsentscheidung abgebildet werden.
Vorhersage in Echtzeit	Es soll ein Konzept erstellt werden, das auf Basis von Eingabedaten eine Echtzeitprognose von Preisveränderungen im Energiemarkt erlaubt.
Automatisches Modelltraining	Die Domänenexperten sind stark im Tagesgeschäft eingebunden. Es stehen wenig fachliche Ressourcen zur Verfügung, um relevante Datensätze für das Modelltraining manuell aufzudecken. Infolgedessen müssen Modelltraining und zukünftige Modellaktualisierungen weitestgehend automatisch verlaufen.
Verarbeitung von Nachrichten	Nachrichten liegen unstrukturiert vor und müssen vor einer Vorhersage in ein maschinenlesbares Format transformiert werden.
Verarbeitung von Firmenunabhängigen Nachrichten	Entgegen bekannten Ansätzen sind nicht nur firmenspezifische Dokumente auszuwerten. Vielmehr sollen alle relevanten Nachrichten berücksichtigt werden. Beispiele finden sich in wirtschafts- und geopolitische Entscheidungen sowie in Katastrophen.
Verarbeitung von Marktdaten	Marktspezifische Einflussfaktoren sind in der Vorhersage zu berücksichtigen.
Genaue Vorhersage von Preisveränderungen	Praktische Relevanz und betriebliche Verwendung besteht lediglich bei einer hinreichenden Genauigkeit des Vorhersagesystems.

Mögliche Lösungen für die identifizierten Anforderungen werden mittels eines Literaturüberblicks nach Cooper [Coop1998] in Beitrag 4 [PoFe2014] identifiziert. Mehr als 120 Beiträge konnten für den Elektrizitätsmarkt durch eine Stichwortwortsuche im Abstract, Titel oder in den Schlüsselwörtern bei akademischen Datenbanken aufgefunden werden. Die Diskussion der Artikel ordnet sich anhand des morphologischen Kastens in Abbildung 11 (siehe S. 68). Ziel, Reaktionszeit, Betrachtungsstandort, Vorhersagehorizont, Einflussfaktoren und Methode sind Gegenstand der Betrachtung. Die Einfärbung der Kästen symbolisiert die Häufigkeit der Beiträge in dem jeweiligen Themenfeld. Hierbei zeigt dunkelgrau eine starke Adressierung, während grau eine mittlere und hellgrau eine schwache bis keine Diskussion repräsentiert. Im Vergleich zu [PoFe2014] erfolgt jedoch eine Umstrukturierung des morphologischen Kastens in Abbildung 11 (siehe S. 68), da die Methoden des maschinellen Lernens sowohl der Klassifikation als auch der Zeitreihenanalyse zuzuordnen sind [FiAO2009; JiJi2008].

Ziel	Preisaus-schlag	Preisintervall	Exakte Preisvorhersage	Trendvorhersage
Reaktionszeit	Periodisch		Echtzeit	
Betrachtungsstandort	Australien	Spanien	USA und Kanada	China, Brasilien, Portugal, Italien, Großbritannien, Deutschland
Vorhersagehorizont	Kurzfristig		Mittelfristig	Langfristig
Einflussfaktoren	Strukturierte Marktdaten			Unstrukturierte Daten
	Historisch	Operativ	Verhaltens-orientiert	Extern	
Methode	Zeitunabhängige Verfahren		Zeitabhängige Verfahren	
	Klassifikation		Zeitreihen-analyse	Simulation

Abbildung 11: Literaturüberblick Elektrizitätsmarkt entnommen und modifiziert [PoFe2014]

Komplementär untersucht Beitrag 7 [DFPK2015b] den Gasmarkt anhand eines Literaturüberblicks nach Cooper [Coop1998]. Insgesamt können fünfzehn Arbeiten identifiziert werden. Um Vergleichbarkeit zu schaffen, fasst Abbildung 12 die Ergebnisse in der Struktur von Abbildung 11 zusammen.

Ziel	Preisausschlag		Exakte Preisvorhersage	Trendvorhersage
Reaktionszeit	Periodisch		Echtzeit	
Betrachtungsstandort	USA	Deutschland		Großbritannien
Vorhersagehorizont	Kurzfristig		Mittelfristig	Langfristig
Einflussfaktoren	Strukturierte Marktdaten			Unstrukturierte Daten
	Historisch		Extern	
Methode	Zeitunabhängige Verfahren		Zeitabhängige Verfahren	
	Klassifikation		Zeitreihen-analyse	

Abbildung 12: Literaturüberblick Gasmarkt [Quelle: Eigene Darstellung]

Im Sinne des Prototyps ist festzuhalten, dass keine wissenschaftliche Arbeit im Energiesektor eine Echtzeitvorhersage von Preisen hervorbringt und kein Beitrag die Verwendung von unstrukturierten Informationen wie z.B. Nachrichten ermöglicht. Verbreitet sind in beiden Märkten vergangene Kursentwicklungen [AmKe2011, 4246; BuHW2012; 1] sowie externe Informationen wie das Wetter [SaAK2010, 39; BuHW2012; 1]. Allein der Elektrizitätsmarkt betrachtet operative Faktoren wie Kraftwerksproduktionen [GaGC2000, 1522] oder verhaltensorientierte Einflüsse [PiSS2008, 1426 f.]. Die Vorhersagemethoden sind in beiden Märkten ähnlich und können in zeitabhängige und zeitunabhängige Verfahren unterschieden werden [PoFe2014; DFPK2015b]. Im Gegensatz zu letzterem verwenden diese Methoden eine Abfolge von Datenpunkten, um Vorhersagen zu treffen. In diesem Zusammenhang stellen Simulationen im Elektrizitätsmarkt Berechnungen von realweltlichen Prozessen oder Systemen über Zeit dar und unterliegen zuvor abgeleiteten Modellen der Realität [BCNN2001, 3]. Zeitreihenanalysen verwenden die sequenzielle Reihenfolge von Datenpunkten [NiLu2001, 1519]. Beispiele für univariate Vorhersagen am Energiemarkt finden sich in *Autoregressive Integrated Moving Average* (ARIMA) [ZhYN2006], Markov-Ketten [LiWe2013, 553] oder in Fuzzy Systemen [PoMC2010]. Multivariate Zeitreihenprognosen erfolgen durch chaotische Modelle [YaDu2003], evolutionäre Algorithmen [AmKe2009] und mittels Methoden des maschinellen Lernens. Letztere beinhalten Vorhersagen anhand von Naive Bayes [NiLu2001], Support Vector Machines (SVM) [JiJi2008], regelbasierte Ableitungen [MoZR2012], Neuronale Netze [BuHW2012; 1] oder k-nearest neighbor (KNN) [BhSR2008]. Zeitunabhängige Verfahren berücksichtigen nicht die zeitliche Reihenfolge der Datenpunkte als solches, gleichwohl können aber zeitdarstellende Attribute verwendet werden. Vielmehr gilt es ähnliche Datenpunkte in der Vergangenheit aufzufinden, um dadurch Rückschlüsse auf das zukünftige Verhalten zu treffen [NiLu2001, 1518]. Beispiele in der Preisvorhersage am Elektrizitätsmarkt finden sich in der Klassifikation durch Entscheidungsbäume [FiAO2009]. Im Gasmarkt erfolgt keine Betrachtung [DFPK2015b, 123]. Des Weiteren kann der Vorhersagehorizont unterschieden werden. Hierbei widmen sich die meisten Methoden im Energiemarkt kurzen Planungshorizonten. Ausnahmen erlauben mittelfristige Vorhersagen [Mish2012, 2; ToMZ2012, 1]. Eine Arbeit im Elektrizitätsmarkt unterstützt die langfristige Prognose [BrSa2003, 7] Zuletzt kann das Ziel der Forschungsbeiträge unterschieden werden, wobei lediglich die exakte Preis- oder die Preistrendvorhersage der Aufgabenbeschreibung entspricht. Hierbei liegt der Schwerpunkt der Veröffentlichungen in der exakten Preisvorhersage. Keine Arbeit widmet sich der Trendvorhersage.

Anhand der Veröffentlichungen wird deutlich, dass keine Methode im Energiemarkt eine Echtzeitvorhersage erlaubt und unstrukturierte Texte einbindet. Unabhängig vom Markt werden im fünften Beitrag Vorhersagemethoden anhand eines Literaturüberblicks erhoben [Coop1998], die unstrukturierte Informationen berücksichtigen [PoFe2015b].

Erste Ansätze können bei Wuthrich et al. [WuCZ1998] und Lavrenko et al. [LSLO2000] beobachtet werden. Wuthrich et al. verwenden Internetartikel um die Abschlusstrends (UP, DOWN, STABLE) von Börsen vorherzusagen. Unter den technischen Gegebenheiten der Zeit erfolgte eine Suche nach 400 festgelegten Wortgruppen, die von Domänenexperten zuvor bewertet wurden. [WuCZ1998, 2720 ff.] Lavrenko et al. entwickelten ein analytisches System, das lesenswerte Nachrichten an Händler weiterleitet. Trends leiteten sie von Handelspreisen ab und verknüpften die Trends mit zuvor publizierten Nachrichten. Um eine Klassifikation der Texte zu erlauben, erfolgte die Berechnung der Termhäufigkeit in den jeweiligen Klassen. In Abhängigkeit von der Verteilung der Terme findet die Ableitung von Wahrscheinlichkeiten für die Zugehörigkeit statt. Nachrichten ohne potentielle Preisveränderungen werden gefiltert. [LSLO2000, 389 ff.] Im Jahr 2004 entwickelt Mittermayer *NewsCATS* [Mitt2004]. Das System transformiert Nachrichten durch einen Bag-of-Words und Term Frequency - Inverse Document Frequency (TF-IDF) Ansatz in ein maschinenlesbares Format. Die umgewandelten Dokumente werden klassifiziert und in zuvor festgelegte Kategorien eingeteilt. Diese sind mit definierten Handelsstrategien versehen, sodass eingehende Nachrichten Aktionen auslösen. [Mitt2004, 1 ff.] Im Gegensatz zu bestehenden Ansätzen der Zeit prognostizieren Schumaker und Chen [ScCh2006] den Handelspreis zwanzig Minuten nach Veröffentlichung einer Nachricht. In einem weiteren Schritt vergleichen sie die drei grundlegende Text Mining Verfahren: Bag-of-

Words, Part-of-Speech und Sentimentanalyse. Abhängig vom gewählten Vorhersagemodell zeigen die ersten beiden Ansätze die besten Ergebnisse. [ScCh2006, 1432 ff.]. Zum Zweck der Vorhersage verknüpfen Geva und Zahavi [GeZa2010] erstmalig strukturierte Marktdaten mit unstrukturierte Textnachrichten. Die Verarbeitung der Textnachrichten findet durch einen Bag-of-Words Ansatz statt, wobei die strukturierten Attribute den vorverarbeiteten Texten angehangen werden. Um Vergleichbarkeit zu erlauben, trainieren [GeZa2010] zusätzlich Modelle die ausschließlich mit Marktdaten oder Textnachrichten vorhersagen. Die Untersuchung zeigt, dass die besten Prognosen aus einem kombinierten Datenbestand hervorgehen. [GeZa2010, 1 ff.] Neuere Arbeiten gehen auf Oh und Sheng [OhSh2011] sowie auf Nann et al. [NaKS2013] zurück und beinhalten die Anwendung von Sentimentanalysen. In diesem Zusammenhang verwenden Nann et al. ausschließlich Mikroblogdaten [NaKS2013, 6] währenddessen Oh und Sheng auf eine kombinierte Lösung mit Marktinformationen zurückgreifen. In beiden Fällen führt ein Bag-of-Words Ansatz zum besten Ergebnis.

Es wird deutlich, dass Nachrichten im Aktienhandel Verwendung finden. Eine Nutzung im Energiemarkt ist nicht zu beobachten. Schritt für Schritt erzielten die unterschiedlichen Ansätze bessere Ergebnisse [NaKS2013, 9]. Nichtdestotrotz filtern alle Ansätze nach firmenspezifischen Texten und negieren marktrelevante Nachrichten [WuCZ1998; LSLO2000; Mitt2004; ScCh2006; GeZa2010; OhSh2011; NaKS2013]. Zusätzlich erfordern die meisten Verfahren eine zeitintensive Beteiligung von Experten. Infolgedessen müssen Schlüsselwörter definiert oder Trainingsbeispiele manuell entnommen werden. [WuCZ1998; LSLO2000; Mitt2004; GeZa2010] Neue Nachrichteninhalte erfordern die ständige Wiederholung dieser Schritte [FoKS2006, 852]. Die bestehenden Ansätze erlauben keine Echtzeitvorhersage, vielmehr finden Prognosen zu festgelegten Zeitpunkten statt [WuCZ1998; LSLO2000; Mitt2004; ScCh2006; GeZa2010; OhSh2011; NaKS2013].

Basierend auf diesen Erkenntnissen erfolgt im Prototyping die Entwicklung einer eigenen Methode. Dem Vorbild von Geva und Zahavi [GeZa2010, 1 ff.] entlehnt, soll diese durch eine kombinierte Nutzung von Nachrichten und Marktdaten stattfinden. Auch wird von einer exakten Preisvorhersage abgesehen, da die Anzahl der Attribute durch das spätere Text Mining zu einer hohen Modellkomplexität führt [LiFu2012, 8]. In diesem Zusammenhang ist die Einhaltung einer exakten Vorhersagegenauigkeit unwahrscheinlich und wird in den unterschiedlichen Ergebnissen von [ScCh2006, 1438] und [FuYL2005, 9] verdeutlicht. Als vielversprechender erweist sich die Trendpreisvorhersage durch Klassifikation [WuCZ1998]. Abhängig von den Merkmalsausprägungen der Trainingselemente leiten Algorithmen Regeln ab, welche die jeweilige Klassenzugehörigkeit erklären. Anschließend können die gewonnenen Muster für neue Elemente verwendet werden. Bewusst finden zeitunabhängige Methoden Verwendung, da der Effekt einer veröffentlichten Nachricht nicht durch vorrangegangene Datenpunkte bestimmt wird. Vielmehr geben zeitlich unabhängige aber ähnliche Datenpunkte (Nachrichten) Aufschluss auf zukünftige Preisentwicklungen [AaPl1994, 39]. Dem Vorbild von Wuthrich et al. folgend werden Trainingsinstanzen in die Klassen UP oder DOWN eingeteilt, wenn der vorhergehende Zielvariablenwert im Vergleich zum aktuellen eine merkbare Veränderung aufweist. Trainingsbeispiele ohne relevante Abweichungen sind der Klasse STABLE zuzuordnen. [WuCZ1998, 2723] Klassifikationsverfahren gehören dem Themenbereich Data Mining an. [FaPS1996, 42] Dieses kann in Vorgehensschritte unterteilt werden. Der akzeptierteste Prozess

[AzSa2008, 182] geht auf Fayyad et al. [FaPS1996, 40 ff.] zurück. In diesem Zusammenhang findet die Entwicklung des Konzepts anhand der Phasen Datenselektion, Vorverarbeitung, Transformation, Data Mining sowie Interpretation und Evaluierung statt. Im Anschluss erfolgt die Implementierung vom Prozess im Elektrizitätsmarkt. Die Prozessschritte sind Gegenstand der folgenden Ausführungen.

- **Datenselektion:** Beinhaltet die Auswahl von relevanten Datensätzen, um die Ausprägung der Zielvariable zu erklären [FaPS1996, 42]. Experteninterviews werden genutzt, um relevante Datensätze durch inhärentes Fachwissen zu identifizieren. [LeLD1994, 275]
- **Vorverarbeitung:** Beinhaltet die Integration von Nachrichten, Handelstransaktion und Marktdaten. Weitere Schritte sind in der Trendableitung, Selektion und Fehlerbereinigung zu sehen [FaPS1996, 42].

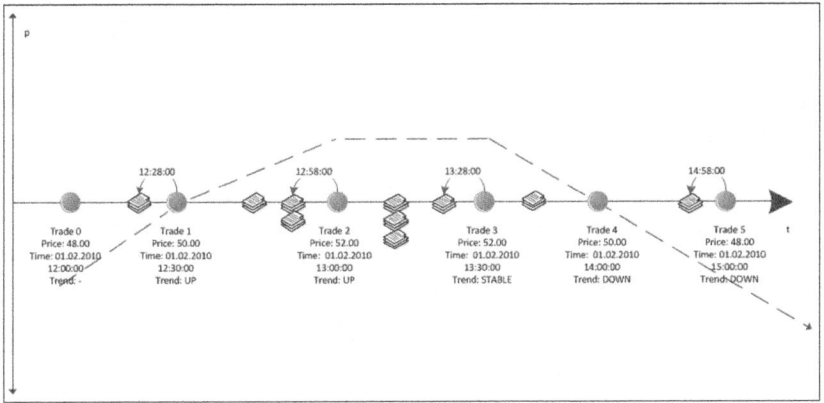

Abbildung 13: Verknüpfung Handelstransaktion mit Nachricht [PoFe2014]

Trendableitung sowie Integration im Prototyp orientieren sich an den Ideen von Lavrenko et al. und werden fortwährend als Backward Mapping verstanden [LSLO2000, 391]. Demnach erfolgt die Berechnung der Zielvariable Trend für jede Handelstransaktion einzeln, indem der Preis der Handelstransaktion mit dem Preis der vorhergehenden Handelstransaktion verglichen wird [LSLO2000, 391]. Mögliche Ausprägungen sind STABLE, UP und DOWN [WuCZ1998, 2723]. Die Integration der Handelstransaktionen und Nachrichten erfolgt anhand von Zeitstempeln. Im Gegensatz zu Lavrenko et al. werden Handelstransaktionen nicht mit Nachrichten verknüpft, welche vor Stunden veröffentlicht wurden [LSLO2000, 391], da dies der damaligen Entscheidungsfindung nicht entspricht. Vielmehr sind Experten nach der Reaktionszeit am Markt zu befragen. Beispielhaft zeigt Abbildung 13 die Verknüpfung einer Handelstransaktion mit einer Nachricht, die im Verlauf von zwei Minuten vor der Kaufentscheidung publiziert wurde. Zusammengesetzt bildet die Datenreihe eine Trainingsinstanz. Ausgangspunkt dieser Überlegung ist die Annahme, dass das Dokument eine Kaufentscheidung verursachte. Während Verknüpfungen mit dem Trend STABLE keine Veränderungen hervorrufen, zeigen Nachrichten einer UP bzw. DOWN Instanz Wirkungen auf den Preisverlauf. Dokumente die keiner Handelstransaktion zugeordnet werden können sind im Backward Mapping zu entfernen. Da dem Händler zum Zeitpunkt der Entscheidung weitere Marktdaten zur Verfügung stehen sind diese mit der Handelstransaktion zu verknüpfen, sodass die vollständige Marktsituation zum Zeitpunkt des Handelsabschlusses dargestellt wird. Ungleiche Klassenhäufigkeiten sind nach der Verknüpfung auszugleichen, um aussagekräftige Modelle zu erstellen [ChJK2004, 1].

- **Transformation:** Beinhaltet die Anpassung des Datenbestandes an die Bedürfnisse der späteren Data Mining Algorithmen [FaPS1996, 42]. In diesem Zusammenhang ist es Gegenstand von Text Mining, Nachrichten in ein maschinenlesbares Format umzuwandeln [FeDa1995, 112]. Der Literaturüberblick identifizierte die Ausprägungen Bag-of-Words, Part-of-Speech und Sentimentanalyse [ScCh2006, 1432 ff.]. Letzteres erweist sich als nicht zielführend, da die letztlich verwendeten Nachrichtenticker in einem neutralen Ton verfasst wurden. Part-of-Speech bietet die Möglichkeit Wortarten abzuleiten, sodass der Dokumentenkontext verständiger wird. Nichtsdestotrotz sind Part-of-Speech Berechnungen besonders bei großen Datenmengen rechenintensiv [KuKi2011, 20], wenngleich Bag-of-Words Ansätze zum Teil bessere Ergebnisse erzielen [ScCh2006, 1438]. In Anbetracht der Echtzeitanforderungen greift der Prototyp auf einen Bag-of-Words Verfahren zurück. In diesem Zusammenhang werden die Terme extrahiert und in einem Vektormodel platziert. Der Einsatz von Stoppwortlisten und Stammformreduktion verringert die Modellkomplexität. N-Gramme erlauben die Betrachtung von Wortgruppen [MDFE2012. 46 ff.]. Die Darstellung der Terme anhand von TF-IDF hat sich in der Vergangenheit als vorteilhaft für Vorhersagen erwiesen und findet Anwendung [Mitt2004, 4; ScCh2006, 1438]. Beispielhaft zeigt Abbildung 14 vorverarbeitete Instanzen sowie zugehörige Trends. Als Resultat werden die vorverarbeiteten und gewichteten Trainingsinstanzen der Data Mining Phase übergeben.

ExampleSet (751 examples, 3 special attributes, 6403 regular attributes)

Row No.	ID	text	TREND	TOPICS	TIME_TRADE	ATTRIBUT...	announc	academ	abu_dhabi	acceler	accept	access	access_exc...
18	69271	brief brief_s	DOWN	BACT DIV RI	16:53:00 ME	RTRS	0.154	0	0	0	0	0	0
19	70841	tabl tabl_gift	DOWN	ASIA RESF E	08:52:01 ME	RTRS	0	0	0	0	0	0	0
20	70841	gold gold_e	DOWN	GOL INSI GE	08:52:01 ME	RTRS	0.011	0	0	0	0	0	0
21	70841	tabl tabl_gift	DOWN	ASIA RESF E	08:52:01 ME	RTRS	0	0	0	0	0	0	0
22	70841	global globa	DOWN	EMRG US H	08:52:01 ME	RTRS	0	0	0	0	0	0	0
23	76049	research res	DOWN	RCH BLR U:	10:12:00 ME	RTRS	0	0	0	0	0	0	0
24	81885	asia asia_p	DOWN	ASIA EMRG	11:17:01 ME	RTRS	0	0	0	0	0.026	0.016	0
25	81943	analyst anal	UP	PHAD DRU I	13:59:05 ME	RTRS	0.027	0	0	0	0	0	0
26	81943	asia asia_fu	UP	PROD ASIA I	13:59:05 ME	RTRS	0	0	0	0	0	0	0
27	84019	brief brief_zc	UP	CYCP CYCS	15:50:00 ME	RTRS	0.070	0	0	0	0	0	0
28	84019	russia russi	UP	RU EEU EMI	15:50:00 ME	RTRS	0	0	0	0	0	0	0
29	88441	earn ea											0
30	88441	instant											0
31	88441	indian i											0
32	89558	preciou											0

brief brief_zoo brief_zoo_entertain zoo zoo_entertain zoo_entertain_price entertain entertain_price entertain_price_offer
price price_offer price_offer_min offer offer_min offer_min_share min min_share min_share_shr share share_shr
share_shr_juli shr shr_juli shr_juli_zoo juli juli_zoo juli_zoo_entertain zoo zoo_entertain zoo_entertain_zooe
entertain entertain_zooe entertain_zooe_ob zooe zooe_ob zooe_ob_announc ob ob_announc ob_announc_price
announc announc_price announc_price_offer price price_offer price_offer_trade offer offer_trade offer_trade_share

Abbildung 14: Datenausschnitt in der Trendberechnung [PoFe2015b]

- **Data Mining:** Beinhaltet die Anwendung von spezifischen Algorithmen, um Muster zu extrahieren [FaPS1996, 42]. Die Eignung und die Genauigkeit der Algorithmen sind abhängig vom Anwendungsgebiet. SVM, Naive Bayes und KNN finden Verwendung, da eine weite Verbreitung in der Textklassifikation und Vorhersage vorliegt. [Mitt2004,

3; ScCh2006, 1434; GeZa2010, 6; NaKS2013, 4] Hierbei folgt der Prototyp der gängigen Praxis und unterteilt den Bestand in Trainings-, Validierungs- und Testdaten, bei einem Verhältnis von 60:30:10 [KoKo2012, 199]. Insgesamt werden 90 Prozent der Daten für das Modelltraining genutzt.

- **Evaluierung und Interpretation:** Diese Phase überprüft, inwiefern das Modell der Zielstellung gerecht wird. In diesem Zusammenhang erfolgt die Anwendung der Testdaten am trainierten Modell. Um die Vergleichbarkeit der Ergebnisse für andere Forschungen abzusichern, erfolgt die Evaluierung anhand des verbreitetsten Gütemaßes, der Genauigkeit [SoLa2009, f. 427].

Die Leistungsfähigkeit der Prozessschritte wird am Produkt *Year-Ahead* im Elektrizitätsmarkt überprüft. Der Betrachtungszeitrum liegt zwischen November 2008 und Oktober 2012. Die Berechnungen finden in einem Data Mining Werkzeug statt.

Drei relevante Datenbestände konnten anhand von Interviews identifiziert werden. Das Thomson Reuters News Archive (TRN) beinhaltet veröffentlichte, maschinenlesbare und mit Metadaten angereicherte Nachrichten. TRN impliziert zudem Nachrichten, von Drittanbietern, wie *PR Newswire*, *Business Wire* oder *Regulatory News Service*. Infolgedessen sind sowohl firmenspezifische Informationen, Pressemitteilungen, als auch geo- und wirtschaftspolitische Entscheidungen enthalten. Die Nachrichtenticker sind mit Zeitstempeln sowie mit Themen versehen, um eine grobe Vorauswahl zu ermöglichen. [Reut2016; LiFS2013, 38] Insgesamt verblieben 192 aus 1.532 Themen im Bestand. Nachrichten ohne entsprechendes Thema wurden gelöscht. Zudem fanden Nachrichten lediglich Verwendung, wenn deren Veröffentlichung im Handelszeitraum erfolgte. Infolgedessen reduzierte sich der Datenbestand auf 7.245.210[3] Dokumente. Der zweite Datenbestand entstammt dem firmeninternen Deal Archive. Dieses beinhaltet alle erfolgreichen Handelstransaktionen des vorherzusagenden Produkts und stellt die Grundlage für Trendberechnungen dar. Neben Nachrichten sind wichtige Marktdaten in der Vorhersage zu berücksichtigen. Die Interviews identifizierten den Handel mit Kohle, Gas und Emissionszertifikaten sowie den Spotmarktpreis für Elektrizität, Wochentag und Tageszeit als wichtige Einflussfaktoren. Diese Informationen können dem Point Carbon Archive entnommen werden.

In einem weiteren Schritt erfolgen die Integration der Datenbestände sowie die Ableitung der Trends. In Absprache mit den Domänenexperten sind Handelstransaktionen mit einem Preisunterschied von kleiner 0,1 und größer -0,1 zur vorhergehenden Transaktion mit dem Trend STABLE zu versehen, da von Datenrauschen auszugehen ist. Sollte der Unterschied größer 0,1 sein, erhält die Datenreihe die Zuordnung UP bzw. DOWN bei Werten kleiner -0,1. Die Verknüpfung der Datenbestände steht in Abhängigkeit zur Marktreaktionszeit. Nach Aussage der Experten reagieren Teilnehmer im Strommarkt innerhalb von zwei Minuten nach Veröffentlichung einer Nachricht. Des Weiteren sind die Marktdaten (Kohlepreise, Gaspreise, etc.) mit den Handelstransaktionen zu verknüpfen. Da die Häufigkeiten der Klassen ungleich verteilt vorliegen, findet ein Undersampling statt [ChJK2004, 1]. Insgesamt verbleiben nach dem Backward Mapping 1.442 polynomiale Instanzen im Datenbestand.

---

[3] Die Angaben entstammen dem Vorhersagesystem und waren nicht Bestandteil einer Veröffentlichung.

Anschließend ist der Datenbestand einem Text Mining zu unterziehen. In diesem werden Terme aufgetrennt, Stoppwortlisten und Stammformreduktion angewandt, sowie N-Gramme abgeleitet. Im Anschluss erfolgt die Berechnung der Termgewichte anhand von TF-IDF. Der Datensatz wird der Data Mining Phase übergeben, in der die Algorithmen SVM, Naive Bayes und KNN werden eigenständige Modelle berechnen. Die Evaluierung der Modelle erfolgt durch die Testdaten. Die Genauigkeit der unterschiedlichen Modelle kann Tabelle 8 entnommen werden.

Tabelle 8: Ergebnis Modellevaluierung polynomiale Klassifikation

Fokus	SVM	KNN		Naive Bayes
Polynomial Backward Mapping	59,03 %	64,58 %		64,58 %

Die Anwendung des Konzepts verdeutlicht die Notwendigkeit von Verbesserungen in einem weiteren Zyklus. Demnach erreicht Naive Bayes und KNN eine maximale Genauigkeit von 64,58 Prozent. Ein Grund kann in der polynomialen Klassifizierung gesehen werden, da mehrere falsche Klassenzuordnungen möglich sind. Des Weiteren identifizierte eine nachträgliche Betrachtung der Texte im Trainingsbestand mithilfe von Domänenexperten eine hohe Anzahl an falsch markierten UP, DOWN und STABLE Dokumenten. Die im Resultat zu fehlerhaften Modellen führen. Ein Grund für diese Fehlklassifikation ist im Backward Mapping zu sehen. Demnach werden Handelstransaktionen und Nachrichten in Abhängigkeit von einem Zeitintervall verknüpft. Mitunter erfolgt die Platzierung einer Handelstransaktion kurz nach Veröffentlichung einer Nachricht. In diesem Fall besteht die Gefahr einer fehlerhaften Trendzuweisung, da der Effekt der Veröffentlichung nur flüchtig beobachtbar war und weitere Kurswechsel folgen könnten. Des Weiteren begründen die Merkmalsausprägungen der Instanzen nicht immer die zugeordneten Preisveränderungen. Vielmehr können diese durch andere Faktoren (Zufall, psychologische Einflüsse, ...) entstehen [Fama1965, 55; PiSS2008, 1423]. Infolgedessen sind Instanzen mit dem falschen Trend versehen und Modelle leiten falsche Zusammenhänge aus Attributausprägungen ab. Um das Datenrauschen zu eliminieren ist es hilfreich die Relevanz der Merkmalsausprägungen zum jeweiligen Trend abzusichern und lediglich eindeutige Instanzen zu selektieren. Dieses Vorgehen steht im Einklang mit den Ergebnissen von Brodley und Friedl, da die Auswahl von repräsentativen Trainingsbeispielen zu verbesserten Vorhersageergebnissen führt [BrFr1999, 131]. Des Weiteren verkürzt die Reduktion von Instanzen die Berechnungszeiten von Modellen [LiMo2002, 115]. Aufgrund von mangelnden Zeitressourcen hat die Selektion automatisch zu erfolgen.

Tabelle 9 (siehe S. 75) fasst die Ergebnisse der ersten Iteration zusammen. Grau unterlegte Felder zeigen erfüllte Anforderungen, weiße benötigen weitere Bearbeitung. Im Rahmen der Evaluierung wurden fünf weitere Anforderungen deutlich. Grundsätzlich verdeutlicht der Zyklus, dass Nachrichten und Marktdaten zu einer Echtzeitvorhersage kombiniert werden können. Das Konzept benötigt wenige menschliche Ressourcen und erlaubt eine automatische Modellaktualisierung. Die fehlerhaften Trainingsdaten wirken negativ auf die Modellgenauigkeit ein. Nach Ansicht der Experten liegt in diesem Stadium keine Praktikabilität vor.

Verbesserte Ergebnisse könnten durch eine binominale Klassifikation erzielt werden, da dies die Wahrscheinlichkeit einer falschen Klassenzugehörigkeit verringert [Roka2006, 257].

Des Weiteren ist ein neues Verknüpfungsparadigma zu entwickeln, dass fehlerhafte Trendzuweisungen verhindert. Zudem müssen Verfahren hergeleitet werden, die einen repräsentativen Bezug von Nachrichten zum jeweiligen Trend sicherstellen. Auch wurde deutlich, dass eine aufgabengerechte Informationsversorgung von Nöten ist. In diesem Zusammenhang verblieben im Betrachtungszeitraum (979 Arbeitstage) nach Selektion von relevanten Themen im Handelszeitraum 7.245.210 Nachrichten. Demnach sind pro Arbeitstag vom Nutzer 7.400 Nachrichten bzw. pro Minute 15,4 zu analysieren. Allein das durchschnittliche Lesen einer Email benötigt mehr als 3 Minuten. [JaDW2003, 57] Infolgedessen ist zum Gegenwärtigen Stand von einer Informationsüberflutung auszugehen. Das spätere System hat sicherzustellen, dass lediglich relevante Nachrichten den Nutzer erreichen. Letztlich ist das Konzept in einer realen Umgebung zu testen und die Ergebnisse in einer nutzergerechten Form aufzuarbeiten. Dies geht mit der Entwicklung einer interaktiven Benutzeroberfläche einher.

Tabelle 9: Ergebnis Anforderungen Prototyp erster Zyklus

Anforderung	Beschreibung
Verknüpfung von strukturierten Marktdaten mit unstrukturierten Nachrichten	Das Konzept entwickelt ein Verknüpfungsparadigma, welches strukturierte Marktdaten mit unstrukturierten Nachrichten integriert.
Vorhersage in Echtzeit	Die verknüpften Trainingsinstanzen stellen Situationen zum Zeitpunkt von Handelsaktionen dar. Erklärungen für diese Transaktionen werden durch Data Mining Algorithmen abgleitet. Die Regeln repräsentieren das Entscheidungsmodell von Händlern zum Entscheidungszeitpunkt. Im Echtzeitbetrieb werden Nachrichten mit aktuellen Marktdaten verknüpft und transformiert. Umgehend ordnet das abgeleitete Klassifikationsmodell die Situation einer möglichen Kursveränderung zu.
Automatisches Modelltraining	Die Verknüpfung zwischen Nachrichten und Marktdaten erfolgt automatisch. Die Klassifizierung findet ohne manuelle Beteiligung statt. Keine relevanten Trainingsinstanzen werden von Domänenexperten händisch entnommen. Benötigte Informationen sind die Preisschwellen der Klasse STABLE sowie die Marktreaktionszeit. Das Verfahren ist automatisch. Zukünftige Modellaktualisierungen benötigen keine menschlichen Ressourcen.
Verarbeitung von Nachrichten	Die Nachrichten werden durch einen Bag-of-Words Ansatz in ein maschinenlesbares Format überführt. Klassifikationsalgorithmen decken Zusammenhänge zwischen Nachrichten und Kursveränderungen auf.
Verarbeitung von Firmenunabhängigen Nachrichten	Das TRN Archiv enthält Dokumente von unterschiedlichen Nachrichtenagenturen. Der Datenbestand beinhaltet firmenspezifische Informationen, Pressemitteilungen, als auch geo- und wirtschaftspolitische Entscheidungen. Das Verfahren identifiziert keine firmenspezifischen Nachrichten anhand von Schlüsselwörter oder Filter und erlaubt eine breite Betrachtung von unterschiedlichen Themen.
Verarbeitung von Marktdaten	Marktspezifische Einflussfaktoren werden mit Handelstransaktionen verknüpft und durch Klassifikationsalgorithmen im Modelltraining berücksichtigt.
Genaue Vorhersage von Preisveränderungen	Die erzielte Genauigkeit von 64,85 Prozent ist zu niedrig und nicht praktikabel.
Binominale Klassifikation	Die Umwandlung von einer polynomialen in eine binominale Klassifikation soll die Vorhersagegenauigkeit erhöhen.

Aufgabengerechte Informationsversorgung	Die Anzahl der publizierten Nachrichten übersteigt das menschliche Fassungsvermögen. Infolgedessen droht eine Informationsüberflutung. Mechanismen sind zu entwickeln, die dies verhindern.
Verbessertes Verknüpfungsparadigma	Die Ableitung der Klassenzugehörigkeit im Backward Mapping ist zu ungenau. Zu viele UP bzw. DOWN Instanzen werden fälschlicherweise der Klasse STABLE zugeordnet und vice versa.
Automatische Identifikation von repräsentativen Trainingsinstanzen	Repräsentative Instanzen sind im Modelltraining automatisch zu selektieren. Infolgedessen soll die Vorhersagegenauigkeit erhöht und Berechnungszeiten reduziert werden.
Entwicklung einer interaktiven Benutzeroberfläche	Die Ergebnisse des Prototyps sind nutzergerecht zu demonstrieren. In diesem Zusammenhang ist eine interaktive Benutzeroberfläche zu entwickeln.

Zweiter Zyklus: Beitrag 5 [PoFe2015b] betrachtet die Weiterentwicklung des Prototyps am Beispiel des Gashandels. Hierfür erfolgen grundlegende Veränderungen im allgemeinen Vorgehen.

Um die Vorhersagegenauigkeit zu erhöhen, findet die Umwandlung von einer polynomialen in eine binominale Klassifikation statt [Roka2006, 257]. Hierfür werden die Klassen unter einer neuen Perspektive betrachtet. Demnach werden Nachrichten nicht länger nach positiven oder negativen Kursveränderungen unterteilt. Vielmehr ist zu überprüfen, inwieweit eine Nachricht überhaupt eine Kursbewegung auslöst. Hierbei werden in einem ersten Klassifikationsmodell die Trainingsbeispiele in UNSTABLE (vormals UP bzw. DOWN) und STABLE unterteilt. Instanzen der Klasse UNSTABLE sind in einer weiteren Modellstufe in die Kursbewegungen UP und DOWN zu unterscheiden. In diesem Zusammenhang entstehen zwei binominale Modelle anstatt eines polynomialen.

Zudem sind im Gegensatz zum ersten Zyklus lediglich Instanzen der Klasse UNSTABLE an die Nutzer weiterzuleiten, da Nachrichten die keine Preisveränderungen hervorrufen von geringen Interesse sind. Dies reduziert die Anzahl der Dokumente und verhindert eine Informationsüberflutung.

Als problematisch erwies sich im Backward Mapping die Verknüpfung von Handelstransaktionen und Nachrichten in Abhängigkeit von einem Zeitintervall. In diesem Zusammenhang erfolgt die Entwicklung des neuen Verknüpfungsparadigmas Forward Mapping. Dieses fokussiert im Gegensatz zum Backward Mapping an Publikationen und nicht an Handelstransaktionen. Abbildung 15 (siehe S. 77) zeigt die Integration und die Trendableitung schematisch auf. Grundsätzlich wird im Forward Mapping jede Nachricht berücksichtigt und mit Marktdaten zum Zeitpunkt der Veröffentlichung verknüpft. Hierbei wird die Entscheidungssituation des Händlers zum Zeitpunkt der Veröffentlichung nachgestellt und gegenübergestellt inwiefern diese Situation zu einer Reaktion beim Händler innerhalb der Marktreaktionszeit führte. Infolge des neuen Verknüpfungsparadigmas muss eine neue Trendberechnung stattfinden. Dabei wird der Kurs vor Veröffentlichung der Nachricht mit dem Kurs nach der Marktreaktionszeit verglichen. Wie zuvor sind die Trends in die Klassen UP, DOWN sowie STABLE einzuteilen, wobei UP und DOWN im späteren Verlauf zu der Klasse UNSTABLE zusammengefasst werden. Als Konsequenz sollten Fehlklassifizierungen vermieden werden.

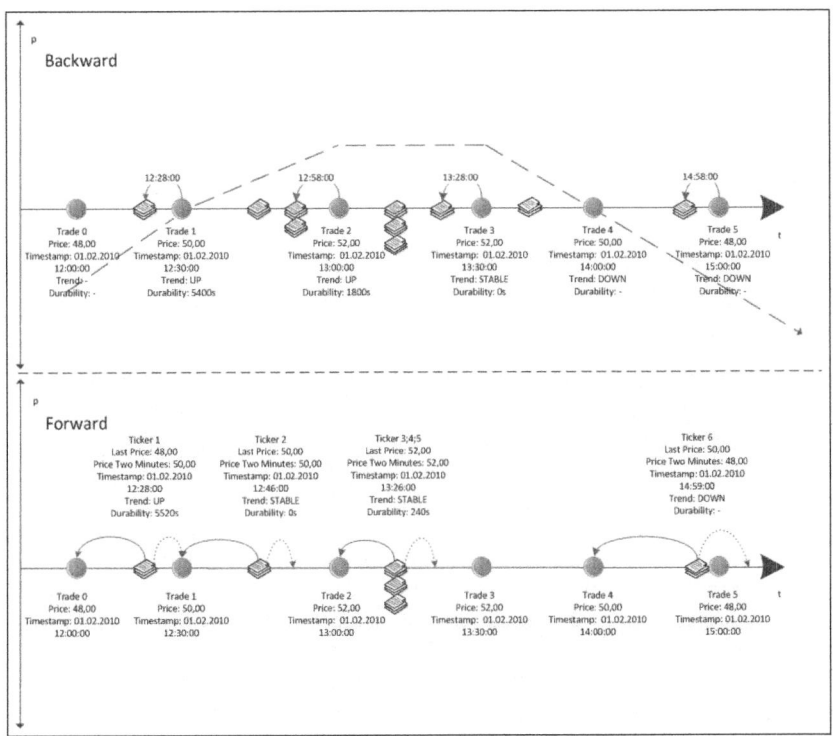

Abbildung 15: Verknüpfung Datenbestand Forward und Backward Mapping [PoFe2015b]

Repräsentative Trainingsbeispiele werden durch die Entwicklung des Konzepts *Durability* selektiert. Ausgangspunkt ist die Annahme, dass repräsentative Nachrichten der Klassen UP und DOWN einen möglichst langen Einfluss auf die Kursbewegung aufzeigen. Abbildung 15 zeigt die Berechnung für beide Paradigmen auf. Demnach wird die erste Handelstransaktion beim Backward Mapping mit dem Trend UP bei einem neuen Kurs von 50,00 Punkten versehen. Die Aussage eines positiven Effekts bleibt wahr, bis der Preisverlauf unter 50,00 fällt. Infolgedessen verfügt die Trainingsinstanz über eine *Durability* von 5.400 Sekunden. Im Forward Mapping steht die Nachricht im Mittelpunkt der Betrachtung. Demnach wird überprüft, wie lange die Aussage des Trends mit dem entstehenden Preis wahr ist. Abbildung 15 folgend, verbleibt die Aussage von Ticker 1 bei einem Preis von 50,00 Punkten bis Handelstransaktion 4 richtig. Als Konsequenz liegt die *Durability* bei 5.520 Sekunden. Trainingsbeispiele der Klasse STABLE sind repräsentativ, wenn die darauffolgenden Handelstransaktionen keine Veränderungen aufweisen. Als Konsequenz steigt der *Durability* Wert um die entspreche Sekundenanzahl an, solange der Kursverlauf innerhalb eines zuvor definierten Intervalls verbleibt. In einem letzten Schritt werden Experten nach einem minimalen *Durability* Betrag befragt. Trainingsinstanzen die dem nicht gerecht werden, sind zu entfernen. Die Eliminierung soll die Modellgenauigkeit verbessern und die Berechnungszeiten in großen Datenbeständen verringern [LiMo2002, 115].

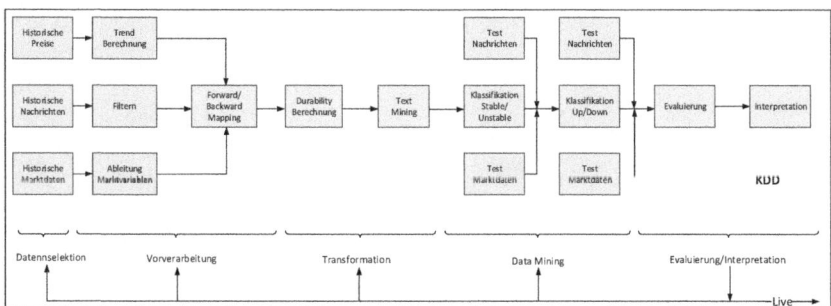

Abbildung 16: Vorgehen Modelltraining entnommen und modifiziert [PoFe2015b]

Die Neuerungen werden dem allgemeinen Vorgehen nach Fayyad et al. [FaPS1996, 40 ff.] hinzugefügt und in Abbildung 16 veranschaulicht. Demnach sind relevante Marktdaten zu identifizieren und in Attribute umzuwandeln. Historische Handelstransaktionen bilden die Grundlage für Trendberechnungen. Soweit möglich, filtern erste Mechanismen irrelevante Nachrichten und verknüpfen diese anhand von Backward oder Forward Mapping mit Marktdaten und Handelstransaktionen. Im Datensatz verbleiben lediglich Instanzen mit einer minimalen *Durability*. Vor dem Text Mining werden die Klassen UP und DOWN zu UNSTABLE zusammengefasst und einem Undersampling unterzogen [ChJK2004, 1]. Die transformierten Instanzen werden in Trainings-, Validierungs-, und Testdaten unterteilt und der Data Mining Phase zugeführt. Klassifizierungsmodelle (Naive Bayes, SVM, KNN) unterscheiden die Modelle in STABLE und UNSTABLE. Letztere sind einer zweiten Modellphase zuzuführen, wobei die Instanzen mit den ursprünglichen UP und DOWN Klassen versehen werden. Die Ergebnisqualität der Modelle ist anhand von Gütemaßen und Experten zu überprüfen. Ist eine hinreichende Qualität erreicht, finden die trainierten Modelle Einsatz im Produktivsystem.

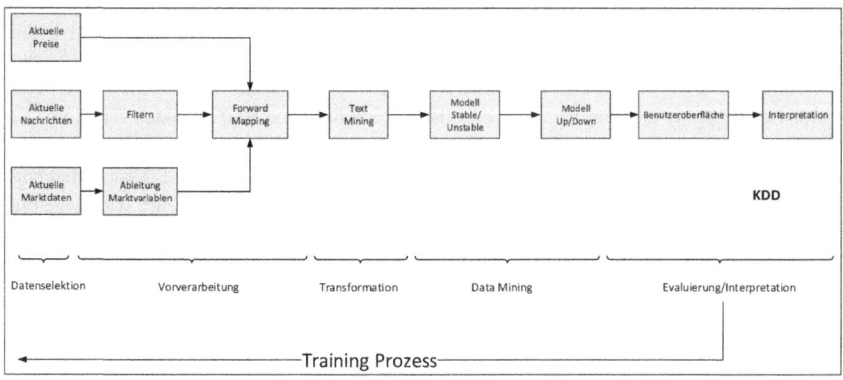

Abbildung 17: Vorgehen Echtzeitbetrieb entnommen und modifiziert [PoFe2015b]

Der Echtzeitbetrieb ist in Abbildung 17 (siehe S. 78) veranschaulicht. Hierbei werden aktuelle Nachrichten mit aktuellen Mark- und Handelsinformationen anhand von Forward Mapping verknüpft. Backward Mapping ist ausgeschlossen, da der spätere Kursverlauf noch ungewiss ist. Text Mining erfolgt anhand der Wortlisten aus dem Training, um die identischen Attribute sicherzustellen. In einem weiteren Schritt finden Vorhersagen für die Klassen STABLE und UNSTABLE statt. Letztere werden in der zweiten Phase in die Klassen UP und DOWN eingeteilt. Der Prototyp leitet lediglich Nachrichten an die interaktive Benutzeroberfläche weiter, die der zweiten Stufe entstammen. Infolgedessen der Nutzer von einer Informationsüberflutung bewahrt wird. Bei unzureichender Ergebnisqualität ist ein neuer Trainingsprozess auszulösen.

Das dargestellte Vorgehen wird am Produkt *Month-Ahead* im Gasmarkt evaluiert. Semistrukturierte Befragungen identifizierten drei unterschiedliche Datenbestände. Das TRN beinhaltet in einem Zeitraum von Dezember 2011 bis August 2013 über 17.899.137 Nachrichten. Veröffentlichungen die nicht im Handelszeitraum (Wochenende, Feiertage, Nacht, …) stattfanden waren zu entfernen. Aufgrund von inhaltlicher Relevanz und in Absprache mit Domainexperten wurden lediglich Nachrichten vom Typ *Alert* selektiert. Dieser Typ beinhaltet 80 bis 100 Zeichen und erlaubt kurzfristige Aktualisierungen oder Eilmeldungen. Vollständige Nachrichten vom Typ *Story_Take_Overwrite* oder *Story_Tale_Append* verwenden mehr als 1.000 Wörter und wurden entfernt. Insgesamt verlieben 1.429.844 Nachrichten im Datenbestand. Zusätzlich unterteilt Thomson Reuters Nachrichten in 1.532 Themen. In Absprache mit Experten besitzen lediglich 8 von 1.532 Themen Relevanz für den Gasmarkt. Nachrichten ohne relevante Thematik wurden entfernt. In diesem Zusammenhang reduzierte sich der Datenbestand auf 186.836 Nachrichten. Marktinformationen entstammen dem Point Carbon Archiv. Insgesamt identifizierten die Interviews 322 Einflussfaktoren, einen Ausschnitt zeigt Tabelle 10.

Tabelle 10: Ausschnitt Einflussfaktoren Vorhersage entnommen und modifiziert [PoFe2015b]

Marktinformation	Beschreibung	Marktinformation	Beschreibung
Thema	Thematik der Nachricht	Sportmarktpreis Gas	Preis für eine Einheit Gas am nächsten Tag
Handelsvolumen	Handelsvolumen der letzten zwei Minuten	Emissionszertifikate	Preis für ein gehandeltes Emissionszertifikat
Kohle	Preis für gehandelte Kohle	Handelstransaktionen	Handelstransaktionen der letzten zwei Minuten
Flüssigerdgas	Preis für gehandeltes Flüssigerdgas	Erdöl	Preis für gehandeltes Erdöl
Wettervorhersage	Temperaturen der nächsten 15 Tage	Pound-Euro	Wechselkurs von Pound und Euro
Wettervorhersage im Vergleich	Unterschied zum normalen Wetter	Dollar-Euro	Wechselkurs von Dollar und Euro
Gasangebot in Leitung	Gasmenge im Leitungssystem	Letzter Preis	Letzter bekannter Preis für das Produkt Month-Ahead
Gasspeicher	Gasmenge in den Gasspeichern	Monat	Aktueller Monat im Jahr
Gasangebot	Gesamtes Gasangebot	Montag	Stellt der aktuelle Tag einen Montag dar
Gasnachfrage	Gesamte Gasnachfrage	Spotmarktpreis Elektrizität	Preis für eine Einheit Strom am nächsten Tag

Teilweise lagen die Daten sehr granular vor. Infolgedessen wurden 169.260.582 Erdöl-Handelstransaktionen, 55.311.252 Dollar-Euro-Handelstransaktionen, 32.761.717 Pfund-Euro-Handelstransaktionen, 4.011.609 Erdgas-Handelstransaktionen und 985.294 wetterrelevante Angaben in Intervallen von 15 Sekunden zusammengefasst. Die historischen Handelstransaktionen des Produkts *Month-Ahead* stammen aus dem Deal Archiv. Dieses beinhaltet Preise für das Produkt *Month-Ahead* und bildet die Grundlage für die Trendberechnungen. Laut Domänexperten sind Handelstransaktionen mit Preisveränderungen kleiner ± 0,1 Punkte in die Klasse STABLE einzuordnen. Insgesamt stehen 121.829 Handelstransaktionen zur Verfügung.

Im Zeitraum November 2011 bis April 2013 werden Trainingsinstanzen mittels Backward und Forward Mapping integriert. Die Marktreaktionszeit beträgt zwei Minuten. Backward Mapping führt zu 34.653 Verknüpfungen. Nach Angaben der Domänenexperten verfügen repräsentative Instanzen über mindestens 30 Sekunden *Durability*. Infolgedessen reduziert sich der Datensatz auf 25.062 Trainingsbeispiele. Aufgrund von ungleichen Klassenhäufigkeiten verbleibt ein finaler Bestand von 7.730 Datensätzen. Forward Mapping führt zu 117.699 Verknüpfungen. Lediglich 2.312 Trainingsinstanzen der Klasse UNSTABLE befinden sich im Trainingsbestand nach Anwendung von *Durability*. Undersampling gleicht die Klassenhäufigkeiten aus und führt zu insgesamt 4.624 Trainingsinstanzen. Die Datensätze werden der Text Mining Phase übergeben und wie im ersten Zyklus in ein maschinenlesbares Format transformiert. In einem weiteren Schritt findet das Training der Data Mining Modelle statt.

Die Evaluierung der Modelle erfolgt realitätsnah. In diesem Zusammenhang werden 10,000 Nachrichten zwischen Mai und August 2013 extrahiert. Die Datensätze fanden keine Verwendung im Training und sind den Vorhersagemodellen unbekannt. Lediglich 360 Testinstanzen gehören der Klasse UNSTABLE an. Die Datensätze durchlaufen den Prozess in Abbildung 17 (siehe S. 78). Hierbei wird überprüft, ob die Modellvorhersagen der beiden Stufen innerhalb der nächsten zwei Minuten eintreffen. Aufgrund der Klassenverteilungen im Testdatensatz ist die Modellgenauigkeit als einziges Gütemaß ungeeignet [MDFE2012, 889]. Demnach würde eine STABLE Klassifikation aller Instanzen zu einer Genauigkeit von 96,40 Prozent führen, ohne Mehrwerte für den Nutzer zu generieren. In diesem Zusammenhang sind die Gütemaße Precision und Recall einzubeziehen. Precision symbolisiert die Genauigkeit der Vorhersage innerhalb einer Klasse, währenddessen Recall dem Verhältnis der vorhandenen Instanzen und richtig identifizierten Instanzen einer Klasse entspricht. [MDFE2012, 889] Die Ergebnisse der ersten Stufe können Tabelle 11 entnommen werden.

Tabelle 11: Ergebnis Modellevaluierung binomiale Klassifikation entnommen und modifiziert [PoFe2015b]

	Gütemaß	Genauigkeit	Precision STABLE	Precision UNSTABLE	Recall STABLE	Recall UNSTABLE
Backward Mapping	SVM	85,19 %	96,54 %	4,62 %	87,78 %	15,83 %
	KNN	73,11 %	96,33 %	3,40 %	74,96 %	23,61 %
	Naive Bayes	93,23 %	96,94 %	15,01 %	96,01 %	18,89 %
Forward Mapping	SVM	94,52 %	96,47 %	6,88 %	97,89 %	4,17 %
	KNN	75,68 %	96,43 %	3,71 %	77,65 %	23,06 %
	Naive Bayes	92,92 %	97,10 %	16,41 %	95,51 %	23,61 %

Zweck der ersten Phase ist die Filterung von Nachrichten ohne Effekt auf den Kursverlauf. Gleichwohl sind möglichst viele Nachrichten mit potentiellen Effekt an Entscheidungsträger weiterzuleiten. In diesem Rahmen zeigt der Naive Bayes im Forward Mapping die besten Ergebnisse. Kein anderer Algorithmus identifiziert mehr als 23,61 Prozent aller UNSTABLE Instanzen. Im Vergleich zu der zufälligen Trefferquote von 3,6 Prozent kann eine erhebliche Verbesserung festgestellt werden. Zeitgleich entfernt das Modell 95,51 Prozent aller STABLE Instanzen bei einer Präzision von 97,10 Prozent. Insgesamt erreicht das Modell eine Genauigkeit von 92,92 Prozent. Tabelle 12 zeigt die exakte Verteilung auf.

Tabelle 12: Ergebnis Modellevaluierung Naive Bayes Forward Mapping entnommen und modifiziert [PoFe2015b]

	Ist STABLE	Ist UNSTABLE	Precision
Vorhersage STABLE	9.206	275	97,10%
Vorhersage UNSTABLE	433	85	16,41%
Recall	95,51%	23,61%	

Von 10.000 Instanzen werden lediglich 518 weitergeleitet. Demnach reduziert die aufgabengerechte Informationsversorgung eine potentielle Informationsüberflutung durch Nachrichten um 94,82 Prozent. Bei 433 Instanzen wird fälschlicherweise eine Kursveränderung prognostiziert. Gleichwohl verursacht nicht jede relevante Nachricht einen Trendumschwung. Generell durchlaufen alle UNSTABLE Instanzen eine zweite Vorhersage. Die Ergebnisse sind Tabelle 13 zu entnehmen. Es bleibt jedoch zu beachten, dass lediglich UNSTABLE Instanzen aus der vorhergehenden Stufe in der Evaluierung Berücksichtigung finden, da STABLE Datensätze zuvor falsch klassifiziert wurden und dies in einer Ergebnisverfälschung münden würde. Als Folge findet die Bewertung anhand von 85 Instanzen statt.

Tabelle 13: Ergebnis Modellevaluierung DOWN und UP entnommen und modifiziert [PoFe2015b]

	Gütemaß	Genauigkeit	Precision DOWN	Precision UP	Recall DOWN	Recall UP
Backward Mapping	SVM	84,42 %	84,42 %	0,00 %	100,00 %	0,00 %
	KNN	84,42 %	85,33 %	50,00 %	98,46 %	8,33 %
	Naive Bayes	90,91 %	91,43 %	85,71 %	98,46 %	50,00 %
Forward Mapping	SVM	84,71 %	84,71 %	18,18 %	88,61 %	33,33 %
	KNN	20,00 %	76,19 %	1,56 %	20,25 %	16,67 %
	Naive Bayes	91,76 %	96,15 %	42,86 %	94,94 %	50,00 %

Im Rahmen der zweiten Evaluierung stellt die Genauigkeit das entscheidende Kriterium dar, da beide Klassen gleichberechtigt sind. Wiederrum erzielt der Naive Bayes Algorithmus im Forward Mapping mit 91,76 Prozent das beste Ergebnis.

In einem letzten Schritt erfolgt die Konzeption einer interaktiven Benutzeroberfläche (siehe Abbildung 18, S. 82). Entsprechend den semi-strukturierten Interviews soll der spätere Nutzer zwischen den eingehenden Nachrichten wechseln können, wobei diese nach Aktualität aufsteigend sortiert sind. Ausgehend von den trainierten Modellen wird für jede Situation (Text- und Marktinformation) eine Vorhersage in Echtzeit getroffen (UP oder DOWN). Lediglich Nachrichten mit einem UNSTABLE Trend werden an die Benutzeroberfläche geleitet, um der Informationsflut zu begegnen. Die Konfidenz bietet eine weitere Entscheidungshilfe, indem die Sicherheit der Trendvorhersage einem Wert zwischen 0,5 und 1 zugeordnet wird. Neben den zusätzlichen Informationen, wie z.B. Preis der letzten Handelstransaktion, sollen über den Link *Details* weiterer Informationen (Wetter, Wechselkurse, etc.) in Form einer Tabelle bezogen werden. Des Weiteren sind die vollständige Nachricht sowie der Preisverlauf von maximal sieben Tage von einer selektierten Nachricht darzustellen, wobei das Zeitfenster flexibel mit Hilfe eines Regelschiebers zu verändern ist. In diesem Zusammenhang kann auch der Effekt von vergangenen Nachrichten beobachtet werden, um Schlüsse zu ziehen. Die Benutzeroberfläche vermindert den Informationsüberfluss und zielt die Darstellung einer umfassenden Umweltsituation in Echtzeit an. Die technische Umsetzung erfolgt in Abschnitt 4.4.2.

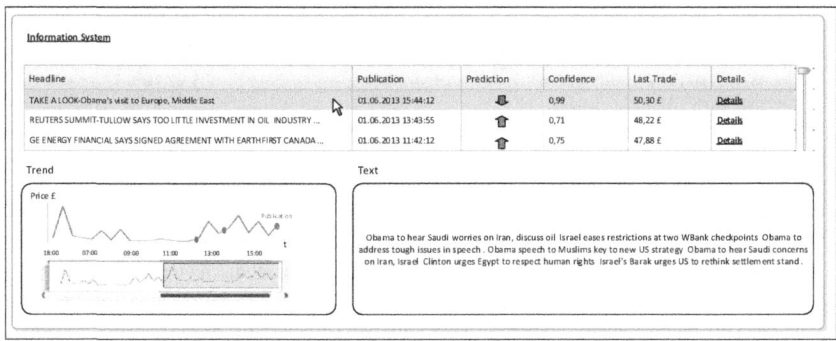

Abbildung 18: Konzeption interaktive Benutzeroberfläche [PoFe2015b]

Grundsätzlich evaluieren die Experten die Artefakte der zweiten Phase positiv. Die erfüllten Anforderungen des ersten Zyklus werden nicht weiter in Tabelle 14 (siehe S. 83) aufgeführt. Demnach berechnet sich die gesamte Genauigkeit beider Modelle für die Klassen UP, DOWN, STABLE aus dem Verhältnis von richtig vorhergesagten Instanzen der Klassen im Vergleich zum gesamten Testbestand. Hierbei konnten in der ersten Modellstufe 9.206 und in der zweiten 78 Instanzen richtig prognostiziert werden. Insgesamt erreicht das Modell eine Gesamtgenauigkeit von 92,84 Prozent in der polynomialen Perspektive (UNSTABLE aufgetrennt in UP und DOWN). Der Vergleich zur letzten Iteration (64,48 Prozent) zeigt eine 28,26 prozentige Steigerung. In diesem Rahmen bestätigt sich die Aufteilung der polynomialen Klassifikation in zwei binominale. Diese ermöglicht zudem die Filterung von relevanten und irrelevanten Nachrichten, sodass der Informationsüberflutung entgegengewirkt wird. Auch zeigt die Selektion von repräsentativen Instanzen durch *Durability* positive Effekte. Demnach konnte die Vorhersagegüte erhöht und die Modellberechnungszeit verkürzt werden. Des Weiteren stellen beide Modellstufen die Überlegenheit von Forward Mapping dar. Im Vergleich identifizierte das Verfahren mehr Preisveränderungen als Backward Mapping. Letztlich konnte eine interaktive Benutzeroberfläche entwickelt werden, die eine vollständige Umweltsituation in Echtzeit abbilden kann.

Weitere Diskussionen mit Domänenexperten zeigten jedoch, dass zu wenig relevante Nachrichten zur Benutzeroberfläche gelangten. Relevanz lag bei lediglich 74 von 518 weitergeleiteten Nachrichten vor. Dies entspricht einer Precision von 14,28 Prozent. Bei insgesamt 606 relevanten Nachrichten im gesamten Testbestand konnte ein Recall von 12,21 Prozent erzielt werden. Da Relevanz nicht zwangsläufig zur Kursveränderung führt sind diese Angaben von den Ergebnissen aus Tabelle 13 (siehe S. 81) losgelöst. Eine Optimierungsmöglichkeit besteht in einer verbesserten automatischen Identifikation von repräsentativen Instanzen. Hierfür hat ein Umdenken zu erfolgen, welches die Relevanz von Trainingsbeispielen neu definiert, sodass Modelle mit möglichst trennscharfen Fällen erzeugt und relevante Dokumente an Entscheidungsträger übergeben werden können. Hinzukommt, dass die Auswahl von repräsentativen Datensätzen die Modellberechnungszeiten verringert und so eine effizientere Nutzung des Ansatzes in Big Data Umgebungen ermöglicht. Zusätzlich waren weiterhin ungenaue Klassenzuordnungen im Trainingsbestand zu beobachten. Einen möglichen Grund stellt das hier bezeichnete Trittbrettfahrerproblem dar. Demnach könnten Instanzen mit Kursveränderungen verknüpft werden, obwohl der eigentliche Effekt durch eine zuvor publizierte Instanz entstand. [LSLO2000, 391] Die neuen Anforderungen sind in Tabelle 14 weiß markiert.

Tabelle 14: Ergebnis Anforderungen Prototyp zweiter Zyklus

Anforderung	Beschreibung
Genaue Vorhersage von Preisveränderungen	Die erzielte Gesamtgenauigkeit liegt bei 92,84 Prozent. In diesem Zusammenhang wird der Vorhersage praktische Relevanz unterstellt.
Binominale Klassifikation	Es erfolgte die erfolgreiche Umwandlung in eine binominale Klassifikation durch die Aufteilung in zwei Modellstufen.
Aufgabengerechte Informationsversorgung	Die binominale Klassifikation ermöglicht eine verbesserte Trennung von irr- und relevanten Nachrichten. Von 9.639 irrelevanten Nachrichten konnten 9.206 richtigerweise entfernt werden. Dies entlastet die Systemnutzer.
Verbessertes Verknüpfungsparadigma	Im Rahmen der Iteration fand die Entwicklung von Forward Mapping statt. Das neue Verknüpfungsparadigma überzeugt und überbot Backward Mapping in beiden Modellstufen.
Automatische Identifikation von repräsentativen Trainingsinstanzen	*Durability* identifiziert repräsentative Instanzen der jeweiligen Klassen. In diesem Zusammenhang erfolgt die Anhebung der Modellgenauigkeit. Im Rahmen von Backward Mapping reduzierte *Durability* den Trainingsbestand um 42,20 Prozent im Fall von Forward Mapping sogar um 71,62 Prozent. Als Konsequenz wurde die Modellberechnungszeit verringert.
Entwicklung einer interaktiven Benutzeroberfläche	Es erfolgte die konzeptionelle Entwicklung einer interaktiven Benutzeroberfläche. Diese ermöglicht die Darstellung einer Gesamtsituation. Nachrichten sollen in Echtzeit mit Vorhersagen versehen werden.
Verbesserte Vorhersage von relevanten Nachrichten	Lediglich 14,28 Prozent aller weitergeleiteten Nachrichten beinhalten relevante Informationen für Domänenexperten. 12,21 Prozent (Recall) aller relevanten Nachrichten wurden identifiziert. Die Ergebnisse sind nicht praktikabel und müssen verbessert werden.
Verbesserte automatische Identifikation von repräsentativen Trainingsinstanzen	Der Trainingsbestand beinhaltet zu viele Instanzen mit falsch markierten Klassen. Mechanismen sind zu entwickeln, die eine automatische Identifikation von repräsentativen Trainingsbeispielen erlauben. Infolgedessen kann die Modellberechnungszeiten verringert und Vorhersage verbessert werden.
Behebung des Trittbrettfahrerproblems	Nachrichten könnten mit Kursveränderungen verknüpft sein, obwohl der eigentliche Effekt durch eine zuvor publizierte Instanz entstand. Die Folge sind fehlerhafte Trainingsbeispiele.

Dritter Zyklus: Im Rahmen der Zyklen wurde deutlich, dass die automatische Klassenzuordnung im Prototyp einer Unschärfe unterliegt und die Identifikation von repräsentativen Instanzen erschwert ist. Die Auffindung solcher Trainingsbeispiele ist Gegenstand der Instance Selection Forschung. In diesem Zusammenhang sind Methoden einzusetzen, die den Trainingsbestand reduzieren, wenngleich der verringerte Datensatz zur gleichen oder besseren Vorhersagegenauigkeit führt. [LiMo2002, 115; GDCH2012, 417]

Beitrag 6 [PoFe2016] entwickelt einen Instance Selection Ansatz, um repräsentative Trainingsbeispiele im Prototyp automatisch aufzudecken. Aus dem Literaturüberblick geht die weitreichende Adressierung des Forschungsgebiets hervor. Auf Grundlage von zwei veröffentlichten Literaturstudien [GDCH2012; OCMK2010] konnten mehr als 80 unterschiedliche Ansätze identifiziert werden. Allen gleich ist die heuristische Ableitung von Repräsentativität anhand von Distanzmaßen. Hierbei konstruieren die Verfahren eigene Instanzen oder verwenden inkrementelle bzw. dekrementelle Ansätze für die Reduktion des Datensatzes. Als problematisch erweist sich die Unschärfe, die durch die automatische Verknüpfung zwischen Nachrichten und Trendveränderungen entsteht. Die Gründe liegen in unterschiedlichen Reaktionszeiten und im Trittbrettfahrerproblem. [PoFe2015b, 11] Das inhärente Domainwissen wird nicht betrachtet. Infolgedessen erfolgen falsche Klassenzuweisungen und distanzbasierten Verfahren versagen. Traditionell war diesem Problem mit einer manuellen Selektion und Klassenzuordnung durch Experten beizukommen. Dieses Vorgehen ist für den Prototyp ungeeignet, da die Nachrichteninhalte ständig wechseln. Um die Aktualität des Vorhersagemodells sicherzustellen, müsste eine konsequente Nachrichtenselektion und Kategorisierung durch Experten erfolgen. [FoKS2006, 852] Die ständig wiederkehrend gebundenen Mitarbeiterressourcen entsprechen nicht den Anforderungen eines möglichst automatischen Vorhersagesystems. In diesem Zusammenhang sind die existierenden Ansätze nicht verwendbar.

Ausgangspunkt der dritten Iteration ist eine verbesserte Zuordnung der Instanzen STABLE und UNSTABLE. In einem ersten Schritt erfolgt eine Überarbeitung der Trendberechnung. Hierbei betrachtete die traditionelle Berechnung lediglich den Effekt einer Trainingsinstanz bis zur nächsten Handelstransaktion. Womöglich stellt diese Handelstransaktion eine zufällige Schwankung dar, sodass die Trainingsinstanz einer falschen Klasse zugeordnet wird [LSLO2000, 391]. Um diesem Effekt zu begegnen finden Durchschnittsberechnungen statt. Infolgedessen werden alle Handelstransaktionen nach der verknüpften Handelstransaktion in einem spezifizierten Zeitraum betrachtet und zu einem Mittelwert zusammengefasst. Sollte der Unterschied zwischen neuen Mittelwert und vorhergehender Handelstransaktion über der Preisschwelle liegen ist die Instanz mit UNSTABLE, wenn nicht, mit STABLE zu markieren.

Des Weiteren zeigte die Entwicklung von *Durability*, dass repräsentative Nachrichten durch die Dauer des Einflusses identifiziert werden können. Relevante Texte werden jedoch nicht allein über die Wirkungszeit charakterisiert, sondern auch durch die Höhe der Veränderungen. In diesem Zusammenhang wurde die Instance Selection Methode *Impact* entwickelt. Das Verfahren summiert die Fläche, welche durch den Effekt der Nachricht aufgespannt wird, anhand der Trapezregel. Die Berechnung von *Impact* erfolgt durch Formel (1) [PoFe2016b].

$$Impact = \sum_{i=1}^{N} Distance_i \frac{Difference_i + Difference_{i+1}}{2} \tag{1}$$

$$Distance_i = Timestamp_{i+1} - Timestamp_i \qquad (2)$$

$$Difference_i = |\, Start\ Price_1 - Price\ Average_i\,| \qquad (3)$$

Hierbei ist für jede Fläche *i* zunächst die Distanz anhand von Formel (2) zu berechnen, welche die zeitliche Entfernung zwischen zwei Handelstransaktionen darstellt. Die Ausnahme bildet das Forward Mapping, in diesem erfolgt die erste Distanzberechnung zwischen Nachrichtenticker und darauffolgender Handelstransaktion. Die Distanz ist mit der gemittelten Differenz zu multiplizieren. Diese repräsentiert den Betrag zwischen dem initialen Preis zum Zeitpunkt der Nachrichtenveröffentlichung und dem durchschnittlichen Kaufpreis der folgenden Handelstransaktionen und berechnet sich mittels Formel (3). Im Backward Mapping ist der initiale Preis dem Preis der Handelstransaktion nach Veröffentlichung der Nachricht gleich. Im Forward Mapping bezieht sich der Preis auf die Handelstransaktion vor der Veröffentlichung einer Nachricht. Die Anzahl der Summierungen N im Backward Mapping entspricht den Transaktionen zwischen der ersten und der letzten Handelstransaktion, für welche die Aussage eines Trends gültig bleibt. Im Forward Mapping bemisst N die Anzahl der Handelstransaktionen nach der Publikation und der letzten Handelstransaktion mit gültiger Trendaussage. Demnach ist eine UNSTABLE Instanz umso repräsentativer je höher der *Impact* Wert ist. Domänenexperten bestimmen einen minimalen Wert, Instanzen die diesem nicht entsprechen sind vom Trainingsdatensatz zu entfernen. Repräsentative STABLE Instanzen sollten keine Preiseffekte aufzeigen. In diesem Zusammenhang sind STABLE Instanzen weiterhin durch die Methode *Durability* zu selektieren. Ein Beispiel für die *Impact* Berechnung kann dem Forward Mapping in Abbildung 19 entnommen werden.

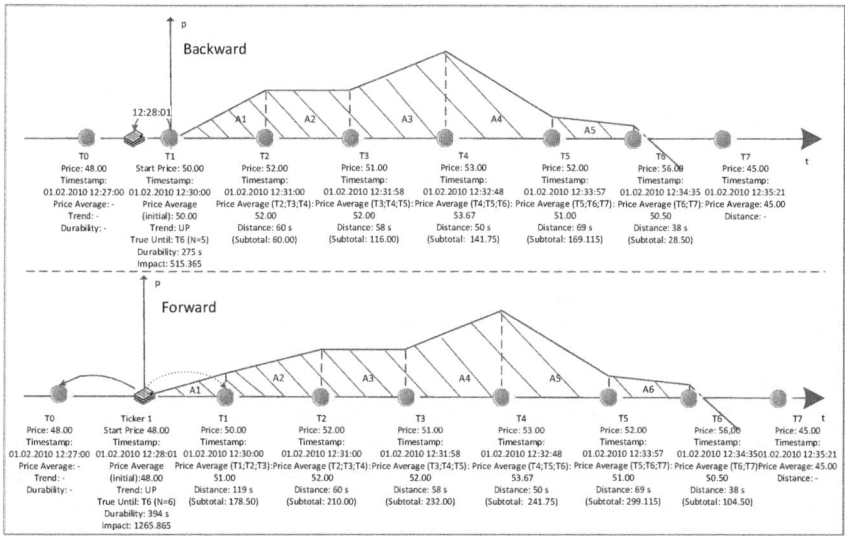

Abbildung 19: Impact Berechnung für Forward und Backward Mapping [PoFe2016b]

Demnach löst Ticker 1 eine positive Preisveränderung von drei Punkten in einem Zeitraum von 119 Sekunden aus. Als Konsequenz spant sich eine Fläche A1 auf. Eine neue Handelstransaktion folgt und vergrößert die Auswirkung kontinuierlich. Die Berechnungen werden summiert, solange die ursprüngliche Aussage wahr bleibt (siehe *Durability*). Demnach löst Ticker 1 mit einem initialen Preis von 48,00 und einem Trend UP Veränderungen aus, die bis zum Durchschnittspreis der Handelstransaktion T6 gültig bleiben. Insgesamt führen die sechs Flächen zu einem *Impact* von 1265,86 Punkten.

Im Sinne der Anforderungen aus Tabelle 14 (siehe S. 83) ist die Anzahl der relevanten Texte zu erhöhen. In diesem Zusammenhang betrachtet der Prototyp in dieser Phase lediglich Textattribute, sodass ausschließlich deren Wirkung Berücksichtigung findet. Um dies an den Trainingsbeispielen zu verdeutlichen, findet eine Umbenennung statt. Alle UNSTABLE Instanzen die dem minimalen *Impact* entsprechen sind mit RELEVANT und alle verbleibenden STABLE Instanzen als IRRELVANT zu markieren. Anschließend erfolgt die Text Mining Phase. Unabhängig vom Prototyp kann jedoch auch die Relevanz einer Umweltsituation betrachtet werden. Infolgedessen auch Markdaten Berücksichtigung finden können.

Zuletzt ist das Trittbrettfahrerproblem zu lösen. In diesem Zusammenhang werden Fälle mit hohen *Durability* (IRRELEVANT) oder *Impact* (RELEVANT) Werten in den Datensatz aufgenommen und in Trainings-, Validierungs- und Testdaten aufgeteilt [KoKo2012, 199]. Anhand der Trainings- und Validierungsbeispiele sind Modelle durch geeignete Algorithmen zu erstellen, die Trainingsinstanzen durch ihre Klassenzugehörigkeit und Merkmalsausprägungen in einem Entscheidungsraum positionieren. Schrittweise werden diesem Raum Testbeispiele hinzugefügt. Deren Trendvorhersage bestimmt sich anhand der umliegenden Trainingsinstanzen indem Mehrheits- oder Gewichtungsberechnungen erfolgen. Hierbei verfolgt das angestrebte Verfahren das Paradigma des fallbasierten Schließens [AaPl1994, 39]. Demnach sollten Test- und Trainingsinstanzen mit ähnlichen Attributausprägungen gleiche Klassenzugehörigkeiten aufweisen. Sollten trotz verwandten Merkmalsausprägungen falsche Prognosen erfolgen sind fehlerhafte Klassenzuweisungen in den Instanzen durch ungenaue Trendberechnungen wahrscheinlich. In diesem Zusammenhang ist es möglich, dass die zurückliegende Nachricht den Trend verursachte und nicht die betrachtete. Infolgedessen sind falsch vorhergesagte Testinstanzen zu entfernen, da die hohen *Durability* oder *Impact* Werte der Testinstanzen nicht auf die Attributausprägungen zurückgehen. Insgesamt ermöglicht die Vorhersage der Testinstanzen vier verschiedene Ausprägungen.

Erstens, RELEVANT markierte Instanzen werden als RELEVANT vorhergesagt. Diese Datensätze sind im weiteren Verlauf beizubehalten, da die Merkmalsausprägung der Nachricht und der historischen Texte bei hohem *Impact* ähnlich sind. Zweitens, die Prognose von vormals RELEVANT gekennzeichneten Dokumenten ist IRRELEVANT. In diesem Zusammenhang ist das Trittbrettfahrerproblem wahrscheinlich, da die Mehrzahl der historisch ähnlichen Nachrichten keine hohen *Impact* Ausprägungen vorweisen. Infolgedessen ist es unwahrscheinlich, dass der Preiseffekt durch den betrachteten Nachrichtenticker ausgelöst wurde. Vielmehr ist der *Impact* Wert auf eine zuvor veröffentlichte Nachricht zurückzuführen. Diese Datensätze sind aus dem Bestand zu entfernen. Drittens, die vorhergehende Markierung ist IRRELEVANT und die Vorhersage ist IRRELEVANT. Diese Instanzen besitzen eine hohe Wahrscheinlichkeit keine

Preisveränderungen auslösen und verbleiben als repräsentative IRRELVANT Instanzen im Datensatz. Zuletzt verbleibt die Möglichkeit einer IRRELVANT Nachricht und einer RELEVANT Vorhersage. Der Fall ist unklar, da scheinbar historisch ähnliche Dokumente mit hohem *Impact* vorliegen, wenngleich der aktuelle Text keinen *Impact* aufweist. Um Unschärfe im zukünftigen Datensatz zu verhindern, ist dieser Fall ebenfalls vom Datensatz zu entfernen. Lediglich richtig klassifizierten Instanzen werden im weiteren Modelltraining verwendet.

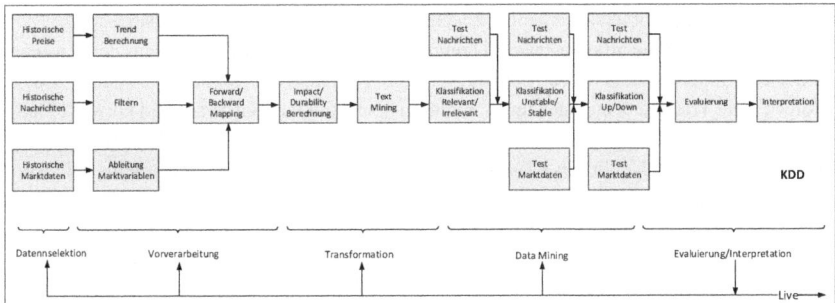

Abbildung 20: Erweiterung Vorgehen Modelltraining [Quelle: Eigene Darstellung]

In diesem Zusammenhang ist das allgemeine Vorgehen des Prototyps wie in Abbildung 20 um die Phasen *Impact/Durability* und *Klassifikation Relevant/Irrelevant* zu erweitern. Hierbei sorgt die gemittelte Trendberechnung für fehlerfreiere Klassenzuweisungen. Im Anschluss erfolgt die Berechnung von *Durability* für STABLE und *Impact* für UNSTABLE Instanzen. Fälle, welche den Mindestwert nicht überschreiten sind vom Dokumentenkorpus zu entfernen. Bei ungleichmäßigen Klassenhäufigkeiten wirkt Undersampling als Ausgleichsmechanismus. Vor dem Text Mining findet eine Umbenennung der Instanzen in RELEVANT und IRRELVANT statt. Entsprechend dem Trittbrettfahrerproblem werden lediglich richtig klassifizierte Dokumente der Modellphase UNSTABLE/STABLE übergeben. Zusammen mit Marktdaten und deren Wiederbenennung in STABLE sowie UNSTABLE erfolgt das Modelltraining. Kritisch, ist zu bedenken, dass der verbliebene Trainingsbestand die Relevanz von Dokumenten betont. Instanzen deren Trend durch Marktdaten veranlasst wurde finden vermindert Beachtung in der Vorhersage. Dies begründet sich jedoch durch die Anforderungen des Anwendungsfalls. Möglich wäre die gleichzeitige Betrachtung von Markt- und Textattributen im vorgestellten Instance Selection Ansatz. In diesem Rahmen stände nicht das relevante Dokument sondern die relevante Umweltsituation im Fokus. Nichtsdestotrotz kann die Praktikabilität des Ansatzes auch anhand der Identifikation von relevanten Texten aufgezeigt werden. Das restliche Vorgehen des Prototyps bleibt von Veränderungen unberührt.

Die Evaluierung des Ansatzes findet am Gasmarkt statt. Ziel des Vorhabens ist die automatische Identifikation von relevanten Nachrichten mit minimalen menschlichen Aufwand. In diesem Rahmen wird überprüft, ob die erarbeitete Instance Selection Methode, repräsentative Instanzen identifiziert und so die Qualität der Vorhersagemodelle erhöht. Anhand von verschiedenen Instance Selection Verfahren werden unterschiedliche Datenbestände erhoben. Diese dienen der Überprüfung und zeigen, ob der eigene Ansatz bestehende Methoden übertrifft. Das

Training der verschiedenen Datensätze erfolgt stets durch den Naive Bayes Algorithmus, da sich dessen Brauchbarkeit in den vorausgehenden Prototypzyklen bestätigte. Demnach sollten durch die unterschiedlichen Datenbestände verschiedene Regelsysteme für die Klassen RELEVANT und IRRELEVANT entstehen. Um die Güte der Modelle zu bestimmen wurden 10.000 Nachrichten von einem Händler manuell in relevant und irrelevant unterteilt. Um Vergleichbarkeit zu schaffen, entsprechen diese den Testinstanzen aus Zyklus 2. Lediglich 606 sind relevant. Insgesamt durchläuft jeder Datensatz fünfzig unterschiedliche Modellparametrisierungen. Die besten Vorhersageergebnisse werden in Tabelle 15 (siehe S. 89) dargestellt.

Hierbei sind die grundlegenden Trainingsdaten für das Modelltraining aus dem zweiten Zyklus entnommen. Entsprechend dem angepassten Vorgehen aus Abbildung 20 (siehe S. 87), erfolgen neue Trendberechnungen und Verknüpfung anhand von Backward und Forward Mapping. Das Ergebnis bildet die Basis für drei verschiedene Trainingsbestände (D1, D2, D3), die aufgrund von unterschiedlichen Klassenverteilungen ein Undersampling erfordern. Alle werden mittels Text Mining in ein maschinenlesbares Format überführt.

D1 verwendet ausschließlich das *Durability* Konzept aus Zyklus 2 und entfernt Instanzen, die ein Minimum von 30 Sekunden nicht erfüllen. Datensatz D2 entspricht dem Vorgehen aus Zyklus drei. Die Diskussion mit Domainexperten legte unterschiedliche Mittelwerte innerhalb der *Impact* Berechnungen nahe. Infolgedessen erfolgte die Definierung eines minimalen *Impact* Werts im Backward Mapping bei 12 Punkten und im Forward Mapping bei 24 Punkten. Um dem Trittbrettfahrerproblem zu begegnen, erfuhr der verbleibende Datenbestand eine Unterteilung in Training-, Validierung-, und Testdaten. Als Klassifikationsmethode diente der Naive Bayes Algorithmus, da wiederholende Erfolge im Gasmarkt beobachtbar waren [PoFe2016b; PoFe2015b]. Im Gegensatz zu D1 und D2 betrachtet D3 keine *Impact* und *Durability* Berechnungen. Der Datensatz dient zum einen der Evaluierung von etablierten Instance Selection Verfahren und zeigt zum anderen die Klassifikationsleistung ohne entsprechendes Auswahlverfahren. Ein Literaturüberblick identifiziert erfolgreiche Instance Selection Ansätze aus vergangener Forschung, um einen aussagekräftigen Vergleich zu ermöglichen. Betrachtung finden, Edited Nearest Neighbor (ENN), Learning Vector Quantization (LVQ), Random Mutation Hill Climber (RMHC), All-KNN, Monte Carlo (MC), Fuzzy C-Means (FCM), Relative Neighborhood Graph Editing (RNGE), Repeated Edited Nearest Neighbor (RENN) und Weighted Learning Vector Quantization (WLVQ) [BlDu2011, 830; GrJa2004, 585; GDCH2012, 435; ÖzCe2014, 1251]. Die entsprechenden Verfahren werden angewendet, um aus D3 verschiedene Datensätze zu erhalten. Die Vorhersageergebnisse aus den Datenbeständen sind in Tabelle 15 (siehe S. 89) dargestellt.

Tabelle 15: Vergleich Modellevaluierung Instance Selection entnommen und modifiziert [PoFe2016b]

Analysefokus	Precision Relevant	Precision Irrelevant	Recall Relevant	Recall Irrelevant	Genauigkeit	Instanzen
WLVQ(BM_D3)	28,61 %	94,72 %	15,68 %	97,45 %	92,52 %	2.328
Durability(BM_D1)	28,13 %	94,76 %	16,67 %	97,25 %	92,37 %	10.228
RMHC(BM_D3)	27,85 %	94,79 %	17,33 %	97,11 %	92,27 %	1.032
MC(BM_D3)	27,55 %	94,75 %	16,50 %	97,20 %	92,31 %	1.032
Impact(FM_D2)	27,08 %	95,72 %	35,87 %	93,69 %	90,15 %	1.632
WLVQ(FM_D3)	25,41 %	94,78 %	17,82 %	96,63 %	91,85 %	2.596
RNGE(BM_D3)	24,71 %	94,28 %	7,26 %	98,57 %	93,04 %	11.354
Impact(BM_D2)	21,59 %	94,83 %	19,30 %	95,48 %	90,90 %	726
ENN(BM_D3)	21,20 %	94,58 %	15,85 %	96,20 %	91,33 %	7.620
Durability(FM_D1)	20,98 %	96,65 %	50,17 %	87,81 %	85,53 %	12.828
All-KNN(BM_D3)	20,37 %	94,58 %	14,36 %	96,38 %	91,41 %	10.338
RNGE(FM_D3)	18,76 %	94,82 %	19,97 %	94,42 %	89,91 %	11.954
All-KNN(FM_D3)	16,90 %	94,10 %	3,96 %	98,74 %	93,00 %	7.494
RMHC(FM_D3)	15,33 %	94,92 %	24,26 %	91,16 %	87,29 %	1.152
MC(FM_D3)	14,70 %	94,72 %	20,13 %	92,46 %	88,08 %	1.152
All(BM_D3)	14,56 %	94,12 %	4,95 %	98,17 %	92,48 %	13.970
ENN(FM_D3)	14,42 %	94,40 %	12,38 %	95,26 %	90,24 %	5.420
RENN(FM_D3)	13,16 %	94,41 %	13,53 %	94,24 %	89,35 %	4.846
RENN(BM_D3)	11,64 %	94,02 %	2,80 %	98,63 %	92,82 %	4.714
LVQ(BM_D3)	10,16 %	94,02 %	3,13 %	98,21 %	92,45 %	478
LVQ(FM_D3)	6,04 %	92,14 %	9,88 %	0,87 %	6,81 %	86
All(FM_D3)	0,00 %	93,94 %	0,00 %	100,00 %	93,94 %	12.986
FCM(FM_D3)	0,00 %	93,94 %	0,00 %	100,00 %	93,94 %	62
FCM(BM_D3)	0,00 %	93,94 %	0,00 %	100,00 %	93,94 %	108

Hierbei ist der Analysefokus eine Kombination von Instance Selection Methode (z.B. MC), dem Verknüpfungsparadigma Forward (FM) oder Backward Mapping (BM) sowie dem unterliegenden Datensatz (D3). Die Ergebnisse sind anhand des Gütemaßes Precision in der Klasse RELEVANT geordnet, da lediglich relevante Instanzen an Entscheidungsträger übermittelt werden. In diesem Zusammenhang verliert das System an Akzeptanz, wenn zu viele irrelevante Nachrichten fälschlicherweise übergeben oder zu wenig relevante Nachrichten identifiziert werden. Nach Aussage der Domänenexperten liegt Praktikabilität bei einer Precision von mindestens 20,00 Prozent, einem Recall von 15,00 Prozent und einer Gesamtgenauigkeit von 90,00 Prozent vor. Die entsprechenden Methoden, die diesen Kriterien entsprechen sind grau unterlegt. Die Anzahl der benötigten Trainingsinstanzen ist der Spalte Instanzen zu entnehmen.

Grundsätzlich kann gezeigt werden, dass verschieden Methoden zu akzeptablen Ergebnissen führen. Dies kann unter anderem auf das zur Verfügung gestellte Mapping Paradigma zurückgeführt werden, das eine gewisse Relevanz von Nachrichten inhärent ableitet und normalerweise nicht Bestandteil der traditionellen Methoden ist. Infolgedessen diese Verfahren auf bestehendes Domainwissen zurückgreifen. Im Gegensatz dazu, führen Methoden ohne Selektionsstrategien All(FM_D3) bzw. All(BM_D3) nicht zu zufriedenstellenden Ergebnissen. Die besten Resultate gehen auf den entwickelten Impact(FM_D2) Ansatz zurück. Insbesondere der hohe Recall von 35,87 Prozent begründet diese Auswahl. Zwar erzielt WLVQ(BM_D3) im Vergleich eine höhere Precision von insgesamt 1,53 Prozent, zeitgleich ist diese jedoch in Anbetracht des geringeren Recall von 15,68 Prozent zu vernachlässigen. Daneben weißt Impact(FM_D2) eine gute Kompressionsrate von 10,92 (1632/14942) Prozent auf, welche die Berechnungszeiten von großen Datenmengen verringert. Alleine Impact(BM_D2) zeigt eine bessere Rate und verringert den ursprünglichen Datensatz auf 4,75 Prozent, wenngleich Recall und Precision geringer sind.

Insgesamt kann festgestellt werden, dass der entwickelte Instance Selection Ansatz eine automatische Identifikation von relevanten Nachrichten mit minimalen menschlichen Aufwand verbessert. Dies ist hervorzuheben, da die Bestimmung von Relevanz einen hoch kognitiven Prozess darstellt. Wiederholt erzeugen die Verknüpfungen des Forward Mappings die besten Ergebnisse und sollte daher als grundsätzliches Mapping beibehalten werden. Trotz der Praktikabilität des Ansatzes sind Recall und Precision von Impact(FM_D2) nicht makellos. Von 606 relevanten Nachrichten werden 217 richtigerweise vom Algorithmus erkannt. Gleichwohl ist mehr als jeder dritte Nachrichtenticker falsch klassifiziert. In diesem Zusammenhang sind auch die Grenzen des Verfahrens aufzuzeigen. Demnach ist die Ableitung von Relevanz anhand des Preisverlaufs nicht immer korrekt. Eine nachträgliche Analyse des Datensatzes zeigte viele relevante Dokumente, die keine Preisveränderung verursachten. Auch sind Preisveränderungen nicht immer auf Nachrichten, sondern auf Marktdaten zurückzuführen. Nichtsdestotrotz liegt der Recall der relevanten Nachrichten bei 35,87 Prozent. Die Precision entspricht 27,08 Prozent (217 von 801 weitergeleiteten Nachrichten). Infolgedessen konnte die Relevanz der weitergeleiteten Nachrichten im Vergleich zum zweiten Zyklus enorm verbessert werden. Zusätzlich erfolgte die Lösung des Trittbrettfahrerproblems anhand des fallbasierten Schließens [AaPl1994, 39].

In weiteren Gesprächen mit Domänenexperten konnte eine zusätzliche Analysemöglichkeit identifiziert werden. Ausgehend von einer aktuell publizierten Nachricht ermöglicht die automatische Suche nach dem historisch ähnlichsten Nachrichtticker einen direkten Vergleich zur damaligen Information und den daraus resultierenden Kursverlauf. Die zusätzliche Darstellung von historischen Marktinformationen komplementiert die Umweltsituation. Entsprechend des fallbasierten Schließens [AaPl1994, 39] unterstützen diese Informationen Entscheidungsträger in der Prognose von zukünftigen Kursveränderungen. Hierbei profitiert dieser Ansatz von der verbesserten Filterung durch die *Impact* Methode, da lediglich relevante Nachrichten analysiert werden. Nichtsdestotrotz ist der Vergleich zu allen historischen Nachrichten sehr zeitintensiv, da alle Attributvektoren zu vergleichen sind. In diesem Rahmen müssen Mechanismen entwickelt werden, welche diese Suche verkürzen. Des Weiteren ist die interaktive Benutzeroberfläche um diesen Anwendungsfall zu erweitern. In einem letzten Schritt muss die Nützlichkeit des Konzepts nachgewiesen werden. Tabelle 16 (siehe S. 91) fasst die neuen und abgeschlossenen Anforderungen des dritten Zyklus zusammen.

Tabelle 16: Ergebnis Anforderungen Prototyp dritter Zyklus

Anforderung	Beschreibung
Verbesserte Vorhersage von relevanten Nachrichten	Im Vergleich zum zweiten Zyklus konnte die Precision von 14,28 Prozent auf 27,08 Prozent und der Recall von 12,21 Prozent auf 35,87 Prozent gesteigert werden. Nach Expertenaussage sind die Ergebnisse praktikabel.
Verbesserte automatische Identifikation von repräsentativen Trainingsinstanzen	Der dritte Zyklus entwickelt die Instance Selection Methode *Impact*. Der Ansatz betrachtet neben der Dauer auch die Höhe des Publikationseffekts auf die Zielvariable. Zusätzlich erfolgt eine verbesserte Trendberechnung. Im Vergleich zu etablierten heuristischen Instance Selection Verfahren konnte die Überlegenheit nachgewiesen werden.
Behebung des Trittbrettfahrerproblems	Das Trittbrettfahrerproblem konnte durch das fallbasierte Schließen gelöst werden. Der Ansatz filtert Trainingsinstanzen, die bei ähnlichen Attributausprägungen zu unterschiedlichen Klassen führen.
Identifikation der historisch ähnlichsten Nachricht	Es ist eine Methode zu entwickeln, welche die automatische Identifikation der historisch ähnlichsten Nachricht ermöglicht.
Zeitnahe Suche der historisch ähnlichsten Nachricht	Die Suche der historisch ähnlichsten Nachricht impliziert aufwändige Rechenoperationen, welche die Echtzeitanforderungen im System erschweren. Es ist eine Methode zu entwickeln, welche eine zeitnahe Verarbeitung ermöglicht.
Erweiterung Benutzeroberfläche	Die interaktive Benutzeroberfläche ist zu erweitern. In diesem Zusammenhang sind die historische Nachricht sowie der historische Preisverlauf darzustellen. Die Erweiterung ist in die bestehende Oberfläche (zweiter Zyklus) zu integrieren, sodass für die ausgewählte aktuelle Nachricht die historisch ähnlichste abgebildet wird. Des Weiteren hat die Implementierung der historischen Marktdaten zum Zeitpunkt der Veröffentlichung für jede Nachricht in der Benutzeroberfläche zu erfolgen.
Nützlichkeit Identifikation historisch ähnlichste Nachricht	Die Identifikation der historisch ähnlichsten Nachricht, zur Abschätzung des zukünftigen Kursverlaufs, ist ein neuartiger Vorhersageansatz im Börsenhandel. Infolgedessen ist die Nützlichkeit zu evaluieren.

Vierter Zyklus: Gegenstand der vierten Phase ist die Identifikation der historisch ähnlichsten Nachricht. Ähnlichkeit wird definiert als das Teilen von kontextrelevanten Eigenschaften oder Merkmalen. In diesem Zusammenhang definieren Übereinstimmungsmaße den Grad der Ähnlichkeit zwischen zwei Objekten. [Webe1994, 182 f.] Ähnlichkeit oder Unterschiede zwischen Dokumenten werden üblicherweise durch das gemeinsame Auftreten von Wörtern oder Phrasen bestimmt. [Wan2007, 3718] Um dies zu ermöglichen verfolgt der eigene Ansatz die Transformation der historischen und aktuellen Dokumente mittels TF-IDF [MDFE2012 50 f.], da semantische Betrachtungen zeitintensive Verarbeitungen hervorrufen [StAN2007, 23]. Für die Berechnung der Ähnlichkeit existieren verschiedene Möglichkeiten. Die Kosinus-Ähnlichkeit ist etabliert [Wan2007, 3719] und dient als Grundlage für den paarweisen Vergleich. Nichtsdestotrotz ist die Gegenüberstellung eines aktuellen Nachrichtentickers zu allen historischen Dokumenten zeit- und berechnungsintensiv [DFPK2015b, 124]. Sitarama et al. lösen diese Herausforderung mittels Clustering [SiMA2003, 1], welches die Grundlage für das eigene Vorgehen in Abbildung 21 (siehe S. 92) bildet.

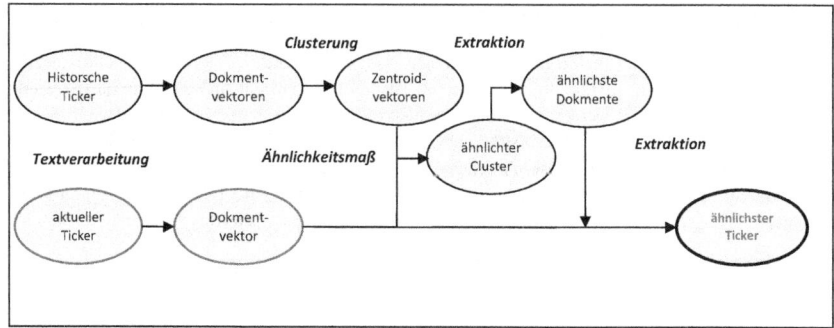

Abbildung 21: Vorgehen Identifikation historisch ähnlichste Nachricht entnommen und modifiziert [DFPK2015b]

Dieses erfolgt anhand des K-Means Algorithmus, der im Vergleich zu anderen Clusterverfahren Vorteile hinsichtlich Berechnungszeit und Ergebnisgüte zeigt [Cheu2003, 2883; OdAA2010, 1]. Hierbei werden die historischen Dokumente jeweils einem Cluster zugeordnet und durch den gemittelten Zentroidvektor repräsentiert. Anschließend findet mit Hilfe der Kosinus-Berechnung die Ähnlichkeitsbestimmung zwischen aktuellen Dokument- und Zentroidvektoren statt. Der Zentroidvektor mit der geringsten Abweichung ist dem jüngst veröffentlichten Nachrichtenticker am ähnlichsten. Da das beigeordnete Cluster die historisch ähnlichsten Nachrichten aufweisen sollte, werden alle zugehörigen Dokumente extrahiert und wiederum verglichen. Der Vektor mit der geringsten Abweichung ist die historisch ähnlichste Nachricht. In diesem Rahmen sind lediglich die Zentroiden und die zugehörigen Clusterdokumente abzugleichen. Eine Analyse des gesamten Datenbestands bleibt aus, sodass sich Zeit und Ressourcen reduzieren lassen.

Die Demonstration des Konzepts findet im Gasmarkt statt. Um eine realistische Darstellung zu ermöglich, werden 30.000 zufällige historische Nachrichten aus dem Datenbestand entnommen (siehe Zyklus 2) und einem Text Mining Prozess unterzogen. Wie in den vorhergehenden Zyklen finden die Berechnungen in einem Data Mining Werkzeug statt (siehe Abbildung 22).

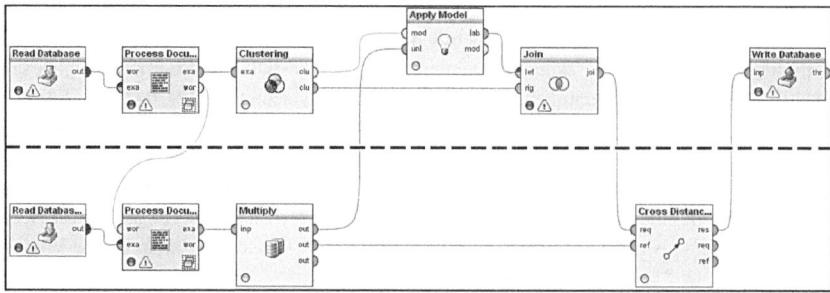

Abbildung 22: Identifikation historisch ähnlichste Nachricht in RapidMiner [DFPK2015b]

Als Resultat des Text Mining entstehen 10.709 Vektorattribute. Empirischen Ergebnissen zur Folge kann die optimale Clusteranzahl annähernd aus der Wurzel von allen Instanzen abgeleitet werden [SiMA2003, 2]. Infolgedessen ergibt sich im Modelltraining eine ideale Clusteranzahl von 173. Um das Verfahren zu verdeutlichen, wird im unteren Teil der Abbildung 22 (siehe S. 92) der aktuelle Ticker vorverarbeitet und im oberen Teil dem trainierten Modell zugeführt. Das ähnlichste Cluster wird identifiziert und die inhärenten Clusterdokumente mit dem aktuellen Nachrichtenticker verglichen. Wie in Tabelle 17 dargestellt, findet kein semantischer, sondern ein themenspezifischer Vergleich satt. Demnach können die Aussagen gegensätzlich, dass Thema jedoch ähnlich sein. Infolgedessen hat ein Entscheidungsträger den Kontext zu bewerten.

Tabelle 17: Themenspezifischer Vergleich zwischen zwei Nachrichten

Aktuelle Nachricht	Historische Nachricht
South Sudan will delay resuming oil exports until at least mid-March even if the new African republic solves all security conflicts with Sudan at a presidential summit on Friday, Oil Minister Stephan Dhieu Dau said …	South Sudan continues to pump oil to Sudan despite a threat from its neighbour to stop cross-border flows in a row over alleged support for rebels, South Sudans's Oil Minister Stephan Dhieu Dau said …

Die Ergebnisse der Clusterung sind der interaktiven Benutzeroberfläche zuzuführen (siehe Abbildung 23, S. 94). Die Anforderungen entstammen Tabelle 16 (siehe S. 91). In diesem Zusammenhang obliegt es dem Nutzer, eine Nachricht auszuwählen. Automatisch ist der jüngst veröffentlichte Ticker selektiert. Ausgehend vom Text wird die historisch ähnlichste Nachricht identifiziert und in der mittleren Tabelle dargestellt. Neben verschiedenen Metainformationen verweist das Ähnlichkeitsmaß auf die Höhe der Übereinstimmung zwischen aktuellem und historischem Dokument. Das Maß besitzt einen Wertebereich zwischen null und eins, wobei lediglich identische Nachrichten den Wert eins erzielen. Zusätzlich werden die damaligen Markdaten zum Veröffentlichungsdatum der historischen Nachricht in der Tabelle rechts unten dargestellt, wobei der Nutzer in den Ergebnissen flexibel vor- und zurückrollen kann. Der untere Bereich beinhaltet den historischen Preisverlauf eine Stunde nach Veröffentlichung der historischen Nachricht, sodass der Effekt einer Nachricht verdeutlicht wird. Nach weiteren Absprachen ist der Nutzer nicht nur auf die historisch ähnlichste Nachricht zu beschränken, sondern soll zwischen erst-, zweit-, und drittähnlichster Nachricht flexibel navigieren. Die Bestandteile der Preisvorhersage bleiben unverändert.

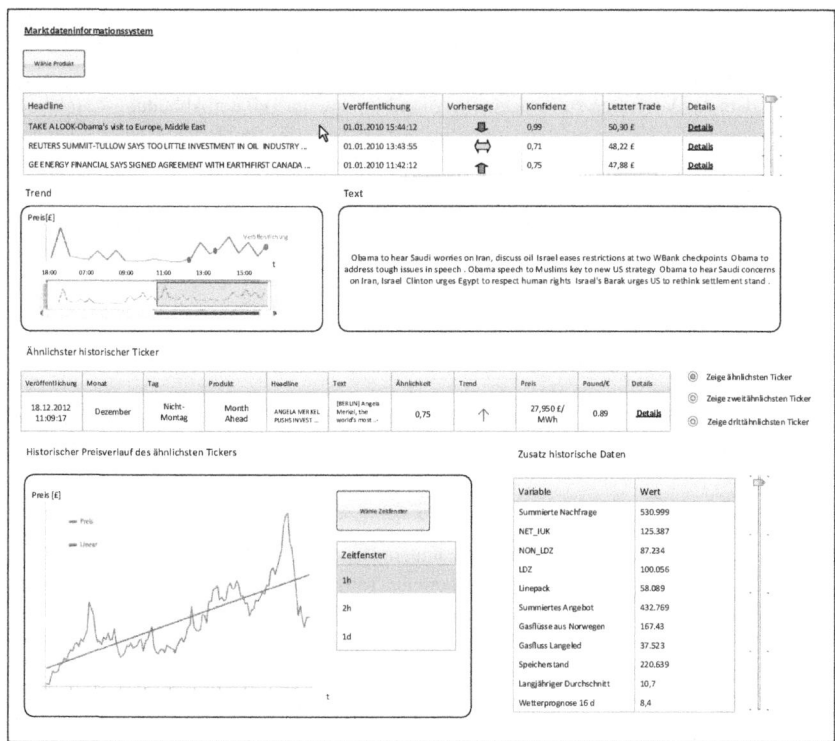

Abbildung 23: Konzeption und Erweiterung interaktive Benutzeroberfläche [Quelle: Eigene Darstellung]

Da die Nützlichkeit des Ansatzes nicht durch gängige Maße wie Genauigkeit, Recall oder Precision zu bestimmen ist, erfolgt die Evaluierung anhand der Task-Technology Fit (TTF) Theorie [GoTh1995, 213 ff.]. Die Theorie untersucht die Eignung eines Verfahrens in Abhängigkeit zur Aufgabe. In diesem Rahmen kann die Nützlichkeit von der Identifikation der historisch ähnlichsten Nachricht zur Entscheidungsunterstützung im Gashandel aufgedeckt werden. Die Kategorien des originalen Fragebogens sind von Goodhue und Thompson [GoTh1995, 234 ff.] entlehnt und in Tabelle 18 (siehe S. 95) abgebildet. Gegenstand der Betrachtung ist der Prototyp. Der Fragebogen erlaubt keine klare Trennung zwischen Informationswirtschaft, Informationssysteme und IKT. Infolgedessen werden auch technologische Aspekte betrachtet.

Tabelle 18: Evaluierung historisch ähnlichste Nachricht entnommen und modifiziert [DFPK2015b]

Faktor	Wertung	Faktor	Wertung
1. Qualität		2. Lokalisierung	
Distribution $Curr1$	3	Lokalisierung $Loct1$	6
Distribution $Curr2$	5	Lokalisierung $Loct3$	4
Korrekte Daten $Rdat1$	6	Bedeutung $Mean1$	4
Korrekte Daten (n) $Rdat2$	2	Bedeutung $Mean2$	5
Detaillevel $Rlev1$	6	4. Genauigkeit	
Detaillevel $Rlev2$	2	Genauigkeit $Prod1$	5
3. Autorisierung		Genauigkeit $Prod2$	5
Autorisierung (n) $Auth1$	3	6. Verlässlichkeit	
Autorisierung (n) $Auth2$	4	Verlässlichkeit $Rely1$	5
5. Kompatibilität		Verlässlichkeit (n) $Rely2$	3
Kompatibilität (n) $Comp1$	2	Verlässlichkeit (n) $Rely3$	1
Kompatibilität (n) $Comp2$	5	8. Beziehung zu anderen Nutzern	
Kompatibilität (n) $Comp3$	4	Business Understanding $Unbs1$	5
7. Erlernbarkeit		Business Understanding $Unbs2$	7
Hard-/Software $Ease1$	7	Interesse IT $Indn1$	7
Hard-/Software $Ease2$	5	Interesse IT $Indn2$	7
Training (n) $Trng1$	1	Leistung IT $Perf2$	6
Training $Trng2$	7	Ansprechbarkeit $Resp1$	1
9. Einfluss der Leistungsfähigkeit		Ansprechbarkeit $Resp2$	5
Einfluss Systemleistung $Impt1$	7	Ansprechbarkeit $Resp3$	7
Einfluss Systemleistung $Impt3$	7	Beratung $Cons1$	6
		Beratung $Cons2$	6

Für die Evaluierung konnten zwei Experten gewonnen werden, welche seit mehreren Jahren Erfahrungen als Analyst und Gashändler aufweisen. Die Bewertung des Fragebogens erfolgt anhand einer 7er-Likert-Skala, beginnend von strenge Ablehnung (1) bis strenge Annahme (7). Revers codierte Skalen sind mit dem Kürzel (n) versehen, sodass geringere Werte für die Nützlichkeit des Ansatzes sprechen. Unterschiedliche Bewertungen wurden gemittelt, wobei im Zweifel Abrundungen stattfanden.

Zusammengefasst hinterlässt die Evaluierung einen positiven Eindruck. Insbesondere wird eine höhere Leistungsfähigkeit bestätigt (*Impt1, Impt3*), welche aus den Parameter Effektivität, Produktivität und Unterstützung hervorgeht. Des Weiteren bestätigen die Nutzer eine gute Aktualität (*Curr2*), Identifikation (*Loct1, Loct3*) und Bedeutsamkeit der Daten zur Aufgabenerfüllung (*Mean1, Mean2*). Die Daten sind in Echtzeit (Prod1, Prod2) verfügbar, verlässlich (*Rely1, Rely2, Rely3*) und einfach zu erlernen (*Ease1, Ease2, Trng1, Trng2*). Als problematisch wird die Datenpflege und Manipulation durch den Nutzer betrachtet (*Rlev2*). Hierbei ist zu verdeutlichen, dass die genutzte Analyseform dem Business Intelligence Ansatz entspringt. Eine Datenpflege durch den Nutzer ist in diesem nicht vorgesehen, da hierdurch das *Single Point of Truth* Kriterium nicht abzusichern ist. [GlGD2008, 120 ff.] Des Weiteren wird die fehlende Kompatibilität (*Comp2*) zu anderen Systemen bemängelt. Insbesondere Schnittstellen zur Datenextraktionen seien nicht vorhanden. Grundsätzlich ist das Dashboard innerhalb einer Weboberfläche untergebracht, sodass eine hohe Integration vorliegt. Die fehlende Datenmanipulations- und Extraktionsfähigkeiten sind auf den prototypischen Charakter zurückzuführen. Eine

Vollimplementierung hat diese Punkte zu berücksichtigen. Insgesamt ist eine hohe Nützlichkeit zur Erfüllung der Aufgaben festzustellen.

Im Rahmen der Tabelle 19 wird deutlich, dass alle Anforderungen des Prototyps der Ebene Informationswirtschaft erfolgreich erfüllt wurden. Demnach konnte eine neuartige Methode entwickelte werden, welche ähnliche historische Nachrichten identifiziert und hohe Berechnungszeiten anhand von Clusterung verringern kann. Der Nützlichkeitsnachweis erfolgte durch TTF, indem die erweiterte Benutzeroberfläche zur Verfügung gestellt wurde.

Tabelle 19: Ergebnis Anforderungen Prototyp vierter Zyklus

Anforderung	Beschreibung
Identifikation der historisch ähnlichsten Nachricht	Die Identifikation von historischen Nachrichten erfolgt anhand der Kosinus-Ähnlichkeit.
Zeitnahe Suche der historisch ähnlichsten Nachricht	Der Suchraum wird mittels Clusterung reduziert. Als Resultat ist das eingehende Dokument nicht mit allen Nachrichten, sondern lediglich mit den Zentroiden und den inhärenten Dokumenten des ähnlichsten Clusters zu vergleichen.
Erweiterung Benutzeroberfläche	Die historisch ähnlichsten Nachrichten sowie der historische Preisverlauf sind dargestellt und mit der bestehenden Benutzeroberfläche integriert. Zusätzliche historische Marktdaten zum Zeitpunkt der Veröffentlichung sind abgebildet, um eine umfassende Analyse der Entscheidungssituation zu erlauben.
Nützlichkeit Identifikation historisch ähnlichste Nachricht	Die Nützlichkeit des Ansatzes für den Gashandel konnte anhand der TTF Theorie erfolgreich nachgewiesen werden.

Der nächste Abschnitt beinhalten die Kurzdarstellungen der Beiträge 4, 5, 6 und 7, welche die Grundlage für die Prototypentwicklung in der Ebene Informationswirtschaft bilden. Die technische Umsetzung erfolgt in der Ebene Informationssysteme/Informations- und Kommunikationstechnik (Abschnitt 4.4.2).

4.4.1.1 Beitrag 4: Towards a Price Forecast Model for the German Electricity Market Based on Structured and Unstructured Data

Beitrag 4 bildet das konzeptionelle Rahmenwerk des Prototyps und ist im deutschen Elektrizitätsmarkt angesiedelt. Ziel des Artikels ist die Entwicklung einer Methode die anhand von strukturierten Marktdaten und unstrukturierten Nachrichten eine Vorhersage in Echtzeit erlaubt. In diesem Rahmen wird überprüft, ob eine verknüpfte Prognose bzw. eine polynomiale Klassifikation vorteilhaft ist.

Das Vorgehen unterteilt sich in drei Schritte. Zunächst erfolgt die Identifikation von Vorhersagemethoden im gesamten Energiesektor anhand eines Literaturüberblicks [Coop1998]. Hierbei wird deutlich, dass keine Methode eine Echtzeitvorhersage erlaubt und unstrukturierte Informationen einbindet. Basierend auf diesen Erkenntnissen findet im zweiten Schritt die Entwicklung einer eigenen Methode statt.

Um praktikable Ergebnisse zu erzeugen, verfolgt der eigene Ansatz eine Trendpreisvorhersage, da präzise Preisprognosen durch die komplexen Beziehungen im Energiemärkt [BhSR2008, 1] und angesichts der hohen Attributanzahl aus dem Text Mining verhindert werden [LiFu2012, 8]. In diesem Zusammenhang finden zeitunabhängigen Methoden Verwendung, da der Effekt einer veröffentlichten Nachricht nicht durch vorrangegangene Datenpunkte bestimmt wird. Vielmehr können ähnliche jedoch zeitlich unabhängige Nachrichten (Datenpunkte) mittels Klassifikation einen Aufschluss auf zukünftige Entwicklungen geben [AaPl1994, 39]. Die Entwicklung des Konzepts ist an den akzeptierten Schritten eines Data Mining Vorhabens [AzSa2008, 182] nach Fayyad et al. [FaPS1996, 40 ff.] angelehnt. In diesem Zusammenhang erfolgen Trendberechnungen, Filterungen sowie Identifizierung und Ableitung von Marktdaten. Die Verknüpfung von Handelstransaktionen und Marktdaten findet mittels Backward Mapping [LSLO2000, 391] statt. Erst die zusammengeführten Instanzen werden anhand von Text Mining in ein maschinenlesbares Format transformiert zugeführt. Dies bildet die Grundlage für das Modelltraining und die spätere Vorhersageberechnung.

Der dritte Schritt beinhaltet die Evaluierung des Ansatzes im deutschen Elektrizitätsmarkt. Nachrichtenticker von Thomson Reuters, historische Handelstransaktionen und Marktdaten (Kohlepreise, Gaspreise, etc.) dienen als Datenbestand. Zum Zweck der Evaluierung werden sechs verschiedene Datensätze extrahiert. Drei Bestände zielen eine binominale (UP und DOWN) und drei eine polynomiale Klassifikation (STABLE, UP, DOWN) ab. Wenngleich eine binominale Klassifikation realitätsfern ist, da nicht aus allen Nachrichten Trendveränderungen hervorgehen, so ermöglicht sie doch den Vergleich zu den Ergebnissen der polynomialen Klassifikation. Hierbei verfügt jeder bi- als auch polynomiale Datensatz entweder über unstrukturierte Textattribute, strukturiere Marktdaten oder beide Elemente, um die Vorteilhaftigkeit der Verknüpfung zu überprüfen. Die Evaluierung zeigt, dass die besten Vorhersageergebnisse aus einem idealisierten binominalen Datenbestand mit unstrukturierten Nachrichten und strukturierten Marktinformationen hervorgehen. In diesem Zusammenhang erreicht die Naive Bayes Klassifikation eine Prognosegenauigkeit von 93,33 Prozent. Die polynomialen Ergebnisse sind mit 64,58 Prozent impraktikabel und benötigen Verbesserungen.

Im Rahmen der Arbeit verdeutlicht der Beitrag, dass eine verknüpfte Vorhersage in einem idealisierten Datenbestand vorteilhaft ist. Das entwickelte Vorgehen ermöglicht eine Prognose von strukturierten und unstrukturierten Informationen in Echtzeit und dient als Ausgangspunkt für die weiteren Entwicklungen in dieser Arbeit. Erstmalig in der Abhandlung gestattet der Beitrag ein automatisches Modelltraining bei firmenunabhängigen Nachrichten. Ziel der folgenden Erweiterungen muss es sein, praktikable Vorhersagen zu ermöglichen. Darüber hinaus zeigt der Beitrag nicht nur initiale Gründe (zeitnahe Verarbeitung, wissen als strategische Ressource etc.) oder Kontextelemente (Multimedia Daten, transaktionale Datenanalyse etc.) von Big Data auf (siehe Tabelle 6, S. 61), sondern formuliert zeitgleich mögliche Strategien. Lösungen wie Text Mining (Analytics) oder Backward Mapping (Integration unstrukturierte Daten) bilden Blaupausen für zukünftige Big Data Vorhaben. Zusammen mit den vorgefundenen Anforderungen erschafft dieser Beitrag ein erstes Anschauungsobjekt, um später Konsequenzen im IM abzuleiten.

Veröffentlicht in: Pospiech, M.; Felden, C.: Towards a Price Forecast Model for the German Electricity Market Based on Structured and Unstructured Data, in: Multikonferenz Wirtschaftsinformatik MKWI 2014, Paderborn, Deutschland, 26-28, Februar, 2014.

4.4.1.2 Beitrag 5: Price Trend Forecasting Through Textual Data

Der Beitrag zielt die Verbesserung des Vorgehens aus Beitrag 4 und die Entwicklung einer grafischen Benutzeroberfläche ab. In diesem Rahmen unterteilt sich der Beitrag in drei Schritte. Im ersten erfolgt ein Literaturüberblick. Hierbei werden die verschiedenen Ansätze aus der textbasierten Preis- und Trendvorhersage zusammengetragen. Es zeigt sich, dass die existierenden Ansätze nach und nach verbesserte Ergebnisse erzielten. Nichtdestotrotz betrachten die identifizierten Verfahren ausschließlich firmenspezifische Nachrichten zur Prognose von firmenspezifischen Indizes und verneinen zumeist eine Vorhersage in Echtzeit. Markt und politisch relevante Nachrichten finden keine Berücksichtigung und eine manuelle Zuweisung von Klassen durch Experten ist üblich. In diesem Zusammenhang wird deutlich, dass die eigene Vorhersagemethode nicht nur im Energiemarkt, sondern auch in anderen Branchen vorteilhaftig ist.

Um die Ergebnisse des vierten Beitrags zu verbessern [PoFe2014] erfolgt die Erweiterung des Vorgehens im zweiten Schritt. Hierbei findet die Entwicklung des neuen Verknüpfungsparadigma Forward Mapping statt, um die Entscheidungssituation des Händlers während der Publikation abzubilden. Zudem fokussiert der Beitrag an der Identifikation von repräsentativen Trainingsinstanzen anhand des *Durability* Konzepts. Dieses entfernt alle Instanzen deren Trendaussage nicht für eine minimale Zeitdauer mit dem darauffolgenden Kursverlauf übereinstimmt. In einem letzten Schritt erfolgt die Beseitigung der polynomialen Klassifikation indem Instanzen der Klasse UP und DOWN zu UNSTABLE zusammenfasst werden. Das hieraus entstehende Modell leitet lediglich UNSTABLE Instanzen an eine zweite Modellstufe weiter, welche eine Unterteilung in UP und DOWN vornimmt. Basierend auf diesen Verbesserungen werden generelle Trainings- und Betriebsprozesse definiert.

Der dritte Schritt beinhaltet die Evaluierung des verbesserten Vorgehens. Um eine universelle Nutzbarkeit aufzuzeigen erfolgt die Verwendung im Gasmarkt. Die Ergebnisse dieser Anwendung werden den Resultaten des Elektrizitätsmarkts [PoFe2014] gegenübergestellt. Gegenstand der Gasvorhersage ist das Produkt *Month-Ahead* im Zeitraum Dezember 2011 bis August 2013. Hierbei stehen 121.829 Handelstransaktionen und 17.899.137 Nachrichten zur Verfügung, wobei eine Konsequente Filterung eine Reduzierung auf 186.836 Textdokumente ermöglicht. Zusammen mit Domänenexperten konnten über 300 unterschiedliche Marktdaten identifiziert und der Vorhersage beigefügt werden. Die Extraktion von zwei unterschiedliche Trainingsdatensätze erlaubt einen Vergleich zwischen Backward und Forward Mapping. Nach Anwendung von *Durabilty* und Undersampling verbleiben 4.624 Forward und 7.730 Backward Instanzen. Zum Zweck der Evaluierung erfolgt die Entnahme von 10.000 unbekannten Nachrichtentickern. Der Beitrag zeigt die Überlegenheit des neuen Verknüpfungsparadigmas Forward Mapping. Zusammen mit dem *Durability* Konzept und der binominalen Klassifikation konnte eine Gesamtgenauigkeit von 92,92 Prozent bei einem nicht idealisierten Datensatz erzielt werden. Dies übersteigt die Ergebnisse (siehe Tabelle 8, S. 74) von Beitrag 4 [PoFe2014]. Ähnlich gute Werte sind der zweiten Modellstufe zu entnehmen, sodass die Gesamtgenauigkeit von beiden Modellstufen 92,84 Prozent beträgt. Nichtdestotrotz gehören lediglich 360 Instanzen der Klasse UNSTABLE an. Aufgrund der ungleichen Klassenverteilung sind die Gütemaße Recall und Precision zusätzlich zu betrachten. Die Klasse STABLE erzielt in beiden, Werte über 95,51 Prozent, währenddessen Recall und Precision in der Klasse UNSTABLE 23,61 Prozent bzw. 16,41 Prozent erreichen. Demnach werden von 10.000 Testinstanzen und lediglich 360 vorhandenen Kursveränderungen (UNSTABLE) 85 richtig erkannt. Zeitgleich klassifiziert das Vorhersagemodell 9.206 Nachrichten korrekt als uninteressant, sodass der Nutzer Entlastung findet. Unter Berücksichtigung der automatischen Trendzuordnung im Modelltraining bestätigt der Beitrag die Praktikabilität der Prognosetechnik. Abschließend erfolgt die Demonstration der interaktiven Benutzeroberfläche, welche im Betriebsprozess Verwendung findet.

Grundsätzlich erlaubt das Vorgehen eine Filterung von STABLE Situationen, um eine Informationsüberflutung der Entscheidungsträger zu verhindern. Dies und das automatische Training stellen wichtige Ansätze in Zeiten von Big Data dar. In diesem Zusammenhang wurden lediglich 518 von 10.000 Nachrichten an die Nutzer weitergereicht. Nichtdestotrotz müssen neben reinen Kursveränderungen (UNSTABLE) auch inhaltlich relevante Situationen erkannt werden. Interessanterweise wiesen bereits 16 Prozent der falsch vorhergesagten UNSTABLE Nachrichten für die Händler Relevanz auf. Dies unterstreicht auch einen Nachteil des Ansatzes. Demnach lösen nicht alle relevanten Nachrichten Preisveränderungen hervor. Daher werden diese im Training als STABLE markiert. Andererseits können Preisveränderungen auch durch Marktdaten ausgelöst werden. Sollte keine Publikation zum gleichen Zeitpunkt erfolgen, wird dieser Umstand vom System ignoriert.

Im Sinne der Arbeit gehen aus dem Beitrag neue Strategien für die Big Data Forschung hervor. Hierbei erlaubt Forward Mapping eine alternative und erfolgreiche Möglichkeit zur Integration von unstrukturierten Daten. Zusätzlich gestattet der entwickelte Vorhersageansatz eine aufgabengerechte Informationsversorgung, indem lediglich UNSTABLE Instanzen mittels einer Zweistufenklassifikation an Entscheidungsträger gelangen. Daneben ermöglicht die automatische Klassenzuordnung des Vorgehens Kosteneinsparungen in Form von Mitarbeiterstunden. Der Ansatz ist universell anwendbar solange die Trendveränderung einer Zielvariablen bzgl. eines Ereignisses (Nachricht, Bild, Video, etc.) vorhergesagt wird. Lediglich die Methoden der Merkmalsextraktion unterscheiden sich in Abhängigkeit zum Medium. Innerhalb der Arbeit gestattet das Verfahren die Ableitung von IM Konsequenzen in Abschnitt 5.1. Zudem bestätigt der Beitrag den Indikator Markterkenntnisse in der gewonnenen Entscheidungsunterstützung. Auch verdeutlicht dieser Beitrag die Konsequenzen der Konstrukte initiale Gründe und Kontext aus dem Big Data Modell. Demnach stehen dem Anwendungsfall exemplarisch 17.899.137 Nachrichten, 169.260.582 Erdöl-Handelstransaktionen, 55.311.252 Dollar-Euro-Handelstransaktionen und 121.829 Gas-Handelstransaktionen zur Verfügung, sodass die Größe des Datenvolumens eine manuelle Klasseneinteilung verhindert. Die einhergehende Unschärfe in der automatischen Trendzuweisung offenbart neue Implikationen in der Behandlung von Big Data. Demnach sind Möglichkeiten zu finden, die ohne menschliche Beteiligung Relevanz in Daten aufdecken können. Diese Erkenntnis begründet im Rahmen der Arbeit die Notwendigkeit von Beitrag 6.

Veröffentlicht in: Pospiech, M.; Felden, C.: Price Trend Forecasting Through Textual Data, in: Americas Conference on Information Systems AMCIS 2015, Puerto Rico, 13-15, August, 2015.

4.4.1.3 Beitrag 6: Instance Selection by Identifying Relevant Events Using Domain Knowledge and Minimal Human Involvement

Ziel des sechsten Beitrags ist die inhaltliche Relevanzsteigerung in den Vorhersageergebnissen. Um dem nachzukommen, erfolgt die Entwicklung eines Instance Selection Ansatzes. Dieser soll repräsentative relevante und irrelevante Instanzen automatisch im Modelltraining identifizieren, um so die Vorhersagegenauigkeit zu erhöhen. In diesem Rahmen diskutiert der Beitrag die automatische Relevanz von Nachrichten, um diese in der Trendvorhersage zu erhöhen. Zeitgleich verzichtet die Veröffentlichung auf Marktdaten. Diese könnten zwar berücksichtigt werden, sodass nicht die relevante Nachricht, sondern die Situation in der Betrachtung steht. Eine dementsprechende Analyse fand jedoch keinen Anklang in den Anforderungen. Der Beitrag teilt sich in vier Schritte.

Die erste Phase bespricht die vorhandene Instance Selection Literatur. Diese kann in wissensorientierte und heuristische Konzepte aufgeteilt werden. Erstere verwenden Experten, welche Schlüsselwörter definieren oder Klassifizierungen in einer Untermenge manuell vornehmen, um relevante Instanzen zu beschreiben. Diese dienen als Grundlage, um ähnliche Beispiele im restlichen Datenbestand automatisch zu erkennen. Nichtdestotrotz sind diese Ansätze bei ständig wechselnden Inhalten [FoKS2006, 853], wie bei Nachrichten, kosten- und zeitintensiv und daher abzulehnen. Heuristische Ansätze basieren vornehmlich auf Distanzberechnungen und sind automatisch. Die Methoden konstruieren entweder eigene Instanzen bzw. entfernen auffällige Instanzen oder setzen Datensätze aus stimmigen Instanzen zusammen. Gemein sind allen heuristischen Ansätzen die Notwendigkeit einer vorrausgehenden Klasseneinteilung, sowie die Unfähigkeit im Umgang mit unscharfen Ereigniseffekten, wie z.B. Marktreaktionszeit. Infolgedessen entwickelt der Beitrag einen wissensbasierten Ansatz mit minimalen menschlichen Aufwand, um relevante Ereignisse zu identifizieren.

Im zweiten Schritt erfolgt die Entwicklung der Instance Selection Methode, die gleichwohl als eine Erweiterung des Vorhersageverfahrens [PoFe2015] zu sehen ist. Vormals UNSTABLE und STABLE Instanzen werden in RELEVANT und IRRELVANT unterteilt, da Instanzen mit Kursveränderung Relevanz vermuten lassen. Reflektierend stellt der Beitrag dar, dass repräsentativere Instanzen durch eine durchschnittliche Trendberechnung aufzufinden sind. Zudem wird die Relevanz nicht allein durch die Länge der Gültigkeit eines Trends bestimmt (*Durability*), sondern auch durch die Höhe des Effekts auf die Zielvariable. Infolgedessen ist die Fläche zu berechnen, welche sich durch die Publikation einer Nachricht aufspannt solange eine Trendaussage Gültigkeit bewahrt. Die Berechnung erfolgt anhand der Trapezregel. Das entsprechende Verfahren wird als *Impact* bezeichnet. Hierbei sind RELEVANT Instanzen die eine minimale Fläche nicht überschreiten aus dem Datenbestand zu entfernen. Repräsentative Instanzen der Klasse IRRELEVANT werden weiterhin durch Durabilty bestimmt, da die Höhe des Effekts uninteressant ist. Der reduzierte Datensatz wird in Training- und Testdaten unterteilt und einer Klassifikation unterzogen. Um das Trittbrettfahrerproblem zu lösen, finden im Ansatz lediglich richtig vorhergesagte Dokumente Einzug im finalen Trainingsbestand.

Der dritte Schritt beinhaltet die Anwendung des Vorgehens. In diesem Rahmen werden die gleichen Handelstransaktionen und Nachrichtenticker vom Dezember 2011 bis August 2013 aus der Gaspreisvorhersage [PoFe2015b] verwendet. Trainingsbestände für Forward (FM) und

Backward Mapping (BM) entstehen, da die Auswirkungen der Methode für das Verknüpfungsparadigma unbekannt sind. Beide Datensätze dienen als Grundlage für die nachfolgenden Varianten: D1_BM, D1_FM, D2_BM, D2_FM, D3_BM und D3_FM. Hierbei nutzt D1, wie im fünften Beitrag ausschließlich *Durability*, währenddessen folgt D2 dem eigenen Instance Selection Ansatz. D3 dient der Evaluierung zu bestehenden heuristischen Verfahren. In diesem Zusammenhang erfolgte eine Auswahl von erfolgreichen Verfahren anhand einer Literaturstudie. Abhängig von den verschiedenen Ansätzen in D1, D2 und D3 entstehen unterschiedliche Vorhersagemodelle, welche abweichende Datensätze hervorbringen. Diese werden einem Modelltraining zugeführt und mittels 10.000 Nachrichtentickern, welche manuell durch einen Domänenexperten in relevant und irrelevant unterteilt wurden, evaluiert. Die besten Klassifizierungsergebnisse sollten vom besten Datenbestand bzw. Methode stammen.

Schritt vier beinhaltet die Diskussion der Ergebnisse. Der Beitrag zeigt, dass *Impact(FM_D2)* zu den besten Ergebnissen erzielt (siehe Tabelle 15, S. 89). Wiedermals konnte das Forward Mapping bestätigt werden. Keine andere Methode ermöglicht die Identifikation von 217 relevanten Instanzen bei einer praktikablen Gesamtgenauigkeit und Precision. Die Kompressionsrate von 10,92 Prozent zählt zum oberen Bereich und begünstigt Big Data Szenarien. Es ist festzuhalten, dass das Vorgehen die automatische Ableitung von Relevanz ermöglicht. Experten bestimmen lediglich minimale Grenzen für *Durability* und *Impact* sowie die Marktreaktionszeit. Der reduzierte Datensatz ist der Preistrendvorhersage zuzuleiten. Mit verknüpften Marktdaten dient dieser als Grundlage für das spätere Training. Diese sensibilisierten Modelle erhöhen die Weitergabe von relevanten Dokumenten und in Konsequenz zu einem besseren Recall.

Im Rahmen der Arbeit verdeutlicht der Beitrag die ungewisse Datenqualität in Big Data Beständen und die Notwendigkeit dieser mit automatischen Verfahren zu begegnen. Hierbei vervollständigt der entwickelte Instance Selection Ansatz die aufgabengerechte Informationsversorgung, indem die Nachrichtenrelevanz für den Entscheidungsträger erhöht wird. Entgegen gängigen Verfahren kann dies ohne zusätzliche Kosten in Form von Mitarbeiterstunden bewerkstelligt werden. Des Weiteren erlaubt die selektive Auswahl von repräsentativen Instanzen eine drastische Reduzierung des Datensatzes sowie eine Verminderung der Modellberechnungszeit. Im Sinne der Arbeit findet das Verfahren zur Preistrendvorhersage in diesem Beitrag seinen Abschluss. Die Prognosegüte ist hinreichend erfüllt und der Ansatz ist aufgrund des hohen Automatisierungsgrades für die Anwendung im Rahmen von Big Data geeignet. Als Artefakt gestattet der Beitrag die Ableitung von Konsequenzen in Abschnitt 5.1.

Veröffentlicht in: Pospiech, M.; Felden, C.: Instance Selection by Identifying Relevant Events Using Domain Knowledge and Minimal Human Involvement, in: IEEE Conference on Business Informatics CBI 2016, Paris, Frankreich, August-September, 29-01, 2016.

4.4.1.4 Beitrag 7: Detecting Similar News Tickers In The Area of Natural Gas Trading

Am Beispiel des Gashandels zielt Beitrag 7 die Entwicklung eines weiteren Konzepts zur aufgabengerechten Informationsversorgung ab. Dem Paradigma des fallbasierten Schließens folgernd, kann eine historische Erfahrung für die Lösung eines neuen Problems mit gleichen Hintergrund genutzt werden. [AaPl1994] In diesem Zusammenhang identifiziert der Beitrag ausgehende von einem aktuell eingehenden Nachrichtenticker die historisch ähnlichste. Zusammen mit damaligen Kursverlauf und Marktdaten wird dem Entscheidungsträger die umfassende historische Situation mit dessen Effekten veranschaulicht. Der Vergleich zur aktuellen Nachricht kann Hinweise auf den zukünftigen Kursverlauf geben. Der Artikel folgt dem Design Science Prozess nach Peffers et al. [PTRC2007] sowie den Design Science Richtlinien nach Hevner et al. [HMPR2004] und unterteilt sich in vier Schritte.

Anhand eines Literaturüberblicks erfolgt in einem ersten Schritt der Nachweis von Relevanz und Neuartigkeit im Anwendungsgebiet. Hierbei werden Vorhersagemethoden im Gashandel in gängigen akademischen Datenbanken identifiziert und in einem morphologischen Kasten nach Zielstellung, Antwortzeit, geographische Anwendung, Einflussfaktoren und Methode gegenübergestellt. Aus dem Vergleich resultieren eine fehlende Berücksichtigung von unstrukturierten Textdokumenten in der Gasmarktvorhersage und eine mangelnde Prognose in Echtzeit.

Um eine Verbesserung zu ermöglichen, werden im zweiten Schritt Ziele der zukünftigen Entwicklung anhand von Experteninterviews erhoben. Gegenstand der Befragung sind Anforderungen und Aufgabenbeschreibung im Gashandel. Beide zeigen im Sinne der TTF Theorie einen hohen Bedarf an technologischer Unterstützung. Daraus folgt die Entwicklung der eigenen Methode im dritten Schritt.

Hierbei erweist sich die Kosinus-Ähnlichkeit als adäquates Maß, um Dokumente im Vektorraum zu vergleichen [PrNa2010, 994]. Nichtdestotrotz ist die direkte Gegenüberstellung eines aktuellen Tickers mit allen historischen Nachrichten zeit- und berechnungsintensiv. In diesem Zusammenhang findet eine Clusterung von historischen Nachrichten anhand des K-Means Algorithmus statt, sodass für einen aktuellen Text lediglich der ähnlichste Clusterzentroid aufzudecken ist. Dessen Clusterdokumente sind mit dem ursprünglichen Text abzugleichen. Die Folge sind kürzere Ergebnisberechnungen, die einer interaktiven Benutzeroberfläche zugeleitet werden, sodass der Nutzer die Resultate flexibel analysieren kann.

Die Evaluierung im vierten Schritt ist zweigeteilt. Der erste Schritt betrachtet die Güte der Clusterung anhand des Davies-Bouldin Index. Dieser beschreibt die summierten Abweichungen innerhalb der Cluster und zu den Clustern. [PaBM2004, 488] In diesem Rahmen bestätigt der Beitrag, dass die Parametrisierungen des K-Means Algorithmus aus der Literatur [SiMA2003, 2] nahezu die besten Ergebnisse erzeugt. In einem zweiten Schritt erfolgt die Evaluierung der Nützlichkeit des Ansatzes. Die Bewertung bedient sich des TTF Fragebogens [GoTh1995, 234 ff.], indem zwei Domänenexperten die Anwendung des Systems auf einer 7er-Likert-Skala einschätzen (siehe Tabelle 18, S. 95). Als Resultat kann eine höhere Leistungsfähigkeit hinsichtlich Effektivität, Produktivität und Unterstützung bestätigt werden. Das System ist aktuell, verlässlich, relevant verfügbar und einfach zu erlernen. Defizite werden innerhalb der Datenpflege und -manipulation aufgespannt. Insgesamt überwiegen die positiven Aspekte, sodass die Nützlichkeit des Ansatzes gegeben ist.

Im Rahmen dieser Arbeitet entwickelt der siebte Beitrag eine neuartige Instanz der aufgabengerechten Informationsversorgung. Diese begegnet wesentlichen Big Data Treibern (Zeitnahe Verarbeitung, Wirtschaftliches Marktverständnis, Multimedia Daten), indem historisch ähnliche Situationen in Echtzeit, zum Zweck der Entscheidungsunterstützung, aufgedeckt werden. Die Notwendigkeit von Clustertechniken offenbart zudem den Zwang eines gesonderten Umgangs mit Big Data. Erfolgreich könnte die Zweckmäßigkeit und Praktikabilität der Ergebnisse bestätigt werden. Im Sinne der Arbeit verdeutlicht der Beitrag, die nutzenstiftende Integration von strukturierten und unstrukturierten Informationen. Durch eine Kombination mit der Trendpreisvorhersage kann ein noch umfassenderes Bild der Situation für Entscheidungsträger gezeichnet werden. Die aufgedeckten Anforderungen und Lösungen ermöglichen die Ableitung von IM Konsequenzen in Abschnitt 5.1.

Veröffentlicht in: Dreikorn, S.; Felden, C.; Pospiech, M.; Koschtial, C.: Detecting Similar News Tickers In The Area of Natural Gas Trading. Improving Decision Support In Uncertain Situations, in: ACM International Conference on Management of Computational and Collective Intelligence in Digital EcoSystems, Sao Paulo, Brasilien, 25-29, Oktober, 2015.

4.4.2 Betrachtungsgegenstand Informationssysteme / Informations- und Kommunikationstechnik

Der Abschnitt betrachtet die Umsetzung des Betrachtungsgegenstands innerhalb der Informations- bzw. IKT-Systeme. Die Implementierung findet am Beispiel des Gashandels statt, da die Entwicklungsstufe des Prototyps die des Elektrizitätsmarkts übersteigt. Hierbei werden lediglich wesentliche Bestandteile behandelt, da eine vollständige Systemdarstellung der Notwendigkeit einer exemplarischen Veranschaulichung zur Ableitung von Konsequenzen für das Informationsmanagement widerspricht. Die Inhalte der fünften Phase stammen zu weiten Teilen aus Beitrag 8 [Posp2017] und werden im Rahmen der Methode Prototyping angereichert. In diesem Zusammenhang erlauben Experteninterviews [Flic2009] die Identifikation von Anforderungen, welche eine zielgerechte Entwicklung ermöglichen. Das finale System folgt der Unterteilung Training- (siehe Abbildung 20, S. 87) und Betriebsprozess (siehe Abbildung 17, S. 78) aus der Informationswirtschaft. Da traditionelle Systeme den Anforderungen nicht standhalten, findet die Anwendung von Big Data Technologien statt. Die Vorteilhaftigkeit wird in einem Experiment nachgewiesen.

Grundsätzlich können Anforderungen der Informations- bzw. IKT-Systeme unterschiedlichen IT Aufgaben zugeordnet werden. Entsprechend der Arbeit von Fairbank et al. [FaLS2006, 295 ff.] und Beitrag drei finden diese im Zugang, Transformieren, Speichern, Analysieren und Visualisieren statt. Da der Wert einer Information im Handel nach Veröffentlichung fällt, muss die Preisvorhersage in Echtzeit erfolgen. [PoFe2014, 1677 ff.] In diesem Rahmen leiteten sich spezielle Anforderungen in den Befragungen ab, welche in Tabelle 20 für die einzelnen IT Aufgaben spezifiziert wurden. Übliche Aspekte wie Datensicherheit, Zugangsberechtigung, Synchronisation oder Ausfallsicherheit [Krcm2015, 184 ff.] waren nicht Fokus des Projekts und finden daher keine Berücksichtigung.

Tabelle 20: Anforderungen Informationssysteme/Informations- und Kommunikationstechnik

Anforderung	Beschreibung
Zugang	Die Umsetzung unterteilt sich in Trainings- und Betriebsprozess. Es ist sicherzustellen, dass der Prototyp in beiden Fällen mit den Quellsystemen (Thomson Reuters, Deal Archive, Point Carbon) verknüpft ist. Daten aus diesen Quellsystemen sind im Betriebsprozess in Echtzeit zu beziehen und den Vorverarbeitungsprozessen zuzuleiten.
Transformieren	Im Training müssen Prozesse geschaffen werden, die Daten verknüpfen, filtern, Attribute ableiten und einem finalen Bestand zuweisen. Der finale Datensatz bildet die Grundlage für das Modelltraining. Dieses ist aufgrund von ständig neu eingehenden Publikationen ständig zu aktualisieren. Hierbei besteht jedoch keine Notwendigkeit zur Echtzeitberechnung, vielmehr genügt eine Verarbeitung die innerhalb eines Tages. Die Vorhersage im Betriebsprozess muss in Echtzeit erfolgen. Infolgedessen sind die aktuellen Daten zu verknüpfen, zu filtern und den Modellanforderungen entsprechend anzupassen.
Speichern	Wie die Transformation teilt sich die Speicherung in Trainings- und Betriebsprozess auf und ist mit entsprechender Technologie zu unterstützen. Als Grundlage für das Modelltraining sind die transformierten Daten in einem Trainingsbestand persistent abzuspeichern. Um die Modellaktualität sicherzustellen, ist dieser regelmäßig mit neuen Trainingsinstanzen zu befüllen. Neue Daten wer-

	den entsprechend den Transformationsspezifikationen im Betriebsprozess verknüpft und abgespeichert. Nach erfolgreicher Analyse sind die Ergebnisse entsprechend zu sichern, sodass ein Zugriff durch die interaktive Benutzeroberfläche und eine historische Betrachtung ermöglicht werden.
Analysieren	Im Trainingsprozess sind die Modelle anhand von Daten zu erstellen. Der Prozess ist nicht echtzeitkritisch. Dennoch muss das gesamte Modelltraining innerhalb eines Tages Abschluss finden, sodass neue Datensätze zeitnah in den Vorhersagemodellen berücksichtigt werden. Im Betriebsprozess ist sicherzustellen, dass die unterliegende Technologie eine Modellvorhersage in Echtzeit ermöglicht, sodass eine umgehende Reaktion der Entscheidungsträger erfolgen kann.
Visualisieren	Entsprechend dem Konzept aus Abbildung 23 (siehe S. 94) ist die Vorhersage mit den beschriebenen Funktionen in einer grafischen Benutzeroberfläche umzusetzen. Die Technologie muss eine interaktive Datenanalyse erlauben und eingehende Ticker in Echtzeit visualisieren.

Die technologische Umsetzung des Betrachtungsgegenstandes findet durch eine Servervirtualisierung statt. Der resultierenden Maschine werden 56 GB Arbeitsspeicher und sieben Xeon X5675 3,07 GHz Prozessoren zugewiesen. Die Auswahl der Werkzeuge erfolgte anhand von Lizenzkosten und Leistungsfähigkeit. Keine Aufwendungen entstanden durch Open Source Vereinbarungen mit den Werkzeugen RapidMiner 7.2.0. [Rapi2016a], Pentaho Data Integration Version 5.0.6 [Pent2016], Cloudera Express 5.8. [Clou2016a] und der *Mahout Math-Scala Core Library* [Maho2016]. Des Weiteren waren Lizenzen für MicroStrategy Version 9.4.1, Windows Server 2008 R2 Datacenter und Oracle Database 11g Version 11.2.0.1.0 bereits im Projekt vorhanden und demnach kostenneutral. Der Aufbau des Betrachtungsgegenstandes orientiert sich an einer klassischen Business Intelligence Architektur [Krcm2005, 84]. Als virtuelles Betriebssystem dient Windows Server 2008 R2 Datacenter. Abbildung 24 (siehe S. 107) stellt das Gesamtsystem schematisch dar.

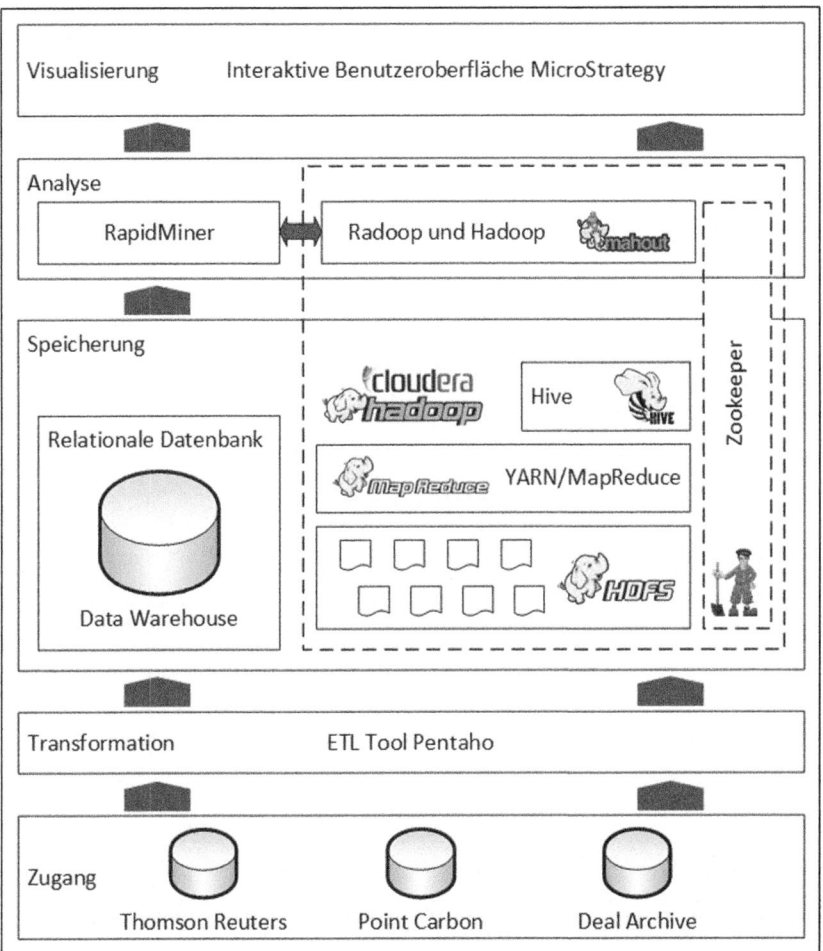

Abbildung 24: Schematische Darstellung des Gesamtsystems [Posp2017, 49]

In diesem Zusammenhang befüllen ETL Prozesse (Pentaho) das DWH (Oracle) mit Daten aus den Quellsystemen (Thomson Reuters, Deal Archive, Point Carbon). Der Einsatz von relationalen Datenbanksystemen als DWH ist gängige Praxis, da diese bis zu mehreren hundert Gigabyte oder gar Terabyte effizient vorhalten und bearbeiten können. Hierbei stellt das DWH traditionell die grundlegenden Daten für Modelltraining und Vorhersage bereit. [GlGD2008, 175 ff.] Im Rahmen der Implementierung wurde jedoch deutlich, dass die Menge der Daten zu einer nicht praktikablen Modellberechnungszeit führte. Während das Klassifikationstraining innerhalb weniger Minuten Abschluss fand, benötigte die Clusterung mehr als elf Tage. Infolgedessen erfolgte der Aufbau einer parallelen Speicher- und Analysestufe mittels der Hadoop Distribution Cloudera, da diese als gängige Big Data Technologie [PoFe2012, 7] verbesserte Berechnungszeiten verspricht.

Physisch existiert das System neben der Servervirtualisierung auf einem Cluster bestehend aus acht gleichwertigen Rechnern mit insgesamt 64 GB Arbeitsspeicher und acht i3 4130T Prozessoren á 2,9 GHz, die alle mittels eines D-Link DGS-1008D Switch verknüpft sind. Jeder dieser Rechner hat Rollen inne, um die verschiedenen Hadoop Komponenten abzubilden. Allen Rechnern unterliegt das Betriebssystem Ubuntu Server 14.04. Abbildung 25 zeigt eine schematische Darstellung des Clusters sowie die vom System empfohlenen Rollenverteilungen. Hierbei wird deutlich, dass lediglich sieben Rechner (56 GB und 7 Prozessoren) der Datenverarbeitung zur Verfügung stehen und der achte Rechner alleine der Clusterverwaltung dient.

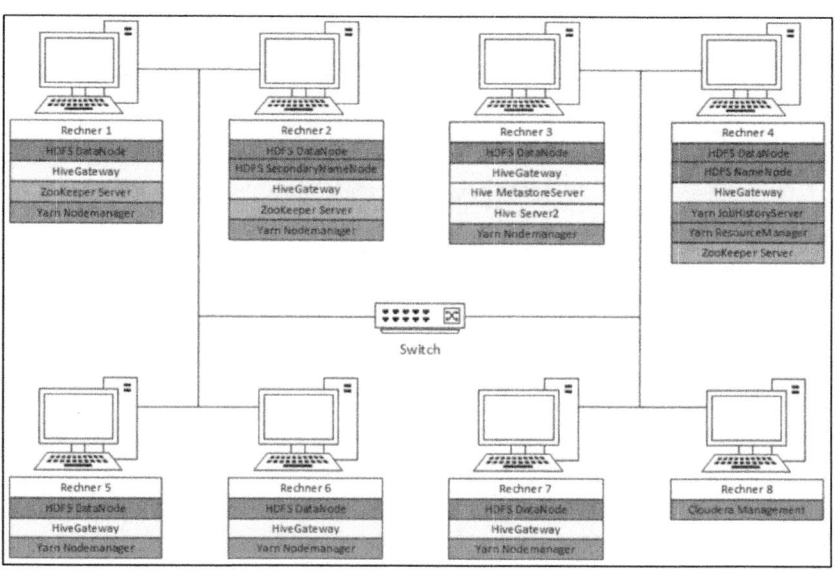

Abbildung 25: Schematische Darstellung des Clusters [Quelle: Eigene Darstellung]

Hierbei beinhalten alle Rechner (Nodes) die Rolle *DataNode*. Zusammen mit der *NameNode* und der *Secondary NameNode* stellen diese Zusammen das HDFS System dar. Letztere pflegen und sichern die Dateipfade und übermitteln auf Anfrage den Speicherort der Datenpakete. Diese liegen in Form von SequenceFiles, auf unterschiedlichen *DataNodes* redundant, vor. [Apac2016a] Yarn ist die MapReduce Engine innerhalb des Clusters und verwaltet die Ressourcen eines Clusters dynamisch sowie die Jobzusammenstellung und -planung. Die Ausführung der Jobs (Map und Reduce Funktionen) erfolgt auf den *Yarn NodeManagern* und *Yarn ResourceManager*. Der *Yarn JobHistoryServer* erlaubt die Überwachung und Verwaltung. Zudem ermöglicht Yarn die Verwendung von Spark als Engine und somit eine Alternative zu MapReduce. [Clou2016b] Jedoch wird die Implementierung von Cloudera nicht empfohlen [Clou2016d] und kommt daher nicht zum Einsatz. Die Komponente Hive und das zugehörige

HiveSQL ermöglichen eine nutzerfreundliche Datenabfrage und -manipulation gegen das HDFS Dateisystem sowie eine Kommunikation zu gängigen Werkzeugen. Gesteuert wird der Bestandteil durch den *Hive Server2*. Anfragen werden zu MapReduce Jobs verschachtelt und parallel auf den *DataNodes* ausgeführt. In diesem Zusammenhang verknüpft der *Hive MetastoreServer* Datenpakete von unterschiedlichen *DataNodes* zu Tabellen indem die verschiedenen Dateipfade verwaltet werden. Die Kommunikation zum HDFS System erfolgt mittels *Hive Gateways*. [Apac2016c] Synchronisation und Konfiguration der Rollen sowie das Transaktionsmanagement unterliegen dem *ZooKeeper Server*. [Apac2016d] Die Rolle *Cloudera Management* ermöglicht die Verwaltung des Clusters [Clou2016c].

Modellberechnungen und Modellvorhersagen werden von der Data Mining Software RapidMiner administriert. Das Werkzeug hält verschiede Schnittstellen, Text Mining Funktionen sowie Transformations- und Modelloperatoren vor. [Rapi2016a] Mit Ausnahme des Clustertrainings finden die Berechnungen auf der Servervirtualisierung statt. Für das Hadoop System steht die RapidMiner Erweiterung Radoop zur Verfügung. Diese ermöglicht die parallele Ausführung von skalierbaren Algorithmen aus der *Mahout Math-Scala Core Library* [Maho2016] und *MLib Machine Learning Library* [Mach2016]. Hierbei formuliert Radoop Anfragen mittels HiveSQL an das Hadoop Cluster. Zusammen mit den Algorithmen werden entsprechende MapReduce Funktionen gebildet und parallel auf den einzelnen *DataNodes* ausgeführt. Die trainierten Modelle der Servervirtualisierung und des Hadoop Clusters werden in RapidMiner gespeichert und stehen dem gesamten Betrachtungsgegenstand zur Verfügung. [Rapi2016b]

Die vorhergesagten Datensätze werden final im DWH abgelegt und bilden die Grundlage für die spätere Ergebnisvisualisierung im Business Intelligence Werkzeug MicroStrategy. Insgesamt orientiert sich die gesamte Implementierung des Betrachtungsgegenstandes am Trainings- (siehe Abbildung 20, S. 87) und Betriebsprozess (siehe Abbildung 17, S. 78) aus Abschnitt 4.4.1.

In diesem Zusammenhang werden im Trainingsprozess Daten aus Deal Archive, Point Carbon und Thomson Reuters News Archive extrahiert und nach ersten Filterungen und Anpassungen in der Oracle Datenbank und im HDFS abgelegt. Von 17.899.137 abgespeicherten Nachrichten überdauern 1.429.844 Ticker die ersten Selektionskriterien (Sprache, Wochenende etc.). Nach Identifikation der relevanten Themen verbleiben 186.836 Nachrichten (siehe Abschnitt 4.4.1) im Datenbestand. Die Transformationsprozesse der Handelstransaktionen (Deal Archive) führen zu einer finalen Tabelle mit 121.829 Zeilen. Point Carbon werden zusätzlich Marktdaten (Kohle-, Emissions-, Währungspreise etc.) entnommen und in separate Tabellen abgespeichert. Um eine normierte Perspektive zu erzeugen, werden alle fünfzehn Sekunden die Ausprägungen des Marktattributes in einer Datenzeile zusammengefasst. Infolgedessen verfügt jede Marktdaten-Tabelle im Betrachtungszeitrum über 2.796.896 Zeilen. Diese werden im Anschluss zu einer Tabelle zusammengezogen. Abbildung 26 (siehe S. 110) zeigt einen Ausschnitt dieses Prozesses in Pentaho.

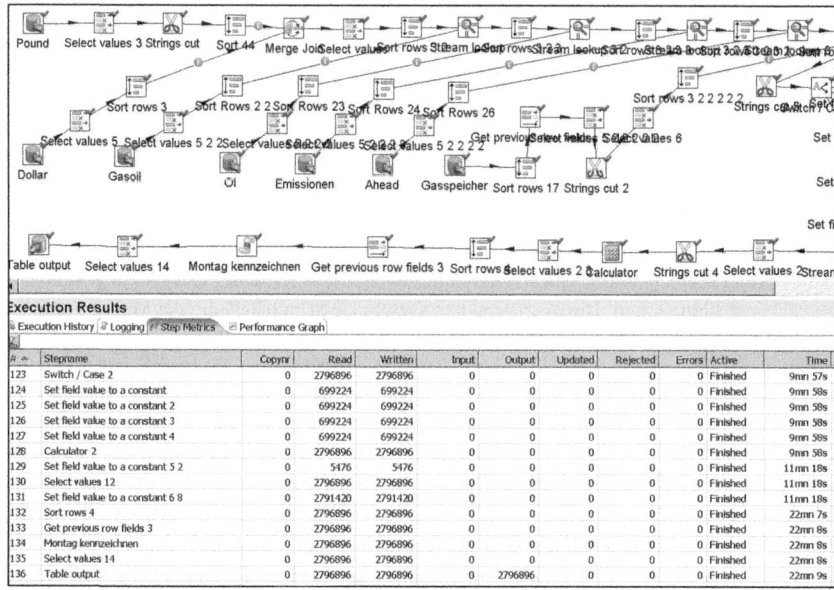

Abbildung 26: Beispielhafter Prozess aus Pentaho [Quelle: Eigene Darstellung]

Hierbei werden im Prozess insgesamt 14 Tabellen extrahiert und mittels 136 Operationen verknüpft. Die Daten sind im Arbeitsspeicher vorzuhalten, zu sortieren und abzugleichen. Nach 22 Minuten und 9 Sekunden ist der Prozess abgeschlossen. Der Prozess beinhaltet intensive Berechnungen und soll exemplarisch aufzeigen, dass die Berechnungszeiten den Transformationsanforderungen gerecht werden. Das Resultat der Transformation ist in Abbildung 27 dargestellt. Diese beinhaltet die verschiedenen Marktdaten im fünfzehn Sekunden Abstand. Hierbei wird eine Minute in vier Bestandteile aufgeteilt.

#	DATUM	NUMMER	TAGESPREIS_DOLLAR	TAGESPREIS_POUND	NET_IUK_EXPORT_A
518	01.11.11 07:06:00,000000000	1	1,3765387097	0,8588266667	10,45592
519	01.11.11 07:06:00,000000000	2	1,376468	0,8588666667	10,45592
520	01.11.11 07:06:00,000000000	3	1,3762540541	0,8586772727	10,45592
521	01.11.11 07:07:00,000000000	4	1,3757911765	0,8584727273	10,45592
522	01.11.11 07:07:00,000000000	1	1,3757675676	0,8585277778	10,45592
523	01.11.11 07:07:00,000000000	2	1,3758363636	0,8585833333	10,45592
524	01.11.11 07:07:00,000000000	3	1,3757769231	0,8584823529	10,45592
525	01.11.11 07:08:00,000000000	3	1,37571	0,8587	10,45592
526	01.11.11 07:08:00,000000000	4	1,3757272727	0,85870625	10,45592
527	01.11.11 07:08:00,000000000	1	1,3756483871	0,8584866667	10,45592
528	01.11.11 07:08:00,000000000	2	1,37563	0,8585266667	10,45592
529	01.11.11 07:09:00,000000000	4	1,3762185185	0,8588769231	10,45592
530	01.11.11 07:09:00,000000000	1	1,3759269231	0,8587052632	10,45592
531	01.11.11 07:09:00,000000000	2	1,3760533333	0,8587333333	10,45592
532	01.11.11 07:09:00,000000000	3	1,3761852941	0,8588133333	10,45592
533	01.11.11 07:10:00,000000000	4	1,3761740741	0,8590333333	10,45592
534	01.11.11 07:10:00,000000000	1	1,3761846154	0,8588416667	10,45592

Abbildung 27: Beispielhafter Datenausschnitt aus einer Transformation [Quelle: Eigene Darstellung]

Der gesamte Trainingsprozess beinhaltet 51 Transformationen und mehr als 60 Tabellen, welche zum Großteil als Zwischenablagen dienen. Eine vollständige Demonstration ist jedoch nicht zielkonform da der Prototyp lediglich als Betrachtungsgegenstand der Arbeit dient. Die Prozesse sind miteinander verknüpft und können innerhalb eines Tages berechnet werden. Das Resultat dieser Transformationen besteht in einem Trainings- und Testdatenbestand zur Klassifikation und in einem vollständigen Nachrichtensatz zur Clusterung.

Im Rahmen der Klassifikation erwies sich das Forward Mapping als praktikables Verknüpfungsparadigma (siehe Abschnitt 4.4.1). Von 186.836 Datensätzen gingen im Trainingszeitraum Dezember 2011 bis April 2013 117.699 Instanzen hervor. Der Testdatenbestand beinhaltet eine zufällige Auswahl von 10.000 Datensätzen aus den Monaten Mai bis August 2013. Ein Ausschnitt des Trainingsbestands wird in Abbildung 28 demonstriert. Sichtbar sind Inhalt und Typ der Nachricht sowie die Trendveränderung innerhalb der nächsten zwei Minuten nach Veröffentlichung. Zusätzlich beinhaltet das Feld S*econdtrue*, den bereits berechneten *Durability* Wert.

DATE1	EVENT_TYPE	TAKE_TEXT	TAGESPREIS_DOLLAR	TREND	SECONDSTRUE
4 05.11.12	ALERT	CONSTELLATION ENERGY NUCLEAR...	1,27885	stable	2479
5 05.11.12	ALERT	ARIZONA PUBLIC SERVICE'S PALO...	1,27885	stable	2479
6 05.11.12	ALERT	LUMINANT'S COMANCHE PEAK 2 RE...	1,27885	stable	2479
7 05.11.12	ALERT	ENTERGY CORP <ETR.N> SHUTS P...	1,27885	stable	2479
8 05.11.12	ALERT	AMERICAN ELECTRIC POWER CO IN...	1,27885	stable	2479
9 05.11.12	ALERT	TENNESSEE VALLEY AUTHORITY'S ...	1,27885	stable	2479
10 05.11.12	ALERT	NEXTERA ENERGY INC <NEE.N> S...	1,27885	stable	2479
11 05.11.12	ALERT	PPL CORP'S <PPL.N> SUSQUEHANN...	1,27885	stable	2479
12 05.11.12	ALERT	LRR ENERGY LP <LRE.N> Q3 SHR ...	1,278956	stable	2479
13 05.11.12	ALERT	ENTERGY CORP'S <ETR.N> INDIAN...	1,27885	stable	2479
14 05.11.12	ALERT	ENTERGY CORP <ETR.N> SHUTS F...	1,27885	stable	2479
15 05.11.12	ALERT	FIRSTENERGY CORP'S <FE.N> BEA...	1,27885	stable	2479
16 11.07.12	ALERT	CORRECTED-STRIKE-HIT NORTH SE...	1,22791	stable	2498
17 11.07.12	ALERT	WELLS FARGO STARTS REX ENERGY...	1,2276030303	stable	2498
18 11.07.12	ALERT	SHELL PIPELINE SAYS ITS HOUMA...	1,2265764706	stable	737
19 11.07.12	ALERT	SHELL SAYS FERC RECENTLY APPR...	1,2265904762	stable	737
20 11.07.12	ALERT	EAGLE BULK SHIPPING -GINSBERG...	1,2266363636	stable	737

Abbildung 28: Beispielhafter Ausschnitt aus dem Trainingsbestand [Quelle: Eigene Darstellung]

Zuletzt wird der Nachrichtenbestand zur Clusterung extrahiert. Dieser beinhaltet alle 117.699 Ticker (Dezember 2011 bis April 2013) und soll innerhalb der Identifikation des historisch ähnlichsten Nachrichtenticker Verwendung finden. Alle Datenbestände werden zunächst im DWH abgespeichert und anschließend an das Analysewerkzeug RapidMiner übergeben.

Gegenstand der Analyse im Trainingsprozess ist das Modelltraining. Die Datenbestände werden geladen und an die jeweiligen Modellanforderungen angepasst. Dies impliziert z.B. Typkonvertierungen, Bereinigungen, Text Mining, *Impact* und *Durabilty* Selektionen sowie Undersampling. Grundsätzlich bietet RapidMiner im Modelltraining zwei Möglichkeiten. Entweder erfolgen Berechnungen auf der Servervirtualisierung oder auf der Hadoop Plattform (Radoop Erweiterung) [Rapi2016c]. Die Vorteilhaftigkeit der skalierbaren und parallelen Verarbeitung innerhalb der Hadoop Plattform steht dem zusätzliche administrative Aufwand entgegen, der durch die Koordination zwischen den Nodes entsteht [EsPR2011, 515]. Die zu präferierende Verarbeitungsform ist im vornherein unklar. Zu diesem Zweck wurden beide Verarbeitungsformen während der Implementierung anhand der Berechnungszeit verglichen. Hierbei muss das Training innerhalb eines Tages Abschluss finden, um die Modellaktualität zu gewährleisten. Der Versuchsaufbau teilt sich in Klassifikation und Clusterung. Um vergleichbare Ergebnisse zu erzielen, verfügen Servervirtualisierung und Hadoop System über 56 GB Arbeitsspeicher und 7 Prozessoren.

In der Klassifikation verbleiben nach der Vorverarbeitung (Undersampling etc.) 16.296 Trainingsinstanzen. Dieser Datensatz wird sukzessiv verringert, um die Vorteilhaftigkeit der unterschiedlichen Verarbeitungsmethoden bei verschiedenen Belastung darzustellen und endet mit der Kompressionsrate [PoFe2016b] von *Impact* (Datensatz 6). Wie der Informationswirtschaft entnommen werden kann, führte der Naive Bayes Algorithmus stets zu den besten Ergebnissen. In diesem Zusammenhang erfolgt für jeden Datensatz ein Modelltraining anhand der Parametrisierung aus Beitrag 5 [PoFe2015b]. Zum Einsatz kommen die RapidMiner und die skalierbare Radoop Variante von Naive Bayes [Rapi2016b; Rapi2016c]. Die Ergebnisse sind Tabelle 21 zu entnehmen.

Tabelle 21: Vergleich Berechnungszeit Klassifikation RapidMiner und Radoop

Nr.	Instanzen	Attribute	Servervirtualisierung	Hadoop
1	16.296	19.427	3 Minuten 25 Sekunden	5 Minuten 43 Sekunden
2	13.557	16.322	2 Minuten 18 Sekunden	4 Minuten 03 Sekunden
3	10.221	12.629	1 Minuten 11 Sekunden	2 Minuten 50 Sekunden
4	7.424	9.737	0 Minuten 26 Sekunden	1 Minuten 44 Sekunden
5	4.624	5.948	0 Minuten 05 Sekunden	1 Minuten 06 Sekunden
6	1.780	2.349	0 Minuten 01 Sekunden	0 Minuten 30 Sekunden

Es wird deutlich, dass die Berechnungszeiten äußerst gering sind. Generell erfordern die Berechnungen im Hadoop System mehr Zeit, sodass das Modelltraining auf der Servervirtualisierung stattfinden sollte. Auch zeigt sich, dass die Verarbeitungszeit durch *Durability* (Datensatz 5) oder *Impact* (Datensatz 6) deutlich verkürzt werden kann. Berechnungen der Datensätze UP/DOWN finden nicht statt, da diese weniger Instanzen beinhalten.

Im Rahmen der Clusterung werden alle 117.699 Instanzen von Dezember 2011 bis April 2013 berücksichtigt. Terme die im Text Mining häufiger als 700 Mal vorkommen werden vom Datensatz entfernt, da häufige Attribute ein Dokument schlechter beschreiben. Nachrichten die ausschließlich aus häufigen Termen bestehen, hinterlassen keine Attribute und werden vom Korpus gelöscht. Infolgedessen reduziert sich der Trainingsbestand auf 104.629 Nachrichten. Der Datensatz wird sukzessiv verringert, um die Vorteilhaftigkeit der unterschiedlichen Verarbeitungsmethoden bei abnehmender Belastung aufzuzeigen. In beiden Szenarien findet die Standardparametrierung von RapidMiner Verwendung. Die Clusteranzahl (k) ist in Abhängigkeit zur Nachrichtemenge zu wählen. [SiMA2003, 2]. Zum Einsatz kommen der K-Means Algorithmus von RapidMiner aus Beitrag 7 [Rapi2016b] und die Mahout-Variante [EsPR2011, 514].

Tabelle 22: Vergleich Berechnungszeit Clusterung entnommen und modifiziert [Posp2017, 50]

Nr.	Instanzen	k	Attribute	Servervirtualisierung	Hadoop
1	104.629	323	22.170	16.030 Minuten 22 Sekunden	45 Minuten 45 Sekunden
2	79.571	282	14.742	6.957 Minuten 52 Sekunden	23 Minuten 43 Sekunden
3	55.782	236	9.339	2.313 Minuten 11 Sekunden	11 Minuten 59 Sekunden
4	30.045	173	4.722	282 Minuten 12 Sekunden	04 Minuten 58 Sekunden
5	5.038	71	1.225	3 Minuten 39 Sekunden	01 Minuten 06 Sekunden

Tabelle 22 zeigt, dass die Servervirtualisierung 11 Tage, 3 Stunden und 10 Minuten für die Berechnung des vollen Datensatzes benötigt, währenddessen sich der Aufwand anhand der Big Data Lösung auf 45 Minuten reduziert. Da der gesamte historische Datenbestand täglich neu zu clustern ist, verbleibt Hadoop als einzige Lösung bestehen und ist der Servervirtualisierung vorzuziehen. Erst bei einer Menge von 30.045 Instanzen findet das Training innerhalb eines Tages statt. Gleichwohl ist die Verarbeitung mittels Big Data Technologien der Servervirtualisierung in der Clusterung stets überlegen. Der Vergleich zur Klassifikation (siehe Tabelle 22) offenbart eine verringerte Attributanzahl in der Clusterung. Dies begründet sich durch die maximal erlaubte Häufigkeit von 700 Termen. Die fehlende Reduzierung der Terme führte in Beitrag 7 zu 10.709 Attribute bei 30.000 Nachrichten. Ausgehend von dieser Konstellation erfolgt die Datenverarbeitung im Hadoop System in 7 Minuten und 50 Sekunden, währenddessen die Servervirtualisierung 22 Stunden und 39 Minuten benötigt. Basierend auf diesen Ergebnissen erfolgt die Implementierung des Prototyps anhand einer Servervirtualisierung und einer parallelen Hadoop Architektur, um eine anforderungsadäquate Clusterung sicherzustellen.

Der Betriebsprozess betrachtet das System zur Laufzeit und wird ausschließlich auf der Servervirtualisierung ausgeführt. Um eine Entscheidungsunterstützung zu gewährleisten, sind alle DWH Tabellen durch Prozesse in Echtzeit zu befüllen. Vordefinierte Trigger-Mechanismen registrieren neue Datensätze (Marktdaten, Nachrichten, Handelstransaktionen) und veranlassen die Extraktion durch Pentaho Prozesse. Die Form der Transformationen ähnelt den der Trainingsprozesse, da die Attributform der Modellanwendung der des Modelltrainings gleichen muss. Das Resultat bildet ein verknüpfter Datensatz (siehe Abbildung 29) aus aktuellen Handelstransaktionen, Marktdaten und Nachrichten. Dieser ist die Grundlage für den Analyseprozess in RapidMiner sowie für das zukünftige Training und repräsentiert neue noch nicht verarbeitete Instanzen. Die Ergebnisse werden in der DWH Tabelle FACT_PROTOTYP abgelegt.

DATETIME	HEADLINE_ALERT_TEXT	TAGESPREIS...	TAGESPREI...	TAGESPREI...	TAGESPREIS...
27.06.13 14:18:39,000000000	GASOIL STOCKS AT EUROPE'S ARA HUB FALL TO 1.867 M...	1,3015473684	0,8546833333	876,8333333333334	103,0833333333333
27.06.13 14:17:43,000000000	NAPHTHA STOCKS AT EUROPE'S ARA HUB RISE TO 175,00...	1,3016857143	0,8547307692	876,875	103,0822222222222
27.06.13 14:11:14,000000000	CANADIAN OVERSEAS PETROLEUM FILES AMENDED AND RES...	1,3021	0,8542818182	877	103,0642857142856
27.06.13 14:00:01,000000000	FED'S DUDLEY: LABOR MARKET NOT HEALTHY; GREAT DEA...	1,3034541667	0,8543263158	876,75	103,1318181818181
27.06.13 14:00:01,000000000	DUDLEY: FED LIKELY TO KEEP MOST ASSETS ON BALANCE...	1,3034541667	0,8543263158	876,75	103,1318181818181
27.06.13 14:00:01,000000000	FED'S DUDLEY: MARKET EXPECTATIONS FOR EARLIER RAT...	1,3034541667	0,8543263158	876,75	103,1318181818181
27.06.13 14:00:01,000000000	FED'S DUDLEY: FIRST RATE RISE A LONG WAY OFF; COU...	1,3034541667	0,8543263158	876,75	103,1318181818181
27.06.13 14:00:00,000000000	FED'S DUDLEY: ECONOMIC CONDITIONS COULD 'DIVERGE ...	1,3034541667	0,8543263158	876,75	103,1318181818181
27.06.13 14:00:00,000000000	U.S. MAY PENDING HOME SALES +12.1 PCT FROM MAY 2012	1,3034541667	0,8543263158	876,75	103,1318181818181
27.06.13 13:12:54,000000000	S.AFRICA'S 2013 AVERAGE CPI INFLATION EXPECTATION...	1,3034263158	0,8546	875,0416666666666	102,5340000000000
27.06.13 13:00:00,000000000	FIRST NATIONS WARN ENBRIDGE AGAINST TRESPASSING; ...	1,3031913043	0,854352381	873,25	102,4275000000000

Abbildung 29: Verknüpfte Handelstransaktionen, Marktdaten und Nachrichten [Quelle: Eigene Darstellung]

Hierbei verantwortet RapidMiner die Extraktion, Vorhersage und Ergebnisübermittlung der Datensätze aus dem DWH. Es erfolgt ein ständiger Abgleich mit der Tabelle FACT_PROTOTYP, wobei neue Datensätze sofort entnommen und verarbeitet werden. Um zukünftige Modellaktualität sicherzustellen, sichert RapidMiner zusätzlich die neuen Instanzen im Trainingsbestand. Da die Datensätze bereits fast in richtiger Form vorliegen sind lediglich die Trendentwicklungen der nächsten zwei Minuten für die Klassifikation in einem späteren Pentaho Prozess hinzuzufügen. Infolgedessen täglich aktuelle Daten zur Modellaktualisierung vorliegen. Einmal aus der Tabelle FACT_PROTOTYP extrahierte werden die Daten dem Analyseprozess (Ausschnitt) aus Abbildung 30 zugeführt. Diese sind anschließend aus der Tabelle zu entfernen, sodass lediglich unbearbeitete Datensätze verbleiben.

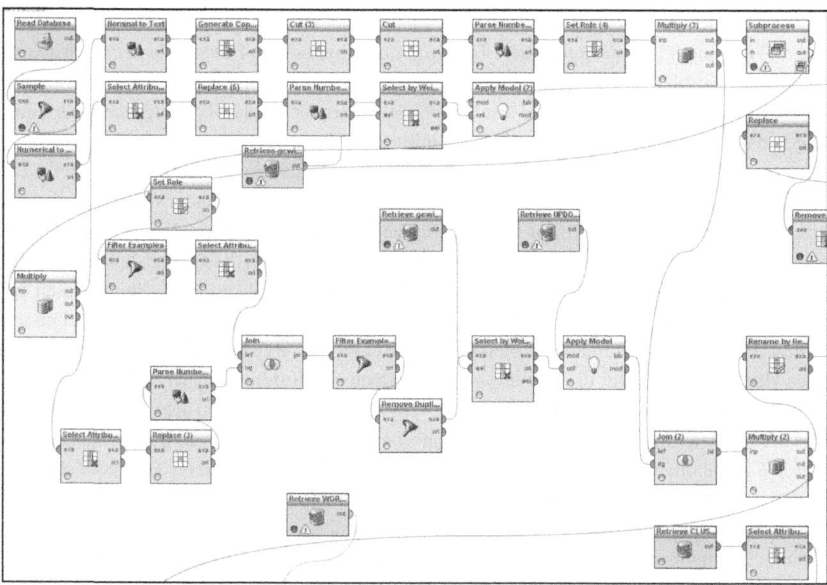

Abbildung 30: Klassifikations- und Clusterungsprozess RapidMiner [Quelle: Eigene Darstellung]

Der dargestellte RapidMiner Prozess klassifiziert die Instanzen nach einer finalen Transformation in die Klassen STABLE/UNSTABLE. Da STABLE Texten nur wenig interessante Inhalte vermuten lassen, erfolgt für diese keine Identifikation von historisch ähnlichen Nachrichten. Dies geschieht lediglich für UNSTABLE Ereignisse. Letztere werden in einer zweiten Vorhersagestufe in UP und DOWN unterteilt. Die Modelle der Clusterung und Klassifikation entstammen der Trainingsphase. Abbildung 31 (siehe S. 115) zeigt das Resultat der Verarbeitung, indem jede Datenreihe um die Trendvorhersage und um die Schlüssel der drei historisch ähnlichsten Nachrichten erweitert wird.

Row	RN_ID	CASE3...CASE3...	text	VORH...	RN_DETAILS	RN_ID2	RN_ID3	RN_ID4	CASE3_DIS	CASE3_DIS	CASE3_D
1	835142	0.138 0.862	india india_t	down	835142	802755	806411	731777	0.942	0.942	0.907
2	835290	0.023 0.977	brazil brazil_	down	835290	748906	790426	728639	0.783	0.760	0.738
3	835618	0.064 0.936	april april_b	down	835618	782350	758331	808285	0.997	0.997	0.997
4	832698	0 1	areva areva_	down	832698	734686	718186	789390	0.963	0.954	0.954
5	831228	0.187 0.813	enbridg enb	down	831228	768508	762362	778834	0.985	0.983	0.982
6	832791	0 1	provision pr(	down	832791	794792	743297	724371	0.981	0.981	0.981
7	834024	0 1	nigeria nige	down	834024	735490	724371	743297	0.986	0.986	0.986
8	834034	0.873 0.127	nobl nobl_e	up	834034	786399	807648	807611	0.998	0.991	0.990
9	831673	0.127 0.873	electr electr_	down	831673	728433	727690	734765	0.998	0.997	0.997

Abbildung 31: Ergebnis Klassifikation und Clusterung RapidMiner [Quelle: Eigene Darstellung]

Zusätzlich verantwortet der Prozess die Ergebnisübergabe an das DWH. In diesem Zusammenhang sind die Analyseresultate aus Abbildung 31 in der Tabelle FACT_SITUATION_ERGEBNIS abzulegen. Um die Darstellung des vorrangegangenen Preisverlaufs zu ermöglichen, sind zudem Publikationszeitpunkt von aktueller und historisch ähnlichsten Nachrichten in den Tabellen REL_RN_FILTERSTUNDE und REL_RN_FILTERTAG abzuspeichern. Erst im Zusammenspiel mit der Relation DIM_TRADES ist die Darstellung der Kursentwicklung möglich. Zeitliche Fragestellungen werden durch die Tabelle DIM_ZEIT ermöglicht. Alle genannten Tabellen sind Bestandteil der Oracle Datenbank und bilden die Grundlage für die interaktive Benutzeroberfläche.

Zur Realisierung wurde das Business Intelligence Werkzeug MicroStrategy Version verwendet. Hierbei erfolgt zunächst die Verknüpfung der relevanten Tabellen in der Oracle Datenbank mit MicroStrategy. Anschließend werden Schemaobjekte und Metriken erstellt und zu Berichten zusammengefügt. Die Berichte dienen als Grundstock für die finale Benutzeroberfläche (siehe Abbildung 32, S. 116). Insgesamt besteht Oberfläche aus vier Berichten und einem Cube, die interaktiv durch die Bedienelemente ausgelöst werden. Die Oberfläche ist webbasiert und kann dadurch flexibel in die bestehende Analyseumgebung einer Organisation integriert werden. Dabei folgt der Prototyp den Anforderungen der konzeptionellen Oberfläche (siehe Abbildung 23, S. 94). Demnach werden neu eintreffende Nachrichten und Vorhersagen aus der Tabelle FACT_SITUATION_ERGEBNIS im oberen Teil des Dashboards angezeigt. Hierbei stehen die aktuellsten Nachrichten stets an oberster Stelle.

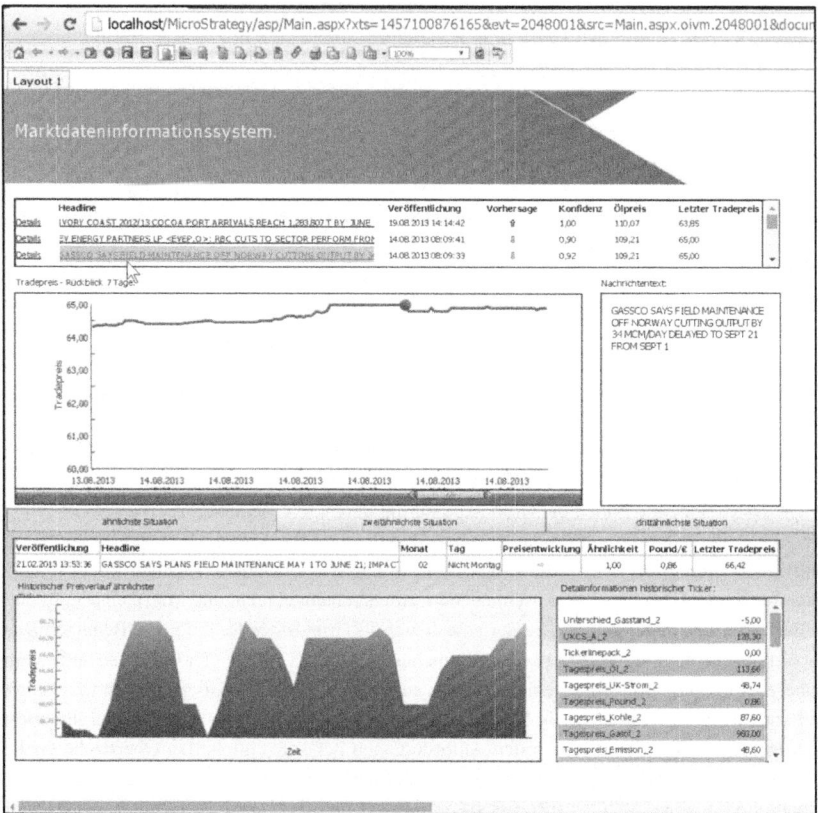

Abbildung 32: Umsetzung interaktive Benutzeroberfläche mit MicroStrategy [Posp2017, 50]

Neben der Headline, dem Veröffentlichungsdatum sowie Preisauskünften, können durch Betätigung des Links *Details* (siehe Abbildung 33, S. 117) zusätzliche Informationen abgerufen werden. Diese sind unmittelbar auf den Zeitpunkt bezogen, zu dem die Nachricht veröffentlicht wurde. Bei Betätigung der linken Maustaste auf die Überschrift einer anderen Nachricht werden automatisch alle anderen Datenfelder dieser Nachricht neu geladen, sowie die Grafik „Tradepreis – Rückblick 7 Tage" aktualisiert. In dieser wird die Entwicklung des Gaspreises (Tabelle DIM_TRADES) bezogen auf eine ausgewählte Nachricht, die als rote Markierung auf der Kurve dargestellt ist, verbildlicht. Mit Hilfe einer Schiebe-Funktion, die durch den Regler unterhalb der Tradepreis-Grafik aufgezogen werden kann, ist es zudem möglich, bestimmte Zeiträume innerhalb der sieben Tage genauer zu betrachten.

Gang der Arbeit 117

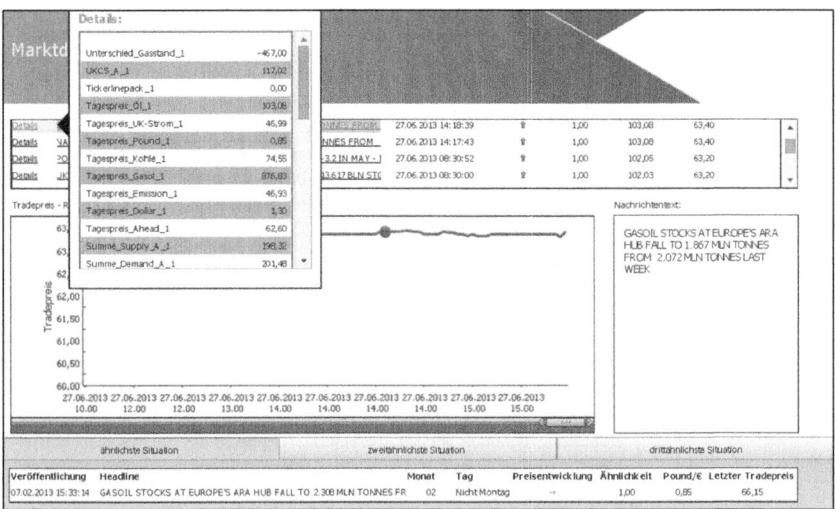

Abbildung 33: Detailansicht interaktive Benutzeroberfläche mit MicroStrategy [Quelle: Eigene Darstellung]

Die Auswahl einer bestimmten Nachricht hat zudem Auswirkungen auf den unteren Bereich der Oberfläche (siehe Abbildung 32, S. 116). Hier werden die historischen Nachrichten dargestellt, welche der ausgewählten Nachricht am ähnlichsten, zweitähnlichsten oder drittähnlichsten sind. Zusätzlich ist der historische Preisverlauf (DIM_TRADES) eine Stunde nach Veröffentlichung der historischen Nachricht als Grafik veranschaulicht. Anhand der bereitgestellten Informationen kann der Benutzer Rückschlüsse auf die aktuellen Ereignisse ziehen.

Da die Verarbeitungszeit innerhalb der einzelnen Instanzen abweichen kann, wird die Leistungsfähigkeit des Betriebsprozesses anhand der gemittelten Berechnungszeit von 10.000 Testinstanzen getestet. In diesem Rahmen zeigt sich, dass RapidMiner eine durchschnittliche Berechnungsdauer von 0,3 Sekunden benötigt. Die Abfrage an die Tabelle FACT_PROTOTYP nach neuen Datensätzen erfolgt automatisch aller zwei Sekunden. Die automatische Aktualisierung der Benutzeroberfläche im Browser findet in einem Intervall von fünf Sekunden statt. Infolgedessen besteht bei einer maximalen Latenzzeit von 7,3 Sekunden nahezu Echtzeitverarbeitung.

In diesem Zusammenhang wird deutlich, dass alle Anforderungen aus Tabelle 23 (siehe S. 118) erzielt wurden.

Tabelle 23: Ergebnis Anforderungen Informationssysteme/Informations- und Kommunikationstechnik

Anforderung	Beschreibung
Zugang	Der Betrachtungsgegenstand ist verknüpft und bezieht mittels Trigger-Mechanismen aktuelle Datensäten von Thomson Reuters, Point Carbon und dem Deal Archive. Der Datenzugang erfolgt mittels JDBC und Pentaho.
Transformieren	Die ETL Prozesse sind sowohl für das Training als auch für den Betrieb implementiert und erlauben eine ineinandergreifende Verarbeitung der Datenströme. Berechnungen im Training erfolgen innerhalb eines Tages und im Echtzeitbetrieb nach wenigen Sekunden.
Speichern	Das System erlaubt die Speicherung der Datensätze im Trainings- und Betriebsprozess. Um eine regelmäßige Modellaktualisierung zu ermöglichen erfolgt die Datenablage für das Training zweigeteilt. Während die Klassifikation im Rahmen einer relationalen Datenbank stattfindet, muss die Clusterung auf ein HDFS zurückgreifen, um eine Verteilung der Datensätze zu erzielen. Im Betriebsprozess werden neue Datensätze automatisch bezogen und in DWH Tabellen abgespeichert. RapidMiner Prozesse extrahieren die neuen Instanzen und laden diese in spezielle Trainingstabellen, die vom DWH und HDFS für Modellaktualisierungen verwaltet werden. Gleichzeitig erfolgt die Ablage der Vorhersageergebnisse im DWH für die Visualisierung innerhalb der interaktiven Benutzeroberfläche.
Analysieren	Es wird deutlich, dass die Analyse mittels RapidMiner den Anforderungen genügt. In diesem Zusammenhang findet das Modelltraining innerhalb eines Tages Abschluss. Abhängig vom Einsatzszenario erfolgt die Berechnung in RapidMiner oder Radoop. Die verwendeten Technologien des Betriebsprozesses erlauben die Vorhersage in nahezu Echtzeit und somit eine adäquate Entscheidungsreaktion.
Visualisieren	Mittels MicroStrategy konnte eine interaktive Benutzeroberfläche geschaffen werden, die den konzeptionellen Anforderungen aus Abbildung 23 (siehe S. 94) gerecht wird. Die Oberfläche visualisiert eingehende Nachrichten und Vorhersagen annähernd in Echtzeit, währenddessen der unterliegende Datenbestand eine Analyse von zurückliegenden Vorhersagen ermöglicht. Die Darstellung des historischen Preisverlaufs gestattet Aussagen auf die zukünftige Kursentwicklung.

Im Rahmen des Kapitels konnte die Identifikation und Implementierung des Big Data Betrachtungsgegenstandes veranschaulicht werden. Dieser findet Abschluss mit der Erfüllung aller Anforderungen in den Ebenen Informationswirtschaft bzw. Informations- und IKT-Systeme. Gegenstand des übernächsten Abschnitts sind die Effekte für das Informationsmanagement durch dessen Einführung. Diese sollen anhand einer Beispielorganisation mittels Befragungen zusammengetragen werden.

4.4.2.1 Beitrag 8: Automatisierte Vorhersagetechnik

Beitrag 8 zielt die technologische Umsetzung der Methode *Identifikation der historisch ähnlichsten Nachricht* ab. Da traditionelle Lösungen den Anforderungen nicht gerecht werden, erfolgt die Implementierung anhand der Hadoop Distribution Cloudera Express. Der Beitrag gliedert sich in vier Schritte.

In einem ersten werden textverarbeitende Vorhersagemethoden aus der vorhandenen Literatur erörtert. Die Ausführungen haben einen zusammenfassenden Charakter und sind aus dem fünften Beitrag [PoFe2015b] übernommen. Als Resultat geht hervor, dass alle existierenden Verfahren lediglich firmenspezifische Nachrichten berücksichtigen und keine Echtzeitverarbeitung ermöglichen. Infolgedessen wird die Relevanz für die Identifikation der historisch ähnlichsten Nachricht zur Vorhersage verdeutlicht. Deren Funktionsweise ist Gegenstand des zweiten Schritts und aus Beitrag 7 entnommen [DFPK2015b]. Im dritten Schritt erfolgt die Demonstration der technologischen Umsetzung am Beispiel des Gasmarktes. Zu diesem Zweck werden 104.629 Trainings- und 10.000 Testinstanzen entnommen und einer BI orientierten Systemarchitektur zugeführt. Diese unterteilt sich in die Prozesse Modelltraining und Echtzeitbetrieb. Während Nachrichten, Marktdaten und Handelstransaktionen mittels traditioneller Technologie (ETL, relationale Datenbank, Data Mining und Reporting Werkzeug) im Echtzeitbetrieb abgelegt, abgefragt und verknüpft werden können, erweist sich das Modelltraining in der Analyseplattform RapidMiner als zu langwierig. Die Konsequenz ist der Aufbau einer parallelen Architektur durch die Hadoop Distribution Cloudera. Diese verantwortet die Ablage der historischen Dokumente im verteilten HDFS System sowie das Clustertraining in der RapidMiner Erweiterung Radoop. Die Evaluierung der gesamten Systemarchitektur ist Gegenstand des vierten Schritts. Dieser betrachtet die Verarbeitungszeit und Nützlichkeit des Ansatzes. Letzteres stellt eine Wiederholung der Ergebnisse aus Beitrag 7 [DFPK2015b, 126] dar und bestätigt die adäquate Unterstützung der Aufgabe durch die Identifikation der historisch ähnlichsten Nachricht. Die Evaluierung der Verarbeitungszeit unterteilt sich in die Prozesse Echtzeitbetrieb und Modelltraining. Lediglich das Modelltraining erweist sich als berechnungsintensiv. Um die Verbesserung der Systemleistung durch Hadoop zu verdeutlichen, finden im Rahmen eines Experiments ein Vergleich zwischen traditioneller und Big-Data-Technologie statt. Hierfür wird die Dauer der Berechnungszeit eines sukzessiv verkleinerten Datensatzes (104.629 Trainingsinstanzen) auf den unterschiedlichen Technologien erfasst. Zum Einsatz kommen der skalierbare K-Means-Algorithmus von Radoop und das Äquivalent der RapidMiner Bibliothek. In diesem Zusammenhang wird ersichtlich, dass traditionelle Technologien mehr als 11 Tage benötigen und somit eine tägliche Modellaktualisierung nicht möglich ist. Die Berechnungen im Hadoop Cluster erfolgen innerhalb von 45 Minuten. Infolgedessen ist Cloudera Express in Rahmen des Modelltrainings zu bevorzugen.

Im Sinne der Arbeit verdeutlicht der Beitrag die Konsequenzen eines steigenden Analysevolumens bei nahezu Echtzeitanforderungen. Um diesem gerecht zu werden, bedarf es neuer technologischer Lösungen. Der Beitrag zeigt, dass eine Möglichkeit in der Verwendung von Hadoop und in der Nutzung von skalierbaren Algorithmen besteht. Am Beispiel der Identifikation der historisch ähnlichsten Nachricht wird eine Systemarchitektur implementiert, welche traditionelle und Big Data Technologien zusammenführt. Nichtsdestotrotz offenbart der Beitrag technische Grenzen. Demnach steigt die Berechnungszeit von Hadoop bei wachsenden

Datenvolumen. Die Vernachlässigung von informationswirtschaftlichen Konzepten (z.B. aufgabengerechte Informationsversorgung oder Instance Selection) hätte bei größeren Datenmengen unangemessene Verarbeitungszeiten und somit ein inadäquates IM im Rahmen der Arbeit zur Folge. Darüber hinaus dient die Architektur der Arbeit als Betrachtungsgegenstand, sodass erstmalig Konsequenzen im IM auf den Ebenen IS und IKT abgeleitet werden können.

Veröffentlicht in: Pospiech, M.: Automatisierte Vorhersagetechnik, in: ERP Management, 1, 2017, 48-51.

5 Diskussion

Das vorliegende Kapitel dient der Beantwortung des Erkenntnis- und Gestaltungsziels. Mithilfe des Big Data Betrachtungsgegenstands leiten Experten Konsequenzen im IM ab (Abschnitt 5.1). Die gewonnenen Resultate bilden die Grundlage für das Gestaltungsziel. In diesem Zusammenhang werden angemessene Gestaltungsempfehlungen in einem umfangreichen Literaturüberblick ermittelt und den identifizierten Konsequenzen zugeordnet, sodass eine aufgabengerechte Informationsbereitstellung in Zeiten von Big Data ermöglicht wird (Abschnitt 5.2). Der letzte Abschnitt erörtert die Forschungsergebnisse der gesamten Arbeit kritisch. Rekapitulierend betrachtet die Diskussion die Dokumentation der Ergebnisse (Abschnitt 5.3.1), die Auswahl und Anwendung der gewählten Forschungsmethoden (Abschnitt 5.3.2) sowie die Zielsetzung der Forschung (Abschnitt 5.3.3).

5.1 Erkenntnisziel: Konsequenzen von Big Data für das Informationsmanagement

Die Beantwortung des Erkenntnisziels erfolgt zweistufig. In einem ersten Schritt sind die Konsequenzen am Beispiel des Big Data Betrachtungsgegenstands durch Experteninterviews aufzudecken. Diese werden mithilfe der abgeleiteten IM Kategorien (siehe Tabelle 2, S. 31) geordnet und in einem zweiten Schritt diskutiert. Die gewonnenen Konsequenzen bilden die Grundlage für die erfolgreiche Identifikation von Gestaltungsempfehlungen in Abschnitt 5.1.

Im Folgenden werden die durch die Einführung des Betrachtungsgegenstands hervorgerufenen Konsequenzen anhand eines Experteninterviews nach Jäger und Reinecke erhoben, da diese Methode insbesondere bei der Ableitung von detaillierten Erfahrungen als geeignet gilt [JäRe2009, 34 ff.]. Um adäquate Erkenntnisse herleiten zu können, ist eine sinnvolle Auswahl aus verfügbaren Experten zu treffen, die relevante bzw. präzise Informationen besitzen und teilen [JäRe2009, 38 ff.]. Dem folgend wurden der mehrjährige IT Leiter, der zuständige Anwendungsbetreuer für Handelssysteme und Preisüberwachung sowie der Senior IT Business Analyst im Bereich Entscheidungsunterstützung (Data Mining, ETL, DWH etc.) identifiziert und als adäquate Experten gewonnen. Die Kombinationen der Probanden ermöglicht eine vollständige Betrachtung des Informationsmanagements: Führungsaufgaben und Informationswirtschaft (IT Leiter, IT Business Analyst) sowie Informations- und IKT-Systeme (Anwendungsbetreuer). Die Auswahl der Experten ist daher zweckmäßig.

Die Durchführung des Experteninterviews unterteilte sich in zwei Phasen, sein Ablauf ging den Befragten als ausführliches Anschreiben zu. Etwaige Fragen und Unklarheiten konnten somit vorab beseitigt werden, sodass keine Notwendigkeit für eine Vorstudie bestand. Um ein einheitliches Begriffsverständnis zu etablieren, wurden den Probanden in einer ersten Phase alle Dimensionen nach Krcmar [Krcm2015, 133 ff.] sowie deren Beschreibungen des Informationsmanagements zur Verfügung gestellt (siehe Tabelle 2, S. 31). Hierbei waren relevante Dimensionen durch die Experten zu markieren, bei denen es zu Veränderungen (in üblichen Handlungen, Herausforderungen, Beobachtungen, Organisationen, Prozessen, Strategien, Aktivitäten, Verhalten, Möglichkeiten, etc.) durch die Einführung des Prototyps gekommen war. Infolgedessen lag eine Vorauswahl von relevanten Dimensionen vor, die in der zweiten Phase anhand eines Experteninterviews vertieft wurde. Dieses Präsenzinterview dauerte zwei Stunden und verwendete die markierten Dimensionen als semi-strukturierten Leitfaden [SuBl1998,

301], indem die relevanten Dimensionen sukzessiv besprochen wurden. Ungeachtet dessen bestand in der zweiten Phase die Möglichkeit, weitere Dimensionen zu selektieren, falls deren Relevanz im Gespräch ersichtlich war.

Um eine inhaltliche Analyse zu erlauben, durchlief das vertonte Interview eine vollständige Transkription nach Meuser und Nagel [MeNa1991, 441 ff.]. In diesem Zusammenhang waren Wiederholungen, phonologische Eigenheiten, Satzbaufehler und inhaltslose Bestandteile zu entfernen und thematische Interviewabschnitte hervorzuheben. Diese durchliefen eine Spezifizierung, indem Expertenaussagen vordefinierten Kategorien zugeordnet wurden. Diesbezüglich diente Tabelle 2 (siehe S. 31) als Vorlage, da diese bereits alle Kategorien des IM umfasste. Infolgedessen bestand keine Notwendigkeit für die Entwicklung eines eigenen Koding-Schemas. In einem weiteren Schritt wurden die Interviewinhalte den Kategorien des IM und den Vorhersagen aus Abschnitt 2.2 in Tabelle 24 (siehe S. 125) zugeordnet. Dies fand, wenn möglich, ohne Überschneidungen statt. Zuweilen betrafen Aussagen unterschiedliche Kategorien und Ebenen. In diesem Fall erfolgte eine mehrfache Zuweisung.

Grundsätzlich finden die prognostizierten Konsequenzen Ablehnung (**Ablehnung**) oder Bestätigung (**Annahme**). Zusätzlich konnten im Rahmen der Transkribierung weitere Konsequenzen (**Neu**) aufgedeckt werden, die sich von den bestehenden Vorhersagen abheben. Hierbei begründen die zusammengefassten Interviewinhalte die Ablehnung, Bestätigung oder Neuaufnahme der Konsequenz. Um diese im weiteren Verlauf zu unterscheiden, wird jeder Konsequenz ein eindeutiger Schlüssel zugeordnet (z.B. **Su1**).

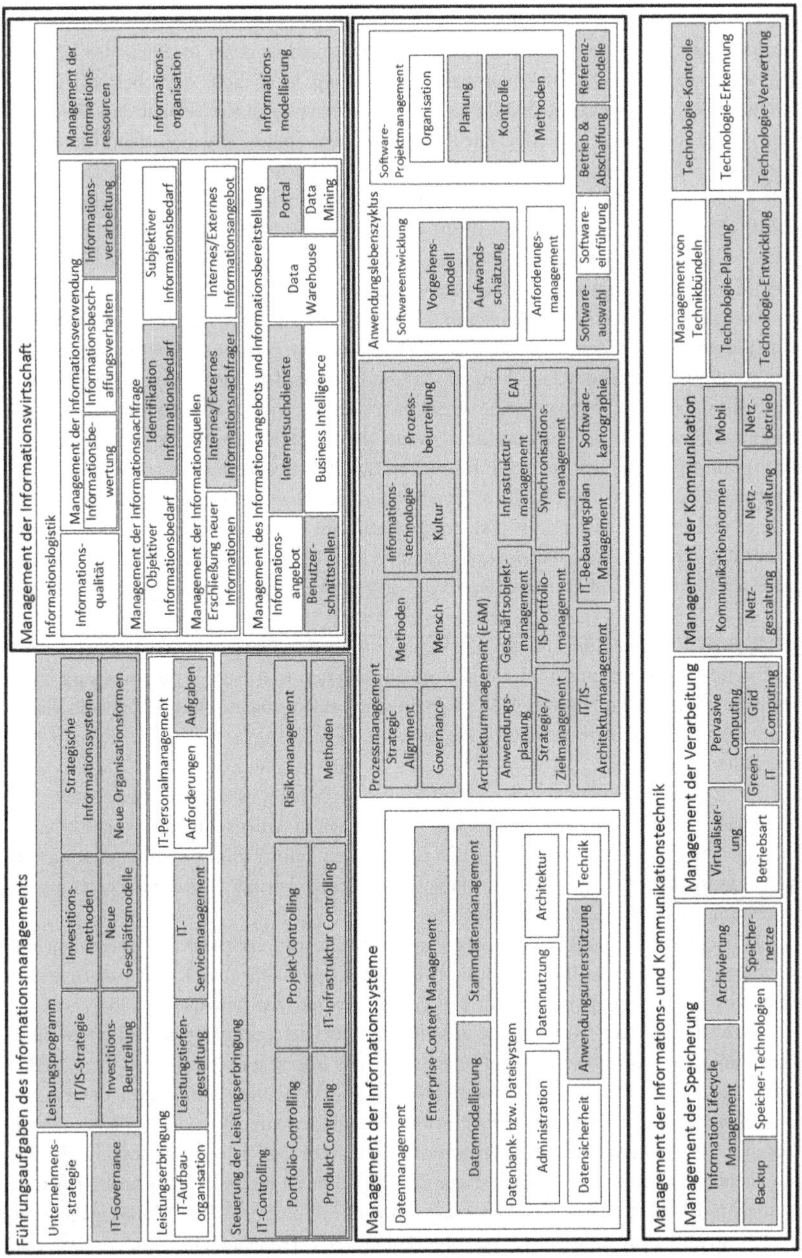

Diskussion

Abbildung 34: Zusammenfassung des Experteninterviews und Identifikation der Konsequenzen im Informationsmanagement (Erkenntnisziel) [Quelle: Eigene Darstellung]

In diesem Zusammenhang vereinigt Tabelle 24 (siehe S. 125) alle bestätigten Konsequenzen für das Informationsmanagement in Zeiten von Big Data und ist daher im Sinne des Erkenntnisziels als abschießendes Artefakt anzusehen. Abbildung 34 (siehe S. 123) beinhaltet einen Gesamtüberblick der Ergebnisse. IM Bestandteile, in denen keine Konsequenzen identifiziert wurden, sind grau unterlegt. Überliegende Kategorien, deren innere Komponenten Bestätigung erfuhren, sind ebenfalls positiv (weiß) markiert.

Im Folgenden findet eine kurze Einordung des Interviews bzgl. der Überlegungen aus Abschnitt 2.2 (vorhergesagte Konsequenzen) statt. Diese ermöglicht ein grundsätzliches Verständnis der Interviewergebnisse in Tabelle 24 (siehe S. 125). Dem schließt sich die Diskussion der identifizierten Konsequenzen im Rahmen des Erkenntnisziels an.

Ausgangspunkt der Überlegungen in Abschnitt 2.2 bildet die Annahme eines erhöhten Informationsangebots in Zeiten von Big Data. Das Interview zeigte eine Erweiterung des Informationsangebots anhand von bekannten Informationsquellen, die erstmalig im Betrachtungsgegenstand persistent abgelegt und zugänglich wurden. Dies ermöglicht die Analyse von historischen Daten, die in der Vergangenheit, wenn überhaupt, lediglich für grobgranulare (Tageswerte) Preisinformationen vorlagen. Hierbei erhöht der Betrachtungsgegenstand das Angebot, indem alle historischen Nachrichten, Preisbewegungen sowie Marktdaten elektronisch aufgezeichnet und mit einer interaktiven Benutzeroberfläche zugänglich werden. Infolgedessen gehen aus dem Prototyp neue Informationsprodukte hervor, welche sich im Vergleich zu vorhergehenden Produkten insbesondere durch die Unstrukturiertheit der Informationen auszeichnen.

Zusätzlich ist eine Zunahme des objektiven Informationsbedarfs zu beobachten, der sich aus wachsenden Anforderungen im Tätigkeitsprofil ableitet. In diesem Zusammenhang erfordern beschleunigte und komplexere Marktmechanismen eine automatische und zeitnahe Bereitstellung komprimierter Informationen. Eine fehlende Belieferung hätte eine verminderte Aufgabenerfüllung zur Folge.

Des Weiteren konnte ein erhöhtes subjektives Informationsbedürfnis festgestellt werden. Demnach finden sich veränderte Rahmenbedingungen in Arbeitsumgebung und Rollenbeschreibungen wieder. Ferner begründen die zusätzlichen Informationsprodukte eine fachbereichsübergreifende Reputationsverbesserung. Infolgedessen ist eine subjektive Steigerung der Wahrnehmung und des Bedarfs zu beobachten.

Darüber hinaus ermöglichen Konsequenzen im Informationsbeschaffungsverhalten eine vollständigere Erfassung der Informationsnachfrage. Hierbei entstand im Rahmen des externen Kontexts (organisatorisches Umfeld) ein Big Data Kompetenzzentrum, das sich aus Vertretern der Fachbereiche und der IT-Abteilung zusammensetzt. Die regelmäßigen Treffen erlauben eine kontinuierliche Aktualisierung und Erweiterung des Informationsbedarfs. Weitere Veränderungen sind im internen Kontext (Erfahrungsstand und Vorwissen vom Informationsnutzer) zu beobachten. In diesem Zusammenhang betonte das Experteninterview die gestiegenen Erfahrungen im Umgang mit Big Data. Diese ermöglichen im täglichen Arbeitsumfeld eine bewusste Suche nach neuen Anwendungsszenarios. Die Folge ist im Bedarf von zusätzlichen Informationsprodukten zu sehen. Des Weiteren lagen vor Einführung des Betrachtungsgegenstandes weite Datenbestände im Unternehmen ohne konkretes Verwendungsszenario vor. Das Vorhaben erlaubte eine Neubewertung der vorhandenen Datenbasis, sodass vormals überschüssige

Daten in einen konkreten Bedarf umgewandelt werden konnten. Zuletzt begründet das zunehmende Vertrauen in Big Data Technologien eine Steigerung der individuellen Bereitschaft zur Suche von neuen relevanten Datenbeständen (kognitiver Ansatz).

Zusammengefasst konnten relevante Veränderungen im informationswirtschaftlichen Gleichgewicht beobachtet werden. Die detaillierten Auswirkungen auf die verbleibenden Ebenen des Informationsmanagements können Tabelle 24 entnommen werden.

Tabelle 24: Zusammenfassung der Experteninterviews und Identifikation der Konsequenzen im Informationsmanagement (Erkenntnisziel)

Bestandteil	Beschreibung
Management der Informationswirtschaft	
Informationslogistik	
Management der Informationsnachfrage	
	Annahme (Ob1): Die Zunahme an unstrukturierten Aufgaben in Zeiten von Big Data verursacht einen erhöhten objektiven Informationsbedarf.
Objektiver Informationsbedarf	Im Interview wurde deutlich, dass beschleunigte Marktmechanismen den Bedarf an Informationen in Echtzeit erweiterten. Tagesaktuelle Daten waren nicht länger adäquat, um auf Veränderungen am Markt zu reagieren. Als Beispiel wurde der interne morgendliche Analystenbericht angeführt, welcher sich aus Nachrichten des vorangegangenen Tages manuell zusammensetze. Die vormals periodische Publikation verhinderte zeitnahe Reaktionen (z.B. Betriebsstörungen Bohrplattform) bei beschleunigten Marktmechanismen, da keine Informationen in Echtzeit vorlagen. Infolgedessen ist eine Ausweitung im objektiven Informationsbedarf hinsichtlich Bedarfshäufigkeit zu beobachten. Zusätzlich zeigte sich, dass durch eine steigende Komplexität im Handel die Ableitung von situationsabhängigen Reaktionen nur schwer möglich war und wenn überhaupt, diese tazit im Entscheidungsträger vorlag. Beim Ausfall von erfahrenen bzw. bei der Ausbildung von neuen Händlern wird dieses Wissen objektiv notwendig, um der erhöhten Komplexität gerecht zu werden.
	Annahme (Su1): Veränderungen von Arbeitsumgebung, soziokultureller, politisch-wirtschaftlicher oder physiologischer Umwelt sowie von der Rolle und den individuellen psychologischen Eigenschaften eines Individuums in Zeiten von Big Data lösen ein erhöhtes subjektives Informationsbedürfnis aus.
Subjektiver Informationsbedarf	Im Rahmen des Interviews konnte die Annahme am Beispiel der Arbeitsumgebung bestätigt werden. Demnach etablieren die zuverlässigen Systemvorhersagen positives Nutzervertrauen. Dies führt zu einer breiteren Verwendung des Werkzeugs in der Arbeitsumgebung und dadurch zu einem erweiterten Bedürfnis, das vorhandene Informationsangebot zu nutzen. Zusätzlich ist ein erhöhtes subjektives Informationsbedürfnis aufgrund eines erweiterten Gestaltungsrahmens der Händler beobachtbar. In diesem Zusammenhang wurde in der Vergangenheit eine vollständige und zeitnahe Abdeckung der Gasverträge angestrebt. Gegenwärtig erlauben die Vorhersagen des Betrachtungsgegenstandes eine risikoaffinere Handlungsweise, sodass die Beschaffung von verbindlichen Gasmengen zu einem preislich optimalen Zeitpunkt erfolgen kann. Die einhergehende Rollenveränderung führt zu einem erhöhten subjektiven Informationsbedarf.
	Annahme (Su2): Der subjektive Informationsbedarf steigt aufgrund des erhöhten Informationsangebots.
Subjektiver Informationsbedarf	Es konnte ein Anstieg im subjektiven Informationsbedarf durch das gestiegene Angebot beobachtet werden. Demnach verursachen die neuen Informationsprodukte laut Interview eine fachbereichsübergreifende Reputationsverbesserung des Informationsangebots. Als Konsequenz zeigt sich eine Steigerung der Wahrnehmung und des Bedarfs.

Bestandteil	Beschreibung
Identifikation des Informationsbedarfs	*Ablehnung (Id1): Durch den steigenden Informationsbedarf (subjektiv, objektiv) sowie durch das erhöhte Informationsangebot müssen neue Methoden entstehen, die eine Identifikation des Informationsbedarfs begünstigen.* Keine Veränderungen ergaben sich in den verwendeten Methoden der Informationsbedarfsidentifikation. In diesem Zusammenhang nutzte der Betrachtungsgegenstand erfolgreich gängige Werkzeuge wie strukturierte Befragungen oder Tätigkeitsanalysen.
Identifikation des Informationsbedarfs	*Ablehnung (Id2): Der Informationsstand sinkt, wenn dem subjektiv gestiegenen Informationsbedürfnis mit mangelnder Identifikation der Informationsnachfrage begegnet wird.* Es konnte keine Unzufriedenheit in der Identifikation des subjektiven Informationsbedarfs beobachtet werden, sodass die Einschätzung abzulehnen ist.
Management der Informationsquellen	
Erschließung neuer Informationen	*Annahme (Er1): Der zunehmende Informationsbedarf kann durch die Erschließung oder Neubewertung von zusätzlichen externen Informationsquellen wie bspw. staatlichen Institutionen (statistisches Bundesamt), veröffentlichungspflichtigen Berichten (Bilanzen, Energieproduktion, etc.) oder durch die Open Data Bewegung bedient werden.* Das Interview verdeutlicht Konsequenzen im Management der Informationsquellen. Hierbei kam es zur Neubewertung von vorhandenen Informationsquellen unter Beachtung hinzugekommener Big Data Strategien, wie bei den historischen Nachrichten geschehen.
Internes/Externes Informationsangebot	*Neu (In1): Die vermehrte und spezifische Nutzung von externen Informationsquellen in Zeiten von Big Data verlangt nach intensivierten Anbieterbeziehungen.* Das Interview offenbarte Veränderungen im Management der internen und externen Quellen. Probanden nannten intensivierte Geschäftsbeziehungen zu externen Informationsdienstleistern. Demnach kombinierten Informationsdienstleister (z.B. Thomson Reuters) in der Vergangenheit themenspezifische Informationspakete, die der Markt passiv konsumierte. Im Rahmen des Betrachtungsgegenstandes erfolgte eine aktive Zusammenstellung anhand von einzelnen Informationsprodukten. Infolgedessen kam es zu Veränderungen hinsichtlich Vertrags- und Preisgestaltung sowie zu aufwändigeren Abstimmungen.
Management des Informationsangebots und Informationsbereitstellung	
Informationsangebot	*Annahme (Inf1): Aufbauend auf den Charakteristika von Big Data steigt das Informationsangebot.* Im Rahmen des Interviews zeigte sich die Erweiterung des Informationsangebots anhand von bekannten Informationsquellen, die erstmalig im Betrachtungsgegenstand persistent abgelegt und zugänglich wurden. Der Prototyp erweitert das Angebot, indem alle historischen Nachrichten, Preisbewegungen sowie Marktdaten elektronisch aufgezeichnet und mit einer interaktiven Benutzeroberfläche zugänglich werden.
Informationsangebot	*Annahme (Inf2): Die Erhöhung des Informationsangebots durch Big Data führt zu steigenden Kosten.* Es wurde deutlich, dass die Beschaffung eines externen und individualisierten Informationsprodukts (Thomson Reuters) zu erhöhten Kosten führt.

Diskussion 127

Bestandteil	Beschreibung
Informations-angebot	*Annahme (Inf3):* Der Informationsstand erhöht sich, indem die Lücke von objektivem Informationsbedarf und geäußerter Informationsnachfrage mit zusätzlichem Informationsangebot geschlossen wird. Das Interview bestätigte einen erhöhten Informationsbestand zur Aufgabenerfüllung. Demnach ermöglicht der identifizierte und bereitgestellte Bedarf an historischen Nachrichten, Preisbewegungen, Vorhersagen und Marktdaten einen verbesserten Marktüberblick. Die Informationen liegen in Echtzeit vor, infolgedessen können Händler risikoaffinere Strategien verfolgen.
Informations-angebot	*Ablehnung (Inf4):* Eine Steigerung der wahrgenommenen Nützlichkeit und Nutzung des Systems erfolgt, wenn das erhöhte Informationsangebot die geäußerte Informationsnachfrage bedient, selbst wenn diese nicht dem objektiven Informationsbedarf entspricht. Im Rahmen des Interviews konnte dies nicht bestätigt werden.
Informations-angebot	*Annahme (Inf5):* Die Versorgung mit einem erhöhten Informationsangebot birgt die Gefahr einer Informationsüberflutung, da die Analysekapazität des Nutzers begrenzt ist. In diesem Zusammenhang müssen Mechanismen geschaffen werden, welche die Relevanz der bereitgestellten Informationen sicherstellen. Grundsätzlich sind die Informationsflüsse breiter geworden. Während Nachrichten in der Vergangenheit noch wenig Beachtung erfuhren, sind deren Inhalte heutzutage in der Gaspreisvorhersage von hoher Relevanz. Da Situationen zeitnah erkannt werden müssen, führe eine nichtselektive Bereitstellung aller Nachrichten zur Nutzerüberforderung. In diesem Zusammenhang erlauben die neuen Filtermechanismen des Betrachtungsgegenstands eine relevantere und breitere Betrachtung der Informationsflüsse. Mehr bedeutsame Informationen können in kürzerer Zeit analysiert werden, infolgedessen erhöht sich der Informationsstand beim Nutzer.
Data Warehouse	*Neu (Dw1):* Big Data Vorhaben erfordern eine vermehrte Ablage von unstrukturierten Daten im Data Warehouse. In der Vergangenheit erfolgte keine Speicherung von Nachrichten. Um historische Analysen zu erlauben, mussten Strukturen im DWH geschaffen werden, die eine effiziente Ablage und Anfrage von unstrukturierten Texten erlauben.
Data Warehouse	*Neu (Dw2):* Big Data Vorhaben erfordern Data Warehouse Strukturen, die zeitnahe Abfragen ermöglichen. Das Interview verdeutlichte, dass Nachrichtenabfragen in Echtzeit erfolgen müssen. Infolgedessen waren ETL Prozesse sowie Datenablagestrukturen im DWH anzupassen, sodass eine zeitnahe Auswertung möglich wurde. Das gewonnene Wissen erlaubt einen Transfer in andere Anwendungen, um Speicherüberlastungen und Abfragezeiten zu verringern.
Data Mining	*Annahme (Dat1):* Die vermehrte Verwendung von unstrukturierten Texten in Zeiten von Big Data bedingt die verstärkte Notwendigkeit einer automatischen und zeitgerechten Umwandlung in ein maschinenlesbares Format. Der Betrachtungsgegenstand zielte erstmalig auf die automatische Auswertung von unstrukturierten Texten im Informationsmanagement ab. Text Mining ermöglichte die Umwandlung der Nachrichten in ein strukturiertes Format, die in der Vergangenheit noch manuell interpretiert werden mussten.
Data Mining	*Neu (Dat2):* Anforderungen im Rahmen von Big Data Vorhaben verlangen nach einer zeitnahen und zuverlässigen Modellberechnung. Entgegen traditionellen Data Mining Projekten bedürfen durchgehend neue Nachrichtenpublikationen einer täglichen Modellaktualisierung, sodass eine adäquate Entscheidungsunterstützung sichergestellt werden kann.

Bestandteil	Beschreibung
Data Mining	*Neu (Dat3): Eine manuelle Selektion und Zuordnung von Instanzen im überwachten Lernen ist im Rahmen des erhöhten Informationsangebots nicht länger praktikabel.* Demnach wäre eine manuelle Klassifikation der Trainingsinstanzen durch Fachexperten im Vergleich zur Vergangenheit zu langwierig. Verstärkung erfährt dieser Aspekt durch sich ständig ändernde Nachrichteninhalte, die mittels regelmäßiger Modellaktualisierungen adressiert werden müssen. In diesem Zusammenhang ermöglichen automatische Verknüpfungen und Trendableitungen erstmalig im Unternehmen ein zeit- und kostensparendes Training. Nichtsdestotrotz führten die Ergebnisse oft zu unscharfen Klassenzuweisungen. Instance Selection Verfahren wie Impact oder Durability sicherten die Relevanz der Trainingsbeispiele.
Business Intelligence	*Annahme (Bi1): Visualisierungen im Rahmen von Big Data ermöglichen die Aufdeckung von neuen Beziehungen.* Traditionell erfolgte lediglich die Visualisierung von strukturierten Informationen im Rahmen der BI Lösungen. Ungeachtet dessen stieg das Bedürfnis, externe Ticker in Echtzeit auszuwerten. Tägliche Nachrichtenzusammenfassungen waren nicht länger zweckdienlich. Infolgedessen verändert der Betrachtungsgegenstand bisherige BI Lösungen im Unternehmen, indem un- und strukturierte Informationen zeitnah verknüpft und aufgabengerecht aggregiert werden. Zusammen mit aktuellem Preisverlauf, zusätzlichen Marktdaten und dem historisch ähnlichsten Nachrichtenticker visualisiert der Prototyp eine vollständige Situation und schafft eine adäquate Entscheidungsunterstützung. Waren in der Vergangenheit zeitgleich unterschiedliche Systeme zu überwachen, konsolidiert die Oberfläche verschiedene Informationsbedürfnisse und erlaubt die Identifikation von Beziehungen zwischen den Datenbeständen.
Management der Informationsverwendung	
Informationsbeschaffungsverhalten	*Annahme (Be1): Veränderungen im Informationsbeschaffungsverhalten (externer Kontext, interner Kontext, kognitiver Ansatz) in Zeiten von Big Data müssen die relevante Nachfrage von Informationen positiv beeinflussen.* Im Rahmen des externen Kontexts (organisatorisches Umfeld) entstand ein Big Data Kompetenzzentrum, welches sich aus Vertretern der Fachbereiche und der IT-Abteilung zusammensetzt, um potenzielle Anforderungen mit möglichen Big Data Strategien zu adressieren. Die regelmäßigen Treffen erlauben eine kontinuierliche Aktualisierung und Erweiterung des Informationsbedarfs. Weitere Veränderungen sind im internen Kontext (Erfahrungsstand und Vorwissen des Informationsnutzers) zu beobachten. Hierbei betonte das Experteninterview die gestiegenen Erfahrungen im Umgang mit Big Data. Diese ermöglichen im täglichen Arbeitsumfeld die bewusste Suche nach neuen Einsatzmöglichkeiten für Big Data Technologien. Die Folge ist im Bedarf nach neuen Informationsprodukten zu sehen. Des Weiteren lagen vor Einführung des Betrachtungsgegenstandes weitere Datenbestände im Unternehmen ohne konkretes Verwendungsszenario vor. Das Projekt erlaubte eine Neubewertung der vorhandenen Datenbasis, sodass vormals überschüssige Daten in einen konkreten Bedarf umgewandelt werden konnten. Zuletzt bewirkte das zunehmende Vertrauen in Big Data Technologien eine Steigerung der individuellen Bereitschaft zur Suche von neuen relevanten Datenbeständen (kognitiver Ansatz).
Informationsbewertung	*Neu (Bew1): Der Mehrwert von zusätzlichen Informationen muss im Rahmen des Betrachtungsgegenstands bestimmbar werden.* Der Prototyp erlaubt eine objektive Vorhersage und nachträgliche Überprüfung von Preisveränderungen. In der Vergangenheit wurden Texte von Händlern unterschiedlich und subjektiv beurteilt, ihre Aussagekraft war unbekannt.

Diskussion 129

Bestandteil	Beschreibung
Informations-qualität	*Neu (Qa1): Das steigende Informationsangebot erfordert eine intensivierte Qualitätsbetrachtung.* Im Rahmen der Konzeptionierung des Betrachtungsgegenstands erfolgte eine Überprüfung des derzeitigen Informationsbedarfs. In diesem Zusammenhang wurde deutlich, dass im Bestand des Informationsdienstleisters Bloomberg relevante Nachrichten fehlten. Zudem zeigten sich Lücken in den eingesetzten Zeitreihendaten. Infolgedessen fanden alternative Datenbestände Verwendung und eine Qualitätsverbesserung wurde erzielt.
Management der Informationssysteme	
Datenmanagement	
Datenbank- bzw. Dateisystem	*Annahme (Db1): Die gemeinsame Verwendung von unterschiedlichen Systemen (Datenbank bzw. Dateisystem) führt zu einem erheblichen Integrationsaufwand.* Unterschiedliche Paradigmen der Datenablage verhindern einheitliche Abfrageformulierungen. Erstmalig im Informationsmanagement konnten Hive Konnektoren im ETL Werkzeug Pentaho verwendet werden, die eine SQL ähnliche Datenmanipulation im Hadoop System erlauben. Infolgedessen gestatten definierte ETL Prozesse den Datenaustausch zwischen relationaler Datenbank und Hadoop.
Architektur	*Neu (Ar1): Die gemeinsame Verwendung von unterschiedlichen Architekturen muss zeitnahe Verarbeitungen gewährleisten.* Der Betrieb eines relationalen DWH sowie eines dateibasierten Hadoop Systems bedingt die gleichzeitige Existenz verschiedener Architekturen im Unternehmen. Die gemeinsame Nutzung muss zeitnahe Berechnungen ermöglichen.
Administration	*Neu (Ad1): Administrative Funktionalitäten sind im verteilten Dateisystem sowie im Datenbankmanagementsystem bereitzustellen.* Die Rolle Cloudera Management erlaubt eine ganzheitliche Überwachung und Verwaltung des Hadoop Clusters. Zookeeper stellt die Administration der Anwendungen sicher. Ohne Verwendung einer Hadoop Erweiterung wie Cloudera erfolgt die Verwaltung aufwändig mittels Kommandozeile. Gegebenenfalls müssen Funktionalitäten eines Datenbankmanagementsystems aufwendig in Hadoop implementiert werden.
Datennutzung	*Neu (Da1): Durch das steigende Informationsangebot werden leistungsfähigere Abfrage- und Datenmanipulationssprachen notwendig.* Um eine zeitnahe Datenabfrage und Manipulation in HDFS sicherzustellen, nutzt der Betrachtungsgegenstand die Sprache HiveQL. Diese gestattet den leistungsfähigen Austausch zwischen Hadoop und RapidMiner.
Technik	*Annahme (Te1): Durch das steigende Informationsangebot werden NoSQL Datenbanken bzw. Dateisysteme notwendig.* Im Interview wurde deutlich, dass traditionelle Datenbanken im Zuge des erhöhten Informationsangebots nicht länger eine zeitnahe Clusteraktualisierung ermöglichen. Hadoop als verteiltes Dateiablagesystem erlaubt die parallele Berechnung von neuen Modellen innerhalb der angestrebten Dauer. Die Ablage erfolgt im Key-Value Format *SequenceFile*.
Technik	*Ablehnung (Te2): Durch das steigende Informationsangebot werden relationale Datenbanken unnötig.* Es zeigte sich, dass relationale Datenbanken einen Großteil der Anforderungen abdeckten. Ein vollständiger Transfer in ein Hadoop System wäre nicht sinnvoll und wäre mit hohen Kosten verbunden.

Bestandteil	Beschreibung
Datensicherheit	***Neu (Das1):*** *Im Rahmen von verteilten Dateisystemen sind neue Methoden der Datensicherheit notwendig.*
	Hadoop stellt die Datensicherheit mit eigenen Konzepten sicher. Beispielweise erfolgt innerhalb der Datensicherung die mehrfache Ablage von Datenblöcken auf unterschiedlichen Nodes. Der Ausfall von *NameNodes* wird verhindert, indem parallel *NameNodes* auf voneinander getrennten Nodes betrieben werden. Organisatorische Aufgaben der Datensicherheit sind unverändert. In diesem Zusammenhang muss Hadoop dem Information Security Management System des Unternehmens genügen.
Anwendungslebenszyklus	
Anforderungsmanagement	***Ablehnung (Anm1):*** *Durch das steigende Informationsangebot wird eine Intensivierung der Anforderungsanalyse notwendig.*
	Es besteht keine direkte Verbindung zwischen gestiegenem Informationsangebot und intensivierter Anforderungsanalyse.
Anforderungsmanagement	***Neu (Anm2):*** *Gesammelte Technologieerfahrungen im Rahmen des Betrachtungsgegenstands müssen zu einer intensiveren Anforderungsanalyse innerhalb der Datenanalyse führen.*
	Aufgrund der bekannten Funktionsweise des Prototyps, werden im täglichen Arbeitsumfeld intensiver neue Einsatzmöglichkeiten für die Technologie gesucht. Hierbei muss sich die Infrastruktur (Datenbankstrukturen etc.) noch enger mit dem Fachprozess vernetzen. Als Konsequenz des Betrachtungsgegenstands werden die Möglichkeiten der neuen Infrastruktur (z.B. Hadoop) im breiteren Rahmen betrachtet. Zusätzlich führt das gestiegene Nutzervertrauen zu einer vermehrten Anwenderunterstützung in der Anforderungsanalyse.
Softwareentwicklung	***Annahme (Sof1):*** *Durch das steigende Informationsangebot wird die Anwendung der parallelen Programmierung als neues Programmierparadigma notwendig.*
	Die Ausführung der traditionellen Clusteralgorithmen führte zu einem zeitkritischen Berechnungsaufwand. In diesem Rahmen erfolgte die Anwendung des Programmiermodells MapReduce. Die parallele Ausführung des Quellcodes ermöglichte eine zeitnahe Modellaktualisierung.
Softwareentwicklung	***Annahme (Sof2):*** *Der Bedarf an Experten in der parallelen Programmierung führt zu erhöhten Kosten.*
	Die Entwicklung anhand des MapReduce Paradigmas verlangt nach speziellen Experten. Derzeitig besitzt das vorhandene Personal nicht die Kompetenz zukünftige Entwicklungen voranzutreiben. Infolgedessen entstehen erhöhte Kosten für Schulungen oder Neueinstellungen.
Software-Projektmanagement	

Bestandteil	Beschreibung
	Neu (Org1): Big Data Vorhaben verlangen eine verstärkte Integration des Fachbereichs in die Entwicklung.
Organisation	Es zeigte sich, dass in der Vergangenheit ein allgemeiner Zugang zu einem breiten Informationsangebot bei geringem Abstimmungsbedarf bereitgestellt werden konnte. Nichtsdestotrotz entsprach die händlereigenständige Identifikation relevanter Inhalte nicht länger den verkürzten Marktreaktionszeiten. In diesem Zusammenhang bedurfte die notwendige Informationsfilterung im Rahmen des Betrachtungsgegenstands eines intensivierten Austausches zwischen IT Abteilung und Fachbereich. Hierbei galt es unter anderem, wichtige Einflussfaktoren der Entscheidungsfindung zu identifizieren, Parametereinstellungen (z.B. Reaktionszeit, Impact) festzulegen, Visualisierungsbedürfnisse offenzulegen oder Güte- und Relevanzmessungen vorzunehmen. Es wurde deutlich, dass ein erfolgreiches Big Data Vorhaben sowohl das technische als auch das fachliche Verständnis in der IT Abteilung und im Fachbereich bedingt. Die Etablierung eines heterogenen Big Data Kompetenzzentrums mit dezentralen Anforderungen erlaubt die Bündelung und Multiplikation von Erfahrungen aus beiden Bereichen.
Softwareeinführung	*Neu (So1): Der Support während der Einführung einer Big Data Plattform muss sichergestellt werden.*
	Aufgrund der begrenzten Entwickleranzahl im Unternehmen muss die Unterstützung durch Experten inmitten der Systemeinführung sichergestellt werden.
Referenzmodelle	*Ablehnung (Ref1): Big Data Referenzmodelle vermeiden individualisierte Entwicklungen und verhindern kostenintensive Implementierungen.*
	Big Data Lösungen sind hochgradig individuell. Die Ableitung von Referenzmodellen ist erschwert.
Architekturmanagement (EAM)	*Ablehnung (Arc1): Die steigende Anzahl von Big Data Lösungen im Unternehmen führt zu einer Weiter- bzw. Neuentwicklung der Architekturframeworks.*
	Es bestehen keine Hinweise, dass bestehende Architekturframeworks wie TOGAF erweitert werden müssen. Zudem sind keine Veränderungen von Rollen bzw. Verantwortlichkeiten im Rahmen des Betrachtungsgegenstands zu erkennen.
Enterprise Application Integration (EAI)	*Ablehnung (EntI): Durch das steigende Informationsangebot wird eine verstärkte EAI notwendig.*
	Es ist nicht abzusehen, dass der Betrachtungsgegenstand mit einem Enterprise Service Bus verknüpft werden soll.
Management der Informations- und Kommunikationstechnik	
Management der Verarbeitung	
Betriebsart	*Ablehnung (Bet1): Die unterschiedlichen Betriebsarten führen zu einem erhöhten Integrationsbedürfnis, welches zu höheren Kosten führt.*
	Im Rahmen des Interviews konnte diese Aussage nicht belegt werden.
	Annahme (Bet2): Durch das steigende Informationsangebot wird eine verteilte und parallelisierte Verarbeitung notwendig.
Betriebsart	Der Betrachtungsgegenstand nutzt Hadoop für tägliche Clusteraktualisierungen, indem das Training parallel auf sieben verteilten Computern stattfindet, die untereinander Rechenleistung und Datenspeicher koordinieren. Der Einsatz von Parallel Computing erfolgte erstmalig im Unternehmen. Die Form dieser Betriebsart war vor dem Prototyp kein Bestandteil des Informationsmanagements. Aufgrund von vorhandenen lokalen Ressourcen war ein Cloud Computing Betrieb von Hadoop nicht notwendig.

Bestandteil	Beschreibung
Betriebsart	***Neu (Bet3):*** *Die manuelle administrative Verwaltung eines Clusters ist zu zeitaufwendig und benötigt eine automatisierte Optimierung.* Die Optimierung eines Hadoop Systems ist derzeit lediglich manuell möglich und infolgedessen zeitintensiv. Zukünftige Applikationen müssen eine Überwachung und Verbesserung hinsichtlich Nodes, Blockgröße etc. des Gesamtsystems ermöglichen. In diesem Zusammenhang müssen Möglichkeiten geschaffen werden, das Systemverhalten bei steigender Datenmenge und Nodesanzahl zu beobachten, um evtl. Gegenmaßnahmen und Optimierungen vornehmen zu können. Die Funktionalitäten sollten sich an Anwendungen wie Splunk orientieren.
Management der Speicherung	
Speicher Technologien	***Annahme (Spe1):*** *Die Ablage des gestiegenen Informationsangebots bedingt neue Speichertechnologien.* In der Vergangenheit wurden Daten zentral abgelegt. Parallele Berechnungen im Hadoop Cluster profitieren von einer verteilten Datenhaltung (HDFS). Infolgedessen können die Datensätze anhand der lokalen Rechenkapazitäten ohne zeitkonsumierenden Transfer direkt verarbeitet werden.
Information Lifecycle Management	***Ablehnung (Lif1):*** *Der verstärkte Einsatz eines Information Lifecycle Managements wird durch das steigende Informationsangebot notwendig.* Im Rahmen des Interviews konnte keine Intensivierung des Information Lifecycle Managements festgestellt werden.
Management der Kommunikation	
Kommunikationsnormen	***Ablehnung (Kom1):*** *Durch das steigende Informationsangebot wird die Integration von interner und externer IKT notwendig.* Es konnte kein erhöhter Bedarf an einer Integration zwischen interner und externer IKT festgestellt werden.
Netzgestaltung	***Ablehnung (Net1):*** *Durch die steigende Integration von externer IKT entstehen Netzwerkengpässe in der Datenübertragung.* Begründet durch den mangelnden Bedarf an einer Integration zwischen interner und externer IKT besteht kein Netzwerkengpass in der Datenübertragung.
Management von Technikbündeln	***Neu (Teb1):*** *Big Data führt zu einer erhöhten Anzahl an Basistechnologien und zu einer verstärkten Komplexität im Management des Technikbündels.* Im Rahmen des Prototyps erfuhren erstmalig unterschiedliche Basistechnologien Einzug in das Informationsmanagement. Beispiele sind in HDFS, Hive, MapReduce, Apache Mahout, ZooKeeper, Yarn, Cloudera, Radoop, RapidMiner sowie in den zugehörigen Data Mining Algorithmen zu sehen. Alle Komponenten müssen miteinander interagieren. Zusätzlich ist Hadoop in Abhängigkeit der Anforderungen beliebig erweiterbar (Spark, Pig, HBase oder Hue). Die erhöhte Anzahl der Basistechnologien und deren Kombination erfordert ein erhöhtes Wissen im Management des Technikbündels.
Technologie-Erkennung	***Neu (Tee1):*** *Die hohe Anzahl an Big Data Lösungen erschwert die Suche nach adäquaten Technologien.* Allein die Kenntnis von Data Mining und Hadoop erweitert das Technologieportfolio und die Aufmerksamkeit für die Produktfamilie. Die Suche nach zusätzlichen Verwendungsmöglichkeiten dieser Technologien wurde im Unternehmen intensiviert. Aufgrund der hohen Anzahl an Lösungen ist die Suche zeitaufwendig.
Führungsaufgaben des Informationsmanagements	

Diskussion 133

Bestandteil	Beschreibung
Unternehmensstrategie	*Neu (Unt1): Nur zuverlässige Analyseergebnisse ermöglichen eine positive Anpassung der Unternehmensstrategie.*
	Im Rahmen der Unternehmensstrategie konnte eine Anpassung der Handelsvorgaben beobachtet werden. Demnach erlauben vertrauenswürdige Preistrendprognosen eine Übertragung von breiteren Risikospannen an die verantwortlichen Händler. Entgegen der ursprünglichen Unternehmensstrategie muss die Abdeckung von offenen Lieferpositionen nicht zeitnah erfolgen (solange den vertraglichen Verpflichtungen nachgekommen wird).
Leistungserbringung	
IT-Aufbauorganisation	*Ablehnung (Auf1): Durch Konflikte zwischen verschiedenen Anspruchsgruppen wird die Integration von Big Data Experten in Entscheidungsprozesse notwendig.*
	Es konnten keine Konflikte zwischen Anspruchsgruppen im Interview identifiziert werden.
IT-Aufbauorganisation	*Neu (Auf2): Big Data Technologien bedingen eine Verlagerung der Arbeitsverteilung innerhalb der internen IT-Abteilung.*
	Im Rahmen von Hadoop wurde deutlich, dass Infrastrukturanforderungen nicht länger ohne Reflektion an das Rechenzentrum übermittelt werden können. Die bestmögliche Unterstützung des Anwendungsfalls setzt eine erhöhte Technologiekenntnis innerhalb der Applikationsbetreuung voraus, sodass eine anforderungsspezifische Konfiguration von Hadoop stattfinden kann. In diesem Zusammenhang erfolgt eine Verlagerung von Infrastrukturdiensten in die Applikationsbetreuung.
IT-Personalmanagement	*Neu (Per1): Steigende Personalanforderungen erschweren die Einstellung von Big Data Experten.*
	Big Data Experten benötigen Fähigkeiten aus den Themenfeldern parallele Programmierung, Hadoop und Data Mining. Häufig bedarf es eines zusätzlichen fachlichen Hintergrunds. Die Identifikation und Einstellung von neuen Mitarbeitern, die diesem Profil entsprechen ist erschwert.
Anforderungen	*Annahme (Anf1): Durch das steigende Informationsangebot wird ein erhöhtes Domänenverständnis beim Entwickler notwendig.*
	Entwickler müssen die Anforderungen des Fachbereichs kennen, um eine adäquate Entwicklung und Konfiguration anhand von Hadoop zu ermöglichen.
Anforderungen	*Annahme (Anf2): Durch das steigende Informationsangebot wird ein erhöhtes technisches Verständnis beim Entwickler notwendig.*
	Die zeitnahe Ablage und Verarbeitung des gestiegenen Informationsangebots begründet den Einsatz von neuen Technologien. Infolgedessen bestand für Entwickler die Notwendigkeit, Wissen im Rahmen der parallelen Programmierung und im Umgang mit Hadoop zu erwerben. Insbesondere die adäquate Konfiguration der einzelnen Komponenten ist essenziel, da fehlerhafte Spezifizierungen höhere Laufzeiten zur Folge haben. Die inhärenten Konzepte der besagten Lösungen waren vorab nicht Gegenstand des Informationsmanagements.
Anforderungen	*Ablehnung (Anf3): Die Unterstützung von Führungskräften in Big Data Vorhaben ist notwendig.*
	Es konnte keine Notwendigkeit für die Unterstützung von Big Data Vorhaben durch Führungskräfte im Rahmen des Interviews identifiziert werden.
Anforderungen	*Ablehnung (Anf4): Die Unterstützung von Führungskräften zur Etablierung einer analyseorientierten Unternehmenskultur ist notwendig.*
	Es konnte keine Notwendigkeit für die Etablierung einer analyseorientierten Unternehmenskultur beobachtet werden.
Steuerung der Leistungserbringung	

Bestandteil	Beschreibung
	IT-Controlling
Risikomanagement	***Ablehnung (Ris1):*** *Durch den vermehrten Zugriff auf sensitive Informationen in Big Data Vorhaben wird ein intensivierter Datenschutz notwendig.* Es konnte keine Notwendigkeit für die Etablierung eines intensivierten Datenschutzes beobachtet werden.
Risikomanagement	***Ablehnung (Ris2):*** *Durch die zunehmende Datenorientierung in Zeiten von Big Data wird eine intensivierte Datensicherung notwendig.* Es können keine Veränderungen im Risikomanagement hinsichtlich Datensicherheit beobachtet werden.

Im Rahmen des Interviews wurde deutlich, dass veränderte Marktmechanismen in Zeiten von Big Data organisatorische und technische Veränderungen im IM auslösen. Hierbei rückt die zeitnahe Analyse von breiten Informationsflüssen intensiver in den Fokus, um ein vollständigeres Bild der Umweltsituation zum Entscheidungszeitpunkt vorzufinden. Nichtsdestotrotz führte die manuelle Auswertung von stetig relevanteren Textnachrichten zur Überforderung der menschlichen Verarbeitungskapazität. Zukunftsträchtige Methoden müssen eine automatische Zusammenführung unterschiedlichster Informationsstränge vorantreiben. Infolgedessen ist eine vermehrte Nutzung von Data Mining Ansätzen im IM zu beobachten. Diese erlauben eine automatische Relevanzfilterung und Verarbeitung von Nachrichtentickern in Echtzeit. Gleichzeitig ermöglicht der Betrachtungsgegenstand erstmalig die detaillierte Analyse historischer Daten zum Zweck der Entscheidungsfindung. Nichtsdestotrotz offenbarten sich technologische Grenzen in der Verarbeitung des vergrößerten Informationsangebots. Diese konnten unter anderem durch parallelisierte Berechnungen im Rahmen eines Hadoop Clusters gelöst werden. Der resultierenden Vorhersagegüte ist ein gesteigertes System- und Technologievertrauen zu verdanken. In diesem Zusammenhang waren eine intensivierte Anwendungsfallsuche im Unternehmen und eine verstärkte Datenorientierung in der Entscheidungsfindung zu beobachten. Die gewonnenen Erfahrungen ermöglichen die Umsetzung zukünftiger Big Data Vorhaben. Gleichwohl ist die Ausbildung oder die Identifikation neuer Big Data Experten mit erheblichem Aufwand verbunden und ein zentraler Erfolgsfaktor. Letztendlich müssen IT Experten und Fachbereich in Zukunft dauerhaft in engem Kontakt kooperieren, um ein erfolgreiches Big Data Vorhaben zu ermöglichen.

Hinsichtlich des Erkenntnisziels konnten im IM insgesamt 39 Konsequenzen durch den Big Data Betrachtungsgegenstand positiv identifiziert werden. Von ursprünglich 36 vorhergesagten Konsequenzen (Abschnitt 2.2) wurden 19 im Rahmen des Interviews bestätigt. Demnach waren die theoretischen Ableitungen teilweise zielführend. 20 Konsequenzen konnten zusätzlich durch die Probanden aufgedeckt werden und erweitern den Beobachtungsgegenstand. Es zeigt sich, dass Veränderungen auf allen IM Ebenen erfolgen und dass Big Data nicht ausschließlich in technologischen Bereichen observiert wird [PoFe2012 1].

In der Informationswirtschaft führten die Veränderungen zu einem erhöhten Informationsstand. Infolgedessen kann die Zweckmäßigkeit von Big Data bestätigt werden. Im Vergleich zu den angrenzenden Ebenen zeigten sich im Management der Informationswirtschaft die meisten Veränderungen. In 16 von 24 Kategorien konnten Konsequenzen aufgedeckt werden. Fol-

Diskussion

gerichtig benötigt die Schaffung des informationswirtschaftlichen Gleichgewichts innerhalb eines Big Data Vorhabens erhöhte Aufmerksamkeit. Zusätzlich besteht eine hohe Übereinstimmung mit den getroffenen Vorhersagen aus Abschnitt 2.2. Auf keiner anderen Ebene wurden mehr als 72,72 Prozent aller Ableitungen positiv bestätigt. Infolgedessen gingen die Überlegungen aus einer stabilen theoretischen Basis hervor.

Weniger Konsequenzen offenbarten sich im Management der Informationssysteme. Lediglich 13 von 44 Kategorien konnten bestätigt werden. Hierbei zeigten sich die größten Veränderungen innerhalb der Datenbank- bzw. Dateisysteme sowie im Anwendungslebenszyklus, die insbesondere aus Hadoop und aus den gestiegenen Entwicklungsanforderungen hervorgehen. Im Vergleich zu den übrigen Ebenen erweiterten die Probanden die theoretischen Vorüberlegungen aus Abschnitt 2.2 immens. Ausgehend von neun vorhergesagten Konsequenzen wurde das Management der Informationssysteme um sieben zusätzliche ergänzt. Insbesondere unvorhergesehene Veränderungen im Anwendungslebenszyklus begründen die Erweiterung. Keine Konsequenzen konnten dem Prozessmanagement und Architekturmanagement entnommen werden. Häufig bestätigten die Probanden Anpassungen in diesen Kategorien. Dennoch war deren Einmaligkeit hinsichtlich Big Data oftmals nicht gegeben, da die Einführung neuer Techniken immer zu Modifikationen führt (z.B. TOGAF).

Im Management der IKT konnten in 6 von 24 Kategorien Veränderungen beobachtet werden. Diese ergaben sich vornehmlich durch Anpassungen der vorhandenen Speicher- und Verarbeitungsarchitektur. In diesem Rahmen erfolgte mittels Hadoop erstmalig im IM die verteilte Datenhaltung und parallele Berechnung, um dem erhöhten Informationsangebot zeitgerecht zu begegnen. Keine Veränderungen zeigten sich im Management der Kommunikation und nur wenige innerhalb der Technologie-Erkennung sowie im Management von Technikbündeln. Letztere begründen sich durch die zahlreichen Erweiterungsmöglichkeiten in Hadoop. Grundsätzlich legte das Interview lediglich drei zusätzliche Veränderungen offen. In diesem Zusammenhang zeigt das IKT die wenigsten Erweiterungen im Vergleich zu den verbleibenden Ebenen.

Innerhalb der Führungsaufgaben manifestierten sich Konsequenzen in lediglich fünf von 24 Kategorien. Keine Ebene beinhaltet weniger Veränderungen in Abhängigkeit zur Kategorienanzahl. Hinzu kommt die höchste Ablehnungsrate der theoretischen Vorüberlegungen. Mehr als 70 Prozent erfuhren durch die Probanden keine Bestätigung. In diesem Rahmen sind wachsende Anforderungen an Führungskräfte und Datenschutz keine Neuerungen in Big Data Vorhaben. Dementgegen stehen neue Konsequenzen innerhalb der Unternehmensstrategie, dem IT-Personalmanagement und in der IT-Aufbauorganisation. Im Vergleich zu den angrenzenden Ebenen sind die Auswirkungen innerhalb der Führungsebenen gering.

Im Zuge des Erkenntnisziels identifizierte der Abschnitt Konsequenzen im IM. Grundsätzlich ist abzuwägen, inwiefern die aufgefundenen Veränderungen Big Data spezifisch sind, da jegliche Projekte Veränderungen im IM verursachen. Nichtsdestotrotz entsprechen andere Vorhaben nicht den Spezifikationen des durch den begründeten Konsens bestätigten Big Data Modells.

Aufbauend auf den bestätigten IM Kategorien erfolgt im nächsten Abschnitt die Aufdeckung der Gestaltungsempfehlungen.

5.2 Gestaltungsziel: Gestaltungsempfehlungen für eine aufgabengerechte Informationsbereitstellung

Der nachstehende Abschnitt beabsichtigt die Beantwortung des zweiten Forschungsziels. Im Sinne eines Katalogs identifiziert der folgende Literaturüberblick Gestaltungsempfehlungen, die eine Unterstützung der identifizierten Konsequenzen im IM aus Abschnitt 5.1 erlauben. Hierbei wird die Qualität der aufgedeckten Artefakte anhand von Expertenbefragungen sichergestellt. Abschließend erfolgt die Einordnung von geeigneten Gestaltungsempfehlungen zu den bestätigten IM Konsequenzen aus Abschnitt 5.1. Die Ergebnisse werden am Abschnittsende diskutiert.

Die Durchführung des Literaturüberblicks folgt den Vorgaben von Cooper [Coop1998]. Ziel des Literaturüberblicks ist die Identifikation von Gestaltungsempfehlungen für die identifizierten Konsequenzen im IM. Um die Vergleichbarkeit der Ergebnisse abzusichern, orientiert sich der nachstehende Review an den Vorgaben des ersten Big Data Literaturüberblicks [PoFe2012] in dieser Arbeit. Sukzessiv erfolgt die Anwendung von sechs unterschiedlichen Ausschlusskriterien, um die Aufdeckung von adäquaten Gestaltungsempfehlungen zu ermöglichen. Tabelle 25 fasst diese zusammen.

Tabelle 25: Ausschlusskriterien Literaturüberblick

Bedingung	Beschreibung
Kriterium 1	Identifikation von englischen Beiträgen mit dem Schlüsselwort „Big Data" in Schlüsselwort, Abstract oder Titel innerhalb von unterschiedlichen domänenrelevanten Literaturdatenbanken.
Kriterium 2	Entfernung von Artikeln, die Zusammenfassungen von Konferenzen, Workshops, Plenarvorträgen oder Podiumsdiskussionen erörtern bzw. Journaldeckblätter, Vorwörter, Buchbesprechungen, Tutorien, Lehrveranstaltungen, Poster, Werbung oder Kommentare beinhalten.
Kriterium 3	Anwendung von akzeptierten Orientierungslisten, Entfernung von Research-in-Progress Beiträgen und Publikationen mit weniger als drei Seiten.
Kriterium 4	Entfernung von Duplikaten.
Kriterium 5	Verfügbarkeitsüberprüfung
Kriterium 6	Inhaltliche Selektion im Rahmen des Gestaltungsziels.

In diesem Zusammenhang betrachtet die Analyse Dokumente aus acht unterschiedlichen und domänenrelevanten Literaturdatenbanken (siehe Tabelle 26, S. 138), in denen der Begriff *Big Data* im Abstract, Titel oder in den Schlüsselwörtern bis zum 30.05.2017 enthalten ist. Da dem Literaturüberblick kein nationales Ziel unterliegt, werden lediglich Veröffentlichungen herangezogen, die der international anerkannten Wissenschaftssprache Englisch entsprechen [DrKe2012, 1399]. Dies führt zu 45.303 Gesamttreffern.

In einem weiteren Schritt erfolgt die Entfernung von unvollständigen bzw. unpassenden Beiträgen, deren Identifikation durch die Such- und Sortierfunktionen der Zitiersoftware JabRef [JabR2017] ermöglicht wird. Hierzu zählen Artikel, welche Zusammenfassungen von Konferenzen, Workshops, Plenarvorträgen oder Podiumsdiskussionen darstellen, aber auch im weiteren Sinne Tutorien und Lehrveranstaltungen besprechen. Des Weiteren sind Beiträge zu entfernen, die lediglich Journaldeckblätter, Vorwörter, Buchbesprechungen, Poster, Werbung oder

Kommentare beinhalten, da diese dem Ziel des Literaturüberblicks nicht gerecht werden. Infolgedessen verbleiben 35.255 Artikel im Korpus.

Kriterium 3 sichert die wissenschaftliche Qualität der restlichen Beiträge anhand von anerkannten Orientierungslisten [AIS2011, VHB2015, FrHS2008, Chin2017] ab. Hierbei nutzt Kriterium 3 die aktualisierten Rankings aus [PoFe2012], um relevante Artikel innerhalb der Disziplinen Information Systems und Wirtschafsinformatik aufzudecken. Entgegen den Angaben des ersten Literaturüberblicks [PoFe2012] etablierten sich im Rahmen der letzten fünf Jahre auch Orientierungslisten innerhalb der Informatik. Gleichwohl betrachten diese oftmals lediglich einfache Gütemaße (Zitationshäufigkeit der Publikationen) und vernachlässigen eine Unterscheidung der verschiedenen Forschungsbereiche. Infolgedessen findet innerhalb dieser Arbeit das etablierte CCF Ranking Verwendung [Chin2017], das unterschiedliche Themenschwerpunkte setzt und neben der Zitationshäufigkeit auch Experten in der Publikationsauswahl zurate zieht. [QRJT2017, 1352 f.] Dementsprechend findet keine pauschale Annahme von Beiträgen der Vereinigungen ACM und IEEE statt, um Aspekte der Big Data Forschung im Rahmen der Informatik auszuwerten. Vielmehr betrachtet CCF lediglich abgeschlossene Publikationen und unterlässt eine Berücksichtigung von Kurzbeiträgen, Demos und technischen Zusammenfassungen [Chin2017]. In diesem Zusammenhang werden alle Artikel entfernt, die den Orientierungslisten nicht entsprechen, keine finalen Ergebnisse präsentieren (Research-in-Progress) oder weniger als drei Seiten beinhalten.

In einem vierten Schritt erfolgt die Zusammenführung der unterschiedlichen Datenbanken und der verbleibenden Beiträge. Überschneidungen innerhalb der einzelnen Suchergebnisse bedürfen einer Identifikation von Duplikaten, sodass 1.370 Publikationen vom Korpus entfernt werden können.

Des Weiteren verwehren die gegebenen Lizenzen eine vollständige Artikeleinsicht für 723 Publikationen. Diese werden von Kriterium 5 entfernt, da eine qualitative Zuordnung der potentiellen Gestaltungsempfehlungen ohne weitreichende Beschreibungen unmöglich ist.

Kriterium 6 nimmt eine inhaltliche Selektion der restlichen Beiträge vor. Demnach sind sämtliche Artikel abzulehnen, die dem zweiten Forschungsziel nicht entsprechen und somit keine Artefakte im Sinne einer Gestaltungsempfehlung für die identifizierten Konsequenzen darstellen. In diesem Zusammenhang werden alle Publikationen entfernt, die im Sinne der Wirtschaftsinformatik keine Unterstützung für das IM in Wirtschaftsunternehmen leisten (z.B. medizinische, geologische, biologische oder verkehrswissenschaftliche Beiträge), die definitorische Ableitungen des Forschungsgebiets Big Data bezwecken sowie existierende Artefakte lediglich vergleichen bzw. im Rahmen eines Literatur-überblicks gegenüberstellen. Weiterhin sind bloße Anwendungen von bestehenden Methoden aus dem Korpus zu entfernen, die keine eigenen Erweiterungen hervorbringen. Darüber hinaus ist eine allgemeine Zuordnung von Gestaltungsempfehlungen zu betroffenen IM Kategorien nicht zielführend, da deren inhaltliche Breite nicht mit der Spezifität einer identifizierten Konsequenz übereinstimmt. Infolgedessen sind Artikel, deren Inhalte nicht mit den aufgedeckten Konsequenzen aus Abschnitt 5.1 übereinstimmen zu vernachlässigen, da für deren Artefakte kein Bedarf festgestellt wurde. Abschließend sind Beiträge zu entfernen, die den Begriff *Big Data* aus rhetorischen Gründen und nicht aufgrund der inhaltichen Beschaffenheit der entwickelten Lösung verwenden. Insgesamt verbleiben 891 Beiträge im Korpus. Tabelle 26 fasst die Ergebnisse der unterschiedlichen Stufen zusammen.

Tabelle 26: Anwendung Ausschlusskriterien Literaturüberblick

Datenbank	Kriterium 1	Kriterium 2	Kriterium 3	Kriterium 4	Kriterium 5	Kriterium 6
ACM Digital Library	2.681	1.860	513	6.234	5.511	891
IEEE Xplore	13.446	11.192	1.580			
AIS Library	459	208	169			
Science Direct	1.535	753	204			
Emerald Insight	175	104	11			
Business Source Complete	583	106	43			
Academic Search Complete	905	108	67			
Scopus	25.519	21.924	5.027			
Gesamt	45.303	36.255	7.614	6.234	5.511	891

Um die Eignung der finalen Artefakte im Katalog abzusichern, sind die verbliebenen Gestaltungsempfehlungen anhand von Experten zu evaluieren. Fokus dieser Einschätzung ist nicht die Implementierung in einem konkreten System, sondern die allgemeine Eignung der Gestaltungsempfehlungen im Sinne einer angewandten Disziplin wie eben der Wirtschaftsinformatik. Dem folgend sind im Gegensatz zur theoriegetriebenen Grundlagenforschung die praktische Relevanz und Nützlichkeit der Artefakte zu bewerten [Birg2011, 130].

Die Erhebung des Datenmaterials ereignet sich durch eine Onlineumfrage, da diese eine breite und zielgerichtete Distribution des Fragebogens gestattet. Der Aufbau der Studie folgt den Richtlinien von Babbie [Babb1990, 127 ff]. Die Startseite der Web-anwendung erklärt die Notwendigkeit der Forschung, den Erhebungsablauf und definiert die Begriffe Relevanz [CuKa1967, 511] und Nützlichkeit [GiHe2011, 241], um ein einheitliches Verständnis abzusichern. Anschließend erfolgt pro Experte eine zufällige Auswahl von sieben Publikationen aus 891 möglichen. Die Relevanz und Nützlichkeit ist von jedem Probanden zu bewerten, wobei der Befragte auf einer 6er-Likert-Skala den Grad seiner Zustimmung zwischen *1 = vollständige Ablehnung* und *6 = vollständige Zustimmung* wählen kann. Um eine aussagekräftige Evaluierung der Veröffentlichungen zu ermöglichen, ist es notwendig, eine geeignete Zusammenfassung bereitzustellen. Da Abstracts auf eine präzise Darstellung des Inhalts abzielen [Kuhl1997, 90], wird jeder Publikation der zugehörige Abstract und Titel zugefügt, sodass der Experte eine zielgerichtete Bewertung vornehmen kann. Jede beantwortete Gestaltungsempfehlung wird aus dem Fragepool entfernt, um eine Mehrfachbeantwortung zu verhindern. Da die Befragung kein nationales Phänomen betrachtet, findet die Umsetzung der Umfrage in Englisch statt. Nichtsdestotrotz zeigten die Pretests lange Beantwortungszeiten und eine mangelnde Bereitschaft der Experten, alle sieben Veröffentlichungen zu evaluieren. Infolgedessen steht es jedem Experten frei, weniger als sieben Beiträge einzustufen. Nachträgliche Untersuchungen konnten jedoch keine Abhängigkeiten zwischen Antwortverhalten und demographischen Faktoren aufzeigen.

Diskussion 139

Adäquate Experten von IT-Organisationen werden in speziellen Big Data Gruppen in den Vernetzungsplattformen Xing [Xing2018] und LinkedIn [Link2018] mithilfe von Anschreiben ausgehoben. Hierbei ist mindestens ein Jahr Erfahrung im Umgang mit Big Data vorzuweisen, um eine hinreichende Expertise für die Studie abzusichern. Im Zeitraum von November 2017 bis Februar 2018 beenden insgesamt 203 von 439 Experten den Fragebogen anonym und evaluieren im Mittel 4,4 Publikationen. Infolgedessen kann auf ein hohes Studieninteresse geschlossen werden. Zusätzlich ist eine hohe Expertise bei gleichmäßiger Datenverteilung zu beobachten. Demnach arbeiten die Probanden durchschnittlich seit 5,3 Jahren in Big Data Vorhaben, wobei 33,5 Prozent der Befragten über 1-3 Jahre, 40,4 Prozent über 4-6 Jahre und 26,1 Prozent über mehr als 6 Jahre Erfahrung verfügen. Die Verteilung von Unternehmensgröße (in Mitarbeitern gemessen) und Herkunft der Probanden ähnelt anderen Studien im Umfeld von Big Data [PoFe2016a]. Demnach gehören 20,7 Prozent der Experten Unternehmen mit weniger als 50 Mitarbeitern, 22,2 Prozent der Experten Unternehmen mit 50 bis 500 Mitarbeitern und 56,1 Prozent der Experten Unternehmen mit mehr als 500 Mitarbeitern an (1,0 Prozent keine Angaben). Die Organisationen der Probanden stammen zu 79,8 Prozent aus Europa, zu 9,4 Prozent aus Asien, zu 7,8 Prozent aus Amerika und zu 1,5 Prozent aus Australien (1,5 Prozent keine Angaben). Eine Unterscheidung der Unternehmen nach Jahresumsatz ist problematisch, da 28,6 Prozent der Befragten die Angabe verweigerten. Die restlichen Teilnehmer gehören Unternehmen mit einem Jahresumsatz von 10.000 bis 1 Million US-Dollar (12,8 Prozent), 1 Million bis 10 Millionen US-Dollar (11,3 Prozent), 10 Millionen bis 100 Millionen US-Dollar (9,9 Prozent), 100 Millionen bis 1 Milliarde US-Dollar (9,4 Prozent) oder mit mehr als 1 Milliarde US-Dollar (28,0 Prozent) an. Des Weiteren kann eine hohe Heterogenität innerhalb der beteiligten Industrien beobachtet werden. Hierbei verdeutlicht Tabelle 27 anhand der prozentualen Verteilung, dass Big Data nicht nur durch klassische IT-Branchen (z.B. Beratung, Digitale Wirtschaft) vorangebracht wird, sondern ebenfalls Anwendung in den fachlichen IT-Abteilungen findet. Infolgedessen profitiert die Qualität der Studie von breiten Erfahrungen aus unterschiedlichen Industrien und beinhaltet wie ähnliche Big Data Studien [PoFe2016a] eine repräsentative Auswahl von Experten. Demnach wird von einer geeigneten Datenerhebung ausgegangen.

Tabelle 27: Industrieverteilung Evaluierung Gestaltungsempfehlung

Industrie	Anteil	Industrie	Anteil
Automobilindustrie	8,7 %	Glücksspielindustrie	2,0 %
Bauindustrie	1,0 %	Lebensmittelindustrie	1,5 %
Beratung	29,5 %	Logistik	3,0 %
Biotechnologie	0,5 %	Luft und Raumfahrt	1,5 %
Chemische Industrie	1,5 %	Maschinenbau	0,5 %
Digitale Wirtschaft	16,1 %	Mode- und Kunstindustrie	3,0 %
Elektrotechnik- und Elektronikindustrie	4,5 %	Öl- und Gasindustrie	2,5 %
Finanzindustrie	10,7 %	Tourismus	3,5 %
Forschung und Entwicklung	3,5 %	Wirtschaftsprüfung	0,5 %
Gesundheitsindustrie	2,5 %	Keine Angaben	3,5 %

Im Mittel bewerten die Experten die Relevanz der zu evaluierenden Gestaltungsempfehlungen mit 3,9 und die Nützlichkeit mit 3,7. Dementsprechend kann die überdurchschnittliche Qualität der identifizierten Artefakte bestätigt werden. Nichtsdestotrotz ist die vollständige Übernahme aller Gestaltungsempfehlungen sinnfrei. Vielmehr sind alle Lösungen zu entfernen, die wenig Relevanz und Nützlichkeit aufweisen. In diesem Zusammenhang verbleiben als finale Gestaltungsempfehlungen lediglich die Artefakte, die in beiden Kategorien mit wenigstens vier (*einigermaßen relevant bzw. einigermaßen nützlich*) bewertet werden. Alle restlichen Lösungen sind zu entfernen, da entweder die Nützlichkeit oder die Relevanz nicht gegeben ist. Infolgedessen verbleiben 466 von 891 Gestaltungsempfehlungen für das IM in Big Data.

Die finalen Publikationen werden manuell analysiert und den bestätigten Konsequenzen im IM aus Abschnitt 5.1 zugeordnet. Hierbei ist die Einordnung der Gestaltungsempfehlungen nicht immer eindeutig. Demnach kann sich eine Veröffentlichung, die das Thema MapReduce behandelt, auf die Betriebsart, Softwareentwicklung oder auf das Dateisystem beziehen. In diesem Zusammenhang wird der inhaltliche Schwerpunkt aller Beiträge untersucht und der nächstliegenden Konsequenz in Tabelle Anhang 1 (siehe S. 247) zugewiesen. Zusammen mit der jeweiligen Expertenbewertung für Relevanz (*Rel.*) und Nützlichkeit (*Nützl.*) wird jede eingefügte Publikation hinsichtlich ausgehender Problemstellung und inhärenter Lösung kurz skizziert. Hierbei erfolgt im Sinne eines Katalogs eine Klassifizierung der Gestaltungsempfehlung in zugehörige Literaturquelle und Ansätze. Letzteres kann mehrere Themen (z.B. Scheduler, MapReduce-Erweiterung) beinhalten, wobei die ausgewählte fachliche Granularität der Begriffe eine bedarfsgerechte Lösungsidentifikation bei zukünftigen Herausforderungen ermöglichen soll. Infolgedessen werden zu spezifische oder zu grobe Beschreibungen vermieden. Insgesamt führt dies zu 105 verschiedenen Ansätzen.

Nichtsdestotrotz verhindert die langwierige Etablierung des Begriffs Big Data eine vollständige Erfassung von frühen aber relevanten Publikationen, in denen weder im Titel, noch in den Schlüsselwörtern bzw. im Abstract der Terminus *Big Data* aufzufinden ist. Ein prominentes Beispiel ist unter anderem in der erstmaligen MapReduce Publikation von Dean und Ghemawat zu sehen [DeGh2004]. Nichtsdestotrotz referenzieren die identifizierten Gestaltungsempfehlungen auf die grundlegenden Artefakte zurück. Infolgedessen werden die früheren Publikationen, soweit wissenschaftlich veröffentlicht und zugänglich, anhand der ausgehobenen Artefakte identifiziert und der Tabelle Anhang 1 (siehe S. 247) hinzugefügt, sodass eine vollständige Aufstellung aller relevanten Gestaltungsempfehlungen ermöglicht wird. Langfristig etablierte Techniken der Wirtschaftsinformatik und Big Data unangepasste Lösungen (z.B. SVM) sind hiervon jedoch ausgeschlossen. Insgesamt werden der Tabelle Anhang 1 (siehe S. 247) 13 weitere Publikationen zugeordnet, sodass die Anzahl der Gestaltungsempfehlungen auf 479 steigt. Da eine breite Akzeptanz für diese Werke in der Literatur vorherrscht, verzichtet die Arbeit auf eine erneute Evaluierung durch Experten und führt diese in als *Grundlagenwerke* auf.

Dessen ungeachtet erschwert der Umfang von Tabelle Anhang 1 (siehe S. 247) eine zielgerichtete Diskussion. Zu diesem Zweck ordnen die Abbildungen 35 (siehe S. 142), 36 (siehe S. 151), 37 (siehe S. 156) und 38 (siehe S. 160) die identifizierten Gestaltungsempfehlungen den jeweiligen Ebenen des Informationsmanagements anhand der bestätigten Konsequenzen aus Tabelle 24 (siehe S. 125) zu. Hierbei entspricht jeder graue Block einer Konsequenz mit zugehörigen Lösungen. Um eine quantitative Übersicht zu erhalten, bilden die runden Klammern die Häufigkeit der fachlichen Ansätze in den aufgefundenen Gestaltungsempfehlungen ab. Da zum Teil mehrere Konsequenzen in einer IM Kategorie vorliegen, werden diese mithilfe des eindeutigen Schlüssels unterschieden. Die Gestaltungsempfehlungen werden im Folgenden anhand der fachlichen Ansätze sukzessiv erläutert, um aufzuzeigen, inwiefern den aufgedeckten Konsequenzen im IM begegnet werden kann. Stellvertretend werden für die fachlichen Ansätze einzelne Beiträge zur Veranschaulichung diskutiert.

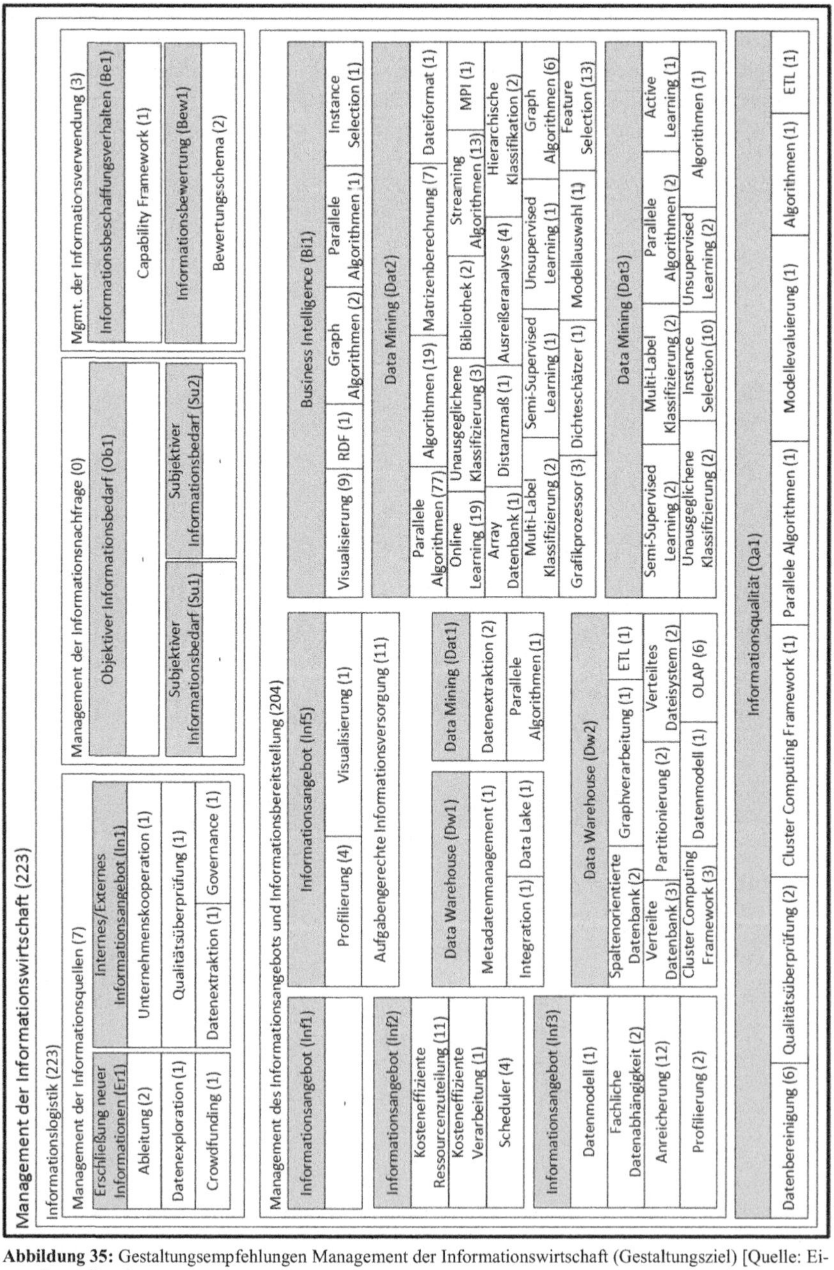

Management der Informationswirtschaft (223)

Informationslogistik (223)

- **Management der Informationsquellen (7)**
  - Erschließung neuer Informationen [Er1]
    - Ableitung (2)
    - Datenexploration (1)
    - Crowdfunding (1)
  - Internes/Externes Informationsangebot [In1]
    - Unternehmenskooperation (1)
    - Qualitätsüberprüfung (1)
    - Datenextraktion (1) | Governance (1)

- **Management der Informationsnachfrage (0)**
  - Objektiver Informationsbedarf [Ob1] — –
  - Subjektiver Informationsbedarf [Su1] — –
  - Subjektiver Informationsbedarf [Su2] — –

- **Mgmt. der Informationsverwendung (3)**
  - Informationsbeschaffungsverhalten [Be1]
    - Capability Framework (1)
  - Informationsbewertung [Bew1]
    - Bewertungsschema (2)

Management des Informationsangebots und Informationsbereitstellung (204)

- **Informationsangebot [Inf1]** — –
- **Informationsangebot [Inf5]**
  - Profilierung (4) | Visualisierung (1)
- **Aufgabengerechte Informationsversorgung (11)**
  - Business Intelligence (Bi1)
    - Visualisierung (9) | RDF (1) | Graph Algorithmen (2) | Parallele Algorithmen [1] | Instance Selection (1)
  - Data Mining (Dat2)
    - Parallele Algorithmen (77) | Algorithmen (19) | Matrizenberechnung (7) | Dateiformat (1)
    - Online Learning (19) | Unausgeglichene Klassifizierung (3) | Bibliothek (2) | Streaming Algorithmen (13) | MPI (1)
    - Array Datenbank (1) | Distanzmaß (1) | Ausreißeranalyse (4) | Hierarchische Klassifikation (2)
    - Multi-Label Klassifizierung (2) | Grafikprozessor (3) | Dichteschätzer (1) | Semi-Supervised Learning (1) | Graph Algorithmen (6)
    - Modellauswahl (1) | Feature Selection (13)
  - Data Mining (Dat3)
    - Multi-Label Klassifizierung (2) | Parallele Algorithmen (2) | Active Learning (1)
    - Semi-Supervised Learning (2) | Unausgeglichene Klassifizierung (2) | Instance Selection (10) | Unsupervised Learning (2) | Algorithmen (1)
  - Data Mining (Dat1)
    - Datenextraktion (2) | Parallele Algorithmen (1)
- **Informationsangebot [Inf2]**
  - Kosteneffiziente Ressourcenzuteilung (11)
  - Kosteneffiziente Verarbeitung (1)
  - Scheduler (4)
  - Data Warehouse (Dw1)
    - Metadatenmanagement (1)
    - Integration (1) | Data Lake (1)
  - Data Warehouse (Dw2)
    - Spaltenorientierte Datenbank (2) | Graphverarbeitung (1) | ETL (1)
    - Verteilte Datenbank (3) | Partitionierung (2) | Verteiltes Dateisystem (2)
    - Cluster Computing Framework (3) | Datenmodell (1) | OLAP (6)
- **Informationsangebot [Inf3]**
  - Datenmodell (1)
  - Fachliche Datenabhängigkeit (2)
  - Anreicherung (12)
  - Profilierung (2)

Informationsqualität (Qa1)

- Datenbereinigung (6) | Qualitätsüberprüfung (2) | Cluster Computing Framework (1) | Parallele Algorithmen (1) | Modellevaluierung (1) | Algorithmen (1) | ETL (1)

Abbildung 35: Gestaltungsempfehlungen Management der Informationswirtschaft (Gestaltungsziel) [Quelle: Eigene Darstellung]

Wie der Abbildung 35 (siehe S. 142) zu entnehmen ist, existieren insgesamt 223 unterschiedliche Gestaltungsempfehlungen für das Management der Informationswirtschaft. Gleichwohl ist ersichtlich, dass den Konsequenzen *Ob1*, *Su1*, *Su2* und *Inf1* keine geeigneten Lösungen zugeordnet werden konnten. Dies ist jedoch nicht durch fehlende Forschungen zu begründen. Vielmehr unterliegen diese Konsequenzen keiner direkten Gestaltungsaufforderung, sind weder positiv noch negativ zu bewerten und können als Auslöser für die nachstehenden Konsequenzen manifestiert werden. Für diese sind Gestaltungsempfehlungen aufzudecken, sodass eine positive Ausgestaltung des Informationsmanagements gewährleistet werden kann. Infolgedessen konnten keine Gestaltungsempfehlungen für das Management der Informationsnachfrage aufgedeckt werden.

Das Management der Informationsquellen beinhaltet sieben Gestaltungsempfehlungen. Hierbei erörtern die Beiträge Mechanismen, die dem zunehmenden Informationsbedarf mit der Erschließung von neuen oder mit der Neubewertung von vorhandenen Informationen begegnen (*Er1*). In diesem Zusammenhang propagieren die Beiträge [DYTC2014] und [FeNa2016] die Verwendung von Ableitungsmethoden, um Analysen mit zusätzlichem Wissen aus bestehenden Informationsquellen zu bereichern. Demnach schließen [DYTC2014] auf demografische Kundeneigenschaften anhand von bestehenden Telekommunikationsdaten. Andere Ansätze [FeNa2016] verwenden Artikelbewertungen von Kunden, um Nutzeremotionen für Marketinguntersuchungen zu gewinnen. Nichtsdestotrotz verhindern voluminöse und heterogene Datenbestände eine Neubewertung der Informationsquellen. Um dem zu begegnen, entwickeln [GuPP2017] ein Werkzeug, das zügige Zusammenfassungen, Visualisierungen und interaktive Navigationen von Inhalten in unbekannten Datensätzen erlaubt. Zuletzt kann Crowdfunding als neuartige Methode zur Erschließung von Informationen beobachtet werden, da die Menge der anzureichernden Daten die organisationsinternen Kapazitäten übersteigen [FeNa2016].

Im internen/externen Informationsangebot verlangt die vermehrte und spezifische Nutzung von externen Informationsquellen eine intensivierte Anbieterbeziehung (*In1*). In diesem Zusammenhang entwickeln [LLXF2015] eine konvergenzorientierte Integrationsarchitektur für den Datenaustausch zwischen Unternehmen. Die Plattform erlaubt die Sammlung, Transformation und Zusammenführung von unterschiedlichen Quellen. Alternativ konzipieren [JuKi2015] eine gemeinsame Governance für einen branchenübergreifenden Datenaustausch. Der Ansatz definiert ein neuartiges Geschäftsmodell, das neue Rollen und Verantwortlichkeiten unter den Anteilseignern bestimmt. Des Weiteren erarbeiten [SuYR2014] Strategien zur Datenextraktion, die die Volumenbeschränkungen von externen Informationsdienstleistern umgehen. Abschließend betonen [RaSZ2016] die unbekannte Datenqualität von externen Streamingangeboten. Zu diesem Zweck gestattet deren Methode eine Überprüfung der Datenvollständigkeit.

Dem Management des Informationsangebots und der Informationsbereitstellung sind 204 Gestaltungsempfehlungen zugeordnet. In Anbetracht des steigenden Informationsangebots zielen 14 Publikationen auf eine Kostenreduzierung ab (*Inf2*). Zentraler Lösungsbestandteil sind Ansätze, die eine kosteneffiziente Ressourcenzuteilung in Cloud Architekturen verfolgen. Diese reduzieren und optimieren unter Einbehaltung von Verarbeitungsfristen die Anzahl der gemieteten Ressourcen [CVBC2016; NgFi2015], der aktiven Server [CPLY2017], der aktiven virtuellen Maschinen [CCZR2016] und der Stromkosten [CCZR2016; HFDG2012; MoLo2015]. Andere Publikationen erarbeiten neuartige Scheduler, die eine energieeffiziente

Verarbeitung im Cluster ermöglichen. Beispielsweise erweitern [HFDG2012] das MapReduce Framework, indem der momentane Stromverbrauch jedes Clusterknotens überwacht wird und neue Aufgaben dem energieeffizientesten zugeordnet werden. Um eine bessere Ressourcenauslastung zu gewährleisten, verfolgen andere Verfahren die Verarbeitung von zusätzlichen Big Data Aufgaben. Damit hierbei keine Konflikte entstehen, entwickeln [WLWZ2015] einen Scheduler, der Interferenzen verhindert, Kapazitäten ressourcensparend vergibt, Aufgaben priorisiert und die angestrebte Servicequalität bei großen Datenmengen garantiert. Des Weiteren könnte die kostengünstige Bereitstellung von Big Data Services über Cloud Computing zu einer Erweiterung des Anwenderkreises führen. Um dies zu erreichen, erarbeiten [ZCGR2015] einen Scheduler für die Zuweisung von Cloud Ressourcen, der die Einhaltung von Budget, Qualität und Verarbeitungszeit berücksichtigt. Hierbei ermöglicht der Ansatz die Kostensenkung des Nutzers und die Gewinnmaximierung des Anbieters. Andere Publikationen streben eine kosteneffiziente Verarbeitung an. Demnach betreiben [GICS2014] eine Messinfrastruktur für Big Data intensive Analyseanwendungen, die die Taktfrequenz eines jeden Algorithmus an die energieeffizienteste Taktfrequenz des Hauptprozessors anpasst. Infolgedessen werden die Stromkosten reduziert.

Konsequenz *Inf3* betrachtet die Erhöhung des Informationsbestands durch die Abdeckung von objektivem Informationsbedarf und geäußerter Informationsnachfrage mit zusätzlichem Informationsangebot. Ein zentraler Lösungsansatz ist die Anreicherung. In diesem Zusammenhang zeigen [CuPT2015], inwieweit Twitternachrichten für die Routenrekonstruktion oder Fotografien aus Flickr zur Verhaltensvorhersage [MVGM2017] von Touristen genutzt werden können. Die Autoren [DaSo2016] verdeutlichen, dass die kombinierte Verwendung von Sozialen Medien und Telekommunikationslogs eine genauere Vorhersage von menschlichen Bewegungsmustern ermöglicht. Andere Verfahren [GoPK2013] nutzen neben historischen Nutzeraufenthalten zusätzliche Informationen wie Beschleunigungsmesser oder Bluetooth- und Anrufhistorien, um aussagekräftige Standortvorhersagen zu treffen. Im Rahmen der Betrugserkennung verknüpfen [DGRM2015] neben transaktionalen, auch öffentliche und private Informationen. Daneben unterstützen Anreicherungsmethoden die Profilierung von Nutzern. Beispielsweise verknüpfen [KrDo2016] Mobilfunkdaten und Bewegungsmuster für Analysen, die das Kundenverhalten möglichst präzise abbilden, um eine feingranulare Zuordnung von Werbekampanien zu ermöglichen. Weitere Lösungen erhöhen den Informationsstand, indem diese fachliche Datenabhängigkeiten aufdecken. Hierfür entwickeln [YBGY2017] ein Neuronales Netzwerk, das Beziehungen zwischen Bildern und Texten offenlegt. Zuletzt entwirft [Hein2016] ein neuartiges Datenmodell, um eine gemeinsame Auswertung von Text- und Netzwerkinformationen für den Börsenhandel zu gestatten.

Konsequenz *Inf5* verweist auf das steigende Informationsangebot und auf die Gefahr einer Informationsüberflutung. Um dem zu begegnen, entwickeln verschiedene Publikationen Methoden, die relevante Informationen in der richtigen Qualität, zum richtigen Zeitpunkt und in der richtigen Menge bereitstellen (aufgabengerechte Informationsversorgung). [Krcm2015, 147] Beispiele können in Information Retrieval Systemen gesehen werden, die in großen Datenbeständen möglichst relevante Dokumente an Nutzer weiterleiten [CuLL2015]. Andere Ansätze identifizieren interessante Datensätze in verteilten Datenbeständen über nutzerindizierte Schlüsselwörter und Top-k Anfragen [AmHN2015] und weitere über Filtermechanismen

Diskussion 145

[QZJZ2016]. Gleichwohl sind die Beiträge [PoFe2015b] und [DFPK2015a] (Erstveröffentlichung von [DFPK2015b]) in Abschnitt 4.4.1 als Methoden der aufgabengerechten Informationsversorgung zu verstehen, da beide relevante Informationen aus großen Datenbeständen verknüpfen und bereitstellen. Häufig findet die nutzerorientierte Profilierung breite Verwendung im Rahmen der aufgabengerechten Informationsversorgung. Da sich die Relevanz von Nutzer zu Nutzer und von Situation zu Situation unterscheidet, entwickelt der Beitrag [MQRT2013] eine Data Mining Methode, die die kontextuellen Nutzerpräferenzen anhand seiner historischen Interaktionen ableitet. Ähnliche Verfahren nutzen [LiBa2015], indem ein wahrscheinlichkeitsbasierter Algorithmus Nutzerprofile anhand von Nutzerbewertungen automatisch ableitet und personalisierte Empfehlungen durch kollaborative Filtermechanismen weiterleitet. Gleichzeitig entwickeln die Autoren [RaOh2015] einen sogenannten Banditenalgorithmus, der eine Weiterleitung von relevanten Artikeln bei sich ständig ändernden Nutzerpräferenzen ermöglicht. Zuletzt unterstützen [RVVF2016] eine aufgabengerechte Informationsversorgung mithilfe von Visualisierungen. In diesem Zusammenhang extrahiert und visualisiert der Beitrag Knowledge Graphs anhand von Artikeln. Die Ergebnisse werden in einem Browser dargestellt und erlauben dem Nutzer ein vertieftes Verständnis für unbekannte Domänen und gestatten die chronologische Überwachung von Nachrichtenereignissen.

Die Konsequenz *Dw1* betrachtet die Notwendigkeit einer verstärkten Ablage von unstrukturierten Daten im DWH. Um dem zu begegnen, ermöglichen [FMPT2016] eine nahtlose Integration und Ablage von unstrukturierten und strukturierten Daten mittels Question Answering. Da die Diversität von Datenquellen im Rahmen von Big Data häufig zu einer Sammlung von nicht integrierten Datenmanagementsystemen mit heterogenen Schemen, Abfragesprachen und Strukturiertheitsgraden führt, entwickeln [HaGQ2016] einen Data Lake Ansatz, der die gemeinsame Ablage der Daten im ursprünglichen Format gestattet. Nichtsdestotrotz führt die unbedachte Speicherung ohne Metadaten zu einem Datensumpf. Infolgedessen erarbeitet der Beitrag das Metadaten Managementwerkzeug *Constance*. Dieses erlaubt die Aufdeckung, Extraktion und Zusammenfassung von strukturierten Metadaten und annotiert diese mit semantischen Informationen.

Zwölf Gestaltungsempfehlungen beinhalten Methoden, die bei steigenden Datenmengen zeitnahe Abfragen in DWH Strukturen erlauben (*Dw2*). Hierbei betrachten [BKBG2013] das DWH im Cloud Computing. Dieses ist durch die immense Anzahl von ständigen Abfragen und durch den Austausch zwischen verschiedenen Anfragen, die gemeinsame Inhalte teilen, stark überlastet. Um die Abfragen zu beschleunigen und den Austausch zu verringern, leitet die in dem Beitrag entwickelte Methode ein Partitionierungsschema anhand von historischen Abfrageinteraktionen ab. Andere Autoren [PGWR2014] verbessern die DWH Lesegeschwindigkeit in HDFS, indem Daten, die häufig zusammen abgefragt werden, in einer gemeinsamen Partition abgelegt werden. Des Weiteren existieren Bemühungen, die Abfragegeschwindigkeit von DWH Systemen anhand von unterschiedlichen Datenmanagementsystemen zu beschleunigen. In diesem Zusammenhang entwickeln [LÖCO2014] eine verteilte Datenbank, die Anfragen mittels MapReduce in Echtzeit verarbeitet. Währenddessen entwerfen [JJSN2017] ein Datenmodell, das die Abbildung von Star Schemas in spaltenorientierten Datenbanken gestattet. Weitere Verfahren bezwecken die Reduzierung der Verarbeitungsgeschwindigkeit in OLAP Analysen. Beispielsweise implementieren [Dehd2016] einen neuen Cube-Operator anhand von

MapReduce und [SGWZ2015] ein OLAP Framework für Hadoop, um Berechnungen von großen Datenmengen in nicht-relationalen und verteilten Speicherstrukturen zu erlauben. Andere Publikationen zielen auf eine Beschleunigung des ETL Prozesses ab. Hierbei erweitern [QSGD2015] die ETL Engine *Kettle* und ermöglichen die Echtzeitaktualisierung von DWH Datenbeständen in HBase.

Lediglich zwei Beiträge adressieren die verstärkte Notwendigkeit einer automatischen und zeitgerechten Umwandlung von unstrukturierten Texten in Zeiten von Big Data (*Dat1*). Alle Gestaltungsempfehlungen beinhalten effiziente Techniken zur Datenextraktion. Demnach reduzieren [JSST2015] hochdimensionale Vektoren im Text Mining, indem lediglich semantische Aussagen aus Wortteilen in einen niedrigdimensionalen Vektor überführt werden. Währenddessen extrahieren die Autoren [GoSC2015] relevante Wortsequenzen anhand eines neuen LocalMaxs Algorithmus zeitnah, der eine parallele Verarbeitung ermöglicht.

Die meisten Gestaltungsempfehlungen sind Konsequenz *Dat2* zuzuordnen. Sie beinhaltet Lösungen, die eine zuverlässige und zeitnahe Modellberechnung im Data Mining gestatten. Insgesamt beschleunigen 123 Beiträge die Verarbeitung durch Algorithmen, die eine parallele Berechnung ermöglichen. Häufig implementieren die Veröffentlichungen neue Versionen von etablierten Data Mining Methoden, da die bestehenden den steigenden Datenmengen nicht gerecht werden. Hierbei entwickeln die Beiträge z.B. Algorithmen für KNN [MaTH2014], Random Forest [CLTB2017], C4.5 Entscheidungsbaum [MLYL2017], SVM [NNLP2016], Markov-Chain-Monte-Carlo [AhSW2014], Lazy Assoziationsanalyse [LZCS2016], Neuronale Netze [ScWP2016], logistische Regression [NNLV2016], Kollaborative Filter [PQBP2016], FP-Growth [BeMS2016], Alpha Process Mining [EvAs2014], K-Means und ID3 [MVVV2016]. Andere Forschungen realisieren neuartige Data Mining Modelle, wie den Clusteralgorithmus Patchwork [GoLT2016] oder den Klassifikator *Chi-FRBCS-BigDataCS* [LDBH2015]. Häufig erfolgt die Implementierung der Algorithmen für spezielle Cluster Computing Frameworks. Gängige Vertreter sind MapReduce [ABCC2013; CaCS2015; HPKT2014; LHLZ2015] oder Spark [GoLT2016; GuYD2015; HALC2016]. Des Weiteren existieren Algorithmen, die ohne Parallelisierung zeitnahe Modellberechnungen gestatten. Beispielsweise verwenden [CHJR2016] für ein neues SVM Modell die Kernel Ridge Regression, um die Dimensionalität der Trainingsdaten zu reduzieren. Daneben entwickeln die Autoren [HiTi2016] einen Klassifikator, der eine Näherungslösung anstrebt und somit die Berechnungszeit verkürzt. Währenddessen verfolgt der Bayes Algorithmus von [MWCZ2016] einen Out-of-Core Ansatz, sodass nicht alle Daten für das Modelltraining in den Hauptspeicher geladen werden müssen. Alternativ realisieren [SoCT2016] eine metrikbasierte Zugriffsmethode für Clusteranalysen, die die Clusterpartitionierung durch interne Knotenseparation beschleunigt. Des Weiteren kann die Art der Algorithmen unterschieden werden. Graph Algorithmen gestatten die Beschreibung von strukturellen Zusammenhängen und bestehen aus Knoten und Kanten [PaMK2016, 1115 f.]. Die Methoden finden breite Verwendung in Netzwerkanalysen und müssen im Rahmen von Big Data zeitnahe Modellberechnungen garantieren. Zu diesem Zweck entwickeln [LBZZ2016] einen graphbasierten Algorithmus für die überlappende Community-Erkennung in großen Datenmengen. Darüber hinaus entwerfen [BhRa2017] einen Graphalgorithmus für Fuzzy Clusteranalysen anhand von Pregel. Letzteres erlaubt die Definition von Programmen als Sequenz von Iterationen, in der jeder Knoten Nachrichten von vorhergehenden Iterationen empfangen und Nachrichten zu anderen Knoten versenden kann [MABD2010, 135 f.]. Daneben existieren Streaming Algorithmen, die zeitnahe Modellberechnungen für Datenströme ermöglichen. Um dies zu erreichen, folgen [BaFe2016] dem Paradigma der verteilten Verarbeitung und entwickeln einen neuartigen K-Means Algorithmus. Andere Autoren realisieren Streaming Algorithmen für Entscheidungsbäume [CaCS2015] oder KNN [TSRG2017]. Häufig sind Streaming Anwendungen temporalen und konzeptionellen Datenveränderungen (Concept Drift) ausgesetzt [HPKT2014, 570]. Um dennoch eine hohe Modellqualität abzusichern, verfolgen viele Ansätze das Online Learning. Im Gegensatz zum Offline Learning erfolgt hierbei das Modelltraining im produktiven Einsatz [NaSK2012, 549]. Beispiele können in den Implementierungen von [LoHW2016] oder [SSAL2016] gesehen werden. Letztere realisieren einen wahrscheinlichkeitsbasierten Sliding Window Mechanismus, der Concept Drift Phänomene in Assoziationsanalysen aufdeckt. Gleichwohl ist das Online Learning nicht auf Streaming Anwendungen begrenzt. In diesem Zusammenhang entwickeln [QiYG2015] einen zeit- und ressourceneffizienten SVM Algorithmus, der Modellanpassungen in Echtzeit gestattet. Während die meisten Klassifikatoren in einem überwachten Training entstehen, benötigen Semi-Supervised Learning Techniken lediglich wenige Trainingsinstanzen mit zugewiesener Klassenzugehörigkeit [BCDV2017, 795], bzw. im Unsupervised Learning gar keine [PHCB2015, 173]. Zeit- und ressourceneffiziente Algorithmen für beide Lösungsansätze können [WeCY2016] und [Gies2015] entnommen werden. Des Weiteren ist die Art der Klassifizierung zu unterscheiden. Sonderfälle können in der hierarchischen, unausgeglichenen [LiTL2015, 881] und in der Multi-Label Klassifizierung [Puur2012, 458] gesehen werden. Hierbei gestatten die Beiträge von [PHCB2015] (Multi-Label Klassifizierung), [LiTL2015] (Hierarchische Klassifikation) und [LDBH2015] (Unausgeglichene Klassifizierung) eine zeitnahe Verarbeitung von großen Datenmengen. Davon losgelöst existieren Verfahren, die durch die Entfernung von irrelevanten Attributen (Feature Selection) sowohl die Berechnungszeit als auch die Modellqualität verbessern. Beispielsweise entwickeln [EYAM2015] einen leistungsstarken Algorithmus für die Hauptkomponentenanalyse anhand von MapReduce. Währenddessen realisieren [DBHZ2016] einen neuartigen Algorithmus für Neuronale Netze, der die Attributanzahl anhand einer versteckten Knotenschicht reduziert. Des Weiteren bereinigen Ausreißeranalysen den Trainingsdatensatz von nicht repräsentativen Trainingsinstanzen. Infolgedessen sinkt die Modellberechnungszeit und die Vorhersagequalität steigt. Da diese Verfahren in großen Datenmengen aufwendige Berechnungen hervorrufen, entwerfen [Cárd2014] einen partikelbasierten Algorithmus, der Ausreißer durch eine parallele Verarbeitung zeitnah identifiziert. Indessen bestimmt die Lösung von [BaKa2013] die Dichte jeder Instanz in jedem Attribut und berechnet die Steuerung innerhalb einer vorab definierten Clusterdichte. Ausreißer mit geringer Gewichtung werden aus dem Trainingsbestand entfernt. Generell gestatten adäquate Dichteschätzer zeitnahe Berechnungen. In diesem Zusammenhang entwickeln [TWWL2013] einen neuartigen Dichteschätzer mit geringer Komplexität und zeigen, dass dieser die originären Dichteschätzer in DBSCAN, Local Outlier Factor und Naive Bayes übertrifft. Daneben verhindern effiziente Distanzmaße zeitintensive Modellberechnungen. Dem folgend verzichten [RCMB2013] auf ein konventionelles Distanzmaß (bspw. Euklidischer Abstand) und identifizieren ähnliche Datenpunkte anhand der dynamischen Zeitnormierung. Weitere Verarbeitungsbeschleunigungen werden durch neuartige Matrizenberechnungen gewährleistet, die in den meisten Data Mining

Algorithmen Verwendung finden. Beispielsweise implementieren [HCLL2015] ein generelles System für die parallele Berechnung von Matrizen und [LZLY2016] ein nichtnegatives Latentfaktormodell für kollaborative Filter, um eine effiziente Handhabung von extrem unbesetzten Matrizen zu erlauben. Alternativ definieren [PLCV2016] ein neues Datenformat. Dieses erlaubt eine massive Datenreduzierung und kann ohne weitere Anpassungen von einer Vielzahl von etablierten Data Mining Algorithmen angewendet werden. Darüber hinaus entwickeln [OrZC2016] einen parallelen Array Operator, der die skalierbare Berechnung von großen Matrizen in Array Datenbanken gestattet. Ferner ist die Berechnungszeit in Anwendungsfällen zu verkürzen, in denen multiple Data Mining Modelle gleichzeitig trainiert werden. Für die Modellauswahl ist die Optimierung der Hyperparameter von entscheidender Bedeutung. Nichtsdestotrotz führt dies zu berechnungsintensiven Prozessen. Um dem zu begegnen, unterteilt der Ansatz von Joy et al. den Datenbestand in einzelne Blöcke und bestimmt anhand einer bayesianischen Optimierung geeignete Hyperparameterkonfigurationen. [JRGV2016] Zuletzt kann die Hardware unterschieden werden. Während die meisten Implementierungen eine Ausführung innerhalb des Hauptprozessors vorsehen, entwickeln einzelne Autoren Algorithmen, die durch die Verarbeitung im Grafikprozessor eine beschleunigte Verarbeitung erreichen. In diesem Zusammenhang entwerfen [Gies2015] eine neuartige SVM Methode und [JiJa2016] einen spektralen Clusteralgorithmus. Beide gestatten eine parallele Verarbeitung und übertreffen ähnliche Lösungen für Hauptprozessoren.

Ausgehend von einem erhöhten Informationsangebot, betrachtet Konsequenz *Dat3* die Notwendigkeit einer automatisierten Selektion und Zuordnung von Trainingsinstanzen. Der dominanteste Lösungsansatz sind Instance Selection Methoden. Diese identifizieren selbstständig repräsentative Trainingsbeispiele, um die Modellqualität zu erhöhen. Da dies in großen Datenbeständen zu zeit- und rechenintensiven Prozessen führt, entwickeln [ADRG2016] zwei leistungsstarke Instance Selection Verfahren, die mittels Ähnlichkeitsbetrachtung repräsentative Trainingsdaten identifizieren. Andere Autoren verwenden Clusterverfahren, um komprimierte Prototypen aus dem Datenbestand abzuleiten [DuYM2014]. Ein gegensätzliches Vorgehen verfolgen Pospiech und Felden (siehe Abschnitt 4.4.1.3). Hierbei bestimmen die Autoren die Repräsentativität einer Instanz anhand der Effektlänge u nd anhand des -ausschlags zur Zielvariablen. [PoFe2016c] Andere Gestaltungsempfehlungen verknüpfen Instance Selection Methoden mit der Algorithmenimplementierung. In diesem Zusammenhang entwerfen [TaXZ2016] ein leistungsfähiges bayesianisches Netzwerk, das eine adäquate Menge an Trainingsbeispielen aus dem gesamten Datenbestand selbstständig extrahiert. Alternative Bemühungen sind dem Beitrag von [HWZS2015] zu entnehmen. Hierbei verzichten die Autoren auf eine zeitintensive Berechnung der Datenverteilung und entwickeln eine parallelverarbeitende Instance Selection Methode, die trotz unbekannter Datenverteilung repräsentative Trainingsinstanzen entnimmt, um somit die ursprünglichen Charakteristiken des Datenbestands beizubehalten. Des Weiteren sind problemspezifische Instance Selection Implementierungen zu beobachten. Dem folgend entwerfen [Chen2014a] eine Instance Selection Methode, die repräsentative Trainingsbeispiele in Multi-Label Klassenumgebungen zeiteffizient identifizieren. Ferner konstruieren [DZRZ2016] einen neuen Instance Selection Ansatz, um adäquate Trainingsinstanzen zeitnah aus großen Datenbeständen mit unausgeglichenen Klassenverteilungen herauszufiltern. Semi-Supervised und Unsupervised Learning Techniken entlasten Experten in der manuellen Klassifizierung von Instanzen. Hierbei nutzen [HSGW2013] ein Clusterverfahren, um fehlende Klassenzuweisungen aus bestehenden abzuleiten. Währenddessen gestattet der Beitrag von [PHCB2015] eine unüberwachte Ableitung von Klassen in großen Textsammlungen. Active Learning ist eine Sonderform des Semi-Supervised Learning. In diesem Zusammenhang verzichtet die Lösung von [GuCP2017] auf eine anfängliche Klassenzuweisung, indem Experten in das aktive Training eines Klassifikators eingebunden werden. Die Auswahl der von den Experten zu bewertenden Datenpunkte, erfolgt anhand einer Heuristik, die das bestmögliche Klassifizierungsergebnis verspricht.

Die letzte Konsequenz im Bereich Management des Informationsangebots und Informationsbereitstellung verdeutlicht die Notwendigkeit, neue Beziehungen in großen Datenbeständen anhand von BI Visualisierungen aufzudecken (*Bi1*). Um dem zu begegnen, entwickeln [Chen2014b] eine visuelle Clusteranalyse, die eine interaktive Exploration in multidimensionalen Datenbeständen erlaubt. Andere Arbeiten konstruieren ein Bündel von neuen Visualisierungstechniken und integrieren diese in ein Browsersystem, dessen unterliegende Architektur eine skalierbare visuelle Zusammenfassung von großen Datenmengen gestattet. Währenddessen nutzen [SROI2013] eine neuartige Visualisierungstechnik, die anhand von Fourier-Zerlegung und Oberflächenkrümmungen eine verbesserte Darstellung von multimedialen Daten mit räumlichem und zeitlichem Bezug ermöglichen. Alternative Verfahren verzichten auf eine vollständige Visualisierung aller Daten und selektieren anhand einer Instance Selection Methode lediglich repräsentative Datenbeispiele, um einen annähernden Datenüberblick bereitzustellen. Dem stehen Techniken gegenüber, die anhand von Graph Algorithmen Datenbeziehungen in Cloud-Infrastrukturen visualisieren [ADLM2017]. Zuletzt entwickeln die Autoren [RáGK2014] ein Visualisierungswerkzeug mittels MapReduce, um die komplexen Interaktionen zwischen zusammengesetzten RDF Frameworks zu filtern und zu verdichten. Das Ergebnis ist ein visualisierter und annotierter gerichteter Graph, der die Ableitung von unbekannten Verknüpfungen und Erkenntnissen ermöglicht.

Dem Management der Informationsverwendung sind drei Gestaltungsempfehlungen zugeordnet. Eine Lösung unterstützt das Informationsbeschaffungsverhalten, indem die Suche nach relevanten Informationen (*Be1*) anhand eines organisatorischen Rahmenwerks positiv beeinflusst wird. In diesem Zusammenhang erarbeiten [JiHS2015] ein Capability Framework für Big Data. Dieses leitet notwendige Fähigkeiten und Ziele in den Bereichen Governance, Exploration, Datenanalyse, Integration und Leistungsmanagement ab. Infolgedessen werden Unternehmen befähigt, Anforderungen für datengetriebene Entscheidungen aufzudecken.

Im Rahmen der Informationsbewertung muss der Mehrwert von zusätzlichen Informationen bestimmbar werden (*Bew1*). In diesem Zusammenhang konstruiert die Arbeit von [GBMJ2014] ein Bewertungsschema für Big Data Analytics und bestimmt, inwiefern eine Anwendung in einem Geschäftsprozess Nutzen stiftet. Abschließend entwickeln [VrCP2016] ein Bewertungsschema, das den unternehmerischen Mehrwert von Big Data Methoden im Finanzsektor offenlegt.

In Anbetracht des steigenden Informationsangebots erörtert die letzte Konsequenz in der Informationswirtschaft die Notwendigkeit einer intensivierten Qualitätsbetrachtung (*Qa1*). Eine zentrale Gestaltungsempfehlung kann in der Datenbereinigung gesehen werden. Beispielsweise entwerfen [GLLL2014] eine graphenbasierte Technik, um fehlerhafte Klassenzuweisungen im Data Mining Training zu korrigieren. Andere Autoren [BCZY2016] approximieren fehlende Werte in großen Trainingsdatensätzen. Hierbei erfolgt die Berechnung anhand eines parallelen Clusteralgorithmus, da traditionelle Verfahren eine zeitnahe Ausführung verhindern. Neben Data Mining spezifischen Ansätzen finden sich auch generische Gestaltungsempfehlungen. Dem folgend erarbeiten [KIJM2015] ein Cluster Computing Framework, das sowohl in Datenbanksystemen als auch in MapReduce Frameworks verwendet werden kann. Die zugehörige Benutzeroberfläche gestattet eine nutzerfreundliche Definition von Datenqualitätsregeln, wobei die technische Ausführung dem Nutzer verborgen bleibt. Nichtsdestotrotz erschweren steigende Datenmengen die Überwachung der Datenqualität. Um dem zu begegnen, entwerfen [MCRS2016] ein Modell zur Qualitätsüberprüfung von Daten in Big Data Projekten. Das Modell betrachtet die kontextuelle, operative sowie zeitliche Eignung der Daten und ist unabhängig von Technologien und Vorbedingungen. Daneben realisieren [TeJu2015] eine Qualitätsüberprüfung für ETL Prozesse, in der Transformationen vollständig umgekehrt werden, wobei Unterschiede zwischen dem originalen und retransformierten Datenbestand Fehler im ETL Prozess offenbaren. Zuletzt definieren [UrKK2014] ein einheitliches Rahmenwerk für die Modellevaluierung von Vorhersagemodellen im Rahmen von Big Data Analytics.

Diskussion 151

Management der Informationssysteme (118)

Datenmanagement (91)

Datenbank- bzw. Dateisystem (91)

Datenbank- bzw. Dateisystem (Db1)			Technik (Te1)			
Hybrides Datenbanksystem (1)	Abfragesprache (5)		ETL (1)	Semantische Datenbank (1)	Dokumentenorientierte Datenbank (2)	Key-Value Datenbank (3)
Dokumentenorientierte Datenbank (2)	Verteiltes Dateisystem (7)		Index-Verfahren (14)		Dateiformat (3)	Aggregation (2)
Verteilte Datenbank (4)	Integration (15)	Relationale Datenbank (7)	Verteilte Datenbank (14)		Verteiltes Dateisystem (11)	Update-Verfahren (1)
Datennutzung (Da1)			Graphdatenbank (2)		Relationale Datenbank (2)	Datenreplikation (1)
Graphdatenbank (1)	Abfragen (25)	SQL in Hadoop (6)	Partitionierung (4)		Spaltenorientierte Datenbank (2)	Deduplikation (1)
Abfragesprache (1)	Verteiltes Dateisystem (4)		Datensicherheit (Das1)		Administration (Ad1)	
Datenstromverarbeitung (1)		Verteilte Datenbank (3)	MapReduce-Erweiterung (1)	MPI (1)	Verteiltes Dateisystem (1)	Metadatenmanagement (1)

Architektur (Ar1)			
Datenbank Design (1)	Spaltenorientierte Datenbank (1)	Dokumentenorientierte Datenbank (1)	Key-Value Datenbank (1)

Anwendungslebenszyklus (27)

Softwareentwicklung (20)			Software-Projektmanagement (5)	
Softwareentwicklung (Sof1)			Organisation (Org1)	
Debugging (1)	Grafikprozessor (1)	Compiler (1)	Unternehmensposition (1)	
Programmiersprache (9)	Laufzeitumgebung (1)		Vorgehensmodell (3)	
Entwicklungsumgebung (1)	Generative Programmierung (1)		Erfolgsfaktoren (1)	Ideenfindung (1)

(Sof2 section: Softwareentwicklung (Sof2), Entwicklungsumgebung (4), Software Wiederverwendung (2), Bibliothek (2))

Softwareeinführung (So1)	Anforderungsmanagement (Anm2)
Cluster Deployment (2)	-

Abbildung 36: Gestaltungsempfehlungen Management der Informationssysteme (Gestaltungsziel) [Quelle: Eigene Darstellung]

Das Management der Informationssysteme umfasst insgesamt 118 Gestaltungsempfehlungen (siehe Abbildung 36). 17 Lösungen unterstützen den gemeinsamen Betrieb von Datenbanken und Dateisystemen (*Db1*). Kernbestandteil sind Ansätze, die eine Integration ermöglichen. Die Autoren [WCZZ2015] beggnen dieser Anforderung mit der Middleware *PABIRS*. Diese verkapselt das unterliegende verteilte Dateisystem und stellt Schnittstellen für Systeme wie MapReduce und Key-Value Speicher bereit. Zusammen mit einem neuartigen Index-Verfahren erlaubt die Lösung den barrierefreien Datenaustausch zwischen unterschiedlichen Cluster Computing Frameworks. Andere Beiträge entwickeln Cloud Services die unterschiedliche Cloud Anbieter integrieren [BGVM2015] oder Textdaten mit einer lokalen relationalen Datenbank kollektiv auswerten [CLZH2016]. Daneben existieren Ansätze, die eine Integration von unterschiedlichen Systemen durch eine gemeinsame Abfragesprache anstreben. In diesem Zusammenhang entwickeln [BKLV2016] den SQL-Dialekt *CloudMdsQL*. Zusammen mit einer relationalen Abfrage-Engine gestattet der Dialekt den Bezug von Daten aus einem HDFS, um Daten von unterschiedlichen Speichersystemen zu integrieren und gleichzeitig die Vorzüge der unterliegenden Speichersysteme beizubehalten. Andere Autoren [SuSw2012] konzipieren Verfahren, die die Verarbeitung von nativen Hadoop Applikationen (Java) innerhalb einer relationalen Datenbank ermöglichen. Hierbei erlaubt die Architektur der Datenbank eine parallele Ausführung und gestattet mit Bestandteilen der Hadoop Infrastruktur eine zeitnahe Berechnung. Weitere Arbeiten sind anhand des integrierten Datenbank- bzw. Dateisystems zu unterscheiden. Beispielsweise realisieren [RoFl2013] ein Framework, das eine dokumentenorientierte Datenbank in eine relationale Datenbank logisch integriert. Zusammen mit einer neuartigen NoSQL-Erweiterung für SQL erlaubt der Ansatz die Definition von Nutzeranfragen über beide Datenspeicher. Des Weiteren implementieren [LuCZ2013] ein hybrides Datenbanksystem. Dieses verwendet eine relationale Datenbank als unterliegendes Speichersystem und Hadoop als Index- und Zwischenspeicherschicht. Infolgedessen wird die Abbildung von komplexen relationalen Beziehungen bei gleichzeitiger Skalierbarkeit ermöglicht. Da verschiedene Daten und Analyseaufgaben die Notwendigkeit einer heterogenen Verarbeitungsplattform begründen, entwerfen [ZLWX2016] ein Verfahren, das abfragespezifische Views aus relationalen Datenbanken in die verteilte Datenbank HBase überführt. Zuletzt betrachten zahlreiche Beiträge die Integration von verteilten Dateisystemen. In diesem Zusammenhang entwickeln [WDHW2014] eine Schnittstelle für unterschiedliche Datei- und Datenbanksysteme. Währenddessen unterstützten [KWKS2016] den gemeinsamen Betrieb von relationalen Datenbanken und lose integrierten verteilten Dateisystemen durch eine neue Notation.

Konsequenz *Ar1* beinhaltet eine Lösung, die ein leistungsfähiges Zusammenspiel zwischen unterschiedlichen Architekturkomponenten erlaubt. Während der Entwurf von relationalen Datenbankarchitekturen auf drei Ebenen (logisch, konzeptionell und physisch) stattfindet, erfolgt die Entwicklung von NoSQL Datenbanken auf der physischen Stufe. Hierbei ist das Datenbank-Design von NoSQL Datenbanken (dokumentenorientierte, spaltenorientierte und Key-Value) im Vergleich zu relationalen Datenbanken unflexibel und führt bei neuen analytischen Fragestellungen zu aufwendigen Anpassungen. [HeAR2016, 50 f.] Angelehnt an relationale Datenbanken entwickelt der Beitrag von [HeAR2016] eine Methode, die den Entwurf einer konzeptionellen, logischen und physischen Schicht für NoSQL Datenbanken ermöglicht. Infolgedessen können flexible Anpassungen und leistungsfähige Berechnungen vorgenommen werden.

Des Weiteren betrachtet Konsequenz *Ad1* Gestaltungsempfehlungen, die administrative Funktionalitäten für verteilte Dateisysteme bereitstellen. In diesem Zusammenhang implementiert die Arbeit von [WZZY2016] ein neuartiges Metadatenmanagement für das verteilte Dateisystem HDFS. Dieses verneint die traditionelle Standortablage von jedem Block bzw. Replik in einer Master Node und entwirft stattdessen einen Lösungsmechanismus, der eine autonome Verwaltung der Metadaten in jeder einzelnen Node ermöglicht.

Um dem steigenden Informationsangebot zu begegnen, müssen leistungsfähige Abfrage- und Datenmanipulationssprachen im Rahmen der Datennutzung konzipiert werden (*Da1*). Eine dieser Lösungen erweitert die Abfragesprache SQL um zusätzliche Operatoren, die die Abfrage und Datenmanipulierung von Datenströmen in verteilten Streaming Plattformen erlauben [PHPP2016]. Andere Beiträge zielen auf eine direkte Ausführung von SQL in Hadoop ab. Da die Definition von SQL Abfragen komplex ist, entwickelt der Beitrag von [KBBB2015] die SQL-Engine Impala. Diese Engine erlaubt zeitnahe Abfragen in einer SQL-ähnlichen Syntax an Hadoop, ist leistungsfähig und kompatibel mit den meisten Standardkomponenten (z.B. HDFS, HBase oder YARN). Andere Autoren [WXLC2015] beanstanden die aufwendige und fehleranfällige manuelle Übersetzung von SQL in HiveQL und entwickeln einen automatischen Übersetzer. Des Weiteren konzipieren viele Arbeiten Mechanismen, die verbesserte Abfragen im Cluster Computing ermöglichen. In diesem Zusammenhang entwickeln [ChLi2016] ein neuartiges Join-Verfahren, das die Datenneuverteilung und Netzwerkkommunikation im Cluster reduziert. Andere Arbeiten implementieren Verfahren für Outer- und Inner-Joins [ChKo2016], KNN-Joins [HYJX2016], Ähnlichkeits-Joins [LYWH2014; RLSW2017; SoAz2017], Hash-Joins [SLQQ2015] und Equi-Joins [ZXXY2014] für die parallele Verarbeitung in Clustern. Währenddessen erkennen [LSHT2014a], dass die wahlfreie Ablage von Datensätzen in unterschiedlichen Datenspeichern (bspw. HDFS, relationale Datenbank) bei einem gemeinsamen Betrieb zu hohen Datentransferraten und schlechten Abfragezeiten führt. Infolgedessen entwickelt der Beitrag ein Verfahren, das selbstständig den optimalen Datenspeicher für die Ablage eines Datensatzes bestimmt. Andere Arbeiten sind anhand des integrierten Datenbank- bzw. Dateisystems zu unterscheiden. Beispielsweise erarbeiten [YeWL2015] eine neue Optimierungstechnik für inkrementelle Abfragen in verteilten Datenbanken. Indessen entwerfen [HLRH2015] die hybride Speicherstruktur *DualTable*. Diese ermöglicht leistungsfähige Streaming- und Schreibzugriffe, um effiziente Datenmanipulationen und Abfragen in dem verteilten Dateisystem HDFS zu erlauben. Zuletzt konzipieren die Autoren [NaSe2017] eine neue Untergraphenisomorphismus-Suche, die die Identifikation von relevanten Daten in Graphdatenbanken gestattet.

In der IM Kategorie Technik wird dem steigenden Informationsangebot mit neuartigen Ansätzen für NoSQL Datenbanken und Dateisystemen begegnet (*Te1*). In diesem Zusammenhang sind die Gestaltungsempfehlungen in unterschiedlichen Datenbanktechnologien aufzuteilen. Hierbei implementieren die Autoren [LCMC2015] eine spaltenorientierte Datenbank-Engine, die eine verteilte Verarbeitung und Speicherung im Cluster ermöglicht. Währenddessen entwickelt der Beitrag von [CSHF2016] eine parallel verarbeitende Snapshot Methode für dokumentenorientierte Datenbanken, um das Update-Verfahren zu beschleunigen. Andere Arbeiten konzipieren eine neue Graphdatenbank, die die parallele Ablage und Verarbeitung von mehreren Graphen gestattet [LBOS2015]. Daneben offenbaren [MCAF2015] eine mangelnde Echtzeitunterstützung für semantische Datenbanken. Um dem zu begegnen, erarbeiten die Autoren [MCAF2015] eine dreistufige Architektur. Die erste Stufe beinhaltet zwei verschiedene Speicher für die Ablage von historischen und aktuellen semantischen Daten. Zusammen mit einer neuen Online- und Index-Ebene erlaubt die Lösung eine Verarbeitung von RDF Daten in Echtzeit. Davon losgelöst betrachten [WaLW2012] Key-Value Datenbanken und konstatieren, dass diese lediglich den Zugriff auf eine atomare Zeile gestatten und mehrzeiligen Zugriffen, wie in transaktionalen Systemen gefordert, nicht entsprechen können. Infolgedessen implementieren die Autoren [WaLW2012] ein Transaktionsverarbeitungssystem, das den transaktionalen mehrzeiligen Zugriff vom Anwendungsclient auf einen Key-Value Speicher in einem unstrukturierten Datenverwaltungssystem garantiert. Gleichwohl betrachten unterschiedliche Arbeiten verteilte Datenbanken. In diesem Zusammenhang entwickeln [ABBH2014] die Datenbank AsterixDB. Diese verwendet die Apache Hyracks-Engine, die eine parallele Abfrageverarbeitung in hochskalierten Clustern gestattet und über ein hocheffizientes Index-Verfahren verfügt. Ferner ist die verteilte Datenbank HadoopDB von [BASP2011] zu nennen. Die Lösung beinhaltet eine optimierte Speicherschicht und ein MapReduce Framework, das die effiziente Ausführung von SQL Abfragen im Cluster ermöglicht. Weitere Beispiele können in den verteilten Datenbanken BigTable [CDGH2006] und Cassandra [LaMa2010] gesehen werden. Darüber hinaus sind viele Gestaltungsempfehlungen im Rahmen der verteilten Dateisysteme zu beobachten. In diesem Zusammenhang entwerfen [XuWa2016] und [HLHS2011] spaltenorientierte Dateiformate für Hadoop. Währenddessen entwickeln [CuSD2011] das verteilte Dateisystem HDFS. Da HDFS zu ineffizienten Datenreplikationen führt, konzipieren [DzDG2016] das Dateisystem *Pfimbi*. Dieses ermöglicht die synchrone und flusskontrollierte asynchrone Replikation von Daten. Neben NoSQL Datenbanken betrachten andere Arbeiten den Einsatz von relationalen Datenbanken im Big Data Umfeld. Um zeitnahe Abfragen in großen Datenmengen zu gestatten, erarbeiten [MaYa2015] einen zugriffsgewahren In-Memory Zwischenspeicher. Dieser erlaubt eine kurze Aktualisierungslatenz von Daten, wobei häufig aufgerufene Daten im Zwischenspeicher zeilenorientiert abgelegt werden. Des Weiteren beschleunigen [WXPL2017] Abfragen in relationalen Datenbanken mit einem neuen Index-Verfahren. Gleichwohl entwickeln andere Beiträge Index-Verfahren für verteilte Datenbanken [FYLS2015; GHZL2014; TTFT2014], Key-Value Datenbanken [NgNg2016] und verteilte Dateisysteme [SiBa2017; ZZZX2013]. Daneben können die identifizierten Gestaltungsempfehlungen anhand von speziellen Aufgaben unterteilt werden. Hierbei entwerfen [MaDY2014] ein Deduplikationswerkzeug, das unnötige Datenduplikate in HDFS selbstständig erkennt und löscht. Ferner optimieren [SrSa2014] den ETL Prozess für die Datenladung und -extraktion in Cloud Systemen und [Dyre2016] implementieren eine leistungsfähige Aggregationstechnik für dokumentenorientierte Datenbanken. Zuletzt sind Partitionierungsansätze zu nennen. Diese streben eine verbesserte Datenaufteilung im Cluster Computing an, die zeitnahe Berechnungen gestatten. In diesem Zusammenhang erarbeiten [BeHi2016] Lösungen für verteilte Dateisysteme und [CYTZ2013; ZhQi2012] für verteilte Datenbanken.

Konsequenz *Das1* betrachtet Gestaltungsempfehlungen, die die Datensicherheit in verteilten Dateisystemen gewährleisten. Nichtsdestotrotz konnte lediglich eine Arbeit identifiziert werden. In dieser betrachten die Autoren [GBBZ2015] die geringe Fehlertoleranz von Message Passing Interface (MPI) gestützten MapReduce Lösungen und entwickeln eine Framework-Erweiterung, die eine gemeinsame und fehlertolerante Verarbeitung von beiden Technologien ermöglicht.

Des Weiteren konnten 27 Gestaltungsempfehlungen für den Anwendungslebenszyklus gefunden werden. Nichtsdestotrotz gestattet keine Lösung eine intensivere Anforderungsanalyse (*Anf2*). Infolgedessen sollten zukünftige Forschungen den Bedarf an neuen Methoden bedienen.

Derweil konnten im Rahmen des Literaturüberblicks vielfältige Ansätze identifiziert werden, die die Programmierung von parallelen Programmen unterstützt (*Sof1*). Die meisten Gestaltungsempfehlungen sind der Kategorie Programmiersprache zugeordnet. In diesem Zusammenhang entwickeln [ORSK2008] die Programmiersprache Pig Latin, um die Komplexität von traditionellen MapReduce Implementierungen zu verringern. Gleichwohl ist der Bedarf an einer graphorientierten Verarbeitung in den letzten Jahren gestiegen [EHKJ2016]. Um dem zu

Diskussion 155

begegnen, realisieren [EHKJ2016] ein Programmier Framework, das anhand der Kombination von linearen Algebra Operatoren die Zusammenstellung von Graph Algorithmen gestattet. Des Weiteren kann ein zunehmender Bedarf an Programmen beobachtet werden, deren Verarbeitung im Grafikprozessor erfolgen soll. Die Programmierung dieser Programme ist maschinennah und komplex. Infolgedessen entwickelt der Beitrag [FSSD2017] einen automatischen Übersetzer von der höheren Sprache R zu der Low-Level-Programmiersprache OpenCL für Grafikprozessoren. Ferner existieren Ansätze die eine generative Programmierung anstreben. Zu diesem Zweck leitet der Ansatz von [SmAl2016] anhand der gegebenen Ein- und Ausgabedaten die zwischenliegenden Prozeduren automatisch ab und erzeugt automatisch den zugehörigen MapReduce Code. Eine andere Arbeit [BBER2013] realisiert die Entwicklungsumgebung *SystemML*. Diese unterstützt die Implementierung von skalierbaren Analysen, beinhaltet eine an R angelehnte deklarative Programmiersprache und Optimierungsmechanismen für die Ausführung in MapReduce oder Spark. Weiterhin konstatieren [MAHK2016], dass die Ausführung von verteilten Workloads häufig in unterschiedlichen Laufzeitumgebungen (bspw. Java oder Ruby) und Clusterknoten erfolgt, die gegenseitige Abhängigkeiten (z.B. Speicherbereinigung) nicht berücksichtigen. Um dem zu begegnen, entwickelt der Beitrag [MAHK2016] eine ganzheitliche Laufzeitumgebung für verteilte Systeme, die die unterschiedlichen Konfigurationen der unterliegenden Sprachen in Beziehung setzt. Dementgegen verfolgen andere Arbeiten Ansätze für Debugging und Compiling. Letztere begegnen der Zunahme von unterschiedlichen Compilern in Umgebungen mit verschiedenen Abfragesprachen (Hive, Pig, Flume) durch eine neuartige Compilerarchitektur [BBCO2015], die sprachenspezifische und datenmodellabhängige Aspekte separiert und eine allgemeine Ausführung für parallele Programme in einem Shared-Nothing Cluster ermöglicht. Abschließend erarbeiten [GIYT2016] den ersten interaktiven Echtzeit-Debugger für Apache Spark.

Der Bedarf an Experten in der parallelen Programmierung führt zu erhöhten Kosten (*Sof2*). Um diese zu senken, überführen [CFBL2016] Evolutionäre Algorithmen in das MapReduce Modell und stellen die Verfahren als Bibliothek frei zur Verfügung. Andere Beiträge entwickeln Big Data gerechte Entwicklungsumgebungen, die den Erstellungsprozess verkürzen sollen. Beispielsweise konzipieren [GTDW2015] das Framework *Octopus*. Es verwendet traditionelle Programmiersprachen, sodass Experten auf die Erlernung von neuen Programmiermodellen und Funktionen verzichten können. Anschließend transferiert *Octopus* den Code wahlweise in verschiedene Plattformen (MapReduce, Spark). Des Weiteren existieren Ansätze, die eine Wiederverwendung von bestehender Software anstreben. In diesem Zusammenhang entwerfen [FeGP2016] einen neuartigen Compiler, der annotierte Java Programme in einen Datenfluss-Graph überträgt. Dieser ermöglicht eine parallele und ausfallsichere Berechnung ohne notwendige Kenntnisse in verteilter Programmierung.

Die Organisation des Software-Projektmanagements muss den Fachbereich verstärkt in den Entwicklungsprozess integrieren (*Org1*). Zu diesem Zweck erarbeiten [ChKH2016] ein agiles Vorgehensmodell, das eine enge Bindung der Fachbereiche anstrebt und zeitnahe Reaktionen auf Big Data Anforderungen in der Entwicklung gestattet. Darüber hinaus leiten [GaKS2015] Erfolgsfaktoren für das Big Data Projektmanagement ab. Diese beinhalten unter anderem interdisziplinäre Teams und die notwendige Managementunterstützung. Alle Erfolgsfaktoren werden einem Vorgehensmodell mit unterschiedlichen Phasen zugeordnet. Ferner präsentieren [VaBH2015] eine Methode zur Ideenfindung, die den Fachbereich im Rahmen der Geschäftsmodellbewertung berücksichtigt. Zuletzt beschreiben [LMWW2014] den Chief Data Officer als neue Unternehmensposition, der als Bindeglied zwischen Fachabteilung und Entwicklung eine erfolgreiche Umsetzung von Big Data Vorhaben absichert.

Die letzte Konsequenz im Management der Informationssysteme betrachtet die Unterstützung während der Einführung von Big Data Plattformen *(So1)*. Zu diesem Zweck erarbeiten [FTTM2016] einen Web Service für Spark, der ein vereinfachtes Cluster Deployment ohne weitreichende Kenntnisse ermöglicht. Zusammen mit einer grafischen Oberfläche gestattet der Web Service die Einbindung von Algorithmen. Daneben zeigen [LLZZ2015], wie ein Entscheidungsbaummodell, die netzwerkoptimale Lösung für die Installation von geografisch verteilten Clustern identifiziert. Infolgedessen kann ein wissensintensiver Prozess automatisch ohne Expertenwissen vollzogen werden.

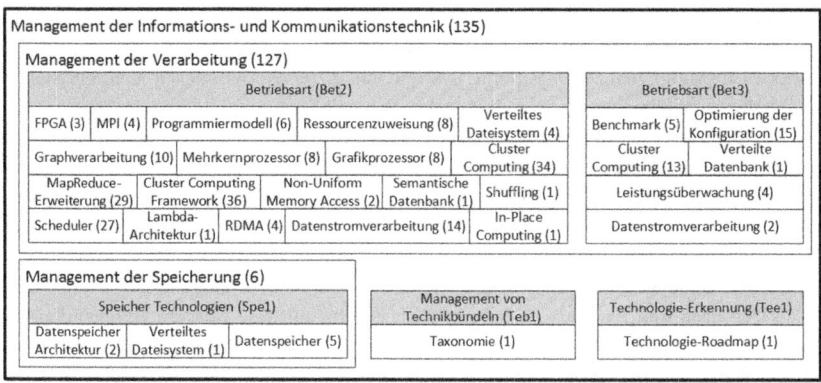

Abbildung 37: Gestaltungsempfehlungen Management der Informations- und Kommunikationstechnik (Gestaltungsziel) [Quelle: Eigene Darstellung]

135 Gestaltungsempfehlungen sind dem Management der Informations- und Kommunikationstechnik zuzuordnen (siehe Abbildung 37). Ein Großteil der Lösungen gehört dem Management der Verarbeitung an. Hierbei verlangt Konsequenz *Bet2* nach Ansätzen, die dem steigenden Informationsangebot mit einer verteilten und parallelisierten Verarbeitung begegnen. Beispiele für Paradigmen, die dies ermöglichen sind: Cluster Computing, Mehrkernprozessorverarbeitung und Massively Parallel Processing [ElNa2010, 1079]. Gleichwohl konnten im Rahmen des Literaturüberblicks lediglich Lösungen für die Erstgenannten identifiziert werden. Der Großteil aller Lösungen betrachtet das Cluster Computing. In diesem Zusammenhang ist zunächst das etablierte Cluster Computing Framework Hadoop zu nennen [CuSD2011], das zusammen mit MapReduce eine hochgradig skalierbare und verteilte Datenberechnung im Cluster erlaubt. Die Datenhaltung in Hadoop erfolgt anhand von verteilten Dateisystemen wie HDFS [CuSD2011] oder *Lustre* [WILP2017]. Alternativ entwickeln [ZCDD2012] das Cluster Computing Framework Spark. Dieses ist Hadoop kompatibel, gestattet jedoch auch den unabhängigen Betrieb von Hadoop. Entgegen anderer Cluster Computing Frameworks nutzt Spark den

Hauptspeicher effizienter und erlaubt den Betrieb von verschiedenen Programmiermodellen. Daneben erarbeiten [SSSV2015] das Cluster Computing Framework Apache Tez. Dieses beinhaltet verschiedene Laufzeitoptimierungen und gestattet die Verarbeitung von azyklisch gerichteten Graphen. Implementierungen von Tez für Hive, Pig und Spark übertreffen die ursprünglichen YARN Entwicklungen. Zusätzlich existieren Cluster Frameworks, die die Verarbeitung von Datenströmen [ChGD2012; KFSP2015] und Graphen [HLPL2013] oder die Berechnung innerhalb von Mehrkern- und Grafikprozessoren [ElHB2014] anstreben. Eine umfassendere Betrachtung kann in der Lambda-Architektur gesehen werden. Diese verfügt über drei Ebenen, ist werkzeugunabhängig und verspricht eine kombinierte Nutzung von Stapel- und Streamingverfahren [KBPR2015]. Des Weiteren sind die Gestaltungsempfehlungen anhand des genutzten Programmiermodells zu unterscheiden. Beispiele sind in MapReduce [DeGh2004], Pregel [FCLQ2016] oder Dryad [IBYB2007] zu sehen. Hierbei erzielt MapReduce die Nebenläufigkeit anhand der Map-, Shuffle- und Reduce-Phase, während Pregel und Dryad Prozeduren mittels Graphen, die anschließend parallel verarbeitet werden definieren. Ferner optimieren viele Gestaltungsempfehlungen das MapReduce Framework mithilfe von Erweiterungen. In diesem Zusammenhang verbessern [FWQX2013] die Lastenverteilung der Reduce-Phase in heterogenen Clusterknoten. Andere Autoren [LWYZ2015] erweitern das MapReduce Framework um eine zusätzliche Balancierungs-Phase. Diese reduziert das unausgeglichene Ladeverhalten zwischen der Shuffle- und Reduce-Phase. Gleichwohl erzeugt die Verarbeitung anhand von MapReduce große Mengen an Zwischendaten. Um die Berechnungsgeschwindigkeit zu erhöhen, entwickelt der Beitrag von [ZhWu2013] eine MapReduce-Erweiterung, die die Zwischenergebnisse in einem Speicher ablegt und bei Neuausführung überprüft, ob die zu berechnenden Daten bereits im Speicher vorliegen, sodass zuvor geplante Berechnungen ausbleiben können. Andere MapReduce-Erweiterungen betrachten eine verbesserte Ressourcenzuweisung. Hierbei implementieren [QTQY2015] einen Algorithmus, der die ungleichmäßige Datenablage innerhalb der Reduce-Phase überwacht und Aufgaben verteilt, sodass eine effizientere Nutzung der Ressourcen erfolgt. Währenddessen begegnen [TMMZ2013] dieser Herausforderung mit einem stochastischen Optimierungsframework, das die Reduce-Phase anhand einer Datenplatzierungsstrategie effizienter gestaltet. Gleichwohl sind die Ressourcenzuweisungsstrategien nicht auf MapReduce beschränkt. Dem folgend weist die Lösung von [OCSK2016] Ressourcen im Spark Framework den Aufgaben dynamisch zu. Nichtsdestotrotz ist die Shuffle-Phase in Spark komplex und überlappende Datentransfers führen zu Ineffizienzen. Um eine verbesserte Aufgabenabarbeitung abzusichern, entwickelt der Beitrag von [NCMK2017] einen neuen Shuffle-Mechanismus für Spark, der zukünftige Befehle heuristisch prognostiziert. Generell steht die Ressourcenzuweisung in enger Beziehung zur Ablaufplanung (Scheduler). Anhand einer Aufgabenvorhersage entwickeln [LLRG2013] ein hybrides, pessimistisches und faires Scheduling-Protokoll für MapReduce. Nichtsdestotrotz führt die enge Bindung an das Programmiermodell zu komplexen Entwicklungen innerhalb der Ressourcen- und Aufgabenverteilung. Um die Implementierung von der Ressourcen- und Aufgabenverteilung zu trennen, entwirft der Beitrag von [VMDA2013] die Ressourcenmanagementinfrastruktur YARN. Diese beinhaltet Scheduling Komponenten, die eine ausfallsichere und ressourceneffiziente Aufgabenausführung sicherstellen. Ferner erarbeiten die Autoren [PHHF2015] einen ressourcenbewussten Scheduler für Apache Storm, der eine minimale Netzwerkbelastung beim Streaming erzielt. Indessen betrachten [MCTL2016] semantische Datenbanken und konstatieren, dass die inhärenten Graph Algorithmen zu einem unvorhersehbaren Verhalten neigen, sodass eine hohe Aufgabensynchronisation erfolgen muss. Um dem zu begegnen, konzipiert der Beitrag einen dynamischen Scheduler für semantische Datenbanken. Darüber hinaus ist die Verarbeitungsform zu unterscheiden. Entgegen MapReduce (Stapelverfahren) gestattet das Cluster Computing Framework Spark [ZCDD2012] die Analyse von Datenströmen in Echtzeit. Ausgehend von diesem Ansatz sind spezifischere Lösungen zu beobachten. Hierbei entwickeln [AyAn2017] ein System zur interaktiven Analyse von Twitter Nachrichten. Währenddessen entwerfen [GWWY2015] die Streaming-Engine *Cichli* zur verteilten Verarbeitung von RDFS- und OWL-Daten. Ferner sind Ansätze zu beobachten, die auf eine Graphverarbeitung abzielen. Beispiele sind die Cluster Computing Frameworks Pregel [FCLQ2016], Dryad [IBYB2007] und *TurboGraph* [HLPL2013]. Letzteres konstatiert die hohe Komplexität von Pregel im Clusterbetrieb und konzipiert eine zugänglichere Entwicklungsumgebung. Zusammen mit einer plattenbasierten Graph-Engine erlaubt das Framework die parallele Berechnung von großen Netzwerken. Des Weiteren betrachten einige Gestaltungsempfehlungen den Nachrichtenaustausch zwischen parallelen Programmen im Cluster Computing. Ein leistungsfähiger Standard wird im MPI gesehen. In diesem Zusammenhang erarbeiten [CLLL2015] eine MPI Erweiterung für Hive, die die Berechnungszeit um 32 Prozent senkt. Andere Autoren [LiLu2015] nutzen MPI, um die Berechnungsüberlappungen von Hadoop und Spark zu überbrücken, während [MoMa2013] den Datenaustausch zwischen Map- und Reduce-Phase anhand von MPI beschleunigen. Daneben existieren Lösungen [HHHP2013], die auf langwierige Datentransfers im Cluster Computing verzichten und stattdessen den auszuführenden Code an die verteilten Verarbeitungsressourcen weiterleiten (In-Place Computing). Zuletzt sind die verwendeten Hardwarekonzepte zu diskutieren. Ein zentraler Aspekt im parallelen Rechnen wird in Mehrkernprozessoren gesehen. Der Ansatz ist losgelöst vom Cluster Computing, wenngleich ein gemeinsamer Einsatz häufig zu beobachten ist und gängige Big Data Frameworks [ZCDD2012; CuSD2011] mithilfe von Mehrkernprozessoren hohe Verarbeitungsgeschwindigkeiten erzielen. [ElNa2010, 1079] In diesem Zusammenhang entwickeln [RaKi2016] einen parallelverarbeitenden QuickSort Algorithmus für Mehrkernprozessoren. Oft verfolgen Mehrkernarchitekturen eine gemeinsame Verwendung von Grafik- und Hauptprozessoren. Dem folgend konzipieren [ElHB2014] das Cluster Computing Framework *Glasswing* und [HCLZ2015] *Hadoop+*. Beide ermöglichen eine gemeinsame parallele Ausführung von MapReduce Aufgaben innerhalb von Grafik- und Hauptprozessoren. Andere Arbeiten konstatieren ein mangelndes Speichervolumen in Grafikprozessoren. Um dem zu begegnen, entwerfen [MoSt2014] ein Kernelschema, das eine pseudovirtuelle Erweiterung des Grafikprozessorspeichers gestattet. Weitere Arbeiten betrachten das Zugriffsverhalten von Mehrkernprozessorarchitekturen. Hierbei verfügt jeder Prozessor in einer Non-Uniform Memory Access Architektur über einen eigenen lokalen Speicher, auf den andere Prozessoren über einen gemeinsamen Adressraum direkten zugreifen können [XFYC2016, 497]. Die Leistungsfähigkeit dieser Lösung wird am Beispiel eines effizienten Algorithmus zur Aggregation [WZZS2015] und an einem System zur Graphverarbeitung [XFYC2016] demonstriert. Alternativ verfolgen andere Arbeiten den Remote Direct Memory Access (RDMA). Der

Ansatz erlaubt den direkten Zugriff auf den Speicher eines Computers im Speicher eines anderen ohne Einbezug des Betriebssystems und gestattet hohe Durchsätze und geringe Netzwerklatenzen [LRIS2014, 9]. Um diese Vorteile im Rahmen des Cluster Computings zu nutzen, erarbeiten [LRIS2014] eine Erweiterung für Spark und [BILW2016] für verschiedene Hadoop Distributionen. Abschließend sind Beiträge zu nennen, die mittels Field Programmable Gate Arrays (FPGA) hohe Berechnungsgeschwindigkeiten erzielen. Hierbei entstammen FPGA der Digitaltechnik, deren Verarbeitung anhand von logischen Schaltungen programmiert werden [LiCh2013, 450]. Um Berechnungssteigerungen in Hadoop und Spark zu erzielen, entwickeln [HWYF2016] das FPGA kompatible Cluster Computing Framework *Blaze*. Währenddessen beschleunigt der Beitrag von [LiCh2013] die energieeffizienten aber leistungsschwachen ARM-Prozessoren mittels FPGA.

Konsequenz *Bet3* beinhaltet administrative Gestaltungsempfehlungen, die eine automatisierte Clusteroptimierung gestatten. Die meisten Ansätze verfolgen eine Optimierung der Konfiguration vor dem eigentlichen Laufzeitbetrieb. In diesem Zusammenhang konstituieren [KHLT2017], dass Hadoop mehr als 190 verschiedene Konfigurationsparameter umfasst. Um dieser Komplexität zu begegnen, entwerfen die Autoren einen genetischen Algorithmus, der auf Grundlage von historischen Laufzeitdaten und verwendeten Parameterkonfigurationen die optimale Parameterausrichtung für Hadoop extrapoliert. Daneben optimieren [PFRC2016] die Kommunikationswege zwischen virtuellen Maschinen und Datenquellen im Cloud Verbund anhand einer heuristischen Suchprozedur. Des Weiteren verdeutlichen [PuAX2012], dass eine effiziente Ressourcenauslastung im Cluster Computing eine genaue Abschätzung des zukünftigen Ressourcenbedarfs in virtuellen Maschinen erfordert. Zu diesem Zweck wird eine Methode für die Vorhersage einer optimalen Ressourcenmenge implementiert. Ferner sichert eine adäquate Parameterkonfiguration in verteilten Dateisystemen hohe Verarbeitungsgeschwindigkeiten ab. Infolgedessen erarbeitet der Beitrag von [BLXL2015] ein halbautomatisches Werkzeug für die Optimierung der Datenladung in HBase. Darüber hinaus sind spezifische Optimierungsansätze für die Datenstromverarbeitung zu beobachten. Hierbei entwickelt die Arbeit von [JaCa2016] eine heuristische Methode für die komplexe Konfiguration von Apache Storm. Diese identifiziert die optimale Lösung anhand von Konfigurationsexperimenten, deren Versuchskontingent auf eine nutzerspezifizierte Menge begrenzt ist. Nichtsdestotrotz setzt eine erfolgreiche Konfiguration eine angemessene Leistungsüberwachung voraus. In diesem Zusammenhang ermittelt der Beitrag von [ShYu2015] Lücken in bestehenden Big Data Überwachungssystemen und entwickelt anhand derer eine neuartige Plattform. Zuletzt sind die Ergebnisse aus der Leistungsüberwachung mit anderen Systemen in Beziehung zu setzen (Benchmark), um geeignete Plattformen oder Verbesserungen aufzudecken. Zu diesem Zweck aktualisieren [RFDG2015] und [GIKC2017] den etablierten Benchmark *BigBench* für Hadoop anhand von neuen Abfragen und Einsatzszenarien. Währenddessen definiert der Benchmark von [ILWJ2014] verschiedene Tests für HDFS, um die Cluster- und Netzwerkkonfigurationen zu überprüfen.

Dem Management der Speicherung sind sechs Gestaltungsempfehlungen zugeordnet. Sie beinhalten neuartige Speichertechnologieansätze, um dem gestiegenen Informationsangebot gerecht zu werden (*Spe1*). Die Kategorie Datenspeicher betrachtet den Einsatz von innovativen Speichermedien. Hierbei diskutieren [AHYM2015] die Verwendung von 3D XPoint Speichermodulen, die eine nicht-volatile Verarbeitung im Hauptspeicher ermöglichen. Andere Arbeiten propagieren die Nutzung von Phase Change Memory als leistungsfähigen Ersatz für energieintensive DRAM-Module. Währenddessen konstatieren [KiSP2016] die mangelhafte Fähigkeit von gegenwärtigen HDFS Systemen (Verteiltes Dateisystem), heterogene Speichertechnologien gemeinsam effizient zu verwerten. Infolgedessen entwickelt der Beitrag eine Methode zur selektiven Blockauswahl in HDFS, welche unterschiedliche Medien (bspw. SSD oder HDD) in Anbetracht von abweichenden Aufgaben priorisiert. Daneben erörtern Gestaltungsempfehlungen die Datenspeicher Architektur. In diesem Zusammenhang betrachten [OEYY2016] Scale-Out-Speicher, die einem Speichernetzwerk traditionell HDD Ressourcen flexibel zur Verfügung stellen. Da SSD Technologien vermehrt in Unternehmen Verwendung finden und klassische Scale-Out-Speicher für HDD konzipiert sind, erarbeiten [OEYY2016] ein für SSD optimiertes Scale-Out-System, das eine höhere Leistungsfähigkeit gestattet.

Des Weiteren konnte lediglich eine Gestaltungsempfehlung dem Technikbündel Management zugeordnet werden. Hierbei erlaubt die Taxonomie von [GoKN2015] eine Komplexitätsreduktion (*Teb1*), indem verschiedene verteilte Datenbanken anhand derer inhärenten Eigenschaften gegenübergestellt werden. Infolgedessen wird die Komplexität in diesem Technologiebaum verringert und Anwender erhalten einen vollständigeren Überblick.

Ähnlich ist der Sachverhalt im Rahmen der Technologie-Erkennung zu bewerten. Lediglich eine Gestaltungsempfehlung unterstützt die erschwerte Suche von adäquaten Technologien (*Tee1*). Dem folgend erarbeiten [MSDS2016] eine Technologie-Roadmap. Diese betrachtet von der Datensammlung bis zur Projektevaluierung alle Stufen eines Big Data Projekts und ordnet den einzelnen Phasen mögliche Informationsbestände, Kommunikationsplattformen und Werkzeuge zu. Als Konsequenz werden Entscheidungsträger zu einer anforderungsgerechten Technologieauswahl befähigt.

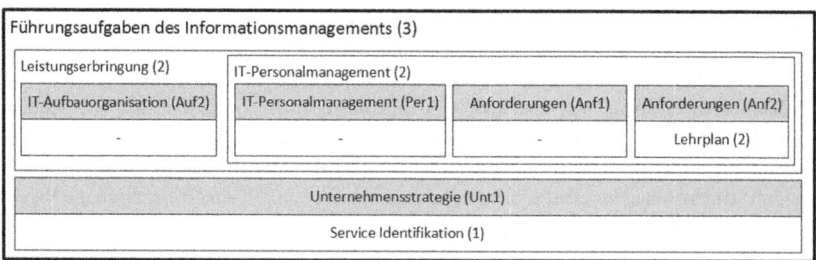

Abbildung 38: Gestaltungsempfehlungen Führungsaufgaben des Informationsmanagements (Gestaltungsziel) [Quelle: Eigene Darstellung]

Zuletzt sind die Gestaltungsempfehlungen für die Führungsaufgaben im Informationsmanagement zu diskutieren (siehe Abbildung 38). In diesem Zusammenhang entwickeln [KLLK2016] eine Methode zur Service Identifikation, die anhand von zuverlässigen Analyseergebnissen eine positive Anpassung der Unternehmensstrategie gestattet (*Unt1*). Am Beispiel des öffentlichen

Nahverkehrs zeigt der Beitrag, wie anhand von unterschiedlichen Datenbeständen aus verschiedenen Branchen neue IT-Services geschaffen werden können, die eine positive Anpassung der Unternehmensstrategie hervorrufen.

Darüber hinaus wird deutlich, dass lediglich zwei Gestaltungsempfehlungen in der IM Kategorie Leistungserbringung vorliegen. Für die Konsequenzen *Auf2*, *Per1* und *Anf1* liegen keine vor und diese sollten daher von zukünftigen Forschungen betrachtet werden.

Die Konsequenz *Anf2* verlangt Gestaltungsempfehlungen, die das technische Verständnis für Big Data Technologien beim Entwickler erhöhen. Um dem zu begegnen erarbeiten [Gil2016] und [GuGD2015] verschiedene Lehrpläne für Studenten. Während [GuGD2015] weitreichende Big Data Kenntnisse anhand von neu konzipierten Kursplänen vermitteln, entwickeln [Gil2016] ein Workflow-Management System, das Lernende durch unterschiedliche Aufgabenstellungen mit verschiedenen Techniken (parallele Verarbeitung, HPC, Data Mining) fortbildet. Beide Lösungen führen zu qualifizierten Big Data Entwicklern.

Es wird deutlich, dass eine Vielzahl von Gestaltungsempfehlungen mit unterschiedlichen Lösungen im Rahmen von Big Data existiert. Nichtsdestotrotz ist die Verteilung zwischen den einzelnen Ebenen des Informationsmanagements heterogen. Ein Großteil aller Gestaltungsempfehlungen (223) wird dem Management der Informationswirtschaft zugeordnet. Gleichwohl sind dieser Ebene die meisten Konsequenzen (18) zugewiesen. Erfolgt eine Ordnung anhand Gestaltungsempfehlungen pro Konsequenz, ergibt sich für das Management der Informationswirtschaft ein Verhältnis von 12,38 und für das Management der Informationssysteme ein Wert von 10,72. Wird das globale Verhältnis von 12,28 (479 Gestaltungsempfehlungen und 39 Konsequenzen) betrachtet, zeigt sich, dass beide Ebenen einer homogenen Verteilung folgen. Gleichwohl fällt die Aufteilung zwischen den einzelnen Konsequenzen unterschiedlich aus. Da zwischen den Konsequenzen keine Relevanzunterscheidung besteht, kann durch Abbildung 39 (siehe S. 162) ein überproportionaler bzw. unterproportionaler Forschungsfokus aufgezeigt werden. In diesem Zusammenhang ordnet Abbildung 39 Konsequenzen (Y-Achse) alphabetisch, zeigt die Anzahl der inhärenten Gestaltungsempfehlungen (X-Achse) und trennt überproportional bzw. unterproportional bedachte Konsequenzen anhand der durchgezogenen Linie beim globalen Verhältnis von 12,28. Infolgedessen wird deutlich, dass der Konsequenz *Dat2* mit 123 Gestaltungsempfehlungen ein immenser Forschungsfokus unterliegt. Nichtsdestotrotz sind lediglich vier von 18 Konsequenzen in der Informationswirtschaft überproportional berücksichtigt. Infolgedessen sind die eigens entwickelten Gestaltungsempfehlungen [PoFe2015b; DFPK2015b] aus Abschnitt 4.4.1 nicht nur erfolgreich evaluiert worden, sondern leisten zusätzlich einen Beitrag für die unterproportional bedachte Konsequenz *Inf5*. Die restlichen Konsequenzen sind unverhältnismäßig wenig beachtet und sollten von zukünftigen Forschungen adressiert werden.

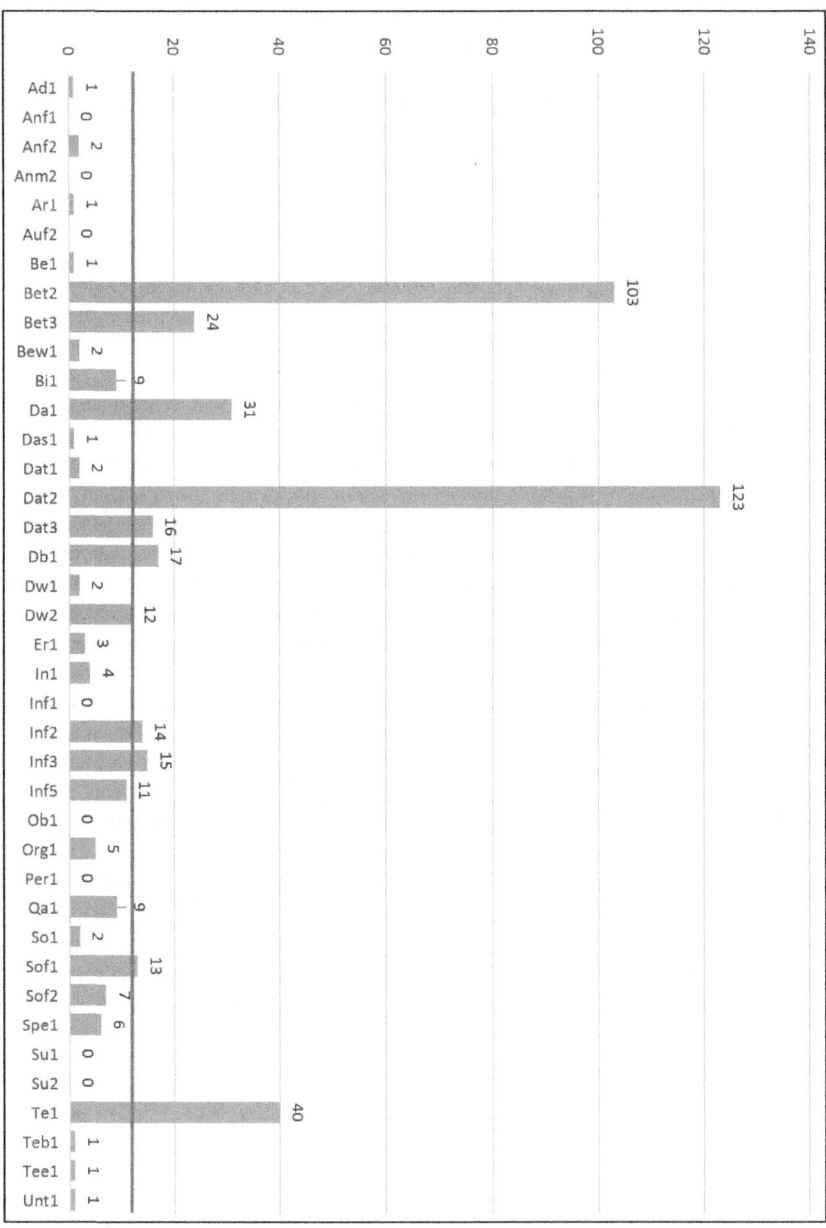

Abbildung 39: Anzahl Gestaltungsempfehlungen pro Konsequenz [Quelle: Eigene Darstellung]

Diskussion 163

Im Management der Informationssysteme wird der Schwerpunkt in der Kategorie Technik gesehen. Diese beinhaltet 40 verschiedene Gestaltungsempfehlungen, die neuartige NoSQL Datenbanken oder Dateisysteme erschaffen, bzw. für vorhandene Systeme Verbesserungen entwickeln. Ausreichende Berücksichtigung finden die Konsequenzen *Sof1* und Db1, während die verbleibenden mit weiteren Forschungsaufwänden zu versehen sind.

Mit durchschnittlich 27 Gestaltungsempfehlungen pro Konsequenz ist im Management der Informations- und Kommunikationstechnik eine hohe Konzentration an Lösungen zu beobachten. Dies ist verständlich, da diese Ebene die Kategorie Betriebsart (*Bet2, Bet3*) umschließt, die mit 127 unterschiedlichen Gestaltungsempfehlungen ein Kernthema der Big Data Forschung darstellt. Schwerpunkt dieser Studien sind leistungsfähige Verarbeitungsmechanismen, um die Berechnung von großen Datenmengen zu gewährleisten. Beispiele können den unterschiedlichen Cluster Computing Frameworks (z.b. Hadoop) oder spezifischen MapReduce-Erweiterungen entnommen werden. Nichtsdestotrotz sind die Konsequenzen *Spe1*, *Teb1* und *Tee1* unterproportional bedacht und benötigen für ein homogeneres Lösungsspektrum weitere Forschungsarbeiten.

Die geringste Konzentration von Gestaltungsempfehlungen pro Konsequenz ist im Management der Führungsaufgaben zu beobachten. Ein Verhältnis von lediglich 0,6 verdeutlicht, dass die Ebene unzureichend von der Forschung betrachtet wird. Gleichwohl fünf Konsequenzen einen Handlungsbedarf aufzeigen, fehlen für drei Konsequenzen jegliche Gestaltungsempfehlung. Alle Konsequenzen sind unterproportional bedacht.

Abschließend kann festgestellt werden, dass die aus dem Phänomen Big Data entstandenen IM Konsequenzen durch eine Vielzahl von unterschiedlichen Gestaltungsempfehlungen bedient worden sind und sich das Strategiespektrum aus dem ursprünglichen Big Data Modell (siehe Abschnitt 4.2.2) erheblich erweitert hat (z.B. RDMA, FPGA, Technologie-Roadmap, Grafikprozessor, Array Datenbank, Unternehmenskooperation). Nichtsdestotrotz ist die Verteilung der Gestaltungsempfehlungen ungleichmäßig, sodass einigen Konsequenzen keine bzw. nur wenige Lösungen zugeordnet sind. Darüber hinaus kann eine hohe Heterogenität hinsichtlich der Spezifität der Gestaltungsempfehlungen festgestellt werden. Während einige Lösungen wie Hadoop [CuSD2011] oder Dryad [IBYB2007] eine allgemeine Anwendung in unterschiedlichen Szenarien erlauben, sind andere Gestaltungsempfehlungen für die Nutzung in festgelegten Branchen wie Tourismus [CuPT2015] oder Logistik [JuKi2015] vorgesehen.

Nachdem der vorliegende Abschnitt die Resultate des Erkenntnis- und Gestaltungsziels erörterte, bewertet der folgende die Qualität der Ergebnisse für die gesamte Arbeit kritisch.

5.3 Kritische Bewertung der Forschungsergebnisse

Die Forschungsergebnisse sind zu bewerten, um die Qualität der Resultate abzusichern. Der Ordnungsrahmen zur Bewertung von Forschungsergebnissen von Becker et al. [BHKN2003, 14 ff.] bietet ein methodisches Vorgehen und findet daher Anwendung in dieser Arbeit. Das Verfahren ist vierstufig und diskutiert Forschungsergebnisse anhand der Dimensionen Dokumentation der Forschungsergebnisse (Abschnitt 5.3.1), Auswahl und Anwendung der Forschungsmethode (Abschnitt 5.3.2), sowie Zielsetzung der Forschung (Abschnitt 5.3.3). Der letzte Schritt betrachtet die übergreifende Konsistenz der Forschungsergebnisse vor dem Hintergrund relevanter Grundpositionen. Weil Abschnitt 3.3 bereits das forschungsmethodische Gesamtbild der Arbeit unter Berücksichtigung der wissenschaftlichen Grundposition des Werks erarbeitete, verzichtet dieser Abschnitt auf die Betrachtung des letzten Kriteriums. Vielmehr sind die gewonnenen Erkenntnisse als konsistent zu erachten, da im Rahmen der methodischen Durchführung keine Abweichungen erfolgten. Infolgedessen sind die Erkenntnisse aus beiden Forschungszielen mit der wissenschaftlichen Position im Einklang.

5.3.1 Dokumentation der Forschungsergebnisse

Durch eine qualitative Dokumentation der Forschungsergebnisse sollen Resultate für Sachkundige bzw. Gutwillige zugänglich und verständlich werden [BHKN2003, 15]. Zu diesem Zweck war das Werk stets bemüht, das Vorgehen der Erkenntnisgewinnung transparent und umfangreich darzustellen. In diesem Zusammenhang erfolgte im ersten Kapitel eine abrissartige Einführung in die Motivation und Problemstellung der Arbeit, die mit der Vorstellung der Forschungsziele endete. Um den späteren Handlungsbedarf zu verdeutlichen, erörterte die Abhandlung detailliert IM (siehe Tabelle 1, S. 10) und Big Data (siehe Abschnitt 2.1) als Gegenstandsbereich, sodass beim Leser ein grundlegendes Verständnis entstand. Ausgehend von diesen Erläuterungen leitete die Arbeit potenzielle Konsequenzen in Zeiten von Big Data für alle IM Ebenen argumentativ-deduktiv ab und dokumentierte diese in Tabelle 2 (siehe S. 31). Darüber hinaus verdeutlichte die Diskussion, dass eine zukünftige aufgabengerechte Informationsbereitstellung durch neuartige Gestaltungsempfehlungen abzusichern ist. Um dies zu erreichen, legte das dritte Kapitel die wissenschaftliche Positionierung der Abhandlung dar. Auf dieser Grundlage erarbeitete Abschnitt 3.3 ein epistemologisch, ontologisch und linguistisch stimmiges Forschungsdesign, das sowohl die Ableitung von Konsequenzen und Gestaltungsempfehlungen als auch eine dem Leser verständliche Methodenauswahl ermöglichte. Der Ausgangspunkt der Erkenntnisgewinnung wurde im vierten Kapitel anhand von acht veröffentlichten Beiträgen erläutert. Detailliert fand für jede Studie zunächst die Erörterung von Forschungsziel, Methodik und Kerninhalten statt, bevor die gewonnenen Erkenntnisse dem Gesamtkontext der Arbeit zugeführt wurden. Um eine hohe Transparenz und Nachvollziehbarkeit sicherzustellen, wurden alle originalen Beiträge vollständig den jeweiligen Abschnitten zugeordnet. Nachdem die Sinnhaftigkeit der Forschung (Beitrag 1) erwiesen und ein einheitliches Big Data Begriffsverständnis (Beitrag 2 und 3) abgeleitet war, identifizierte Abschnitt 4.3 mittels umfangreicher Erklärungen einen adäquaten Big Data Betrachtungsgegenstand. Die Umsetzung in ein konkretes Informationssystem erfolgte mittels Prototyping und war Gegenstand von Abschnitt 4.4. In diesem wurden die unterschiedlichen Entwicklungszyklen mithilfe von Anforderungen detailliert dokumentiert, wobei die Beiträge 4, 5, 6, 7 und 8 den einzelnen IM Ebenen zugeordnet wurden. Der Prototyp diente als Grundlage für die Ableitung von Konsequenzen in Zeiten von Big Data. Diese konnten anhand eines Experteninterviews in Abschnitt 5.1 bestimmt werden. Um eine hohe Transparenz abzusichern, erörterte die Textpassage den Aufbau der Befragung umfangreich und fügte jeder neu aufgedeckten bzw. prognostizierten Konsequenz eine schriftliche Zusammenfassung des transkribierten Interviewprotokolls bei (siehe Tabelle 24, S. 125), die eine Ablehnung oder Bestätigung der Konsequenz begründete. Abschnitt 5.2 beinhaltet einen ausführlichen Literaturüberblick. Dieser bezweckte die Identifikation von adäquaten Gestaltungsempfehlungen, um den aufgefundenen Konsequenzen in Abschnitt 5.1 zu begegnen. Das Vorgehen und die Evaluierung des Literaturüberblicks wurden detailreich beschrieben, sodass eine für den Leser nachvollziehbare Auswahl an Artikeln entstand. Final konnten 479 Gestaltungsempfehlungen den jeweiligen Konsequenzen zugeordnet werden. Nichtsdestotrotz hätte eine vollständige Diskussion aller Artikel sowie ein anschließender Vergleich die Aufnahmekapazitäten eines interessierten Lesers überstiegen. Aus diesem Grunde wurden Kategorien aus den Gestaltungsempfehlungen abgeleitet, die zentrale Lösungsansätze der Beiträge repräsentieren. Diese wurden in Abbildung 35 (siehe S. 142), 36 (siehe S. 151), 37 (siehe S. 156) und 38 (siehe S. 160) den zugehörigen Konsequenzen und IM Ebenen zugeordnet, sodass eine übersichtliche Darstellung aller Lösungen entstand. Die nachfolgende Diskussion erörterte Kernelemente jeder Lösungskategorie, um eine inhaltliche Einschätzung zu gestatten. Zusätzlich erfolgte in Tabelle Anhang 1 (siehe S. 247) eine Zusammenfassung von jeder Gestaltungsempfehlung. Gemeinsam mit den zugehörigen Lösungskategorien gestattet die Tabelle dem Leser eine nachvollziehbare Einordnung der Gestaltungsempfehlung, wenngleich der Lesefluss durch die Platzierung im Anhang nicht gestört wird.

Abschließend zeigt sich, dass die Arbeit stets um einen nachvollziehbaren und transparenten Erkenntnisprozess bemüht war. Darüber hinaus ermöglichten kurze inhaltliche Abschnittsbeschreibungen sowie abschließende Überleitungen von Textpassagen einen hohen Lesefluss.

5.3.2 Auswahl und Anwendung der Forschungsmethode

Das zweite Kriterium zur Bewertung von Forschungsergebnissen betrachtet die Auswahl und Anwendung der Forschungsmethoden. Im Rahmen der Anwendung ist die korrekte und konsequente Befolgung des Anwendungsregelsatzes wesentlich, während die Methodenauswahl retrospektiv überprüfen muss, ob die festgelegten Forschungsziele mit den genutzten Methoden erreicht worden sind. [BHKN2003, 15]

In diesem Zusammenhang war die Arbeit stets bestrebt, Methoden konsequent und korrekt auszuführen. Zu diesem Zweck erfolgte in Abschnitt 3.3 eine Methodenauswahl, die unter Berücksichtigung der wissenschaftlichen Position der Arbeit einen epistemologisch, ontologisch und linguistisch stimmigen Erkenntnisprozess entwickelte. In der gesamten Arbeit referenzierte jede verwendete Forschungsmethode auf einen zugrunde liegenden Anwendungsregelsatz, um erkenntnistheoretischen Herausforderungen wie z.B. Subjektivität angemessen zu begegnen. Hierbei stammten konkrete methodische Vorgehensweisen von [Coop1998] (Literaturüberblick), [Babb1990] (Erhebung des Datenmaterials), [JäRe2009; Flic2009] (Experteninterviews), [StCo1990] (Grounded Theory), [Chin1998a; RiWW2014] (Strukturgleichungsmodellierung) oder [WiHe2006] (Prototyping). Detailreiche Beschreibungen zur Methodenanwendung erlaubten einen stets transparenten, überprüfbaren und qualitativen Erkenntnisprozess. Eine Ausnahme bildete der achte Beitrag, da dieser keine methodischen Beschreibungen beinhaltete. Dies ist jedoch nicht mit einer defizitären Erkenntnisqualität gleichzusetzen. Vielmehr adressierte der Beitrag eine praxisorientierte Leserschaft und verzichtete aufgrund des mangelhaften Interesses auf wissenschaftliche Ausführungen. Nichtsdestotrotz evaluierte der Beitrag die gewonnenen Erkenntnisse anhand der etablierten Task-Technology-Fit Theorie [GoTh1995], sodass die Ergebnisqualität anhand von wissenschaftlichen Kriterien sichergestellt wurde. Darüber hinaus diskutierte Abschnitt 4.4.2 die Resultate aus Beitrag 8 und setzte diese anhand von Prototyping in den Gesamtkontext der Abhandlung. Infolgedessen kann in der Arbeit eine korrekte und konsequente Methodenanwendung beobachtet werden.

Des Weiteren ist zu überprüfen, ob die definierten Forschungsziele mit den genutzten Methoden erreicht worden sind. Im Rahmen des Erkenntnisziels kann bestätigt werden, dass das gewählte Methodenspektrum zu einem Big Data Betrachtungsgegenstand führte, von dem Experten 39 Konsequenzen für das Informationsmanagement ableiteten. Von ursprünglich 36 vorhergesagten Konsequenzen (siehe Tabelle 2, S. 31) wurden 19 im Rahmen des Interviews bestätigt und 20 neu identifiziert. Demgemäß entstammen die potenziellen Konsequenzen aus Kapitel 2 einer stabilen Argumentation. Das Gestaltungsziel beabsichtigte die Aufdeckung von Gestaltungsempfehlungen, die eine aufgabengerechte Informationsbereitstellung im Zeitalter von Big Data ermöglichen. Der verwendete Methodenrahmen ermittelte 479 unterschiedliche Gestaltungsempfehlungen, die den 39 Konsequenzen zugeordnet wurden. Infolgedessen ist das Vorgehen als erfolgreich zu bewerten. Drei der aufgedeckten Gestaltungsempfehlungen waren Bestandteil des entwickelten Big Data Betrachtungsgegenstands (Abschnitt 4.3). In diesem Zusammenhang identifizierten die genutzten Forschungsmethoden nicht nur evaluierte Big Data Gestaltungsempfehlungen aus der Literatur, sondern erarbeiteten eigene Gestaltungsempfehlungen, die den hohen Qualitätsansprüchen (siehe Tabelle 25, S. 136) gerecht werden mussten. Infolgedessen liegt ein adäquates Methodenspektrum für beide Forschungsziele vor. Zudem konnten im Entstehungszeitraum dieser Arbeit keine technologischen oder erkenntnistheoretischen Fortschritte beobachtet werden, die durch neue Methoden zu einem verbesserten Erkenntnisprozess geführt hätten.

5.3.3 Zielsetzung der Forschung

Das dritte Kriterium betrachtet den Zielerreichungsgrad der Forschung. Angeführte Dimensionen dieser Beurteilung sind die Relevanz und Vollständigkeit der Ergebnisse sowie der wissenschaftliche Erkenntnisfortschritt [BHKN2003, 15]. Letzterer wird von Frank [Fran2007, 174] in die Aspekte Originalität, Abstraktion, Begründung, Transparenz und Überprüfbarkeit unterteilt, wobei die letzten drei bereits im ersten und zweiten Kriterium betrachtet wurden und daher vernachlässigt werden. Im Folgenden sind diese Kriterien für jedes Forschungsziel sukzessiv zu besprechen. Die Aufdeckung der Limitationen erfolgt innerhalb der Diskussion.

Im Rahmen des Erkenntnisziels war zunächst zu prüfen, ob und inwiefern Konsequenzen im IM durch Big Data zu beobachten sind. Zu diesem Zweck entwickelten die Beiträge 2 (siehe Abschnitt 4.2.1) und 3 (siehe Abschnitt 4.2.2) ein einheitliches Big Data Begriffsverständnis und bestätigten die Zugehörigkeit des IM als mögliche Lösungsstrategie. Diese Beobachtungen erlaubten die Identifizierung eines geeigneten Big Data Betrachtungsgegenstands (siehe Abschnitt 4.3), anhand dessen konnten 39 Konsequenzen mittels Experteninterviews für das IM abgeleitet werden (siehe Abschnitt 5.1).

Relevanz: Die im Zuge des Erkenntnisziels erlangten Feststellungen sind für Wissenschaft und Praxis hochgradig relevant. Erstmalig leitete diese Arbeit ein konsistentes und quantitativ überprüftes Big Data Begriffsverständnis ab. Die Aufdeckung von initialen Gründen und Kontextfaktoren erlaubt zukünftigen Organisationen und Forschern das Abschätzen von Wirkungsketten, sodass das Aufkommen einer Big Data Situation besser kontrolliert bzw. mit adäquaten Strategien adressiert werden kann. Der positive Zusammenhang zwischen Phänomen, Strategie und Konsequenz hebt den potenziellen Wertbeitrag durch Big Data hervor und bestärkt Forscher und Praktiker in der Entwicklung von neuen Lösungen, die das Phänomen noch wirkungsvoller adressieren. Darüber hinaus wird die Zugehörigkeit des IM als Big Data Strategie bestätigt und somit die Relevanz der Forschungsfragen für diese und zukünftige Arbeiten bekräftigt. Anhand von wissenschaftlich abgesicherten Ergebnissen bietet das Modell dieser und kommenden Forschungen eine argumentative Grundlage, um festzustellen, ob ein vorliegendes Szenario dem Phänomen Big Data zuzuordnen ist. Die Anwendbarkeit des Modells konnte durch die Identifikation des Big Data Betrachtungsgegenstands (Abschnitt 4.3) belegt werden. Infolgedessen gelingt der Arbeit die Präzisierung des unscharfen Begriffs Big Data. Mithilfe des Betrachtungsgegenstands leitete die Arbeit 39 Konsequenzen im IM ab, die aus dem Phänomen Big Data resultieren. Erst dieses Erkenntnisse ermöglichen zielgerichtete Entwicklungen, um anhand von geeigneten Gestaltungsempfehlungen das IM weiterhin zu befähigen, eine aufgabengerechte Informationsbereitstellung vorzunehmen sowie einen positiven Wertbeitrag im Rahmen von Big Data zu leisten. Zukünftige Forschungsarbeiten profitieren von den aufgedeckten Konsequenzen, indem diese eine präzise Benennung von Problemstellungen gestatten und die Entwicklung von neuen Lösungen motivieren. Währenddessen erhalten Praktiker für geplante Big Data Vorhaben eine klarere Gegenüberstellung zwischen Nutzen (siehe Abbildung 10, S. 57) und Konsequenzen.

Vollständigkeit: Inwiefern das Erkenntnisziel vollständig beantwortet wurde, ist kritisch zu hinterfragen. In diesem Zusammenhang bleibt anzumerken, dass der Erklärungsgehalt des Big Data Modells zwar gegeben ist, aber keine starke Ausprägung vorliegt. Infolgedessen sind nicht alle Konstrukte und Prädikatoren im Diskursrahmen identifiziert worden. Gleichwohl ist eine vollständige Aufdeckung aller Bestandteile nicht möglich, da das Phänomen Big Data im Sinne des gemäßigten Konstruktivismus nur intersubjektiv erfassbar ist (keine vollständige Wahrnehmung der Realität) und das Forschungsfeld einer hohen Dynamik (z.B. neuartige Strategien) unterliegt, sodass eine Erweiterung mittels begründetem Konsens nur nachträglich erfolgen kann. Infolgedessen entsprechen alle identifizierten Konstrukte und Prädikatoren einer aktuellen, aber nicht vollständigen Momentaufnahme. Nichtsdestotrotz dient das in diesem Werk entwickelte Vorgehen (Beitrag 2 und 3) als methodisches Rahmenwerk, mit dem zukünftige Arbeiten das Big Data Begriffsverständnis konsistent erweitern können. Darüber hinaus ist anzuzweifeln, dass alle IM Konsequenzen in Zeiten von Big Data durch die Untersuchung eines einzigen Betrachtungsgegenstands festgestellt wurden, zumal unterschiedliche Szenarien andersartige Konsequenzen hervorrufen können. Ferner wird keine Vollständigkeit der Konsequenzen garantiert, da die vorliegende Arbeit eine Momentaufnahme der sich fortsetzenden Big Data Forschung darstellt. Bedeutsamer ist jedoch, ob der identifizierte Betrachtungsgegenstand eine hohe Repräsentativität besitzt und somit die Ableitung von allgemeinen Aussagen erlaubt [Yin1994, 38]. Diese kann im Rahmen der Abhandlung bestätigt werden, da die Auswahl des Szenarios auf Basis eines überprüften Big Data Modells erfolgte und die meisten Strategien des Modells im Betrachtungsgegenstand inhärent vorliegen (siehe Abschnitt 4.3). Demnach sollten ähnliche Strategien in anderen Big Data Szenarien zu analogen Konsequenzen führen. Zusätzlich gestattete die Befragung von Experten aus allen IM Ebenen (IT Leiter, IT Business Analyst, Anwendungsbetreuer) eine möglichst vollständige Ableitung aller Konsequenzen im Betrachtungsgegenstand. Der Literaturüberblick in Abschnitt 5.1 verdeutlicht die Repräsentativität der aufgedeckten Konsequenzen, indem 891 von 5.511 Artikeln mindestens einer Konsequenz zugeordnet werden konnten. Infolgedessen und in Anbetracht der Tatsache, dass viele der 5.511 Beiträge keine eigene Strategie beinhalten und somit keine Konsequenz bedienen können, zeigt die Arbeit, dass die identifizierten Konsequenzen mit den gegenwärtigen Problemstellungen in der Big Data Literatur einhergehen und somit repräsentativ sind. Somit ist der Zielerreichungsgrad der Forschungsfrage hoch. Nichtsdesto-trotz müssen zukünftige Arbeiten Veränderungen im Big Data Modell und in den Konsequenzen beobachten und ggf. Aktualisierungen vornehmen.

Wissenschaftlicher Erkenntnisfortschritt: Im Sinne der Originalität kann festgestellt werden, dass erstmalig in der wissenschaftlichen Literatur ein konsistentes Big Data Begriffsverständnis abgeleitet wurde (Beitrag 2 und 3). Zudem betrachtete keine Arbeit zuvor das Informationsmanagement im Rahmen von Big Data (Beitrag 1), bzw. identifizierte die einhergehenden Konsequenzen (Abschnitt 5.1). Das vorliegende Werk entwickelte ein einmaliges Methodenframework, um Konsequenzen im Informationsmanagement aufzudecken. Infolgedessen ist die Originalität des Erkenntnisziels hoch.

Gleichwohl ist die Abstraktion bzw. Generalisierbarkeit der Erkenntnisse zu diskutieren. Innerhalb des Big Data Modells wird diese als zweckmäßig erachtet, da die Signifikanz der abgeleiteten Aussagen positiv überprüft wurde. Zusätzlich erlaubt der gewählte Abstraktionsgrad des Modells die argumentative Überprüfung eines Betrachtungsgegenstands zur Big Data Zugehörigkeit [PoFe2015a, 89]. Kritisch ist anzumerken, dass im Rahmen der Datenerhebung (Beitrag 2 und 3) lediglich Experten aus der Praxis befragt wurden. Demnach bleibt unklar, ob die Ergebnisse mit Meinungen aus wissenschaftlichen Anwendungen übereinstimmen. Nichtsdestotrotz zielt diese Abhandlung auf die Identifikation von praxisorientierten Gestaltungsempfehlungen für das IM in Big Data ab. Infolgedessen wäre ein wissenschaftliches Begriffsverständnis nicht zweckdienlich. Des Weiteren ist fragwürdig, ob die Ableitung von generalisierbaren Konsequenzen durch die Verwendung eines einzelnen Betrachtungsgegenstands ermöglicht wird. Zu diesem Zweck müssten zukünftige Arbeiten weitere Betrachtungsgegenstände identifizieren und mit den gewonnenen Konsequenzen abgleichen. Hierbei ist jedoch zu konstatieren, dass nicht alle Konsequenzen für sämtliche Big Data Betrachtungsgegenstände Gültigkeit bewahren. Beispielsweise erfolgt nicht in jedem, wie in Konsequenz *Dat3* identifiziert, ein überwachtes Lernen, das durch eine manuelle Selektion oder Zuordnung von Instanzen ver-

Diskussion 169

bessert werden muss. Vielmehr sind die aufgedeckten Konsequenzen als Katalog von möglichen Folgen zu verstehen, die in Zeiten von Big Data im IM auftreten können. In diesem Zusammenhang kann positiv hervorgehoben werden, dass 891 Lösungen von 5.511 Artikeln mindestens einer Konsequenz zugeordnet worden sind (Abschnitt 5.1) und somit der gewählte Abstraktionsgrad der Konsequenzen eine Vielzahl von Arbeiten umschließt. Folglich kann festgestellt werden, dass die Spezifität der Konsequenzen eine Generalisierung für alle Betrachtungsgegenstände verhindert, aber das gewählte Szenario hinreichend allgemein ist, um übliche IM Konsequenzen im Big Data Umfeld aufzudecken. Daher sind die Ergebnisse des Erkenntnisziels neuartig und generalisierbar.

Das Gestaltungsziel strebt die Identifikation von Gestaltungsempfehlungen an, um eine aufgabengerechte Informationsbereitstellung im Zeitalter von Big Data zu gewährleisten. Die Bearbeitung dieser Zielstellung erfolgte in zwei Schritten. Der erste bestand im Entwurf von eigenen Gestaltungsempfehlungen. Zu diesem Zweck nutzte die Arbeit die im Big Data Betrachtungsgegenstand aufgedeckten Anforderungen (Abschnitt 4.3), um anhand von Prototyping (Abschnitt 4.4) angemessene Gestaltungsempfehlungen zu entwickeln. Währenddessen betrachtete der zweite Schritt die abgeleiteten IM Konsequenzen (Abschnitt 5.1) und identifizierte mithilfe eines Literaturüberblicks 479 adäquate Gestaltungsempfehlungen (Abschnitt 5.2). Drei der ermittelten Lösungen stammen aus dem eigenen Betrachtungsgegenstand [PoFe2015b; PoFe2016c; DFPK2015a].

Relevanz: Die Erkenntnisse aus den eigenen Gestaltungsempfehlungen sind für Wissenschaft, Praxis und Big Data im Allgemeinen sowie im Speziellen für die Energiewirtschaft hochgradig relevant. In diesem Zusammenhang deckte dieses Werk erstmalig im Zuge der Big Data Bewegung neuentstandene Anforderungen innerhalb der Preisvorhersage im Energiehandel auf. Zu diesem Zweck erfolgte in Abschnitt 4.4.1 zunächst ein Literaturüberblick von existierenden Prognosemethoden. Hierbei wurde deutlich, dass keine Abhandlung im Energiesektor eine Echtzeitvorhersage von Preisen hervorbringt und kein Beitrag die Verwendung von unstrukturierten Informationen wie z.B. Nachrichten ermöglicht. Zusätzlich zeigte ein zweiter Literaturüberblick, dass Prognoseansätze in anderen Industrien lediglich firmenspezifische Nachrichten (keine marktrelevanten) betrachten, eine zeitintensive Beteiligung von Experten voraussetzen und keine Echtzeitvorhersagen erlauben. In diesem Zusammenhang begann die Entwicklung eines eigenen Ansatzes in fünf Zyklen, der den Zeitaufwand von Experten reduzieren soll. Hierbei konnte im ersten Konzept festgestellt werden, dass eine verknüpfte Echtzeitvorhersage von Nachrichten und Marktdaten im Energiemarkt vorteilhaft ist, wenngleich die polynominale Klassifikation im Energiesektor zu ungenauen und irrelevanten Ergebnissen führt. Infolgedessen erarbeitete der zweite Zyklus ein Verfahren zur aufgabengerechten Informationsversorgung als erste Gestaltungsempfehlung [PoFe2015b]. Dieses gestattete Echtzeitvorhersagen, verknüpfte unterschiedliche Datenquellen und filterte automatisch irrelevante Ereignisse heraus, um eine Informationsüberflutung zu verhindern. Im Ergebnis entstand ein neuer Prognoseansatz, der zum einen die spezifischen Anforderungen des Energiemarkts bedient und zum anderen derzeitige Lösungen aus der Vorhersageforschung übertrifft. Automatisierte Klassenzuweisungen, eine hohe Prognosegenauigkeit und die Filterung von irrelevanten Nachrichten sind Fähigkeiten, die in Zeiten von Big Data hochgradig relevant sind. Unglücklicherweise offenbarte die Ergebnisevaluierung Mängel in der automatischen Klassenzuweisung und unzureichend repräsentative Trainingsbeispiele. Aus diesem Grund entwarf der dritte Zyklus eine Instance Selection Methode als zweite Gestaltungsempfehlung [PoFe2016c]. Entgegen heuristischen Instance Selection Lösungen, die kein Domänenwissen berücksichtigen oder Ansätzen, die Experten für manuelle Zuweisungen verwenden, identifiziert die eigene Lösung repräsentative Trainingsinstanzen automatisch. Hierbei betrachtet das Verfahren die Effektlänge und den -ausschlag zur Zielvariablen nach der Veröffentlichung einer Nachricht. Die Lösung verbesserte die Aufdeckung von relevanten Nachrichten und verhindert somit eine Informationsüberflutung beim Nutzer. Ferner verringert der Ansatz die Trainingsdaten, sodass das Modelltraining beschleunigt werden kann. Die automatische Ableitung und der verringerte Trainingsbestand sind Eigenschaften, die im Umfeld von Big Data hohe Relevanz besitzen. Darüber hinaus fügt die Gestaltungsempfehlung der Instance Selection Forschung eine neue Methodenklasse hinzu. Die Ergebnisse und die Nützlichkeit des Verfahrens im Rahmen von Big Data sollten zukünftige Arbeiten motivieren, die Forschungsbemühungen in diesem Bereich zu intensiveren. Ausgehend von weiteren Überlegungen konnte im vierten Zyklus eine zusätzliche Gestaltungsempfehlung zur aufgabengerechten Informationsversorgung entwickelt werden [DFPK2015a]. Diese identifiziert die historisch ähnlichsten Nachrichten einer jüngst veröffentlichten Nachricht. Zusammen mit dem historischen Kursverlauf und Marktinformationen komplementiert der Ansatz die Entscheidungssituation und gestattet Nutzern Auswirkungen der vergangenen Ereignisse auf ein aktuelles zu übertragen. Gleichzeitig offenbart die Notwendigkeit von Clustertechniken den Zwang eines gesonderten Umgangs mit Big Data. Im Sinne der Forschung erarbeitet diese Gestaltungsempfehlung einen neuartigen Mechanismus zur Entscheidungsunterstützung. Währenddessen profitiert der Energiesektor von der Befriedigung neuentstandener Anforderungen. Die Praktikabilität und die Fähigkeit, großen Datenmengen zu begegnen, verdeutlichen die Relevanz der Methode in Zeiten von Big Data. Der fünfte Zyklus betrachtet die Ebene Informationssysteme bzw. Informationstechnik und erörtert die technische Umsetzung der Gestaltungsempfehlungen. Hierbei zeigte sich, dass lediglich ein Zusammenspiel zwischen modernen Technologien (z.B. Hadoop) und adäquaten Verfahren aus der Informationswirtschaft eine aufgabengerechte Informationsbereitstellung in Zeiten von Big Data ermöglicht. Die alleinige Konzentration auf eine Ebene würde zu einer Verfehlung der Anforderungen führen. Zukünftige Forschungen und praktische Umsetzungen müssen diesem Umstand Sorge tragen.

Darüber hinaus ist die Relevanz der 479 Gestaltungsempfehlungen aus Abschnitt 5.2 zu diskutieren. Aus Sicht der Praxis kann konstatiert werden, dass die Gestaltungsempfehlungen realen Konsequenzen aus dem IM in Zeiten von Big Data begegnen (siehe Abschnitt 5.1). Alle Lösungen unterliegen einer erfolgreichen Evaluierung durch Experten, sodass eine abgesicherte Qualität vorliegt. Ohne diese Gestaltungsempfehlungen wäre eine nutzenstiftende Bearbeitung von Big Data Szenarien ausgeschlossen. Infolgedessen besteht eine hohe praktische Relevanz. Nichtsdestotrotz offenbarte der Literaturüberblick eine beträchtliche Heterogenität innerhalb der Gestaltungsempfehlungen und in den unterliegenden Anforderungsprofilen. Ferner ist es unwahrscheinlich, alle Konsequenzen in einem beliebigen Big Data Szenario vorzufinden. Demzufolge wäre ein holistisches Informationsmanagement, das allen Anwendungsfällen mit

Diskussion

479 Gestaltungsempfehlungen begegnet, zu ineffizient und ist daher abzulehnen. Vielmehr dienen die identifizierten Lösungen Organisationen als mehrstufiger und aktueller Maßnahmenkatalog. Hierbei ist zunächst zu überprüfen, inwiefern Big Data spezifische Konsequenzen (siehe Tabelle 24, S. 125) im eigenen Anwendungsfall vorliegen. Anschließend sind die in Abschnitt 5.2 zugeordneten Gestaltungsempfehlungen dem betrachteten IM hinzuzufügen. Folglich unterstützt der Katalog eine beschleunigte Lösungsfindung im Unternehmen. Gleichwohl muss manuell überprüft werden, inwieweit die potenziellen Gestaltungsempfehlungen das IM im Anwendungsfall unterstützen, da die verschiedenen Ansätze eine hohe Spezifizität aufweisen. Im Sinne der Forschung wird deutlich, dass keine dem Autor bekannte Veröffentlichung Big Data Gestaltungsempfehlungen in diesem Umfang identifiziert und spezifischen Konsequenzen zuordnet. Angehende Forschungsarbeiten profitieren von einer ausführlichen und qualitativen Zusammenstellung von Maßnahmen, die gegenwärtige Lösungskategorien gegenüberstellen (siehe Abbildung 35 (S. 142), 36 (S. 151), 37 (S. 156) und 38 (S. 160)). Darüber hinaus motiviert das Werk zukünftige Forschungsvorhaben, da nicht alle Konsequenzen durch angemessene Gestaltungsempfehlungen befriedigt worden sind.

Vollständigkeit: Mit wenigen Einschränkungen kann im Rahmen der Arbeit eine hohe Vollständigkeit beobachtet werden. In diesem Zusammenhang erfolgte ein umfangreicher Literaturüberblick, der 45.303 Publikationen aus unterschiedlichen Datenbanken berücksichtigte und anhand von Gütekriterien auf 479 Gestaltungsempfehlungen reduzierte. Hierbei wurde auf Praktiker-Magazine, Herstellerveröffentlichungen oder Ähnliches verzichtet, um die Qualität der Gestaltungsempfehlungen sicherzustellen. Nichtsdestotrotz könnten durch dieses Vorgehen wertvolle Lösungen (z.B. Technologien), die keinem wissenschaftlichen Publikationsprozess unterliegen, fehlen. Mit einem geminderten Qualitätsanspruch wäre es zukünftigen Arbeiten jedoch möglich, diese Lücke zu schließen. In Abschnitt 5.2 erfolgte die Zuordnung von finalen Gestaltungsempfehlungen und Konsequenzen. Die finalen Lösungen wurden den Konsequenzen aus Abschnitt 5.1 zugeordnet. Gleichwohl ist zu beachten, dass mitunter nicht alle Konsequenzen aufgedeckt wurden und somit eine vollständige Identifikation aller Gestaltungsempfehlungen ausgeschlossen ist. Die aufgefundenen Lösungen sind eine aktuelle Momentaufnahme und betrachten weite Teile der Literatur. Trotzdem entstehen durchgängig neue Gestaltungsempfehlungen. Zukünftige Arbeiten müssen diese Lösungen hinzufügen. Darüber hinaus ist der Zielerreichungsgrad zu diskutieren. In diesem Zusammenhang ist anzumerken, dass nicht für alle Konsequenzen Gestaltungsempfehlungen aufgedeckt werden konnten, bzw. für einige Konsequenzen nur wenige Lösungen existieren. Dies ist mitunter durch den Charakter der Konsequenzen (z.B. *Ob1, Su1, Su2*) oder durch die mangelhafte Adressierung in der Forschung (z.B. *Anm2*) zu erklären. Nichtsdestotrotz liegen Gestaltungsempfehlungen für die meisten Konsequenzen vor. Folglich liegt ein hoher Zielerreichungsgrad vor. Des Weiteren ist zu erörtern, inwieweit die aufgedeckten Gestaltungsempfehlungen zu einer aufgabengerechten Informationsbereitstellung in Zeiten von Big Data und zur Erhöhung des Informationsstands beitragen. Aufgrund der Abwesenheit eines holistischen IM muss festgestellt werden, dass der Zielerreichungsgrad und die Erhöhung des Informationsstands für jedes Big Data Anwendungsszenario individuell ist. Gleichwohl bestätigten Experteninterviews im Rahmen des eigenen Betrachtungsgegenstands eine Steigerung des Informationsstands anhand der gewählten Gestaltungsempfehlungen (Aufgabengerechte Informationsversorgung, Data Mining, Instance Selection, Verteiltes Dateisystem, Cluster Computing, Mehrkernprozessor, SQL in Hadoop, Anreicherung, etc.). Somit ist die Verwirklichung einer aufgabengerechten Informationsbereitstellung in Zeiten von Big Data durch die aufgedeckten Gestaltungsempfehlungen wahrscheinlich. Zukünftige Forschungsarbeiten müssen zeigen, ob diese Aussage für weitere Betrachtungsgegenstände Gültigkeit bewahrt.

Wissenschaftlicher Erkenntnisfortschritt: Im Sinne der Originalität kann festgestellt werden, dass die eigenen Gestaltungsempfehlungen die Forschungen in der Entscheidungsunterstützung und Preistrendvorhersage bereichern. Keine Arbeit zuvor erlaubte eine verknüpfte Prognose von Marktdaten und Nachrichten in Echtzeit, die keine zeitintensive Beteiligung von Experten im Modelltraining voraussetzt. [PoFe2015b] Das in [PoFe2016c] entwickelte Verfahren spiegelt eine neue Perspektive in der Instance Selection Forschung wider, indem die Repräsentativität eines Trainingsbeispiels mittels Effektlänge und -ausschlag zur Zielvariablen nach der Veröffentlichung einer Nachricht bestimmt wird. Darüber hinaus ist kein Ansatz bekannt, der eine Entscheidungsunterstützung durch die Identifikation der historisch ähnlichsten Nachrichten ermöglicht [DFPK2015a]. In keiner Arbeit zuvor erfolgte eine solch ausführliche Zusammenstellung von Gestaltungsempfehlungen für das IM in Zeiten von Big Data. Wenn überhaupt betrachteten frühere Veröffentlichungen einzelne Maßnahmen. Ob deren unterliegende Anforderungen aus Big Data spezifischen Konsequenzen hervorgehen, wurde wie z.B. in [JJSN2017] methodisch nur unzureichend untersucht. Währenddessen werden in dieser Arbeit Gestaltungsempfehlungen gezielt systematisch abgeleiteten Konsequenzen zugeordnet.

Darüber hinaus sind die Ergebnisse des Gestaltungsziels hochgradig generalisierbar. In diesem Zusammenhang ist der Einsatz der eigenen Gestaltungsempfehlungen nicht auf die Vorhersage im Energiemarkt begrenzt. Denkbar sind alle Anwendungsszenarien, in denen die Trendveränderung einer Zielvariablen bzgl. eines Ereignisses (Nachricht, Bild, Video, etc.) vorhergesagt wird. Hierbei unterscheiden sich lediglich die Methoden der Merkmalsextraktion in Abhängigkeit zum Medium. Mögliche Extraktionsverfahren können dem Beitrag von [BhKa2011] entnommen werden. Folglich gestatten die Ansätze sowohl eine branchenübergreifende Anwendung (z.B. Aktienhandel) als auch fernere Einsatzszenarien wie z.B. Bankrottvorhersagen, Verkaufsprognosen von Artikeln oder Kundenzufriedenheitsvorhersagen. Die erfolgreiche Verwendung setzt jedoch eine fachliche Beziehung zwischen Ereignis und Zielvariable voraus sowie eine hinreichende Anzahl von Veränderungen innerhalb der Zielvariablen, um Rückschlüsse auf die Effekte von Ereignissen zu ziehen. Die Identifikation der Gestaltungsempfehlungen in Abschnitt 5.2 erfolgte für die Anwendung im Rahmen von Big Data. Wie bereits beschrieben ist die generelle Verwendung von allen Gestaltungsempfehlungen in einem spezifischen Betrachtungsgegenstand ineffizient. Nutzer müssen aus den abgeleiteten Maßnahmen angemessene Lösungen entnehmen. Grundsätzlich ist der Katalog nicht auf einzelne Branchen beschränkt, wenngleich einzelne Lösungen spezifische Anwendungsbereiche vorsehen [CuPT2015; JuKi2015]. Darüber hinaus ist eine gewisse Verzerrung in den aufgedeckten Gestaltungsempfehlungen zu erwarten, da die unterliegenden Konsequenzen ausschließlich dem Energiesektor entstammen. Trotz dieser Tatsache geht die Arbeit von einer akzeptablen Repräsentativität und Abstraktion aus, da 891 von 5.511 Lösungen mindestens einer Konsequenz zugeordnet werden konnten.

Diskussion

Zusammenfassend halten die Ergebnisse aus beiden Forschungszielen den Anforderungen einer kritischen Bewertung nach [BHKN2003, 14 ff.] stand. Das folgende Kapitel bildet den Abschluss der Arbeit. In einem kurzen Fazit rekapituliert der Abschnitt die zentralen Erkenntnisse und offenbart zukünftige Forschungsschritte.

6 Fazit und Ausblick

Ziel dieser Arbeit waren die Ableitung von Konsequenzen im IM in Zeiten von Big Data und die Identifikation von Gestaltungsempfehlungen, um weiterhin eine aufgabengerechte Informationsbereitstellung zu gewährleisten. Hierbei offenbart die Abhandlung eine mangelhafte Adressierung des IM in der Big Data Literatur und eine unscharfe Beschreibung des Phänomens [PoFe2012]. Zu diesem Zweck entwickelt die Arbeit erstmalig ein konsistentes Big Data Begriffsverständnis, das zukünftigen Organisationen und Forschern das Abschätzen von Wirkungsketten gestattet. Der positive Zusammenhang zwischen Phänomen, Strategie und Konsequenz hebt den potenziellen Wertbeitrag durch Big Data hervor und bestärkt Praktiker und Forscher in der Entwicklung von neuen Lösungen. Konsistent belegen die Modellergebnisse zum ersten Mal die Zugehörigkeit des IM in der Big Data Forschung sowie die Beobachtbarkeit des Phänomens. Letzteres negiert den Vorwurf einer bloßen Marketingerscheinung [PoFe2015a] und untermauert die Notwendigkeit einer Big Data Forschung. Darüber hinaus grenzt das Modell den Diskursbereich in Big Data Szenarien ab und ermöglicht damit eine verbesserte Adressierung der inhärenten Herausforderungen. [PoFe2015a; PoFe2016a] Infolgedessen wurde mithilfe des bestätigten Modells ein angemessener Big Data Betrachtungsgegenstand in der Energiepreisvorhersage aufgedeckt.

Um den Anforderungen gerecht zu werden, nutzte die Arbeit sowohl eigene (z.B. aufgabengerechte Informationsversorgung), als auch existierende (z.B. Hadoop) Ansätze. Zukünftige Vorhaben profitieren von einem akkuraten und Big Data tauglichen Prognoseverfahren, das trotz firmenunabhängiger Nachrichten ein automatisches Modelltraining erlaubt [PoFe2014], das qualitativere Verknüpfungen von strukturierten und unstrukturierten Daten (Forward Mapping) gestattet und irrelevante Ereignisse aussondert [PoFe2015b]. Keine Instance Selection Methode zuvor verfolgte eine fachlich begründete Auswahl an repräsentativen Trainingsbeispielen erfolgreich, ohne kostenintensive Experten einzubinden [PoFe2016c]. Weiterführend existiert keine andere Arbeit, die die Entscheidungsfindung mithilfe von historisch ähnlichen Nachrichten unterstützt [DFPK2015a; DFPK2015b]. Letztlich verdeutlicht die Implementierung als Hadoop Prototyp technische Möglichkeiten zur beschleunigten Verarbeitung [Posp2017].

Die gemeinsame Betrachtung aller Anforderungen und Lösungen des Betrachtungsgegenstands erlaubte die Ableitung von 39 Big Data spezifischen Konsequenzen auf allen Ebenen des IM. Zukünftige IT-Verantwortliche dürfen dem Phänomen Big Data somit nicht nur mit technologischen Lösungen begegnen. Ein anschließender Big Data Literaturüberblick identifizierte 479 Gestaltungsempfehlungen, deren Relevanz und Nützlichkeit anhand von Experten bestätigt wurden. Die Ergebnisse sind aktuell, sodass die Abhandlung den gegenwärtigen Stand der Forschung für zukünftige Vorhaben zusammenfasst. Drei der finalen Lösungen stammen aus dieser Arbeit [DFPK2015a; PoFe2015b; PoFe2016c]. Infolgedessen deckt dieses Werk nicht nur Konsequenzen und Gestaltungsempfehlungen in Zeiten von Big Data auf, sondern bereichert die Forschung mit eigenen Ansätzen. Die anknüpfende Zuordnung von Big Data Konsequenzen und Gestaltungsempfehlungen adressiert die aufgedeckten Herausforderungen im Informationsmanagement und sichert somit eine aufgabengerechte Informationsbereitstellung in Zeiten von Big Data ab. Infolgedessen konnten beide Forschungsziele erfolgreich beantwortet werden.

© Springer Fachmedien Wiesbaden GmbH, ein Teil von Springer Nature 2019
M. Pospiech, *Aufgabengerechte Informationsbereitstellung in Zeiten von Big Data*, Schriften zur Business Analytics und zum Informationsmanagement,
https://doi.org/10.1007/978-3-658-27196-1_6

Nichtsdestotrotz zeigte die abschließende Ergebnisdiskussion Limitationen in der Arbeit auf. Demnach ist die Vorstellung eines holistischen IM, das alle potenziellen Konsequenzen in Zeiten von Big Data bedient, abzulehnen. Vielmehr sind in Abhängigkeit der spezifischen Gegebenheiten angemessene Gestaltungsempfehlungen aus dem Maßnahmenkatalog hinzuzuziehen. Der Erfolg dieses Vorgehens und die Erhöhung des Informationsstands bei zunehmender Aufgabenkomplexität kann im Betrachtungsgegenstand (siehe Abschnitt 4.4) beobachtet werden. Darüber hinaus indiziert der geringe Erklärungsgehalt des Big Data Modells fehlende Bestandteile. Um das Verständnis und die Aktualität zu erhöhen, müssen weitere Arbeiten folgen. Zu diesem Zweck kann das Vorgehen aus Beitrag 2 und Beitrag 3 entnommen werden. Ferner ist die Ableitung der Konsequenzen an einem einzelnen Betrachtungsgegenstand kritisch. Hierbei ist trotz der nachgewiesenen Repräsentativität des Falls nicht auszuschließen, dass weitere Konsequenzen in anderen Big Data Szenarien existieren. Zukünftige Forschungen müssen zusätzliche Betrachtungsgegenstände identifizieren und überprüfen, ob sonstige Konsequenzen für das IM in Zeiten von Big Data existieren. Sollten andere Herausforderungen vorliegen, sind diese anhand von aktuellen Gestaltungsempfehlungen zu befriedigen. Hierfür ist die Durchführung eines erneuten Big Data Literaturüberblicks ratsam. Gleichwohl offenbarte die Arbeit eine ungleichmäßige Adressierung der Konsequenzen in der Forschung, insbesondere im Management der Führungsaufgaben. Um eine aufgabengerechte Informationsbereitstellung in Zukunft abzusichern, müssen die Bemühungen in der Lösungsentwicklung intensiviert werden. Andere Arbeiten könnten den Maßnahmenkatalog erweitern, indem diese Praktiker-Magazine oder Herstellerveröffentlichungen berücksichtigen. Generell bleibt zu beachten, dass die aufgedeckten Gestaltungsempfehlungen einer Momentaufnahme entsprechen. Steigende Datenmengen zwingen nachfolgende Generationen von Managern diese Ergebnisse für das IM in angemessenen Zeiträumen zu aktualisieren. Darüber hinaus wäre die Anwendung der eigenen Gestaltungsempfehlungen [PoFe2015b; PoFe2016c; DFPK2015a] in unterschiedlichen Einsatzszenarien von großem Interesse. Die gewonnenen Erkenntnisse würden erweiterte Aussagen hinsichtlich Generalisierbarkeit und Güte der Verfahren erlauben. Denkbar sind zudem Anpassungen, die die Ergebnisqualität verbessern. In diesem Zusammenhang wurde in der Vergangenheit der Impact [PoFe2016c] eines Ereignisses (z.B. Nachrichtenticker) lediglich über den Ausschlag der Zielvariablen in einem Zeitintervall ermittelt. Eine zusätzliche Dimension könnte Unregelmäßigkeiten in der Effektbestimmung (z.B. zeitgleiche Nachrichtenveröffentlichung) eliminieren. Die Sozialen Medien sind ein mögliches Anwendungsbeispiel. Hierbei könnte der Impact einer Produktempfehlung (Ereignis) anhand des Ausschlags der Kundenzufriedenheit (Zielvariablen), der Zeit und des Nutzereinflusses abgeleitet werden. Im Sinne einer neuen Instance Selection Methode wäre nicht länger die Fläche, sondern das Volumen zu bestimmen.

Literaturverzeichnis

[AaPl1994] Aamodt, A.; Plaza, E.: Case-Based Reasoning: Foundational Issues, Methodological Variations, and System Approaches, in: AI Communications IOS Press, 7, 1, 1994, 39-59.

[ABBC2016] Antova, L.; Baldwin, R.; Bryant, D.; Cao, T.; Duller, M.; Eshleman, J.; Gu, Z.; Shen, E.; Soliman, M.A.; Waas, F.M.: Datometry Hyper-Q: Bridging the Gap Between Real-Time and Historical Analytics, in: International Conference on Management of Data, San Francisco, USA, 26-1, Juni-Juli, 2016, 1405-1416.

[ABBH2014] Alsubaiee, S.; Behm, A.; Borkar, V.; Heilbron, Z.; Kim, Y.; Carey, M.; Dreseler, M.; Li, C.: Storage Management in AsterixDB, in: Journal s of the VLDB Endowment, 7, 10, 2014, 841-852.

[ABCC2013] Apiletti, D.; Baralis, E.; Cerquitelli, T.; Chiusano, S.; Grimaudo, L.: SeaRum: A Cloud-Based Service for Association Rule Mining, in: International Conference on Trust, Security and Privacy in Computing and Communications, Melbourne, Australien, 16-18, Juli, 2013, 1283-1290.

[ABEF2014] Alexandrov, A.; Bergmann, R.; Ewen, S.; Freytag, J.-C.; Hueske, F.; Heise, A.; Kao, O.; Leich, M.: The Stratosphere platform for big data analytics, in: VLDB Journal, 23, 6, 2014, 939-964.

[ACCE2010] Alvaro, P.; Condie, T.; Conway, N.; Elmeleegy, K.; Hellerstein, J.M.; Sears, R.: Boom analytics: Exploring data-centric, declarative programming for the cloud, in: European conference on Computer System, Paris, Frankreich, 13-16, April, 2010, 223-236.

[ACCK2015] Aksu, H.; Canim, M.; Chang, Y.; Korpeoglu, I.; Ulusoy, Ö.: Efficient community identification and maintenance at multiple resolutions on distributed datastores, in: Data and Knowledge Engineering, 100, 2015, 133-147.

[ACPT2015] Andreolini, M.; Colajanni, M.; Pietri, M.; Tosi, S.: Adaptive, scalable and reliable monitoring of big data on clouds, in: Journal of Parallel and Distributed Computing, 79-80, 2015, 67-79.

[ADLM2017] Arleo, A.; Didimo, W.; Liotta, G.; Montecchiani, F.: Large graph visualizations using a distributed computing platform, in: Information Sciences, 381, 2017, 124-141.

[ADRG2016] Arnaiz-González, Á.; Díez-Pastor, J.-F.; Rodríguez, J.J.; García-Osorio, C.: Instance selection of linear complexity for big data, in: Knowledge-Based Systems, 107, 2016, 83-95.

© Springer Fachmedien Wiesbaden GmbH, ein Teil von Springer Nature 2019
M. Pospiech, *Aufgabengerechte Informationsbereitstellung in Zeiten von Big Data*, Schriften zur Business Analytics und zum Informationsmanagement,
https://doi.org/10.1007/978-3-658-27196-1

[AdZa1996]   Adriaans, P.; Zantinge, D.: Data Mining, Addison-Wesley Professional Verlag, Boston, 1996.

[AgDA2011]   Agrawal, D.; Das, S.; Abbadi, A. E.: Big data and cloud computing: current state and future opportunities, in: Proceedings of the 14th International Conference on Extending Database Technology, Uppsala, Schweden, 21-24, März, 2011, 530 533.

[AhSW2014]   Ahn, S.; Shahbaba, B.; Welling, M.: Distributed stochastic gradient MCMC, in: International Conference on Machine Learning, Peking, China, 21-26, Juni, 2014, 2735-2745.

[AHYM2015] Ahn, J.; Hong, S.; Yoo, S.; Mutlu, O.; Choi, K.: A scalable processing-in-memory accelerator for parallel graph processing, in: International Symposium on Computer Architecture, Portland, USA, 13-17, Juni, 2015, 105-117.

[AIS2011]   AIS, (2011), Senior Scholars' Basket of Journals, unter: http://aisnet.org/?SeniorScholarBasket, (18.05.2017).

[Albe2015]   Albeanu, C., (2015), Reuters: Avoid the 'wolf pack mentality' when approaching eyewitnesses online, unter: https://www.journalism.co.uk/news/reuters-avoid-wolf-pack-mentality-when-approaching-eyewitnesses-on-social-networks/s2/a574108/, (02.12.2016).

[AmHN2015] Amagata, D.; Hara, T.; Nishio, S.: Distributed Top-k Query Processing on Multi-dimensional Data with Keywords, in: International Conference on Scientific and Statistical Database Management, La Jolla, USA, 29-1, Juni-Juli, 2015, 10:1-10:12.

[AmIr2013]   Ammu, N.; Irfanuddin, M.: Big Data Challenges, in: International Journal of Advanced Trends in Computer Science and Engineering, 2, 1, 2013, 613-615.

[AmKe2009]   Amjady, N.; Keynia, F.: Day-ahead price forecasting of electricity markets by mutual information technique and cascaded neuro-evolutionary algorithm, in: Power Systems, 24, 1, 2009, 306-318.

[AmKe2011]   Amjady, N.; Keynia, F.: A new prediction strategy for price spike forecasting of dayahead electricity markets, in: Applied Soft Computing, 11, 6, 2011, 4246-4256.

[AnVi2016]   Anand, H.S.; Vinod Chandra, S.S.: Probabilistic mining in large transaction databases, in: Lecture Notes in Computer Science, 9714, 2016, 486-494.

Literaturverzeichnis

[Apac2016a]   Apache, (2016), Hadoop Wiki SequenceFile, unter: https://wiki.apache.org/hadoop/SequenceFile, (17.08.2016).

[Apac2016b]   Apache, (2016), Hadoop Wiki Parquet Proposal, unter: https://wiki.apache.org/incubator/ParquetProposal, (17.08.2016).

[Apac2016c]   Apache, (2016), Dokumentation Hive, unter: https://cwiki.apache.org/confluence/display/Hive/Home, (14.12.2016).

[Apac2016d]   Apache, (2016), Dokumentation ZooKeeper, unter: https://zookeeper.apache.org/, (14.12.2016).

[ApAS2008]   Applegate, L. M.; Austin, R. D.; Soule, D. L.: Corporate Information Strategy and Management: Text and Cases, 8. Auflage, New York: McGraw Hill, 2008.

[ApMM2001] Applegate, L. M.; McFlaran, F. W.; McKenney, J. L.: Corporate Information Systems Management, 5. Auflage, New York: McGraw Hill, 2001.

[ArTä2003]   Arhippainen, L.; Tähti, M.: Empirical Evaluation of User Experience in two Adaptive Mobile Application Prototypes, in: International Conference on Mobile and Ubiquitous Multimedia, Norrköping, Schweden, 2003, 27-34.

[Augu1990]   Augustin, S.: Information als Wettbewerbsfaktor: Informationslogistik – Herausforderung an das Management, Verlag TÜV Rheinland, Köln, 1990.

[AyAn2017]   Aydin, A.; Anderson, K.: Batch to Real-Time: Incremental Data Collection & Analytics Platform, in: Hawaii International Conference on System Sciences, Waikoloa Village, USA, 4-7, Januar, 2017, 5911-5919.

[AzSa2008]   Azevedo, A.; Santos, M. F.: KDD, SEMMA AND CRISP-DM: A Parallel Overview, in: European Conference on Data Mining, Amsterdam, Niederlande, 24-26, Juli, 2008, 182-185.

[Babb1990]   Babbie, E.: Survey Research Methods, Wadsworth, Cengage Learning, 1990.

[BaFe2016]   Barger, A.; Feldman, D.: K-means for streaming and distributed big sparse data, in: SIAM International Conference on Data Mining, Miami, USA, 5-7, Mai, 2016, 342-350.

[BaKa2013]   Bao, Z.; Kameyama, W.: A novel proposal for outlier detection in high dimensional space, in: Lecture Notes in Computer Science, 7867, 2013, 307-318.

[Bask1999]　　Baskerville R. L.: Investigating Information Systems with Action Research, in: Journal Communications of the AIS archive, 2, 3, 1999, 1-32.

[BASP2011]　Bajda-Pawlikowski, K.; Abadi, D.J.; Silberschatz, A.; Paulson, E.: Efficient processing of data warehousing queries in a split execution environment, in: ACM SIGMOD International Conference on Management of Data, Athen, Griechenland, 12-16, Juni, 2011, 1165-1176.

[BBBG2017]　Basin, D.; Bortnikov, E.; Braginsky, A.; Golan-Gueta, G.; Hillel, E.; Keidar, I.; Sulamy, M.: KiWi: A Key-Value Map for Scalable Real-Time Analytics, in: Symposium on Principles and Practice of Parallel Programming, Austin, USA, 4-8, Februar, 2017, 357-369.

[BBCO2015]　Borkar, V.; Bu, Y.; Carman, E.P.; Onose, N.; Westmann, T.; Pirzadeh, P.; Carey, M.J.; Tsotras, V.J.: Algebricks: A Data Model-agnostic Compiler Backend for Big Data Languages, in: ACM Symposium on Cloud Computing, Kohala, USA, 27-29, August, 2015, 422-433.

[BBDM2016]　Bugiotti, F.; Bursztyn, D.; Deutsch, A.; Manolescu, I.; Zampetakis, S.: Flexible hybrid stores: Constraint-based rewriting to the rescue, in: International Conference on Data Engineering, Helsinki, Finnland, 16-20, Mai, 2016, 1394-1397.

[BBER2013]　Boehm, M.; Burdick, D.; Evfimievski, A.; Reinwald, B.; Sen, P.; Tatikonda, S.; Tian, Y.: Compiling machine learning algorithms with systemML, in: Annual Symposium on Cloud Computing, Santa Clara, USA, 1-3, Oktober, 2013, 1-57 .

[BCDV2017]　Brambilla, M.; Ceri, S.; Della Valle, E.; Volonterio, R.; Acero Salazar, F. X.: Extracting Emerging Knowledge from Social Media, in: International Conference on World Wide Web, Perth, Australien, 3-7, April, 2017, 795-804.

[BCMR2016]　Baert, Q.; Caron, A.C.; Morge, M.; Routier, J.-C.: Fair multi-agent task allocation for large data sets analysis, in: Lecture Notes in Computer Science, 9662, 2016, 24-35.

[BCNN2001]　Banks, J.; Carson, J. S.; Nelson, B. L.; Nicol, D. M.: Discrete-Event System Simulation, 3, Prentice Hall, 2001.

[BCRR2014]　Boella, G.; Caro, L.D.; Ruggeri, A.; Robaldo, L.: Learning from syntax generalizations for automatic semantic annotation, in: Journal of Intelligent Information Systems, 43, 2, 2014, 231-246.

[BCZY2016] Bu, F.; Chen, Z.; Zhang, Q.; Yang, L.T.: Incomplete high-dimensional data imputation algorithm using feature selection and clustering analysis on cloud, in: Journal of Supercomputing, 72, 8, 2016, 2977-2990.

[BDRH2015] Bifet, A.; De Francisci Morales, G.; Read, J.; Holmes, G.; Pfahringer, B.: Efficient online evaluation of big data stream classifiers, in: ACM SIGKDD International Conference on Knowledge Discovery and Data Mining, Sydney, Australien, 10-13, August, 2015, 59-68.

[BeBM2016] Beheshti, S.-M.-R.; Benatallah, B.; Motahari-Nezhad, H.R.: Scalable graph-based OLAP analytics over process execution data, in: Distributed and Parallel Databases, 34, 3, 2016, 379-423.

[BEGB2011] Beyer, K.; Ercegovac, V.; Gemulla, R.; Balmin, A.; Eltabakh, M.; Kanne, C.C.; Özcan, F.; Shekita, E.: Jaql: A Scripting Language for Large Scale Semistructured Data Analysis, in: Publication of the Very Large Database Endowment, 4, 12, 2011, 1272-1283.

[BeHi2016] Belayadi, D.; Hidouci, W.: Dynamic Range Partitioning with Asynchronous Data Balancing, in: International Conferences on Ubiquitous Intelligence Computing, Advanced and Trusted Computing, Scalable Computing and Communications, Cloud and Big Data Computing, Internet of People, and Smart World Congress, Toulouse, Frankreich, 18-21, Juli, 2016, 1214-1220.

[BeMS2016] Bechini, A.; Marcelloni, F.; Segatori, A.: A MapReduce solution for associative classification of big data, in: Information Sciences, 332, C, 2016, 33-55.

[BeNK2004] Becker, J.; Niehaves, B.; Knackstedt, R.: Bezugsrahmen zur epistemologischen Positionierung der Referenzmodellierung, in: Becker, J.; Delfmann, P. (Hrsg.): Referenzmodellierung. Grundlagen, Techniken und domänenbezogene Anwendung, Physica-Verlag, Heidelberg, 2004, 1-18.

[BePa1985] Benson, R. J.; Parker, M. M.: Enterprise-wide Information Management – An Introduction to the Concepts (Report G320-2768), IBM Los Angeles Scientific Center, 1985.

[BePf2006] Becker, J.; Pfeiffer, D.: Beziehungen zwischen behavioristischer und konstruktionsorientierter Forschung in der Wirtschaftsinformatik, in: Zelewski, S.; Akca, N. (Hrsg.): Fortschritt in den Wirtschaftswissenschaften, Deutscher Universitätsverlag, Wiesbaden, 2006, 1-18.

[Bert1975] Berthel, J.: Information, in: Grochla, E.; Wittmann, W. (Hrsg.): Handwörterbuch der Betriebswirtschaft, 4. Auflage, Schäffer Verlag, Stuttgart, 1975, 1865-1873.

[BFPA2016] Bolon-Canedo, V.; Fernández-Francos, D.; Peteiro-Barral, D.; Alonso-Betanzos, A.; Guijarro-Berdiñas, B.; Sánchez-Maroño, N.: A unified pipeline for online feature selection and classification, in: Expert Systems with Applications, 55, C, 2016, 532-545.

[BGVM2015] Bennani, N.; Ghedira-Guegan, C.; Vargas-Solar, G.; Musicante, M.A.: Towards a secure database integration using SLA in a multi-cloud context, in: International Computer Software and Applications Conference, Taichung, Taiwan, 1-5, Juli, 2015, 4-9.

[BhKa2011] Bhatt, A.; Kankanhalli, M.: Multimedia Data Mining: State of the Art and Challenges, in: Journal Multimedia Tools and Applications, 51, 2011, 35-76.

[BHKN2003] Becker, J.; Holten, R.; Knackstedt, R.; Niehaves, B.: Forschungsmethodische Positionierung in der Wirtschaftsinformatik: Epistemologische, ontologische und linguistische Leitfragen, in: Arbeitsberichte des Instituts für Wirtschaftsinformatik, 93, 2003.

[BhRa2017] Bhatia, V.; Rani, R.: A parallel fuzzy clustering algorithm for large graphs using Pregel, in: Expert Systems with Applications, 78, C, 2017, 135-144.

[BhSR2008] Bhanu, C.; Sudheer, G.; Radhakrishna, C.: Day-ahead Electricity Price forecasting using Wavelets and Weighted Nearest Neighborhood, in: Joint International Conference on Power System Technology and IEEE Power India Conference, New Delhi, Indien, 12-15, Oktober, 2008, 1-4.

[BiBB2014] Bizer, C.; Boncz, P.; Brodie, M.: The Meaningful Use of Big Data, in: Special Interest Group on Management of Data Record, 40, 4, 2014, 56-60.

[BiHa1993] Bissantz, N.; Hagedorn, J.: Data Mining (Datenmustererkennung), in: Wirtschaftsinformatik, 35, 5, 1993, 481-487.

[BILW2016] Bhat, A.; Islam, N.S.; Lu, X.; Wasi-ur-Rahman, M.; Shankar, D.; Panda, D.K.: A plugin-based approach to exploit RDMA benefits for apache and enterprise HDFS, in: Lecture Notes in Computer Science, 9495, 2016, 119-132.

[BiMM2013] Binnig, C.; May, N.; Mindnich, T.: SQLScript: Efficiently analyzing big enterprise data in SAP HANA, in: Conference of the GI Special Interest Group on Databases and Information Systems, Magdeburg, Deutschland, 13-15, März, 2013, 363-382.

Literaturverzeichnis 183

[Birg2011] Birgmeier, B.: Soziale Arbeit: Handlungswissenschaften oder Handlungswissenschaft?, in: Mührel, E.; Birgmeier, B. (Hrsg.): Theoriebildung in der Sozialen Arbeit: Entwicklungen in der Sozialpädagogik und der Sozialarbeitswissenschaft, 1. Auflage, Springer Verlag, 2011, 123-150.

[Bitk2013] Bitkom: Management von Big-Data-Projekten, Bitkom Verlag, Berlin, 2013.

[BKBG2013] Bellatreche, L.; Kerkad, A.; Breß, S.; Geniet, D.: RouPar: Routinely and mixed query-driven approach for data partitioning, in: Lecture Notes in Computer Science, 8185, 2013, 309-326.

[BKLV2016] Bondiombouy, C.; Kolev, B.; Levchenko, O.; Valduriez, P.: Multistore big data integration with CloudMdsQL, in: Lecture Notes in Computer Science, 9940, 2016, 48-74.

[BKSK2017] Bhatnagar, V.; Kaur, S.; Saxena, R.; Khanna, D.: DASC: data aware algorithm for scalable clustering, in: Knowledge and Information Systems, 50, 3, 2017, 851-881.

[BlDu2011] Blachnik, M.; Duch, W.: LVQ Algorithm with Instance Weighting for Generation of Prototype-Based Rules, in: Neural Networks, 24, 8, 2011, 824-830.

[BLXL2015] Bao, X.; Liu, L.; Xiao, N.; Liu, F.; Zhang, Q.; Zhu, T.: HConfig: Resource adaptive fast bulk loading in HBase, in: IEEE International Conference on Collaborative Computing: Networking, Applications and Worksharing, Miami, USA, 22-25, Oktober, 2015, 215-224.

[Bode1997] Bode, J.: Der Informationsbegriff in der Betriebswirtschaftslehre, in: Zeitschrift für betriebswirtschaftliche Forschung, 49, 5, 1997, 449-468.

[BrFr1999] Brodley, C.; Friedl, M.: Identifying and Eliminating Mislabeled Training Instances, in: Journal of Artificial Intelligence Research, 11, 1999, 131-167.

[BRMH2013] Buhl, H.; Röglinger, M.; Moser, F.; Heidemann, J.: Big Data A Fashionable Topic with (out) Sustainable Relevance for Research and Practice?, in: Business & Information Systems Engineering Journal, 5, 2, 2013, 65-69.

[BrRa2002] Browne, G. J.; Ramesh, V.: Improving information requirements determination: a cognitive perspective, in: Information & Management, 39, 2002, 625-645.

[BrSa2003] Braga, A. S.; Saraiva, J. T.: Transmission expansion planning and long term marginal prices calculation using simulated annealing, in: Power Tech Conference Proceedings, Bologna, Italien, 23-26, Juni, 2003, 7.

[BSDG2017] Barbu, A.; She, Y.; Ding, L.; Gramajo, G.: Feature Selection with Annealing for Computer Vision and Big Data Learning, in: IEEE Transactions on Pattern Analysis and Machine Intelligence, 39, 2, 2017, 272-286.

[BuHW2012] Busse, S.; Helmholz, P.; Weinmann, M.: Forecasting day ahead spot price movements of natural gas – An analysis of potential influence factors on basis of a NARX neural network, in: Multikonferenz Wirtschaftsinformatik, Braunschweig, Deutschland, 29-02, März, 2012, 1395-1406.

[BuRS2008] Bucher, T.; Riege, C.; Saat, J.: Evaluation in der gestaltungsorientierten Wirtschaftsinformatik-Systematisierung nach Erkenntnisziel und Gestaltungsziel, in: Multikonferenz Wirtschaftsinformatik, München, Deutschland, 26-28, Februar, 2008, 69-86.

[BWJW2017] Blochwitz, C.; Wolff, J.; Joseph, J.M.; Werner, S.; Heinrich, D.; Groppe, S.; Pionteck, T.: Hardware-Accelerated radix-tree based string sorting for big data applications, in: Lecture Notes in Computer Science, 10172, 2017, 47-58.

[BWXW2016] Bai, M.; Wang, X.; Xin, J.; Wang, G.: An efficient algorithm for distributed density-based outlier detection on big data, in: Neurocomputing, 181, C, 2016, 19-28.

[CaCS2015] Calistru, I.T.; Cotofrei, P.; Stoffel, K.: A parallel approach for decision trees learning from big data streams, in: Lecture Notes in Business Information Processing, 208, 2015, 3-15.

[Cárd2014] Cárdenas-Montes, M.: Depth-based outlier detection algorithm, in: Lecture Notes in Computer Science, 8480, 2014, 122-132.

[CCZR2016] Chen, X.; Chen, Y.; Zomaya, A.Y.; Ranjan, R.; Hu, S.: CEVP: Cross Entropy based Virtual Machine Placement for Energy Optimization in Clouds, in: Journal of Supercomputing, 72, 8, 2016, 3194-3209.

[CDDK2014] Curino, C.; Difallah, D.E.; Douglas, C.; Krishnan, S.; Ramakrishnan, R.; Rao, S.: Reservation-based Scheduling: If You'Re Late Don'T Blame Us!, in: ACM Symposium on Cloud Computing, Seattle, USA, 3-5, November, 2014, 2:1-2:14.

[CDGH2006] Chang, F.; Dean, J.; Ghemawat, S.; Hsieh, W. C.: Bigtable: A distributed structured data storage system, in: 7th Operating Systems Design and Implementation Symposium, Seattle, USA, 6-8, November, 2006, 305-314.

[CFBL2016] Chávez, F.; Fernández, F.; Benavides, C.; Lanza, D.; Villegas, J.; Trujillo, L.; Olague, G.; Román, G.: ECJ+HADOOP: An easy way to deploy massive runs of evolutionary algorithms, in: Lecture Notes in Computer Science, 9598, 2016, 91-106.

[CGIP2015] Castiglione, A.; Gribaudo, M.; Iacono, M.; Palmieri, F.: Modeling performances of concurrent big data applications, in: Software - Practice and Experience, 45, 8, 2015, 1127-1144.

[Chan2003] Chan, W-S.: Stock price reaction to news and no-news: drift and reversal after head-lines, in: Journal of Financial Economics, 70, 2003, 223-260.

[ChCS2012] Chen, H.; Chiang, R. H. L.; Storey, V. C.: Business Intelligence and Analytics: From Big Data to Big Impact, in: Management Information Systems Quarterly, 36, 4, 2012, 1165-1188.

[Chen2014a] Chen, J.: A scalable boosting learner for multi-class classification using adaptive sampling, in: Lecture Notes in Computer Science, 8610, 2014, 61-72.

[Chen2014b] Chen, K.: Optimizing star-coordinate visualization models for effective interactive cluster exploration on big data, in: Intelligent Data Analysis, 18, 2, 2014, 117-136.

[Cheu2003] Cheung, Y. M.: K*-means: A New Generalized k-means Clustering Algorithm, in: Pattern Recognition Letters, 24, 2003, 2883-2893.

[ChGD2012] Chandramouli, B.; Goldstein, J.; Duan, S.: Temporal analytics on big data for web advertising, in: International Conference on Data Engineering, Washington, USA, 1-5, April, 2012, 90-101.

[Chin1998a] Chin, W. W.: The partial least squares approach for structural equation modeling, in: Modern methods for business research, Erlbaum Verlag, 1998, 295-336.

[Chin1998b] Chin, W. W.: Issues and Opinion on Structural Equation Modeling, in: Management Information Systems Quarterly, 22, 1, 1998, 7-16.

[Chin2017] China Computer Society, (2017), China Computer Society recommends international academic conferences and journals directory, unter: http://history.ccf.org.cn/sites/ccf/paiming.jsp, (09.06.2017).

[ChJK2004] Chawla, N. V.; Japkowicz, N.; Kolcz, A.: Editorial: Learning form Imbalanced Datasets, in: Association for Computing Machinery's Special Interest Group on

Knowledge Discovery and Data Mining Explorations Newsletter, 6, 1, 2004, 1-6.

[CHJR2016] Chen, B.-W.; He, X.; Ji, W.; Rho, S.; Kung, S.-Y.: Support vector analysis of large-scale data based on kernels with iteratively increasing order, in: Journal of Supercomputing, 72, 9, 2016, 3297-3311.

[ChKH2016] Chen, H.M.; Kazman, R.; Haziyev, S.: Agile Big Data Analytics Development: An Architecture-Centric Approach, in: Hawaii International Conference on System Sciences, Koloa, USA, 5-8, Januar, 2016, 5378-5387.

[ChKo2016] Cheng, L.; Kotoulas, S.: Efficient large outer joins over MapReduce, in: Lecture Notes in Computer Science, 9833, 2016, 334-346.

[ChLi2016] Cheng, L.; Li, T.: Efficient Data Redistribution to Speedup Big Data Analytics in Large Systems, in: International Conference on High Performance Computing, Hyderabad, Indien, 19-22, Dezember, 2016, 91-100.

[ChMW2014] Chen, S.; Martinez, A.M.; Webb, G.I.: Highly scalable attribute selection for averaged one-dependence estimators, in: Lecture Notes in Computer Science, 8444, 2014, 86-97.

[ChPL2017] Chen, W.; Paik, I.; Li, Z.: Cost-Aware Streaming Workflow Allocation on Geo-Distributed Data Centers, in: IEEE Transactions on Computers, 66, 2, 2017, 256-271.

[CHWS2012] Chen, Q.; Hsu, M.; Wu, R.; Shan, J.: R-proxy framework for in-DB data-parallel analytics, in: Lecture Notes in Computer Science, 7447, 2012, 266-280.

[ChZh2014] Chen, C. L. P.; Zhang, C.-Y.: Data-intensive applications, challenges, techniques and technologies: A survey on Big Data, in: Information Sciences, 275, 2014, 314-347.

[CIGB2015] Cheng, Y.; Iqbal, M.S.; Gupta, A.; Butt, A.R.: CAST: Tiering Storage for Data Analytics in the Cloud, in: Symposium on High-Performance Parallel and Distributed Computing, Portland, USA, 15-19, Juni, 2015, 45-56.

[CLBG2011] Casonato, R.; Lapkin, A.; Beyer, M.; Genovese Y.: Information Management in the 21stCentury, Gartner Research Whitepaper, 2011, 1-15.

[CLLL2015] Chao, L.; Li, C.; Liang, F.; Lu, X.; Xu, Z.: Accelerating Apache Hive with MPI for Data Warehouse Systems, in: International Conference on Distributed Computing Systems, Columbus, USA, 29-2, Juni-Juli, 2015, 664-673.

Literaturverzeichnis 187

[Clou2016a]   Cloudera, (2016), Cloudera Hadoop Express Download, unter: http://www.cloudera.com/downloads/cdh/5-9-0.html, (14.12.2016).

[Clou2016b]   Cloudera, (2016), Dokumentation, unter: https://www.cloudera.com/documentation/enterprise/5-3-x/topics/cdh_ig_cdh5_mapreduce.html, (14.12.2016).

[Clou2016c]   Cloudera, (2016), Cloudera Services, unter: https://www.cloudera.com/documentation/enterprise/5-6-x/topics/cm_ag_mgmt_service.html, (14.12.2016).

[Clou2016d]   Cloudera, (2016), Cloudera Configuring Hive on Spark Alright thank you, unter: https://www.cloudera.com/documentation/enterprise/5-4-x/topics/admin_hos_config.html, (15.12.2016).

[CLTB2017]   Chen, J.; Li, K.; Tang, Z.; Bilal, K.; Yu, S.; Weng, C.; Li, K.: A Parallel Random Forest Algorithm for Big Data in a Spark Cloud Computing Environment, in: IEEE Transactions on Parallel and Distributed Systems 28, 4, 2017, 919-933.

[CLZH2016]   Chen, Y.; Liu, C.; Zhang, J.; He, Z.; Wang, X.; Huang, S.; Chen, X.: On implementing a text-database-as-a-service, in: International Conference on Web Services, San Francisco, USA, 27-2, Juni-Juli, 2016, 171-179.

[CMLT2016]   Chan, J.J.M.; Mao, Y.; Liu, Y.Y.; Thulasiraman, P.; Thulasiram, R.K.: Parallel ant brood graph partitioning in Julia, in: Lecture Notes in Computer Science, 9574, 2016, 176-185.

[CoMe2012]   Cooper, M.; Mell, P., (2012), Tackling Big Data, unter: http://csrc.nist.gov/groups/SMA/forum/documents/june2012presentations/f%csm_june2012_cooper_mell.pdf, (17.08.2016).

[Coop1998]   Cooper, H. M.: Synthesizing Research: A Guide for Literature Reviews, Thousand Oaks, Sage Publications, 1998.

[COTL2016]   Chen, C.; Li, K.; Ouyang, A.; Tang, Z.; Li, K.: GFlink: An In-Memory Computing Architecture on Heterogeneous CPU-GPU Clusters for Big Data, in: International Conference on Parallel Processing, Philadelphia, USA, 16-19, August, 2016, 542-551.

[Couc2016]   CouchDB, (2016), A Database for the Web, unter: http://couchdb.apache.org/, (11.07.2016).

[CPHN2017] Chen, X.; Peng, S.; Huang, J.; Nie, F.; Ming, Y.: Local PurTree Spectral Clustering for Massive Customer Transaction Data, in: IEEE Intelligent Systems, 32, 2, 2017, 37-44.

[CPLY2017] Chen, Wuhui; Paik, Incheon; Li, Zhenni; Yen, Neil Y.: A cost minimization data allocation algorithm for dynamic datacenter resizing, in: Journal of Parallel and Distributed Computing, 2017, 1-16.

[CSHF2016] Chirigati, F.; Simeon, J.; Hirzel, M.; Freire, J.: Virtual lightweight snapshots for consistent analytics in NoSQL stores, in: International Conference on Data Engineering, Helsinki, Finnland, 16-20, Mai, 2016, 1310-1321.

[CuKa1967] Cuadra, C.A; Katter, R.V.: Experimental Studies of Relevance Judgments, 2. Auflage, System Development Corporation, 1967.

[Cuki2010] Cukier K., (2010), The Economist, Data, data everywhere: A special report on managing information, unter: http://www.economist.com/node/15557443, (17.08.2016).

[CuLL2015] Cuzzocrea, A.; Lee, W.; Leung, C.K.: High-Recall Information Retrieval from Linked Big Data, in: Annual Computer Software and Applications Conference, Taichung, USA, 1-5, Juli, 2015, 712-717.

[CuPT2015] Cuzzocrea, A.; Psaila, G.; Toccu, M.: Knowledge discovery from geo-located tweets for supporting advanced big data analytics: A real-life experience, in: Lecture Notes in Computer Science, 9344, 2015, 285-294.

[CuSD2011] Cuzzocrea, A.; Song, Y.; Davis, K.: Analytics over Large-Scale Multidimensional Data, in: Proceedings of the International Workshop on Data Warehousing and OLAP, Glasgow, Vereinigtes Königreich, 24-28, Oktober, 2011.

[CVBC2016] Cao, Y. Y. J.; Venugopal, S.; Benatallah, B.; Chen, J.: A Resource Provisioning Strategy for Elastic Analytical Workflows in the Cloud, in: International Conference on High Performance Computing and Communications, Smart City, and Data Science and Systems, Sydney, Australien, 12-14, Dezember, 2016, 538-545.

[CYTZ2013] Chen, Z.; Yang, S.; Tan, S.; Zhang, G.; Yang, H.: Hybrid Range Consistent Hash Partitioning Strategy – A New Data Partition Strategy for NoSQL Database, in: International Conference on Trust, Security and Privacy in Computing and Communications, Melbourne, Australien, 16-18, Juli, 2013, 1161-1169.

[CYYZ2016] Chin, W.; Yuan, B.; Yang, M.; Zhuang, Y.; Juan, Y.; Lin, C.: LIBMF: A Library for Parallel Matrix Factorization in Shared-memory Systems, in: J. Mach. Learn. Res., 17, 1, 2016, 2971-2975.

[CZYL2014] Cui, X.; Zhu, P.; Yang, X.; Li, K.; Ji, C.: Optimized big data K-means clustering using MapReduce, in: Journal of Supercomputing, 70, 3, 2014, 1249-1259.

[DaLS2014] Dasu, T.; Loh, J.M.; Srivastava, D.: Empirical glitch explanations, in: International Conference on Knowledge Discovery and Data Mining, New York, USA, 24-27, August, 2014, 572-581.

[DaSo2016] Dashdorj, Z.; Sobolevsky, S.: Characterization of behavioral patterns exploiting description of geographical areas, in: Lecture Notes in Computer Science, 9860, 2016, 159-176.

[DBHZ2016] Deng, W.-Y.; Bai, Z.; Huang, G.-B.; Zheng, Q.-H.: A Fast SVD-Hidden-nodes based Extreme Learning Machine for Large-Scale Data Analytics, in: Neural Networks, 77, C, 2016, 14-28.

[DeDe2013] Demirkan, H.; Delen, D.: Leveraging the capabilities of service-oriented decision support systems: Putting analytics and big data in cloud, in: Decision Support Systems, 55, 1, 2013, 412-421.

[DeGh2004] Dean, J.; Ghemawat, S.: MapReduce: Simplified Data Processing on Large Clusters, in: Proceedings of the Operating Systems Design and Implementation Symposium, 6, San Francisco, USA, 6-8, Dezember, 2004, 137-149.

[Dehd2016] Dehdouh, K.: Building OLAP cubes from columnar NoSQL data warehouses, in: Lecture Notes in Computer Science, 9893, 2016, 166-179.

[DeLM2014] Demchenko, Y.; de Laat, C.; Membrey, P.: Defining architecture components of the Big Data Ecosystem, in: International Conference on Collaboration Technologies and Systems, Minneapolis, USA, 19-23, Mai, 2014, 104-112.

[DFPK2015a] Dreikorn, S.; Felden, C.; Pospiech, M.; Koschtial, C.: A novel approach for decision support in uncertain environments: The case of identifying similar news tickers in natural gas trading, in: IEEE International Conference on Ubiquitous Intelligence and Computing, Peking, China, 10-14, August, 2015.

[DFPK2015b] Dreikorn, S.; Felden, C.; Pospiech, M.; Koschtial, C.: Detecting Similar News Tickers In The Area of Natural Gas Trading. Improving Decision Support In Uncertain Situations, in: ACM International Conference on Management of

Computational and Collective Intelligence in Digital EcoSystems, Sao Paulo, Brasilien, 25-29, Oktober, 2015.

[DGRM2015] Dhurandhar, A.; Graves, B.; Ravi, R.; Maniachari, G.; Ettl, M.: Big data system for analyzing risky procurement entities, in: International Conference on Knowledge Discovery and Data Mining, Sydney, Australien, 10-13, August, 2015, 1741-1750.

[DLHZ2017] Ding, L.; Liu, Y.; Han, B.; Zhang, S.; Song, B.: HB-File: An efficient and effective high-dimensional big data storage structure based on US-ELM, in: Neurocomputing, 2017, 184-192.

[DMRL2011] Dobbs, R.; Manyika, J.; Roxburgh, C.; Lund, S.: Big data: The Next Frontier for Innovation, Competition, and Productivity, San Francisco, McKinsey Global Institute, 2011, 1-137.

[DOTZ2016] Deng, W.-Y.; Ong, Y.-S.; Tan, P.S.; Zheng, Q.-H.: Online sequential reduced kernel extreme learning machine, in: Neurocomputing, 174, A, 2016, 72-84.

[DPRT2013] Dzik, J.; Palladinos, N.; Rontogiannis, K.; Tsarpalis, E.; Vathis, N.: MBrace: Cloud computing with monads, in: ACM Symposium on Operating Systems Principles, Farmington, USA, 3-6, November, 2013, 1-6.

[DPTM2015] Doka, K.; Papailiou, N.; Tsoumakos, D.; Mantas, C.; Koziris, N.: IReS: Intelligent, multi-engine Resource Scheduler for big data analytics workflows, in: International Conference on Management of Data, Melbourne, Australien, 31-4, Mai-Juni, 2015, 1451-1456.

[DrKe2012] Drubin D. G.; Kellogg, D. R.: English as the universal language of science: opportunities and challenges, in: Molecular Biology of the Cell, 23, 8, 2012.

[DSCY2016] Dong, C.; Shen, Q.; Cheng, L.; Yang, Y.; Wu, Z.: SECapacity: A secure capacity scheduler in YARN, in: Lecture Notes in Computer Science, 9977, 2016, 184-194.

[DuYM2014] Du, H.; Yin, C.; Mu, S.: Multiple kernel learning based on cooperative clustering, in: Lecture Notes in Computer Science, 8589, 2014, 107-117.

[Dyre2016] Dyreson, C. E.: Using CouchDB to Compute Temporal Aggregates, in: International Conference on High Performance Computing and Communications, Smart City, and Data Science and Systems, Sydney, Australien, 12-14, Dezember, 2016, 1131-1138.

[DYTC2014] Dong, Y.; Yang, Y.; Tang, J.; Chawla, N.V.: Inferring user demographics and social strategies in mobile social networks, in: International Conference on Knowledge Discovery and Data Mining, New York, USA, 24-27, August, 2014, 15-24.

[DzDG2016] Dzinamarira, S.; Dinu, F.; Ng, T.S.E.: Pfimbi: Accelerating big data jobs through flow-controlled data replication, in: Symposium on Mass Storage Systems and Technologies, Santa Clara, USA, 2-6, Mai, 2016, 1-13.

[DZRZ2016] Deng, X.; Zhong, W.; Ren, J.; Zeng, D.; Zhang, H.: An imbalanced data classification method based on automatic clustering under-sampling, in: International Performance Computing and Communications Conference, Las Vegas, USA, 9-11, Dezember, 2016, 1-8.

[Earl1996] Earl, M. J.: Integrating IS and the Organization, in: Earl, M. J. (Hrsg.): Information Management, Oxford University Press, Oxford, 1996, 485-502.

[EHKJ2016] Ekanadham, K.; Horn, W.P.; Kumar, M.; Jann, J.; Moreira, J.; Pattnaik, P.; Serrano, M.; Tanase, G.; Yu, H.: Graph programming interface (GPI): A linear algebra programming model for large scale graph computations, in: nternational Conference on Computing Frontiers, Como, Italien, 16-19, Mai, 2016, 72-81.

[ElHB2014] El-Helw, I.; Hofman, R.; Bal, H.E.: Glasswing: Accelerating MapReduce on multi-core and many-core clusters, in: International Symposium on High-Performance Parallel and Distributed Computing, Vancouver, Kanada, 23-27, Juni, 2014, 295-298.

[ElNa2010] Elmasri, R.; Navathe, S.B.: Fundamentals of Database Systems, 6. Auflage, Menlo Park, Pearson, 2010.

[EnVB2014] Enk, A.; Valenta, M.; Benn, W.: Distributed evaluation of XPath axes queries over large XML documents stored in mapreduce clusters, in: International Workshop on Database and Expert Systems Applications, München, Deutschland, 1-5, September, 2014, 253-257.

[Erli2000] Erlikh, L.: Leveraging Legacy System Dollars for E-Business, in: IT Professional, 2, 3, 2000, 17-23.

[EsPR2011] Esteves, R.; Pais, R.; Rong, C.: K-means Clustering in the Cloud - A Mahout Test, in: Advanced Information Networking and Applications Workshop, Singapore, Singapore, 22-25, März, 2011, 514-519.

[Esse2002]   Esser, H.: Soziologie: Sinn und Kultur, Campus Verlag, Frankfurt a.M., 2002.

[EvAs2014]   Evermann, J.; Assadipour, G.: Big Data Meets Process Mining: Implementing the Alpha Algorithm with Map-reduce, in: ACM Symposium on Applied Computing, Gyeongju, Südkorea, 24-28, März, 2014, 1414-1416.

[Exas2016]   Exasol, (2016), In-Memory Database, unter: http://www.exasol.com/en/in-memory-database/overview/, (11.07.2016).

[EYAM2015]   Elgamal, T.; Yabandeh, M.; Aboulnaga, A.; Mustafa, W.; Hefeeda, M.: SPCA: Scalable principal component analysis for big data on distributed platforms, in: International Conference on Management of Data, Melbourne, Australien, 31-04, Mai-Juni, 2015, 79-91.

[FaCh2013]   Fan, Y. N.; Chern, C. C.: An Agent Model for Incremental Rough Set-Based Rule Induction: A Big Data Analysis in Sales Promotion, in: Hawaii International Conference on System Sciences, Wailea, USA, 7-10, Januar, 2013, 985-994.

[FaIZ2015]   Fan, S.; Ilk, N.; Zhang, K.: Sentiment analysis in social media platforms: The contribution of social relationships, in: International Conference on Information Systems, Forth Worth, USA, 13-16, Dezember, 2015, 1-9.

[FaLS2006]   Fairbank, J.; Labianca, G.; Steensma, H.: Information Processing Design Choices, Strategy, and Risk Management Performance, in: Management Information Systems Quarterly, 23, 2006, 293-319.

[Fama1965]   Fama, E. F.: Random Walks In Stock Market Prices, in: Financial Analysts Journal, 21, 5, 1965, 55–59.

[FaPS1996]   Fayyad, U.; Piatetsky-Shapiro, G.; Smyth, P.: From data mining to knowledge discovery, in: Fayyad, U.; Piatetsky-Shapiro, G.; Smyth, P. (Hrsg.): Advances in knowledge discovery and data mining, AAAI Press, Menlo Park, 1996, 37-54.

[FCLQ2016]   Feng, X.; Chang, L.; Lin, X.; Qin, L.; Zhang, W.: Computing Connected Components with linear communication cost in pregel-like systems, in: International Conference on Data Engineering, Helsinki, Finnland, 16-20, Mai, 2016, 85-96.

[FDCD2012]   Fisher, D.; DeLine, R.; Czerwinski, M.; Drucker, S.: Interactions with big data analytics, in: ACM Magazine Interactions, 19, 3, 2012, 50-59.

[FeDa1995] Feldman, R.; Dagan, I.: Knowledge Discovery in Textual Databases (KDT), in: Proceedings of the First International Conference on Knowledge Discovery and Data Mining, 1995, 112-117.

[FeGP2016] Fernandez, R.C.; Garefalakis, P.; Pietzuch, P.: Java2SDG: Stateful big data processing for the masses, in: International Conference on Data Engineering, Helsinki, Finnland, 16-20, Mai, 2016, 1390-1393.

[Feld2006] Felden, C.: Personalisierung der Informationsversorgung in Unternehmen, Deutscher Universitätsverlag, Wiesbaden, 2006.

[FeNa2016] Felbermayr, A.; Nanopoulos, A.: The Role of Emotions for the Perceived Usefulness in Online Customer Reviews, in: Journal of Interactive Marketing, 36, 2016, 60-76.

[FiAO2009] Filho, J.; Affonso, C.; Oliveira, R.: Pricing Analysis in the Brazilian Energy Market: a Decision Tree Approach, in: PowerTech, 2009, 1-6.

[Flic2009] Flick, U.: An Intrduction to Qualitative Research, Sage Publications, London, 2009.

[FMPÖ2016] Floratou, A.; Megiddo, N.; Potti, N.; Özcan, F.; Kale, U.; Schmitz-Hermes, J.: Adaptive caching in Big SQL using the HDFS cache, in: ACM Symposium on Cloud Computing, Santa Clara, USA, 5-7, Oktober, 2016, 321-333.

[FMPT2016] Ferrández, A.; Maté, A.; Peral, J.; Trujillo, J.; De Gregorio, E.; Aufaure, M.-A.: A framework for enriching Data Warehouse analysis with Question Answering systems, in: Journal of Intelligent Information Systems, 46, 1, 2016, 61-82.

[FNAC2015] Farseev, A.; Nie, L.; Akbari, M.; Chua, T.-S.: Harvesting multiple sources for user profile learning: A big data study, in: International Conference on Multimedia Retrieval, Shanghai, China, 23-26, Juni, 2015, 235-242.

[FoKS2006] Forman, G.; Kirshenbaum, E.; Suermondt, J.: Pragmatic Text Mining: Minimizing Human Effort to Quantify Many Issues in Call Logs, in: ACM Special Interest Group on Knowledge Discovery and Data Mining, Philadelphia, USA, 20-23, August, 2006, 852-861.

[Fost2004] Foster, A.: A Nonlinear Model of Information-Seeking Behavior, in: Journal of the American Society for Information Science and Technolgy, 55, 3, 2004, 228-237.

[Fran2007]   Frank, U.: Ein Vorschlag zur Konfiguration von Forschungsmethoden in der Wirtschaftsinformatik, in: Lehner, F.; Zelewski, S. (Hrsg.): Wissenschaftstheoretische Fundierung und wissenschaftliche Orientierung der Wirtschaftsinformatik, 1. Auflage, GITO, Berlin, 2007, 158-185.

[FrHS2008]   Frank, U.; Heinzl, A.; Schoder, D.: WI-Orientierungslisten, in: Wirtschaftsinformatik, 50, 2, 2008, 155 163.

[FrRS2017]   Franciscus, N.; Ren, X.; Stantic, B.: Answering temporal analytic queries over big data based on precomputing architecture, in: Lecture Notes in Computer Science, 10191, 2017, 281-290.

[FSSD2017]   Fumero, J.; Steuwer, M.; Stadler, L.; Dubach, C.: Just-In-Time GPU Compilation for Interpreted Languages with Partial Evaluation, in: International Conference on Virtual Execution Environments, Xi'an, China, 8-9, April, 2017, 60-73.

[FTTM2016]   Fernández, A.M.; Torres, J.F.; Troncoso, A.; Martínez-Álvarez, F.: Automated spark clusters deployment for big data with standalone applications integration, in: Lecture Notes in Computer Science, 9868, 2016, 150-159.

[FuYL2005]   Fung, G. P. C.; Yu, J. X.; Lu, H.: The Predicting Power of Textual Information on Financial Markets, in: IEEE Intelligent Informatics Bulletin, 5, 1, 2005.

[FWQX2013]   Fan, Y.; Wu, W.; Qian, D.; Xu, Y.; Wei, W.: Load Balancing in Heterogeneous MapReduce Environments, in: International Conference on High Performance Computing and Communications, and International Conference on Embedded and Ubiquitous Computing, Zhangjiajie, China, 13-15, November, 2013, 1480-1489.

[FYLS2015]   Feng, C.; Yang, X.; Liang, F.; Sun, X.-H.; Xu, Z.: LCIndex: A local and clustering index on distributed ordered tables for flexible multi-dimensional range queries, in: International Conference on Parallel Processing, Peking, China, 1-4, September, 2015, 719-728.

[GaGC2000]   Gao, F.; Guan, X.; Cao, X.; Papalexopoulos, A.: Forecasting Power Market Clearing Price and Quantity Using a Neural Network Method, in: IEEE Power & Energy Society General Meeting, 2000, 2183-2188.

[GaHa2015]   Gandomi, A.; Haider, M.: Beyond the hype: Big data concepts, methods, and analytics, in: International Journal of Information Management, 35, 2015, 137-144.

Literaturverzeichnis 195

[GaKS2015] Gao, J.; Koronios, A.; Selle, S.: Towards A Process View on Critical Success Factors in Big Data Analytics Projects, in: Americas Conference on Information System, Fajardo, Puerto Rico, 13-15, August, 2015, 1-14.

[Galb2014] Galbraith, J. R.: Organization Design Challenges Resulting from Big Data, in: Journal of Organization Design, 3, 1, 2014, 2-13.

[GaRe2012] Gantz, J.; Reinsl, D., (2012), The Digital Universe In 2020: Big Data, Bigger Digital Shadows, and Biggest Growth in the Far East, unter: https://www.emc.com/collateral/analyst-reports/idc-the-digital-universe-in-2020.pdf, (26.07.2016).

[GaTo2014] Gabel, T. J.; Tokarski, C.: Big Data and Organization Design Key Challenges Await the Survey Research Firm, in: Journal of Organization Design, 3, 1, 2014, 37-45.

[GBBZ2015] Guo, Y.; Bland, W.; Balaji, P.; Zhou, X.: Fault tolerant MapReduce-MPI for HPC clusters, in: International Conference for High Performance Computing, Networking, Storage and Analysis, Austin, USA, 15-20, November, 2015, 1-12.

[GBMJ2014] Graupner, E.; Berner, M.; Maedche, A.; Jegadeesan, H.: Business intelligence & analytics for processes - A visibility requirements evaluation, in: Multikonferenz Wirtschaftsinformatik, Paderborn, Deutschland, 26-28, Februar, 2014, 154-166.

[GDCH2012] García, S.; Derrac, J.; Cano, J. R.; Herrera, F.: Prototype Selection for Nearest Neighbor Classification, in: IEEE Transactions on Pattern Analysis and Machine Intelligence, 34, 3, 2012, 417-435.

[GeHP2014] George, G.; Haas, M. R.; Pentland, A.: Big Data and Management: From the Editors, in: Academy of Management Journal, 57, 2, 2014, 321-326.

[Gemü1993] Gemünden, H.-G.: Information: Bedarf, Analyse und Verhalten, in: Wittmann, W. (Hrsg.): Handwörterbuch der Betriebswirtschaft Band 2, Schäffer-Poeschel Verlag, Stuttgart, 1993, 1725-1735.

[Gent2001] Gentsch, P.: Wissenserwerb in Innovationsprozessen: Methoden und Fallbeispiele für die informationstechnologische Unterstützung, Springer Verlag, Berlin, 2001.

[Geth1995] Gethmann, C. F.: Deduktion, in: Mittelstraß, J. (Hrsg.): Enzyklopädie Philosophie und Wissenschaftstheorie Band 1, J. B. Metzler Verlag, Stuttgart, 1995, 434.

[GeZa2010] Geva, T.; Zahavi, J.: Predicting Intraday Stock Returns By Integrating Market Data and Financial News Reports, in: Mediterranean Conference on Information Systems, Tel Aviv, Israel, 12-14, September, 2010, Paper 39.

[GGGP2013] Gupta, R.; Gupta, H.; Gupta, S.; Padmanabhan, S.: A middleware for managing big-data flows, in: Lecture Notes in Computer Science, 8181, 2013, 410-424.

[GHZL2014] Ge, W.; Huang, Y.; Zhao, D.; Luo, S.; Yuan, C.; Zhou, W.; Tang, Y.; Zhou, J.: CinHBa: A secondary index with hotscore caching policy on key-value data store, in: Lecture Notes in Computer Science, 8933, 2014, 602-615.

[GHZP2016] Guo, Z.; Hu, Z.; Zhang, C.; Pu, Y.: Learning-Based Characterizing and Modeling Performance Bottlenecks of Big Data Workloads, in: International Conference on High Performance Computing and Communications, Smart City, and Data Science and Systems, Sydney, Australien, 12-14, Dezember, 2016, 860-867.

[GICS2014] Götz, S.; Ilsche, T.; Cardoso, J.; Spillner, J.; Aßmann, U.; Nagel, W.; Schill, A.: Energy-efficient data processing at sweet spot frequencies, in: Lecture Notes in Computer Science, 8842, 2014, 154-171.

[Gies2015] Gieseke, F.: An efficient many-core implementation for semi-supervised support vector machines, in: Lecture Notes in Computer Science, 9432, 2015, 145-157.

[GiHe2011] Gill, T.R; Hevner, A.R.: A Fitness-Utility Model for Design Science Research, in: Conference on Design Science Research in Information Systems, Milwaukee, USA, 5-6, Mai, 2011, 237-252.

[GIKC2017] Ghazal, A.; Ivanov, T.; Kostamaa, P.; Crolotte, A.; Voong, R.; Al-Kateb, M.; Ghazal, W.; Zicari, R. V.: BigBench V2: The New and Improved BigBench, in: International Conference on Data Engineering, San Diego, USA, 19-22, April, 2017, 1225-1236.

[Gil2016] Gil, Y.: Teaching Big data analytics skills with intelligent workflow systems, in: Conference on Artificial Intelligence, Phoenix, USA, 12-17, Februar, 2016, 4081-4088.

[GIYT2016] Gulzar, M.A.; Interlandi, M.; Yoo, S.; Tetali, S.D.; Condie, T.; Millstein, T.; Kim, M.: BigDebug: Debugging primitives for interactive big data processing in Spark, in: International Conference on Software Engineering, Austin, USA, 14-22, Mai, 2016, 784-795.

[Glas1986]   Glasersfeld, E.: Steps in the Construction of "Others" und "Reality": A Study in Self-Regulation, in: Trappl, R. (Hrsg.): Power, Autonomy, Utopia, Springer Verlag, London New York, 1986, 107-116.

[GlGD2008]   Gluchowski, P.; Gabriel, R.; Dittmar, C.: Management Support Systeme und Business Intelligence, 2. Auflage, Springer, 2008.

[GLLL2014]   Guo, M.; Liu, Y.; Li, J.; Li, H.; Xu, B.: A knowledge based approach for tackling mislabeled multi-class big social data, in: Lecture Notes in Computer Science, 8465, 2014, 349-363.

[Gluc2001]   Gluchowski, P.: Business Intelligence, in: HMD – Praxis der Wirtschaftsinformatik, 38, 222, 2001, 5-15.

[GoKN2015]   Gorton, I.; Klein, J.; Nurgaliev, A.: Architecture Knowledge for Evaluating Scalable Databases, in: Conference on Software Architecture, Montreal, Kanada, 4-8, Mai, 2015, 95-104.

[GoLT2016]   Gouineau, F.; Landry, T.; Triplet, T.: PatchWork, a scalable density-grid clustering algorithm, in: ACM Symposium on Applied Computing, Pisa, Italien, 04-08, April, 2016, 824-831.

[GoPK2013]   Gomes, J.B.; Phua, C.; Krishnaswamy, S.: Where will you go? Mobile data mining for next place prediction, in: Lecture Notes in Computer Science, 8057, 2013, 146-158.

[GoRö2015]   Golov, N.; Rönnbäck, L.: Big data normalization for massively parallel processing databases, in: Lecture Notes in Computer Science, 9382, 2015, 154-163.

[GoSC2015]   Gonçalves, C.; Silva, J. F.; Cunha, J. C.: A Parallel Algorithm for Statistical Multiword Term Extraction from Very Large Corpora, in: International Conference on High Performance Computing and Communications, Cyberspace Safety and Security, and Embedded Software and Systems, New York, USA, 24-26, August, 2015, 219-224.

[GoTh1995]   Goodhue, D. L.; Thompson, R. L.: Task-technology fit and individual performance, in: Management Information Systems Quarterly, 19, 2, 1995, 213-236.

[GPWR2014]   Gu, J.; Peng, S.; Wang, X.S.; Rao, W.; Yang, M.; Cao, Y: Cost-based join algorithm selection in Hadoop, in: Lecture Notes in Computer Science, 8787, 2014, 246-261.

[Gran1996]   Grant, R.: Prospering in Dynamically-competitive Environments: Organizational Capability as Knowledge Integration, in: Organization Science, 7, 4, 1996, 375-387.

[GrCa2015]   Grover, R.; Carey, M.J.: Data ingestion in AsterixDB, in: International Conference on Extending Database Technology, Proceedings, Brüssel, Belgien, 23-27, März, 2015, 605-616.

[GrJa2004]   Grochowski, M.; Jankowski, N.: Comparison of Instance Selection Algorithms II. Results and Comments, in: Lecture Notes in Artificial Intelligence, 3070, 2004, 580-585.

[GSCG2015]   Gog, I.; Schwarzkopf, M.; Crooks, N.; Grosvenor, M.P.; Clement, A.; Hand, S.: Musketeer: All for One, One for All in Data Processing Systems, in: European Conference on Computer Systems, Bordeaux, Frankreich, 21-24, April, 2015, 2:1-2:16.

[GTDW2015]   Gu, R.; Tang, Y.; Dong, Q.; Wang, Z.; Liu, Z.; Wang, S.; Yuan, C.; Huang, Y.: Unified programming model and software framework for big data machine learning and data analytics, in: International Computer Software and Applications Conference, Taichung, Taiwan, 1-5, Juli, 2015, 562-567.

[GuCP2017]   Guigou, F.; Collet, P.; Parrend, P.: The artificial immune ecosystem: A bio-inspired meta-algorithm for boosting time series anomaly detection with expert input, in: Lecture Notes in Computer Science, 10199, 2017, 573-588.

[GuGD2015]   Gupta, B.; Goul, M.; Dinter, B.: Business intelligence and big data in higher education: Status of a multi-year model curriculum development effort for business school undergraduates, MS graduates, and MBAs, in: Communications of the Association for Information Systems, 36, 23, 2015, 449-476.

[GuPP2017]   Gubanov, M.; Priya, M.; Podkorytov, M.: CognitiveDB: An Intelligent Navigator for Large-scale Dark Structured Data, in: International Conference on World Wide Web, Perth, Australien, 3-7, April, 2017, 207-211.

[GuYD2015]   Gu, L.; Yang, P.; Dong, Y.: SHDC: A fast documents classification method based on simhash, in: Lecture Notes in Computer Science, 9529, 2015, 198-212.

[GuZh2016]   Guo, H.; Zhang, J.: A distributed and scalable machine learning approach for big data, in: International Joint Conference on Artificial Intelligence, New York, USA, 9-15, Juli, 2016, 1512-1518.

[GVGP2015] Gómez, C. Q.; Villegas, M. A.; García, F. P.; Pedregal, D. J.: Big Data and Web Intelligence for Condition Monitoring: A Case Study on Wind Turbines, in: Zaman, N.; Seliaman, M. E.; Hassan, M. F.; Marquez, F. P. G. (Hrsg.): Handbook of Research on Trends and Future Directions in Big Data and Web Intelligence, 2015, 149-163.

[GWWY2015]Gu, R.; Wang, S.; Wang, F.; Yuan, C.; Huang, Y.: Cichlid: Efficient Large Scale RDFS/OWL Reasoning with Spark, in: International Parallel and Distributed Processing Symposium, Hyderabad, Indien, 25-29, Mai, 2015, 700-709.

[GXWL2012] Guo, S.; Xiong, J.; Wang, W.; Lee, R.: Mastiff: A mapreduce-based system for time-based big data analytics, in: International Conference on Cluster Computing, Peking, China, 24-28, September, 2012, 72-80.

[GXYH2016] Guo, T.; Xu, J.; Yan, X.; Hou, J.; Li, P.; Li, Z.; Guo, J.; Cheng, X.: Ease the process of machine learning with dataflow, in: International Conference on Information and Knowledge Management, Indianapolis, USA, 24-28, Oktober, 2016, 2437-2440.

[GZWL2016] Gao, Y.; Zhang, Y.; Wang, H.; Li, J.; Gao, H.: A distributed load balance algorithm of mapreduce for data quality detection, in: Lecture Notes in Computer Science, 9645, 2016, 294-306.

[Habe1971] Habermas, J.: Theorie der Gesellschaft oder Sozialtechnologie, Suhrkamp Verlag, Frankfurt, 1971.

[Habe1973] Habermas, J.: Wahrheitstheorien, in: Fahrenbach, H. (Hrsg.): Wirklichkeit und Reflexion. Walter Schulz zum 60. Geburtstag, Neske Verlag, Pfullingen, 1973, 211-265.

[HaBE2016] HajKacem, M.A.B.; Ben N'cir, C.E.; Essoussi, N.: An accelerated mapreduce-based K-prototypes for big data, in: Lecture Notes in Computer Science, 9946, 2016, 13-25.

[HaGQ2016] Hai, R.; Geisler, S.; Quix, C.: Constance: An intelligent data lake system, in: International Conference on Management of Data, San Francisco, USA, 26-1, Juni-Juli, 2016, 2097-2100.

[HaHL2011] Han, J.; Haihong, E.; Le, G.: Survey on NoSQL Database, in: Proceedings of the International Conference on Pervasive Computing and Applications IEEE, Port Elizabeth, Südafrika, 26-28, Oktober, 2011, 363-366.

[HALC2016]   Han, D.; Agrawal, A.; Liao, W.-K.; Choudhary, A.: A novel scalable DBSCAN algorithm with spark, in: International Parallel and Distributed Processing Symposium, Chicago, USA, 23-27, Mai, 2016, 1393-1402.

[HaME2014]   Habib, W.M.A.; Mokhtar, H.M.O.; El Sharkawi, M.E.: MapReduce algorithms for processing universal quantifier queries, in: International Conference on Cloud Computing, Anchorage, USA, 27-2, Juni-Juli, 2014, 578-585.

[HaRo1998]   Hasenkamp, U.; Roßbach, P.: Wissensmanagement, in: Das Wirtschaftsstudium, 27, 8, 9, 1998, 956-964.

[HaRS2011]   Hair, J.; Ringle, C.; Sarstedt, M.: PLS-SEM: Indeed a silver bullet, in: Journal of Marketing Theory and Practice, 19, 2011, 139-152.

[HaSh2014]   Hadian, A.; Shahrivari, S.: High performance parallel k-means clustering for disk-resident datasets on multi-core CPUs, in: Journal of Supercomputing, 69, 2, 2014, 845-863.

[HaXi2014]   Han, R.; Xiaoyi, L.: On big data benchmarking, in: Lecture Notes in Computer Science, 8807, 2014, 3-18.

[HCLL2015]   Huangfu, Y.; Cao, J.; Lu, H.; Liang, G.: MatrixMap: Programming abstraction and implementation of matrix computation for big data applications, in: International Conference on Parallel and Distributed Systems, Melbourne, Australien, 14-17, Dezember, 2015, 19-28.

[HCLZ2015]   He, W.; Cui, H.; Lu, B.; Zhao, J.; Li, S.; Ruan, G.; Xue, J.; Feng, X.; Yang, W.; Yan, Y.: Hadoop+: Modeling and evaluating the heterogeneity for MapReduce applications in heterogeneous clusters, in: International Conference on Supercomputing, Newport Beach, USA, 8-11, Juni, 2015, 143-153.

[HDCC2014]   Halperin, D.; De Almeida, V.T.; Choo, L.L.; Chu, S.; Koutris, P.; Moritz, D.; Ortiz, J.: Demonstration of the Myria big data management service, in: ACM SIGMOD International Conference on Management of Data, Snowbird, USA, 22-27, Juni, 2014, 881-884.

[HeAR2016]   Herrero, V.; Abelló, A.; Romero, O.: NOSQL design for analytical workloads: Variability matters, in: Lecture Notes in Computer Science, 9974, 2016, 50-64.

[HeBu1987]   Heinrich, L. J.; Burgholzer, P.: Informationsmanagement: Planung, Überwachung und Steuerung der Informationsinfrastruktur, Oldenbourg Verlag, München, 1987.

Literaturverzeichnis

[Hein1991] Heinen, E.: Industriebetriebslehre als entscheidungsorientierte Unternehmensführung, in: Heinen, E. (Hrsg.): Industriebetriebslehre, 9. Auflage, Gabler Verlag, Wiesbaden, 1991.

[Hein1993] Heinrich, L. J.: Wirtschaftsinformatik – Einführung und Grundlegung, 2. Auflage, Oldenbourg Verlag, München Wien, 1993.

[Hein2002] Heinrich, L. J.: Informationsmanagement: Planung, Überwachung und Steuerung der Informationsinfrastruktur, 7. Auflage, Oldenbourg Verlag, München, 2002.

[Hein2013] Heinrich, L. J.: Forschungsziele und Forschungsmethoden der Wirtschaftsinformatik, in: Wächter, H. (Hrsg.): Selbstverständnis betriebswirtschaftlicher Forschung und Lehre, Tagung der Kommission Wissenschaftstheorie, Springer Verlag, 2013, 27-54.

[Hein2015] Heinson, D.: IT-Forensik Zur Erhebung und Verwertung von Beweisen aus informationstechnischen Systemen, Mohr Siebeck Verlag, Tübingen, 2015.

[Hein2016] Heinrich, K.: The missing link - Predictive models based on textual and dynamic network data, in: Americas Conference on Information Systems, San Diego, USA, 11-13, August, 2016, .

[HeJa2008] Heuterkes, M.; Janssen, M.: Die Regulierung von Gas- und Strommärkten in Deutschland, in: Beiträge aus der angewandten Wirtschaftsforschung, 29, Münster, 2008.

[HeMP2004] Hevner, A. R.; March, S. T.; Park, J.: Design Science in Information Systems Research, in: Management Information Systems Quarterly Journal, 28, 1, 2004, 75-105.

[HeSt2011] Heinrich, L. J.; Stelzer, D..: Informationsmanagement, 10. Auflage, Oldenbourg Verlag, München Wien, 2011.

[HeVe1993] Henderson, J. C.; Venkatraman, N.: Strategic Alignment: Leveraging Information technology for transforming organizations, in: IBM Systems Journal, 32, 1, 1993, 4-16.

[HFAR2014] Harshvardhan; Fidel, A.; Amato, N.M.; Rauchwerger, L.: KLA: A new algorithmic paradigm for parallel graph computations, in: Parallel Architectures and Compilation Techniques, Edmonton, Kanada, 24-27, August, 2014, 27-38.

[HFDG2012] Hartog, J.; Fadika, Z.; Dede, E.; Govindaraju, M.: Configuring a MapReduce framework for dynamic and efficient energy adaptation, in: International Conference on Cloud Computing, Honolulu, USA, 24-29, Juni, 2012, 914-921.

[HHHP2013] Hseush, W.; Huang, Y.-C.; Hsu, S.-C.; Pu, C.: Real-time collaborative planning with big data: Technical challenges and in-place computing, in: International Conference on Collaborative Computing: Networking, Applications and Worksharing, Austin, USA, 20-23, Oktober, 2013, 96-104.

[HiJa2013] Hitzle, P.; Janowicz, K.: Linked Data, Big Data, and the 4th Paradigm, in: Semantic Web, 4, 3, 2013, 233–235.

[HiTi2016] Hidasi, B.; Tikk, D.: Speeding up ALS learning via approximate methods for context-aware recommendations, in: Knowledge and Information Systems, 47, 1, 2016, 131-155.

[HLHS2011] He, Y.; Lee, R.; Huai, Y.; Shao, Z.; Jain, N.; Zhang, X.; Xu, Z.: RCFile: A fast and space-efficient data placement structure in MapReduce-based warehouse systems, in: International Conference on Data Engineering, Hannover, Deutschland, 11-16, April, 2011, 1199-1208.

[HLPL2013] Han, W.-S.; Lee, S.; Park, K.; Lee, J.-H.; Kim, M.-S.; Kim, J.; Yu, H.: TurboGraph: A Fast Parallel Graph Engine Handling Billion-scale Graphs in a Single PC, in: International Conference on Knowledge Discovery and Data Mining, Chicago, USA, 11-14, August, 2013, 77-85.

[HLRH2015] Hu, S.; Liu, W.; Rabl, T.; Huang, S.; Liang, Y.; Xiao, Z.; Jacobsen, H.-A.; Pei, X.; Wang, J.: DualTable: A hybrid storage model for update optimization in Hive, in: International Conference on Data Engineering, Seoul, Südkorea, 13-17, April, 2015, 1340-1351.

[HMPR2004] Hevner, A. R.; March, S. T.; Park, J.; Ram, S.: Design Science in Information System Research, in: Management Information Systems Quarterly, 28, 2004, 75-105.

[HPKT2014] Haque, A.; Parker, B.; Khan, L.; Thuraisingham, B.: Evolving Big Data Stream Classification with MapReduce, in: International Conference on Cloud Computing, Anchorage, USA, 27-2, Juni-Juli, 2014, 570-577.

[HSGW2013] Huang, G.; Song, S.; Gupta, J.N.D.; Wu, C.: A second order cone programming approach for semi-supervised learning, in: Pattern Recognition, 46, 12, 2013, 3548-3558.

[Hull1999] Hulland, J.: Use of partial least squares (PLS) in strategic management research, in: Strategic Management Journal, 20, 1999, 195-204.

[HuWo1999] Hughes, J.; Wood-Harper, T.: Systems development as a research act, in: Journal of Information Technology, 14, 1999, 83-94.

[HWCL2014] Hu, H.; Wen, Y.; Chua, T.; Li, X.: Toward Scalable Systems for Big Data Analytics: A Technology Tutorial, in: IEEE Access, 2, 2014, 652-687.

[HwDF2011] Hwang, K.; Dongarra, J.; Fox. C: Distributed and Cloud Computing, Morgan Kaufmann, Waltham, 2011.

[HWYF2016] Huang, M.; Wu, D.; Yu, C.H.; Fang, Z.; Interlandi, M.; Condie, T.; Cong, J.: Programming and runtime support to Blaze FPGA accelerator deployment at datacenter scale, in: ACM Symposium on Cloud Computing, Santa Clara, USA, 5-7, Oktober, 2016, 456-469.

[HWZJ2012] Hoi, S.C.H.; Wang, J.; Zhao, P.; Jin, R.: Online feature selection for mining big data, in: International Conference on Knowledge Discovery and Data Mining, Peking, China, 12-12, August, 2012, 93-100.

[HWZS2015] He, Q.; Wang, H.; Zhuang, F.; Shang, T.; Shi, Z.: Parallel sampling from big data with uncertainty distribution, in: Fuzzy Sets and Systems 258, C, 2015, 117-133.

[HYJX2016] Hu, Y.; Yang, C.; Ji, C.; Xu, Y.; Li, X.: Efficient Snapshot KNN Join Processing for Large Data Using MapReduce, in: International Conference on Parallel and Distributed Systems, Wuhan, China, 13-16, Dezember, 2016, 713-720.

[HZHX2014] Humayoo, M.; Zhai, Y.; He, Y.; Xu, B.; Wang, C.: Operator scale out using time utility function in big data stream processing, in: Lecture Notes in Computer Science, 8491, 2014, 54-65.

[HZZD2015] Hongzhang, Y.; Zhang, J.; Zeng, X.; Dong, H.; Xu, L.: Research of massive small files reading optimization based on parallel network file system, in: International Conference on High Performance Computing and Communications, International Symposium on Cyberspace Safety and Security International Conference on Embedded Software and Systems, New York, USA, 24-26, August, 2015, 204-212.

[IBYB2007] Isard, M.; Budiu, M.; Yu, Y.; Birrell, A.; Fetterly, D.: Dryad: distributed data-parallel programs from sequential building blocks, in: European Conference on Computer Systems, Lisabon, Portugal, 21-23, März, 2007, 59-72.

[IdHL2014]   Idris, M.; Hussain, S.; Lee, S.: In-map/in-reduce: Concurrent job execution in MapReduce, in: International Conference on Trust, Security and Privacy in Computing and Communications, Peking, China, 24-26, September, 2014, 763-768.

[IGIG2016]   IGI Global, (2016), Dictionary Big Data, unter: http://www.igi-global.com/dictionary/big-data/39008, (12.04.2016).

[ILWJ2014]   Islam, N.S.; Lu, X.; Wasi-Ur-Rahman, M.; Jose, J.; Panda, D.K.: A microbenchmark suite for evaluating HDFS operations on modern clusters, in: Lecture Notes in Computer Science, 8163, 2014, 129-147.

[IPSF2014]   Iwashita, A.S.; Papa, J.P.; Souza, A.N.; Falcão, A.X.; Lotufo, R.A.; Oliveira, V.M.; De Albuquerque, V.H.C.; Tavares, J.M.R.S.: A path- and label-cost propagation approach to speedup the training of the optimum-path forest classifier, in: Pattern Recognition Letters, 40, 1, 2014, 121-127.

[ITGN2016]   Interlandi, M.; Tetali, S.D.; Gulzar, M.A.; Noor, J.; Condie, T.; Kim, M.; Millstein, T.: Optimizing interactive development of data-intensive applications, in: Symposium on Cloud Computing, Santa Clara, USA, 5-8, Oktober, 2016, 510-522.

[JabR2017]   JabRef, (2017), Zitiersoftware JabRef, unter: http://www.jabref.org/, (09.06.2017).

[JaCa2016]   Jamshidi, P.; Casale, G.: An uncertainty-aware approach to optimal configuration of stream processing systems, in: International Symposium on Modeling, Analysis and Simulation of Computer and Telecommunication Systems, London, Vereinigtes Königreich, 19-21, September, 2016, 39-48.

[JaDW2003]   Jackson, T.; Dawson, R.; Wilson, D.: Reducing the effect of email interruption on employees, in: International Journal of Information Management, 23, 1, 2003, 55-65.

[JaLX2017]   Jayasena, K.P.N.; Li, Lin; Xie, Qing: Multi-modal Multimedia Big Data Analyzing Architecture and Resource Allocation on Cloud Platform, in: Neurocomputing, 253, C, 2017, 135-143.

[JäRe2009]   Jäger, U.; Reinecke, S.: Expertengespräch, in: Baumgarth, C.; Eisend, M.; Evanschitzky, H. (Hrsg.): Empirische Mastertechniken. Eine anwendungsorientierte Einführung für die Marketing- und Managementforschung, 1. Auflage, Springer Verlag, Wiesbaden, 2009, 29-76.

[JaSE2014]	Jayalath, C.; Stephen, J.; Eugster, P.: From the Cloud to the Atmosphere: Running MapReduce across Data Centers, in: IEEE Transactions on Computers, 63, 1, 2014, 74-87.
[JiHS2015]	Jia, L.; Hall, D.; Song, J.: The Conceptualization of Data-driven Decision Making Capability, in: Americas Conference on Information System, Fajardo, Puerto Rico, 13-15, August, 2015, 1-13.
[JiJa2016]	Jin, Y.; Jaja, J.F.: A high performance implementation of spectral clustering on CPU-GPU platforms, in: International Parallel and Distributed Processing Symposium, Chicago, USA, 23-27, Mai, 2016, 825-834.
[JiJi2008]	Jinying, L.; Jinchao, L.: Next-Day Electricity Price Forecasting Based on Support Vector Machines and Data Mining Technology, Chinese Control Conference, Yantai, Shandong, China, 2-4, Juli, 2008, 630-633.
[JiLM2014]	Jiang, F.; Leung, C.K.-S.; MacKinnon, R.K.: BigSAM: Mining interesting patterns from probabilistic databases of uncertain big data, in: Lecture Notes in Computer Science, 8643, 2014, 780-792.
[JJOW2015]	Jha, S.; Jha, M.; O'Brien, L.; Wells, M.: Streaming Big Data into the Enterprise Architecture: challenges and opportunities, in: 2nd Asia-Pacific World Congress on Computer Science and Engineering, Nadi, Fidschi, 2-4, Dezember, 2015.
[JJSN2017]	Jukic, N.; Jukic, B.; Sharma, A.; Nestorov, S.; Korallus Arnold, B.: Expediting analytical databases with columnar approach, in: Decision Support Systems, 95, 2017, 61-81.
[JKGL2014]	Jin, J.; Khemmarat, S.; Gao, L.; Luo, J.: A distributed approach for top-k star queries on massive information networks, in: International Conference on Parallel and Distributed Systems, Hsinchu, Taiwan, 16-19, Dezember, 2014, 9-16.
[JLGL2015]	Jia, D.; Liu, Z.; Gu, X.; Li, B.; Gu, J.; Wang, W.; Meng, D.: LuBase: A search-efficient hybrid storage system for massive text data, in: Lecture Notes in Computer Science, 9529, 2015, 134-148.
[JoGo2011]	Johannsen, W.; Goeken, M.: Referenzmodelle für IT-Governance: Methodische Unterstützung der Unternehmens-IT mit COBIT, ITIL & Co., 2. Auflage, dpunkt.verlag, Heidelberg, 2011.
[JPFS2016]	Jeon, I.; Papalexakis, E.E.; Faloutsos, C.; Sael, L.; Kang, U.: Mining billion-scale tensors: algorithms and discoveries, in: VLDB Journal, 25, 4, 2016, 519-544.

[JRGV2016] Joy, T.T.; Rana, S.; Gupta, S.; Venkatesh, S.: Hyperparameter tuning for big data using Bayesian optimisation, in: International Conference on Pattern Recognition, Cancun, Mexiko, 4-8, Dezember, 2016, 2574-2579.

[JSRJ2016] Jin, Y.; Su, C.; Ruan, N.; Jia, W.: Privacy-preserving mining of association rules for horizontally distributed databases based on FP-tree, in: Lecture Notes in Computer Science, 10060, 2016, 300-314.

[JSST2015] Jin, Z.; Shibata, C.; Sun, J.; Tago, K.: On efficiency of semantic relation extraction through low-dimensional distributed representations for substrings, in: International Conference on High Performance Computing and Communications, International Symposium on Cyberspace Safety and Security and International Conference on Embedded Software and Systems, New York, USA, 24-26, August, 2015, 1749-1754.

[JuGM2012] Jung, G.; Gnanasambandam, N.; Mukherjee, T.: Synchronous parallel processing of big-data analytics services to optimize performance in federated clouds, in: International Conference on Cloud Computing, Honolulu, USA, 24-29, Juni, 2012, 811-818.

[JuKi2015] Jung, J.U.; Kim, H.S.: Big data governance for smart logistics: A value-added perspective, in: Lecture Notes in Computer Science, 9247, 2015, 95-103.

[JuNa2014] Jung, H.; Nakazato, H.: Dynamic scheduling for speculative execution to improve MapReduce performance in heterogeneous environment, in: International Conference on Distributed Computing Systems, Madrid, Spanien, 20-3, Juni-Juli, 2014, 119-124.

[KaCF2012] Kang, U.; Chau, D.H.; Faloutsos, C.: Pegasus: Mining billion-scale graphs in the cloud, in: International Conference on Acoustics, Speech and Signal Processing, Kyoto, Japan, 25-30, März, 2012, 5341-5344.

[KAEM2013] Kaisler, S.; Armour, F.; Espinosa, J. A.; Money, W.: Big Data: Issues and Challenges Moving Forward; in: 46th Hawaii International Conference on System Sciences, Maui, USA, 7-10, Januar, 2013, 995-1004.

[KaLo1996] Kamlah, W.; Lorenzen, P.: Logische Propädeutik: Vorschule des vernünftigen Redens, 3. Auflage, J.B. Metzler Verlag, Stuttgart, 1996.

[Kant1976] Kant, I.: Kritik der reinen Vernunft, Schmidt Verlag, Berlin, 1976.

Literaturverzeichnis 207

[KaSS2015] Kappmeier, J.-P.W.; Schmidt, D.R.; Schmidt, M.: Solving k-means on high-dimensional big data, in: Lecture Notes in Computer Science, 9125, 2015, 259-270.

[KBBB2015] Kornacker, M.; Behm, A.; Bittorf, V.; Bobrovytsky, T.: Impala: A modern, open-source SQL engine for Hadoop, in: Conference on Innovative Data Systems Research, Asilomar, USA, 4-7, Januar, 2015, 1-10.

[KBHX2014] Kumar, A.; Beutel, A.; Ho, Q.; Xing, E.P.: Fugue: Slow-worker-agnostic distributed learning for big models on big data, in: Journal of Machine Learning Research, 33, 2014, 531-539.

[KBKÖ2014] Karanasos, K.; Balmin, A.; Kutsch, M.; Özcan, F.; Ercegovac, V.; Xia, C.; Jackson, J.: Dynamically optimizing queries over large scale data platforms, in: ACM SIGMOD International Conference on Management of Data, Snowbird, USA, 22-27, Juni, 2014, 943-954.

[KBPR2015] Kroß, J.; Brunnert, A.; Prehofer, C.; Runkler, T.A.; Krcmar, H.: Stream processing on demand for lambda architectures, in: Lecture Notes in Computer Science, 9272, 2015, 243-257.

[Kemp2014] Kemp, R.: Legal aspects of managing Big Data, in: Computer Law & Security Review, 30, 5, 2014, 482-491.

[KFSP2015] Kumbhare, A.; Frincu, M.; Simmhan, Y.; Prasanna, V. K.: Fault-Tolerant and Elastic Streaming MapReduce with Decentralized Coordination, in: International Conference on Distributed Computing Systems, Columbus, USA, 29-2, Juni-Juli, 2015, 328-338.

[KHCY2016] Kim, J.; Ha, H.; Chun, B.G.; Yoon, S.; Cha, S.K.: Collaborative analytics for data silos, in: International Conference on Data Engineering, Helsinki, Finnland, 16-20, Mai, 2016, 743-754.

[KHLT2017] Khan, M.; Huang, Z.; Li, M.; Taylor, G.A.; Khan, M.: Optimizing hadoop parameter settings with gene expression programming guided PSO, in: Concurrency Computation, 29, 3, 2017.

[KHLZ2016] Kim, J. K.; Ho, Q.; Lee, S.; Zheng, X.; Dai, W.; Gibson, G. A.; Xing, E. P.: STRADS: A Distributed Framework for Scheduled Model Parallel Machine Learning, in: European Conference on Computer Systems, London, Vereinigtes Königreich, 18-21, April, 2016, 5:1-5:16.

[Khur2014] Khurana, R.: Operating System, Vikas Publishing House, 2nd Edition, 2014.

[KiCK2012] Kim, W.; Chan, H.; Kankanhalli, A.: What Motivates People to Purchase Digital Items on Virtual Community Websites?, in: Information Systems Research Journal, 23, 2012, 1232-1245.

[KIJM2015] Khayyat, Z.; Ilyas, I. F.; Jindal, A.; Madden, S.; Ouzzani, M.; Papotti, P.; Quianй-Ruiz, J.-A.; Tang, N.: BigDansing: A System for Big Data Cleansing, in: International Conference on Management of Data, Melbourne, Australien, 31-4, Mai-Juni, 2015, 1215-1230.

[KiJS2016] Kim, H.-J.; Jo, N.-O.; Shin, K.-S.: Optimization of cluster-based evolutionary undersampling for the artificial neural networks in corporate bankruptcy prediction, in: Expert Systems with Applications, 59, C, 2016, 226-234.

[KiPJ2016] Kim, H.-W.; Park, J.H.; Jeong, Y.-S.: Human-centric storage resource mechanism for big data on cloud service architecture, in: Journal of Supercomputing, 72, 7, 2016, 2437-2452.

[KiSP2016] Kim, M.; Shin, M.; Park, S.: Take me to SSD: A hybrid block-selection method on HDFS based on storage type, in: ACM Symposium on Applied Computing, Pisa, Italien, 04-08, April, 2016, 965-971.

[KLLK2016] Kim, M.-J.; Lim, C.-H.; Lee, C.-H.; Kim, K.-J.; Choi, S.; Park, Y.: Data-driven approach to new service concept design, in: Lecture Notes in Business Information Processing, 247, 2016, 485-496.

[KoKo2012] Koch, P.; Konen, W.: Efficient Sampling and Handling of Variance in Tuning Data Mining Models, in: International Conference on Parallel Problem Solving From Nature, Taormina, Italien, 1-5, September, 2012, 195-205.

[KoLe2013] Koutroumpis, P.; Leiponen, A.: Understanding the Value of (Big) Data, in: IEEE International Conference on Big Data, Santa Clara, USA, 6-9, Oktober, 2013, 38-42.

[KOPL2017] Kranjc, Janez; Orac, Roman; Podpecan, Vid; Lavrac, Nada; Robnik-Sikonja, Marko: ClowdFlows: Online workflows for distributed big data mining, in: Future Generation Computer Systems, 68, 2017, 38-58.

[KPHF2012] Kang, U.; Papalexakis, E.; Harpale, A.; Faloutsos, C.: GigaTensor: Scaling tensor analysis up by 100 times - Algorithms and discoveries, in: ACM SIGKDD International Conference on Knowledge Discovery and Data Mining, Peking, China, 12-16, August, 2012, 316-324.

Literaturverzeichnis

[Krcm1990] Krcmar, H.: Bedeutung und Ziele von Informationssystem-Architekturen, in: Wirtschaftsinformatik, 32, 5, 1990, 395-402.

[Krcm1991] Krcmar, H.: Annäherungen an Informationsmanagement: Managementdisziplin und/oder Technologiedisziplin?, in: Staehle, W. H.; Sydow, J. (Hrsg.): Managementforschung Bd. 1, Walter de Gruyter Verlag, Berlin, 1991, 163-203.

[Krcm2005] Krcmar, H.: Informationsmanagement, 4. Auflage, Springer Verlag, Berlin, 2005.

[Krcm2015] Krcmar, H.: Informationsmanagement, 6. Auflage, Springer Verlag, Berlin, 2015.

[KrDo2016] Kridel, D.; Dolk, D.: Latticing and device-histories: dynamic customer profiling for mobile advertising campaigns, in: Hawaii International Conference on System Sciences, Koloa, USA, 5-8, Januar, 2016, 1102-1111.

[KrWo2015] Krawczyk, B.; Wozniak, M.: Incremental One-Class Bagging for Streaming and Evolving Big Data, in: International Conference on Trust, Security and Privacy in Computing and Communications, Helsinki, Finnland, 20-22, August, 2015, 193-198.

[KSKS2014] Kim, Y.; Shim, K.; Kim, M.-S.; Sup Lee, J.: DBCURE-MR: An efficient density-based clustering algorithm for large data using MapReduce, in: Information Systems, 42, 2014, 15-35.

[Kuhl1997] Kuhlen, R.: Abstracts - Abstracting - Intellektuelle und maschinelle Verfahren, in: Buder, M.; Rehfeld, W.; Seeger, D.; Strauch, D. (Hrsg.): Grundlagen der praktischen Information und Dokumentation, 4. Auflage, Saur, München, 1997, 88-119.

[KuKi2011] Kuta, M.; Kitowski, J.: Benchmarking High Performance Architectures with Natural Language Processing Algorithms, in: Computer Science, 12, 2011, 19-31.

[KWKS2016] Kim, J.-S.; Whang, K.-Y.; Kwon, H.-Y.; Song, I.-Y.: PARADISE: Big data analytics using the DBMS tightly integrated with the distributed file system, in: World Wide Web, 19, 3, 2016, 299-322.

[LaMa2009] Lakshman, A.; Malik, P.: Cassandra: A structured storage system on a P2P network, in: 21st Annual ACM Symposium on Parallelism in Algorithms and Architectures, Calgary, Kanada, 11-13, August, 2009.

[LaMa2010] Lakshman, A.; Malik, P.: Cassandra: a decentralized structured storage system, in: Operating Systems, 44, 2, 2010, 35-40.

[Lane2001] Laney, D.: 3D Data Management: Controlling data volume, velocity and variety, Meta Group Verlag, Stamford, 2001.

[LBOS2015] Labouseur, A.G.; Birnbaum, J.; Olsen, P.W.; Spillane, S.R.; Vijayan, J.; Hwang, J.-H.; Han, W.-S.: The G* graph database: efficiently managing large distributed dynamic graphs, in: Distributed and Parallel Databases, 33, 4, 2015, 479-514.

[LBZZ2016] Lyu, T.; Bing, L.; Zhang, Z.; Zhang, Y.: Efficient and Scalable Detection of Overlapping Communities in Big Networks, in: International Conference on Data Mining, Barcelona, Spanien, 12-15, Dezember, 2016, 1071-1076.

[LCMC2015] Liu, Y.; Cao, F.; Mortazavi, M.; Chen, M.; Yan, N.; Ku, C.; Adnaik, A.; Morgan, S.; Shi, G.; Wang, Y.; Fang, F.: DCODE: A distributed column-oriented database engine for big data analytics, in: Lecture Notes in Computer Science, 9357, 2015, 289-299.

[LDBH2015] López, V.; Del Río, S.; Benítez, J.M.; Herrera, F.: Cost-sensitive linguistic fuzzy rule based classification systems under the MapReduce framework for imbalanced big data, in: Fuzzy Sets and Systems, 258, C, 2015, 5-38.

[LeCh2013] Lee, C.-H.; Chien, T.-F.: Leveraging microblogging big data with a modified density-based clustering approach for event awareness and topic ranking, in: Journal of Information Science, 39, 4, 2013, 523-543.

[LeKM2014] Lee, D.; Kim, J.-S.; Maeng, S.: Large-scale incremental processing with MapReduce, in: Future Generation Computer Systems, 36, 2014, 66-79.

[LeLD1994] Leifer, R.; Lee, S.; Durgee, J.: Deep structures: Real information requirements determination, in: Information & Management, 27, 5, 1994, 275-285.

[LFLT2016] Luo, J.; Fan, L.; Li, Z.; Tsu, C.: A new big data storage architecture with intrinsic search engines, in: Neurocomputing, 181, 2016, 147-152.

[LHLZ2015] Liu, B.; Huang, K.; Li, J.; Zhou, M.: An Incremental and Distributed Inference Method for Large-Scale Ontologies Based on MapReduce Paradigm, in: IEEE Transactions on Cybernetics, 45, 1, 2015, 53-64.

[LiBa2015] Liang, H.; Baldwin, T.: A probabilistic rating auto-encoder for personalized recommender systems, in: International Conference on Information and Knowledge Management, Melbourne, Australien, 19-23, Oktober, 2015, 1863-1866.

Literaturverzeichnis

[LiCh2013] Lin, Z.; Chow, P.: ZCluster: A Zynq-based Hadoop cluster, in: International Conference on Field Programmable Technology, Kyoto, Japan, 9-11, Dezember, 2013, 450-453.

[LiFS2013] Lin, A.; Foster, J.; Scifleet, P.: Consumer Information Systems and Relationship Management, Design, Implementation, and Use, IGI Global Verlag, 2013.

[LiFu2012] Liu, X.; Fu, H.: A Hybrid Algorithm for Text Classification Problem, in: Electrical Review, 88, 2012, 8-11.

[LiJH2013] Liu, Z.; Jiang, B.; Heer, J.: ImMens: Real-time visual querying of big data, in: Computer Graphics Forum, 32, 2013, 421-430.

[LiLu2015] Liang, F.; Lu, X.: Accelerating Iterative Big Data Computing Through MPI, in: Journal of Computer Science and Technology, 30, 2, 2015, 283-294.

[LiLZ2016] Liu, Y.-N.; Li, J.-Z.; Zou, Z.-N.: Determining the Real Data Completeness of a Relational Dataset, in: Journal of Computer Science and Technology, 31, 4, 2016, 720-740.

[LiMo2002] Liu, H.; Motoda, H.: On Issues of Instance Selection, in: Data Mining and Knowledge Discovery, 6, 2, 2002, 115-130.

[Link1982] Link, J.: Die methodologischen, informationswirtschaftlichen und führungspolitischen Aspekte des Controlling, in: Zeitschrift für Betriebswirtschaft, 52, 3, 1982, 261-280.

[Link2018] LinkedIn, (2018), LinkedIn Startseite, unter: https://www.linkedin.com/feed/, (6.3.2018).

[LiTL2015] Liu, L.; Tan, P.-N.; Liu, X.: MF-Tree: Matrix factorization tree for large multiclass learning, in: International Conference on Information and Knowledge Management, Melbourne, Australien, 19-23, Oktober, 2015, 881-890.

[LiTO2016] Li, Y.; Thomas, M.A.; Osei-Bryson, K.-M.: A snail shell process model for knowledge discovery via data analytics, in: Decision Support Systems, 91, 2016, 1-12.

[LiWe2013] Lin, B.; Wesseh, P. K.: What causes price volatility and regime shifts in the natural gas market, in: Energy, 55, 2013, 553-563.

[LiWT2015] Lin, Y.C.; Wu, C.-W.; Tseng, V.S.: Mining high utility itemsets in big data, in: Lecture Notes in Computer Science, 9078, 2015, 649-661.

[LJHZ2017] Liu, C.; Jin, T.; Hoi, S.C.H.; Zhao, P.; Sun, J.: Collaborative topic regression for online recommender systems: an online and Bayesian approach, in: Machine Learning, 106, 5, 2017, 651-670.

[LJJY2016] Lee, D.; Jeong, S.; Jeong, T.; Yoo, J.-H.; Hong, J. W.-K.: ICBMS SM: A Smart Mediator for mashup service development, in: Asia-Pacific Network Operations and Management Symposium, Kanazawa, Japan, 5-7, Oktober, 2016, 1-6.

[LLCJ2016] Li, W.; Li, Z.; Chen, Q.; Jiang, T.; Yin, Z.: Discovering approximate functional dependencies from distributed big data, in: Lecture Notes in Computer Science, 9932, 2016, 289-301.

[LLHW2011] Lee, R.; Luo, T.; Huai, Y.; Wang, F.; He, Y.; Zhang, X.: YSmart: Yet another SQL-to-MapReduce translator, in: International Conference on Distributed Computing Systems, Minneapolis, USA, 20-24, Juni, 2011, 25-36.

[LLIP2016] LeFevre, J.; Liu, R.; Inigo, C.; Paz, L.; Ma, E.; Castellanos, M.; Hsu, M.: Building the enterprise fabric for Big Data with Vertica and Spark integration, in: ACM SIGMOD International Conference on Management of Data, San Francisco, USA, 26-1, Juni-Juli, 2016, 63-75.

[LLPZ2017] Li, J.; Liu, Y.; Pan, J.; Zhang, P.; Chen, W.; Wang, L.: Map-Balance-Reduce: An improved parallel programming model for load balancing of MapReduce, in: Future Generation Computer Systems, 2017, 1-9.

[LLRG2013] Li, Y.; Lin, C.; Ren, F.; Geng, Y.: H-PFSP: Efficient hybrid parallel PFSP protected scheduling for mapreduce system, in: International Conference on Trust, Security and Privacy in Computing and Communications, Melbourne, Australien, 16-18, Juli, 2013, 1099-1106.

[LLWZ2014] Lu, X.; Liang, F.; Wang, B.; Zha, L.; Xu, Z.: DataMPI: Extending MPI to Hadoop-Like Big Data Computing, in: International Parallel and Distributed Processing Symposium, Phoenix, USA, 19-23, Mai, 2014, 829-838.

[LLXF2015] Li, Q.; Luo, H.; Xie, P.-X.; Feng, X.-Q.; Du, R.-Y.: Product whole life-cycle and omni-channels data convergence oriented enterprise networks integration in a sensing environment, in: Computers in Industry, 70, C, 2015, 23-45.

Literaturverzeichnis 213

[LLZZ2015] Li, S.; Lu, Q.; Zhang, W.; Zhu, L.: A mapreduce cluster deployment optimization framework with geo-distributed data, in: International Conference on Ubiquitous Intelligence and Computing, Advanced and Trusted Computing, Scalable Computing and Communications, Cloud and Big Data Computing, Internet of People and Associated Symposia/Workshops, Peking, China, 10-14, August, 2015, 943-949.

[LMGR2016] Luna-Romera, J.M.; Martínez-Ballesteros, M.D.M.; García-Gutiérrez, J.; Riquelme-Santos, J.C.: An approach to silhouette and dunn clustering indices applied to big data in spark, in: Lecture Notes in Computer Science, 9868, 2016, 160-169.

[LMWW2014]Lee, Y.W.; Madnick, S.E.; Wang, R.Y.; Wang, F.L.; Zhang, H.: A cubic framework for the chief data officer: Succeeding in a world of big data, in: MIS Quarterly Executive, 13, 1, 2014, 1-13.

[LÖCO2014] Li, F.; Özsu, M.T.; Chen, G.; Ooi, B.C.: R-Store: A scalable distributed system for supporting real-time analytics, in: International Conference on Data Engineering, Chicago, USA, 31-4, März, 2014, 40-51.

[LoDe2014] Lomotey, R.K.; Deters, R.: Data mining from NoSQL document-append style storages, in: International Conference on Web Services, Anchorage, USA, 27-2, Juni-Juli, 2014, 385-392.

[LoHW2016] Losing, V.; Hammer, B.; Wersing, H.: KNN Classifier with Self Adjusting Memory for Heterogeneous Concept Drift, in: International Conference on Data Mining, Barcelona, Spanien, 12-15, Dezember, 2016, 291-300.

[LoJK2015] Lohrmann, B.; Janacik, P.; Kao, O.: Elastic Stream Processing with Latency Guarantees, in: International Conference on Distributed Computing Systems, Columbus, USA, 29-2, Juni-Juli, 2015, 399-410.

[Losc2014] Losch, A.: Das Paradigma des Kritischen Realismus, in: Tapp, C.; Breitsameter, C. (Hrsg.): Theologie und Naturwissenschaften, Walter de Gruyter Verlag, Berlin, 2014, 69-94.

[Losh2009] Loshin, D.: Big Data Analytics, Morgan Kaufmann Verlag, Waltham, 2009.

[LQJT2016] Li, Q.; Qiu, S.; Ji, S.; Thompson, P.M.; Ye, J.; Wang, J.: Parallel lasso screening for big data optimization, in: ACM SIGKDD International Conference on Knowledge Discovery and Data Mining, San Francisco, USA, 13-17, August, 2016, 1705-1714.

[LRIS2014]   Lu, X.; Rahman, M.W.U.; Islam, N.; Shankar, D.; Panda, D.K.: Accelerating Spark with RDMA for Big Data Processing: Early Experiences, in: Annual Symposium on High-Performance Interconnects, Mountain View, USA, 26-28, August, 2014, 9-16.

[LSHT2014a] LeFevre, J.; Sankaranarayanan, J.; Hacigümüs, H.; Tatemura, J.; Polyzotis, N.; Carey, M.J.: MISO: Souping up big data query processing with a multistore system, in: ACM SIGMOD International Conference on Management of Data, Snowbird, USA, 22-27, Juni, 2014, 1591-1602.

[LSHT2014b] LeFevre, J.; Sankaranarayanan, J.; Hacigümüs, H.; Tatemura, J.; Polyzotis, N.; Carey, M.J.: Opportunistic physical design for big data analytics, in: ACM SIGMOD International Conference on Management of Data, Snowbird, USA, 22-27, Juni, 2014, 851-862.

[LSLO2000] Lavrenko, V.; Schmill, M.; Lawrie, D.; Ogilvie, P.; Jensen, D.; Allan. J.: Language Models for Financial News Recommendation, in: International Conference on Information and Knowledge Management, Virgina, USA, 6-11, November, 2000, 389-396.

[LuCZ2013] Luo, T.; Chen, G.; Zhang, Y.: H-DB: Yet another big data hybrid system of Hadoop and DBMS, in: Lecture Notes in Computer Science, 8285, 2013, 324-335.

[Luts2015] Luts, J.: Real-Time Semiparametric Regression for Distributed Data Sets, in: IEEE Transactions on Knowledge and Data Engineering, 27, 2, 2015, 545-557.

[LWYZ2015] Li, J.; Wu, J.; Yang, X.; Zhong, S.: Optimizing MapReduce based on locality of K-V pairs and overlap between shuffle and local reduce, in: International Conference on Parallel Processing, Peking, China, 1-4, September, 2015, 939-948.

[LWZF2015] Liu, J.; Wu, Y.; Zhou, Q.; Fung, B.C.M.; Chen, F.; Yu, B.: Parallel eclat for opportunistic mining of frequent itemsets, in: Lecture Notes in Computer Science, 9261, 2015, 401-415.

[LYSZ2016] Luo, Y.; Yang, Z.; Shi, H.; Zhang, Y.: A distributed frequent itemsets mining algorithm using sparse boolean matrix on spark, in: Lecture Notes in Computer Science, 9932, 2016, 419-423.

[LYWH2014] Lin, C.; Yu, H.; Weng, W.; He, X.: Large-scale similarity join with edit-distance constraints, in: Lecture Notes in Computer Science, 8422, 2014, 328-342.

[LYWY2016] Ling, X.; Yuan, Y.; Wang, D.; Yang, J.: Tetris: Optimizing cloud resource usage unbalance with elastic VM, in: International Symposium on Quality of Service, Peking, China, 20-21, Juni, 2016, 1-10.

[LZCS2014] Li, M.; Zhang, T.; Chen, Y.; Smola, A.J.: Efficient mini-batch training for stochastic optimization, in: International Conference on Knowledge Discovery and Data Mining, New York, USA, 24-27, August, 2014, 661-670.

[LZCS2016] Li, X.; Zhang, C.; Chen, G.; Sun, X.; Zhang, Q.; Yang, H.: Distributed lazy association classification algorithm based on spark, in: Lecture Notes in Computer Science, 10086, 2016, 580-590.

[LZLY2016] Luo, X.; Zhou, M.; Li, S.; You, Z.; Xia, Y.; Zhu, Q.: A Nonnegative Latent Factor Model for Large-Scale Sparse Matrices in Recommender Systems via Alternating Direction Method, in: IEEE Transactions on Neural Networks and Learning Systems, 27, 3, 2016, 579-592.

[LZZB2016] Li, C.; Zhou, P.; Zhou, Y.; Bian, K.; Jiang, T.; Rahardja, S.: Distributed private online learning for social big data computing over data center networks, in: International Conference on Communications, Kuala Lumpur, Malaysia, 22-27, Mai, 2016, 1-6.

[MaBa2015] Mammo, M.; Bansal, S.K.: Presto-RDF: SPARQL querying over big RDF data, in: Lecture Notes in Computer Science, 9093, 2015, 281-293.

[MABD2010] Malewicz, G.; Austern, M.; Bik, A.; Dehnert, J.; Horn, I.; Leiser, N.; Czajkowski, G.: Pregel: a system for large-scale graph processing, in: International Conference on Management of Data, Indianapolis, USA, 6-10, Juni, 2010, 135-146.

[Mach2016] Machine Learning Library, (2016), Programming Guide, unter: https://spark.apache.org/docs/1.2.1/mllib-guide.html, (10.08.2016).

[MaDY2014] Ma, K.; Dong, F.; Yang, B.: Large-Scale Schema-Free Data Deduplication Approach with Adaptive Sliding Window Using MapReduce, in: Computer Journal, 58, 11, 2014, 3187-3201.

[MAFA2016] Malik, K.R.; Ahmad, T.; Farhan, M.; Aslam, M.; Jabbar, S.; Khalid, S.; Kim, M.: Big-data: transformation from heterogeneous data to semantically-enriched simplified data, in: Multimedia Tools and Applications, 75, 20, 2016, 12727-12747.

[MAHK2016] Maas, M.; Asanovic, K.; Harris, T.; Kubiatowicz, J.: Taurus: A holistic language runtime system for coordinating distributed managed-language applications, in:

International Conference on Architectural Support for Programming Languages and Operating Systems, Atlanta, USA, 2-6, April, 2016, 457-471.

[Maho2016] Mahout, (2016), Introduction, unter: http://mahout.apache.org, 12.01.2017.

[Mant1973] Manten, A. A.: Scientific literature review, in: Scholarly Publishing, 5, 1973, 75-89.

[MaPM2017] Marinescu, D.C.; Paya, A.; Morrison, J.P.: A Cloud Reservation System for Big Data Applications, in: IEEE Transactions on Parallel and Distributed Systems, 28, 3, 2017, 606-618.

[Mart2014] Martin, B.: SARAH - Statistical analysis for resource allocation in hadoop, in: International Conference on Trust, Security and Privacy in Computing and Communications, Peking, China, 24-26, September, 2014, 777-782.

[MaSo2017] Malli Subramanian, S.; Soundarajan, V.: SC-OCR: similarity-based clustering and optimum cache replacement approach, in: Concurrency Computation, 29, 4, 2017, 1-15.

[MaTH2014] Maillo, J.; Triguero, I.; Herrera, F.: A MapReduce-Based k-Nearest Neighbor Approach for Big Data Classification, in: Proceedings - 14th IEEE International Conference on Trust, Security and Privacy in Computing and Communications, Peking, China, 24-26, September, 2014, 167-172.

[MaYa2015] Ma, K.; Yang, B.: Access-Aware In-memory Data Cache Middleware for Relational Databases, in: International Conference on High Performance Computing and Communications, Cyberspace Safety and Security, and Embedded Software and Systems, New York, USA, 24-26, August, 2015, 1506-1511.

[MCAF2015] Martínez-Prieto, M.A.; Cuesta, C.E.; Arias, M.; Fernández, J.D.: The Solid architecture for real-time management of big semantic data, in: Future Generation Computer Systems, 47, 2015, 62-79.

[McBr2012] McAfee, A.; Brynjolfsson, E.: Big Data: The Management Revolution, in: Harvard Business Review, 2012, 59-68.

[MCRS2016] Merino, J.; Caballero, I.; Rivas, B.; Serrano, M.; Piattini, M.: A Data Quality in Use model for Big Data, in: Future Generation Computer Systems, 63, 2016, 123-130.

[MCTL2016] Minutoli, M.; Castellana, V.G.; Tumeo, A.; Lattuada, M.; Ferrandi, F.: Efficient synthesis of graph methods: A dynamically scheduled architecture, in: International Conference on Computer-Aided Design, Austin, USA, 7-10, November, 2016, 1-8.

[MCTZ2015] Miao, X.; Chu, C.; Tang, L.; Zhou, Y.; Young, J.; Bhasin, A.: Distributed Personalization, in: International Conference on Knowledge Discovery and Data Mining, Sydney, Australien, 10-13, August, 2015, 1989-1998.

[MDFE2012] Miner, G.; Delen, D.; Fast, A.; Eider, J.: Practical Text Mining and Statistical Analysis for Non-structured Text Data, Academic Press, Waltham, 2012.

[MDLS2013] Mishne, G.; Dalton, J.; Li, Z.; Sharma, A.; Lin, J.: Fast Data in the Era of Big Data: Twitter's Real-time Related Query Suggestion Architecture, in: International Conference on Management of Data, New York, USA, 22-27, Juni, 2013, 1147-1158.

[MeKG2004] Melville, N.; Kraemer, K.; Gurbaxani, V.: Review: Information Technology and Organizational Performance: An Integrative Model of IT Business Value, in: Management Information Systems Quarterly, 28, 2, 2004, 283-322.

[MeNa1991] Meuser, M.; Nagel, U.: ExpertInneninterviews - vielfach erprobt, wenig bedacht. Ein Beitrag zur qualitativen Methodendiskussion, in: Garz, D; Kraimer, K. (Hrsg.): Qualitativ-empirische Sozialforschung, 1. Auflage, Westdeutscher Verlag, Opladen, 1991, 441-471.

[MeSa2003] Meyer, U.; Sanders, P.: Δ-stepping: a parallelizable shortest path algorithm, in: Journal of Algorithms, 49, 1, 2003, 114-152.

[MFDW2017] Moritz, D.; Fisher, D.; Ding, B.; Wang, C.: Trust, but Verify: Optimistic Visualizations of Approximate Queries for Exploring Big Data, in: Conference on Human Factors in Computing Systems, Denver, USA, 6-11, Mai, 2017, 2904-2915.

[MHFN2015] Moawad, A.; Hartmann, T.; Fouquet, F.; Nain, G.; Klein, J.; Le Traon, Y.: Beyond discrete modeling: A continuous and efficient model for IoT, in: International Conference on Model Driven Engineering Languages and Systems, Ottawa, Kanada, 30-2, September-Oktober, 2015, 90-99.

[MiHu1994] Miles, M.; Huberman, A.: Qualitative Data Analysis, Thousand Oaks, Sage Publications, 1994.

[MiMS2016] Mishra, P.; Mishra, M.; Somani, A.K.: Bulk I/O storage management for big data applications, in: International Symposium on Modeling, Analysis and Simulation of Computer and Telecommunication Systems, London, Vereinigtes Königreich, 19-21, September, 2016, 412-417.

[MiRa2013] Mi, T.; Rajasekaran, S.: A two-pass exact algorithm for selection on Parallel Disk Systems, in: International Symposium on Computers and Communications, 2013, 612-617.

[Mish2012] Mishra, P.: Forecasting Natural Gas Price - Time Series and Nonparametric Approach, in: Proceedings of the World Congress on Engineering, London, United Kingdom, 4-6, Juli, 2012, 1-8.

[Mitt2004] Mittermayer, M-A.: Forecasting Intraday Stock Price Trends with Text Mining Techniques, in: IEEE Computer Society, Proceedings of the 10th Annual Hawaii International Conference on System Sciences, Big Island, Hawaii, USA, 5-8, Januar, 2004, 1-10.

[MJLL2016] Ma, S.; Jiang, J.; Li, B.; Li, B.: Custody: Towards data-aware resource sharing in cloud-based big data processing, in: International Conference on Cluster Computing, Split, Kroatien, 7-10, Juli, 2016, 451-460.

[MLDT2015] Maté, A.; Llorens, H.; De Gregorio, E.; Tardío, R.; Gil, D.; Muñoz-Terol, R.; Trujillo, J.: A novel multidimensional approach to integrate big data in business intelligence, in: Journal of Database Management, 26, 2, 2015, 14-31.

[MLLF2017] Mu, Y.; Liu, W.; Liu, X.; Fan, W.: Stochastic Gradient Made Stable: A Manifold Propagation Approach for Large-Scale Optimization, in: IEEE Transactions on Knowledge and Data Engineering, 29, 2, 2017, 458-471.

[MLYL2017] Mu, Y.; Liu, X.; Yang, Z.; Liu, X.: A parallel C4.5 decision tree algorithm based on MapReduce, in: Concurrency Computation, 29, 8, 2017, 1-12.

[MNGZ2015] Mashayekhy, L.; Nejad, M.M.; Grosu, D.; Zhang, Q.; Shi, W.: Energy-Aware Scheduling of MapReduce Jobs for Big Data Applications, in: IEEE Transactions on Parallel and Distributed Systems, 26, 10, 2015, 2720-2733.

[MoBA2017] Moran-Fernandez, L.; Bolon-Canedo, V.; Alonso-Betanzos, A.: Centralized vs. distributed feature selection methods based on data complexity measures, in: Knowledge-Based Systems, 117, C, 2017, 27-45.

[MoGM2016] Moreira-Matias, L.; Gama, J.; Mendes-Moreira, J.: Concept neurons-handling drift issues for real-time industrial data mining, in: Lecture Notes in Computer Science, 9853, 2016, 96-111.

[MoLo2015] Monteiro, A.F.; Loques, O.: Scalable model for dynamic configuration and power management in virtualized heterogeneous web clusters, in: ACM Symposium on Applied Computing, Salamanca, Spanien, 13-17, April, 2015, 464-467.

[MoMa2013] Mohamed, H.; Marchand-Maillet, S.: MRO-MPI: MapReduce overlapping using MPI and an optimized data exchange policy, in: Parallel Computing, 39, 12, 2013, 851-866.

[MoSt2014] Mokhtari, R.; Stumm, M.: BigKernel – High Performance CPU-GPU Communication Pipelining for Big Data-Style Applications, in: International Parallel and Distributed Processing Symposium, Phoenix, USA, 19-23, Mai, 2014, 819-828.

[MoZR2012] Motamedi, A.; Zareipour, H.; Rosehart, W.: Electricity Price and Demand Forecasting in Smart Grids, in: Transactions on Smart Grid, 3, 2, 2012, 664-674.

[MQRT2013] Miele, A.; Quintarelli, E.; Rabosio, E.; Tanca, L.: A data-mining approach to preference-based data ranking founded on contextual information, in: Information Systems, 38, 4, 2013, 524-544.

[MRGN2017] Moatti, Y.; Rom, E.; Gracia-Tinedo, R.; Naor, D.; Chen, D.; Sampe, J.; Sanchez-Artigas, M.: Too Big to Eat: Boosting Analytics Data Ingestion from Object Stores with Scoop, in: International Conference on Data Engineering, San Diego, USA, 19-22, April, 2017, 309-320.

[MSDS2016] Mousannif, H.; Sabah, H.; Douiji, Y.; Sayad, Y.: Big data projects: just jump right in!, in: International Journal of Pervasive Computing and Communications, 12, 2, 2016, 260-288.

[MSIS2016] Matekenya, D.; Shibasaki, R.; Ito, M.; Sezaki, K.: Enhancing location prediction with big data: Evidence from Dhaka, in: International Joint Conference on Pervasive and Ubiquitous Computing, Heidelberg, Deutschland, 12-16, September, 2016, 753-762.

[MVGM2017] Miah, S.; Vu, H.; Gammack, J.; McGrath, M.: A Big Data Analytics Method for Tourist Behaviour Analysis, in: Information and Management, 54, 6, 2017, 771-785.

[MVVV2016] Mallios, X.; Vassalos, V.; Venetis, T.; Vlachou, A.: A framework for clustering and classification of big data using spark, in: Lecture Notes in Computer Science, 10033, 2016, 344-362.

[MWCZ2016] Martinez, A.M.; Webb, G.I.; Chen, S.; Zaidi, N.A.: Scalable Learning of Bayesian Network Classifiers, in: J. Mach. Learn. Res., 17, 1, 2016, 1515-1549.

[MZCZ2016] Muelder, C.; Zhu, B.; Chen, W.; Zhang, H.; Ma, K.L.: Visual Analysis of Cloud Computing Performance Using Behavioral Lines, in: IEEE Transactions on Visualization and Computer Graphics, 22, 6, 2016, 1694-1704.

[NaJe1982] Naumann, J. D.; Jenkins, A. M.: Prototyping: The New Paradigm for Systems Development, in: Management Information Systems Quarterly, 6, 3, 1982, 29-44.

[NaKS2013] Nann, S.; Krauss, J.; Schoder, D.: Predictive Analytics On Public Data - The Case Of Stock Markets, in: European Conference on Information Systems, Utrecht, Niederlande, 2013, Paper 102.

[NaSe2017] Nabti, C.; Seba, H.: Querying massive graph data: A compress and search approach, in: Future Generation Computer Systems, 74, 2017, 63-75.

[NaSK2012] Narang, A.; Srivastava, A.; Katta, N.P.K.: High performance offline & online distributed collaborative filtering, in: International Conference on Data Mining, Brüssel, Belgien, 10-13, Dezember, 2012, 549-558.

[NaTa2015] Nasser, T.; Tariq, R. S.: Big Data Challenges, in: Journal of Computer Engineering & Information Technology, 4, 3, 2015.

[NCMK2017] Nicolae, B.; Costa, C. H. A.; Misale, C.; Katrinis, K.; Park, Y.: Leveraging Adaptive I/O to Optimize Collective Data Shuffling Patterns for Big Data Analytics, in: IEEE Transactions on Parallel and Distributed Systems, 28, 6, 2017, 1663-1674.

[NgFi2015] Nghiem, P.P.; Figueira, S.M.: Towards efficient resource provisioning in MapReduce, in: Journal of Parallel and Distributed Computing, 95, C, 2015, 30-41.

[NgNg2016] Nguyen, T.T.; Nguyen, M.H.: Forest of distributed b+tree based on key-value store for big-set problem, in: Lecture Notes in Computer Science, 9645, 2016, 268-282.

[NiLu2001] Ni, E.; Luh, P.: Forecasting Power Market Clearing Price and its Discrete PDF using a Bayesian-Based Classification Method, in: Power Engineering Society Winter Meeting, 2001, 1518-1523.

[NNLP2016] Nguyen, T.D.; Nguyen, V.; Le, T.; Phung, D.: Distributed data augmented support vector machine on Spark, in: International Conference on Pattern Recognition, Cancun, Mexiko, 4-8, Dezember, 2016, 498-503.

[NNLV2016] Nguyen, V.; Nguyen, T. D.; Le, T.; Venkatesh, S.; Phung, D.: One-Pass Logistic Regression for Label-Drift and Large-Scale Classification on Distributed Systems, in: International Conference on Data Mining, Barcelona, Spanien, 12-15, Dezember, 2016, 1113-1118.

[Nort2002] North, K.: Wissensorientierte Unternehmensführung. Wertschöpfung durch Wissen, 3. Auflage, Gabler Verlag, Wiesbaden, 2002.

[NPDC2015] Nambiar, R.; Poess, M.; Dey, A.; Cao, P.; Ismail, T.M.; Ren, D.Q.; Bond, A.: Introducing tpcx-hs: The first industry standard for benchmarking big data systems, in: Lecture Notes in Computer Science, 8904, 2015, 1-12.

[NPST2016] Nodarakis, N.; Pitoura, E.; Sioutas, S.; Tsakalidis, A.; Tsoumakos, D.; Tzimas, G.: KdANN+: A rapid akNN classifier for big data, in: Lecture Notes in Computer Science, 9510, 2016, 139-168.

[NSCL2017] Nan, S.; Sun, L.; Chen, B.; Lin, Z.; Toh, K.A.: Density-Dependent Quantized Least Squares Support Vector Machine for Large Data Sets, in: IEEE Transactions on Neural Networks and Learning Systems, 28, 1, 2017, 94-106.

[OCMK2010] Olvera-López, J. A.; Carrasco-Ochoa, J. A.; Martínez-Trinidad, J. F.; Kittler, J.: A Review of Instance Selection Methods, in: Artificial Intelligence Review, 34, 2010, 133-143.

[OCSK2016] Oh, Y.; Choi, J.; Song, E.; Kim, M.; Kim, Y.: A SLA-based Spark cluster scaling method in cloud environment, in: Asia-Pacific Network Operations and Management Symposium, Kanazawa, Japan, 5-7, Oktober, 2016, 1-4.

[OdAA2010] Odukoya, O. H.; Aderounmu, G. A.; Adagunodo, E. R.: An Improved Data Clustering Algorithm for Mining Web Documents, in: International Conference on Computational Intelligence and Software Engineering, Wuhan, China, 10-12, Dezember, 2010, 1-8.

[OEYY2016] Oh, M.; Eom, J.; Yoon, J.; Yun, J.Y.; Kim, S.; Yeom, H.Y.: Performance optimization for all flash scale-out storage, in: International Conference on Cluster Computing, Taipei, Taiwan, 12-16, September, 2016, 316-325.

[OHKK2016] Ordonez, V.; Han, X.; Kuznetsova, P.; Kulkarni, G.; Mitchell, M.; Yamaguchi, K.; Stratos, K.; Goyal, A.: Large Scale Retrieval and Generation of Image Descriptions, in: International Journal of Computer Vision, 119, 1, 2016, 46-59.

[OhSh2011] Oh, C.; Sheng, O.: Investigating Predictive Power Stock Micro Blog Sentiment in Forecasting Future Stock Price Directional Movement, in: International Conference on Information Systems, Shanghai, China, 4-7, Dezember, 2011, 1-19.

[Orac2016] Oracle, (2016), An Enterprise Architect's Guide to Big Data, unter: http://www.oracle.com/technetwork/topics/entarch/articles/oea-big-data-guide-1522052.pdf, (12.04.2016).

[ORSK2008] Olston, C.; Reed, B.; Srivastava, U.; Kumar, R.; Tomkins, A.: Pig Latin: A Not-So-Foreign Language for Data Processing, in: International Conference on Management of data, Vancouver, Kanada, 9-12, Juni, 2008, 1099-1110.

[OrZC2016] Ordonez, C.; Zhang, Y.; Cabrera, W.: The Gamma Matrix to Summarize Dense and Sparse Data Sets for Big Data Analytics, in: IEEE Transactions on Knowledge and Data Engineering, 28, 7, 2016, 1905-1918.

[ÖsBH1992] Österle, H.; Brenner, W.; Hilbers, K.: Unternehmensführung und Informationssystem: Der Ansatz des St. Galler Informationssystem-Managements, Teubner Verlag, Stuttgart, 1992.

[Öste1987] Österle, H.: Erfolgsfaktor Informatik: Umsetzung der Informationstechnik in der Unternehmensführung, in: Information Management, 2, 3, 1987, 24–31.

[ÖzCe2014] Özsen, S.; Ceylan, R.: Comparison of AIS and Fuzzy C-means Clustering Methods on the Classification of Breast Cancer and Diabetes Datasets, in: Turkish Journal of Electrical Engineering & Computer Sciences, 22, 2014, 1241-1251.

[PaBM2004] Pakhiraa, M. K.; Bandyopadhyayb, S.; Maulik, U.: Validity index for crisp and fuzzy clusters, in: Pattern Recognition Letters, 37, 3, 2004, 487-501.

[PaBT1988] Parker, M. M.; Benson, R. J.; Trainor, H. E.: Information Economics: Linking Business Performance to Information Technology, Englewood Cliffs, Prentice-Hall Verlag, 1988.

[PaMK2016] Park, H.-M.; Myaeng, S.-H.; Kang, U.: PTE: Enumerating trillion triangles on distributed systems, in: International Conference on Knowledge Discovery and Data Mining, San Francisco, USA, 13-17, August, 2016, 1115-1124.

[PCRA2016] Pereira, O.M.; Capitão, M.; Regateiro, D.; Aguiar, R.L.; Osório, J.: Mediator framework for inserting xDRs into Hadoop, in: Symposium on Computers and Communications, Messina, Italien, 27-30, Juni, 2016, 547-554.

[Pent2016] Pentaho, (2016), Data Integration, unter: http://community.pentaho.com/projects/data-integration/, (14.12.2016).

[PFRC2016] Palmieri, F.; Fiore, U.; Ricciardi, S.; Castiglione, A.: GRASP-based resource reoptimization for effective big data access in federated clouds, in: Future Generation Computer Systems, 54, 2016, 168-179.

[PGWR2014] Peng, S.; Gu, J.; Wang, X.S.; Rao, W.; Yang, M.; Cao, Y.: Cost-based optimization of logical partitions for a query workload in a hadoop data warehouse, in: Lecture Notes in Computer Science, 8709, 2014, 559-567.

[PHCB2015] Peixoto, R.; Hassan, T.; Cruz, C.; Bertaux, A.; Silva, N.: Semantic HMC: A Predictive Model Using Multi-label Classification for Big Data, in: International Conference on Trust, Security and Privacy in Computing and Communications, Helsinki, Finnland, 20-22, August, 2015, 173-179.

[PHHF2015] Peng, B.; Hosseini, M.; Hong, Z.; Farivar, R.; Campbell, R.: R-storm: Resource-aware scheduling in storm, in: Annual Middleware Conference, Vancouver, Kanada, 7-11, Dezember, 2015, 149-161.

[PHLE2016] Pezzotti, N.; Höllt, T.; Lelieveldt, B.; Eisemann, E.; Vilanova, A.: Hierarchical Stochastic Neighbor Embedding, in: Computer Graphics Forum, 35, 3, 2016, 21-30.

[PHPP2016] Pathirage, M.; Hyde, J.; Pan, Y.; Plale, B.: SamzaSQL: Scalable fast data management with streaming SQL, in: International Parallel and Distributed Processing Symposium, Chicago, USA, 23-27, Mai, 2016, 1627-1636.

[Pico1988] Picot, A.: Die Planung der Unternehmensressource „Information", in: 2. Internationales Management-Symposium „Erfolgsfaktor Information", Frankfurt, Deutschland, 20-21, Januar, 1988.

[PiSS2008] Pindoriya, N.; Singh, S.; Singh, S.: An Adaptive Wavelet Neural Network-Based Energy Price Forecasting in Electricity Markets, in: IEEE Transactions on Power Systems, 23, 3, 2008, 1423-1432.

[PLCV2016] Padillo, F.; Luna, J.M.; Cano, A.; Ventura, S.: A data structure to speed-up machine learning algorithms on massive datasets, in: Lecture Notes in Computer Science, 9648, 2016, 365-376.

[PoBe2017] Pourkamali-Anaraki, F.; Becker, S.: Preconditioned Data Sparsification for Big Data With Applications to PCA and K-Means, in: IEEE Transactions on Information Theory, 63, 5, 2017, 2954 2974.

[PoFe2012] Pospiech, M.; Felden, C.: Big Data – A State-of-the-Art, in: Americas Conference on Information Systems, Seattle, USA, 9-11, August, 2012.

[PoFe2014] Pospiech, M.; Felden, C.: Towards a Price Forecast Model for the German Electricity Market Based on Structured and Unstructured Data, in: Multikonferenz Wirtschaftsinformatik, Paderborn, Deutschland, 26-28, Februar, 2014, 249-261.

[PoFe2015a] Pospiech, M.; Felden, M.: Deployment of A Descriptive Big Data Model, in: Mayer, J.; Quick, R. (Hrsg.): Business Intelligence for New-Generation Managers, Springer Verlag, 2015, 77-95.

[PoFe2015b] Pospiech, M.; Felden, C.: Price Trend Forecasting Through Textual Data, in: Americas Conference on Information Systems, Puerto Rico, USA, 13-15, August, 2015.

[PoFe2016a] Pospiech, M.; Felden, C.: Big Data – A Theory Model, in: 49th Annual Hawaii International Conference on System Sciences, Kauai, USA, 5-8, Januar, 2016, 5012-5021.

[PoFe2016b] Pospiech, M.; Felden, C.: Instance Selection by Identifying Relevant Events Using Domain Knowledge and Minimal Human Involvement, in: Conference on Business Informatics IEEE, Paris, Frankreich, 29-1, August-September, 2016.

[PoFe2016c] Pospiech, M.; Felden, C.: Instance Selection Method Identifying Relevant Events with Domain Knowledge and Less Human Involvement, in: Multikonferenz Wirtschaftsinformatik, Ilmenau, Deutschland, 9-11, März, 2016 167-178.

[PoMC2010] Pousinho, H.; Mendes, V.; Catalão, J.: Wavelet-neuro-fuzzy approach for predicting short-term electricity prices in a competitive market, in: MedPower, Agia Napa, Zypern, 7-10, November, 2010, 1-5.

[Posp2017] Pospiech, M.: Automatisierte Vorhersagetechnik, in: ERP Management, 1, 2017, 48-51.

[PQBP2016] Petroni, F.; Querzoni, L.; Beraldi, R.; Paolucci, M.: LCBM: A fast and lightweight collaborative filtering algorithm for binary ratings, in: Journal of Systems and Software, 117, 2016, 583-594.

[PrNa2010] Premalatha, K.; Natarajan, A.: A Literature Review on Document Clustering, in: Information Technology Journal, 9, 2010, 993-1002.

[PrRR2003] Probst, G.; Raub, S.; Romhardt, K.: Wissen managen. Wie Unternehmen ihre wertvollste Ressource optimal nutzen, 4. Auflage, Gabler Verlag, Wiesbaden, 2003.

[PTRC2007] Peffers, K.; Tuunanen, T.; Rothenberger, M. A.; Chatterjee, S.: A Design Science Research Methodology for Information Systems Research, in: Journal of Management Information Systems, 24, 2007, 45-78.

[PuAX2012] Pumma, S.; Achalakul, T.; Xiaorong, L.: Automatic VM allocation for scientific application, in: International Conference on Parallel and Distributed Systems, Singapur, Singapur, 17-19, Dezember, 2012, 828-833.

[Puur2012] Puurula, A.: Scalable text classification with sparse generative modeling, in: Lecture Notes in Computer Science, 7458, 2012, 458-469.

[QGYH2014] Qiu, H.; Gu, R.; Yuan, C.; Huang, Y.: YAFIM: A parallel frequent itemset mining algorithm with spark, in: International Parallel and Distributed Processing Symposium, Phoenix, USA, 19-23, Mai, 2014, 1664-1671.

[QiLD2016] Qiu, X.; Luo, L.; Dai, Y.: Reliability-Performance-Energy Joint Modeling and Optimization for a Big Data Task, in: International Conference on Software Quality, Reliability and Security-Companion, Wien, Österreich, 1-3, August, 2016, 334-338.

[QiYG2015] Qian, Y.; Yuan, H.; Gong, M.: Budget-driven big data classification, in: Lecture Notes in Computer Science, 9091, 2015, 71-83.

[QLJF2015] Qiao, Z.; Liang, S.; Jiang, H.; Fu, S.: A customizable MapReduce framework for complex data-intensive workflows on GPUs, in: International Performance Computing and Communications Conference, Nanjing, China, 14-16, Dezember, 2015, 1-8.

[QLLG2017] Qian, Y.; Liang, X.; Lin, G.; Guo, Q.; Liang, J.: Local multigranulation decision-theoretic rough sets, in: International Journal of Approximate Reasoning, 82, 2017, 119-137.

[QLYL2015] Qian, J.; Lv, P.; Yue, X.; Liu, C.; Jing, Z.: Hierarchical attribute reduction algorithms for big data using MapReduce, in: Knowledge-Based Systems, 73, 2015, 18-31.

[QRJT2017] Qian, Y.; Rong, W.; Jiang, N.; Tang, J.; Xiong, Z.: Citation regression analysis of computer science publications in different ranking categories and subfields, in: Scientometrics, 110, 3, 2017, 1351 1374.

[QSGD2015] Qu, W.; Shankar, S.; Ganza, S.; Dessloch, S.: HBelt: Integrating an incremental ETL pipeline with a big data store for real-time analytics, in: Lecture Notes in Computer Science, 9282, 2015, 123-137.

[QTQY2015] Qi, L.; Tang, Z.; Qin, Y.; Ye, Y.: CSRA: An efficient resource allocation algorithm in mapreduce considering data skewness, in: Lecture Notes in Computer Science, 9403, 2015, 651-662.

[Qusa2011] Qusay, H.: Demystifying Cloud Computing, in: The Journal of Defense Software Engineering, 2011, 16–21.

[QYIF2014] Qian, H.; Yang, S.; Iyer, R.; Feng, X.; Wellons, M.; Welton, C.: Parallel time series modeling - a case study of in-database big data analytics, in: Lecture Notes in Computer Science, 8643, 2014, 417-428.

[QZJZ2016] Qi, Jiayin; Zhang, Zhenping; Jeon, Seongmin; Zhou, Yanquan: Mining customer requirements from online reviews: A product improvement perspective, in: Information and Management, 53, 8, 2016, 951-963.

[RaAb1979] Raffée, H.; Abel, B.: Aufgaben und aktuelle Tendenzen der Wissenschaftstheorie in den Wirtschaftswissenschaften, in: Raffée, H.; Abel, B. (Hrsg.): Wissenschaftstheoretische Grundlagen der Wirtschaftswissenschaften, München, 1979, 1-10.

[RáGK2014] Rácz, G.; Gombos, G.; Kiss, A.: Visualization of semantic data based on selected predicates, in: Lecture Notes in Computer Science, 8615, 2014, 180-195.

[RaKi2016] Ranokphanuwat, R.; Kittitornkun, S.: Parallel Partition and Merge QuickSort (PPMQSort) on Multicore CPUs, in: Journal of Supercomputing, 72, 3, 2016, 1063-1091.

[RaOh2015] Rahman, M.; Oh, J.: Fast online learning to recommend a diverse set from big data, in: Lecture Notes in Computer Science, 9101, 2015, 361-370.

[Rapi2016a]   RapidMiner, (2016), Rapid-I report the future, unter: http://rapid-i.com/, (13.10.2016).

[Rapi2016b]   RapidMiner, (2016), Dokumentation Extensions, unter: http://docs.rapidminer.com/downloads/RapidMiner-extensions.pdf, (14.12.2016).

[Rapi2016c]   RapidMiner, (2016), Dokumentation Radoop, unter: http://docs.rapidminer.com/radoop/Radoop-Guide.pdf, (16.12.2016).

[RaSZ2016]   Razniewski, S.; Sadiq, S.; Zhou, X.: Exploiting hierarchies for efficient detection of completeness in stream data, in: Lecture Notes in Computer Science, 9877, 2016, 419-431.

[RBBB2017]   Roukh, A.; Bellatreche, L.; Bouarar, S.; Boukorca, A.: Eco-Physic: Eco-Physical design initiative for very large databases, in: Information Systems, 68, 2017, 44-63.

[RBNT2015]   Reguieg, H.; Benatallah, B.; Nezhad, H. R. M.; Toumani, F.: Event Correlation Analytics: Scaling Process Mining Using Mapreduce-Aware Event Correlation Discovery Techniques, in: IEEE Transactions on Services Computing, 8, 6, 2015, 847-860.

[RCMB2013]   Rakthanmanon, T.; Campana, B.; Mueen, A.; Batista, G.; Westover, B.; Zhu, Q.; Zakaria, J.; Keogh, E.: Addressing Big Data Time Series: Mining Trillions of Time Series Subsequences Under Dynamic Time Warping, in: ACM Trans. Knowl. Discov. Data, 7, 3, 2013, 10:1-10:31.

[ReBo2015]   Rehab, M.A.; Boufares, F.: Scalable Massively Parallel Learning of Multiple Linear Regression Algorithm with MapReduce, in: International Conference on Trust, Security and Privacy in Computing and Communications, Helsinki, Finnland, 20-22, August, 2015, 41-47.

[ReHJ2012]   Restrepo-Arango, C.; Henao-Chaparro, A.; Jiménez-Guarín, C.: Using the web to monitor a customized unified financial portfolio, in: Lecture Notes in Computer Science, 7518, 2012, 358-367.

[Rekh2015]   Rekha, A.G.: A fast Support Vector Data Description system for anomaly detection using big data, in: ACM Symposium on Applied Computing, Salamanca, Spanien, 13-17, April, 2015, 931-932.

[ReKr1996]   Rehäuser, J.; Krcmar, H.: Wissensmanagement im Unternehmen, in: Schreyögg, G.; Conrad, P. (Hrsg.): Wissensmanagement Band 6, Walter de Gruyter Verlag, Berlin, 1996, 1-40.

[Reut2016] Reuters, (2016), Produkt Überblick, unter: http://financial.thomsonreuters.com/content/dam/openweb/documents/pdf/financial/ultra-low-latency-news.pdf, (12.10.2016).

[RFDG2015] Rabl, T.; Frank, M.; Danisch, M.; Gowda, B.; Jacobsen, H.-A.: Towards a complete BigBench implementation, in: Lecture Notes in Computer Science, 8991, 2015, 3-11.

[RGSM2012] Rabl, T.; Gómez-Villamor, S.; Sadoghi, M.; Muntés-Mulero, V.; Jacobsen, H.-A.; Mankovskii, S.: Solving big data challenges for enterprise application performance management, in: Proceedings of the Very Large Data Bases Endowment, 5, 12, 2012, 1724-1735.

[RiWW2014] Ringle, C.; Wende, S.; Will, A., (2014), SmartPLS, unter: http://www.smartpls.de, (05.10.2016).

[RLCP2012] Rasmussen, A.; Lam, V.T.; Conley, M.; Porter, G.; Kapoor, R.; Vahdat, A.: Themis: An I/O-efficient MapReduce, in: ACM Symposium on Cloud Computing, San Jose, USA, 14-17, Oktober, 2012, 13:1-13:14.

[RLMB2017] Ramírez-Gallego, S.; Lastra, I.; Martínez-Rego, D.; Bolón-Canedo, V.; Benítez, J.M.; Herrera, F.; Alonso-Betanzos, A.: Fast-mRMR: Fast Minimum Redundancy Maximum Relevance Algorithm for High-Dimensional Big Data, in: International Journal of Intelligent Systems, 32, 2, 2017, 134-152.

[RLSW2017] Rong, C.; Lin, C.; Silva, Y. N.; Wang, J.; Lu, W.; Du, X.: Fast and Scalable Distributed Set Similarity Joins for Big Data Analytics, in: International Conference on Data Engineering, San Diego, USA, 19-22, April, 2017, 1059-1070.

[RMWM2016] Ramnarayan, J.; Mozafari, B.; Wale, S.; Menon, S.; Kumar, N.; Bhanawat, H.; Chakraborty, S.: SnappyData: A hybrid transactional analytical store built on spark, in: ACM SIGMOD International Conference on Management of Data, San Francisco, USA, 26-1, Juni-Juli, 2016, 2153-2156.

[RoBP2015] Rodrigo, P.S.; Bandara, H.M.; Perera, S.: Accelerating Complex Event Processing through GPUs, in: International Conference on High Performance Computing, Bangalore, Indien, 16-19, Dezemeber, 2015, 325-334.

[RoFl2013] Roijackers, J.; Fletcher, G.: On bridging relational and document-centric data stores, in: Lecture Notes in Computer Science, 7968, 2013, 135-148.

[Roka2006]   Rokach, L.: Decomposition Methodology for Classification Tasks - A Meta Decomposer Framework, in: Pattern Analysis and Applications, 9, 2006, 257-271.

[RuCC2015]   Ruiz, M.C.; Calleja, J.; Cazorla, D.: Petri Nets Formalization of Map/Reduce Paradigm to Optimise the Performance-Cost Tradeoff, in: International Conference on Trust, Security and Privacy in Computing and Communications, Helsinki, Finnland, 20-22, August, 2015, 92-99.

[RuPl2016]   Ruan, G.; Plale, B.: Horme: Random Access Big Data Analytics, in: International Conference on Cluster Computing, San Francisco, USA, 27-2, Juni-Juli, 2016, 364-373.

[Russ2011]   Russom, P.: Big Data Analytics, in: TDWI Best Practices Report, 2011.

[RVVF2016]   Rospocher, M.; Van Erp, M.; Vossen, P.; Fokkens, A.; Aldabe, I.; Rigau, G.; Soroa, A.: Building event-centric knowledge graphs from news, in: Journal of Web Semantics, 37-38, 2016, C, 132-151.

[SaAK2010]   Saini, L.; Aggarwal, S.; Kumar, A.: Parameter optimization using genetic algorithm for support vector machine-based price-forecasting model, in: IET Generation, Transmission & Distribution, 4, 1, 2010, 36-49.

[SaAM2015]   Salah, S.; Akbarinia, R.; Masseglia, F.: Data partitioning for fast mining of frequent itemsets in massively distributed environments, in: Lecture Notes in Computer Science, 9261, 2015, 303-318.

[SaAM2017]   Salah, S.; Akbarinia, R.; Masseglia, F.: A highly scalable parallel algorithm for maximally informative k-itemset mining, in: Knowledge and Information Systems, 50, 1, 2017, 1-26.

[SaBB2016]   Salucci, L.; Bonetta, D.; Binder, W.: Lightweight multi-language bindings for Apache Spark, in: Lecture Notes in Computer Science, 9833, 2016, 281-292.

[Safa2017]   Safaei, A.A.: Real-time processing of streaming big data, in: Real-Time Systems, 53, 1, 2017, 1-44.

[Sato2013]   Satoh, I.: A framework for data processing at the edges of networks, in: Lecture Notes in Computer Science, 8056, 2013, 304-318.

[SBBB2015]   Sarnovský, M.; Butka, P.; Bednár, P.; Babic, F.; Paralic, J.: Analytical platform based on Jbowl library providing text-mining services in distributed environment, in: Lecture Notes in Computer Science, 9357, 2015, 310-319.

[SBKV2016] Sedhain, S.; Bui, H.; Kawale, J.; Vlassis, N.; Kveton, B.; Menon, A.K.; Bui, T.; Sanner, S.: Practical linear models for large-scale one-class collaborative filtering, in: International Joint Conference on Artificial Intelligence, New York, USA, 9-15, Juli, 2016, 3854-3860.

[ScCh2006] Schumaker, R. P.; Chen, H.: Textual Analysis of Stock Market Prediction Using Financial News Articles, in: 12th Americas Conference on Information Systems, Acapulco, Mexico, 4-6, August, 2006, 1432-1440.

[Sche1991] Scheer, A.-W.: Architektur integrierter Informationssysteme: Grundlagen der Unternehmensmodellierung, Springer-Verlag, Berlin, 1991.

[Schr2008] Schröder, U.: Prototyping in der Softwareentwicklung, Grin Verlag, 2008.

[Schü1989] Schüler, W.: Informationsmanagement: Gegenstand und organisatorische Konsequenzen, in: Spremann, K.; Zur, E. (Hrsg.): Informationstechnologie und strategische Führung, Gabler Verlag, Wiesbaden, 1989, 181-187.

[Schü1998] Schütte, R.: Grundsätze ordnungsmäßiger Referenzmodellierung. Konstruktion konfigurations- und anpassungsorientierter Modelle, Gabler Verlag, Wiesbaden, 1998.

[Schü1999] Schütte, R.: Basispositionen der Wirtschaftsinformatik – ein gemäßigt konstruktivistisches Programm, in: Becker, J.; König, W.; Schütte, R.; Wendt, O.; Zelewski, S. (Hrsg.): Wirtschaftsinformatik und Wissenschaftstheorie - Bestandsaufnahmen und Perspektiven, Gabler Verlag, Wiesbaden, 1999, 211-241.

[ScQD2013] Schad, J.; Quianee-Ruiz, J.-A.; Dittrich, J.: Elephant, do not forget everything!, in: International Conference on Cloud Computing, Santa Clara, USA, 28-3, Juni-Juli, 2013, 252-259.

[ScSh2012] Schroeck, M.; Shockley, R.: Analytics - The real-world use of big data, IBM Institute for Business Value, 2012.

[SCWK2015] Simmhan, Y.; Choudhury, N.; Wickramaarachchi, C.; Kumbhare, A.; Frincu, M.; Raghavendra, C.; Prasanna, V.: Distributed Programming over Time-Series Graphs, in: International Parallel and Distributed Processing Symposium, Hyderabad, Indien, 25-29, Mai, 2015, 809-818.

[ScWP2016] Scardapane, S.; Wang, D.; Panella, M.: A decentralized training algorithm for Echo State Networks in distributed big data applications, in: Neural Networks, 78, C, 2016, 65-74.

[Seif1996]   Seiffert, H.: Einführung in die Wissenschaftstheorie 1, 12. Auflage, C.H.Beck Verlag, München, 1996.

[SGWZ2015]   Song, J.; Guo, C.; Wang, Z.; Zhang, Y.; Yu, G.; Pierson, J.-M.: HaoLap: A Hadoop based OLAP system for big data, in: Journal of Systems and Software, 102, 2015, 167-181.

[SHLD2011]   Satzger, B.; Hummer, W.; Leitner, P.; Dustdar, S.: Esc: Towards an elastic stream computing platform for the cloud, in: International Conference on Cloud Computing, Washington, USA, 4-9, Juli, 2011, 348-355.

[ShYu2015]   Shi, M.; Yuan, R.: MAD: A monitor system for big data applications, in: Lecture Notes in Computer Science, 9243, 2015, 308-315.

[SiBa2017]   Singh, H.; Bawa, S.: A MapReduce-based scalable discovery and indexing of structured big data, in: Future Generation Computer Systems, 73, C, 2017, 32-43.

[Sieb1999]   Siebert, H.: Pädagogischer Konstruktivismus: Eine Bilanz der Konstruktivismusdiskussion für die Bildungspraxis, Hermann Luchterhand Verlag, München, 1999.

[Sied1997]   Siedschlag, A.: Neorealismus, Neoliberalismus und Postinternationale Politik: Beispiel Internationale Sicherheit - Theoretische Bestandsaufnahme und Evaluation (Studien zur Sozialwissenschaft 169), Verlag für Sozialwissenschaften, Opladen, 1997.

[SiGA2016]   Siegal, D.; Guo, J.; Agrawal, G.: Smart-MLlib: A high-performance machine-learning library, in: International Conference on Cluster Computing, Taipei, Taiwan, 12-16, September, 2016, 336-345.

[SiMA2003]   Sitarama, S.; Mahadevan, U.; Abrol, M.: Efficient cluster representation in similar document search, in: Proceedings of 12. World Wide Web conference, Budapest, Ungarn, 20-24, Mai, 2003, 1-7.

[SJHA2013]   Shang, W.; Jiang, Z. M.; Hemmati, H.; Adams, B.: Assisting developers of big data analytics applications when deploying on hadoop clouds, in: Proceedings of the International Conference on Software Engineering, San Francisco, USA, 18-26, Mai, 2013, 402-411.

[SLCP2016]   Suo, B.; Li, Z.; Chen, Q.; Pan, W.: Towards Scalable Subgraph Pattern Matching over Big Graphs on MapReduce, in: International Conference on Parallel and Distributed Systems, Wuhan, China, 13-16, Dezember, 1118-1126.

[SLQQ2015] Shen, Y.; Lu, P.; Qin, X.; Qian, Y.; Wang, S.: Efficient query algorithm of Coal-location-Parallel-Hash-Join in the cloud data center, in: Lecture Notes in Computer Science, 9483, 2015, 306-320.

[SmAl2016] Smith, C.; Albarghouthi, A.: Map reduce program synthesis, in: Conference on Programming Language Design and Implementation, Santa Barbara, USA, 13-17, Juni, 2016, 326-340.

[SoAz2017] Sohrabi, M.; Azgomi, H.: Parallel set similarity join on big data based on Locality-Sensitive Hashing, in: Science of Computer Programming, 145, 2017, 1-12.

[SoCT2016] de Souza, J.; Cazzolato, M.; Traina, A.: ClusMAM: Fast and Effective Unsupervised Clustering of Large Complex Datasets Using Metric Access Methods, in: ACM Symposium on Applied Computing, Pisa, Italien, 4-8, April, 2016, 986-991.

[SoLa2009] Sokolova, M.; Lapalme, G.: A systematic analysis of performance measures for classification tasks, in: Information Processing and Management, 45, 2009, 427-437.

[SoLQ2016] Song, K.; Lu, H.; Qin, X.: An Efficient Parallel Approach of Parsing and Indexing for Large-Scale XML Datasets, in: International Conference on Parallel and Distributed Systems, Wuhan, China, 13-16, Dezember, 184-191.

[SpKo2015] Spyropoulos, V.; Kotidis, Y.: Building space-efficient inverted indexes on low-cardinality dimensions, in: Lecture Notes in Computer Science, 9261, 2015, 449-459.

[SROI2013] Samuel-Ojo, O.; Reinen, L.A.; Oglesby, D.D.; Idemudia, E.C.; Olfman, L.; Flenner, A.; Funning, G.J.: A novel business intelligence technique to improve high performance within an organization applying insights from hydrogeological case, in: Americas Conference on Information Systems, Chicago, USA, 15-17, August, 2013, 153-165.

[SrSa2014] Sridhar, K.T.; Sakkeer, M.A.: Optimizing database load and extract for big data era, in: Lecture Notes in Computer Science, 8422, 2014, 503-512.

[SSAL2016] Shajib, M.B.U.Z.; Samiullah, M.; Ahmed, C.F.; Leung, C.K.; Pazdor, A. G.M.: An Efficient Approach for Mining Frequent Patterns over Uncertain Data Streams, in: International Conference on Tools with Artificial Intelligence, San Jose, USA, 6-8, November, 2016, 980-984.

Literaturverzeichnis 233

[SSAS2015] Sengupta, D.; Song, S.; Agarwal, K.; Schwan, K.: GraphReduce: Processing Large-scale Graphs on Accelerator-based Systems, in: International Conference for High Performance Computing, Networking, Storage and Analysis, Austin, USA, 15-20, November, 2015, 28:1-28:12.

[SSSV2015] Saha, B.; Shah, H.; Seth, S.; Vijayaraghavan, G.; Murthy, A.; Curino, C.: Apache Tez: A Unifying Framework for Modeling and Building Data Processing Applications, in: International Conference on Management of Data, Melbourne, Australien, 31-4, Mai-Juni, 2015, 1357-1369.

[StAN2007] Stavrianou, A.; Andritsos, P.; Nicoloyannis, N.: Overview and Semantic Issues of Text Mining, in: Special Interest Group on Management of Data Record, 36, 3, 2007, 23-34.

[StCo1990] Strauss, A.; Corbin, J.: Basics of Qualitative Research: Grounded Theory Procedures and Techniques, Thousand Oaks, Sage Publications, 1990.

[StWe2000] Strecker, S.; Weinhardt, C.: Electronic OTC Trading in the German Wholesale Electricity Market, in: International Conference on Electronic Commerce and Web Technologies, London, Vereinigtes Königreich, 4-6, September, 2000, 280-290.

[StWe2016] Steiner, H.; Welker, P.: Wird der Controller zum Data Scientist?, in: Controlling & Management Review, 60, 2016, 68-73.

[STWL2017] Sun, H.; Tang, Y.; Wang, Q.; Liu, X.: Handling multi-dimensional complex queries in key-value data stores, in: Information Systems, 66, 2017, 82-96.

[SuBl1998] Sudman, S.; Blair, E.: Marketing Research: A Problem Solving Approach, 1. Auflage, McGraw-Hill Inc., Boston usw., 1998.

[SuSw2012] Su, X.; Swart, G.: Oracle in-database Hadoop: When MapReduce meets RDBMS, in: International Conference on Management of Data, Scottsdale, USA, 20-24, Mai, 2012, 779-789.

[SuYR2014] Sun, X.; Ye, J.-Q.; Ren, F.-J.: Multi-strategy based sina microblog data acquisition for opinion mining, in: Lecture Notes in Computer Science, 8589, 2014, 551-560.

[SWDY2016] Sun, P.; Wen, Y.; Duong, T. N. B.; Yan, S.: Timed Dataflow: Reducing Communication Overhead for Distributed Machine Learning Systems, in: International Conference on Parallel and Distributed Systems, Wuhan, China, 13-16, Dezember, 2016, 1110-1117.

[SzWi1989] Szyperski, N.; Winand, U.: Informationsmanagement und informationstechnische Perspektiven, in: Seibt, D.; Wagner, H. (Hrsg.): Organisation: evolutionäre Interdependenzen von Kultur und Struktur der Unternehmung, Gabler Verlag, Wiesbaden, 1989, 133-150.

[TaAF2014] Tachmazidis, I.; Antoniou, G.; Faber, W.: Efficient computation of the well-founded semantics over big data, in: Theory and Practice of Logic Programming, 14, 2014, 445-459.

[TaLN2012] Tan, H.; Luo, W.; Ni, L. M.: CloST: A Hadoop-based Storage System for Big Spatio-temporal Data Analytics, in: International Conference on Information and Knowledge Management, Maui, USA, 29-2, Oktober-November, 2012, 2139-2143.

[TaXZ2016] Tang, Y.; Xu, Z.; Zhuang, Y.: Bayesian network structure learning from big data: A reservoir sampling based ensemble method, in: Lecture Notes in Computer Science, 9645, 2016, 209-222.

[TCNS2016] Tudoran, R.; Costan, A.; Nano, O.; Santos, I.; Soncu, H.; Antoniu, G.: JetStream: Enabling high throughput live event streaming on multi-site clouds, in: Future Generation Computer Systems, 54, 2016, 274-291.

[TeJu2015] Tesfagiorgish, D.G.; JunYi, L.: Big Data Transformation Testing Based on Data Reverse Engineering, in: International Conference on Ubiquitous Intelligence and Computing, Autonomic and Trusted Computing, Scalable Computing and Communications, and its Associated Workshops, Peking, China, 10-14, August, 2015, 649-652.

[TeKl2002] Teubner, A.; Klein, S.: Bestandsaufnahme aktueller deutschsprachiger Lehrbücher zum Informationsmanagement, in: Becker, J.; Grob, L.; Klein, S.; Kuchen, H.; Müller-Funk, U.; Vossen, G. (Hrsg.): Arbeitsberichte des Instituts für Wirtschaftsinformatik, 86, 2002, 1-31.

[TFLW2016] Tan, Y.; Fan, Z.; Li, G.; Wang, F.; Li, Z.; Liu, S.; Pan, Q.; Xing, E.P.: Scalable time-decaying adaptive prediction algorithm, in: International Conference on Knowledge Discovery and Data Mining, San Francisco, USA, 13-17, August, 2016, 617-626.

[Tiem2013] Tiemeyer, E.: IT-Management – Herausforderungen und Rollenverständnis heute, in: Tiemeyer, E. (Hrsg.): Handbuch IT-Management: Konzepte, Methoden, Lösungen und Arbeitshilfen für die Praxis, Carl Hanser Verlag, München, 2013.

[TLLL2016] Tang, D.; Liu, T.; Lee, R.; Liu, H.; Li, W.: A case study of optimizing big data analytical stacks using structured data shuffling, in: International Conference on Cluster Computing, San Francisco, USA, 27-2, Juni-Juli, 2016, 70-73.

[TLZM2016] Tang, J.; Liu, J.; Zhang, M.; Mei, Q.: Visualizing Large-scale and High-dimensional Data, in: International Conference on World Wide Web, Montréal, Kanada, 11-15, April, 2016, 287-297.

[TMLL2016] Tang, Z.; Ma, W.; Li, R.; Li, K.; Li, K.: An optimal reduce placement algorithm for data skew based on sampling, in: Lecture Notes in Computer Science, 9495, 2016, 93-106.

[TMMZ2013] Tan, J.; Meng, S.; Meng, X.; Zhang, L.: Improving ReduceTask data locality for sequential MapReduce jobs, in: International Conference on Computer Communications, Turin, Italien, 14-19, April, 2013, 1627-1635.

[ToMZ2012] Torbaghan, S.; Motamedi, A.; Zareipour, H.: Medium-term Electricity Price Forecasting, in: North American Power Symposium, Illinois, USA, 9-11, September, 2012, 1-8.

[TSJS2009] Thusoo, A.; Sarma, J.; Jain, N.; Shao, Z.; Chakka, P.; Anthony, S.; Liu, H.; Wyckoff, P.; Murthy, R.: Hive: a warehousing solution over a map-reduce framework, in: Journal of the VLDB Endowment VLDB Endowment, 2, 2, August, 2009, 1626-1629.

[TSRG2017] Tennant, M.; Stahl, F.; Rana, O.; Gomes, J.: Scalable real-time classification of data streams with concept drift, in: Future Generation Computer Systems, 9258, 2017, 265-272.

[TSYP2016] Tabei, Y.; Saigo, H.; Yamanishi, Y.; Puglisi, S. J.: Scalable Partial Least Squares Regression on Grammar-Compressed Data Matrices, in: International Conference on Knowledge Discovery and Data Mining, San Francisco, USA, 13-17, August, 2016, 1875-1884.

[TTFT2014] Tan, W.; Tata, S.; Fong, L.; Tang, Y.: Diff-index: Differentiated index in distributed log-structured data stores, in: International Conference on Extending Database Technology, Athen, Griechenland, 24-28, März, 2014, 700-711.

[TüÖz2015] Tüfekçi, V.; Özturan, C.: Partitioning graph databases by using access patterns, in: Lecture Notes in Computer Science, 9438, 2015, 158-176.

[Turo2015] Turowski, K., (2015), Wirtschaftsinformatik-Zeitschriften, unter: http://www.enzyklopaedie-der-wirtschaftsinformatik.de/lexikon/uebergreifendes/Disziplinen%20der%20WI/Wirtschaftsinformatik/Wirtschaftsinformatik-Zeitschriften, (16.05.2017).

[TWWL2013] Ting, K.M.; Washio, T.; Wells, J.R.; Liu, F.T.; Aryal, S.: DEMass: A new density estimator for big data, in: Knowledge and Information Systems, 35, 3, 2013, 493-524.

[TZÖG2016] Tian, Y.; Zou, T.; Özcan, F.; Goncalves, R.; Pirahesh, H.: Building a Hybrid Warehouse: Efficient Joins Between Data Stored in HDFS and Enterprise Warehouse, in: ACM Trans. Database Syst., 41, 4, 2016, 21:1-21:38.

[ULKJ2016] Um, J.; Lee, S.; Kim, T.; Jeong, C.; Song, S.; Jung, H.: Distributed RDF store for efficient searching billions of triples based on Hadoop, in: The Journal of Supercomputing, 72, 5, 2016, 1825-1840.

[UrKK2014] Urbanke, P.; Kranz, J.; Kolbe, L.: A unified statistical framework for evaluating predictive methods, in: International Conference on Information Systems, Auckland, Neuseeland, 14-17, Dezember, 2014, 1-17.

[Vaas1996] Vaassen, B.: Die narrative Gestalt(ung) der Wirklichkeit: Grundlinien einer postmodern orientierten Epistemologie der Sozialwissenschaften, Vieweg Verlag, Wiesbaden, 1996.

[VaBH2015] Vanauer, M.; Bohle, C.; Hellingrath, B.: Guiding the introduction of big data in organizations: A methodology with business- and data-driven ideation and enterprise architecture management-based implementation, in: Hawaii International Conference on System Sciences, Kauai, USA, 5-8, Januar, 2015, 908-917.

[VeDa2000] Venkatesh, V.; Davis, F.: A theoretical extension of the technology acceptance model: Four longitudinal field studies, in: Management science, 46, 2, 2000, 186-204.

[VETT2016] Veiga, J.; Exposito, R.; Taboada, G.; Tourino, J.: Flame-MR: An event-driven architecture for MapReduce applications, in: Future Generation Computer Systems, 65, 2016, 46-56.

[VHB2015] VHB, (2015), VHB Jourqual 3 Teilranking Wirtschaftsinformatik und Informationsmanagement, unter: http://vhbonline.org/vhb4you/jourqual/vhb-jourqual-3/teilrating-wi/, (18.05.2017).

[ViRi2014]   Videla-Cavieres, I.; Rios, S..: Extending market basket analysis with graph mining techniques: A real case, in: Expert Systems with Applications, 41, 4, 2014, 1928-1936.

[VMDA2013] Vavilapalli, V.K.; Murthy, A.C.; Douglas, C.; Agarwal, S.; Konar, M.; Evans, R.; Graves, T.; Lowe, J.; Shah, H.: Apache Hadoop YARN: Yet Another Resource Negotiator, in: Symposium on Cloud Computing, Santa Clara, USA, 1-3, Oktober, 2013, 1-16.

[VoGu2001]   Voß, S.; Gutenschwager, K.: Informationsmanagement, Springer-Verlag, Berlin, 2001.

[VonM2009]   Von Maur, E.: Konstruktivismus und Wirtschaftsinformatik – Begriffsver(w)irrungen, in: Becker, J.; Krcmar, H.; Niehaves, B. (Hrsg.): Wissenschaftstheorie und gestaltungsorientierte Wirtschaftsinformatik, Physica-Verlag, Heidelberg, 2009, 133-159.

[Vorh2014]   Vorhies, W., (2014), How Many "V's" in Big Data? The Characteristics that Define Big Data, unter: http://www.datasciencecentral.com/profiles/blogs/how-many-v-s-in-big-data-the-characteristics-that-define-big-data, (19.07.2016).

[VrCP2016]   de Vries, A.; Chituc, C.-M.; Pommeé, F.: Towards identifying the business value of big data in a digital business ecosystem: A case study from the financial services industry, in: Lecture Notes in Business Information Processing, 255, 2016, 28-40.

[WaBC2015]   Wang, K.; Bian, Z.; Chen, Q.: Millipedes: Distributed and set-based sub-task scheduler of computing engines running on yarn cluster, in: International Conference on High Performance Computing and Communications, International Symposium on Cyberspace Safety and Security and International Conference on Embedded Software and Systems, New York, USA, 24-26, August, 2015, 1597-1602.

[WaLC2017]   Wang, C.-S.; Lin, S.-L.; Chang, J.-Y.: Mapreduce-based frequent pattern mining framework with multiple item support, in: Lecture Notes in Computer Science, 10192, 2017, 65-74.

[Walk2015]   Walker, A.: Project Management, 6. Ausgabe, Wiley-Blackwell Verlag, 2015.

[WaLW2012]   Wang, Y.; Lu, W.; Wei, B.: Transactional multi-row access guarantee in the key-value store, in: International Conference on Cluster Computing, Peking, China, 24-28, September, 2012, 572-575.

[Wan2007] Wan, X.: A novel document similarity measure based on earth mover's distance, in: Information Sciences, 177, 18, 2007, 3718-3730.

[Wang2014] Wang, J.: Encyclopedia of Business Analytics and Optimization, IGI Global, 2014.

[WaSu2015] Wang, Z.; Su, X.: Dynamically hierarchical resource-allocation algorithm in cloud computing environment, in: Journal of Supercomputing, 71, 7, 2015, 2748-2766.

[WaXH2016] Wang, G.; Xu, J.; He, B.: A Novel Method for Tuning Configuration Parameters of Spark Based on Machine Learning, in: International Conference on High Performance Computing and Communications, Smart City, and Data Science and Systems, Sydney, Australien, 12-14, Dezember, 2016, 586-593.

[WCZZ2015] Wu, S.; Chen, G.; Zhou, X.; Zhang, Z.; Tung, A.K.H.; Winslett, M.: PABIRS: A data access middleware for distributed file systems, in: Conference on Data Engineering, Seoul, Südkorea, 13-17, April, 2015, 113-124.

[WDHW2014]Wang, F. Z.; Dimitrakos, T.; Helian, N.; Wu, S.; Deng, Y.; Li, L.; Yates, R.: Data Interface All-iN-A-Place (DIANA) for Big Data, in: International Conference on Trust, Security and Privacy in Computing and Communications, Peking, China, 24-26, September, 2014, 665-672.

[Webe1994] Weber, S.: Vorwissen in der betriebswirtschaftlichen Ausbildung, Vorwissen in der betriebswirtschaftlichen Ausbildung, Gabler Verlag, Wiesbaden, 1994.

[WeCY2016] Wei, X.; Cao, B.; Yu, P.S.: Nonlinear joint unsupervised feature selection, in: International Conference on Data Mining, Miami, USA, 5-7, Mai, 2016, 414-422.

[WeIB2015] Wei, K.; Iyer, R.; Bilmes, J.: Submodularity in data subset selection and active learning, in: International Conference on Machine Learning, Lille, Frankreich, 6-11, Juli, 2015, 1954-1963.

[West2000] Westermann, R.: Wissenschaftstheorie und Experimentalmethodik: Ein Lehrbuch zur Psychologischen Methodenlehre, Hogrefe Verlag, Göttingen, 2000.

[WGYW2014]Wang, Y.; Goldstone, R.; Yu, W.; Wang, T.: Characterization and optimization of memory-resident mapreduce on HPC systems, in: International Parallel and Distributed Processing Symposium, Phoenix, USA, 19-23, Mai, 2014, 799-808.

[WHCO2015] Wang, R.; He, Y.-L.; Chow, C.-Y.; Ou, F.-F.; Zhang, J.: Learning ELM-Tree from big data based on uncertainty reduction, in: Fuzzy Sets and Systems, 258, 2015, 79-100.

[WHQL2015] Wang, B.; Huang, S.; Qiu, J.; Liu, Y.; Wang, G.: Parallel online sequential extreme learning machine based on MapReduce, in: Neurocomputing, 149, A, 2015, 224-232.

[Wies2015] Wiese, L.: Advanced Data Management: For SQL, NoSQL, Cloud and Distributed Databases, Walter de Gruyter Verlag, Berlin, 2015.

[WiHe2006] Wilde T.; Hess T.: Methodenspektrum der Wirtschaftsinformatik: Überblick und Portfoliobildung, in: Arbeitsberichte des Instituts für Wirtschaftsinformatik und Neue Medien der Ludwig-Maximilians-Universität München, 2, 2006.

[WILP2017] Wasi-ur-Rahman, M.W.; Islam, N.S.; Lu, X.; Panda, D.K.: A Comprehensive Study of MapReduce Over Lustre for Intermediate Data Placement and Shuffle Strategies on HPC Clusters, in: IEEE Transactions on Parallel and Distributed Systems, 28, 3, 2017, 633-646.

[Wils1981] Wilson, D. T.: On user studies and information needs, in: Journal of Documentation, 37, 1, 1981, 3-15.

[WJLW2016] Wu, G.; Jia, S.; Li, B.; Wang, S.; Bao, X.; Yuan, Q.: Dynamic sketching over distributed data streams, in: International Conference on Computer Communications, San Francisco, USA, 10-14, April, 2016, 1055-1056.

[WKWI1994] Wissenschaftliche Kommission Wirtschaftsinformatik: Profil der Wirtschaftsinformatik. Ausführungen der Wissenschaftlichen Kommission der Wirtschaftsinformatik, in: Wirtschaftsinformatik, 36, 1, 1994, 80-81.

[WKWI2007] Wissenschaftliche Kommission Wirtschaftsinformatik: Rahmenempfehlung für die Universitätsausbildung in Wirtschaftsinformatik, in: Wirtschaftsinformatik, 49, 4, 2007, 318-325.

[WLCZ2016] Wu, W.; Li, B.; Chen, L.; Zhang, C.: Canonical Consistent Weighted Sampling for Real-Value Weighted Min-Hash, in: International Conference on Data Mining, Barcelona, Spanien, 12-15, Dezember, 2016, 1287-1292.

[WLIP2014] Wasi-Ur-Rahman, Md.; Lu, X.; Islam, N.S.; Panda, D.K.: HOMR: A hybrid approach to exploit maximum overlapping in MapReduce over high performance interconnects, in: International Conference on Supercomputing, München, Deutschland, 10-13, Juni, 2014, 33-42.

[WLLW2015] Wang, Y.; Lu, W.; Lou, R.; Wei, B.: Improving MapReduce Performance with Partial Speculative Execution, in: Journal of Grid Computing, 13, 4, 2015, 587-604.

[WLSD2013] Wang, Y.-X.; Luo, J.-Z.; Song, A.-B.; Dong, F.: Partition-based online aggregation with shared sampling in the cloud, in: Journal of Computer Science and Technology, 28, 6, 2013, 989-1011.

[WLWZ2015] Wang, X.; Lu, Z.; Wu, J.; Zhao, T.; Hung, P.: In STechAH: An Autoscaling Scheme for Hadoop in the Private Cloud, in: International Conference on Services Computing, New York, USA, 27-2, Juni-Juli, 2015, 395-402.

[Wolf2001] Wolf, S.: Wissenschaftstheoretische und fachmethodische Grundlagen der Konstruktion von generischen Referenzmodellen betrieblicher Systeme, Shaker Verlag, Aachen, 2001.

[Woll1988] Wollnik, M.: Ein Referenzmodell des Informationsmanagements, in: Information Management, 3, 3, 1988, 34-43.

[WQLZ2015] Wei, Z.; Qu, J.; Liu, L.; Zhu, C.; Yin, W.: MDDM: A method to improve multiple dimension data management performance in HBase, in: International Conference on High Performance Computing and Communications, International Symposium on Cyberspace Safety and Security and International Conference on Embedded Software and Systems, New York, USA, 24-26, August, 2015, 102-109.

[WuCZ1998] Wuthrich, B.; Cho, V.; Zhang, J.: Daily Stock Market Forecast from Textual Web Data, in: IEEE International Conference on Systems, Man and Cybernetics, San Diego, USA, 14, Oktober, 1998, 2720-2725.

[WuYW2014] Wu, H.H.; Yeh, T.C.; Wang, C.M.: Multiple two-phase data processing with MapReduce, in: International Conference on Cloud Computing, Anchorage, USA, 27-2, Juni-Juli, 2014, 352-359.

[WWZW2014] Wang, D.; Wu, P.; Zhao, P.; Wu, Y.; Miao, C.; Hoi, S.C.H.: High-Dimensional Data Stream Classification via Sparse Online Learning, in: 2014 IEEE International Conference on Data Mining, 1007-1012.

[WXLC2015] Wang, Y.; Xu, Y.; Liu, Y.; Chen, J.; Hu, S.: QMapper for smart grid: Migrating SQL-based application to Hive, in: International Conference on Management of Data, Melbourne, Australien, 31-4, Mai-Juni, 2015, 647-658.

[WXMJ2014] Wu, S.; Xi, Z.; Mao, B.; Jiang, H.: Exploiting content locality to improve the performance and reliability of phase change memory, in: Lecture Notes in Computer Science, 8631, 2014, 339-351.

[WXPL2017] Wang, M.; Xiao, M.; Peng, S.; Liu, G.: A hybrid index for temporal big data, in: Future Generation Computer Systems, 72, 2017, 264-272.

[WYML2015] Wu, S.; Yang, W.; Mao, B.; Lin, Y.: MC-RAIS: Multi-chunk redundant array of independent SSDs with improved performance, in: Lecture Notes in Computer Science, 9531, 2015, 18-32.

[WYMS2014] Wang, J.; Yao, Y.; Mao, Y.; Sheng, B.; Mi, N.: FRESH: Fair and Efficient Slot Configuration and Scheduling for Hadoop Clusters, in: International Conference on Cloud Computing, Anchorage, USA, 27-2, Juni-Juli, 2014, 761-768.

[WZWD2014] Wu, X.; Zhu, X.; Wu, G.-Q.; Ding, W.: Data Mining with Big Data, in: IEEE Transactions on Knowledge and Data Engineering, 26, 1, 2014.

[WZZS2015] Wang, L.; Zhou, M.; Zhang, Z.; Shan, M.; Zhou, A.: NUMA-Aware Scalable and Efficient In-Memory Aggregation on Large Domains, in: IEEE Transactions on Knowledge and Data Engineering, 27, 4, 2015, 1071-1084.

[WZZY2016] Wang, J.; Zhang, X.; Zhang, J.; Yin, J.; Han, D.; Wang, R.; Huang, D.: Deister: A light-weight autonomous block management in data-intensive file systems using deterministic declustering distribution, in: Journal of Parallel and Distributed Computing, 108, 2016, 3-13.

[XCTS2014] Xu, J.; Chen, Z.; Tang, J.; Su, S.: T-storm: Traffic-aware online scheduling in storm, in: International Conference on Distributed Computing Systems, Madrid, Spanien, 30-3, Juni-Juli, 2014, 535-544.

[XFYC2016] Xing, Y.; Feng, Y.; Yu, S.; Chen, Z.; Liu, F.; Xiao, N.: HPGraph: A High Parallel Graph Processing System Based on Flash Array, in: International Conference on High Performance Computing and Communications, Smart City, and Data Science and Systems, Sydney, Australien, 12-14, Dezember, 2016, 497-505.

[Xing2018] Xing, (2018), Xing Startseite, unter: https://www.xing.com/app/startpage, (6.3.2018).

[XMZZ2017] Xu, J.; Miao, D.; Zhang, Y.; Zhang, Z.: A three-way decisions model with probabilistic rough sets for stream computing, in: International Journal of Approximate Reasoning, 88, 2017, 1-22.

[XuLa2017]   Xu, H.; Lau, W.C.: Optimization for Speculative Execution in Big Data Processing Clusters, in: IEEE Transactions on Parallel and Distributed Systems, 28, 2, 2017, 530-545.

[XuWa2016]   Xu, T.; Wang, D.: KCGS-Store: A Columnar Storage Based on Group Sorting of Key Columns, in: International Conference on Cloud Computing, San Francisco, USA, 27-2, Juni-Juli, 2016, 244-251.

[YaBE2016]   Yazidi, J.; Bouaguel, W.; Essoussi, N.: A parallel implementation of relief algorithm using mapreduce paradigm, in: Lecture Notes in Computer Science, 9876, 2016, 418-425.

[YaDu2003]   Yang, H.; Duan, X.: Chaotic characteristics of electricity price and its forecasting model, in: Canadian Conference on Electrical and Computer Engineering, Montreal, Quebec, Kanada, 4-7, Mai, 2003, 59-62.

[YaFo2012]   Yang, H.; Fong, S.: Incrementally optimized decision tree for noisy big data, in: International Conference on Knowledge Discovery and Data Mining, Peking, China, 12-12, August, 2012, 36-44.

[YBGY2017]   Yu, T.; Bai, L.; Guo, J.; Yang, Z.; Xie, Y.: Deep convolutional neural network for bidirectional image-sentence mapping, in: Lecture Notes in Computer Science, 10133, 2017, 136-147.

[YBXG2013]   Yan, W.; Brahmakshatriya, U.; Xue, Y.; Gilder, M.; Wise, B.: p-PIC: Parallel power iteration clustering for big data, in: Journal of Parallel and Distributed Computing, 73, 3, 2013, 352-359.

[YeWL2015]   Ye, W.; Wang, M.; Le, J.: Query execution optimization based on incremental update in database distributed middleware, in: Lecture Notes in Computer Science, 9528, 2015, 257-270.

[Yin1994]   Yin, R.: Case Study Research Design and Methods, 2. Auflage, Sage Publications, Thousand Oaks, 1994.

[YLBG2015]   Yin, J.; Liao, Y.; Baldi, M.; Gao, L.; Nucci, A.: GOM-Hadoop: A distributed framework for efficient analytics on ordered datasets, in: Journal of Parallel and Distributed Computing, 83, 2015, 58-69.

[YSFM2014]   You, Y.; Song, S.L.; Fu, H.; Marquez, A.; Dehnavi, M.M.; Barker, K.; Cameron, K.W.; Randles, A.P.: MIC-SVM: Designing a highly efficient support vector machine for advanced modern multi-core and many-core architectures, in: International Parallel and Distributed Processing Symposium, Phoenix, USA, 19-23, Mai, 2014, 809-818.

[YuHo2015] Yu, F.; Hou, W.-C.: A framework of write optimization on read-optimized out-of-core column-store databases, in: Lecture Notes in Computer Science, 9261, 2015, 155-169.

[YWFD2015] Yu, Z.; Wang, Q.; Fan, Y.; Dai, H.; Qiu, M.: An Improved Classifier Chain Algorithm for Multi-label Classification of Big Data Analysis, in: International Conference on High Performance Computing and Communications, Cyberspace Safety and Security, and Embedded Software and Systems, New York, USA, 24-26, August, 2015, 1298-1301.

[YWLE2013] Yigitbasi, N.; Willke, T.L.; Liao, G.; Epema, D.: Towards machine learning-based auto-tuning of MapReduce, in: Computer Society's Annual International Symposium on Modeling, Analysis, and Simulation of Computer and Telecommunications Systems, San Francisco, USA, 14-16, August, 2013, 11-20.

[Zach1987] Zachman, J. A.: A framework for information systems architecture, in: IBM Systems Journal, 26, 3, 1987, 276-292.

[Zach1997] Zachman, J. A.: Enterprise Architecture - The Issue of the Century, in: Database Programming and Design, 1997, 44–53.

[Zach2011] Zachman, J. A., (2011), The Zachman Framework Evolution, unter: http://www.zachman.com/ea-articlesreference/54-the-zachman-framework-evolution, (03.03.2016).

[ZAYM2015] Zitouni, M.; Akbarinia, R.; Yahia, S.B.; Masseglia, F.: A prime number based approach for closed frequent itemset mining in big data, in: Lecture Notes in Computer Science, 9261, 2015, 509-516.

[ZCDD2012] Zaharia, M.; Chowdhury, M.; Das, T.; Dave, A.; Ma, J.; McCauley, M.; Franklin, M. J.; Shenker, S.; Stoica, I.: Resilient distributed datasets: a fault-tolerant abstraction for in-memory cluster computing, in: USENIX Symposium on Networked Systems Design and Implementation, San Jose, USA, 25-27, April, 2012, 1-15.

[ZCGR2015] Zhao, Y.; Calheiros, R.N.; Gange, G.; Ramamohanarao, K.; Buyya, R.: SLA-Based Resource Scheduling for Big Data Analytics as a Service in Cloud Computing Environments, in: International Conference on Parallel Processing, Peking, China, 1-4, September, 2015, 510-519.

[ZCLL2013] Zhao, Y.; Chen, L.; Li, Y.; Liu, P.; Li, X.; Zhu, C.: RAS: A task scheduling algorithm based on resource attribute selection in a task scheduling framework, in: Lecture Notes in Computer Science, 8223, 2013, 106-119.

[ZCOT2015] Zhang, H.; Chen, G.; Ooi, C.; Tan, K.-L.: In-Memory Big Data Management and Processing: A Survey, in: IEEE Transactions on Knowledge and Data Engineering, 27, 7, 2015, 1920-1948.

[ZCWY2015] Zhang, Y.; Chen, S.; Wang, Q.; Yu, G.: I2MapReduce: Incremental MapReduce for Mining Evolving Big Data, in: IEEE Transactions on Knowledge and Data Engineering, 27, 7, 2015, 1906-1919.

[ZeCL2012] Zeng, J.; Cao, X.-Q.; Liu, Z.-Q.: Residual belief propagation for topic modeling, in: Lecture Notes in Computer Science, 7713, 2012, 739-752.

[Zehn1991] Zehnder, C. A.: Informatikprojektentwicklung, 2. Auflage, Teubner Verlag, Stuttgart, 1991.

[ZePl2014] Zeng, J.; Plale, B.: Multi-tenant fair share in NoSQL data stores, in: International Conference on Cluster Computing, Madrid, Spanien, 22-26, September, 2014, 176-184.

[ZGCY2013] Zhai, Y.; Guo, Y.; Chen, Q.; Yang, K.; Mbarushimana, E.: Design and optimization of a big data computing framework based on CPU/GPU cluster, in: International Conference on High Performance Computing and Communications, and International Conference on Embedded and Ubiquitous Computing, Peking, China, 13-15, November, 2013, 1039-1046.

[ZGSJ2017] Zeng, X.; Garg, S.K.; Strazdins, P.; Jayaraman, P.P.; Georgakopoulos, D.; Ranjan, R.: IOTSim: A simulator for analysing IoT applications, in: Journal of Systems Architecture, 72, 2017, 93-107.

[ZhFY2014] Zhong, E.; Fan, W.; Yang, Q.: User Behavior Learning and Transfer in Composite Social Networks, in: ACM Trans. Knowl. Discov. Data, 8, 1, 2014, 6:1-6:32.

[ZhHu2015] Zhang, J.; Huang, M.L.: A new analytics model for large scale multidimensional data visualization, in: Lecture Notes in Computer Science, 9106, 2015, 55-71.

[ZhLC2014] Zhao, Z.; Liu, J.; Cox, J.: Safe and efficient screening for sparse support vector machine, in: International Conference on Knowledge Discovery and Data Mining, New York, USA, 24-27, August, 2014, 542-551.

[ZhQi2012]   Zhu, Q.; Qin, Z.: HyDB: Access optimization for data-intensive service, in: International Conference on High Performance Computing and Communications, and Embedded Software and Systems, Liverpool, Vereinigtes Königreich, 25-27, Juni, 2012, 580-587.

[ZhWu2013]   Zhao, Y.; Wu, J.: Dache: A data aware caching for big-data applications using the MapReduce framework, in: International Conference on Computer Communications, Turin, Italien, 14-19, April, 2013, 35-39.

[ZhXi2016]   Zhang, H.-J.; Xiao, N.-F.: Parallel implementation of multilayered neural networks based on Map-Reduce on cloud computing clusters, in: Soft Computing, 20, 4, 2016, 1471-1483.

[ZhYe2014]   Zhao, H.; Ye, X.: A multidimensional OLAP engine implementation in key-value database systems, in: Lecture Notes in Computer Science, 8585, 2014, 155-170.

[ZhYN2006]   Zhou, M.; Yan, Z.; Ni, Y.: Electricity price forecasting with confidence interval estimation through an extended ARIMA approach, in: IET Generation, Transmission and Distribution, 153, 2, 2006, 187-195.

[ZhZY2003]   Zhang, S.; Zhang, C.; Yang, Q.: Data Preperation for Data Mining, in: Applied Artificial Intelligence, 17, 2003, 375-381.

[ZKSS2013]   Zhao, X.; Kang, K.; Sun, Y.; Song, Y.; Xu, M.; Pan, T.: Insight and reduction of MapReduce stragglers in heterogeneous environment, in: International Conference on Cluster Computing, Indianapolis, USA, 23-27, September 2013, 1-8.

[ZLWX2016]   Zhu, F.; Liu, J.; Wang, S.; Xu, J.; Xu, L.; Ren, J.; Ye, D.; Wei, J.; Huang, T.: Hug the Elephant: Migrating a Legacy Data Analytics Application to Hadoop Ecosystem, in: International Conference on Software Maintenance and Evolution, Raleigh, USA, 2-7, Oktober, 2016 177-187.

[ZLZL2016]   Zhang, J.; Li, C.; Zhu, L.; Liu, Y.: The Real-Time Scheduling Strategy Based on Traffic and Load Balancing in Storm, in: International Conference on High Performance Computing and Communications, Smart City, and Data Science and Systems, Sydney, Australien, 12-14, Dezember, 2016, 372-379.

[ZLZW2015]   Zhou, X.; Li, H.; Zhang, X.; Wang, S.; Ma, Y.; Liu, K.; Zhu, M.; Huang, M.: ABR-Tree: An efficient distributed multidimensional indexing approach for massive data, in: Lecture Notes in Computer Science, 9532, 2015, 781-790.

[ZoIP2014]   Zoumpatianos, K.; Idreos, S.; Palpanas, T.: Indexing for interactive exploration of big data series, in: International Conference on Management of Data, Snowbird, USA, 22-27, Juni, 2014, 1555-1566.

[ZTGW2015]   Zhang, X.; Tang, J.; Gao, H.; Wu, G.: A dynamic extension and data migration method based on PVFS, in: Lecture Notes in Computer Science, 9529, 2015, 540-552.

[ZWLG2016]   Zhang, M.; Wang, H.; Li, J.; Gao, H.: One-pass inconsistency detection algorithms for big data, in: Lecture Notes in Computer Science, 9642, 2016, 82-98.

[ZXXY2014]   Zhu, H.; Xia, L.; Xie, M.; Yan, K.: Equi-join for multiple datasets based on time cost evaluation model, in: Lecture Notes in Computer Science, 8631, 2014, 122-135.

[ZYFL2014]   Zhang, S.; Yang, Y.; Fan, W.; Lan, L.; Yuan, M.: OceanRT: Real-time analytics over large temporal data, in: International Conference on Management of Data, Snowbird, USA, 22-27, Juni, 2014, 1099-1102.

[ZYFQ2015]   Zhang, D.; Yan, B.H.; Feng, Z.; Qi, K. Y.; Su, Z. Y.: Inverse Clustering-Based Job Placement Method for Efficient Big Data Analysis, in: International Conference on High Performance Computing and Communications, Cyberspace Safety and Security, and Embedded Software and Systems, New York, USA, 24-26, August, 2015, 1796-1799.

[ZZCD2013]   Zhao, Z.; Zhang, R.; Cox, J.; Duling, D.; Sarle, W.: Massively parallel feature selection: An approach based on variance preservation, in: Machine Learning, 92, 1, 2013, 195-220.

[ZZMC2016]   Zhang, X.; Zhou, Y.; Ma, Y.; Chen, B.-C.; Zhang, L.; Agarwal, D.: GLMix: Generalized linear mixed models for large-scale response prediction, in: International Conference on Knowledge Discovery and Data Mining, San Francisco, USA, 13-17, August, 2016, 363-372.

[ZZZX2013]   Zhu, T.; Zhou, Y.; Zhang, Y.; Xue, Z.; Bai, J.; Li, J.: An efficient strategy of building distributed index based on Lucene, in: Lecture Notes in Computer Science, 7901, 2013, 40-45.

Anhang

Tabelle Anhang 28: Big Data Gestaltungsempfehlungen (detailliert)

Management der Informationswirtschaft	
Informationslogistik	
Management der Informationsnachfrage	
Objektiver Informationsbedarf	
Konsequenz (Ob1): Die Zunahme an unstrukturierten Aufgaben in Zeiten von Big Data verursacht einen erhöhten objektiven Informationsbedarf.	
-	
Subjektiver Informationsbedarf	
Konsequenz (Su1): Veränderungen von Arbeitsumgebung, soziokultureller, politisch-wirtschaftlicher oder physiologischer Umwelt sowie von der Rolle und den individuellen psychologischen Eigenschaften eines Individuums in Zeiten von Big Data lösen ein erhöhtes subjektives Informationsbedürfnis aus.	
-	
Konsequenz (Su2): Der subjektive Informationsbedarf steigt aufgrund des erhöhten Informationsangebots.	
-	
Management der Informationsquellen	
Erschließung neuer Informationen	
Konsequenz (Er1): Der zunehmende Informationsbedarf kann durch die Erschließung oder Neubewertung von zusätzlichen externen Informationsquellen wie bspw. staatlichen Institutionen (statistisches Bundesamt), veröffentlichungspflichtigen Berichten (Bilanzen, Energieproduktion, etc.) oder durch die Open Data Bewegung bedient werden.	
[DYTC2014]	Demographische Eigenschaften von Kunden (Alter, Geschlecht, Wohnort) sind wertvolle Informationen für Fragestellungen im Marketing. Nichtsdestotrotz sind diese Angaben aus Gründen der Privatsphäre nicht erhältlich. Um dem zu begegnen, entwickelt der Artikel eine Data Mining Methode, die diese Attribute anhand von Mustern in Telekommunikationsdaten ableitet. Experimente zeigen eine verbesserte Vorhersagegenauigkeit der Lösung im Vergleich zu konventionellen Ansätzen.
Ableitung	
Rel.: 5 Nützl.: 5	
[FeNa2016]	Artikelempfehlungen von Nutzern beinhalten wertvolle Informationen für Marketinganalysen. In diesem Zusammenhang entwickelt der Beitrag einen Ansatz, der automatisch Emotionen aus Nutzerempfehlungen extrahiert und die Bedeutung der verschiedenen Emotionsdimensionen in die jeweiligen Benutzerkategorien einordnet. Hierfür nutzt das Verfahren ein Lexikon, in dem Terme verschiedenen Emotionen zugeordnet sind. Da die Menge der zu annotierenden Terme eine eigene manuelle Zuordnung ausschließt, verfolgt der Ansatz eine Crowdfunding Lösung. Hierbei wird das gesamte Lexikon aufgeteilt und von unterschiedlichen Individuen befüllt. Experimente belegen eine hohe Genauigkeit der Lösung.
Ableitung; Crowdfunding	
Rel.: 5 Nützl.: 4	
[GuPP2017]	Die Exploration von voluminösen und heterogenen Datenbeständen ist komplex und verhindert die Identifikation des Informationspotentials in weiten Datenräumen. Der Beitrag entwickelt das kognitive Daten Management System CognitiveDB. Dieses erlaubt die zügige Zusammenfassung, Visualisierung und interaktive Navigation von Inhalten in unbekannten Datenmengen.
Datenexploration	
Rel.: 4 Nützl.: 4	
Internes/Externes Informationsangebot	
Konsequenz (In1): Die vermehrte und spezifische Nutzung von externen Informationsquellen in Zeiten von Big Data verlangt nach intensivierten Anbieterbeziehungen.	
[JuKi2015]	
Governance	

Rel.: 5	Nützl.: 5	Die Intensität von Big Data Diskussionen ist zunehmend. Nichtsdestotrotz bleibt das Potenzial von Big Data ohne angemessene Governance und aufgrund einer fehlenden Mehrwertbegründung den Anteilseignern verschlossen. Infolgedessen unterbreitet der Beitrag Verfeinerungen für die Governance im Rahmen von branchenübergreifenden Kooperationen und im Speziellen für den Logistiksektor. Der Ansatz definiert ein neuartiges Geschäftsmodell, das neue Rollen und Verantwortlichkeiten unter den Anteilseignern bestimmt. Die Anwendbarkeit des Modells wird erfolgreich getestet und erlaubt die Lösung von logistischen Herausforderungen wie Sicherheit, Schmuggeln und Haftungsstreitigkeiten.
[LLXF2015] Unternehmenskooperation		Der Austausch von neuen Datenquellen (Internet der Dinge, Cloud Computing und Big Data) ermöglicht strategische und wertvolle Kooperationen zwischen Unternehmen. In diesem Zusammenhang entwickelt der Beitrag eine konvergenzorientierte Integrationsarchitektur für den Datenaustausch zwischen Unternehmen. Die Plattform erlaubt die Sammlung, Transformation und Zusammenführung von unterschiedlichen Quellen. Das Konzept wird im Rahmen von Anwendungsfällen evaluiert.
Rel.: 4	Nützl.: 4	
[RaSZ2016] Qualitätsüberprüfung		Im Rahmen von Datenanalysen werden häufig externe Datenbestände erworben. Oft ist die Qualität der erworbenen Informationen unklar, sodass der Anlagewert fraglich ist. Um dem zu begegnen, entwickelt der Beitrag eine Methode, die die Vollständigkeit von angebotenen Streamingdaten bestimmt. Der Ansatz deckt die inhärenten Hierarchien zwischen den Datenbankattributen auf und erlaubt ein verbessertes Nutzerverständnis für Abfrageergebnisse, die einer unvollständigen Datengrundlage entstammen.
Rel.: 6	Nützl.: 5	
[SuYR2014] Datenextraktion		Die Verarbeitung von Microblogs erlaubt Sentiment Analysen und Meinungsauswertungen. Die Plattform Sina ist eine mögliche Datenquelle. Gleichwohl beschränkt der Anbieter die Datenentnahme, sodass keine zufriedenstellende Nutzung für Data Mining stattfinden kann. Um dem zu begegnen, entwickelt der Beitrag eine Kombination aus kontinuierlichen Abfragemechanismen. Die Evaluierung zeigt, dass der Ansatz eine erfolgreiche Datenentnahme aus Sina gestattet.
Rel.: 5	Nützl.: 5	

Management des Informationsangebots und Informationsbereitstellung

Informationsangebot

Konsequenz (Inf1): Aufbauend auf den Charakteristika von Big Data steigt das Informationsangebot.

Konsequenz (Inf2): Die Erhöhung des Informationsangebots durch Big Data führt zu steigenden Kosten.

[CCZR2016] Kosteneffiziente Ressourcenzuteilung		Der Betrieb eines Cloud Systems ist kostspielig. Die adäquate Platzierung einer virtuellen Maschine innerhalb der Cloud erlaubt die Reduzierung der Stromkosten. Infolgedessen entwickelt der Beitrag eine Methode, die die Energie- und Kühlkosten durch die optimale Platzierung von virtuellen Maschinen senkt. Die Leistungsfähigkeit der Lösung wird im Rahmen der Evaluierung positiv bestätigt.
Rel.: 4	Nützl.: 4	
[ChPL2017] Kosteneffiziente Ressourcenzuteilung		Die Zuteilung von Virtuellen Maschinen in Cloud Computing ist breit diskutiert. Nichtsdestotrotz ignorieren die etablierten Algorithmen die Charakteristiken von Aufgaben im Streaming, die flexiblen Preise von Virtuellen Maschinen und den Datenverkehr zwischen Datenzentren. In diesem Zusammenhang entwickelt die Veröffentlichung ein Workflow-Zuweisungs-Problem und löst dieses mit zwei heuristischen Algorithmen. Infolgedessen verringert der Ansatz die Verarbeitungsgeschwindigkeit und die -kosten.
Rel.: 5	Nützl.: 5	
[CIGB2015] Kosteneffiziente Ressourcenzuteilung		Cloud Computing Nutzer streben die Optimierung von Verarbeitungsgeschwindigkeit und -kosten an. Oft ist die Auswahl von Cloud Anbietern und Speichervarianten nicht trivial. Ausgehend von historischen Workloads entwickelt der Beitrag ein System, das die Leistungen der Aufgaben für unterschiedliche Cloud-Speicher-Services vorhersagt, sodass, unter gegebenen Anforderungen, eine möglichst optimale Speicherbereitstellung stattfinden kann. Am Beispiel von Facebooks und Googles Hadoop System konnten bis zu 51,4 Prozent der Kosten gespart werden.
Rel.: 5	Nützl.: 4	

Anhang 249

Ref	Beschreibung
[CPLY2017] Kosteneffiziente Ressourcenzuteilung Rel.: 5 Nützl.: 4	Moderne Datenzentren justieren die Anzahl von aktiven Servern in unterschiedlichen geographischen Regionen in Abhängigkeit von den dynamischen Verarbeitungsbelastungen und Elektrizitätskosten. Nichtsdestotrotz verursachen diese Anpassungen hohe Belastungen für das Datennetz. Anhand von einem heuristischen Algorithmus optimiert der Beitrag erfolgreich die aktiven Ressourcen, um die Kommunikations- und Verarbeitungskosten zu minimieren.
[CVBC2016] Kosteneffiziente Ressourcenzuteilung Rel.: 5 Nützl.: 4	Zunehmende Verarbeitungen innerhalb von Cloud Computing bestärken die Notwendigkeit von kostengetriebenen Analysen. In diesem Zusammenhang ist es von Vorteil, gemietete Ressourcen bei Einhaltung einer fristgerechten Berechnung zu minimieren. Basierend auf der Warteschlangen-Netzwerk Theorie entwickelt der Beitrag eine Strategie zur Ressourcenzuteilung, um die Anzahl der Virtuellen Maschinen für die individuellen Komponenten einer Applikation zu bestimmen. Simulationen an realen Daten bestätigen das Vorgehen.
[GICS2014] Kosteneffiziente Verarbeitung Rel.: 4 Nützl.: 5	Jüngste Erkenntnisse zeigen, dass der energieeffizienteste Betrieb eines Hauptprozessors unterhalb der maximalen Frequenz liegt. In diesem Zusammenhang entwickelt der Beitrag eine hochpräzise Messinfrastruktur für Big Data intensive Analyseanwendungen. Diese passt die Taktfrequenz für jeden Algorithmus individuell an, um eine energieeffiziente Verarbeitung zu gewährleisten. Experimente bestätigen den Erfolg der Methode.
[HFDG2012] Scheduler Rel.: 5 Nützl.: 5	MapReduce ist ein weitverbreitetes Framework zur parallelen Verarbeitung von großen Datenmengen. Bis dato existiert keine Arbeit, die auf eine Reduktion des Stromverbrauchs abzielt. Um dem zu beggnen, entwickelt der Beitrag eine MapReduce-Erweiterung, der ein energieeffizientes Scheduling erlaubt. Das Framework evaluiert von jedem Clusterknoten den gegenwärtigen Status und berechnet den momentanen Stromverbrauch. Da die Energieeffizienz jedes Knotens Unterschiede aufzeigt, ordnet das Verfahren eher effizienten Knoten Aufgaben zu. In der Evaluierung zeigt sich, dass die globale Stromeffizienz durch die Lösung erhöht wird.
[MNGZ2015] Scheduler Rel.: 6 Nützl.: 5	Der Betrieb eines Hadoop Clusters ist kostenintensiv. In diesem Zusammenhang entwickelt der Beitrag zwei energieverbrauchsbewusste Scheduler, die nichtsdestotrotz die Ausführung von MapReduce Aufgaben im Rahmen des Service-Level-Agreements garantieren. Intensive Experimente für unterschiedliche Workloads zeigen Energieeinsparungen von bis zu 40 Prozent.
[MoLo2015] Kosteneffiziente Ressourcenzuteilung Rel.: 6 Nützl.: 6	Der Betrieb von Cloud Systemen ist energieintensiv. Um dem zu beggnen, entwickelt der Beitrag einen Algorithmus für die dynamische Konfiguration von virtuellen Anwendungsservern. Bei Beibehaltung der geforderten Servicequalität gestattet der Ansatz eine Stromkostenreduzierung von nahezu 50 Prozent.
[NgFi2015] Kosteneffiziente Ressourcenzuteilung Rel.: 6 Nützl.: 6	Der Betrieb eines Clusters verursacht hohe Ressourcen- und Stromkosten. Um dem zu beggnen, entwickelt die Publikation einen neuartigen Algorithmus. Dieser berechnet die optimale Anzahl an Ressourcen für eine gegebene Anzahl von MapReduce Aufgaben. Die Evaluierung zeigt, dass historische Annahmen in der Ressourcenzuteilung unzutreffend sind und dass die Lösung zu einem reduzierten Strom- und Ressourcenverbrauch führt.
[QiLD2016] Kosteneffiziente Ressourcenzuteilung; Scheduler Rel.: 5 Nützl.: 5	Der Betrieb eines Clusters verursacht hohe Stromkosten. Infolgedessen sind effiziente Berechnungen anzustreben. Obwohl die parallele Verarbeitung hohe Berechnungsgeschwindigkeiten erlaubt, benötigt diese zeitgleich zusätzliche Ressourcen und Strom, um die Koordination der verteilten Aufgaben zu gewährleisten. In diesem Zusammenhang entwickelt der Artikel einen energie-, ressourcen- und leistungseffizienten Scheduler, der den maximalen Profit für die Ausführung von Big Data Aufgaben garantiert. Die Methode wird erfolgreich im Rahmen einer Evaluierung demonstriert.
[RBBB2017] Kosteneffiziente Ressourcenzuteilung Rel.: 5 Nützl.: 5	Der Energieverbrauch in Datenbankmanagementsystemen steigt durch die zunehmenden Datenmengen. Um der Kostensteigerung zu beggnen, formuliert der Beitrag ein Optimierungsproblem anhand eines evolutionären Algorithmus. Ausgehend von energiesensitiven Parametern und einer benötigten Abfragegeschwindigkeit sucht der Ansatz eine adäquate Konfiguration. Die Evaluierung zeigt, dass das Verfahren Stromkosten senkt und annehmbare Abfragegeschwindigkeit gewährleistet.

[WLWZ2015] Kosteneffiziente Ressourcenzuteilung; Scheduler Rel.: 6 Nützl.: 5	Forschungen zeigen, dass die physikalischen Ressourcen in privaten Cloud Plattformen häufig nicht ausgelastet werden. Infolgedessen entstehen unnötige Kosten. Eine mögliche Lösung wird in der zusätzlichen Ausführung von Big Data Applikationen gesehen. Nichtsdestotrotz kann dies zu Ressourcenkonflikten und Interferenzen führen. Um dem zu begegnen, entwickelt der Artikel ein skalierbares Schema für Hadoop. Dieses erlaubt eine ressourcensparende Zuteilung von Kapazitäten, verhindert Interferenzen, priorisiert Aufgaben und garantiert die angestrebte Servicequalität. Das System gestattet Kosteneinsparungen und wird im Rahmen einer Demonstration erfolgreich evaluiert.
[ZCGR2015] Kosteneffiziente Ressourcenzuteilung; Scheduler Rel.: 6 Nützl.: 5	Die Analyse von großen Datenmengen setzt große Infrastrukturinvestitionen voraus. Eine kostengünstige Bereitstellung von Big Data Services über Cloud Computing könnte eine Erweiterung des Anwenderkreises zur Folge haben. Um dies zu erreichen, entwickelt der Beitrag einen Scheduler für die Zuweisung von Cloud Ressourcen, der die Einhaltung von Budget, Qualität und Verarbeitungszeit berücksichtigt. Hierbei ermöglicht der Ansatz die Kostensenkung des Nutzers und die Gewinnmaximierung des Anbieters. Experimente bestätigen die Leistungsfähigkeit der Lösung.
Konsequenz (Inf3): *Der Informationsstand erhöht sich, indem die Lücke von objektivem Informationsbedarf und geäußerter Informationsnachfrage mit zusätzlichem Informationsangebot geschlossen wird.*	
[CuPT2015] Anreicherung Rel.: 4 Nützl.: 5	Tourismus ist eine bedeutende Einnahmequelle für Ferienregionen. Eine Analyse der zurückgelegten Wege von Reisenden ist für die lokale Verwaltung von Interesse. Der Beitrag entwickelt eine Methode, die eine Rekonstruktion der Reise anhand von geographisch markierten Twitternachrichten ermöglicht. Die Leistungsfähigkeit der Lösung wird im Rahmen einer Evaluierung erfolgreich demonstriert.
[DaSo2016] Anreicherung Rel.: 4 Nützl.: 4	Eine frühzeitige Erkennung und Vorhersage von menschlichen Verhaltensweisen könnte im Rahmen der Städteplanung, Transportoptimierung und im Gesundheitswesen gewinnbringend eingesetzt werden. Die massiven Datensammlungen aus der mobilen Telekommunikation, dem Web 2.0 und den Sozialen Medien wären denkbare Informationsangebote, um dieses Szenario zu ermöglichen. Ausgehend von Points of Interest kategorisiert der in diesem Beitrag entwickelte Ansatz geographische Regionen mithilfe einer Clusteranalyse in Aktivitäten. Gemeinsam mit mobilen Telekommunikationslogs werden diese anhand einer Klassifikation auf Richtigkeit überprüft. Die Evaluierung verdeutlicht, dass die Methode zeitabhängige Vorhersage von menschlichen Bewegungsmustern ermöglicht und die Genauigkeit der Gebietskategorisierung durch städtische Verwaltungen verbessert wird.
[DGRM2015] Anreicherung Rel.: 4 Nützl.: 4	Konventionelle Analysemethoden im Rahmen der Betrugserkennung betrachten ausschließlich transaktionale Daten. Infolgedessen bleibt ein Großteil der verbotenen Aktionen unerkannt. Um dem zu begegnen, entwickelt der Beitrag einen Analyseansatz, der neben transaktionalen, auch öffentliche und private Informationen berücksichtigt. Umfangreiche Evaluierungen zeigen eine 80-prozentige Verbesserung innerhalb der Aufdeckung von richtig positiven Fällen.
[FaIZ2015] Anreicherung Rel.: 5 Nützl.: 5	Sentiment Analysen sind innerhalb von Sozialen Medien eine weitverbreitete Big Data Anwendung. Konventionelle Verfahren basieren auf Textanalysen und scheitern bei Abkürzungen, alternativen Schreibweisen oder gemischten Sprachen. Um dem zu begegnen, entwickelt der Artikel ein Analyse Framework, das ausschließlich die Beziehungen der Teilnehmer betrachtet. Die Evaluierung anhand von Facebook Daten verdeutlicht die Überlegenheit der Methode.
[FNAC2015] Anreicherung; Profilierung Rel.: 6 Nützl.: 5	Die automatische Ableitung von Nutzerprofilen (Bewegungsverhalten, Demographie) ist in verschiedenen Anwendungen von hoher Bedeutung. Soziale Medien sind adäquate Informationsquellen, um eine Profilierung zu ermöglichen. Nichtsdestotrotz verfolgen konventionelle Methoden eine monistische Herangehensweise und nutzen lediglich eine Datenquelle. Für eine umfassendere Analyse integriert die Veröffentlichung mehrere Datensätze aus dem Bereich der Sozialen Medien und berechnet anhand eines zusammengesetzten Klassifikators Nutzerprofile. Die Evaluierung verdeutlicht eine verbesserte Genauigkeit innerhalb der Profilierung.

[GoPK2013] Anreicherung Rel.: 4 | Nützl.: 4	Die Standortvorhersage von Nutzern ist für die Werbeindustrie und Verkehrsplanung von entscheidender Bedeutung. Ausgehend von mobilen Daten entwickelt der Beitrag das Data Mining Framework NextLocation. Das System betrachtet neben derzeitigen und früheren Nutzerstandorten auch kontextuale Informationen wie Beschleunigungsmesser, Bluetooth und Anrufhistorien. Das Framework schützt die Privatsphäre und erzielt bei durchschnittlichem Nutzerverhalten eine Genauigkeit von über 80 Prozent.
[Hein2016] Anreicherung; Datenmodell Rel.: 5 | Nützl.: 5	Text- und Netzwerkinformationen sind wichtige Datenquellen im Rahmen von Big Data Analysen. Nichtsdestotrotz fehlt es an Methoden, beide Datenmodelle zu verknüpfen. Am Beispiel des Börsenhandels integriert der Beitrag für die Trendvorhersage Netzwerk- und Textinformationen. Die Evaluierung zeigt, dass die gemeinsame Verwendung zu einer besseren Prognosegüte führt.
[KrDo2016] Anreicherung; Profilierung Rel.: 4 | Nützl.: 4	Konventionelle Werbekampagnen adressieren festgelegte Kundensegmente. Gleichwohl kann die Segmenteinordnung von den Bedürfnissen des Kunden abweichen. In diesem Zusammenhang entwickelt der Beitrag eine Methode zur kundenindividuellen Profilierung. Der Ansatz verwendet Mobilfunkdaten und Bewegungsmuster, um das Kundenverhalten möglichst präzise abzubilden. Infolgedessen erlaubt die Lösung eine feingranulare Zuordnung von Werbekampagnen.
[LJJY2016] Anreicherung Rel.: 5 | Nützl.: 4	Mashup Services integrieren unterschiedliche Datenquellen und Service Plattformen. Hierbei sind einfache Verknüpfungsmöglichkeiten zwischen einzelnen Plattformen essentiell, um eine effiziente Implementierung zu gewährleisten. Derzeitige Lösungen ermöglichen dies nicht, sodass Entwicklern ein hohes Maß an plattformspezifischem Wissen abverlangt wird. Um dem zu begegnen, entwickelt der Beitrag den Smart Mediator. Dieser erlaubt die einfache Verknüpfung von Internet of Things, Cloud, Big Data, Mobilen und Security Plattformen. Der Service wird erfolgreich in einer Fallstudie verwendet.
[LLCJ2016] Fachliche Datenabhängigkeit Rel.: 5 | Nützl.: 5	Die automatische Aufdeckung von fachlichen Abhängigkeiten in Datenbankbeziehungen hat sich im Rahmen von Data Mining als hilfreich erwiesen. Nichtsdestotrotz erlaubt keine bestehende Methode die Identifikation dieser Verknüpfungen in verteilten Datensätzen. Infolgedessen entwickelt der Beitrag einen skalierbaren und effizienten Algorithmus zur Aufdeckung von fachlichen Beziehungen in verteilten Datenbankbeziehungen. Die Leistungsfähigkeit der Lösung wird anhand von synthetischen Datensätzen nachgewiesen.
[MSIS2016] Anreicherung Rel.: 4 | Nützl.: 4	In Anbetracht der steigenden Datenmengen konnten in den letzten Jahren vielversprechende Ansätze für die Standortvorhersage beobachtet werden. Nichtsdestotrotz sind diese Techniken häufig auf die verwendeten Datensätze beschränkt, sodass eine Nutzung in anderen Applikationen verwehrt bleibt. In diesem Zusammenhang entwickelt der Beitrag ein generelles Modell für die zeitlich-räumliche Vorhersage von Nutzerstandorten anhand eines Telefonverbindungsdatensatzes. Experimente belegen eine Steigerung der Genauigkeit um 17 Prozent.
[MVGM2017] Anreicherung Rel.: 4 | Nützl.: 4	Die Verwendung von unstrukturierten Daten im Rahmen der analysegestützten Entscheidungsfindung ist komplex. Der in diesem Beitrag entwickelte Ansatz erlaubt die Einbindung von in Flickr geteilten Fotografien zum Zweck der Verhaltensvorhersage von Touristen. Anhand der gewonnenen Informationen können wertvolle Einsichten für das lokale Reisemanagement gesammelt werden. Die Methode wird erfolgreich am Beispiel von Melbourne evaluiert.
[ReHJ2012] Fachliche Integration Rel.: 5 | Nützl.: 4	Die Vorhersage in Finanzmärkten ist komplex und von zahlreichen Informationsquellen abhängig. Um dem zu begegnen, entwickelt der Beitrag eine Applikation, die Informationen von Börsen, sozialen Netzwerken und Tageszeitungen verknüpft und Nutzern aufgabengerecht zur Verfügung stellt. Hohe Verarbeitungsgeschwindigkeiten werden durch eine NoSQL Datenbank sichergestellt. Die Berechnung der Modelle erfolgen im Vektorraum mittels Sentiment Analysen. Das Software Framework wird erfolgreich im Rahmen einer Anwendung evaluiert.
[YBGY2017]	

Fachliche Datenabhängigkeit Rel.: 5 Nützl.: 6	Die Internetentwicklung hat zu großen multimedialen Datenbeständen (Text, Bilder, Audio, etc.) geführt. Nichtsdestotrotz erschweren unterschiedliche Inhalte und semantische Lücken eine gemeinsame Auswertung. In diesem Zusammenhang entwickelt der Beitrag anhand eines Neuronalen Netzwerks eine Methode, die die Aufdeckung von Beziehungen zwischen Bildern und Texten erlaubt. Experimente zeigen, dass die gefundenen Verknüpfungen akkurat sind und bessere Analyseergebnisse hervorbringen.
[ZhFY2014] Anreicherung Rel.: 4 Nützl.: 4	Die zuverlässige Vorhersage des Nutzerverhaltens ist für Marketing Anwendungen hoch relevant. Hierfür werden häufig Daten aus Sozialen Medien verwendet. Nichtsdestotrotz sind die Nutzerinteraktionen häufig beschränkt, sodass die Modelle mit dünnbesetzten Matrizen berechnet werden müssen. Infolgedessen neigen die Modelle zu ungenauen Aussagen. Um dem zu begegnen, verknüpft der Beitrag die Interaktionen aus verschiedenen Sozialen Netzwerken. Ein neu entwickelter MapReduce Algorithmus berechnet die dichter besetzten Trainingsdaten und gestattet eine genaue und zeitnahe Vorhersage des Nutzerverhaltens.
Konsequenz (Inf5): *Die Versorgung mit einem erhöhten Informationsangebot birgt die Gefahr einer Informationsüberflutung, da die Analysekapazität des Nutzers begrenzt ist. In diesem Zusammenhang müssen Mechanismen geschaffen werden, welche die Relevanz der bereitgestellten Informationen sicherstellen.*	
[AmHN2015] Aufgabengerechte Informationsversorgung; Profilierung Rel.: 5 Nützl.: 5	Die Identifikation von relevanten Datensätzen in großen und verteilten Datenbeständen erfolgt traditionell über Top-k Anfragen, denen ein inhärentes nutzerdefiniertes Punktesystem unterliegt. Der Beitrag verbessert die Ergebnisqualität, indem zusätzlich nutzerindizierte Schlüsselwörter berücksichtigt werden. Die Güte des Systems wird anhand von synthetischen und realen Datensätzen erfolgreich überprüft.
[CuLL2015] Aufgabengerechte Informationsversorgung Rel.: 4 Nützl.: 5	Information Retrieval Systeme erlauben die nutzergesteuerte Abfrage von relevanten Dokumenten. Häufig sind diese Lösungen für eine möglichst genaue Vorhersage von relevanten Dokumenten trainiert. Eine Optimierung des Recalls erfolgt nicht. Infolgedessen wird ein Großteil der relevanten Dokumente (z.B. Patente), nicht an den Nutzer weitergeleitet. Um dem zu begegnen, entwirft die Veröffentlichung ein System, das einen hohen Recall erzielt. Die Evaluierung zeigt die Effizienz der Lösung anhand einer Fallstudie.
[DFPK2015a] Aufgabengerechte Informationsversorgung Rel.: 4 Nützl.: 4	Durch die Visualisierung einer historischen Situation besteht bis dato keine Möglichkeit, zukünftige Entwicklungen vorauszusagen. Um dem zu begegnen, entwickelt der Beitrag eine neue Methode. Ausgehend von einem aktuell publizierten Ereignis wird das historisch ähnlichste identifiziert. Zusammen mit den damaligen Marktdaten und dem historischen Preisverlauf erhält der Entscheidungsfinder die Möglichkeit, die Auswirkungen der vergangenen Ereignisse auf ein aktuelles zu übertragen.
[LeCh2013] Aufgabengerechte Informationsversorgung Rel.: 5 Nützl.: 4	In der Vergangenheit waren Unternehmen auf einige wenige Datenquellen beschränkt, um reale Ereignisse zu überwachen. Microblogging ist eine neue Funktionalität in sozialen Netzwerken, die eine Aggregation von Nachrichten zur Exploration nach Fakten und unbekanntem Wissen erlaubt. Nichtsdesto-trotz ist die zeitnahe strukturierte Suche nach relevanten Informationen in Microblogs beschwerlich. In diesem Zusammenhang entwickelt der Beitrag einen Streaming Ansatz zur Clusterung von Microblogtexten. Nach erfolgreicher Identifikation von Ereignissen, ermöglicht das System die automatische Empfehlung von relevanten Informationen, um Nutzer in ihrer Aufgabenerfüllung zu unterstützen.
[LiBa2015] Aufgabengerechte Informationsversorgung; Profilierung Rel.: 5 Nützl.: 4	Nutzerprofilierung ist eine Schlüsselkomponente in personalisierten Empfehlungssystemen. Nichtsdestotrotz ist die manuelle Ableitung individueller Nutzerinteressen und Präferenzen in großen Datenbeständen komplex und zeitaufwendig. In diesem Zusammenhang entwickelt der Beitrag einen wahrscheinlichkeitsbasierten Algorithmus, um Nutzerprofile anhand von Nutzerbewertungen automatisch abzuleiten. Anschließend erlauben kollaborative Filtermechanismen die personalisierte Empfehlung von Informationen. Der Ansatz wird erfolgreich an realen Daten evaluiert.
[MDLS2013]	

Aufgabengerechte Informationsversorgung Rel.: 5 | Nützl.: 5	Automatische Abfrageempfehlungen erlauben die nutzerrelevante Navigation in Ereignissen. Zu diesem Zweck entwickelt der Beitrag einen Algorithmus für die Abfrageempfehlung in Twitter. Hierbei nutzt die Methode historische Daten von ähnlichen Nutzern und schlägt deren Suchanfragen vor. Die Lösung gestattet die parallele Verarbeitung in Echtzeit und unterliegt einem Hadoop System, das eine In-Memory Verarbeitung erlaubt. Evaluierungen bestätigen die Leistungsfähigkeit des Ansatzes.
[MQRT2013] Profilierung; Aufgabengerechte Informationsversorgung Rel.: 6 | Nützl.: 4	Eine passgenaue Informationsversorgung kann die Informationsüberflutung beim Nutzer verhindern. In diesem Zusammenhang sollten lediglich relevante Informationen zur Aufgabenerfüllung weitergereicht werden. Nichtsdestotrotz kann sich die Relevanz von Nutzer zu Nutzer und von Situation zu Situation unterscheiden. Um dem zu begegnen, entwickelt der Beitrag eine Data Mining Methode, die die kontextuellen Nutzerpräferenzen anhand seiner historischen Interaktionen ableitet.
[PoFe2015b] Aufgabengerechte Informationsversorgung Rel.: 4 | Nützl.: 4	Der Gashandel unterliegt einer Vielzahl von Einflussfaktoren. Die Notwendigkeit von Echtzeitreaktionen und die Publikationsrate von neuen Informationen überlastet Entscheidungsfinder. Infolgedessen entwickelt der Beitrag einen Vorhersageansatz, der unterschiedliche Datenquellen (News Ticker, Temperaturen, Speicherstände, etc.) miteinander verknüpft, analysiert und visualisiert. Hierbei gestattet die Methode eine automatische Filterung von irrelevanten Ereignissen, sodass eine aufgabengerechte Informationsversorgung sichergestellt werden kann. Die Leistungsfähigkeit des Verfahrens wird im Rahmen eines Prototyps erfolgreich bestätigt.
[QZJZ2016] Aufgabengerechte Informationsversorgung Rel.: 4 | Nützl.: 4	Produktrezensionen können den Entwurf von neuen Artikeln unterstützen. Nichtsdestotrotz ist die Identifikation von relevanten Berichten durch die Publikationsmenge erschwert. Um dem zu begegnen, entwickelt der Beitrag eine automatische Filtermethode. Zusammen mit dem Kano-Modell erlaubt der Ansatz die Verbesserung von Produktstrategien.
[RaOh2015] Profilierung; Aufgabengerechte Informationsversorgung Rel.: 4 | Nützl.: 4	Empfehlungssysteme sind ständigen Veränderungen von Nutzerpräferenzen ausgesetzt. Infolgedessen ist die Identifikation von relevanten Artikeln komplex. Erschwerend kommt hinzu, dass die Datenmengen im Modelltraining steigen. Um dem zu begegnen, entwickelt der Beitrag einen neuartigen Banditenalgorithmus. Dieser maximiert die Zuordnung von interessanten Artikeln zu einzelnen Gruppen. Experimente belegen die Leistungsfähigkeit und Genauigkeit der Lösung.
[RVVF2016] Visualisierung; Aufgabengerechte Informationsversorgung Rel.: 5 | Nützl.: 4	Nachrichtenartikel beschreiben Veränderungen in der Welt. Nichtsdestotrotz ist die manuelle Verfolgung von relevanten Ereignissen aufwendig. In diesem Zusammenhang entwickelt der Beitrag einen Ansatz, der automatisch Knowledge Graphs anhand von Artikeln extrahiert und visualisiert. Die Ergebnisse werden in einem Browser dargestellt und erlauben dem Nutzer ein vertieftes Verständnis für unbekannte Domänen und gestatten die chronologische Überwachung von Nachrichtenereignissen.
Data Warehouse	
Konsequenz (Dw1): Big Data Vorhaben erfordern eine vermehrte Ablage von unstrukturierten Daten im Data Warehouse.	
[FMPT2016] Integration Rel.: 5 | Nützl.: 5	Die gemeinsame Auswertung von internen und externen Datenquellen gilt als die nächste Weiterentwicklung von BI und DWH. Konventionelle Ansätze extrahieren Informationen anhand von Suchmaschinen und binden diese aufwendig in BI Applikationen ein. Der vorliegende Beitrag ermöglicht eine nahtlose Integration von unstrukturierten und strukturierten Daten mittels Question Answering. Zusätzlich persistiert der Ansatz die Resultate und erlaubt eine nachträgliche Analyse.
[HaGQ2016] Data Lake; Metadatenmanagement	Die Diversität von Datenquellen im Rahmen von Big Data führt häufig zu einer Sammlung von nicht integrierten Datenmanagementsystemen mit heterogenen Schemen, Abfragesprachen und Schnittstellen. Eine mögliche Lösung sind Data Lake

Rel.: 5	Nützl.: 5	Systeme. Nichtsdestotrotz führt die unbedachte Speicherung ohne Metadaten zu einen Datensumpf. Infolgedessen entwickelt der Beitrag das Metadaten Managementwerkzeug *Constance*. Dieses erlaubt die Aufdeckung, Extraktion und Zusammenfassung von strukturierten Metadaten und annotiert diese mit semantischen Informationen. Das Werkzeug wird anhand von zwei Fallstudien erfolgreich evaluiert.
Konsequenz (Dw2): Big Data Vorhaben erfordern Data Warehouse Strukturen, die zeitnahe Abfragen ermöglichen.		
[BeBM2016] Cluster Computing Framework; Graphverarbeitung; OLAP		Die Anwendung von traditionellen OLAP Systemen ist bei großen Datenmengen eingeschränkt und erlaubt lediglich Antworten auf bereits bekannte Fragestellungen. Infolgedessen wird ein Framework entwickelt, das mit Hilfe einer MapReduce-Engine ein graphenorientiertes OLAP für die Analyse von Geschäftsprozessen ermöglicht. Die Integration in die bestehende *ProcessAtlas* Plattform erlaubt skalierbare Abfragen zur Analyse von großen Datenmengen.
Rel.: 5	Nützl.: 4	
[BKBG2013] Partitionierung		Das Data Warehouse ist im Rahmen von Cloud Computing durch die immense Anzahl von ständigen Abfragen und den Austausch zwischen verschiedenen Anfragen, die gemeinsame Inhalte teilen, stark überlastet. Die horizontale Datenpartitionierung erlaubt eine Optimierung des Designs. Nichtsdestotrotz ist die Identifikation von potentiellen Kandidaten zur Partitionierung rechenintensiv. Anhand von Abfrageinteraktionen entwickelt der Beitrag ein Partitionierungsschema für das DWH, das eine beschleunigte Ausführung bei gleichbleibender Qualität sicherstellt.
Rel.: 4	Nützl.: 4	
[Dehd2016] OLAP; Spaltenorientierte Datenbank		Spaltenorientierte NoSQL Modelle erlauben die Verarbeitung und Speicherung von großen Datenmengen im DWH. Nichtsdestotrotz ist die Unterstützung von OLAP für diese Modelle gering. Anhand von MapReduce entwickelt der Beitrag einen neuartigen Cube-Operator. Dieser erlaubt den erfolgreichen Aufbau von NoSQL Cubes, bei Beachtung der nicht-relationalen und verteilten Speicherstrukturen.
Rel.: 6	Nützl.: 6	
[FTTM2016] OLAP		Techniken wie vorberechnete OLAP Würfel gestatten in traditionellen DWH zeitnahe Abfragen. Da den steigenden Datenmengen mit konventionellen Methoden nicht beizukommen ist, entwickelt der Beitrag einen Ansatz, der die Vorverarbeitung von Würfeln in NoSQL Datenbanken erlaubt. Experimente zeigen, dass die Lösung zeitnahe Drill-Downs und Roll-Ups in großen Datenbeständen erlaubt.
Rel.: 4	Nützl.: 5	
[JJSN2017] Datenmodell; Spaltenorientierte Datenbank		Die Verarbeitung von großen Datenmengen im DWH und ETL ist berechnungsintensiv. Um dem zu begegnen, verknüpft der Beitrag zwei Ansätze. Zum einen entwickelt die Arbeit eine Methode zur Denormalisierung des Star Schemas und zum anderen verfolgt der Beitrag die Verwendung von spaltenorientierten Datenbanken. In diesem Zusammenhang können die Verarbeitungsgeschwindigkeiten von Analysen und ETL Prozessen drastisch verbessert werden. Die Evaluierung demonstriert die Effizienz der Lösung am Beispiel von zwei realen Fallstudien.
Rel.: 5	Nützl.: 4	
[LÖCO2014] OLAP; Verteilte Datenbank		Derzeitige DWH Systeme verhindern eine zeitnahe Berechnung von OLAP Anfragen in großen Datenmengen. Infolgedessen wird die Entscheidungsfindung verzögert. Der Beitrag entwickelt ein skalierbares und verteiltes System für die Echtzeitverarbeitung von OLAP Anfragen anhand von MapReduce. Als Speicherplattform unterliegt der Lösung HBase, währenddessen ermöglicht Hstreaming die bruchfreie Aktualisierung von OLTP Daten. Zusätzliche Algorithmen gestatten die zeitnahe Überwachung und Verbreitung von Anfragen. Die Effektivität und Effizienz der Lösung wird im Experiment erfolgreich bestätigt.
Rel.: 6	Nützl.: 6	
[MLDT2015] OLAP; Cluster Computing Framework		Die Heterogenität und das Volumen von heutigen Daten übersteigen die Kapazitäten von traditionellen Datenmanagementmethoden. Um dem zu begegnen, entwickelt der Beitrag einen neuartigen OLAP Ansatz. Dieser verfolgt das MapReduce Framework und integriert unterschiedliche Formate in das RDF Format. Infolgedessen können unterschiedliche Datenquellen zeitgleich analysiert werden. Der Ansatz wird im Rahmen einer Fallstudie erfolgreich evaluiert.
Rel.: 4	Nützl.: 4	
[PGWR2014]		

Anhang 255

Partitionierung; Verteiltes Dateisystem		Die Abfrageoptimierung in HDFS ermöglicht verbesserte Lesegeschwindigkeiten im DWH. Eine mögliche Strategie besteht in der Ablage von Daten in logisch getrennten Partitionen, deren gemeinsame Abfrage selten erfolgt. Gleichwohl die Daten physisch im Cluster verteilt sind, verspricht dieser Ansatz verbesserte Lesegeschwindigkeiten, da der Zugriff auf unterschiedliche Partitionen ausbleibt. Dem folgend entwickelt der Beitrag ein neues Partitionierungsschema. Experimente zeigen, dass der Ansatz sowohl die Lasten im Cluster verteilt als auch die Ein- und Ausgabekosten senkt.
Rel.: 6	Nützl.: 6	
[QSGD2015]		Die Integration und Beladung von unterschiedlichen Big Data Systemen ist komplex. In diesem Zusammenhang entwickelt der Beitrag eine Erweiterung für die ETL Engine *Kettle*. Die Implementierung erlaubt eine verteilte Verarbeitung von Datenströmen und ermöglicht die Echtzeitaktualisierung von Datenbeständen in HBase. Experimente belegen die hohe Durchsatzrate des Systems.
ETL; Verteilte Datenbank		
Rel.: 5	Nützl.: 5	
[SGWZ2015]		Traditionelle OLAP Systeme scheitern am erhöhten Datenvolumen. Um dem zu begegnen, entwickelt der Beitrag ein Hadoop basiertes OLAP Framework. Dieses adoptiert das multidimensionale Modell, um Dimensionen und Fakten abzubilden. Hierbei garantieren verteilte MapReduce Algorithmen die zeitnahe Verarbeitung von OLAP spezifischen Funktionen (Roll-Up und Drill-Down). Die Architektur wird im Rahmen einer Fallstudie evaluiert und verdeutlicht die Überlegenheit gegenüber etablierten Lösungen (Hive, HadoopDB).
OLAP; Cluster Computing Framework		
Rel.: 6	Nützl.: 6	
[TZÖG2016]		Hadoop findet breiten Einsatz im Rahmen von Business Analytics und Data Mining. Währenddessen unterstützt das DWH kritische Geschäftsanalysen mit relationalen Datenbanken. Nichtsdestotrotz benötigen viele Anwendungen Daten aus beiden Ablagesystemen. Da Hadoop lediglich ineffiziente Join-Operatoren bereitstellt, verfolgen existierende Analysemethoden eine einseitige Entnahme von Daten aus dem HDFS in das DWH. Gleichwohl ist die Datenverarbeitung in HDFS effizienter. In diesem Zusammenhang entwickelt der Beitrag eine hy-bride DWH Architektur. Unter Verwendung von Bloom Filtern ermöglicht die Lösung einen minimalen Datentransfer bei einer parallelen Verarbeitung in DWH und HDFS. Neugeschaffene Join-Operatoren erlauben eine effiziente Verknüpfung zwischen beiden Ablagesystemen. Der Ansatz wird erfolgreich im Rahmen von Experimenten evaluiert.
Cluster Computing Framework; Verteiltes Dateisystem		
Rel.: 4	Nützl.: 4	
[ZhYe2014]		Steigende Datenmengen belasten die Reaktionszeiten von klassischen DWH Lösungen. Um dem zu beggegnen, entwickelt der Beitrag eine Engine für die multidimensionale OLAP Analyse in Hadoop Systemen. Das Speichermodul konvertiert Dimensionen in binäre Schlüssel und nutzt eine neuartige verteilte Datenbank, um effizienten Speicher für die Würfel bereitzustellen. Zusätzlich erlaubt der Ansatz die Übertragung von Star-Schemas und gestattet MDX-ähnliche Abfragen an Key-Value Speicher. Experimente an etablierten Benchmarks bestätigen die Effizienz des Systems.
OLAP; Verteilte Datenbank		
Rel.: 5	Nützl.: 5	
Data Mining		
Konsequenz (Dat1): Die vermehrte Verwendung von unstrukturierten Texten in Zeiten von Big Data bedingt die verstärkte Notwendigkeit einer automatischen und zeitgerechten Umwandlung in ein maschinenlesbares Format.		
[GoSC2015]		Die Extraktion von relevanten Aussagen im Sinne einer Wortsequenz (N-Gramme) mit starker semantischer Bedeutung ist ein primäres Anliegen von Text Mining. Der LocalMaxs Algorithmus erzielte in der Vergangenheit präzise Extraktionen. Nichtsdestotrotz ist die Anwendung der Methode in großen Datenbeständen zeit- und ressourcenintensiv. In diesem Zusammenhang entwickelt der Beitrag eine parallel verarbeitende Variante des LocalMaxs Algorithmus. Experimente an einem Datensatz bestätigen die Leistungsfähigkeit der Lösung.
Parallele Algorithmen; Datenextraktion		
Rel.: 4	Nützl.: 4	
[JSST2015]		Text Mining in großen Datenmengen führt zu hochdimensionalen Vektoren und langen Berechnungszeiten. Um dem zu begegnen, entwickelt der Beitrag eine effiziente und reduzierte Repräsentation von Vektoren. Hierbei extrahiert der Ansatz semantische Aussagen aus Wortteilen, sodass ein niedrigdimensionaler Vektor entsteht. Im Rahmen der Evaluierung zeigt sich eine beschleunigte Verarbeitungsgeschwindigkeit.
Datenextraktion		
Rel.: 4	Nützl.: 4	

Konsequenz (Dat2): *Anforderungen im Rahmen von Big Data Vorhaben verlangen nach einer zeitnahen und zuverlässigen Modellberechnung.*

[ABCC2013] Parallele Algorithmen Rel.: 5 | Nützl.: 5	Die Aufdeckung von Assoziationsregeln in großen Datenbeständen ist zeit- und rechenintensiv. In diesem Zusammenhang entwickelt der Beitrag den Cloud-Service *SEARUM*. Dieser basiert auf MapReduce und erlaubt eine verteilte und beschleunigte Berechnung. Die Nützlichkeit der Methode konnte im Rahmen einer Fallstudie bestätigt werden.
[ACCK2015] Parallele Algorithmen Rel.: 4 | Nützl.: 4	Die Identifikation von Communities in großen Netzwerken ist zeit- und ressourcenintensiv. Um dem zu begegnen, entwickelt der Beitrag einen verteilten und skalierbaren Algorithmus für Apache HBase. Dieser erlaubt die zeitnahe Analyse von unterschiedlichen Auflösungen innerhalb der Community-Netzwerke. Die Evaluierung bestätigt die Leistungsfähigkeit der Lösung.
[AhSW2014] Parallele Algorithmen Rel.: 6 | Nützl.: 6	Die parallele Verarbeitung von Data Mining Algorithmen ermöglicht eine zeitnahe Verarbeitung von großen Datenmengen. Der Beitrag entwickelt ein neues Markov-Chain-Monte-Carlo Verfahren, das eine parallele Berechnung ermöglicht. Experimente belegen die Leistungsfähigkeit der Lösung gegenüber vergleichbaren Ansätzen.
[AnVi2016] Algorithmen Rel.: 5 | Nützl.: 5	Die Aufdeckung von Assoziationen in großen Datenbeständen ist zeit- und rechenintensiv. Basierend auf Wahrscheinlichkeitsansätzen entwickelt der Beitrag einen neuen Algorithmus zur Assoziationsanalyse. Die Nützlichkeit der Methode wird erfolgreich anhand von unterschiedlichen Datenbeständen bestätigt.
[BaFe2016] Streaming Algorithmen; Parallele Algorithmen; Online Learning Rel.: 5 | Nützl.: 5	Die Clusterung von großen Datenströmen ist zeit- und rechenintensiv. In diesem Zusammenhang entwickelt die Veröffentlichung einen speicher- und verarbeitungsschonenden K-Means Algorithmus, der eine verteilte Berechnung im Online- oder Offline-Szenario erlaubt. Experimente bestätigen die Leistungsfähigkeit der Methode.
[BaKa2013] Ausreißeranalyse Rel.: 5 | Nützl.: 5	Die Entfernung von Ausreißern aus dem Trainingsbestand erhöht die Modellgüte. Nichtsdestotrotz ist ihre Identifikation bei hochdimensionalen Daten-sätzen zeit- und ressourcenintensiv. Um dem zu begegnen, entwickelt der Beitrag einen dichtebasierten Algorithmus, der die Dichte jeder Instanz in jedem Attribut abbildet. Im Anschluss bestimmt die Lösung der Steuerung innerhalb einer vorab definierten Clusterdichte. Datensätze mit geringer Wichtung werden aus dem Trainingsbestand entfernt. Die Güte der Lösung wird im Rahmen einer Evaluierung erfolgreich bestätigt.
[BDRH2015] Online Learning; Unausgeglichene Klassifizierung Rel.: 4 | Nützl.: 5	Das Concept Drift Phänomen erschwert die Evaluierung von Online Algorithmen. Infolgedessen entwickelt der Beitrag eine neue Evaluierungsmethode, die nichtperiodische Veränderungen in der Datenstruktur bei unausgeglichenen Klassenverteilungen aufdeckt. Als Resultat erfolgt eine adäquate Verteilung von eingehenden Daten über verschiedene Klassen in Trainings- und Testinstanzen.
[BeMS2016] Parallele Algorithmen Rel.: 6 | Nützl.: 6	Die assoziative Klassifikation in großen Datenbeständen ist zeit- und rechenintensiv. Um dem zu begegnen, entwirft der Beitrag einen FP-Growth Algorithmus anhand von MapReduce. Der Ansatz erlaubt eine verteilte Verarbeitung in Hadoop und ermöglicht die Ableitung von Regeln. Berechnungszeit, Komplexität und Güte der Lösung werden anhand von vergleichbaren Ansätzen erfolgreich bestätigt.
[BFPA2016] Online Learning; Feature Selection; Algorithmen Rel.: 6 | Nützl.: 6	Zunehmende Datenströme und Echtzeitanforderungen erschweren die Verarbeitung im Stapelverfahren. Der Beitrag entwickelt unterschiedliche Operatoren für das Online Learning. Feature Selection, Klassifikation und Diskretisierung werden an realen und synthetischen Datensätzen erfolgreich demonstriert.
[BhRa2017] Graph Algorithmen	Die Berechnung von Fuzzy Clusteralgorithmen in großen Graphen ist zeit- und rechenintensiv. Der Beitrag präsentiert einen Fuzzy Clusteralgorithmus für skalierbare

Anhang

Rel.: 5 Nützl.: 5	Graphendaten. Der Ansatz basiert auf dem Pregel Modell, ist parallelisierbar und verfügt über eine lineare Verarbeitungskomplexität. Im Rahmen der Evaluierung zeigt die Methode eine verbesserte Ergebnisgüte.
[BKSK2017] Parallele Algorithmen Rel.: 4 Nützl.: 4	Die in der Vergangenheit mit MapReduce entwickelten Clusteralgorithmen betrachteten lediglich das Volumen des Datensatzes. In diesem Zusammenhang entwickelt die Publikation einen verteilten Clusteralgorithmus, der sowohl einen hohen Durchsatz als auch eine breite Anzahl an Attributtypen bedienen kann. Die Evaluierung demonstriert die Effektivität der Entwicklung gegenüber etablierten Methoden.
[BSDG2017] Feature Selection Rel.: 5 Nützl.: 5	Die Berechnung von Mustern in großen Datenmengen ist zeit- und rechenintensiv. Feature Selection erlaubt eine beschleunigte Modellberechnung, indem lediglich relevante Attribute im Datensatz verbleiben. Der Beitrag entwickelt einen neuen Feature Selection Algorithmus, der im Gegensatz zu traditionellen Verfahren eine gute Skalierbarkeit aufweist.
[BWXW2016] Ausreißeranalyse; Parallele Algorithmen Rel.: 6 Nützl.: 5	Die Entfernung von Ausreißern aus dem Trainingsbestand erhöht die Modellgüte. Nichtsdestotrotz ist die Identifikation in großen Datenbeständen zeit- und ressourcenintensiv. Um dem zu begegnen, entwickelt der Beitrag einen dichtebasierten Algorithmus, der eine verteilte Berechnung ermöglicht. Effizienz und Effektivität der Lösung werden im Rahmen von Experimenten bestätigt.
[CaCS2015] Parallele Algorithmen; Streaming Algorithmen Rel.: 5 Nützl.: 4	Die parallele Verarbeitung von Data Mining Algorithmen ermöglicht eine zeitnahe Berechnung von großen Datenmengen. In diesem Zusammenhang entwickelt der Beitrag den Entscheidungsbaumalgorithmus *PdsCART*. Der Ansatz ermöglicht Streaming und kann im MapReduce Framework eingesetzt werden. Im Rahmen einer Demonstration wird der Ansatz erfolgreich evaluiert.
[Cárd2014] Ausreißeranalyse; Parallele Algorithmen Rel.: 5 Nützl.: 5	Die Entfernung von Ausreißern aus dem Trainingsbestand erhöht die Modellgüte. Nichtsdestotrotz ist ihre Identifikation bei hochdimensionalen Daten-sätzen zeit- und ressourcenintensiv. Um dem zu begegnen, entwickelt der Beitrag einen partikelbasierten Algorithmus. Dieser gestattet die parallele und zeitnahe Identifikation von Ausreißern. Die Güte der Lösung wird im Rahmen einer Evaluierung erfolgreich bestätigt.
[CHJR2016] Algorithmen Rel.: 5 Nützl.: 4	Die Berechnung von Mustern in großen Datenmengen ist zeit- und rechenintensiv. Daher entwirft der Artikel einen neuartigen SVM Algorithmus. Die Methode verwendet die Kernel Ridge Regression, um die Dimensionalität der Trainingsdaten zu reduzieren. Experimente an verschiedenen Datensätzen bestätigen die Leistungsfähigkeit der Lösung.
[ChMW2014] Feature Selection Rel.: 4 Nützl.: 4	Der Averaged One-Dependence Estimator (AODE) ist ein beliebter Ansatz in der Bayesian Vorhersage. Allerdings ist die Selektion von relevanten Attributen in großen Datenmengen zeit- und rechenintensiv. In diesem Zusammenhang entwickelt der Beitrag eine neue AODE Methode. Der Ansatz verbessert die Ergebnisqualität bei einer geringfügigen Zunahme der Trainingszeit.
[CLTB2017] Parallele Algorithmen Rel.: 5 Nützl.: 5	Die parallele Verarbeitung von Data Mining Algorithmen ermöglicht eine zeitnahe Berechnung von großen Datenmengen. In diesem Zusammenhang entwickelt der Beitrag einen parallelen Random Forest Algorithmus für Apache Spark. Im Rahmen der Evaluierung wird deutlich, dass der Ansatz alle Algorithmen der Spark MLib hinsichtlich Klassifikationsgenauigkeit, Berechnungsgeschwindigkeit und Skalierbarkeit übertrifft.
[CPHN2017] Algorithmen Rel.: 5 Nützl.: 4	Die Analyse von transaktionalen Verkaufsdaten ist für den Einzelhandel von entscheidender Bedeutung. Nichtsdestotrotz ist die Verarbeitung in großen Datenmengen zeit- und ressourcenintensiv. Zu diesem Zweck entwirft der Beitrag einen neuen spektralen Clusteralgorithmus anhand von *PurTree*. Hierbei wird im Rahmen der Clusterung die Verkaufshistorie als Baum abgebildet und die Distanz zwischen zwei Bäumen berechnet. Zusätzlich beinhaltet der Beitrag Optimierungstechniken, die die iterative Verarbeitung des Algorithmus beschleunigen. Die Leistungsfähigkeit der Clusterung wird im Vergleich mit konventionellen Lösungen erfolgreich bestätigt.
[CYYZ2016]	

Matrizenberechnung; Parallele Algorithmen Rel.: 5 | Nützl.: 5	Matrix-Faktorisierung ist ein entscheidender Bestandteil in den Berechnungen von Empfehlungssystemen. Mehrere Techniken existieren, die eine parallele Verarbeitung von großen Datenmengen erlauben, gleichwohl ist keine frei zugänglich. In diesem Zusammenhang entwickelt der Beitrag eine offene Matrix-Faktorisierungsbibliothek für Systeme mit gemeinsamem Speicher. Experimente zeigen, dass die Leistungsfähigkeit der vorgestellten Lösung bestehende Ansätze übertrifft.
[CZYL2014] Parallele Algorithmen Rel.: 5 | Nützl.: 5	Die Berechnung von Clustern in großen Datenmengen ist zeit- und rechenintensiv. Der Beitrag entwickelt mithilfe des MapReduce Frameworks einen neuen K-Means Algorithmus. Experimente zeigen, dass die Methode eine robuste und skalierbare Clusterung in großen Datensätzen erlaubt.
[DBHZ2016] Parallele Algorithmen; Feature Selection Rel.: 5 | Nützl.: 5	Die Analyse von hochdimensionalen Daten anhand von traditionellem Data Mining ist zeit- und ressourcenintensiv. Um dem zu begegnen, entwickelt der Beitrag einen neuartigen Algorithmus für Neuronale Netze. Die Methode reduziert die Attributanzahl anhand einer versteckten Knotenschicht, in der die Attribute durch Singulärwertzerlegung zusammengefasst werden. Da dies zu langen Berechnungszeiten führt, teilt der Ansatz die Datenmenge auf und verarbeitet die Trainingsinstanzen parallel. Im Rahmen von Experimenten wird die Leistungsfähigkeit der Methode erfolgreich demonstriert.
[DOTZ2016] Algorithmen; Online Learning Rel.: 6 | Nützl.: 5	Die Berechnung von Mustern in großen Datenmengen ist zeit- und rechenintensiv. Um dem zu begegnen, entwickelt der Beitrag einen sequenziell reduzierten Kernel Algorithmus für die Online Klassifikation. Dieser verwendet lediglich einen Teil der Trainingsinstanzen und integriert neue Datenpunkte in Echtzeit in das initiale Klassifikationsmodell. Infolgedessen ist die Speicherung von historischen Datensätzen unnötig. Güte und Berechnungseffizienz der Lösung werden im Rahmen einer Evaluierung erfolgreich bestätigt.
[EvAs2014] Parallele Algorithmen Rel.: 6 | Nützl.: 5	Process Mining verfolgt die Ableitung von Prozessmodellen anhand von Eventlogs. Um dem steigenden Datenvolumen nachzukommen, entwickelt der Artikel einen Process Mining Algorithmus unter Verwendung von MapReduce. Experimente bestätigen die Skalierbarkeit und Leistungsfähigkeit der Lösung.
[EYAM2015] Parallele Algorithmen; Feature Selection Rel.: 4 | Nützl.: 4	Die Hauptkomponentenanalyse in großen Datenmengen ist zeit- und rechenintensiv. Um eine beschleunigte Verarbeitung zu erzielen, entwickelt der Beitrag anhand von MapReduce eine skalierbare Version der Hauptkomponentenanalyse. Der Algorithmus nutzt effiziente Matrixoperationen und verringert den Datenaustausch. Experimente an vergleichbaren Lösungen bestätigen die Leistungsfähigkeit der Methode.
[FaCh2013] Algorithmen Rel.: 5 | Nützl.: 4	Die Berechnung von Regeln in großen Datenmengen ist zeit- und rechenintensiv. Der Beitrag entwirft einen inkrementellen Algorithmus und eine Architektur für die Ableitung von approximierten Regeln in Datenbanken. Der Ansatz wird erfolgreich im Rahmen einer Demonstration evaluiert.
[Gies2015] Semi-Supervised Learning; Grafikprozessor; Parallele Algorithmen Rel.: 6 | Nützl.: 6	Semi-Supervised SVM Methoden werden im Rahmen von Big Data mit großer Aufmerksamkeit verfolgt, da diese einen geringeren Aufwand in der manuellen Klassifikation von Trainingsinstanzen hervorrufen. Nichtsdestotrotz ist die Berechnung dieser Modelle zeit- und ressourcenintensiv. Um dem zu begegnen, entwickelt der Beitrag einen neuen Semi-Supervised SVM Algorithmus, der eine parallele Verarbeitung im Grafikprozessor ermöglicht. Die Lösung wird evaluiert und zeigt im Vergleich zu konventionellen Methoden eine beschleunigte Bearbeitungszeit.
[GoLT2016] Parallele Algorithmen Rel.: 5 | Nützl.: 5	Die Berechnung von Clustern in großen Datenmengen ist zeit- und rechenintensiv. Der Beitrag entwickelt mithilfe des MapReduce Frameworks den neuen Clusteralgorithmus *PatchWork* für Apache Spark. Experimente zeigen, dass die Methode eine robuste und skalierbare Berechnung in großen Datensätzen erlaubt.
[GuYD2015] Parallele Algorithmen	Die Klassifikation von großen Dokumentensammlungen ist zeit- und rechenintensiv. Um dem zu begegnen, komprimiert der Beitrag die Attribute im Rahmen der Berech-

Rel.: 4 | Nützl.: 4	nung in eine Dimension. Anschließend erfolgt die parallele Verarbeitung der Dokumente anhand von Apache Spark. Experimente an realen Datensätzen verdeutlichen die überlegene Effizienz und Präzision der Methode gegenüber konventionellen Verfahren.
[GuZh2016] Parallele Algorithmen; Matrizenberechnung Rel.: 4 | Nützl.: 4	Die Berechnung von Mustern in großen Datenmengen ist zeit- und rechenintensiv. Der Beitrag verbessert den parallelen Coordinate Descent Optimierungsalgorithmus anhand einer neuartigen Methode zur Matrixzerlegung. Ausführliche Evaluierungen verdeutlichen die beschleunigte Verarbeitungsgeschwindigkeit des Verfahrens.
[HaBE2016] Parallele Algorithmen Rel.: 4 | Nützl.: 4	Die Clusterberechnung in großen Datenmengen ist zeit- und rechenintensiv. Um dem zu begegnen, entwirft der Artikel einen neuen Clusteralgorithmus anhand von MapReduce. Dieser beschleunigt das Verfahren, indem unnötige Distanzberechnungen von den Datenpunkten ausgehend zum Clusterzentrum ausgelassen werden. Die Methode wird anhand von realen und synthetischen Daten positiv evaluiert.
[HALC2016] Parallele Algorithmen Rel.: 6 | Nützl.: 6	DBSCAN ist ein etablierter Clusteralgorithmus. Die Parallelisierung ist herausfordernd, da MPI Umgebungen keine Fehlertoleranz oder balancierte Workloads garantieren. Infolgedessen verlangt die Implementierung eine hohe Expertise ab. Zu diesem Zweck entwickelt der Beitrag eine neue Parallelisierung für DBSCAN anhand von Spark. Experimente demonstrieren eine gute Skalierbarkeit der Lösung.
[HaSh2014] Parallele Algorithmen; Streaming Algorithmen Rel.: 4 | Nützl.: 4	Bestehende Clusteralgorithmen scheitern bei großen Datenmengen aufgrund von iterativen Verarbeitungsschritten oder an einer fehlenden Parallelisierung, die die vorteilhafte Nutzung von modernen Mehrkernprozessoren verhindert. Der vorliegende Beitrag kombiniert parallele Cluster mit Streaming Algorithmen. Letztere erlauben die einmalige Sichtung der Daten, sodass eine iterative Datenverarbeitung ausbleibt. Erfolgreiche Experimente demonstrieren die Ergebnisgüte und die effiziente Skalierbarkeit der Lösung.
[HCLL2015] Matrizenberechnung; Parallele Algorithmen Rel.: 4 | Nützl.: 4	Matrixberechnungen (lineare Algebra, irreguläre Matrixoperationen) sind häufig Kernbestandteil von Big Data Systemen. Nichtsdestotrotz erlauben konventionelle Systeme (bspw. Spark), die eine parallele Ausführung gestatten, keine Abstraktion und keine effiziente Implementierung von Matrizenberechnungen. Infolgedessen entwickelt der Beitrag ein System für die parallele Verarbeitung von Matrizen. Dieses beinhaltet eine verteilte Datenstruktur und eine durch Ma-trixmuster definierte Schnittstelle. Im Rahmen der Evaluierung wird deutlich, dass die Lösung die Geschwindigkeit von Spark um den Faktor 12 übertrifft.
[HiTi2016] Algorithmen Rel.: 4 | Nützl.: 5	Oft erfolgt das Training von Empfehlungssystemen anhand von implizitem Feedback. Da dieses meist aus Logdaten bezogen wird, ist die Menge der zu analysierenden Daten hoch. Konventionelle Verfahren begegnen dieser Herausforderung mit dem Alternating Least Square Klassifikator. Gleichwohl der Ansatz die Verarbeitung von vielen Dateninstanzen erlaubt, steigt die Komplexität mit der Attributanzahl. Infolgedessen entwickelt der Beitrag eine Näherungslösung für den Alternating Least Square Klassifikator. Experimente zeigen, dass der Ansatz eine hohe Genauigkeit und Berechnungsgeschwindigkeit erzielt.
[HPKT2014] Parallele Algorithmen; Streaming Algorithmen; Online Learning Rel.: 4 | Nützl.: 4	Streaming Anwendungen sind häufig temporalen konzeptionellen Datenveränderungen (Concept Drift) ausgesetzt. Um dem zu begegnen, müssen in verarbeitungsintensiven Schritten mehrere AdaBoost Klassifikatoren trainiert werden. Der Beitrag entwickelt dazudrei unterschiedliche Ansätze für die Parallelisierung von AdaBoost anhand von MapReduce. Die Algorithmen werden erfolgreich evaluiert.
[HWZJ2012] Feature Selection; Online Learning Rel.: 4 | Nützl.: 4	Konventionelle Online Learning Algorithmen berücksichtigen alle Attribute im Modelltraining. Da dies im Rahmen von hochdimensionalen Datenmengen zu steigenden Berechnungszeiten führt, entwickelt der Beitrag einen Feature Se-lection Ansatz, in dem lediglich relevante Attribute im Trainingsbestand verbleiben. Die Evaluierung bestätigt die Effizienz und Effektivität der Lösung.
[IPSF2014]	

Algorithmen	Die Berechnung von Mustern in großen Datenmengen ist zeit- und rechenintensiv. Der Beitrag entwickelt einen architekturunabhängigen Optimierungsansatz für den Optimum-Path Forest Algorithmus. Hierbei verfolgt der Ansatz eine Minimierung der Spannweite des Baumes bei gleichzeitiger Minimierung des generierten Waldes. Experimente demonstrieren die Überlegenheit der Methode gegenüber traditionellen Verfahren hinsichtlich Verarbeitungsgeschwindigkeit und Genauigkeit.
Rel.: 6 Nützl.: 6	
[JiJa2016]	Spektrale Clusteranalysen sind ein etablierter Ansatz in der Clusterung von Graphen. Nichtsdestotrotz sind gegenwärtige Implementierungen unzureichend skalierbar. In diesem Zusammenhang entwickelt der Beitrag einen spektralen Clusteralgorithmus, der eine parallele Verarbeitung innerhalb von Haupt- und Grafikprozessoren gestattet. Experimente an verschiedenen Datensätzen belegen die gute Verarbeitungsgeschwindigkeit und Skalierbarkeit der Lösung.
Parallele Algorithmen, Graph Algorithmen; Grafikprozessor	
Rel.: 4 Nützl.: 4	
[JiLM2014]	Heutzutage generieren viele Anwendungen voluminöse Daten mit unbestimmtem Wert in volatilen Raten. Die Aufdeckung von Mustern in diesen unbestimmten Daten ist zeit- und rechenintensiv. Oftmals ist die Identifikation von einzelnen Mustern zweckmäßig. Um den Verarbeitungsaufwand zu verringern, entwickelt der Beitrag einen baumbasierten Algorithmus, der Nutzern die Definition von gesuchten Mustern erlaubt. Der Ansatz verwendet das MapReduce Framework und demonstriert in Experimenten eine hohe Effektivität.
Parallele Algorithmen	
Rel.: 4 Nützl.: 5	
[JPFS2016]	Daten mit multiplen Attributen werden als multidimensionale Arrays (Tensoren) repräsentiert. Hierbei findet die mathematische Zerlegung von Tensoren im Data Mining breite Verwendung. Nichtsdestotrotz ist die Skalierbarkeit bekannter Methoden gering, sodass eine Berechnung von großen Datenmengen verhindert wird. Zu diesem Zweck entwickelt der Beitrag anhand von MapReduce einen Ansatz, der eine verteilte Tensorzerlegung ermöglicht. Der Entwurf erreicht eine erhöhte Skalierbarkeit und reduziert die Jobanzahl sowie den Datenaustausch.
Matrizenberechnung; Parallele Algorithmen	
Rel.: 4 Nützl.: 4	
[JRGV2016]	Hyperparameter sind für die Modellauswahl von Data Mining Algorithmen kritisch. Die Optimierung dieser Parameter in großen Datensätzen ist berechnungsintensiv. In diesem Zusammenhang unterteilt der Beitrag den Datenbestand in einzelne Blöcke, um für diese anhand der bayesianischen Optimierung geeignete Hyperparameterkonfigurationen zu gewinnen. Diese werden global zusammengetragen, sodass eine optimale Einstellung vorliegt. Das Verfahren wird erfolgreich an zwei Data Mining Algorithmen getestet. Im Vergleich zu traditionellen Verfahren sinkt die Berechnungszeit.
Modellauswahl	
Rel.: 5 Nützl.: 5	
[JSRJ2016]	Die Aufdeckung von Assoziationen in großen Datenbeständen ist zeit- und rechenintensiv. Infolgedessen entwickelt der Beitrag einen Algorithmus, der die parallele Berechnung von Assoziationsregeln in verteilten Datenbanken erlaubt. Die Lösung wird anhand von Transaktionsdaten erfolgreich evaluiert und zeigt hohe Verarbeitungsgeschwindigkeiten.
Parallele Algorithmen	
Rel.: 4 Nützl.: 4	
[KaCF2012]	Die Graphenanalyse in großen Datenmengen ist zunehmend. Um die Implementierung von parallelen Verfahren zu vereinfachen, entwickelt der Beitrag eine Data Mining Bibliothek für Graph Algorithmen in MapReduce. Experimente in einem Hadoop Cluster bestätigen die Leistungsfähigkeit der Lösung.
Bibliothek; Graph Algorithmen	
Rel.: 6 Nützl.: 6	
[KaSS2015]	Die Echtzeitanalyse von Datenströmen bedarf leistungsfähiger Algorithmen. Existierende Clusterverfahren gestatten die Verarbeitung von großen Datenmengen, scheitern jedoch an Datensätzen mit hoher Attributanzahl. Ausgehend von dem jüngst veröffentlichten BICO Algorithmus entwickelt der Beitrag zwei neue Techniken. Beide erlauben die effiziente Berechnung von hochdimensionalen und zahlreichen Datensätzen.
Streaming Algorithmen	
Rel.: 4 Nützl.: 4	
[KBHX2014]	Die Berechnung von Mustern in großen Datenmengen ist zeit- und rechenintensiv. Um dem zu begegnen, nutzen konventionelle Ansätze parallele Algorithmen. Nichts-
Parallele Algorithmen	

Anhang 261

Rel.: 5	Nützl.: 4	destotrotz führt die lokale Ablage des zu berechnenden Modells in einzelnen Maschinen zur Überlastung des Arbeitsspeichers. In diesem Zusammenhang entwirft der Artikel ein Partitionsschema, das die Trainingsdaten und Modellvariablen im Netzwerk aufteilt. Infolgedessen werden dem Modell verschiedene Knoten zugewiesen und die parallele Verarbeitung ermöglicht. Der Ansatz wird anhand von Topic Modelling erfolgreich demonstriert.
[KHCY2016] Algorithmen		Die Verknüpfung von verschiedenen Datenquellen kann Muster im Data Mining offenlegen, die in den individuellen Beständen nicht zu erkennen waren. Nichtsdestotrotz bleiben einzelne Datenquellen häufig aufgrund von Persönlichkeitsrechten isoliert, wenngleich die Verarbeitung von großen Datenmengen mit hohen Zeit- und Ressourcenbelastungen einhergehen. In diesem Zusammenhang entwickelt die Veröffentlichung eine neue kollaborative Analysetechnik. Die Methode bildet Aggregate in jeder einzelnen Datenquelle für ausgewählte Trainingsinstanzen. Diese bilden die Grundlage für die Rekonstruktion von neuen Trainingsdaten. Infolgedessen garantiert der Ansatz eine effiziente Verarbeitung und Sicherung der Privatsphäre. Zusätzlich entwirft der Beitrag einen neuartigen Data Mining Algorithmus, der semantisch verknüpfte aber physisch getrennte Datensätze klassifiziert. Genauigkeit, Datenreduktionsrate und Berechnungseffizienz werden im Rahmen einer Fallstudie erfolgreich bestätigt.
Rel.: 5	Nützl.: 5	
[KPHF2012] Matrizenberechnung; Parallele Algorithmen		Daten mit multiplen Attributen werden als multidimensionale Arrays (Tensoren) repräsentiert. Hierbei findet die mathematische Zerlegung von Tensoren im Data Mining breite Verwendung. Nichtsdestotrotz ist die Leistungsfähigkeit bekannter Methoden gering, sodass eine Berechnung von großen Datenmengen verhindert wird. In diesem Zusammenhang entwickelt der Artikel einen skalierbaren und verteilten Algorithmus für die Tensorzerlegung. Im Rahmen der Evaluierung wird die Überlegenheit der Lösung demonstriert.
Rel.: 6	Nützl.: 4	
[KrWo2015] Online Learning; Parallele Algorithmen		Herausforderungen in der Mustererkennung sind nicht auf das Datenvolumen beschränkt. In einer nichtstationären Umgebung erschwert das Concept Drift Phänomen eine beständig gute Modellgüte. Außerdem führen praktische Gegebenheiten häufig zum sogenannten Ein-Klassen-Problem, indem lediglich Trainingsinstanzen für eine Klasse vorliegen. Um dem zu begegnen, entwickelt der Beitrag eine inkrementelle Methode, die die Gewichte einzelner Ein-Klassen-Klassifikatoren im Rahmen eines Ensemble-Klassifikators dynamisch anpasst. Der Algorithmus erlaubt eine verteilte Berechnung. Experimente demonstrieren die Nützlichkeit anhand der Verarbeitung von großen Datenströmen.
Rel.: 4	Nützl.: 4	
[KSKS2014] Parallele Algorithmen		Die Berechnung von Clustern in großen Datenmengen ist zeit- und rechenintensiv. Der Beitrag entwickelt mithilfe des MapReduce Frameworks den neuen Clusteralgorithmus DBCURE-MR. Experimente zeigen, dass die Methode eine robuste und skalierbare Berechnung von großen Datensätzen erlaubt.
Rel.: 4	Nützl.: 4	
[LBZZ2016] Graph Algorithmen		Community-Erkennung ist ein Forschungsfeld im Rahmen von Big Data. Hierbei wird eine Community als eine Gruppe von eng aneinander liegenden Knoten in einem Netzwerk verstanden. Gleichwohl können Knoten mehreren Gruppen angehören, um ihre Rollen und Funktionen widerzuspiegeln. Nichtsdestotrotz sind derzeitige Methoden mit einer überlappenden Community-Erkennung überfordert. Infolgedessen entwickelt der Beitrag einen neuartigen graphbasierten Algorithmus, der im Vergleich zu bestehenden Lösungen die Auffindungsgeschwindigkeit von überlappenden Gruppen um den Faktor 10 reduziert.
Rel.: 6	Nützl.: 6	
[LDBH2015] Parallele Algorithmen; Unausgeglichene Klassifizierung		Die Klassifikation in großen Datenmengen ist zeit- und rechenintensiv. Erschwerend kommt hinzu, dass die Klassenverteilung in Trainingssätzen häufig ungleich verteilt ist. Infolgedessen treffen Modelle fehlgeleitete Vorhersagen. Um dem zu begegnen, entwickelt der Beitrag den neuartigen Klassifikator Chi-FRBCS-BigDataCS. Der Algorithmus ermöglicht die Betrachtung von unterrepräsentierten Klassen anhand von Fuzzy-Regeln. Die Implementierung folgt dem MapReduce Framework, um eine skalierbare Verarbeitung zu ermöglichen. Die Leistungsfähigkeit der Lösung wird anhand von 24 Fallstudien demonstriert.
Rel.: 6	Nützl.: 6	

[LHLZ2015] Parallele Algorithmen Rel.: 4 Nützl.: 5	Die Ableitung von Rückschlüssen aus steigenden semantischen Daten in wachsenden Ontologien ist zeit- und ressourcenintensiv. Um dem zu begegnen, entwickelt der Beitrag einen inkrementellen und verteilten Inferenz Algorithmus anhand von MapReduce. Die Anwendung innerhalb der Evaluierung verdeutlicht eine reduzierte Speichernutzung und eine beschleunigte Verarbeitung.
[LiTL2015] Hierarchische Klassifikation; Unausgeglichene Klassifizierung Rel.: 6 Nützl.: 5	In Big Data Projekten besteht häufig die Notwendigkeit, Objekte in eine von tausend möglichen Kategorien zu klassifizieren. Dies ist oft mit hohen Testkosten und unausgeglichenen Klassenverteilungen verbunden. Um dem zu begegnen, entwickelt der Beitrag einen MF-Tree Klassifikator. Dieser ermöglicht die hierarchische und ausgeglichene Klassifizierung von Objekten. Experimente belegen die Effizienz der Lösung gegenüber vergleichbaren Ansätzen.
[LiWT2015] Parallele Algorithmen Rel.: 4 Nützl.: 4	Die Ableitung von Assoziationen in großen Datenmengen ist zeit- und rechenintensiv. Der Beitrag entwickelt einen neuartigen Algorithmus für die parallele Analyse von Assoziationen anhand von MapReduce. Der Ansatz wird erfolgreich in einem Hadoop Framework für synthetische und reale Daten evaluiert.
[LJHZ2017] Streaming Algorithmen; Online Learning Rel.: 6 Nützl.: 6	Collaborative Topic Regressionen für Empfehlungssysteme sind in den letzten Jahren erfolgreich in zahlreichen Anwendungen eingesetzt worden. Nichtsdestotrotz ist der Algorithmus stapelorientiert, sodass die Verarbeitung von Datenströmen verhindert wird. Im Rahmen des Online Learnings entwickelt der Beitrag ein neues Inferenzmodell. Dieses erlaubt die skalierbare und effiziente Berechnung von Datenströmen. Evaluierungen an realen Datensätzen demonstrieren die Überlegenheit des Algorithmus gegenüber bestehenden Lösungen.
[LMGR2016] Parallele Algorithmen Rel.: 4 Nützl.: 4	Um die Qualität von Clusteranalysen sicherzustellen, existieren Methoden, die die optimale Anzahl an Clusterzentren automatisch bestimmen. Nichtsdestotrotz sind die bestehenden Ansätze aufgrund von mangelhaften Distanzmaßen im Umgang mit großen Datenmengen ungenau. In diesem Zusammenhang entwickelt der Beitrag zwei neue Indizes für die Bestimmung der optimalen Clusteranzahl in Spark. Experimente bestätigen die Leistungsfähigkeit der Lösung.
[LoHW2016] Streaming Algorithmen; Online Learning Rel.: 5 Nützl.: 5	Herausforderungen in der Mustererkennung sind nicht auf das Datenvolumen beschränkt. In einer nichtstationären Umgebung erschwert das Concept Drift Phänomen eine beständig gute Modellgüte. Zu diesem Zweck entwickelt der Beitrag ein selbstjustierendes Speichermodell für den KNN Algorithmus. Dieses erlaubt den erfolgreichen Umgang mit nichtperiodischen Datenveränderungen. Experimente demonstrieren die Nützlichkeit der Lösung anhand von großen Datenströmen.
[LQJT2016] Feature Selection; Parallele Algorithmen Rel.: 4 Nützl.: 4	Die Berücksichtigung aller Attribute im Data Mining führt bei hochdimensionalen Datensammlungen zu steigenden Berechnungszeiten. Lasso Regression ist eine etablierte Methode, um eine automatische Selektion von relevanten Attributen zu ermöglichen. Trotz parallelisierter Verarbeitungsmechanismen können existierende Methoden die Konvergenz der verbleibenden Attribute nicht garantieren. Um dem zu begegnen, entwickelt der Beitrag zwei parallelverarbeitende Algorithmen. Diese reduzieren die Attributanzahl bei Einhaltung von Konvergenzkriterien. Evaluierungen an realen Datensätzen demonstrieren die Leistungsfähigkeit der Lösung gegenüber konventionellen Verfahren.
[Luts2015] Parallele Algorithmen Rel.: 5 Nützl.: 4	Die Regressionsberechnung in großen Datenmengen ist zeit- und verarbeitungsintensiv. Daher entwickelt der Beitrag einen MapReduce Algorithmus für die semi-parametrische Regression. Dieser erlaubt die verteilte Berechnung in Echtzeit oder im Stapelverfahren. Des Weiteren gestattet die Lösung bei gravierenden Datenveränderungen eine dynamische Parameteranpassung. Die Leistungsfähigkeit der Methode wird im Rahmen einer Evaluierung positiv bestätigt.
[LWZF2015] Parallele Algorithmen Rel.: 4 Nützl.: 4	Die Berechnung von Assoziationen in großen Datenmengen ist zeit- und rechenintensiv. Der Beitrag entwickelt mithilfe des MapReduce Frameworks Verbesserungen für den Peclat Algorithmus. Experimente zeigen, dass die Methode eine skalierbare Berechnung in großen Datensätzen erlaubt und existierende MapReduce Lösungen übertrifft.

Anhang 263

[LYSZ2016] Parallele Algorithmen Rel.: 5 | Nützl.: 5	Die Berechnung von Assoziationen in großen Datenmengen ist zeit- und rechenintensiv. Um dem zu begegnen, entwickelt der Beitrag einen neuen Algorithmus anhand von Spark. Das Verfahren nutzt eine dünnbesetzte boolesche Matrix und erlaubt eine parallele Verarbeitung. Im Rahmen der Evaluierung wird deutlich, dass die Lösung vergleichbaren Ansätzen überlegen ist.
[LZCS2014] Parallele Algorithmen Rel.: 4 | Nützl.: 4	Stochastische Gradientenverfahren sind beliebt im Rahmen von großskalierten Optimierungsproblemen. Nichtsdestotrotz führt die parallele Ausführung bei steigender Jobanzahl zu einer geringeren Konvergenzrate. Um dem zu begegnen, entwickelt der Beitrag eine Schätzmethode, die eine stabile Konvergenz bei zunehmender Jobanzahl garantiert. Experimente belegen die Überlegenheit der skalierbaren Lösung gegenüber konventionellen Verfahren.
[LZCS2016] Parallele Algorithmen Rel.: 5 | Nützl.: 5	Lazy Assoziationsanalysen verarbeiten Daten sequenziell. Dies verhindert eine zeitnahe und effiziente Berechnung von großen Datenmengen. Um dem zu begegnen, entwickelt der vorliegende Beitrag einen verteilten Algorithmus für die Lazy Assoziationsanalyse, dessen Verarbeitung innerhalb der Spark-Engine erfolgt. Am Beispiel von fünf unterschiedlichen Datensätzen wird die effiziente Berechnung gegenüber vergleichbaren Algorithmen erfolgreich bestätigt.
[LZLY2016] Algorithmen; Matrizenberechnung Rel.: 4 | Nützl.: 4	Kollaborative Filter in Empfehlungssystemen nutzen nichtnegative Modelle aus der Matrix-Faktorisierung. Nichtsdestotrotz ist die Berechnungskomplexität dieser Techniken hoch, sodass eine Anwendung in großen Datenmengen ausbleibt. Um dem zu begegnen, entwickelt der Beitrag ein nichtnegatives Latentfaktormodell für kollaborative Filter. Dieses erlaubt die effiziente Handhabung von extrem unbesetzten Matrizen. Experimente bestätigen die hohe Leistungsfähigkeit der Methode.
[MaTH2014] Parallele Algorithmen Rel.: 5 | Nützl.: 5	Die Klassifikation von großen Datenmengen anhand von klassischen KNN Algorithmen ist zeit- und rechenintensiv. Der Beitrag entwickelt mithilfe des MapReduce Frameworks einen neuen KNN Algorithmus. Experimente zeigen, dass die Methode eine robuste, parallele und skalierbare Berechnung in großen Datensätzen erlaubt.
[MCTZ2015] Parallele Algorithmen Rel.: 4 | Nützl.: 4	Die personifizierte Empfehlung ist in großen Datenmengen zeit- und ressourcenintensiv. Um dem zu begegnen, formuliert der Beitrag die Personifizierung als Optimierungsproblem und entwickelt mehrere Algorithmen, die eine verteilte Verarbeitung ermöglichen. Die Lösung erlaubt den Betrieb innerhalb eines Clusters oder auf einem Endgerät. Experimente an realen Daten bestätigen die Leistungsfähigkeit der Entwicklung.
[MHFN2015] Algorithmen Rel.: 5 | Nützl.: 4	Sensordaten aus dem Internet of Things sind kontinuierlich. Die Ablage und Verarbeitung dieser Informationen in Datenbanken ist zeit- und ressourcenintensiv. In diesem Zusammenhang entwickelt der Beitrag ein kontinuierliches Vorhersagemodell, das diese hochvolatilen Daten anhand eines Metaattributs kontinuierlich abspeichert. Im Rahmen der Evaluierung verdeutlicht der Beitrag die Speicher- und Verarbeitungseffizienz der Lösung.
[MLLF2017] Algorithmen Rel.: 5 | Nützl.: 5	Stochastische Gradientenverfahren sind beliebt im Rahmen von großskalierten Optimierungsproblemen. Nichtsdestotrotz ist die Fehlerrate von traditionellen Verfahren hoch, da die Trainingsmengen in der Modellberechnung klein gewählt werden. Um dem zu begegnen, entwickelt der Beitrag ein neues stochastisches Gradientenverfahren. Die Lösung ermöglicht eine schnelle Verarbeitung und genaue Vorhersagen.
[MLYL2017] Parallele Algorithmen Rel.: 5 | Nützl.: 5	Die Klassifikation von großen Datenmengen anhand von Entscheidungsbäumen ist zeit- und rechenintensiv. Infolgedessen entwirft der Artikel mithilfe des MapReduce Frameworks einen neuen C4.5 Algorithmus für Entscheidungsbäume. Experimente zeigen, dass die Methode eine robuste, parallele und skalierbare Berechnung in großen Datensätzen erlaubt.
[MoBA2017] Feature Selection Rel.: 4 | Nützl.: 5	Das Modelltraining in großen Datenmengen ist auf Grund der Attribut- und Instanzenanzahl zeit- und ressourcenintensiv. Infolgedessen entwickelt der Beitrag einen Feature Selection und Instance Selection Ansatz. Beide Algorithmen partitionieren die Trainingsbeispiele und erlauben eine verteilte Verarbeitung. Experimente an unterschiedlichen Datensätzen zeigen eine hohe Berechnungseffizienz und eine gute Genauigkeit.

[MoGM2016] Streaming Algorithmen; Online Learning Rel.: 6 Nützl.: 6	Herausforderungen in der Mustererkennung sind nicht auf das Datenvolumen beschränkt. In einer nichtstationären Umgebung erschwert das Concept Drift Phänomen eine beständige Modellgüte. Deshalb entwickelt der Beitrag für die Analyse von Datenströmen ein generisches Data Mining Framework. Kontinuierlich aktualisiert die Lösung Modellparameter, um Datenveränderungen zu begegnen. Der Ansatz wird in der Logistikindustrie erfolgreich getestet.
[MVVV2016] Parallele Algorithmen Rel.: 5 Nützl.: 5	Die Berechnung von Mustern in großen Datenmengen ist zeit- und rechenintensiv. Um dem zu begegnen, ermöglicht Spark die parallele und iterative Berechnung von Data Mining Modellen. Trotz der hohen Verarbeitungsgeschwindigkeit von parallelen Implementierungen besteht häufig die Notwendigkeit, den Datenaustausch zwischen verteilten Datenknoten aufgrund des Datenschutzes (z.B. medizinische Informationen) einzuschränken. In diesem Zusammenhang entwickelt der Beitrag zwei iterative Algorithmen für die Data Mining Modelle K-Means und ID3 in Spark. Beide Implementierungen verfolgen eine Aggregation der Daten innerhalb der lokalen Datenknoten, sodass die eigentliche Vorhersage unter datenschutzkonformen Bedingungen getroffen wird. Es zeigt sich im Rahmen der Evaluierung, dass die entwickelten Algorithmen die konventionellen K-Means und ID3 Varianten in Spark übertreffen.
[MWCZ2016] Algorithmen Rel.: 5 Nützl.: 5	Die Berechnung von Mustern in großen Datenmengen ist zeit- und rechenintensiv. Um dem zu begegnen, entwickelt der Beitrag eine Erweiterung für den Bayes Klassifikator. Dieser nutzt einen Out-of-Core Ansatz, sodass nicht alle Daten für das Modelltraining in den Hauptspeicher geladen werden müssen. Experimente zeigen eine hohe Verarbeitungsgeschwindigkeit und Genauigkeit.
[NaSK2012] Parallele Algorithmen; Online Learning Rel.: 4 Nützl.: 5	Clusteranalysen und kollaboratives Filtern sind in großen Datenmengen zeit- und ressourcenintensiv. Infolgedessen entwickelt der Beitrag ein hierarchisches Design für einen verteilten clusterbasierten Algorithmus im Rahmen des kollaborativen Filterns. Der Ansatz wird zum einen für die Offline- und zum anderen für die Online-Verarbeitung implementiert. Beide Varianten werden erfolgreich an Netflix und Yahoo KDD Cup Daten getestet. Die Evaluierung demonstriert eine hohe Skalierbarkeit und Modellgüte in Mehrkernprozessorarchitekturen.
[NNLP2016] Parallele Algorithmen; Online Learning Rel.: 4 Nützl.: 4	Die Klassifikation in großen Datenmengen ist zeit- und rechenintensiv. In diesem Zusammenhang entwickelt der Beitrag einen SVM Algorithmus, der eine parallele Verarbeitung in Apache Spark ermöglicht. Die Lösung gestattet eine dynamische Modellanpassung im Betrieb und erlaubt die Handhabung von neu entstandenen Klassen. Experimente bestätigen die Skalierbarkeit und Vorhersagegüte der Methode.
[NNLV2016] Parallele Algorithmen Rel.: 5 Nützl.: 5	Die logistische Regression erfreut sich breiter Beliebtheit im Rahmen von Big Data. Nichtsdestotrotz ist die Methode gegenüber dem Concept Drift Phänomen und sich neu entwickelnden Klassenarten sensibel. In diesem Zusammenhang entwickelt der Beitrag eine neue Variante der logistischen Regression für Spark, die eine verteilte Berechnung in einer Iteration ermöglicht. Infolgedessen werden Klassenverschiebungen zeitnah aufgedeckt. Die Leistungsfähigkeit der Methode wird erfolgreich an einem großen Datensatz evaluiert.
[NPST2016] Parallele Algorithmen Rel.: 5 Nützl.: 4	Die Berechnung von Mustern in großen Datenmengen ist zeit- und rechenintensiv. Der Beitrag entwickelt einen neuartigen KNN Algorithmus anhand von MapReduce. Innovative Distanzzerlegungen gestatten zeitnahe Klassifikationen. Der Algorithmus erlaubt eine verteilte Ausführung und bestätigt in Experimenten eine effiziente, robuste und skalierbare Verarbeitung.
[NSCL2017] Algorithmen Rel.: 5 Nützl.: 5	Häufig sind große Datenmengen zur Mustererkennung dünn besetzt. Dies führt zu zeit- und ressourcenintensiven Berechnungen. In diesem Zusammenhang entwickelt der Beitrag ein dichteabhängiges Quantisierungsschema. Dieses dient als Vorverarbeitungsschritt für einen Least Squares SVM Algorithmus, in dem dünn besetzte Attribute anhand der Nyström Methode approximiert werden. Experimente an synthetischen Daten zeigen eine Reduzierung des Datensatzes und eine Beschleunigung der Verarbeitungsgeschwindigkeit.
[OrZC2016]	

Anhang

Matrizenberechnung; Parallele Algorithmen; Array Datenbank Rel.: 6 | Nützl.: 4	Die Verdichtung von Daten ist ein essenzieller Mechanismus, um die Verarbeitung von Algorithmen in großen Datensätzen zu beschleunigen. Da Array Datenbanken eine skalierbare Berechnung von großen Matrizen erlauben, entwickelt der Beitrag einen parallelen Array Operator, der die Daten in einer Matrix verdichtet. Anschließend profitieren statistische Modelle wie lineare Regressionen von der komprimierten Datendarstellung und führen effiziente parallele Verarbeitungen innerhalb der Array Datenbank aus. Experimente zeigen die Leistungsüberlegenheit der Lösung gegenüber spaltenorientierten Datenbanken und Apache Spark.
[PaMK2016] Parallele Algorithmen; Graph Algorithmen Rel.: 5 | Nützl.: 5	Das zählen von Dreiecken ist für Netzwerkanalysen von hoher Bedeutung (Gruppenaufdeckung, Betrugserkennung, etc.). Nichtsdestotrotz scheitern moderne MapReduce Algorithmen an der Verarbeitung von großen Datenmengen, da die Shuffle-Implementierung keine effiziente Berechnung erlaubt. In diesem Zusammenhang entwickelt die Veröffentlichung eine leistungsfähigere Version. Diese gestattet eine um den Faktor 47 beschleunigte Zählung von Dreiecken.
[PLCV2016] Dateiformat Rel.: 5 | Nützl.: 5	In Anbetracht steigender Datenmengen ist eine effiziente und schnelle Verarbeitung im Rahmen von Data Mining unerlässlich. In diesem Zusammenhang entwickelt der Beitrag eine neue Datenstruktur. Diese erlaubt eine massive Datenreduzierung und kann ohne weitere Anpassungen von einer Vielzahl von etablierten Data Mining Algorithmen angewendet werden. Experimente demonstrieren eine hohe Verarbeitungsgeschwindigkeit.
[PoBe2017] Parallele Algorithmen Rel.: 6 | Nützl.: 5	Hauptkomponentenanalysen und K-Means sind in großen Datenmengen zeit- und ressourcenintensiv. In diesem Zusammenhang entwickelt der Beitrag ein Kompressionsschema, das lediglich einen Bruchteil der Instanzen einer Datensammlung berücksichtigt. Die resultierende Matrix ist dünn besetzt und erlaubt eine effiziente, verteilte Verarbeitung. Experimente belegen die Leistungsfähigkeit der Lösung anhand von K-Means und der Hauptkomponentenanalyse.
[PQBP2016] Parallele Algorithmen Rel.: 6 | Nützl.: 5	Kollaborative Filter finden in Empfehlungssystemen Verwendung. Nichtsdestotrotz ist das Modelltraining in großen Datenmengen zeit- und ressourcenintensiv. In diesem Zusammenhang entwickelt der Beitrag einen neuen kollaborativen Filteralgorithmus für binäre Bewertungen. Der Ansatz ermöglicht eine parallele Verarbeitung, qualitative Analyseergebnisse und einen verminderten Berechnungsaufwand.
[Puur2012] Algorithmen; Multi-Label Klassifizierung Rel.: 5 | Nützl.: 5	Die Verarbeitung von großen Dokumentensammlungen ist zeit- und ressourcenintensiv. Entgegen weitverbreiteten Parallelisierungsansätzen verfolgt der vorliegende Beitrag die Berechnung von dünnbesetzten Datensätzen. Dieser Ansatz reduziert die Komplexität der Trainingsinstanzen und infolgedessen auch der Berechnungszeit. In diesem Zusammenhang entwickelt der Beitrag einen multinominalen Naive Bayes Klassifikator für dünnbesetzte Daten und zeigt Möglichkeiten für Erweiterungen im Rahmen der Multi-Label Klassifizierung auf. Der Ansatz wird erfolgreich an fünf Datensätzen getestet.
[QGYH2014] Parallele Algorithmen Rel.: 6 | Nützl.: 6	Traditionell verarbeiten Assoziationsanalysen Daten sequenziell. Dies verhindert eine zeitnahe und effiziente Berechnung von großen Datenmengen. Neuere Ansätze verfolgen eine parallele Verarbeitung anhand von MapReduce, wenngleich der hohe Kommunikationsaufwand zwischen einzelnen Nodes zu einem hohen Berechnungsaufwand führt. In diesem Zusammenhang entwickelt der Beitrag einen neuartigen Apriori Algorithmus für das Spark Framework. Der Ansatz erlaubt eine verteilte Verarbeitung und verdeutlicht seine Überlegenheit gegenüber MapReduce Implementierungen im Rahmen von Experimenten.
[QiYG2015] Algorithmen; Online Learning Rel.: 5 | Nützl.: 5	Das Modelltraining in Echtzeit ist in großen Datenmengen zeit- und ressourcenintensiv. In diesem Zusammenhang entwickelt die Veröffentlichung für das Online Learning einen neuen SVM Algorithmus. Dieser ermöglicht dynamische Modellanpassungen bei veränderten Datenausprägungen und gestattet ein nutzerkontrolliertes Training. Die Implementierung ist ressourceneffizient und erlaubt eine beschleunigte Verarbeitung.
[QYIF2014]	

Parallele Algorithmen Rel.: 5　Nützl.: 5	Die Berechnung von Zeitreihenanalysen in großen Datenmengen ist zeit- und rechenintensiv. Um dem zu begegnen, entwickelt der Beitrag einen Algorithmus für die parallele Verarbeitung von Zeitreihenanalysen. Experimente belegen die Leistungsfähigkeit und Ressourceneffizienz der Lösung. Infolgedessen wird der Ansatz in die freizugängliche *MADlibis* Bibliothek integriert.
[RBNT2015] Parallele Algorithmen Rel.: 5　Nützl.: 5	Die Aufdeckung von Eventkorrelationen in großen Datenmengen ist zeit- und ressourcenintensiv. Um dem zu begegnen, entwickelt der Beitrag parallelverarbeitende Algorithmen, die Beziehungen zwischen Ereignissen identifizieren können. Die Implementierung erfolgt anhand von MapReduce und Experimente belegen die Skalierbarkeit und Leistungsfähigkeit der Lösung.
[RCMB2013] Distanzmaß Rel.: 4　Nützl.: 4	Oft unterliegen Zeitreihenanalysen einer internen Suche nach ähnlichen Datenpunkten. In großen Datenmengen ist dieser Vergleich anhand von konventionellen Distanzmaßen (bspw. Euklidischer Abstand) zeit- und ressourcenintensiv. Infolgedessen verfolgt der Beitrag die Identifikation von ähnlichen Datenpunkten durch die dynamische Zeitnormierung. Am Beispiel von einer Trillion Trainingsinstanzen demonstriert der Ansatz seine Leistungsfähigkeit.
[ReBo2015] Parallele Algorithmen Rel.: 5　Nützl.: 5	Die Identifikation von Mustern in großen Datenmengen mithilfe der multiplen linearen Regression ist zeit- und rechenintensiv. Um dem zu begegnen, entwickelt der Artikel anhand des MapReduce Frameworks einen neuen Algorithmus für die verteilte Verarbeitung. Experimente zeigen, dass die Methode eine robuste, parallele und skalierbare Berechnung in großen Datensätzen erlaubt.
[Rekh2015] Ausreißeranalyse; Parallele Algorithmen Rel.: 5　Nützl.: 5	Ausreißeranalysen verbessern die Genauigkeit von Data Mining Modellen. Der Support Vector Data Description Ansatz leistete in der Vergangenheit gute Ergebnisse. Nichtsdestotrotz ist die Anwendung dieses Verfahrens in großen Datenmengen zeit- und ressourcenintensiv. Infolgedessen entwickelt der Beitrag eine neue Version des Algorithmus anhand von MapReduce. Experimente demonstrieren die Leistungssteigerung der Lösung gegenüber traditionellen Ansätzen.
[RLMB2017] Feature Selection; Parallele Algorithmen; Grafikprozessor Rel.: 4　Nützl.: 4	Feature Selection erlaubt die Reduzierung des Vektorraums. Eine beliebte Methode ist das Minimum-Redundancy-Maximum-Relevance-Verfahren. Um die Berechnungsgeschwindigkeit zu beschleunigen, entwickelt der Beitrag drei neuartige Versionen der Technik. Diese gestatten die getrennte Verarbeitung im Hauptprozessor, im Grafikprozessor oder in Apache Spark. Die Leistungsfähigkeit der Algorithmen wird im Rahmen einer Evaluierung erfolgreich bestätigt.
[SaAM2015] Parallele Algorithmen Rel.: 5　Nützl.: 4	Die Aufdeckung von Assoziationen in großen Datenbeständen ist zeit- und ressourcenintensiv. Um dem zu begegnen, entwickelt der Beitrag einen neuartigen Algorithmus für die Assoziationsanalyse. Der Ansatz nutzt eine effiziente Partitionierungsstrategie, in der jede Partition parallel vom Algorithmus verarbeitet wird. Im Rahmen der Evaluierung wird die Effizienz und Skalierbarkeit erfolgreich überprüft.
[SaAM2017] Parallele Algorithmen Rel.: 4　Nützl.: 4	Die Berechnung von Mustern in großen Datenmengen ist zeit- und rechenintensiv. In diesem Zusammenhang entwickelt der Beitrag einen neuen Algorithmus für die Assoziationsanalyse. Der Ansatz gestattet eine parallele Verarbeitung und ist hochskalierbar. Experimente an realen Datensätzen verdeutlichen die Leistungsfähigkeit und Nützlichkeit der Lösung.
[SBKV2016] Algorithmen Rel.: 6　Nützl.: 5	Kollaborative Filter erlauben die personalisierte Empfehlung von Produkten. Oft erfolgt dies für Ein-Klassen-Vorhersagen, wenngleich die existierenden Prozeduren über eine geringe Skalierbarkeit verfügen. Um dem zu begegnen, entwickelt der Beitrag einen leistungsfähigen Ein-Klassen-Algorithmus für kollaborative Filter mit linearer Komplexität. Die Evaluierung verdeutlicht, dass die Lösung vergleichbaren Ansätzen überlegen ist.
[ScWP2016] Parallele Algorithmen Rel.: 4　Nützl.: 4	Die Berechnung von Mustern in großen Datenmengen ist zeit- und rechenintensiv. Der Beitrag entwickelt für das dezentrale Modelltraining einen neuartigen Algorithmus für Neuronale Netze. Experimente belegen die Leistungsfähigkeit der Lösung
[SiGA2016]	

Anhang 267

Parallele Algorithmen; Bibliothek; MPI	Apache Spark und die zugehörige Data Mining Bibliothek *MLib* finden breite Verwendung in der Analyse von großen Datensätzen. Gleichwohl ist nicht abgesichert, ob Spark die leistungsfähigste Verarbeitung ermöglicht. Infolgedessen entwickelt der Beitrag eine eigene Bibliothek und Plattform anhand von C++ und MPI. Die Bibliothek beinhaltet vier Algorithmen (K-Means, lineare Regression, SVM, Gaußsches Mischverteilmodell) und erlaubt die Einbindung in Skala Programme. Experimente belegen die Überlegenheit der Lösung gegenüber Apache Spark.
Rel.: 6 Nützl.: 6	
[SoCT2016] Algorithmen	Die Berechnung von Clustern in großen Datenmengen ist zeit- und rechenintensiv. Um dem steigenden Datenvolumen zu begegnen, entwickelt der Artikel eine metrikbasierte Zugriffsmethode für Clusteranalysen. Diese beschleunigt die Clusterpartitionierung durch interne Knotenseparation. Die Modellgüte und Verarbeitungsgeschwindigkeit werden in Experimenten bestätigt.
Rel.: 5 Nützl.: 5	
[SSAL2016] Streaming Algorithmen; Online Learning	Die Berechnung von Assoziationen in großen Datenströmen ist komplex und rechenintensiv. Hierbei sind sowohl Veränderungen in Dateninhalten (Concept Drift) als auch in der Datengenerierungsrate (Systemauslastung) zu beobachten. Um einen effizienten Ressourcenverbrauch zu gewährleisten, entwickelt der Beitrag eine neuartige Datenstruktur, während ein wahrscheinlichkeitsbasierter Sliding Window Mechanismus das Concept Drift Phänomen in Assoziationsanalysen adressiert. Experimente bestätigen die Überlegenheit des Ansatzes gegenüber vergleichbaren Lösungen.
Rel.: 4 Nützl.: 4	
[TFLW2016] Online Learning; Parallele Algorithmen	Online Learning ist eine weitverbreitete Echtzeittechnik im Rahmen von Empfehlungssystemen. Ausgehend von vorrangegangenen Erkenntnissen, entwickelt die Publikation einen parallelverarbeitenden Algorithmus, der die letzten Aktionen eines Nutzers höher gewichtet. Der Ansatz erlaubt eine Einbindung in die verteilten Plattformen Apache Spark und Petuum und erreicht eine hohe Genauigkeit und Verarbeitungsgeschwindigkeit innerhalb der Evaluierung.
Rel.: 5 Nützl.: 5	
[TSRG2017] Streaming Algorithmen; Parallele Algorithmen; Online Learning	Herausforderungen in der Mustererkennung sind nicht auf das Datenvolumen beschränkt. In Streaming Umgebungen erschwert das Concept Drift Phänomen eine beständige gute Modellgüte. Darüber hinaus unterstützen die meisten Algorithmen keine parallele Verarbeitung. Infolgedessen entwickelt der Beitrag einen neuen KNN Algorithmus. Dieser erlaubt die parallele Echtzeitverarbeitung von Datenströmen und die Aufdeckung von Konzeptveränderungen. Güte, Berechnungsgeschwindigkeit und Anpassungsfähigkeit werden an einem realen Datensatz bestätigt.
Rel.: 4 Nützl.: 4	
[TSYP2016] Algorithmen	Die Identifikation von Mustern in großen Datenbeständen ist anhand der linearen Regression zeit- und rechenintensiv. Um dem zu begegnen, entwickelt der Beitrag einen neuen Algorithmus, der die partielle kleinste Quadrate Regression ermöglicht. Der Ansatz ist hoch skalierbar und gestattet eine simple Interpretation der Ergebnisse. Experimente an großen hochdimensionalen Datenbeständen bestätigen die Genauigkeit und Verarbeitungseffizienz der Lösung.
Rel.: 5 Nützl.: 4	
[TWWL2013] Dichteschätzer	Dichteschätzer sind grundlegende Modellierungsmechanismen und weit verbreitet im Data Mining. Nichtsdestotrotz ist die Berechnung in großen Datenmengen zeit- und ressourcenintensiv. In diesem Zusammenhang entwickelt der Beitrag einen neuen Dichteschätzer mit geringer Komplexität. Um die Leistungsfähigkeit der Methode zu belegen, ersetzt die Veröffentlichung den originären Dichteschätzer mit dem eigenen aus dem etablierten DBSCAN, Local Outlier Factor und Naive Bayes Algorithmen. Die Evaluierung bestätigt die Leistungsfähigkeit der Lösung in großen Datensätzen.
Rel.: 5 Nützl.: 5	
[ViRi2014] Graph Algorithmen	Traditionelle Algorithmen für Warenkorbanalysen führen zu langwierigen Berechnungen. Um dem zu begegnen, entwickelt der Beitrag einen neuartigen Graph Algorithmus, der eine zeitnahe Berechnung von 238.000.000 Transaktionen gestattet.
Rel.: 5 Nützl.: 5	
[WaLC2017] Parallele Algorithmen	Paralleles und verteiltes Rechnen sind adäquate Ansätze, um große Datenmengen in Assoziationsanalysen zu verarbeiten. Hierbei kann der Suchraum mit dem MISFP-Growth-Algorithmus reduziert werden, indem die Verarbeitung auf Wiederaufbau

Rel.: 4	Nützl.: 4	und nachträgliche Beschneidung verzichtet. Um ein verteiltes Rechnen zu ermöglichen, entwickelt der Beitrag eine neue Version von MISFP-Growth anhand von MapReduce. Experimente zeigen eine effizientere Verarbeitung bei genauerer Vorhersageleistung.
[WeCY2016] Unsupervised Learning; Feature Selection		Die Berechnung von Mustern in großen Datenmengen ist zeit- und rechenintensiv. Feature Selection erlaubt eine beschleunigte Modellberechnung, indem lediglich relevante Attribute im Datensatz verbleiben. Nichtsdestotrotz bedingen konventionelle Ansätze eine vorrausgehende Klassifizierung der Trainingsinstanzen. Meist ist dies mit erheblichen Kosten verbunden, sodass der Beitrag eine unüberwachte Feature Selection Methode anstrebt. Diese nutzt den Kernelraum, um eine Reihe von Attributen zu finden, die am besten mit den ursprünglichen Attributen im Kernelbereich übereinstimmen. Infolgedessen entwickelt der Beitrag die Spectral Projected Gradient Methode, um das Optimierungsproblem zu lösen. Experimentelle Ergebnisse an realen Datensätzen zeigen, dass der vorgeschlagene Ansatz konventionelle Herangehensweisen übertrifft.
Rel.: 5	Nützl.: 5	
[WHCO2015] Parallele Algorithmen		Die Berechnung von Mustern in großen Datenmengen ist zeit- und rechenintensiv. Der Beitrag entwickelt einen neuartigen Baum-Klassifikator. Dieser nutzt die Entropie als Splitkriterium und gestattet eine parallele Verarbeitung. Experimente an unterschiedlichen Datensätzen demonstrieren die Effektivität der Lösung.
Rel.: 4	Nützl.: 4	
[WHQL2015] Parallele Algorithmen; Online Learning		Die Berechnung von Mustern in großen Datenströmen ist zeit- und rechenintensiv. In diesem Zusammenhang entwickelt der Beitrag einen neuartigen Algorithmus für Neuronale Netze anhand von MapReduce. Das Verfahren erlaubt bei neueingehenden Daten dynamische Modellanpassungen, um die Vorhersageaktualität sicherzustellen. Experimente an realen und synthetischen Daten bestätigen die Leistungsfähigkeit der Lösung.
Rel.: 5	Nützl.: 5	
[WWZW2014] Streaming Algorithmen; Online Learning		Die Berechnung von Mustern in großen Datenströmen ist zeit- und rechenintensiv. Viele existierende Streaming Methoden verwenden Stapelverfahren, die eine effiziente und skalierbare Verarbeitung verhindern. Um dem zu begegnen, entwickelt der Beitrag einen neuartigen Streaming Algorithmus. Dieser berechnet eingehende Informationen sofort und passt das Vorhersagemodell den neuen Daten umgehend an. Extensive Experimente bestätigen die Leistungsfähigkeit des Verfahrens.
Rel.: 4	Nützl.: 4	
[XMZZ2017] Streaming Algorithmen; Online Learning		Die Echtzeitanalyse von Datenströmen bedarf leistungsfähiger Algorithmen. Um dem zu begegnen, entwickelt der Beitrag einen neuen Algorithmus für Rough Sets. Der Ansatz basiert auf Wahrscheinlichkeitsrechnungen und gestattet die Handhabung von dynamischen Konzeptveränderungen. Die Leistungsfähigkeit der Methode wird in der Evaluierung erfolgreich bestätigt.
Rel.: 6	Nützl.: 6	
[YaBE2016] Feature Selection; Parallele Algorithmen		In den letzten Jahren sind Trainingsdaten sowohl in der Instanzenanzahl als auch in der Attributanzahl gewachsen. Beide Eigenschaften führen zu zeit- und ressourcenintensiven Berechnungen. Feature Selection Methoden erlauben eine beschleunigte Modellverarbeitung, indem lediglich relevante Attribute im Datensatz verbleiben. Nichtsdestotrotz lassen herkömmliche Ansätze eine ausreichende Skalierbarkeit vermissen. Infolgedessen wird ein neues Feature Selection Framework für die parallele Verarbeitung von großen Datensätzen entwickelt. Güte und Laufzeit der neuen Methode werden erfolgreich evaluiert.
Rel.: 5	Nützl.: 5	
[YaFo2012] Streaming Algorithmen		Datenströme beinhalten häufig fehlerhafte Daten und müssen in Echtzeit ausgewertet werden. Um dem steigenden Datenvolumen zu begegnen, entwickelt der Beitrag einen neuen Entscheidungsbaumalgorithmus. Dieser berücksichtigt ungewöhnliche Datenausprägungen und gestattet die sofortige Klassifizierung von Instanzen. Experimente innerhalb der Evaluierung belegen eine hohe Verarbeitungseffizienz und Genauigkeit der Methode.
Rel.: 4	Nützl.: 4	
[YBXG2013] Parallele Algorithmen		Power Iteration Clustering ist ein Algorithmus, der eine schnelle und skalierbare Berechnung erlaubt. Nichtsdestotrotz muss die gesamte Modellberechnung im Hauptspeicher erfolgen. Infolgedessen ist der Ansatz für große Datenmengen ungeeignet.

Anhang

Rel.: 5	Nützl.: 5	Um dem zu begegnen, entwickelt der Beitrag eine neue Version des Algorithmus, die eine parallele Verarbeitung gestattet und nicht vom Hauptspeicher vorgehalten werden muss. Im Rahmen der Evaluierung wird deutlich, dass die Lösung eine effiziente Clusterung gewährleistet.
[YSFM2014] Parallele Algorithmen		Die Berechnung von Mustern in großen Datenmengen ist zeit- und rechenintensiv. Infolgedessen entwickelt der Beitrag einen neuartigen SVM Algorithmus. Der Ansatz gestattet eine parallele Verarbeitung und erlaubt den Einsatz in unterschiedlichen Mehrkernprozessorarchitekturen. Experimente zeigen, dass der Ansatz eine hohe Leistungsfähigkeit besitzt.
Rel.: 5	Nützl.: 6	
[YWFD2015] Multi-Label Klassifizierung		Das Klassifizierungskettenverfahren für die Multi-Label Vorhersage überwindet die Nachteile von Binärrelevanz-Methoden und erlaubt eine beschleunigte Verarbeitungsgeschwindigkeit. Trotzdem kann eine zufällig schlecht angeordnete Kette zu ungenauen Vorhersagen führen. Infolgedessen berechnet der Beitrag mehrere K-Means Modelle, um die Korrelation zwischen Klassen und Reihenfolge in binären Klassifikatoren zu bestimmen. Experimente an realen Datensätzen demonstrieren die Effizienz der Methode.
Rel.: 5	Nützl.: 6	
[ZAYM2015] Parallele Algorithmen		Die Aufdeckung von Assoziationen in großen Datenbeständen ist zeit- und rechenintensiv. Basierend auf einem primzahlbasierten Ansatz entwickelt dieser Beitrag einen neuen Algorithmus zur Assoziationsanalyse anhand von MapReduce. Die Leistungsfähigkeit der Methode wird im Rahmen einer Evaluierung erfolgreich bestätigt.
Rel.: 5	Nützl.: 5	
[ZeCL2012] Parallele Algorithmen		Paralleles und verteiltes Rechnen sind adäquate Ansätze in der Topic Modellierung, um große Datenmengen zu verarbeiten. In diesem Rahmen entwickelt der Beitrag einen neuen parallel verarbeitenden Algorithmus, der die Konvergenzgeschwindigkeit im Training erhöht. Evaluierungen demonstrieren die Überlegenheit der Methode gegenüber konventionellen Verfahren hinsichtlich Berechnungszeit und Güte.
Rel.: 5	Nützl.: 5	
[ZhLC2014] Feature Selection		Die Attributreduktion in großen Datensätzen ist zeit- und berechnungsintensiv. In diesem Zusammenhang entwickelt der Artikel eine neuartige Sichtungsmethode. Diese selektiert inaktive Attribute im Data Mining und entfernt diese vom finalen Datenbestand. Experimente zeigen eine reduzierte Verarbeitungszeit.
Rel.: 5	Nützl.: 5	
[ZhXi2016] Parallele Algorithmen		Die Identifikation von Mustern in großen Datenmengen anhand von Neuronalen Netzen ist zeit- und rechenintensiv. Der Beitrag entwickelt mithilfe des MapReduce Frameworks einen neuen Algorithmus für die verteilte Verarbeitung. Experimente zeigen, dass die Methode eine robuste, parallele und skalierbare Berechnung in großen Datensätzen erlaubt.
Rel.: 5	Nützl.: 5	
[ZZCD2013] Parallele Algorithmen; Feature Selection		Die meisten Ansätze zur Attributreduktion sehen die Verarbeitung in einer zentralen Maschine vor. Infolgedessen ist die Berechnung von großen Datenmengen zeitintensiv. Um dem zu begegnen, entwickelt der Beitrag einen Algorithmus für verteilte Umgebungen. Der Ansatz nutzt die Varianz der Datenpunkte und erlaubt den Einsatz in überwachten und unüberwachten Anwendungen. Die Evaluierung bestätigt die Leistungsfähigkeit der Attributreduktion.
Rel.: 4	Nützl.: 4	
[ZZMC2016] Parallele Algorithmen		Die Regressionsberechnung in großen Datenmengen ist zeit- und verarbeitungsintensiv. In diesem Zusammenhang entwickelt der Beitrag einen leistungsfähigen generalisierten linearen Algorithmus anhand der massensynchronen Parallelrechnung. Experimente in großen Datenbeständen belegen die reduzierte Verarbeitungsgeschwindigkeit und Effizienz der Lösung.
Rel.: 6	Nützl.: 6	

Konsequenz (Dat3): Eine manuelle Selektion und Zuordnung von Instanzen im überwachten Lernen ist im Rahmen des erhöhten Informationsangebots nicht länger praktikabel.

[ADRG2016] Instance Selection		Die Verarbeitung von großen Datenbeständen im Data Mining erfordert eine Auswahl von adäquaten Trainingsbeispielen. Instance Selection ermöglicht die automatische Selektion von repräsentativen Datensätzen. Nichtsdestotrotz ist die Verarbeitung bei großen Datensammlungen zeit- und rechenintensiv. Basierend auf Ähnlichkeitsbetrachtungen entwickelt der Beitrag zwei Instance Selection Verfahren mit linearer Komplexität. Die Nützlichkeit wird erfolgreich bestätigt.
Rel.: 4	Nützl.: 4	
[BCDV2017]		

Semi-Supervised Learning Rel.: 5 Nützl.: 5	Der vermehrte Einsatz von Integrationstechnologien hat zu großen Ontologien geführt. Nichtsdestotrotz führen ständige Weiterentwicklungen zu unvollständigen Ontologien, wenngleich eine manuelle Anpassung durch dynamische Konzeptveränderungen erschwert wird. Anhand von Sozialen Medien entwickelt der Beitrag eine Methode, die Veränderungen automatisch erfasst und einer Ontologie zuordnet. Mithilfe von Domainexperten initialisiert der Ansatz neu auftretende Themen und zugehörige Schlüsselwörter manuell. Anschließend werden die Vektoren dieser Prototypen mit Termen aus den Sozialen Medien geclustert. Hierbei verbleiben lediglich die nächsten Attribute beim ursprünglichen Prototyp, sodass dieser anhand der neuen Terme aktualisiert wird. Die Methode erlaubt eine kontinuierliche Themenaktualisierung für Entscheidungsträger. Anwendungsbeispiele in Mode, Literatur und Ausstellungen validieren den Ansatz erfolgreich.
[BCRR2014] Unsupervised Learning Rel.: 6 Nützl.: 4	Die Extraktion von semantischem Wissen ist komplex. Steigende Datenmengen erschweren die Suche und verhindern eine manuelle Annotation. In diesem Zusammenhang entwickelt der Beitrag eine Methode zur automatischen semantischen Annotation anhand von Natural Language Processing Techniken und SVM. Der Ansatz erlaubt die Erstellung einer Ontologie und unterstützt Domainexperten bei der Suche nach relevanten Informationen. Die Güte der Lösung wird erfolgreich an mehreren Anwendungsbeispielen demonstriert.
[Chen2014a] Instance Selection; Multi-Label Klassifizierung Rel.: 5 Nützl.: 5	Die Vorhersage in großen Datenbeständen ist zeit- und ressourcenintensiv. Instance Selection Methoden erlauben die Identifikation von relevanten Trainingsbespielen und gestatten eine beschleunigte Modellberechnung. Nichtsdestotrotz fehlen adäquate Verfahren im Rahmen der Multi-Label Klassifizierung. Um dem zu begegnen, entwickelt der Beitrag einen Instance Selection Algorithmus für die Multi-Label Klassifizierung. Experimente an verschiedenen Datensätzen bestätigen die Effizienz und Genauigkeit der Lösung.
[DuYM2014] Instance Selection Rel.: 5 Nützl.: 5	In den letzten Jahren wurden verstärkt Multiple-Kernel Methoden entwickelt, um dem gestiegenen Datenvolumen im Data Mining zu begegnen. Nichtsdestotrotz ist diese Berechnung zeit- und speicherintensiv. Der Beitrag reduziert diesen Aufwand, indem die Trainingsmenge anhand einer kooperativen Clusterung reduziert wird. Experimente bestätigen die positive Reduzierung von Support Vektoren und der Berechnungskomplexität.
[DZRZ2016] Instance Selection; Unausgeglichene Klassifizierung Rel.: 4 Nützl.: 4	Ungleiche Klassenverteilungen im Trainingsbestand führen zu fehlerhaften Modellen. Dieses Phänomen wird durch steigende Datenmengen verstärkt. Um dem zu begegnen, konstruieren bestehende Methoden für unterrepräsentierte Klassen neue Trainingsbeispiele. Nichtsdestotrotz führen diese Verfahren entweder zu einer hohen Komplexität oder zum Informationsverlust. Anhand von Clustertechniken entwickelt der Beitrag einen verbesserten Ensemble-Klassifikator, der die Instanzkonstruktion von unterrepräsentierten Klassen ermöglicht. Experimente an realen Datensätzen bestätigen die Leistungsfähigkeit der Methode.
[GuCP2017] Active Learning Rel.: 5 Nützl.: 4	Die manuelle Klassenzuweisung im Data Mining ist bei großen Datenbeständen zeit- und kostenintensiv. In diesem Zusammenhang verzichtet der Beitrag auf eine anfängliche Klassenzuweisung, indem Experten in das aktive Training eines Klassifikators eingebunden werden. Die Auswahl der von den Experten zu bewertenden Datenpunkte erfolgt anhand einer Heuristik, die das bestmögliche Klassifizierungsergebnis verspricht. Das Vorgehen wird erfolgreich am Beispiel der Netzwerküberwachung demonstriert.
[HSGW2013] Semi-Supervised Learning Rel.: 5 Nützl.: 5	Semi-Supervised Learning erlaubt das Modelltraining anhand von Trainingsdaten mit teilweise fehlender Klassenzuweisung. Um dieses Vorgehen in großen Datenbeständen zu unterstützen, entwirft der Beitrag einen neuen effizienten Clusteransatz. Güte und Laufzeit des neuen Vorgehens werden anhand von realen und synthetischen Datensätzen erfolgreich evaluiert.
[HWZS2015]	

Anhang

Instance Selection; Parallele Algorithmen		Die Selektion von repräsentativen Trainingsbeispielen ist komplex. Oftmals muss die Verteilung vorab berechnet werden, sodass nach der Reduzierung der Datenmenge ähnliche Charakteristiken und Verteilungen vorliegen. Im Rahmen von Big Data führt dies zu rechenintensiven Prozessen. Infolgedessen bedarf es einer Instance Selection Methode, die trotz unbekannter Verteilung die ursprüngliche erhält. Zu diesem Zweck entwirft der Artikel den *PSHS* Algorithmus. Implementiert auf Grundlage von MapReduce erlaubt die Lösung eine parallele Verarbeitung und zügige Berechnung. Die Beibehaltung der ursprünglichen Verteilung wird durch Minimal Consistent Subset und Hyper Surface Classification Techniken abgesichert. Experimente an realen und synthetischen Datensätzen zeigen ideale Verteilungen und gute Verarbeitungsgeschwindigkeiten.
Rel.: 4	Nützl.: 4	
[KiJS2016]		Ungleiche Klassenhäufigkeiten im Trainingsbestand führen zu schlechten Vorhersageergebnissen. Nichtsdestotrotz ist die automatische Selektion von repräsentativen Datensätzen im Rahmen von Big Data zeit- und speicherintensiv. Der Beitrag verknüpft Clustertechniken mit genetischen Algorithmen, um eine gleichverteilte Anzahl von Trainingsinstanzen jeder Klasse zu erhalten. Die Methode wird erfolgreich in der Bankrottvorhersage evaluiert.
Instance Selection; Unausgeglichene Klassifizierung		
Rel.: 4	Nützl.: 4	
[PHCB2015]		Die automatische Identifikation von Mustern ohne menschliche Trainingsüberwachung ist eine bekannte Herausforderung. Um dem zu begegnen, entwickelt der Beitrag einen unüberwachten Ansatz für die hierarchische Klassifizierung von großen Textsammlungen. Hierbei verfolgt die Methode eine Multi-Label Klassifikation, die eigenständig potenzielle Klassen aufspürt und spätere Instanzen in diese einordnet. Die Implementierung erlaubt eine verteilte Berechnung, sodass große Datenmengen verarbeitet werden können.
Unsupervised Learning; Multi-Label Klassifizierung; Parallele Algorithmen; Hierarchische Klassifikation		
Rel.: 4	Nützl.: 4	
[PoFe2016c]		Die hohe Anzahl von Ereignissen innerhalb der Vorhersage erschwert eine manuelle Einordnung des Trainingsbestands in relevante und irrelevante Instanzen. Bestehende automatische Ansätze sind zu heuristisch und betrachten kein Domänenwissen. Der Beitrag entwickelt einen Instance Selection Ansatz, der die Relevanz bzw. Irrelevanz von Trainingsinstanzen automatisch anhand der Effektlänge und des -ausschlags zur Zielvariablen nach Veröffentlichung bestimmt. Der Ansatz wird erfolgreich im Gashandel evaluiert.
Instance Selection		
Rel.: 5	Nützl.: 5	
[QLLG2017]		Traditionell erfolgt das Modelltraining bei Rough Sets anhand von vorklassifizierten Trainingsinstanzen. In Anbetracht der steigenden Datenmengen ist dieses Vorgehen nicht länger praktikabel. Infolgedessen entwickelt der Beitrag einen neuen Semi-Supervised Learning Ansatz. Dieser nutzt lokale Zugehörigkeiten von Rough Sets, um die verbleibenden einzuordnen. Experimentelle Überprüfungen bestätigen die Leistungsfähigkeit der Lösung.
Semi-Supervised Learning		
Rel.: 5	Nützl.: 5	
[TaXZ2016]		Die Klassifikation von großen Datenmengen anhand von bayesianischen Netzwerken ist in konventionellen Verarbeitungsplattformen zeit- und rechenintensiv. Um dem zu begegnen, entwickelt der Beitrag eine Instance Selection Methode, die eine adäquate Menge an Trainingsbeispielen aus dem gesamten Datenbestand extrahiert. Infolgedessen wird das Modelltraining beschleunigt und die Verarbeitung in konventionellen Plattformen ermöglicht. Experimente an realen und synthetischen Daten bestätigen die Leistungsfähigkeit der Methode.
Algorithmen; Instance Selection		
Rel.: 5	Nützl.: 5	
[WeIB2015]		Die Verarbeitung von großen Datenbeständen im Data Mining erfordert eine Auswahl von adäquaten Trainingsbeispielen. Instance Selection ermöglicht die automatische Selektion von repräsentativen Datensätzen. Nichtsdestotrotz ist die Berechnung bei großen Datensammlungen zeit- und rechenintensiv. Im Rahmen des Beitrags wird verdeutlicht, dass die Teilmengenauswahl für Naive Bayes und KNN als submodulares Maximierungsproblem formuliert werden kann. Ausgehend von diesem Optimierungsansatz erfolgt die Entwicklung eines Schemas, das die selbstständige submodulare Selektion von Trainingsinstanzen ermöglicht. Empirische Ergebnisse bestätigen signifikante Verbesserungen gegenüber vergleichbaren Lösungen.
Instance Selection		
Rel.: 5	Nützl.: 5	
[WLCZ2016]		

Instance Selection Rel.: 4 Nützl.: 4	Die Klassifikation von ähnlichen Textbestandteilen ist zeit- und ressourcenintensiv. In diesem Zusammenhang entwickelt der Beitrag einen konsistenten und gewichteten Instance Selection Algorithmus anhand von Min-Hash. Experimente belegen die Leistungsfähigkeit der Lösung gegenüber vergleichbaren Lösungen.

Business Intelligence

Konsequenz (Bi1): Visualisierungen im Rahmen von Big Data ermöglichen die Aufdeckung von neuen Beziehungen.

[ADLM2017] Visualisierung; Graph Algorithmen Rel.: 6 Nützl.: 4	Die Visualisierung von Beziehungen in großen Datenbeständen ist zeit- und rechenintensiv. Um dem zu begegnen, entwickelt der Artikel einen Algorithmus zur Datenvisualisierung in Cloud-Infrastrukturen. Das Design ist knotenorientiert und nutzt das Open Source Framework *Giraph* für verteilte Berechnungen. Die Brauchbarkeit wird innerhalb eines Experiments bestätigt.
[Chen2014b] Visualisierung Rel.: 5 Nützl.: 4	Die interaktive visuelle Clusteranalyse erlaubt die Aufdeckung und Evaluierung von Clustern. Die Herausforderung einer erfolgreichen Clusteranalyse besteht in der Visualisierung der multidimensionalen Daten und in der Ermöglichung einer interaktiven Exploration. Daher entwickelt und optimiert der Beitrag den Stern-Koordinaten-Ansatz. Die Methode wird erfolgreich evaluiert.
[LiJH2013] Visualisierung Rel.: 5 Nützl.: 5	Heutzutage obliegt Anwendern die Analyse von massiven Datensätzen. Da die Wahrnehmbarkeit und interaktive Skalierbarkeit einer Visualisierung nicht von der Datenmenge beschränkt werden sollte, entwickelt der Beitrag ein Bündel von neuen Visualisierungstechniken. Hierbei implementiert die Arbeit sowohl skalierbare visuelle Zusammenfassungen als auch Ansätze für interaktive Abfragen in Echtzeit. Die Lösung wird im Browsersystem *imMens* eingebettet, während die unterliegende Verarbeitung und Darstellung anhand der Web Grafik Bibliothek *WebGL* erfolgt. Experimente an einem großen Datensatz bestätigen die Leistungsfähigkeit der Lösung.
[MFDW2017] Visualisierung; Instance Selection Rel.: 5 Nützl.: 5	Im Rahmen von explorativen Analysen verlangen Nutzer nach zeitnahen Visualisierungen. Da gegenwärtige Big Data Systeme dies oft nicht erlauben, entwickelt der Beitrag ein Sampling-Verfahren. Dieses entnimmt Instanzen aus der Gesamtmenge, um einen annähernden Datenüberblick zu visualisieren. Infolgedessen entsteht eine zeitnahe aber ungenauere Abbildung der Wirklichkeit. Expertenbefragungen bestätigen die Leistungsfähigkeit des Vorgehens.
[PHLE2016] Visualisierung Rel.: 5 Nützl.: 5	Die Darstellung von großen Datenmengen führt schnell zur Informationsüberflutung. Konventionelle Verfahren begegnen dem mit Dimensionsreduzierung. Nichtsdestotrotz führt dies zu zeitintensiven Berechnungen. Aus diesem Grund entwickelt der Beitrag eine hierarchische stochastische Nachbareinbettung. Die Struktur erlaubt die Visualisierung, Filterung und Vertiefung von ausgewählten Datenbeständen, um neue Erkenntnisse abzuleiten. Im Rahmen der Evaluierung wird der Ansatz erfolgreich demonstriert.
[RáGK2014] Visualisierung; RDF; Parallele Algorithmen; Graph Algorithmen Rel.: 4 Nützl.: 4	RDF Frameworks erlauben die Integration von unterschiedlichen Datenquellen. Häufig sind die zusammengesetzten Datenbestände komplex und erschweren eine Analyse. Um dem zu begegnen, entwickelt der Beitrag ein neues Visualisierungswerkzeug. Dieses besteht aus einer Filter- und einer Verdichtungsphase. Die Implementierung erfolgt anhand von MapReduce, sodass die Verarbeitung von großen Datenmengen gewährleistet ist. Das Ergebnis ist ein visualisierter und annotierter gerichteter Graph, der die Ableitung von unbekannten Verknüpfungen und Erkenntnissen ermöglicht.
[SROI2013] Visualisierung Rel.: 4 Nützl.: 4	Smartphones und persönliche Endgeräte produzieren zeit- und geocodierte Multimedia Daten (Text, Bild, Video, Audio). Gegenwärtige Analysewerkzeuge scheitern durch Datenvolumen, -raten und -heterogeneität, sodass keine Unterstützung bei der Entscheidungsfindung stattfinden kann. Aus diesem Grund entwickelt der Beitrag eine neue Visualisierungstechnik. Diese erlaubt anhand von Fourier-Zerlegung und Oberflächenkrümmungen eine verbesserte Darstellung von Raum-Zeit-Daten. Experimente bestätigen die praktische Nützlichkeit der Methode für die Ableitung von extremen Marktzuständen und Nutzerverhalten.
[TLZM2016]	

Anhang

Visualisierung	Die Visualisierung großer Datenmengen erlaubt die Aufdeckung von neuen Beziehungen. Viele Techniken berechnen die Ähnlichkeit von hochdimensionalen Daten und projizieren diese in einem Raum mit weniger Dimensionen, um die Lesbarkeit zu erhöhen. Nichtsdestotrotz ist die Verarbeitung in großen Datenmengen zeit- und ressourcenintensiv. Um dem zu begegnen, entwickelt der Beitrag eine neuartige Methode. Diese konstruiert anhand der Daten einen KNN Graphen und reduziert diesen auf einen niedrigdimensionalen Raum. Experimente zeigen eine lineare Verarbeitungskomplexität und -effizienz.
Rel.: 6 Nützl.: 5	
[ZhHu2015] Visualisierung	Die Herausforderungen bei der Visualisierung steigen mit großen Datenmengen. Hierfür entwickelt der Beitrag eine neue Visualisierungstechnik, indem unstrukturierte Daten (Text, Audio) in die sechs Dimensionen Wo, Wer, Was, Wie, Warum und Wo eingeordnet werden. Anhand dieser Klassifizierung erfolgt die grafische Abbildung mittels paralleler Achsen und unter Verwendung der Paardichte. Evaluierungen zeigen eine verbesserte Dichte und Bearbeitungszeit.
Rel.: 5 Nützl.: 5	

Management der Informationsverwendung

Informationsbeschaffungsverhalten

Konsequenz (Be1): Veränderungen im Informationsbeschaffungsverhalten (externer Kontext, interner Kontext, kognitiver Ansatz) in Zeiten von Big Data müssen die relevante Nachfrage von Informationen positiv beeinflussen.

[JiHS2015] Capability Framework	Oft ist unklar, welche Fähigkeiten eine Organisation hervorbringen muss, um datengetriebene Entscheidungen zu treffen. In diesem Zusammenhang leitet der Beitrag Fähigkeiten anhand von Literaturstudien ab und ordnet diese anhand eines Frameworks ein. Die aufgedeckten Fähigkeiten in den Bereichen Governance, Exploration, Datenanalyse, Integration und Leistungsmanagement zeigen Ziele auf, die eine datengetriebene Entscheidungsfindung ermöglichen.
Rel.: 5 Nützl.: 5	

Informationsbewertung

Konsequenz (Bew1): Der Mehrwert von zusätzlichen Informationen muss im Rahmen des Betrachtungsgegenstands bestimmbar werden.

[GBMJ2014] Bewertungsschema	Die Analyse von sinnvollen Anwendungsgebieten für BI und Analytics ist komplex. Der Artikel verfolgt eine prozesszentrierte Perspektive und entwickelt ein konzeptionelles Rahmenwerk für die Identifikation von geeigneten Geschäftsprozessen. Das Bewertungsschema wird erfolgreich an einer realen Fallstudie getestet.
Rel.: 5 Nützl.: 6	
[VrCP2016] Bewertungsschema	Die Identifikation von Big Data Einsatzgebieten und die Bestimmung des geschäftlichen Mehrwerts sind komplex. Um dem zu begegnen, entwickelt der Beitrag ein Framework, das die Aufdeckung von wirtschaftlichen Anwendungsszenarien im Finanzsektor unterstützt. Die Qualität der Lösung wird anhand von Experteninterviews bestätigt.
Rel.: 5 Nützl.: 5	

Informationsqualität

Konsequenz (Qa1): Das steigende Informationsangebot erfordert eine intensivierte Qualitätsbetrachtung.

[BCZY2016] Datenbereinigung; Parallele Algorithmen	Fehlende Datenwerte reduzieren die Ergebnisgüte von Data Mining Modellen. Nichtsdestotrotz ist die Approximation von fehlenden Werten in großen Datenmengen zeit- und ressourcenintensiv. Um dem zu begegnen, entwickelt der Beitrag einen neuen Algorithmus für die Datenimputation. Dieser selektiert zunächst relevante Attribute und führt ausgewählte Datensätze einer parallelverarbeitenden Clusterung zu. Die Clusteranalyse leitet die fehlenden Werte einer Instanz von denen mit vollständigen Attributen im selben Cluster ab. Experimente belegen die Leistungsfähigkeit der Lösung.
Rel.: 6 Nützl.: 6	
[DaLS2014] Datenbereinigung	Datenfehler sind Beobachtungen, die den Datenqualitätserwartungen (logisch, semantisch, statistisch) nicht entsprechen. Der Beitrag entwickelt eine Notation für Datenfehler, indem eine skalierbare Methode automatisch Erklärungen für Inkonsistenzen identifiziert. Hierdurch werden auffällige Datenbestände verbessert und zukünftigen Analysen wieder zur Verfügung gestellt. Die Methode konnte erfolgreich an zwei realen Datensätzen evaluiert werden.
Rel.: 4 Nützl.: 4	

[GLLL2014] Datenbereinigung Rel.: 5 Nützl.: 5	Fehlerhafte Klassenzuweisungen im Trainingsbestand vermindern die spätere Vorhersagequalität. Eine manuelle Anpassung ist im Rahmen von Big Data kosten- und zeitintensiv. In diesem Zusammenhang verfolgt der Beitrag einen wissensbasierten Ansatz und kombiniert graphenbasierte Techniken mit Ansätzen zur Datenkorrektur. Das Vorgehen wird erfolgreich getestet.
[KIJM2015] Datenbereinigung; Cluster Computing Framework Rel.: 5 Nützl.: 5	Häufig adressieren existierende Datenbereinigungsmethoden die Verarbeitung von großen Datenmengen unzulänglich, da diese weder benutzerdefinierte Funktionen berücksichtigen noch eine parallele Verarbeitung ermöglichen. In diesem Zusammenhang entwickelt der Beitrag ein effizientes und skalierbares System für die Datenbereinigung im Rahmen von Big Data. Das System ist generisch und erlaubt sowohl den Einsatz in Datenbanksystemen als auch in MapReduce Frameworks. Eine Benutzeroberfläche gestattet die nutzerfreundliche Definition von Datenqualitätsregeln, wobei die technische Ausführung vom Nutzer verborgen bleibt. Experimente belegen die Leistungsfähigkeit der Lösung gegenüber vergleichbaren Ansätzen.
[LiLZ2016] Datenbereinigung Rel.: 6 Nützl.: 6	Im Rahmen von Big Data können fehlende Datenwerte die Nützlichkeit von Analysen durch verfälschte Erkenntnisse mindern. Infolgedessen ist es notwendig, die Vollständigkeit des Datensatzes zu bestimmen. Da derzeitige Lösungen lediglich die unbekannten Werte aufsummieren, entwickelt dieser Beitrag eine Methode, die anhand von Verknüpfungen zu anderen Datenbeständen die noch fehlenden Werte approximiert. Ausgehend von dieser Verbesserung bestimmt der Ansatz die noch fehlenden Datenwerte und berechnet die Vollständigkeit des Datensatzes. Die implementierten Algorithmen sind skalierbar und effizient. Der Ansatz wird erfolgreich an realen und synthetischen Daten evaluiert.
[MCRS2016] Qualitätsüberprüfung Rel.: 5 Nützl.: 5	Steigende Datenmengen erschweren die Überwachung der Datenqualität. Da sich der Informationsnutzen durch die Fähigkeit ableitet, den Nutzer in seiner Aufgabenerfüllung zu unterstützen, ist die Beurteilung der Informationsqualität von steigender Bedeutung. Infolgedessen entwickelt der Beitrag ein Datenqualitätsmodell für Big Data, das die Qualitätscharakteristika anhand der Dimensionen kontextuelle Eignung, operative Eignung und zeitliche Eignung komprimiert. Das Modell beschreibt die Anwendung in Big Data Projekten und ist unabhängig von Technologien und Vorbedingungen. An einem Beispiel wird der Ansatz erfolgreich evaluiert.
[TeJu2015] Qualitätsüberprüfung; ETL Rel.: 4 Nützl.: 4	Das Aufkommen von Datenfehlern in Transformationen wird durch steigende Datenmengen erhöht. Existierende Verfahren zur Qualitätssicherung sind unzuverlässig und verzerrt. Anhand von Reverse Engineering Konzepten entwickelt der Beitrag eine neuartige Methode. Diese analysiert die Fehlerfreiheit von ETL Prozessen, indem die vollständige Transformation umgekehrt wird. Unterschiede in den finalen Datenbeständen verdeutlichen Transformationsfehler. Der Ansatz wird erfolgreich evaluiert.
[UrKK2014] Modellevaluierung Rel.: 4 Nützl.: 4	Bisher gibt es keinen allgemein anerkannten Standard für die Bewertung von Vorhersagemodellen. Der Beitrag definiert drei Fragen, die eine allgemeine und vergleichende Vorhersagegenauigkeit von Modellen ermöglichen. Diese münden in einem einheitlichen statistischen Framework zur Bewertung von Vorhersagemodellen.
[ZWLG2016] Datenbereinigung; Algorithmen Rel.: 5 Nützl.: 4	Erfolgreiche Datenanalysen bedingen eine konsistente Datengrundlage. Traditionell erfolgt die Aufdeckung von Inkonsistenzen mittels Algorithmen. Nichtsdestotrotz ist die Komplexität der bestehenden Ansätze bestenfalls linear, sodass eine Analyse von großen Datenmengen ausbleibt. In diesem Zusammenhang entwickelt der Beitrag einen neuartigen Algorithmus, der funktionale und konditionale funktionale Abhängigkeiten in einer Iteration aufdeckt. Experimente auf realen Datensätzen bestätigen die Effizienz und Effektivität der Lösung.
Management der Informationssysteme	
Datenmanagement	
Datenbank- bzw. Dateisystem	

Konsequenz (Db1): *Die gemeinsame Verwendung von unterschiedlichen Systemen (Datenbank bzw. Dateisystem) führt zu einem erheblichen Integrationsaufwand.*

Anhang

[ABBC2016] Integration; Abfragesprache; Relationale Datenbank Rel.: 4 Nützl.: 4	Datenbanken für Zeitreihenanalysen verwenden häufig die Abfragesprache Q, um Echtzeitanalysen zu ermöglichen. Die Integration von SQL und Q ist zeit- und kostenaufwendig. Der Beitrag entwickelt die neue Datenvirtualisierungsplattform *Hyper-Q*, um Q-Anwendungen nativ auf einer Postgres SQL-kompatiblen Datenbank auszuführen.
[BBDM2016] Integration; Abfragesprache Rel.: 4 Nützl.: 4	In den letzten Jahren sind unterschiedliche Datenbanksysteme entstanden. In Abhängigkeit von der Aufgabe erzielen die Systeme gute oder schlechte Leistungen. Da keine Lösung in allen Aufgaben überzeugt, entwickelt der Beitrag ein System, das eine automatische Anpassung von unterschiedlichen Abfragesprachen erlaubt, sodass Daten zwischen verschiedenen Datenbanksystemen ausgetauscht werden können. Hierbei gestattet der Ansatz die Verwendung des effizientesten Systems für eine gegebene Aufgabe. Experimente bestätigen die Leistungsfähigkeit der Lösung.
[BGVM2015] Integration; Verteilte Datenbank Rel.: 5 Nützl.: 5	Die Datenablage bei heterogenen Cloud Computing Anbietern ruft eine immense Integrationskomplexität hervor. Der Beitrag präsentiert einen sicherheitssensiblen Datenservice, der unterschiedliche Cloud Computing Umgebungen unter Berücksichtigung von Service-Level-Agreements integriert.
[BKLV2016] Integration; Abfragesprache; Verteiltes Dateisystem Rel.: 5 Nützl.: 5	Unterschiedliche Speichersysteme erschweren die Datenintegration. Eine mögliche Lösung ist der Einsatz einer relationalen Abfrage-Engine, die mit Hilfe einer SQL ähnlichen Sprache Daten aus einem HDFS bezieht, gleichzeitig aber eine relationale Anschauung von unstrukturierten Daten ermöglicht wird. In diesem Zusammenhang entwickelt der Beitrag den SQL-Dialekt *CloudMdsQL*, um Daten von unterschiedlichen Quellen zu integrieren und gleichzeitig die Vorzüge der unterliegenden Speichersysteme beizubehalten. Experimente mit drei verschiedenen Datenquellen bestätigen die erfolgreiche Funktionsweise.
[CLZH2016] Integration Rel.: 6 Nützl.: 4	Zeitnaher Austausch und zeitnahe Verarbeitung von Textinformationen sind zentrale Anforderungen in gegenwärtigen Applikationen. Gleichwohl bedingen viele Anwendungen die Abfrage und Verknüpfung aus relationalen Datenbanken und JSON Dateien. In diesem Zusammenhang realisiert die Veröffentlichung einen Text-Datenbank-Service, der die gemeinsame Verwaltung von Textdaten in JSON und relationalen Datenbanken gestattet. Gleichzeitig ermöglicht der Service die zeitnahe Ausführung von Textanalysen innerhalb der Datenbank. Die Leistungsfähigkeit der Lösung wird im Rahmen einer Evaluierung erfolgreich getestet.
[GGGP2013] Integration; Verteiltes Dateisystem Rel.: 5 Nützl.: 5	Hadoop findet in verschiedenen Applikationen und Datenarten Anwendung. Gleichwohl ist die Implementierung und Verwaltung von Datenflüssen in Hadoop und MapReduce komplex. Unterschiedliche Sprachen (Hive, Pig, Jaql) wurden entwickelt, um das Management zu vereinfachen. Nichtsdestotrotz bleibt eine hohe Komplexität innerhalb der Implementierung, Pflege und Fehlersuche bestehen. In diesem Zusammenhang entwickelt der Beitrag eine Middleware, die die Programmierung und Verwaltung von MapReduce Prozessen vereinfacht. Die Lösung erlaubt die Extraktion aus unterschiedlichen Datenquellen, die Beladung von parallelen Dateisystemen und die nutzerfreundliche Transformation von Daten anhand einer grafischen Nutzeroberfläche.
[GrCa2015] Integration; Verteilte Datenbank Rel.: 5 Nützl.: 5	Die Bedeutung der Integration von Datenfeeds in Datenbanken ist im Rahmen von Big Data zunehmend. In diesem Zusammenhang entwickelt der Beitrag eine Datenfeed-Erweiterung für die NoSQL Datenbank AsterixDB. Neben einer erfolgreichen Evaluierung beinhaltet der Beitrag Hinweise für einen ausfallsicheren und skalierbaren Betrieb.
[KWKS2016] Integration; Verteiltes Dateisystem; Relationale Datenbank	Der hybride Betrieb von relationalen Datenbanken und Hadoop ermöglicht eine vorteilhafte Nutzung beider Systeme. Nichtsdestotrotz erlauben gegenwärtige Lösungen lediglich eine geringe Skalierbarkeit. Um dem zu begegnen, entwickelt der Beitrag eine neue Notation für Datenbanken mit lose integrierten verteilten Dateisystemen.

Rel.: 5	Nützl.: 6	Diese gestattet den universellen Datenzugriff, da multiple Datenbanken in einem verteilten Dateisystem betrieben werden. Der Ansatz verwendet MapReduce, um eine zeitnahe Verarbeitung zu ermöglichen. Experimente belegen die Effizienz der Lösung und zeigen die überlegene Leistungsfähigkeit der Methode gegenüber vergleichbaren Ansätzen auf.
[LLIP2016] Integration; Relationale Datenbank		Im Rahmen von Big Data verlangen Unternehmen Flexibilität hinsichtlich Zugriffs- und Verarbeitungsmöglichkeiten. In diesem Zusammenhang integriert der Beitrag die HPE Vertica Datenbank mit der Apache Spark-Engine. Der Ansatz ermöglicht einen beschleunigten Datenaustausch zwischen beiden Systemen und die Berechnung von Data Mining Modellen innerhalb der Datenbank.
Rel.: 4	Nützl.: 4	
[LoDe2014] Dokumentenorientierte Datenbank; Integration		NoSQL Datenbanken erlauben die Ablage von großen Datenmengen. Eine spezifische Ausprägung dieser Technologie kann in dokumenterweiternden Speichern gesehen werden. Nichtsdestotrotz erlauben existierende Zugriffsmethoden keinen effizienten Zugang für Data Mining Vorhaben. Infolgedessen entwickelt der Beitrag einen Ansatz, der Assoziationsanalysen innerhalb von dokumenterweiternden Speichern gestattet. Im Rahmen der Evaluierung zeigt die Lösung eine hohe Genauigkeit und eine effiziente Verarbeitungsgeschwindigkeit.
Rel.: 5	Nützl.: 4	
[LuCZ2013] Hybrides Datenbanksystem		Mangels fehlender Skalierbarkeit unterbinden traditionelle Datenbanken die Verwaltung von großen Datenmengen. Gleichwohl können Hadoop Systeme weder die komplexen relationalen Beziehungen abbilden noch die Komptabilitätsfähigkeiten zu unterliegenden Applikationen bereitstellen. In diesem Zusammenhang entwickelt der Beitrag ein hybrides Datenbanksystem. Dieses verwendet eine relationale Datenbank als unterliegendes Speichersystem und Hadoop als Index- und Zwischenspeicherschicht. Experimente belegen die Leistungsfähigkeit der Lösung.
Rel.: 4	Nützl.: 4	
[PCRA2016] Integration; Relationale Datenbank; Verteiltes Dateisystem		Die Verarbeitung und Ablage von großen Datenbeständen in relationalen Datenbanken ist zeitintensiv. Hadoop ermöglicht eine beschleunigte Handhabung, wenngleich viele Funktionen von relationalen Datenbanken fehlen. Um dem zu begegnen, entwickelt der Beitrag ein Framework, das einen Datenaustausch zwischen Hadoop und relationalen Datenbanken erlaubt. Die Leistungsfähigkeit der Lösung wird an einer Fallstudie erfolgreich demonstriert.
Rel.: 4	Nützl.: 4	
[RoFl2013] Abfragesprache; Dokumentenorientierte Datenbank; Relationale Datenbank		Viele Aufgaben im Rahmen von Big Data bedingen die gleichzeitige Abfrage von Datensätzen aus NoSQL und relationalen Datenbanken. Häufig ist dies für den Nutzer mit manuellen und arbeitsintensiven Vorgängen verbunden. In diesem Zusammenhang entwickelt der Beitrag ein Framework, das NoSQL Dokumente in eine relationale Datenbank logisch integriert. Zusammen mit einer neuartigen NoSQL-Erweiterung für SQL erlaubt der Ansatz die Definition von Nutzeranfragen über beide Datenspeicher. Zusätzliche Optimierungsstrategien garantieren die Leistungsfähigkeit von potenziellen Datenabfragen.
Rel.: 4	Nützl.: 4	
[SuSw2012] Integration; Abfragesprache; Verteilte Datenbank		Die gemeinsame Nutzung von relationalen Datenbanken und Hadoop ist komplex und bedarf der manuellen Anpassung von MapReduce Programmen. Um dem zu begegnen, entwickelt der Beitrag eine relationale Datenbank, die die Verarbeitung von nativen Hadoop Applikationen (Java) innerhalb der Datenbank ermöglicht. Die Architektur der Datenbank erlaubt die parallele Ausführung und gestattet den Bestandteilen der Hadoop Infrastruktur eine zeitnahe Berechnung. Zusätzlich integriert die Lösung MapReduce Funktionen in SQL Abfragen, um eine nahtlose Integration zu erzielen. Die Leistungsfähigkeit des Prototyps wird im Rahmen von Experimenten bestätigt.
Rel.: 4	Nützl.: 4	
[WCZZ2015] Integration; Verteiltes Dateisystem		Das gestiegene Datenvolumen hat zu unterschiedlichen Speicherarten, Index-Verfahren und Cluster Computing Frameworks geführt. Aufgrund dieser Diversität besteht

Rel.: 4　　Nützl.: 4	die Notwendigkeit, einen universellen Datenzugriffsservice für Big Data zu konzipieren. Um dem zu begegnen, entwickelt der Beitrag die Middleware *PABIRS*. Diese verkapselt das unterliegende verteilte Dateisystem und stellt Schnittstellen für Systeme wie MapReduce und Key-Value Speicher bereit. *PABRIS* beinhaltet effiziente Index-Verfahren und nutzt Pregel, um eine zeitnahe und parallele Verarbeitung zu ermöglichen. Evaluierungen zeigen, dass das System vergleichbaren Lösungen überlegen ist.
[WDHW2014] Integration; Verteiltes Dateisystem; Relationale Datenbank	Aufgrund der Heterogenität von Big Data müssen unterschiedliche Datentypen und -quellen integriert werden. In diesem Zusammenhang verknüpft der Beitrag diverse Datei- und Datenbanksysteme durch die Entwicklung einer ALL-iN-A-place Datenschnittstelle.
Rel.: 5　　Nützl.: 5	
[ZLWX2016] Integration; Verteilte Datenbank; Verteiltes Dateisystem; Relationale Datenbank	Verschiedene Daten und Analyseaufgaben begründen die Notwendigkeit, eine heterogene Verarbeitungsplattform zu nutzen. In diesem Zusammenhang entwickelt der Beitrag eine integrierte Hadoop und NoSQL Architektur, die den Übergang von relationalen Datenbanken erleichtert. Zu diesem Zweck beinhaltet die Plattform ein automatisiertes Verfahren, das abfragespezifische Views aus relationalen Datenbanken in ein NoSQL Datenmodell überführt. Experimente belegen die nahtlose Migration und Leistungsfähigkeit der Lösung.
Rel.: 5　　Nützl.: 5	
Architektur	
Konsequenz (Ar1): Die gemeinsame Verwendung von unterschiedlichen Architekturen muss zeitnahe Verarbeitungen gewährleisten.	
[HeAR2016] Datenbank Design; Dokumentenorientierte Datenbank; Spaltenorientierte Datenbank; Key-Value Datenbank	NoSQL Datenbanken erlauben hohe Verarbeitungsgeschwindigkeiten. Deren Entwurf erfolgt auf der physischen Ebene, um Daten lokal zu verarbeiten. Nichtsdestotrotz ist das Design im Vergleich zu relationalen Datenbanken unflexibel und führt bei neuen analytischen Fragestellungen zu aufwendigen Anpassungen. Angelehnt an relationalen Datenbanken entwickelt der Beitrag eine Methode, die den Entwurf einer konzeptionellen, logischen und physischen Schicht für NoSQL Datenbanken ermöglicht. Infolgedessen können flexible Anpassungen vorgenommen werden. Die Evaluierung zeigt, dass das Design die Durchführung von analytischen Fragestellungen unterstützt.
Rel.: 5　　Nützl.: 5	
Administration	
Konsequenz (Ad1): Administrative Funktionalitäten sind im verteilten Dateisystem sowie im Datenbankmanagementsystem bereitzustellen.	
[WZZY2016] Verteiltes Dateisystem; Metadatenmanagement	Hadoop unterteilt Dateien in gleichgroße Datenblöcke und repliziert diese zufällig im Cluster. Die Master Node speichert den Standort jedes Blocks und jeder Replik. Nichtsdestotrotz nimmt die Verwaltung und Pflege dieser Metadaten bei steigenden Datenmengen zu und führt zu hohen Hauptspeicher- und Verarbeitungsbelastungen. Um dem zu begegnen, entwickelt der Beitrag ein neues Blockmanagementschema für HDFS. Dieses verneint die zentrale Ablage aller Blockinformationen in einem zentralen Knoten. Stattdessen entwirft die Lösung Mechanismen, die eine autonome Verwaltung der Metadaten in jeder Node ermöglichen. Experimente zeigen, dass die Lösung bei gleichbleibender Berechnungsgeschwindigkeit die Hauptspeicher- und Prozessorbelastung drastisch reduziert.
Rel.: 5　　Nützl.: 4	
Datennutzung	
Konsequenz (Da1): Durch das steigende Informationsangebot werden leistungsfähigere Abfrage- und Datenmanipulationssprachen notwendig.	
[ChLi2016] Abfragen	Im Rahmen von großen Datenmengen ist die zeitnahe Ausführung von Joins von hoher Bedeutung. Um dem zu begegnen, entwickelten vergangene Arbeiten Mechanismen, die eine parallele Ausführung von Joins ermöglichten. Nichtsdestotrotz führten die Implementierungen zu zeitintensiven Datenneuverteilungen. In diesem Zusammenhang entwirft der Beitrag ein neuartiges Join-Verfahren, das die Datenneuverteilung und Netzwerkkommunikation im Cluster reduziert. Experimente bestätigen eine beschleunigte Verarbeitung.
Rel.: 6　　Nützl.: 6	

[ChKo2016] Abfragen Rel.: 5 Nützl.: 4	Join-Abfragen im Rahmen von MapReduce führen zu hohen Netzwerk- und Knotenbelastungen. Viele Forschungsansätze betrachten die Optimierung von Inner-Joins, wenngleich Outer-Joins keine Beachtung erfahren. In diesem Zusammenhang entwickelt der Beitrag einen neuartigen partiellen Outer- und Inner-Join Algorithmus für die parallele Verarbeitung in verteilten Systemen anhand von MapReduce. Die Implementierung erfolgt mittels Pig in einem Hadoop Cluster. Experimente verdeutlichen die Überlegenheit der Lösung gegenüber vergleichbaren Ansätzen hinsichtlich Skalierbarkeit und Ausfallsicherheit.
[EnVB2014] Abfragen Rel.: 5 Nützl.: 5	Der Einsatz des MapReduce Frameworks für Datenbankabfragen ist weit verbreitet. Nichtsdestotrotz werden deklarative Abfragesprachen wie XPath oder XQuery nicht unterstützt, obwohl MapReduce die Verarbeitung von XML erlaubt. Infolgedessen entwickelt der Beitrag ein System, das die Definition von XPath-Abfragen im MapReduce Framework ermöglicht. Erfolgreiche Experimente bestätigen die Systemskalierbarkeit im Cluster.
[FMPÖ2016] SQL in Hadoop Rel.: 5 Nützl.: 5	Die Verwendung von SQL in Hadoop Systemen und die Datenablage in HDFS sind weit verbreitet. Nichtsdestotrotz werden keine Caching-Mechanismen für die Speicherung der Daten im Speicher bereitgestellt. Der Beitrag beschreibt die IBM Big SQL Architektur und deren Lösung für die Nutzung des HDFS Caches als Alternative für traditionelle Pufferpools. Experimente zeigen die Überlegenheit der adaptiven Algorithmen für diverse Workloads.
[GoRö2015] Abfragen; Verteilte Datenbank Rel.: 5 Nützl.: 4	Im Rahmen von Big Data sind zeitnahe Abfragen notwendig. Parallele Datenbanken können dem begegnen, wenngleich Optimierungen für einzelne Abfragen mit Verschlechterungen für die verbleibenden Abfragen einhergehen. Um dem zu begegnen, entwickelt der Beitrag die hochgradig normalisierte Anker-Technik. Diese erlaubt ohne vorangehende Abfrageoptimierung eine effiziente Ressourcenausnutzung und Speicherung von Informationen bei gleichzeitiger Bereitstellung von zeitnahen Abfragemechanismen. Die Technik wird anhand von drei unterschiedlichen Fallstudien erfolgreich evaluiert.
[GPWR2014] Abfragen Rel.: 4 Nützl.: 5	MapReduce ist ein beliebtes Framework für die Analyse von großen Datenmengen. Für Join-Abfragen in Hadoop sind in der Vergangenheit verschiedene Algorithmen entstanden. Oft ist unklar, welche Variante für eine gegebene Aufgabe die effizienteste Verarbeitung erzielt. Infolgedessen entwickelt der Beitrag ein Kostenmodell für vier etablierte Join-Algorithmen. Das System wählt das adäquateste Verfahren automatisch aus und bestimmt die optimale Parameterkonfiguration. Experimente belegen die beschleunigte Verarbeitung der Lösung.
[HaME2014] Abfragen Rel.: 6 Nützl.: 5	Universelle Quantifizierungsabfragen sind relevante Techniken für Datenbanken. Eine Umsetzung für MapReduce ist noch nicht erfolgt. In diesem Zusammenhang entwickelt der Beitrag mehrere Algorithmen, die universelle Quantifizierungsabfragen in verteilten Systemen ermöglichen. Experimente demon-strieren die Leistungsfähigkeit der erarbeiteten Lösungen.
[HLRH2015] Verteiltes Dateisystem; SQL in Hadoop Rel.: 5 Nützl.: 5	Hive ist das vorherrschende DWH Werkzeug für die Abfrage von SQL in Hadoop. Nichtsdestotrotz erlaubt Hive keine effiziente Datenmanipulation in HDFS und keine zeitkritischen Abfragen in HBase. Infolgedessen entwickelt der Beitrag die hybride Speicherstruktur DualTable. Diese kombiniert effiziente Streaming-Zugriffe von HDFS mit leistungsfähigen Schreibzugriffen von HBase. Die Erweiterung wird für das Hive Framework erfolgreich getestet.
[HYJX2016] Abfragen Rel.: 4 Nützl.: 4	KNN-Join Verfahren verfolgen die Identifikation der nächsten Nachbarn in einem gegebenen Datensatz von allen Datenpunkten in einer Abfrage. Häufig erfolgen diese Berechnungen periodisch zu jedem Snapshot. Nichtsdestotrotz erlauben existierende Methoden keine parallele Verarbeitung und scheitern an großen Datenmengen. Infolgedessen entwickelt der Beitrag ein neues KNN-Join Verfahren anhand von MapReduce für periodische Abfragen. Experimente verdeutlichen die Skalierbarkeit, Ausfallsicherheit und Effizienz der Lösung.
[HZZD2015]	

Anhang 279

Verteiltes Dateisystem; Abfragen	Die Anzahl von kleinen Dateien steigt massiv im Rahmen von Big Data und Cloud Computing. Hierbei sinkt die Verarbeitungsgeschwindigkeit aufgrund von steigenden Metadaten- und Speicherzugriffen enorm. In diesem Zusammenhang entwickelt der Beitrag einen Mechanismus zur Optimierung. Dieser verkürzt den Lesezugriff massiv, indem ein vorweggenommenes Lesen zwischen den Dateien erfolgt. Die Methode wird erfolgreich an einem Datensatz evaluiert.
Rel.: 4 Nützl.: 4	
[ITGN2016] Abfragen	Häufig erfolgt die Implementierung von Spark oder MapReduce Abfragen iterativ. Hierbei werden zunächst grobe Datenabfragen entwickelt und anhand der gewonnen Datenergebnisse sukzessiv verfeinert. Nichtsdestotrotz ist die wiederkehrende Abfrage über große Datenmengen zeitintensiv, sodass die Implementierungszyklen verlangsamt werden. Um dem zu begegnen, entwickelt der Beitrag das Spark Framework VEGA. Dieses identifiziert vom aktuellen Code ausgehend ähnliche Programmbestandteile aus früheren Ausführungen. Die damaligen Abfrageergebnisse des historischen Codes, die von den Veränderungen unberührt geblieben sind, werden dem neuen Abfrageresultat automatisch hinzugefügt. Infolgedessen wird die wiederholte Ausführung von bekannten Codeteilen unnötig, die Verarbeitungsgeschwindigkeit beschleunigt und die Entwicklungszyklen verkürzt.
Rel.: 5 Nützl.: 5	
[JKGL2014] Abfragen	Star-Abfragen erlauben die Identifikation einer Entität über die Beziehungen von einer Menge von anderen Entitäten. Häufig erfolgt die Modellierung dieser Problemstellung als Graph, in dem ähnliche Muster gesucht werden. Um eine verbesserte Berechnungszeit zu bewirken, verfolgen konventionelle Verfahren den Einsatz von Indizes. Nichtsdestotrotz steigt die Zeit- und Speicherkomplexität dieser Methoden bei großen Datenmengen linear zur Netzwerkgröße. Bezogen auf eine Star-Abfrage entwickelt der Beitrag einen Algorithmus zur Identifikation der besten Antworten. Zusammen mit eigenen Funktionen und einer verteilten Implementierung erlaubt die Methode die Berechnung von zahlreichen Datenpunkten. Die Überlegenheit der Lösung wird anhand eines realen Informationsnetzwerks aufgezeigt.
Rel.: 5 Nützl.: 5	
[KBBB2015] SQL in Hadoop Grundlagenwerk	SQL ist ein weitverbreiteter Abfragestandard in relationalen Datenbanken. Da die Definition von Abfragen in Hadoop komplex ist, entwickelt der Beitrag die SQL-Engine Impala. Diese erlaubt zeitnahe Abfragen in einer SQL-ähnlichen Syntax an Hadoop. Die Engine ist leistungsfähig und kompatibel mit den meisten Standardkomponenten (z.B. HDFS, HBase oder YARN) und Dateiformaten (z.B. Parquet oder RCFile) in Hadoop. Experimente bestätigen eine beschleunigte Verarbeitungsgeschwindigkeit.
[KBKÖ2014] Abfragen	Abfrageoptimierungen in Plattformen wie Hadoop sind aufgrund des hohen Datenvolumens essenziel. Häufig nutzen derzeitige Hadoop Implementierungen benutzerdefinierte Funktionen, um die Geschäftslogik nah am Datenbestand zu belassen. Nichtsdestotrotz sind diese Programme für die verwendeten Abfrageoptimierer undurchsichtig, sodass keine beschleunigte Verarbeitung erfolgen kann. In diesem Zusammenhang entwickelt der Beitrag einen neuen Abfrageoptimierer, der Beziehungen von benutzerdefinierten Funktionen in großen Clustern berücksichtigt. Die Evaluierung bestätigt die Leistungsfähigkeit der Lösung gegenüber Jaql und Hive.
Rel.: 5 Nützl.: 5	
[LLHW2011] SQL in Hadoop	Die Übersetzung von SQL Anweisungen in MapReduce Aufgaben ist von immenser Bedeutung bei der Analyse von großen Datenmengen. Nichtsdesto-trotz betrachten existierende Ansätze (z.B. Hive) keine Korrelationen zwischen den Abfragen und weisen stets einer Operation eine Aufgabe zu. Infolgedessen steigt die Verarbeitungsgeschwindigkeit. Der Beitrag entwickelt den neuen SQL-MapReduce-Übersetzer Y-Smart. Dieser berücksichtigt die Abfragekorrelationen und verringert die Anzahl der notwendigen Jobs. Experimente belegen die Leistungssteigerung der Lösung in einem produktiven Facebook Cluster.
Rel.: 4 Nützl.: 4	
[LSHT2014a] Abfragen	Multiple Speichersysteme beinhalten unabhängige Datenspeicher wie HDFS oder relationale Datenbanken. Nichtsdestotrotz erzeugen Abfragen über beide Systeme hohe

Rel.: 4	Nützl.: 4	Datentransferraten zwischen den Datenspeichern, sodass die Abfragegeschwindigkeit sinkt. Um dem zu begegnen, entwickelt der Beitrag ein Verfahren, das selbstständig den optimalen Datenspeicher für die Ablage eines Datensatzes bestimmt. Experimente zeigen, dass die Abfragegeschwindigkeit und die Datentransferraten gesenkt werden.
[LYWH2014] Abfragen		Im Rahmen von großen Datenmengen ist die zeitnahe Ausführung von Ähnlichkeits-Joins von hoher Bedeutung. Anhand der Edit-Distanz entwickelt der Beitrag einen Ähnlichkeits-Join für MapReduce. Experimente an realen Datensätzen bestätigen die Skalierbarkeit und Effizienz des Verfahrens.
Rel.: 6	Nützl.: 6	
[MaBa2015] Abfragen		Steigende RDF Daten benötigen effiziente Speicher- und Verarbeitungs-Engines. In diesem Zusammenhang entwickelt der Beitrag die Engine Presto-RDF. Diese erlaubt die effiziente Verarbeitung und Abfrage von RDF Daten. Im Rahmen der Evaluierung wird deutlich, dass die Lösung die Leistungsfähigkeit von Apache Hive übertrifft.
Rel.: 4	Nützl.: 4	
[MiRa2013] Abfragen; Verteilte Datenbank		Die parallele Selektion in Datenbanken ermöglicht beschleunigte Abfragegeschwindigkeiten. Oft ist jedoch lediglich die Auswahl einer Menge von Top-Elementen relevant (Selection Algorithmen). Da sich häufig nicht alle Daten im Hauptspeicher befinden, entwickelt der Beitrag einen rekursiven Algorithmus zur selektiven Datenauswahl. Im Rahmen einer Evaluierung wird der Ansatz erfolgreich getestet und übertrifft etablierte Verfahren wie QuickSelect.
Rel.: 4	Nützl.: 4	
[NaSe2017] Abfragen; Graphdatenbank		Die Abfrage in großen Graphendaten ist komplex und zeitaufwendig. Um dem zu begegnen, entwickelt der Beitrag eine neuartige Untergraphenisomorphismussuche. Diese erlaubt die Identifikation von relevanten Daten in komprimierten Graphenstrukturen. Experimente belegen die Effizienz und Skalierbarkeit der Methode.
Rel.: 5	Nützl.: 5	
[PHPP2016] Abfragesprache; Datenstromverarbeitung		Streaming Plattformen erlauben die Echtzeitverarbeitung von großen Datenmengen. Nichtsdestotrotz sind die Schnittstellen zu externen Systemen komplex, bedürfen hochspezialisierter Entwickler und zeigen wenig Kompatibilität zu gängigen Abfragesprachen wie SQL. In diesem Zusammenhang erweitert der Beitrag Standard-SQL um Operatoren für Streaming-Abfragen und -Manipulation. Die Erweiterungen werden in SamzaSQL implementiert und in der verteilten Streaming Plattform Samza erfolgreich evaluiert.
Rel.: 5	Nützl.: 5	
[RLSW2017] Abfragen		In großen Datenmengen ist die zeitnahe Ausführung von Ähnlichkeits-Joins von hoher Bedeutung. Um dem zu begegnen, sind in der Vergangenheit verschiedene MapReduce Ansätze entstanden. Nichtsdestotrotz führen diese Verfahren zu unnötig hohen Datenreplikationen und Shuffle-Kosten, sodass die Verarbeitungsdauer ansteigt. In diesem Zusammenhang entwickelt der Beitrag einen replikationsfreien Algorithmus für die Berechnung von Ähnlichkeits-Joins. Die Evaluierung verdeutlicht, dass der angedachte Ansatz die Leistungsfähigkeit der konventionellen Methoden übersteigt.
Rel.: 5	Nützl.: 4	
[SLQQ2015] Abfragen		Join-Abfragen im Rahmen von MapReduce führen zu hohen Netzwerk- und Knotenbelastungen. Um den Datendurchsatz bei Join-Operationen zu verringern, entwickelt der Beitrag einen parallelen Hash-Join Algorithmus. Dieser verteilt Tabellen entsprechend ihrer Join-Beziehungen im Cluster. Infolgedessen wird die Datenlokalität im Rahmen der Abfrageverarbeitung verbessert. Der Ansatz wird erfolgreich im DWH von Alibaba getestet und übertrifft ein vergleichbares Hive System um den Faktor fünf.
Rel.: 6	Nützl.: 6	
[SoAz2017] Abfragen		Im Rahmen großer Datenmengen ist die zeitnahe Ausführung von Ähnlichkeits-Joins von hoher Bedeutung. Anhand lokaler sensitiver Hashing Techniken entwickelt der Beitrag einen Ähnlichkeits-Join für MapReduce. Experimente an realen und synthetischen Datensätzen bestätigen die Skalierbarkeit und Effizienz des Verfahrens.
Rel.: 6	Nützl.: 4	
[SoLQ2016] Abfragen		

Anhang

Rel.: 4	Nützl.: 4	Steigende Mengen an XML Daten erfordern leistungsfähige Verarbeitungstechniken. Um dem zu begegnen, entwickelt der Beitrag ein MapReduce Verfahren, das die parallele Berechnung von XML Daten in Hadoop gestattet. Hierfür führt die Veröffentlichung neue Index- und Abfrage-Verfahren ein, die zusammen eine integrierte und leistungsstarke Ablage in HDFS ermöglichen. Experimente an realen Datensätzen bestätigen die Effizienz und Skalierbarkeit der Lösung.
[TaLN2012] Verteiltes Dateisystem; Abfragen		Mobile Endgeräte haben zu einem massiven Wachstum an zeitlich-räumlichen Daten geführt. Um diese Informationen anhand von Hadoop zeit- und ressourcenschonend auszuwerten, entwickelt der Beitrag ein neuartiges Speichersystem. Dieses vermeidet eine vollständige Abfrage aller Dateninstanzen, wenn die gesuchte Zeit und Lokalität der Instanzen bekannt ist. Die Umsetzung erfolgt durch ein neuartiges Datenmodell, das die Daten mittels ID, Lokalität und Zeit partitioniert, sodass die parallele Suche beschleunigt wird. Zusätzlich verfügt das System über neuartige Algorithmen, die eine beschleunigte Datenladung ermöglichen. Experimente bestätigen die Leistungsfähigkeit der Lösung.
Rel.: 5	Nützl.: 5	
[TSJS2009] Abfragen; SQL in Hadoop		Traditionelle DWH Technologien verhindern eine zeitnahe Verarbeitung von steigenden Datenmengen. MapReduce erlaubt eine beschleunigte Berechnung, wenngleich die Programmierung spezialisierter Entwickler bedarf. Um dem zu begegnen, entwirft der Beitrag Hive. Die Lösung gestattet die Formulierung von SQL ähnlichen Statements, die anhand einer Engine in MapReduce Aufgaben transformiert werden. Experimente an 700 Terabyte Daten bestätigen die Leistungsfähigkeit der Methode.
Grundlagenwerk		
[WJLW2016] Abfragen		Viele Streaming Anwendungen verlangen zeitnahe Abfrageergebnisse. Da dies bei großen Datenmengen nicht immer möglich ist, entwickelt der Beitrag eine Methode, die eine zeitnahe Näherungslösung der Abfrageergebnisse berechnet. Experimente zeigen, dass der Ansatz vergleichbare Verfahren um den Faktor drei übertrifft und eine akzeptable Abfrageapproximation leistet.
Rel.: 5	Nützl.: 5	
[WXLC2015] SQL in Hadoop; Verteiltes Dateisystem		Um die Vorteile von neuen Big Data Technologien zu nutzen, sehen sich Unternehmen oft mit aufwendigen Integrationen konfrontiert. Hierbei ist die manuelle Übersetzung von SQL in HiveQL komplex, fehleranfällig und führt zu ineffizienten Verarbeitungsprozeduren. Um dem zu begegnen, entwickelt der Beitrag QMapper. Dieser erlaubt die automatische Übersetzung von SQL in HiveQL. Experimente an standardisierten Big Data Benchmarks belegen die Leistungsfähigkeit der Lösung.
Rel.: 5	Nützl.: 5	
[YeWL2015] Abfragen; Verteilte Datenbank		Optimierungstechniken von inkrementellen Abfragen in verteilten Umgebungen stammen vornehmlich aus Streaming Anwendungen und sind nicht für den Einsatz in Unternehmen bestimmt. Um dem zu begegnen, entwickelt der Beitrag eine Technik für die Abfrageoptimierung in verteilten Datenbanken anhand von inkrementellen Updates. Hierfür modelliert die Methode in Abhängigkeit zur gewählten Partitionierungsstrategie Tabellen und Schlüsselbeziehungen als Referenzgraph, um den Datentransfer innerhalb der Abfrageausführung zu reduzieren. Experimente belegen die Leistungsfähigkeit der Lösung.
Rel.: 5	Nützl.: 5	
[ZXXY2014] Abfragen		Equi-Join Abfragen über multiple Datensätze sind anhand von MapReduce nicht effizient. In diesem Zusammenhang entwickelt der Beitrag ein neues Vorgehen für MapReduce, indem die Equi-Join-Abfrage in einem Star Schema verteilt verarbeitet wird. Experimente zeigen, dass die Lösung die Leistungsfähigkeit von vergleichbaren Ansätzen übertrifft.
Rel.: 4	Nützl.: 4	
Technik		

***Konsequenz (Te1):** Durch das steigende Informationsangebot werden NoSQL Datenbanken bzw. Dateisysteme notwendig.*

[ABBH2014] Verteilte Datenbank		Soziale Medien, mobile Endgeräte und Online-Communities erzeugen große Datenmengen. Um dem zu begegnen, entwickelt der Beitrag die verteilte NoSQL Datenbank AsterixDB. Diese verfügt über hocheffiziente Index-Verfahren und über ein semi-strukturiertes Datenmodell. Der Ansatz verwendet die Apache Hyracks-Engine, die eine parallele Abfrageverarbeitung in hochskalierten Clustern gestattet. Die Leistungsfähigkeit der Lösung wird im Rahmen von empirischen Experimenten erfolgreich bestätigt.
Grundlagenwerk		

[BASP2011] Verteilte Datenbank Rel.: 6 Nützl.: 4	Um den steigenden Datenmengen im DWH zu begegnen, müssen effiziente Abfragemechanismen geschaffen werden. In diesem Zusammenhang entwickelt der Beitrag HadoopDB. Die Lösung beinhaltet eine optimierte Speicherschicht und ein Map-Reduce Framework, das die effiziente Ausführung von SQL Abfragen ermöglicht. Speziell implementierte Join- und Aggregationsoperatoren verfolgen eine adäquate Unterstützung von DWH Bedürfnissen. Die Cloud Lösung ist fehlertolerant und skalierbar. Experimente verdeutlichen die Leistungsfähigkeit gegenüber vergleichbaren Lösungen.
[BBBG2017] Index-Verfahren; Verteilte Datenbank Rel.: 4 Nützl.: 4	Moderne Big Data Plattformen müssen die Aufnahme von hohen Datenraten und die Verarbeitung von großangelegten Analysen sicherstellen. Infolgedessen sollten Implementierungen anhand von effizienten Key-Value Verknüpfungen dem skalierbaren Paradigma folgen, um simultan Aktualisierungen und atomare Scans in Echtzeit zu gewährleisten. Da bestehende Ansätze an der Erfüllung beider Anforderungen scheitern, entwickelt der Beitrag den Key-Value-Map Ansatz *KiWi*. Die Lösung ermöglicht zeitnahe Scans und beinhaltet verschiedene Optimierungen für das Speichermanagement und für Datenzugriffe. Experimente bestätigen die Leistungsfähigkeit der Lösung gegenüber vergleichbaren Implementierungen.
[BeHi2016] Partitionierung; Verteiltes Dateisystem Rel.: 5 Nützl.: 4	Scalable Distributed Data Structure ist eine etablierte Datenstruktur, um große Datenmengen in verteilten Umgebungen zu speichern und zu verwalten. Nichtsdestotrotz besteht die Gefahr, dass die Daten ungleichmäßig im Clusternetzwerk abgelegt werden. Dies kann sich negativ auf die Leistungsfähigkeit der parallelen Verarbeitung auswirken (Bereichsabfragen). In diesem Zusammenhang entwickelt der Beitrag ein selbstregulierendes Partitionierungsschema, das Clusterknoten die dynamische Anpassung der eigenen Grenzen erlaubt, um eine effiziente parallele Berechnung abzusichern. Experimente verdeutlichen eine verbesserte Datenaufteilung bei verkürzten Verarbeitungszeiten.
[CDGH2006] Verteilte Datenbank Grundlagenwerk	Relationale Datenbanken scheitern am steigenden Datenvolumen. Um dem zu begegnen, entwickelt der Beitrag die verteilte multidimensionale Datenbank BigTable. Diese ist spaltenorientiert und erreicht hohe Verarbeitungsgeschwindigkeit in Anwendungsszenarien mit vielen Datenzugängen aber wenigen Datenveränderungen.
[CSHF2016] Update-Verfahren; Dokumentenorientierte Datenbank Rel.: 4 Nützl.: 4	Zunehmend müssen Anwendungen Updates und analytische Berechnungen von großen Datenmengen zeitgleich verarbeiten. Gleichwohl beeinträchtigen diese aufwendigen Verarbeitungen die Reaktionszeit und den Durchsatz dieser Systeme. Der Beitrag entwickelt eine virtuelle Snapshot Methode, die eine parallele Benutzung in einer dokumentenorientierten Datenbank erlaubt. Die Erweiterung wird implementiert und erfolgreich in einem Experiment demonstriert.
[CYTZ2013] Verteilte Datenbank; Partitionierung Rel.: 5 Nützl.: 4	NoSQL Datenbanken erlauben die effiziente Ablage von großen Datenmengen. Nichtsdestotrotz führen die existierenden Partitionierungsstrategien zu einer schlechten Skalierbarkeit. Um dem zu begegnen, entwickelt der Beitrag ein neues Partitionierungsverfahren für NoSQL Datenbanken. Der Ansatz beschleunigt die parallele Verarbeitung und verbessert die Skalierbarkeit.
[DLHZ2017] Dateiformat; Verteiltes Dateisystem Rel.: 5 Nützl.: 4	Konventionelle Speicherstrukturen (zeilen-, spaltenorientiert) sind nicht länger adäquat, um der hohen Attributanzahl zu begegnen. Infolgedessen verringert sich die Verarbeitungsgeschwindigkeit. Der Beitrag entwickelt HB-File, eine effiziente Speicherstruktur für hochdimensionale Daten. In diesem Zusammenhang erfolgt zunächst die Reduktion der Attribute anhand eines Clusteralgorithmus, bevor die Verarbeitung mittels MapReduce im Hadoop System erfolgt. Ausführliche Experimente bestätigen die Effektivität der Speicherstruktur.
[Dyre2016] Aggregation; Dokumentenorientierte Datenbank Rel.: 5 Nützl.: 5	Die Aggregation von Daten ist eine verbreitete Aufgabe in MapReduce Systemen. Nichtsdestotrotz ist die Gruppierung von temporalen Daten aufgrund fehlender Gültigkeiten problematisch. Der Beitrag entwickelt einen neuartigen Timestamp. Dieser ermöglicht die Aggregation von temporalen Daten in CouchDB. Zusätzlich ist eine Erweiterung in andere MapReduce Systeme möglich.
[DzDG2016]	

Verteiltes Dateisystem; Datenreplikation Rel.: 6 | Nützl.: 4	HDFS ist ein kritischer Bestandteil von Big Data Plattformen. Nichtsdestotrotz führt die fehlende technologische Flexibilität innerhalb der Datenreplikation zu einer sinkenden Leistungsfähigkeit. Um dem zu begegnen, entwickelt der Beitrag das Dateisystem *Pfimbi*. Dieses gestattet die synchrone und flusskontrollierte asynchrone Replikation von Daten. Im Rahmen der Evaluierung wird deutlich, dass die Lösung die Verarbeitung beschleunigt und zu einer verbesserten Speicherauslastung führt.
[FYLS2015] Index-Verfahren; Verteilte Datenbank Rel.: 5 | Nützl.: 5	Distributed Ordered Tabellen sind eine weitverbreitete NoSQL-Variante. Nichtsdestotrotz können konventionelle Indizierungstechniken eine Leistungsfähige multidimensionale Abfrage bei gleichzeitigen Insert-Operationen nicht gewährleisten. Ausgehend von diesen Erkenntnissen entwickelt der Beitrag einen leistungsfähigen lokalen Clusterindex.
[GHZL2014] Index-Verfahren; Verteilte Datenbank Rel.: 5 | Nützl.: 5	Key-Value Datenbanken wie HBase erlauben zeitnahe Abfragen von großen Datenmengen. Schlechte Abfragegeschwindigkeiten werden für Spalten erzielt, die keinen Reihenschlüssel beinhalten. Um dem zu begegnen, entwickelt der Beitrag ein zweifaches Index-Modell. Zusammen mit einer neuen Zwischenspeichermethode wird die Lösung in einem neuen Prototyp implementiert. Experimente zeigen, dass der Ansatz die Abfragegeschwindigkeit von HBase übertrifft.
[HLHS2011] Dateiformat; Verteiltes Dateisystem Rel.: 6 | Nützl.: 5	DWH Systeme verwenden MapReduce, um eine zeitnahe Datenverarbeitung zu gewährleisten. Häufig erzielen etablierte Datenstrukturen (Zeilen-, Spalten-, Hybridspeicher) nicht die erhoffte Leistung. Am Beispiel von vier zentralen Anforderungen des produktiven Systems von Facebook (schnelles Laden, schnelle Abfrageverarbeitung, effiziente Speichernutzung und Anpassbarkeit bei dynamischen Workloads) entwickelt der Beitrag die Datenstruktur RCFile für Hadoop. Die Effizienz der Lösung führt zur Adaption in Hive und Pig sowie zur Standardanwendung im DWH von Facebook.
[JLGL2015] Index-Verfahren; Verteiltes Dateisystem Rel.: 6 | Nützl.: 6	Aufgrund der hohen Skalierbarkeit und Fehlertoleranz hat die Verwendung von Big Data Systemen in den letzten Jahren stark zugenommen. Nichtsdestotrotz sind Systeme wie HDFS für eine persistente Ablage von Daten konzipiert. Diese Prämisse ist nicht geeignet für die Echtzeitablage von Textdaten in NoSQL Systemen. Um dem zu begegnen, entwickelt der Beitrag das sucheffiziente Speichersystem LuBase. Dieses beinhaltet sowohl einen feingranulierten Index als auch einen neuen Abfrageprozessfluss, der eine schnellere Verarbeitung und Indizierung von Volltexten ermöglicht. Die Implementierung von LuBase erfolgt in Impala und Experimente demonstrieren die Überlegenheit des Indexes gegenüber HBase.
[KiPJ2016] Verteiltes Dateisystem Rel.: 6 | Nützl.: 5	Big Data impliziert die Ablage von großen Datenmengen. Hierbei führt die Aufbewahrung innerhalb von Unternehmen zu hohen Kosten. Um dem zu begegnen, postuliert der Beitrag die Nutzung von ausgedienten Desktoprechnern zur Speicherung von Big Data. In diesem Zusammenhang erfolgt die Entwicklung eines skalierbaren Ressourcenintegrationssystems anhand von XML.
[LaMa2010] Verteilte Datenbank Grundlagenwerk	Die Ablage und Verarbeitung von großen Datenmengen ist in relationalen Datenbanken zeitintensiv. Um dem zu begegnen, entwickelt der Beitrag die verteilte Datenbank Cassandra. Diese erlaubt die spaltenorientierte Speicherung von Daten innerhalb eines Clusterverbunds. Experimente zeigen, dass die Lösung hohe Schreibzugriffe aber wenige Lesezugriffe ermöglicht.
[LBOS2015] Graphdatenbank Rel.: 4 | Nützl.: 4	Häufig erlauben traditionelle Graphdatenbanken lediglich die Speicherung eines Graphen pro Zeiteinheit. In diesem Zusammenhang können derzeitige Lösungen der Komplexität und den feingranularen dynamischen Graphveränderungen in modernen Applikationen nicht gerecht werden. Der Beitrag entwickelt eine neue Graphdatenbank, die die parallele Ablage und Verarbeitung von mehreren Graphen gestattet. Die Evaluierung bestätigt die Speicher- und Verarbeitungseffizienz der Lösung bei großen Graphennetzwerken.
[LCMC2015] Spaltenorientierte Datenbank Rel.: 4 | Nützl.: 4	Die Ablage und Berechnung von großen Datenmengen ist zeit- und ressourcenintensiv. Um dem zu begegnen, entwickelt der Beitrag eine spaltenorientierte Datenbank-Engine, die eine verteilte Verarbeitung und Speicherung im Cluster ermöglicht. Experimente an einem Testdatensatz bestätigen die Leistungsfähigkeit des Systems.

[MaDY2014] Deduplikation Rel.: 5 | Nützl.: 5	Deduplikation zielt auf die Identifizierung und Eliminierung von redundanten Daten ab. Nichtsdestotrotz verhindern die gegenwärtige Ablage in HDFS und Verarbeitung in MapReduce eine Auffindung von Duplikaten in benachbarten Blocks. Um dem zu begegnen, entwickelt der Beitrag einen schemafreien Ansatz zur Datendeduplikation für MapReduce. Experimente in großen Datensätzen demonstrieren die Effektivität und Effizienz der neuen Methode.
[MaYa2015] Relationale Datenbank Rel.: 5 | Nützl.: 5	Relationale Datenbanken sind mit der Abfrage von großen Datenmengen überfordert. Nichtsdestotrotz sind diese Systeme Bestandteil vieler Unternehmensarchitekturen. In diesem Zusammenhang entwickelt der Beitrag einen zugriffsgewahren In-Memory Zwischenspeicher für relationale Datenbanken als Middleware. Dieser erlaubt eine kurze Aktualisierungslatenz von Daten, wobei häufig aufgerufene Daten im Zwischenspeicher zeilenorientiert abgelegt werden, um eine höhere Abfragegeschwindigkeit zu gewährleisten.
[MCAF2015] Semantische Datenbank Rel.: 5 | Nützl.: 6	Die Analyse von großen semantischen Datenbeständen ist zeit- und ressourcenintensiv. Gleichwohl viele Applikationen eine Echtzeitberechnung benötigen, verfolgen derzeitige Plattformen der Stapelverarbeitung, in der lediglich inkrementelle Aktualisierungen möglich sind. Um dem zu begegnen, nutzt der Beitrag zwei verschiedene Speicher für die Ablage von historischen und aktuellen Daten. Die Verwaltung dieser Lösung erfolgt anhand einer dreistufigen Architektur. Diese trennt den semantischen Speicher von der Indizierung in Echtzeit. Der Ansatz wird erfolgreich an RDF Daten evaluiert.
[NgNg2016] Index-Verfahren; Key-Value Datenbank Rel.: 5 | Nützl.: 5	Die effiziente Speicherung von großen Datensätzen mit zahlreichen Items, um hohe Aktualisierungs- und Abfrageverarbeitungen zu erzielen, ist herausfordernd. Um dem zu begegnen, fanden in der Vergangenheit vermehrt Key-Value Speicher Verwendung. Nichtsdestotrotz sind diese im Umgang mit großen Datenmengen unzureichend skalierbar. Infolgedessen entwickelt der Beitrag einen verteilten B+Baum Index und einen neuen NoSQL Datenspeicher. Gemeinsam unterteilen diese Methoden große Datensätze in kleinere Key-Value Speicher. Demzufolge kann die Lese- und Schreibkomplexität verringert werden. Vergleiche mit etablierten Architekturen wie Cassandra verdeutlichen die Leistungsfähigkeit der Lösung.
[SiBa2017] Index-Verfahren; Verteiltes Dateisystem Rel.: 5 | Nützl.: 5	Große Datenmengen reduzieren die Abfragegeschwindigkeit in datenhaltenden Systemen. In diesem Zusammenhang entwickelt der Beitrag einen neuen B-Baum Index für MapReduce. Dieser verringert die Anzahl der Datenzugriffe während einer Abfrage und erhöht die Effizienz. Der Ansatz wird in einem Hadoop System evaluiert. Vergleiche zeigen, dass die Leistungsfähigkeit der Lösung konventionellen Verfahren überlegen ist.
[SpKo2015] Index-Verfahren Rel.: 6 | Nützl.: 6	Invertierte Indizes erlauben die effektive Verwaltung von großen Datenmengen. Nichtsdestotrotz führt die Erstellung dieser Indizes bei geringer Datenkardinalität zu zahlreichen Replikationen, sodass der Speicher unnötigen Belastungen ausgesetzt ist. Der Beitrag entwickelt eine Technik, die ähnliche Datensätze identifiziert und durch Anpassung der Indexe eine Reduzierung der resultierenden Liste erzielt. Die Methode erlaubt eine verlustfreie Kompression von bis zu 50 Prozent.
[SrSa2014] ETL; Verteilte Datenbank Rel.: 5 | Nützl.: 5	Die Datenladung und -extraktion in Datenbanken gilt bei großen Datenmengen als Leistungsengpass für externe ETL/ELT Techniken. Mithilfe einer optimierten Shared-Nothing Datenbank Engine entwickelt der Beitrag Methoden für die Datenladung und -extraktion in Cloud Systemen. Der Ansatz erlaubt die parallele Ladung/Extraktion von Terabytes in einer Stunde. Die Skalierbarkeit der Lösung wird im Rahmen von Experimenten erfolgreich bestätigt.
[STWL2017] Index-Verfahren; Key-Value Datenbank Rel.: 5 | Nützl.: 5	Key-Value Datenbanken erlauben die effektive Ablage von großen Datenmengen. Nichtsdestotrotz verhindert das unterliegende Design eine effiziente Verarbeitung von mehrdimensionalen Abfragen. In diesem Zusammenhang entwickelt der Beitrag das Framework *SPIKE*, das leistungsfähige Abfragen in hochverfügbaren, skalierbaren, verteilten Key-Value Speichern ermöglicht. Zusammen mit Cassandra und einem neuartigen Pyramidenindex übertrifft der Ansatz die Abfragegeschwindigkeit von konventionellen Lösungen.

[TTFT2014] Index-Verfahren; Verteilte Datenbank	Log-Structured-Merge Bäume ermöglichen leistungsfähige Schreibzugriffe. Nichtsdestotrotz überträgt der Index bei Überlastung des Hauptspeichers die Daten in die persistente Festplatte. Infolgedessen wird die Lesegeschwindigkeit im Vergleich zum Schreibzugriff verlangsamt. Um dem zu begegnen, entwickelt der Beitrag unterschiedliche Mechanismen für die Pflege der Indexstrukturen. Die Implementierung in einer HBase Instanz verdeutlicht die Leistungsfähigkeit und Konsistenz der Log-Structured-Merge Erweiterung.
Rel.: 5 Nützl.: 5	
[TüÖz2015] Graphdatenbank; Partitionierung	In der Vergangenheit sind Graphdatenbanken entstanden, um den massiven Daten aus den Sozialen Medien zu begegnen. Nichtsdestotrotz stoßen gegenwärtige Systeme an ihre Leistungsgrenze. In diesem Zusammenhang entwickelt der Beitrag ein neuartiges Partitionierungsschema für verteilte Graphdatenbanken. Experimente an realen Datensätzen zeigen, dass der Ansatz das historische Zugriffsverhalten adäquat analysiert und eine beschleunigte Verarbeitung gestattet.
Rel.: 4 Nützl.: 4	
[ULKJ2016] Verteilte Datenbank	Die Menge der zu verarbeitenden und abzuspeichernden RDF Daten hat in den letzten Jahren stark zugenommen. Um dem zu begegnen, entwickelt der Beitrag anhand einer verteilten Datenbank einen skalierbaren und verteilten RDF-Speicher. Zusammen mit der SPARQL Engine wird ein MapReduce Algorithmus implementiert, der RDF Daten stapelorientiert verarbeitet. Experimente verdeutlichen die hohe Leistungsfähigkeit.
Rel.: 5 Nützl.: 5	
[WaLW2012] Key-Value Datenbank	Die Verbreitung von NoSQL Datenbanken mit Key-Value Speichern ist zunehmend. Nichtsdestotrotz erlauben diese lediglich den Zugriff auf eine atomare Zeile. Mehrzeilige Zugriffe wie in transaktionalen Systemen gefordert können von Key-Value Speichern nicht bedient werden. Infolgedessen implementiert der Beitrag ein Transaktionsverarbeitungssystem, das den transaktionalen mehrzeiligen Zugriff vom Anwendungsclient auf einen Key-Value Speicher in einem unstrukturierten Datenverwaltungssystem garantiert. Experimente zeigen, dass die Lösung einen skalierbaren mehrzeiligen Zugriff bereitstellen kann.
Rel.: 4 Nützl.: 4	
[WLSD2013] Aggregation	Die Online Aggregation ist eine etablierte Technologie, um Abfrageergebnisse abzuschätzen. In diesem Zusammenhang erlauben bestehende MapReduce Lösungen die Überwachung des Abfrageprozesses und den vorzeitigen Abbruch bei befriedigender Genauigkeit durch den Nutzer. Infolgedessen können Zeit und Ressourcen eingespart werden. Nichtsdestotrotz sind existierende Lösungen durch mangelnde Berücksichtigung der Datenverteilung und durch redundante Datenzugriffe im MapReduce limitiert. Um dem zu begegnen, entwickelt der Beitrag das Cloud System *OLACloud* anhand von MapReduce. Dieses beinhaltet die effiziente Aggregation von unterschiedlichen Datenverteilungen, eine faire Blockzuweisungsstrategie sowie eine simultane Lastenverteilungsmethode. Die Implementierung erfolgt für Hadoop. Umfangreiche experimentelle Studien anhand des TPC-H-Benchmark demonstrieren die Effizienz und Effektivität der Lösung.
Rel.: 5 Nützl.: 5	
[WQLZ2015] Index-Verfahren; Verteilte Datenbank	Die multidimensionale Abfrage großer Datenmengen sieht sich mit veränderten Zugriffsmustern konfrontiert. In diesem Zusammenhang werden ein optimiertes Speichermodell und ein Index-Verfahren für HBase implementiert. Versuchsergebnisse bei unterschiedlichen Abfragemustern zeigen eine verbesserte Skalierungs- und Leistungsfähigkeit.
Rel.: 4 Nützl.: 4	
[WXPL2017] Index-Verfahren; Relationale Datenbank	Temporale Indizes bieten eine Möglichkeit, die Abfrageleistung von großen temporalen Daten zu beschleunigen. Nichtsdestotrotz können aktuelle Verfahren die Vielzahl von unterschiedlichen Abfragen nicht effizient unterstützen. In diesem Zusammenhang wird ein neuartiger segmentierungsbasierter hybrider Index B+-Baum (SHB+-Baum) für temporale Big Data vorgeschlagen. Dieser unterteilt die Daten zunächst in einzelne Segmente, bevor der hybride Index anhand eines Temporalen- und Objekt-Index konstruiert wird. Die experimentellen Ergebnisse bestätigen die Wirksamkeit und Effizienz der Methode.
Rel.: 4 Nützl.: 4	
[XuWa2016] Dateiformat; Verteiltes Dateisystem	Die Optimierung von Speicherstrukturen erlaubt verbesserte Lese- und Schreibzugriffe. Infolgedessen entwickelt der Beitrag eine spaltenorientierte Datenstruktur für Hadoop. Diese ordnet Schlüsselspalten anhand einer Gruppensortierung. Irrelevante

Rel.: 5 Nützl.: 4	Spalten werden innerhalb von Abfragen gefiltert, sodass die Menge der zu lesenden Daten abnimmt. Experimente belegen, dass die Lösung etablierte Datenstrukturen wie ORCFile oder Parquet in Speichernutzung, Datenladung und Abfragegeschwindigkeit übertrifft.
[YuHo2015] Spaltenorientierte Datenbank; Verteiltes Dateisystem Rel.: 5 Nützl.: 5	Spaltenorientierte Datenbanken erlauben hohe Lesegeschwindigkeiten und effiziente Kompressionsraten. Nichtsdestotrotz sind Schreiboperationen vergleichsweise langsam. Existierende Arbeiten begegnen dieser Herausforderung mit In-Memory Lösungen, gleichwohl kann dies zu hohen Kosten führen. In diesem Zusammenhang untersucht der Beitrag, inwiefern Schreibzugriffe für spaltenorientierte Datenbanken anhand von persistenten Speichern optimiert werden können. Hierfür entwickelt die Veröffentlichung ein generelles Framework, das die gleichzeitige Verwaltung von HDFS und persistenten Speichern gestattet. Zusätzlich erfolgt die Entwicklung einer neuen Datenstruktur für beide Systeme, um höhere Schreibzugriffe zu gewährleisten. Experimente belegen die Leistungsfähigkeit beider Systeme.
[ZhQi2012] Partitionierung; Verteilte Datenbank Rel.: 4 Nützl.: 4	Durch das gestiegene Datenvolumen benötigen analytische Services große Datenspeicher und parallele Abfrageverarbeitungstechniken in der Cloud. Eine Schlüsselherausforderung liegt in der Optimierung von Abfragen. Um dem zu begegnen, entwickelt der Beitrag die neue hybride Datenzugriffsarchitektur *HyDB*. Diese beinhaltet eine verteilte Datenablage und gestattet den parallelen Datenzugriff. Zusätzlich umfasst die Architektur Mechanismen, die eine Abfrageoptimierung erlauben. Die neue Datenpartitionierungsmethode erzielt eine hohe Konsolidierung und übertrifft die bestehenden Ansätze. Umfangreiche Studien bestätigen die Effizienz der *HyDB*.
[ZLZW2015] Index-Verfahren; Verteilte Datenbank Rel.: 5 Nützl.: 5	Viele Anwendungsszenarien im Rahmen von Big Data benötigen ein effizientes verteiltes Index-Verfahren für die Analyse von multidimensionalen Daten. Um dem zu begegnen, wird ein ABR-Baum für Cloud Architekturen entwickelt. Dieser erlaubt die Verarbeitung von großen Datenmengen und -raten bei Gewährleistung von Fehlertoleranz und Hochverfügbarkeit. Das Index-Verfahren wird erfolgreich an einem realen Datensatz getestet. Evaluierungen bestätigen die Überlegenheit des Ansatzes gegenüber traditionellen Verfahren.
[ZoIP2014] Index-Verfahren Rel.: 4 Nützl.: 4	Die Anforderungen von vielen Applikationen verlangen die zeitnahe Abfrage von Datenreihen. Nichtsdestotrotz stoßen gegenwärtige Index-Verfahren bei großen Datenmengen an ihre Grenzen. Um dem zu begegnen, entwickelt der Beitrag ein adaptives Index-Verfahren, das die Abfrage von großen Datenreihen ermöglicht. Experimente an realen und synthetischen Daten bestätigten eine erhebliche Reduktion der Abfragedauer.
[ZTGW2015] Verteiltes Dateisystem Rel.: 4 Nützl.: 4	Mit steigenden Datenmengen können traditionelle Dateisysteme den Anforderungen von HPC und Big Data nicht länger gerecht werden. Um dem zu begegnen, werden parallele virtuelle Dateisysteme im HPC zusehends beliebter. Nichtsdestotrotz besteht mit der Zunahme des Rechenaufwands die Notwendigkeit, Datenknoten dynamisch zu erweitern. Da dies nicht von gängigen parallelen virtuellen Dateisystemen unterstützt wird, entwickelt der Beitrag eine dynamische Datenknotenerweiterungsmethode sowie einen Algorithmus zur barrierefreien Datenmigration. Experimente verdeutlichen eine verbesserte Datenverteilung bei gleichzeitiger Minimierung der Verarbeitungsgeschwindigkeit.
[ZZZX2013] Verteiltes Dateisystem; Index-Verfahren Rel.: 4 Nützl.: 4	Die Analyse von großen Datenmengen setzt effektive Abfragemechanismen voraus. Infolgedessen entwickelt der Beitrag ein neues Index-Verfahren für Textdaten in verteilten Plattformen. Implementierungen in Hadoop und Lucene zeigen eine hohe Effizienz und Skalierbarkeit der Lösung.
Datensicherheit	
Konsequenz (Das1): Im Rahmen von verteilten Dateisystemen sind neue Methoden der Datensicherheit notwendig.	
[GBBZ2015] MapReduce-Erweiterung; MPI	Die Verwendung von MPI beschleunigte die Verarbeitungsgeschwindigkeit in MapReduce. Nichtsdestotrotz sind bestehende Methoden nicht in der Lage die Fehlerto-

Rel.: 5	Nützl.: 5	leranz von MPI und MapReduce zu gewährleisten. Infolgedessen entwickelt der Beitrag ein Framework, das eine gemeinsame und fehlertolerante Verarbeitung von beiden Technologien ermöglicht.

Anwendungslebenszyklus

Anforderungsmanagement

Konsequenz (Anm2): Gesammelte Technologieerfahrungen im Rahmen des Betrachtungsgegenstands müssen zu einer intensiveren Anforderungsanalyse innerhalb der Datenanalyse führen.

-

Softwareentwicklung

Konsequenz (Sof1): Durch das steigende Informationsangebot wird die Anwendung der parallelen Programmierung als neues Programmierparadigma notwendig.

[BBCO2015] Compiler Rel.: 4 | Nützl.: 4		In den letzten Jahren sind unterschiedliche Abfragesprachen (Hive, Pig, Flume) für die Verarbeitung und Analyse von großen Datenmengen entstanden. Die Implementierung dieser Sprachen beinhaltet je einen eigenständigen und einen datenmodellabhängigen Compiler, in denen ähnliche Optimierungsmechanismen vorliegen. In diesem Zusammenhang entwickelt der Beitrag eine neuartige Compilerarchitektur, die sprachenspezifische und datenmodellabhängige Aspekte separiert und eine allgemeine Ausführung für parallele Programme in einem Shared-Nothing Cluster ermöglicht. Infolgedessen erlaubt der Compiler die Entwicklung von unterschiedlichen Sprachen und Datenmodellen, sodass der Betrieb von spezifischen Compilern unnötig wird. Implementierungen für HiveQl, AQL und XQuery validieren die Effizienz der Methode.
[BBER2013] Programmiersprache; Entwicklungsumgebung Rel.: 4 | Nützl.: 4		Die Ausführung und Implementierung von skalierbaren Analysen ist komplex. In diesem Zusammenhang entwickelt der Beitrag *SystemML*. Die Lösung beinhaltet eine an R angelehnte deklarative Programmiersprache sowie Optimierungsmechanismen für die Ausführung in MapReduce oder Spark. Implementierte Data Mining Algorithmen zeigen eine hohe Skalierbarkeit.
[BEGB2011] Programmiersprache Grundlagenwerk		MapReduce erlaubt die Berechnung von großen Datenmengen. Nichtsdestotrotz ist die Programmierung sehr maschinennah und führt zu komplexen Programmcodes. Da Entwickler mit analytischem Fokus die Verwendung von höheren Programmiersprachen bevorzugen, entwirft der Beitrag die deklarative Skriptsprache Jaql. Diese erlaubt sowohl die Definition von funktionalen Programmen als auch die Formulierung von Abfragen. Der zugehörige Compiler transformiert Jaql-Skripte automatisch in MapReduce Jobs, sodass eine parallele Verarbeitung im Cluster erfolgt. Experimente in einem Hadoop System zeigen eine erhöhte Verarbeitungsgeschwindigkeit.
[BiMM2013] Programmiersprache Rel.: 6 | Nützl.: 6		Das SAP Datawarehouse und ABAP sind ungeeignet für die Analyse von großen Datensätzen. In diesem Zusammenhang entwickelt der Beitrag die neue Programmiersprache SQLScript. Diese erlaubt die Verarbeitung von komplexen und skalierbaren Aufgaben innerhalb der In-Memory Datenbank SAP HANA. Eine beschleunigte Ausführung wird durch die MapReduce-Engine erreicht.
[EHKJ2016] Programmiersprache Rel.: 4 | Nützl.: 4		Der Bedarf an graphorientierter Verarbeitung ist in den letzten Jahren gestiegen. Verschiedene Programmier Frameworks wurden entwickelt, die die Berechnung von großen Datenmengen gestatten. Der vorliegende Beitrag verfolgt einen alternativen Ansatz. Anhand der Kombination linearer Algebra Operatoren gestattet der Ansatz die Zusammenstellung von Graph Algorithmen. Das Framework wird in die Spark Plattform integriert, um die Vorteile eines skalierbaren und verteilten Systems zu nutzen. Experimente mit vergleichbaren Lösungen verdeutlichen die Leistungsfähigkeit der Methode.
[FSSD2017] Programmiersprache; Grafikprozessor		Mehrkern- und Grafikprozessoren gestatten im Gegenteil zu Einkernprozessoren die parallele Verarbeitung von großen Datenmengen. Um die Vorteile dieser Technologie umzusetzen, ist die Implementierung anhand einer Low-Level-Programmierung wie OpenCl unabdingbar. Diese ist im Vergleich zu höheren Programmiersprachen

Rel.: 6	Nützl.: 5	komplex und wissensintensiv. In diesem Zusammenhang entwickelt der Beitrag einen automatischen Übersetzer von der höheren Sprache R zu der Low-Level-Programmiersprache OpenCL für Grafikprozessoren. Die Evaluierung demonstriert die Leistungsfähigkeit der Lösung und zeigt, dass der automatisch erzeugte Code den manuellen übertrifft.
[GIYT2016] Debugging		Die Fehlersuche in der Entwicklung von verteilter Software ist zeit- und fehlerintensiv. Um dem zu begegnen, erarbeitet der Beitrag den ersten interaktiven Echtzeit-Debugger für Apache Spark. Die Evaluierung demonstriert, dass das Analysewerkzeug die Entwicklungsgeschwindigkeit, bei geringen Verarbeitungseinbußen, beschleunigt.
Rel.: 4	Nützl.: 4	
[MAHK2016] Laufzeitumgebung		Die Ausführung von verteilten Workloads erfolgt häufig in unterschiedlichen Laufzeitumgebungen (bspw. Java oder Ruby) und auf verschiedenen Clusterknoten. Nichtsdestotrotz werden gegenseitige Abhängigkeiten (z.b. Speicherbereinigung) nicht berücksichtigt. In diesem Zusammenhang entwickelt der Beitrag eine ganzheitliche Laufzeitumgebung für verteilte Systeme, die die unterschiedlichen Konfigurationen der unterliegenden Sprachen in Beziehung setzt. Die Anwendung in einem realen System bestätigt die Leistungsfähigkeit der Lösung.
Rel.: 5	Nützl.: 6	
[ORSK2008] Programmiersprache		MapReduce erlaubt die Berechnung von großen Datenmengen. Nichtsdestotrotz ist die Programmierung sehr maschinennah und führt zu komplexen Programmcodes. Da Entwickler mit analytischem Fokus die Verwendung von höheren Programmiersprachen bevorzugen, entwickelt der Beitrag die Programmiersprache Pig Latin. Der in dieser Sprache formulierte Code wird von dem zugehörigen System Pig in MapReduce Jobs übersetzt und ausgeführt. Die Evaluierung an mehreren Beispielen zeigt, dass Pig die Entwicklungs- und Verarbeitungszeit von Hadoop Applikationen senkt.
Grundlagenwerk		
[SaBB2016] Programmiersprache		Apache Spark erlaubt die verteilte Analyse von großen Datenmengen. Die Umsetzung der Implementierungen erfolgt häufig anhand dynamischer und flexibler Sprachen wie Python oder R. Nichtsdestotrotz erreichen die meisten Umsetzungen nicht die Leistungsfähigkeit statischer Sprachen (Java oder Scala). Um dem zu begegnen, entwickelt der Beitrag einen Integrationsansatz für Python und R im Rahmen von datenintensiven Spark Applikationen. Die Leistungsfähigkeit der Lösung wird innerhalb der Evaluierung positiv bestätigt.
Rel.: 6	Nützl.: 6	
[SCWK2015] Programmiersprache		Graph Algorithmen erlauben die Aufdeckung von Netzwerkmustern in zueinander in Beziehung stehenden und zeitveränderlichen Datenansammlungen. Nichtsdestotrotz ist die Entwicklung neuer Methoden komplex. In diesem Zusammenhang unterstützt der Beitrag die Implementierung neuer Graph Algorithmen für Zeitreihenanalysen, indem eine abstrakte Notation für die Programmierung von massensynchronen Parallelrechnern definiert wird. Dem folgend entwickelt der Beitrag drei Graph Algorithmen für unterschiedliche Einsatzszenarios. Experimente belegen die erhöhte Implementierungsgeschwindigkeit und Leistungsfähigkeit der Algorithmen.
Rel.: 4	Nützl.: 4	
[SmAl2016] Generative Programmierung		Die Entwicklung von MapReduce Programmen ist komplex und wissensintensiv. Um dem zu begegnen, nutzt der Beitrag Erkenntnisse aus der generativen Programmierung. Hierbei lernt der vorgeschlagene Ansatz anhand von gegebenen Eingabe- und Ausgabedaten. Die zwischenliegenden Prozeduren werden automatisch abgeleitet. Infolgedessen werden effiziente parallele MapReduce Algorithmen selbständig erzeugt. Die Evaluierung bestätigt die Leistungsfähigkeit der Lösung.
Rel.: 5	Nützl.: 5	
[TaAF2014] Programmiersprache		Das Aufkommen von Sozialen Medien, Web- und Sensortechnologien hat zu massiven Datenmengen geführt. Traditionell erlaubt die logische Programmierung die Identifikation von Lösungen allein anhand von Axiomen. Es ist unklar, inwiefern dieses Paradigma für die Verarbeitung von großen Datensammlungen geeignet ist. Mittels MapReduce entwickelt der Beitrag eine Methode zur logischen Programmierung in verteilten Umgebungen. Experimente belegen die Leistungsfähigkeit des Modells.
Rel.: 6	Nützl.: 6	
Konsequenz (Sof2): *Der Bedarf an Experten in der parallelen Programmierung führt zu erhöhten Kosten.*		
[CFBL2016] Bibliothek		

Anhang

Rel.: 5	Nützl.: 5	Die Überführung von Evolutionären Algorithmen in eine Big Data Infrastruktur ist kostspielig und bindet Experten. Um dem vorzubeugen, überträgt der Beitrag die bestehende *Evolutionary Computation Library* in das MapReduce Modell. Erfolgreich veranschaulicht die Demonstration eine automatische Übertragung an einem realen Anwendungsbeispiel.
[FeGP2016] Software Wiederverwendung		Das notwendige Erlernen neuer Programmiermodelle und Funktionen verhindert die Verbreitung von Big Data Technologien. Eine mögliche Lösung ist die Übertragung von Code in eine etablierte Programmiersprache. In diesem Zusammenhang erarbeitet der Beitrag einen neuartigen Compiler, der annotierte Java Programme in einen Datenfluss-Graph überträgt. Dieser ermöglicht eine parallele und ausfallsichere Berechnung ohne notwendige Kenntnisse in verteilter Programmierung. Der Ansatz wird erfolgreich an einer logistischen Regression getestet.
Rel.: 4	Nützl.: 4	
[GSCG2015] Software Wiederverwendung		Die parallele Verarbeitung von großen Datenmengen ist weit verbreitet. Oft ist unklar, welches System für eine gegebene Aufgabe die beste Berechnungszeit erzielt. Gleichwohl führt die Übertragung von definierten Verarbeitungsabläufen (bspw. Hive oder SparkSQL) in andere Engines (bspw. MapReduce oder Spark) zu hohen Kosten. In diesem Zusammenhang entwickelt der Beitrag einen neuartigen Workflow-Manager, der die Transformation von vier unterschiedlichen Programmiersprachen erlaubt und die Verarbeitung dieser Übersetzungen in sieben verschiedenen Engines ermöglicht. Die Lösung identifiziert die leistungsstärkste Verarbeitungsmethode, senkt die Entwicklungskosten und reduziert das Training von spezifischen Fähigkeiten.
Rel.: 6	Nützl.: 6	
[GTDW2015] Entwicklungsumgebung		Das notwendige Erlernen neuer Programmiermodelle und Funktionen verhindert die Verbreitung von Big Data Technologien. Es mangelt an einfachen und wiederverwendbaren Frameworks, die eine beschleunigte Implementierung ermöglichen. Um dem zu begegnen, entwickelt der Beitrag *Octopus*. Dieses Rahmenwerk ermöglicht die Durchführung von komplexen Big Data Analysen anhand von traditionellen Programmiersprachen. Um die Leistungsfähigkeit zu gewährleisten adoptiert *Octopus* unterschiedliche verteilte Plattformen (MapReduce, Spark). Die Leistungsfähigkeit des Frameworks wird erfolgreich in Experimenten bestätigt.
Rel.: 4	Nützl.: 4	
[GXYH2016] Entwicklungsumgebung		Die Anwendung von Data Mining Algorithmen ist komplex. Um dem zu begegnen, entwickelt der Beitrag eine datenflussorientierte Entwicklungsumgebung. Diese ermöglicht die Definition und Einbindung von Arbeitsschritten und Algorithmen anhand azyklisch gerichteten Graphen. Eine grafische Benutzeroberfläche erlaubt unerfahrenen Nutzern die Entwicklung von komplexen Big Data Analysen und die simple Wiederverwendung von bestehenden Prozessen. Zusätzlich gestattet die Lösung eine parallele Datenverarbeitung.
Rel.: 5	Nützl.: 6	
[HDCC2014] Entwicklungsumgebung		Das notwendige Erlernen neuer Programmiermodelle und Funktionen verhindert die Verbreitung von Big Data Technologien. In diesem Zusammenhang entwickelt der Beitrag den neuen Cloud Service *Myria*. Dieser erlaubt die einfache Datenübermittlung und Analyse im Webbrowser. Ohne erweiterte Kenntnisse gestattet Myria die verteilte Berechnung von Abfragen in einem bereitgestellten Cluster.
Rel.: 5	Nützl.: 5	
[SBBB2015] Entwicklungsumgebung; Bibliothek		Die Implementierung von parallelen Data Mining Algorithmen ist komplex und kostenintensiv. Um dem zu begegnen, entwickelt der Beitrag das neue Software Framework *Jbowl*. Dieses beinhaltet eine grafische Entwicklungsoberfläche und eine Softwarebibliothek für Text- und Datenanalysen. Infolgedessen bleiben teure Implementierungskosten aus. Die Algorithmen erlauben eine verteilte Verarbeitung und Visualisierung.
Rel.: 5	Nützl.: 5	
Software-Projektmanagement		
Organisation		
Konsequenz (Org1): Big Data Vorhaben verlangen eine verstärkte Integration des Fachbereichs in die Entwicklung.		
[ChKH2016] Vorgehensmodell		Agile Prozesse erlauben eine flexible und zeitnahe Reaktion auf neue Anforderungen. In diesem Zusammenhang entwirft der Beitrag ein agiles Vorgehensmodell für

Rel.: 5	Nützl.: 5	die Entwicklung von Big Data Analysen. Der Ansatz ist architekturzentriert und erlaubt eine zügige Aufdeckung von Mehrwerten. Das Vorgehen wird anhand von 10 Fallstudien erfolgreich getestet.
[GaKS2015] Erfolgsfaktoren; Vorgehensmodell		Erfolgsfaktoren sind Erfahrungswerte, die den positiven Abschluss von Projekten absichern sollen. Anhand von unterschiedlichen Big Data Fallstudien leitet der Beitrag 27 Big Data Erfolgsfaktoren in den Bereichen Personal, Prozess und Technologie ab. Beispiele können in interdisziplinären Teams oder in der notwendigen Managementunterstützung gesehen werden. Alle Erfolgsfaktoren werden einem Prozessmodell mit unterschiedlichen Phasen zugeordnet. Das Vorgehen soll die Umsetzung von Big Data Vorhaben leiten.
Rel.: 4	Nützl.: 6	
[LiTO2016] Vorgehensmodell		Die rasante Entwicklung von Big Data führt zu neuen Herausforderungen und zur Unbrauchbarkeit von traditionellen Data Mining Prozessen. In diesem Zusammenhang entwickelt der Beitrag einen Schneckenhausprozess für die Wissensableitung mittels Data Analytics. Dieser erlaubt im Vergleich zu konventionellen Vorgehensmodellen schnellere Durchläufe und zeitnahere Modellaktualisierungen. Der Prozess wird am Beispiel eines multimedialen Unternehmens erfolgreich evaluiert
Rel.: 5	Nützl.: 5	
[LMWW2014] Unternehmensposition		Die erfolgreiche Implementierung von Big Data Vorhaben setzt die Einbindung von hohen Managementebenen voraus. Um dem zu begegnen, entwickelt und beschreibt der Beitrag die neue Unternehmensposition Chief Data Officer anhand von drei Dimensionen: Kollaborative Ausrichtung, Datenverwendung und Wertbeitrag. Mithilfe von praktischen Beispielen präsentiert die Arbeit Empfehlungen für die nutzenstiftende Adaption der Rolle.
Rel.: 5	Nützl.: 5	
[VaBH2015] Ideenfindung		Die Ideenfindung und Implementierung im Rahmen von Big Data muss verschiedene Faktoren berücksichtigen. Bis dato existiert keine wissenschaftlich fundierte und objektive Methode, um solche Vorhaben strukturiert zu begleiten. Infolgedessen entwickelt der Beitrag auf Grundlage der wertbasierten IT Theorie, gruppenbasierter Ideenfindung, begleiteter Ideengenerierung, Ideenbewertung und dem Implementierungsmanagement einen eigenständigen Ansatz. Hierbei finden EAM und Geschäftsmodellgenerierungstechniken in jedem Schritt Anwendung, um eine geeignete Anpassung zu gewährleisten. Zur Veranschaulichung erfolgt eine prototypische Anwendung im Kontext von Supply Chain Management.
Rel.: 5	Nützl.: 5	
Softwareeinführung		
Konsequenz (So1): Der Support während der Einführung einer Big Data Plattform muss sichergestellt werden.		
[FTTM2016] Cluster Deployment		Der Betrieb und die Bereitstellung eines Clusters anhand von Spark sind komplex und verlangen hohe Kenntnisse. Infolgedessen wird von solchen Vorhaben häufig abgesehen. In diesem Zusammenhang entwickelt der Beitrag einen Web Service für Spark, um eine vereinfachtes Cluster Deployment zu ermöglichen. Zusammen mit einer grafischen Oberfläche erlaubt der Web Service die Einbindung von Algorithmen. Anhand einer Fallstudie wird das Vorgehen erfolgreich evaluiert.
Rel.: 4	Nützl.: 4	
[LLZZ2015] Cluster Deployment		Oftmals sind Daten eines HDFS Systems in geographisch verteilten Datenzentren persistiert. Nichtsdestotrotz bestehende Forschungsansätze im Cluster Deployment lediglich den Datentransfer zu dem verarbeitenden Datenzentrum. Limitierte Dateneingaben und Netzwerkengpässe zwischen Datenzentren werden häufig ignoriert. In diesem Zusammenhang entwickelt der Beitrag einen Entscheidungsalgorithmus, der die netzwerkoptimale Lösung für die Installation von geografisch verteilten Clustern aufdeckt. Experimentelle Versuche am Beispiel der Amazone EC2 zeigen eine verbesserte Verarbeitungsgeschwindigkeit.
Rel.: 4	Nützl.: 4	
Management der Informations- und Kommunikationstechnik		
Management der Verarbeitung		
Betriebsart		
Konsequenz (Bet2): Durch das steigende Informationsangebot wird eine verteilte und parallelisierte Verarbeitung notwendig.		
[ABEF2014]		

Anhang 291

Cluster Computing Framework Rel.: 5 Nützl.: 5 [ACCE2010]	Die parallele Verarbeitung von großen Datenmengen erlaubt eine beschleunigte Berechnung. Der Beitrag entwickelt *Stratosphere*, ein freies Software Framework zur parallelen Datenanalyse. Dieses erlaubt die Anbindung von HDFS oder Amazon S3 sowie die Nutzung von etablierten Ressourcenmanagement-Werkzeugen wie bspw. Yarn. Es beinhaltet eine eigene Ausführungs-Engine, Befehlssätze und Funktionen. Die Verarbeitungsgeschwindigkeit wird im Vergleich zu MapReduce verbessert.
Cluster Computing Framework Rel.: 6 Nützl.: 6 [AyAn2017]	Die Entwicklung von verteilter Software ist hochgradig komplex. Anhand der Programmiersprache *Overlog* soll eine verbesserte Abstraktionsebene, Simplizität und Korrektheit ermöglicht werden. In diesem Zusammenhang wird ein Hadoop kompatibles Softwareframework entwickelt, welches neue Funktionen für eine verbesserte Skalierung, Verfügbarkeit und Überwachung ermöglicht.
Cluster Computing Framework; Datenstromverarbeitung Rel.: 6 Nützl.: 6 [BCMR2016]	Die traditionelle Stapelverarbeitung verhindert die zeitnahe Analyse von Daten. In diesem Zusammenhang entwickelt der Beitrag ein inkrementelles Framework zur Analyse von Datenströmen. Dieses gestattet die zeitnahe Indizierung von Twitter Daten und die interaktive Analyse in Echtzeit. Die Leistungsfähigkeit der Analyse wird anhand einer Fallstudie erfolgreich belegt.
MapReduce-Erweiterung Rel.: 4 Nützl.: 4 [BILW2016]	Traditionelle Methoden zur Laufzeitoptimierung von MapReduce Anwendungen sind komplex und basieren auf nutzerdefinierten Operationen. Neuere Verfahren nutzen historische Daten, um die Laufzeit von Aufgaben vorherzusagen, sodass eine Kalibrierung der Konfiguration stattfinden kann. Nichtsdestotrotz ist die Brauchbarkeit dieser Lösungen bei neuartigen Anwendungen eingeschränkt. Infolgedessen entwickelt der Beitrag ein neuartiges Multiagenten-System, das innerhalb der Laufzeit eine Neuzuordnung von Reduce-Operationen ermöglicht.
RDMA; Cluster Computing Rel.: 5 Nützl.: 4 [BWJW2017]	Der direkte Zugriff auf den Speicher eines Computers in den Speicher eines anderen ohne Einbezug des Betriebssystems erlaubt hohe Durchsätze und geringe Netzwerklatenzen. Erste Ansätze in Hadoop zeigen Leistungsverbesserungen durch RDMA. Nichtsdestotrotz sind diese Entwicklungen auf bestimmte Versionen beschränkt. Der Beitrag präsentiert eine RDMA-basierte Erweiterung für unterschiedliche Hadoop Distributionen. Evaluierungen zeigen verbesserte Schreibgeschwindigkeiten.
FPGA Rel.: 5 Nützl.: 5 [CDDK2014]	Derzeitige Hardware Architekturen verfolgen die beschleunigte Sortierung von Datensätzen mit maximaler Zeichenlänge. Da dies zu Leistungsbeschränkungen führt, entwickelt der Beitrag eine skalierbare Hardware Architektur anhand von FPGA. Diese nutzt den Radix-Tree, um große Datensammlungen aus Zeichenketten ohne Limitierung zu sortieren. Die Lösung verfügt über eine hierarchische Verarbeitungs- und Speicherarchitektur und erlaubt eine parallele Verarbeitung. Die Lösung übertrifft die Berechnungsgeschwindigkeit von vergleichbaren Ansätzen um den Faktor 2,7.
Scheduler; Cluster Computing Rel.: 5 Nützl.: 5 [ChGD2012]	Die Erzeugung von Ablaufplänen und die Zuweisung von Ressourcen in verteilten Systemen ist hochkomplex und leistungsrelevant. Der Beitrag entwickelt den reservierungsbasierten Scheduler Rayon für Hadoop und YARN. Rayon beinhaltet eine eigene Definitionssprache, einen linearen Optimierer und eine skalierbare Heuristik. Der Ansatz wird erfolgreich evaluiert und ist Teil der Apache Hadoop Version 2.6.
Cluster Computing Framework; Datenstromverarbeitung Rel.: 5 Nützl.: 5 [CHWS2012]	Die Offline-Verarbeitung von Data Mining Methoden mittels MapReduce erfüllt nicht die Echtzeitanforderungen in der Werbeindustrie. Infolgedessen entwickelt der Beitrag das neuartige Framework *TiMR*. Dieses erlaubt eine Online-Verarbeitung unter Nutzung der skalierbaren MapReduce-Engine, um eine Reaktion in Echtzeit zu ermöglichen. Das System ermöglicht Streaming und Optimierungen mittels Abfrage-Fragmentierung und Partitionierungs-Schemen. Die Effizienz des Systems wird erfolgreich an einem realen Datensatz getestet.
Cluster Computing Framework	R ist eine etablierte Programmierumgebung für Datenanalysen. Nichtsdestotrotz führt die Verarbeitung von großen Datenmengen zur Überlastung des Hauptspei-

Rel.: 5	Nützl.: 5	chers, sodass Daten kommunikationsaufwendig zwischen Arbeitsspeicher und persistentem Speicher transferiert werden müssen. Infolgedessen nimmt die Leistungsfähigkeit des globalen Systems ab. Um dem zu begegnen, entwickelt der Beitrag ein R-Vertica Framework. Dieses erlaubt die Initialisierung einer R-Instanz in einer parallelverarbeitenden Datenbank, sodass R-Programme auf eine leistungsfähige Infrastruktur zurückgreifen können, indem der R-Code in eine SQL Abfrage transformiert wird. Experimente belegen die Effizienz der Lösung.
[CLLL2015] MPI; Cluster Computing		Data Warehouse Systeme wie Apache Hive sind weit verbreitet innerhalb der verteilten Verarbeitung. Nichtsdestotrotz wurden nicht alle Vorteile von High Performance Computing (HPC) Techniken berücksichtigt. Häufig ist das MPI nicht optimiert. Infolgedessen entwickelt der Beitrag ein neues Design, um Hive mit der Big Data Erweiterung *DataMPI* zu beschleunigen. Experimente demonstrieren eine Abnahme der Berechnungszeit um 32 Prozent.
Rel.: 5	Nützl.: 4	
[CMLT2016] Graphverarbeitung; Cluster Computing		Das Design der Partitionierung ist ein initialer Bestandteil bei der Implementierung von parallelen Programmen. In dieser Phase werden Daten in gleichverteilte und nichtverbundene Datenblöcke aufgeteilt. Eine effiziente Gestaltung ist notwendig, um den späteren Kommunikationsaufwand während der Verarbeitung zu minimieren. Anhand einer Ameisenheuristik entwickelt die Veröffentlichung einen graphbasierten Partitionierungsalgorithmus. Die Lösung erlaubt eine parallele Verarbeitung im Cluster. Evaluierungen verdeutlichen die Skalierbarkeit und Leistungsfähigkeit der Methode.
Rel.: 5	Nützl.: 5	
[COTL2016] Cluster Computing Framework; Grafikprozessor; Datenstromverarbeitung; Mehrkernprozessor		Die günstige Preisentwicklung von Hauptspeicherelementen beschleunigt die Verbreitung von parallel verarbeitenden In-Memory Cluster-Architekturen (bspw. Flink). Nichtsdestotrotz erfolgte die alleinige Verarbeitung innerhalb der Cluster-CPU. Leistungssteigerungen werden durch den Einsatz von Grafikprozessoren (GPU) erwartet. Infolgedessen entwickelt der Beitrag *GFlink* eine In-Memory Architektur für heterogene CPU-GPU Cluster. Die Leistungsfähigkeit des Systems übersteigt die von traditionellen Flink Implementierungen.
Rel.: 6	Nützl.: 6	
[CuSD2011] Cluster Computing Framework; Verteiltes Dateisystem		In Anbetracht steigender Datenmengen entwickelt der Beitrag das frei zugängliche Software Framework Hadoop. Dieses ist hochgradig skalierbar und erlaubt eine verteilte Berechnung von Daten im Cluster. Die Datenhaltung erfolgt anhand des Dateisystems HDFS und die Verarbeitung nutzt das Programmiermodell MapReduce. Experimente belegen die Leistungsfähigkeit der Lösung.
Grundlagenwerk		
[DeGh2004] Programmiermodell; Cluster Computing		Die sequenzielle Abarbeitung von Befehlen verhindert die Verarbeitung von großen Datenmengen. Der Beitrag entwickelt das neue Programmiermodell MapReduce, welches eine parallele Verarbeitung in Clustern ermöglicht. Die Leistungsfähigkeit der Methode wird im Rahmen der Evaluierung erfolgreich getestet.
Grundlagenwerk		
[DPRT2013] Programmiermodell; Cluster Computing Framework		Die Entwicklung von Algorithmen in verteilten Umgebungen ist komplex. In diesem Zusammenhang entwickelt der Beitrag das neue Programmiermodell *MBrace*. Dieses basiert auf der .NET Plattform und auf der Programmiersprache F#. *MBrace* folgt einem deklarativen Stil und erlaubt die Implementierung von parallelen Algorithmen in Cloud Systemen. Experimente bestätigen die Leistungsfähigkeit der Lösung.
Rel.: 4	Nützl.: 4	
[DPTM2015] Cluster Computing; Scheduler		Um den unterschiedlichen Anforderungen gerecht zu werden, ist die Anzahl von verschiedenen Big Data Werkzeugen steigend. Da keine Engine und kein Datenspeicher alle Datenarten verarbeiten kann, entwickelt der Beitrag einen Scheduler für komplexe Workflows in einer Systemumgebung von multiplen Engines. Die Lösung betrachtet die Kosten und Leistung der Aufgaben in den verfügbaren Plattformen und verknüpft die unabhängigen Workflowbestandteile mit den entsprechenden Ausführungs- und Speicher-Engines. Im Rahmen der Demonstration wird die Leistungsfähigkeit bestätigt.
Rel.: 4	Nützl.: 4	
[DSCY2016]		

Anhang

Scheduler; Cluster Computing Rel.: 4 | Nützl.: 5	Isolation und Datensicherheit sind primäre Forderungen für Scheduler in verteilten Systemen. Ausgehend von der Standardkonfiguration in YARN entwickelt der Beitrag den *SECapacity* Scheduler. Dieser ermöglicht die nutzerdefinierte Beschränkung von Nodes. Die Evaluierung zeigt eine 100-prozentige Isolation bei einer Leistungseinbuße von 6,95 Prozent.
[ElHB2014] Cluster Computing Framework; Grafikprozessor; Mehrkernprozessor Rel.: 6 | Nützl.: 6	Das Paradigma der parallelen Verarbeitung ist aufgrund der steigenden Datenmengen zusehends in Unternehmen aufzufinden. Nichtsdestotrotz scheitern etablierte Systeme an der effizienten Nutzung von Mehrkern- und Grafikprozessoren. In diesem Zusammenhang entwickelt der Beitrag das skalierbare MapReduce Framework *Glasswing*. Dieses ermöglicht die fein- und grobgranulare Parallelisierung von Aufgaben, sodass eine effiziente Nutzung stattfinden kann. Experimente in einem Hadoop Cluster belegen die Leistungssteigerungen für Mehrkern- und Grafikprozessoren.
[FCLQ2016] Graphverarbeitung; Cluster Computing; Programmiermodell Rel.: 4 | Nützl.: 5	Der Bedarf an einer graphorientierten Verarbeitung ist in den letzten Jahren gestiegen. Gleichwohl sind Berechnungen zwischen verknüpften Knoten und zweifach verknüpften Knoten zeit- und ressourcenintensiv. Um dem zu begegnen, entwickelt der Beitrag Verbesserungen für das Programmiermodell Pregel. Anhand von Graphenzerlegung reduziert der Ansatz die Kommunikationskosten und die Verarbeitungsgeschwindigkeit. Experimente bestätigen die Leistungsfähigkeit der Methode.
[FWQX2013] MapReduce-Erweiterung Rel.: 5 | Nützl.: 5	Traditionelle Verfahren zur Laufzeitoptimierung von MapReduce führen zu ungleichen Datenverteilungen innerhalb der Reduce-Aufgaben. Infolgedessen nimmt die Leistungsfähigkeit des globalen Systems ab. Um dem zu begegnen, entwickelt der Beitrag einen neuen Ansatz zur Lastenverteilung. Dieser prognostiziert auf Grundlage historischer Ergebnisse die zu erwartende Laufzeit von Reduce-Aufgaben in heterogenen Nodes und verteilt die eingehenden Daten entsprechend den Vorhersagen gleichmäßig, sodass möglichst harmonische Berechnungszeiten entstehen. Die Leistungsfähigkeit wird erfolgreich getestet.
[GWWY2015] Cluster Computing Framework; Datenstromverarbeitung Rel.: 4 | Nützl.: 5	Die Ableitung von Regeln mithilfe des fallbasierten Schließens in semantischen Daten ist zeit- und rechenintensiv. Infolgedessen entwickelt der Beitrag die Reasoning-Engine *Cichli*. Diese ermöglicht die verteilte Verarbeitung von RDFS- und OWL-Daten. Zusätzlich beinhaltet das Framework etablierte und neue parallele Algorithmen, die den Spezifikationen des Spark RDD Programmiermodells folgen. Erfolgreiche Evaluierungen führen zur allgemeinen Akzeptanz und zur Aufnahme in Apache Spark 1.0.
[GZWL2016] Ressourcenzuweisung; Cluster Computing Rel.: 4 | Nützl.: 4	Traditionelle Verfahren zur Lastenverteilung von MapReduce Anwendungen sind komplex und basieren auf nutzerdefinierten Operationen. Die Problemstellung unterliegt einem Optimierungsproblem. In diesem Zusammenhang entwickelt der Beitrag einen heuristischen Algorithmus, um das Laufzeitverhalten zu beschleunigen. Experimente an synthetischen und realen Daten bestätigen die Güte der Lösung.
[GXWL2012] Cluster Computing Framework Rel.: 4 | Nützl.: 4	Derzeitige Analysesysteme für Big Data unterstützen die parallele Abfrage und Datenladung nicht. In diesem Zusammenhang entwickelt der Beitrag die Hadoop-Erweiterung *Mastiff*. Gemeinsam mit einer spaltenorientierten Speicherstruktur und Engine sowie einer optimierten Tabellen-Scan Methode demonstriert das Framework schnellere Lade- und Abfragegeschwindigkeiten im Vergleich zu Hive oder HadoopDB.
[HCLZ2015] MapReduce-Erweiterung; Mehrkernprozessor; Grafikprozessor; Cluster Computing Rel.: 5 | Nützl.: 5	Die gemischte Verarbeitung von MapReduce Aufgaben anhand von Haupt- und Grafikprozessoren ist zunehmend. Nichtsdestotrotz führt die Erhöhung von Ressourcen nicht zwangsmäßig zur Berechnungsbeschleunigung, da Grafik- und Hauptprozessoren im Wettbewerb zu gemeinsamen Ressourcen stehen. Um dem zu begegnen, entwickelt der Beitrag ein Modell, das die in konfliktstehenden Aufgaben identifiziert. Infolgedessen wird die MapReduce-Erweiterung *Hadoop+* implementiert, die eine koordinierte Verarbeitung von Aufgaben zwischen Grafik- und Hauptprozessor gestattet. Experimente belegen eine gesteigerte Berechnungsgeschwindigkeit und eine kosteneffektive Ressourcenausnutzung.
[HFAR2014] Graphverarbeitung	Sowohl die synchrone als auch die asynchrone Verarbeitung von Graphen kann hohe Berechnungszeiten hervorrufen. In diesem Zusammenhang entwickelt der Beitrag ein

Rel.: 4	Nützl.: 4	neues Paradigma der Graphenverarbeitung, in dem beide Kommunikationsverfahren Verwendung finden. Hierbei erlaubt der Ansatz die Parame-trisierung und Verknüpfung der synchronen und asynchronen Schritte, sodass ein Optimum hinsichtlich Kommunikationsaufwand und Verarbeitungsgeschwindigkeit erzielt wird. Experimente an existierenden Graph-Algorithmen verdeutlichen die Leistungsfähigkeit der Lösung.
[HHHP2013] In-Place Computing		Neue Unternehmenskollaborationen teilen große Datenbestände über das Internet (z.B. Verkaufstransaktionen). Da die Menge der Informationen hohe Datenübertragungen nach sich ziehen würde, verfolgt der Beitrag einen anderen Ansatz und transferiert Code anstatt Daten. Das zugehörige Verarbeitungssystem gestattet zeitnahe Berechnungen im Hauptspeicher und zeigt eine hohe Leistungsfähigkeit im Vergleich zu konventionellen Lösungen.
Rel.: 6	Nützl.: 4	
[HLPL2013] Cluster Computing Framework; Graphverarbeitung; Mehrkernprozessor		Viele Anwendungen benötigen ein effektives Management für großskalierte und strukturierte Graphdaten. Hierbei ist der Betrieb von Systemen wie Pregel auf verteilten Clusterlandschaften ohne hochqualifizierte Experten nicht möglich. Um dem zu begegnen, entwickelt der Beitrag die plattenbasierte Graph-Engine TurboGraph. Diese erlaubt die parallele Berechnung von großen Netzwerken durch Mehrkernprozessoren und FlashSSD an einem einzelnen Rechner. Experimente demonstrieren die Überlegenheit von TurboGraph gegenüber vergleichbaren Lösungen.
Rel.: 5	Nützl.: 5	
[HWYF2016] FPGA; Scheduler; Cluster Computing Framework		FPGA finden zunehmend Einsatz in modernen Datenzentren. Nichtsdestotrotz sind Apache Spark oder Hadoop nicht für den Betrieb von FPGA konzipiert, sodass gemeinsame Implementierungen zu Leistungseinbußen und zu einer schlechteren Energieeffizienz führen. Um dem zu begegnen, entwickelt der Beitrag Blaze. Die Lösung beinhaltet eine Programmier- und Laufzeitumgebung, die eine einfache und effiziente Entwicklung von FPGA für Spark und Hadoop erlaubt. Zusätzlich verfügt Blaze über einen angepassten FPGA Scheduler der die effiziente Ausführung von multiplen Aufgaben über ein verteiltes Cluster gestattet. Experimente zeigen eine höhere Durchsatzrate und Energieeffizienz der Lösung als vergleichbare Ansätze.
Rel.: 5	Nützl.: 4	
[HZHX2014] Ressourcenzuweisung; Datenstromverarbeitung; Cluster Computing		Die Verarbeitungseffizienz von vielen Streaming Systemen nimmt mit zunehmender Skalierung ab. Bestehende Forschungsarbeiten adressieren dies mit einer Optimierung einzelner Operatoren. Wenige betrachten wann und welche Operatoren skaliert werden sollten. In diesem Zusammenhang entwickelt der Beitrag einen neuen automatischen Ansatz zur Leistungsverbesserung. Dieser überwacht das Streaming System, identifiziert Operatoren, die einen zeitlichen Grenzwert übersteigen und weist ineffektiven Operatoren zusätzliche Ressourcen zu. Die Evaluierung der Lösung zeigt eine beschleunigte Verarbeitungsgeschwindigkeit.
Rel.: 6	Nützl.: 6	
[IBYB2007] Programmiermodell; Cluster Computing Framework; Graphverarbeitung		Die Verarbeitung von großen Datenmengen ist zeit- und ressourcenintensiv. Um dem zu begegnen, entwickelt der Beitrag das Programmiermodell Dryad. Dryad definiert Prozeduren als Graph, indem einzelne Programmbestandteile als Knoten zusammengefasst und während der Ausführung sequenziell abgearbeitet werden. Zusätzlich beinhaltet die Lösung eine Engine, die die parallele Verarbeitung der Graphen anhand von Schedulern und Ressourcenzuweisungsmechanismen steuert. Die Leistungsfähigkeit des Frameworks wird in Experimenten erfolgreich bestätigt.
Grundlagenwerk		
[IdHL2014] MapReduce-Erweiterung; Scheduler		MapReduce ist ein weitverbreitetes Verarbeitungsmodell. In gegenwärtigen Implementierungen nutzen MapReduce Aufgaben die Resultate von vorhergehenden Berechnungen und weisen den neuen Aufgaben Ressourcen innerhalb des Clusters zu. Entgegen dieser Vorstellung, entwickelt der Beitrag einen neuen Ansatz, indem die gleichen Daten von multiplen Algorithmen in einem einzigen Job gleichzeitig verarbeitet werden. Hierbei werden Ressourcen entweder geteilt oder anhand dynamischer Zuteilungsstrategien und Schedulern jeweiligen MapReduce Aufgaben zugeordnet. Experimente zeigen, dass die Lösung die Verarbeitungsgeschwindigkeit verdoppelt.
Rel.: 4	Nützl.: 5	
[JaLX2017] Cluster Computing Framework; Verteiltes Dateisystem		Die Transkodierung von großen Multimediadaten (Text, Bilder, Audio) in verteilten Systemen ist zeit- und ressourcenintensiv. Um dem zu begegnen, entwickelt der Beitrag eine neuartige Architektur auf Grundlage von MapReduce, HDFS und der Medienbibliothek Xuggler. Das angedachte System reduziert die Transkodierungszeit

Rel.: 5	Nützl.: 5	von großen Datenmengen in spezifische Formate und gestattet die Definition von Big Data Analysen. Zusätzlich erlaubt der verwendete Optimierungsalgorithmus eine effiziente Zuteilung von Ressourcen. Experimente belegen beschleunigte Berechnungszeiten.
[JaSE2014] MapReduce-Erweiterung; Scheduler		MapReduce erlaubt die parallele Verarbeitung von großen Datenmengen. Nichtsdestotrotz erfolgte die ursprüngliche Konzipierung von MapReduce für Datenzentren, die keine geografische Entfernung vorweisen. Infolgedessen ist die Implementierung von MapReduce in global verteilten Clustern problematisch. Um dem zu begegnen, analysiert der Beitrag unterschiedliche Lösungen und entwickelt einen Datentransformationsgraphen, der als Scheduler eine gemeinsame und verarbeitungseffiziente Jobabarbeitung in geografisch getrennten Datenzentren ermöglicht. Experimente bestätigen die Leistungsfähigkeit der Lösung.
Rel.: 4	Nützl.: 4	
[JuNa2014] MapReduce-Erweiterung; Scheduler		Ausfälle in Clusterknoten führen zu globalen Verzögerungen in der Aufgabenverarbeitung. Um dem zu begegnen, verwendet MapReduce die spekulative Ausführung, in der verzögerte Aufgaben anderen Knoten zugewiesen werden. Nichtsdestotrotz ist dieser Ansatz in heterogenen Clustern nicht länger effizient. In diesem Zusammenhang entwickelt der Beitrag einen dynamischen Scheduler für die spekulative Ausführung in heterogenen Umgebungen. Im Rahmen der Evaluierung wird deutlich, dass die Lösung die globale Verarbeitungsgeschwindigkeit beschleunigt.
Rel.: 5	Nützl.: 5	
[KBPR2015] Lambda-Architektur; Datenstromverarbeitung; Cluster Computing Framework		Lambda-Architekturen erlauben die kombinierte Verarbeitung von Stapelverfahren und Streaming, um große Datenmengen in Echtzeit zu analysieren. Nichtsdestotrotz geht diese mit unnötigen Ressourcenbelastungen einher, wenn die Anforderungen keine zeitnahe Berechnung erfordern. Um dem zu begegnen, entwickelt der Beitrag eine Lambda-Architektur, die lediglich bei Bedarf Streaming zulässt. Hierfür prognostiziert das Entscheidungsmodell die zu erwartende Verarbeitungszeit im Stapelverfahren und bestimmt, ob Streamingkomponenten einbezogen werden müssen. Die Leistungsfähigkeit der Lösung wird im Rahmen einer Fallstudie erfolgreich bestätigt.
Rel.: 6	Nützl.: 5	
[KFSP2015] Datenstromverarbeitung; Cluster Computing Framework		Die Integration von MapReduce in Streaming Systemen ist problematisch, da Veränderungen in den Datenraten und Schlüsselverteilungen zu Ressourcenüberlastungen führen. Zusätzlich verfügen bestehende Lösungen weder über komplette Historisierungen noch über effiziente Wiederherstellungsmechanismen im Falle eines Ressourcenausfalls. Um dem zu begegnen, entwickelt der Beitrag eine Streaming Architektur auf der Grundlage von MapReduce. Status Replikation, Hashing, effiziente Lastenverteilung und ortsbewusste Datenablage erlauben eine effizientere Verarbeitung. Evaluierungen innerhalb einer privaten Cloud zeigen Verbesserungen im Vergleich zu Apache Storm.
Rel.: 5	Nützl.: 5	
[KHLZ2016] Cluster Computing Framework		Üblicherweise erfolgt das parallele Lernen von Data Mining Algorithmen über verteilte Maschinen. Diese erlauben den gegenseitigen Zugriff und die Aktualisierung von Modellparametern. Nichtsdestotrotz kann dieser Ansatz aufgrund von nicht beachteten Parameterabhängigkeiten und unterschiedlichen Parameteranpassungsraten zu fehlerhaften Algorithmen und zu langen Berechnungszeiten führen. Als Alternative zur Datenparallelisierung verfolgt der Beitrag die Modellparallelisierung. Diese erlaubt die Verteilung von Parametern auf unterschiedliche Maschinen. Gleichzeitig ermöglicht die periodische Neuverteilung von Parametern eine interne Kommunikation zwischen den Nodes. Zusammen mit einem neuartigen Scheduler führen diese Konzepte zu dem verteilten Software Framework *STRADS*. Dieses erlaubt die Ausführung des SchMP Data Mining Algorithmus. Vergleichstests zeigen die Leistungsüberlegenheit der Lösung gegenüber konventionellen Verfahren.
Rel.: 5	Nützl.: 5	
[KOPL2017] Cluster Computing Framework		Die Implementierung von parallelen Data Mining Algorithmen ist komplex. Um dem zu begegnen, entwickelt der Beitrag das neue Software Framework *Clowd-Flows*.

Rel.: 5	Nützl.: 6	Dieses erlaubt eine verteilte Verarbeitung innerhalb von Cloud Computing. Zusammen mit bereitgestellten Algorithmen, Funktionen, Web Services und einer grafischen Nutzeroberfläche ermöglicht das Framework die vereinfachte Konstruktion und Ausführung von Data Mining Prozessen. Das Werkzeug ist erweiterbar und die Ausführung (Echtzeit- oder Stapelverfahren) unterliegt dem MapReduce Paradigma. Die Leistungsfähigkeit des Frameworks wird erfolgreich an einer realen Fallstudie getestet.
[LeKM2014] MapReduce-Erweiterung; Cluster Computing Framework		MapReduce ist ein beliebtes Framework und erlaubt die verteilte Verarbeitung von großen Datenmengen. Nichtsdestotrotz muss beim Hinzufügen von neuen Dateninstanzen mitunter die gesamte Berechnung eines MapReduce Jobs wiederholt werden. Um dem zu begegnen, entwickelt der Beitrag eine modifizierte Hadoop Architektur, die eine großskalierte inkrementelle Verarbeitung von konventionellen MapReduce Algorithmen ermöglicht. Hierfür identifiziert und aktualisiert die Lösung unter Verwendung eines Deduplication Snapshot Algorithmus Datenbestände auf einer feingranularen Ebene. Experimente bestätigen eine verbesserte Verarbeitungsgeschwindigkeit.
Rel.: 5	Nützl.: 5	
[LiCh2013] FPGA; Cluster Computing		ARM-Prozessoren sind aufgrund geringer Stromkosten im Rahmen von Big Data weit verbreitet. Nichtsdestotrotz sind diese im Vergleich zu traditionellen CPUs nicht für die Berechnung von großen Datenmengen geeignet. In diesem Zusammenhang integriert der Beitrag FPGA Technologien in ARM-Prozessoren. Hierbei verzichtet FPGA auf die Programmierung von zeitlichen Abläufen, indem die Verarbeitung anhand logischer Schaltungen mittels Hardwarebeschreibungssprache gesteuert wird. Diese Konfiguration erlaubt eine vereinfachte Parallelisierung von Berechnungen. Der Ansatz wird erfolgreich an Hadoop evaluiert und erreicht eine hohe Verarbeitungsgeschwindigkeit.
Rel.: 5	Nützl.: 5	
[LiLu2015] MPI; Cluster Computing		Aufgrund von Kommunikations- und Berechnungsüberlappungen zeigen Hadoop und Spark Ineffizienzen bei der Verarbeitung von großen Datenmengen. Infolgedessen entwickelt der Beitrag einen neuartigen Verarbeitungsmechanismus anhand von MPI. Der Ansatz beinhaltet eine ereignisorientierte Pipeline und ein verbessertes Shuffle-Design, um Überlappungen in der Kommunikation und Berechnung zu vermeiden. Evaluierungen zeigen eine beschleunigte Verarbeitungsgeschwindigkeit im Vergleich zu Hadoop und Spark.
Rel.: 5	Nützl.: 4	
[LLPZ2017] MapReduce-Erweiterung; Scheduler		MapReduce ist ein verbreiteter Verarbeitungsmechanismus für große Datenmengen. Das Verfahren basiert auf Key-Value Paaren, die die Ausgabe der Map-Phase mit der Eingabe der Reduce-Phase verknüpfen. Traditionell sind Reduce-Knoten auf die Verarbeitung eines Keys beschränkt. Falls einem Datensatz mehrere Keys zugeordnet werden, führt dies zu unausgeglichenen Ladeprozessen und zur Abnahme der Leistungsfähigkeit. Um dem zu begegnen, erweitert der Beitrag MapReduce um eine zusätzliche Balance-Phase. Hierfür werden zwei zusätzliche Scheduler Verfahren implementiert. Im Rahmen der Evaluierung wird deutlich, dass der Beitrag die Leistungsfähigkeit von Hadoop erhöht.
Rel.: 4	Nützl.: 4	
[LLRG2013] Scheduler; Cluster Computing		Ein fairer und effizienter Scheduler für MapReduce ermöglicht eine hohe Leistungskapazität und garantiert den Mehrbenutzerbetrieb. Nichtsdestotrotz ist die gleichzeitige Befriedigung beider Anforderungen in der Praxis nicht möglich, solange keine genaue Aufgabenvorhersage getroffen werden kann. Infolgedessen entwickelt der Beitrag ein hybrides, pessimistisches und faires Scheduling-Protokoll. Dieses erlaubt eine beschleunigte Verarbeitung von MapReduce,
Rel.: 5	Nützl.: 5	
[LLWZ2014] MPI; Cluster Computing		MPI ist ein weitverbreiteter Standard für den Nachrichtenaustausch in der parallelen Verarbeitung. Trotz der effizienten Kommunikation von MPI nutzt Hadoop zeitintensive Kommunikationstechniken wie http oder RPC. Um dem zu begegnen, entwickelt der Beitrag eine Erweiterung für Hadoop. Diese erlaubt den Einsatz von MPI. Experimente bestätigen die Leistungsfähigkeit der Lösung.
Rel.: 4	Nützl.: 4	
[LRIS2014] RDMA; Cluster Computing		Jüngst veröffentlichte Studien belegen, dass gegenwärtige Cluster Computing Frameworks (MapReduce, Spark) nicht in der Lage sind, die Vorteile von RDMA Mechanismen zu nutzen. Um dem zu begegnen, entwickelt der Beitrag ein Framework für

Anhang

Rel.: 6	Nützl.: 6	Spark, das den effizienten Zugriff via RDMA erlaubt und das Shuffling beschleunigt. Unterschiedliche Evaluierungsaufgaben zeigen eine verbesserte Verarbeitungszeit der Lösung.
[LSHT2014b] MapReduce-Erweiterung		Um die Ausfallsicherheit zu gewährleisten, materialisiert MapReduce häufig Zwischenergebnisse. Nichtsdestotrotz führt dies in explorativen Analysen zu einer hohen Systembelastung. Der Beitrag entwickelt ein opportunistisches Modell, indem materialisierte Zwischenergebnisse aus der Vergangenheit in Abhängigkeit zur nutzerdefinierten Funktion wiederverwendet werden. Die Leistungsfähigkeit der Methode wird erfolgreich an einem Prototyp demonstriert.
Rel.: 5	Nützl.: 5	
[LWYZ2015] MapReduce-Erweiterung		Die konventionelle Ausführung von MapReduce erfolgt in den Phasen Map, Shuffle und Reduce. Oft führt die Ausführung von Shuffle zu einer hohen Netzwerkkommunikation und von Reduce zu einem unausgeglichenen Ladevorgang. Infolgedessen sinkt die Leistungsfähigkeit der Verarbeitung. In diesem Zusammenhang entwickelt der Beitrag einen Algorithmus zur balancierten Ladeverteilung und erweitert das MapReduce Framework um eine zusätzliche Phase zur Ladereduzierung. Experimente belegen eine beschleunigte Verarbeitungsgeschwindigkeit in Hadoop.
Rel.: 4	Nützl.: 4	
[LYWY2016] Ressourcenzuweisung; Cluster Computing		Cloud Architekturen sind durch große Datenmengen stark belastet. Eine optimale Ressourcenzuweisung, die eine Vielzahl von Big Data Anwendungen in einem Cluster gleichzeitig betreut, ist problematisch. Infolgedessen führt die Ressourcenbindung über den gesamten Lebenszyklus einer Aufgabe zu hohen Ineffizienzen. Der Beitrag entwickelt einen elastischen Ansatz für Virtuelle Maschinen, der die CPU Anzahl dynamisch dem Lebenszyklus der Aufgabe entsprechend anpasst. Evaluierungen zeigen eine verbesserte Ressourcennutzung bei einer Zunahme der Aufgabenkapazität von 31 Prozent.
Rel.: 5	Nützl.: 5	
[MABD2010] Cluster Computing; Programmiermodell; Graphverarbeitung		Viele Big Data Applikationen verlangen die Verarbeitung von großen Graphen. Um dem zu begegnen, entwickelt der Beitrag das Programmiermodell Pregel. In diesem werden Programme als Sequenz von Iterationen definiert, in der jeder Knoten Nachrichten von vorhergehenden Iterationen empfängt und Nachrichten zu anderen Knoten versendet. Die Fähigkeit der Knoten, den eigenen Status und die Graphtopologie anzupassen erlaubt eine flexible Entwicklung von Programmen. Als Ergebnis entsteht ein Cluster Computing Framework, das eine effiziente, ausfallsichere und skalierbare Ausführung von Programmen ermöglicht.
Grundlagenwerk		
[MaPM2017] Ressourcenzuweisung; Cluster Computing		Die Ressourcenzuweisung und -reservierung im Cloud Computing ist komplex und berücksichtigt verschiedene Komponentenabhängigkeiten. In diesem Zusammenhang entwickelt der Beitrag ein zweiphasiges Protokoll. Hierbei formiert die erste Phase dynamisch Serverkoalitionen, um die Berechnung des Workflows zu ermöglichen, während die zweite Phase einen Zusammenschluss aller Koalitionen verfolgt. Die Leistungsfähigkeit der Lösung wird im Rahmen der Evaluierung bestätigt.
Rel.: 5	Nützl.: 5	
[MaSo2017] MapReduce-Erweiterung		Die Leistungsfähigkeit von MapReduce ist abhängig von inhärenten Systemcharakteristika und Entwurfsentscheidungen. Ein Großteil der Ausführungszeit wird von Aufgabeninitialisierung, Scheduling, Koordination und Überwachung bestimmt. Nichtsdestotrotz führen die gegenwärtigen Konfigurationen zu einem hohen Datentransfer innerhalb des Frameworks und zu langen Verarbeitungszeiten. Um dem zu begegnen, entwickelt der Beitrag sowohl ein ähnlichkeitsbasiertes Clusterverfahren als auch einen Ansatz zur Beladung des Zwischenspeichers. In diesem Zusammenhang werden Kopien und beschädigte Einheiten entfernt, fehlgeschlagene Aufgaben in der Cloud für den späteren Gebrauch abgelegt und Daten von häufigen Zugriffsmustern im Zwischenspeicher für eine schnellere Verarbeitung vorgehalten. Im Rahmen der Evaluierung wird deutlich, dass der Ansatz zu einer verbesserten Verarbeitungs-, Antwort-, und Aufgabenabschlusszeit führt.
Rel.: 5	Nützl.: 5	
[MCTL2016] Scheduler; Semantische Datenbank		Üblicherweise verwenden RDF Datenbanken Graphen als Datenrepräsentationsform, um Sprachen wie SPARQL zu verwenden. Nichtsdestotrotz zeigen Graph Algorith-

Rel.: 6　　Nützl.: 6	men irreguläres Verhalten, sind unvorhersehbar und bedürfen einer hohen Synchronisation. Datenstrukturen von Graphen erlauben die parallele Verarbeitung von großen Datenmengen, wenngleich die Partitionierung und Datenladung häufig ungleichmäßig erfolgt. Um dem zu begegnen, entwickelt der Beitrag eine neuartige Architektur, die die Synthese von Graph Algorithmen erhöht. Zusammen mit einem dynamischen Scheduler und einem hierarchischen Speicherzugriff-Controller ermöglicht der Ansatz die Beschleunigung von SPARQL Anfragen in großen Datenmengen. Experimente bestätigen die Leistungsfähigkeit der Lösung.
[MiMS2016] Scheduler; Cluster Computing Rel.: 5　Nützl.: 4	MapReduce Aufgaben mit intensiven Festplattenzugriffen führen zu langen Berechnungszeiten. In diesem Zusammenhang entwickelt der Beitrag einen neuen Scheduler, der zufällige Eingaben und Ausgaben zeitnah verarbeitet. Experimente zeigen eine beschleunigte Berechnung von MapReduce Aufgaben.
[MJLL2016] Cluster Computing Framework; Scheduler Rel.: 4　Nützl.: 4	Die Leistungsfähigkeit von parallelverarbeitenden Frameworks ist in hohem Maße abhängig von Lesezugriffszeiten. In diesem Zusammenhang verfolgen neuere Ansätze die Berechnung der Daten am physischen Speicherort. Infolgedessen werden langwierige Zugriffe über das Clusternetzwerk verhindert. Dies erfolgt zunehmend über Cluster-Manager, die die Aufgaben an geeignete Maschinen weiterleiten. Nichtsdestotrotz fehlt es im Cluster-Manager oft an Informationen über den Datenstandort, sodass keine effiziente Berechnung erfolgen kann. In diesem Zusammenhang entwickelt der Beitrag ein neues Cluster-Management-Framework, das die Datenlokalität berücksichtigt und knoteninterne Berechnungskapazitäten zuteilt. Experimente in einem Cluster bestätigen die Leistungsfähigkeit der Lösung.
[MoMa2013] MapReduce-Erweiterung; MPI Rel.: 4　Nützl.: 5	MapReduce vereinfacht die Implementierung von verteilten Workflows. Gleichwohl verlangt die Reduce-Phase den vorhergehenden Abschluss der Map-Phase. Infolgedessen wird die Berechnungszeit erhöht. Anhand von MPI entwickelt der Beitrag eine Erweiterung für MapReduce. Diese erlaubt den Datenaustausch zwischen Map- und Reduce-Phase, sodass eine Beschleunigung der parallelen Berechnung erzielt wird. Die Einfachheit und Leistungsfähigkeit der Lösung wird am Beispiel eines Hadoop Clusters nachgewiesen.
[MoSt2014] Grafikprozessor Rel.: 5　Nützl.: 4	Grafikprozessoren erlauben die Verarbeitung von großen Datenmengen. Nichtsdestotrotz finden Programme oftmals nicht genug Ressourcen im Speicher des Grafikprozessors vor. Um dem zu begegnen, entwickelt der Beitrag ein Kernel als Schema für eine pseudovirtuelle Erweiterung des Speichers vom Grafikprozessor. Experimente zeigen eine deutliche Steigerung der Verarbeitungsgeschwindigkeit.
[MRGN2017] Cluster Computing Framework Rel.: 4　Nützl.: 4	Die Datenextraktion aus Objektspeichern ist problematisch in Szenarien, in denen analytische Frameworks und Objektspeicher in physisch getrennten Clustern vorliegen. Hierbei müssen große Datenmengen vor der Verarbeitung transferiert werden, sodass eine hohe Ressourcenbelastung erfolgt. In diesem Zusammenhang entwickelt der Beitrag das Software Framework *Scoop*. Dieses nutzt die Verarbeitungskapazitäten der vorhandenen Objektspeicher, um die Ausführung der analytischen Aufgaben zu beschleunigen. Der Ansatz verarbeitet Apache Spark SQL Abfragen im Objektspeicher OpenStack Swift. Dies führt zur Entlastung des analytischen Frameworks. Anhand einer realen Fallstudie wird die Methode erfolgreich getestet.
[NCMK2017] Shuffling; Cluster Computing; Scheduler Rel.: 6　Nützl.: 6	Der Shuffling Mechanismus für den Datenaustausch in In-Memory Systemen (z.B. Spark) ist komplex und leistungskritisch. Derzeitige Lösungen überlappen den Datentransfer, sodass keine effiziente Verarbeitungs- und Speicherauslastung erfolgt. Um dem zu begegnen, entwickelt der Beitrag einen neuen Shuffling Mechanismus für Spark, indem zukünftige Befehle heuristisch prognostiziert werden. Experimente belegen eine beschleunigte Verarbeitungsgeschwindigkeit und einen geringeren Speicherbedarf.
[OCSK2016] Ressourcenzuweisung; Cluster Computing	Apache Spark erlaubt die Verarbeitung von großen Datenmengen in Cloud Systemen. Nichtsdestotrotz ist die dynamische Bereitstellung von Ressourcen im Laufzeitbetrieb komplex. Infolgedessen entwickelt der Beitrag ein Framework für Spark, das Aufgaben benötigte Ressourcen zuteilt und gleichzeitig das vereinbarte Servicelevel

Anhang

Rel.: 4	Nützl.: 4	garantiert. Experimente an Spark demonstrieren die Effizienz der Ressourcenauslastung.
[PHHF2015] Scheduler; Cluster Computing; Datenstromverarbeitung		Apache Storm ist ein etabliertes System zur Verarbeitung von Datenströmen. Nichtsdestotrotz fehlt es an einem effizienten Scheduler. In diesem Zusammenhang entwickelt der Beitrag einen ressourcenbewussten Scheduler für Storm, der eine minimale Netzwerkbelastung anstrebt. Im Rahmen der Evaluierung wird deutlich, dass die Methode den Datendurchsatz um 50 Prozent reduziert.
Rel.: 4	Nützl.: 4	
[QLJF2015] MapReduce-Erweiterung; Grafikprozessor; Graphverarbeitung		MapReduce ist ein weitverbreitetes Framework. Derzeitige Forschungen adressieren die fehlende Flexibilität des Programmiermodells. Gleichwohl vernachlässigen alle existierenden Arbeiten eine potenzielle Verarbeitung innerhalb des Grafikprozessors. In diesem Zusammenhang entwickelt der Beitrag ein MapReduce Framework, das die Verarbeitung im Grafikprozessor ermöglicht. Hierbei gestattet die graphenorientierte Implementierung eine flexiblere Festlegung von Map- und Reduce-Phasen. Der Ansatz ist ressourcenschonend und erlaubt eine skalierbare Verarbeitung von großen Datenmengen.
Rel.: 4	Nützl.: 4	
[QTQY2015] Ressourcenzuweisung; MapReduce-Erweiterung		MapReduce erlaubt die verteilte Verarbeitung von großen Datenmengen. Nichtsdestotrotz führt die ungleichmäßige Datenablage zu einer unausgeglichenen Datenverteilung in allen Reduce-Funktionen. Um dem zu begegnen, entwickelt der Beitrag einen neuen Algorithmus zur Ressourcenzuweisung in MapReduce. Dieser überwacht und koordiniert gegenwärtige Aufgaben, sodass eine effizientere Nutzung von Ressourcen erfolgt. Experimente belegen die Leistungssteigerung der Methode.
Rel.: 4	Nützl.: 4	
[RaKi2016] Mehrkernprozessor		Steigende Datenmengen führen zu zeitintensiven Sortiervorgängen. Um dem zu begegnen, entwickelt der Beitrag einen effizienten und skalierbaren Sortieralgorithmus, der in Plattformen mit geteiltem Speicher und Mehrkernprozessoren Verwendung findet. Die Lösung partitioniert parallel und folgt der QuickSort Prozedur. Experimente an einem Datensatz bestätigen die Leistungsfähigkeit der Lösung.
Rel.: 6	Nützl.: 6	
[RLCP2012] MapReduce-Erweiterung		MapReduce erlaubt die Verarbeitung von großen Datenmengen. Nichtsdesto-trotz ist die Ein- und Ausgabe von vielen MapReduce Aufgaben begrenzt. In diesem Zusammenhang entwickelt der Beitrag die MapReduce-Erweiterung *Themis*. Diese reduziert den Lese- und Schreibzugriff auf Festplatten, wenn der Hauptspeicher nicht für die minimale Datenmenge ausreicht. Evaluierungen anhand von verschiedenen Map-Reduce Aufgaben zeigen eine beschleunigte Verarbeitung.
Rel.: 5	Nützl.: 5	
[RMWM2016] Cluster Computing Framework		Vielfältige Bedürfnisse im Rahmen von transaktionellen, analytischen und datenstromverarbeitenden Anwendungen führen zu unterschiedlichen Architekturen. Der Betrieb dieser heterogenen Landschaften bewirkt erhöhte Entwicklungskosten und eine steigende Komplexität. Um dem zu begegnen, entwickelt der Beitrag die Plattform *SnappyData*. Diese beinhaltet eine vereinheitlichte Engine zur Verarbeitung von Datenströmen, OLTP und OLAP in Echtzeit. Zusätzlich verwendet *SnappyData* einen transaktionalen In-Memory Speicher, um hohe Abfragegeschwindigkeiten zu gewährleisten. Der Ansatz erlaubt eine nahtlose Integration in Apache Spark. Umfangreiche Experimente bestätigen die Leistungsfähigkeit der neuen Plattform.
Rel.: 4	Nützl.: 4	
[RoBP2015] Grafikprozessor		Die verteilte und parallele Berechnung anhand von Hauptprozessoren ist ein etabliertes Verfahren im Rahmen der komplexen Verarbeitung von Ereignissen. Der Beitrag analysiert, inwiefern eine beschleunigte Mustererkennung in Ereignissen durch die Nutzung von Grafikprozessoren erfolgen kann. Hierfür entwickelt die Veröffentlichung verschiedene Operatoren und zeigt, dass die Verarbeitungsgeschwindigkeit durch Grafikprozessoren gesenkt werden kann.
Rel.: 5	Nützl.: 5	
[RuPl2016] MapReduce-Erweiterung; Verteiltes Dateisystem		MapReduce ist ein weitverbreiteter Verarbeitungsmechanismus. Nichtsdesto-trotz scheitert der sequenzielle Zugriff in Fällen, in denen mehrere Millionen Bücher unter Verwendung eines verteilten Dateisystems verwaltet werden müssen. In diesem Zusammenhang erweitert der Beitrag das MapReduce Framework um einen wahlfreien Zugriff bei fortbestehender Key-Value Semantik. Experimente an einem parallelen Dateisystem bestätigen die Leistungssteigerung gegenüber vergleichbaren NoSQL Lösungen.
Rel.: 5	Nützl.: 5	
[Safa2017]		

Datenstromverarbeitung; Scheduler; Cluster Computing Rel.: 6 | Nützl.: 6	Die Echtzeitverarbeitung von Datenströmen ist eine zentrale Anforderung an Big Data Applikationen. Um dem zu begegnen, entwickelt der Beitrag einen deadline-sensiblen Dispatcher und einen hybriden clusterbasierten Echtzeitscheduler. Gemeinsam mit einer echtzeitverarbeitenden Engine erlaubt der Ansatz die zeitnahe Analyse von Datenströmen. Im Rahmen der Evaluierung wird deutlich, dass die Leistungsfähigkeit der Architektur die vergleichbarer Lösungen (bspw. Spark) übertrifft.
[Sato2013] Cluster Computing Framework Rel.: 6 | Nützl.: 6	Der Beitrag entwickelt ein Framework für die verteilte Berechnung von großen Datenmengen. Entgegen etablierten Lösungen gestattet das System die lokale Verarbeitung von Daten, die in verteilten Knoten vorgehalten werden. Dies beinhaltet Datenbankknoten und Sensoren mit schwachen Verarbeitungskapazitäten, die durch ein Netzwerk mit geringem Datendurchsatz verknüpft sind. Die Leistungsfähigkeit der Lösung wird anhand von Anwendungsbeispielen erfolgreich demonstriert.
[ScQD2013] MapReduce-Erweiterung; Cluster Computing Framework Rel.: 6 | Nützl.: 5	MapReduce ist ein beliebtes Framework und erlaubt die verteilte Verarbeitung von großen Datenmengen. Nichtsdestotrotz muss beim Hinzufügen von neuen Dateninstanzen mitunter die gesamte Berechnung eines MapReduce Jobs wiederholt werden. Um dem zu begegnen, entwickelt der Beitrag ein Framework, das die Wiederverwendung von Zwischenergebnissen aus vorangegangenen MapReduce Aufgaben erlaubt und diese mit neuen Berechnungen kombiniert. Die Lösung verhindert eine unnötige Belastung des Speichers, indem das Framework die Herkunft der Zwischenergebnisse überwacht und diese bei Bedarf bereitstellt. Experimente an einem Hadoop System belegen die Leistungsfähigkeit der Methode.
[SHLD2011] Datenstromverarbeitung; Cluster Computing Framework; Programmiermodell Rel.: 5 | Nützl.: 5	Die Verarbeitung von Datenströmen in Echtzeit ist ein etabliertes Szenario im Rahmen von Big Data. Um dem zu begegnen, entwickelt der Beitrag die Streaming-Engine *ESC*. Diese erlaubt Data Mining im Echtzeitbetrieb und beinhaltet ein simples Programmiermodell. Letzteres gestattet die Definition von Programmen anhand eines azyklisch gerichteten Graphen. Zusätzlich beinhaltet *ESC* einen dynamischen Ressourcenzuteilungsmechanismus, der in Abhängigkeit zur Belastung zusätzliche Verarbeitungskapazitäten hinzufügen kann. Die Lösung wird erfolgreich im Rahmen einer Fallstudie evaluiert.
[SLCP2016] Graphverarbeitung; Cluster Computing Rel.: 5 | Nützl.: 5	Der Abgleich von Untergraphen ist eine fundamentale Operation in Graphanwendungen. Nichtsdestotrotz sind existierende Prozeduren sequenziell und verhindern eine zeitnahe Verarbeitung großer Graphen in verteilten Umgebungen. Um dem zu begegnen, entwickelt der Beitrag einen Algorithmus für den Abgleich von Untergraphen anhand von MapReduce. Experimente an synthetischen und realen Datensätzen demonstrieren, dass die Lösung vergleichbaren Lösungen überlegen ist.
[SSAS2015] Graphverarbeitung; Grafikprozessor; Mehrkernprozessor Rel.: 5 | Nützl.: 5	Die Verarbeitung von großen Graphen innerhalb von Grafikprozessoren ist zunehmend. Allerdings sind Graph Algorithmen unberechenbar und neigen zur Überlastung des prozessoreigenen Speichers. Um dem zu begegnen, entwickelt der Beitrag ein effizientes und skalierbares Framework, das die Berechnungen auf multiple asynchrone Verarbeitungsströme aufteilt. Infolgedessen wird eine parallele Berechnung auf verteilten Grafikprozessoren ermöglicht und die Last reduziert. Im Rahmen der Evaluierung übertrifft die Lösung die Leistungsfähigkeit von vergleichbaren Systemen.
[SSSV2015] Cluster Computing Framework Rel.: 5 | Nützl.: 5 [SWDY2016]	Der Erfolg von Hadoop hat zu unterschiedlichen Anforderungen und Frameworks im Umfeld von YARN geführt. Infolgedessen erfolgte eine ineffiziente und wiederholte Implementierung von ähnlichen Komponenten (Ausfallsicherheit, Scheduling, Sicherheit). In diesem Zusammenhang entwickelt der Beitrag das Apache Tez Framework. Dieses erlaubt die Definition von datenstromverarbeitenden Laufzeiten und unterstützt die skalierbare und effiziente Entwicklung von Programmen anhand verschiedener Bibliotheken. Infolgedessen wird die Einbindung von Hive oder Pig erleichtert. Tez beinhaltet verschiedene Laufzeitoptimierungen und erlaubt die Verarbeitung von azyklisch gerichteten Graphen. Implementierungen mit Tez-YARN für Hive, Pig und Spark übertreffen die ursprünglichen YARN Entwicklungen. Der Ansatz ist im produktiven Einsatz bei Yahoo!, Microsoft Azure und Hortonworks.

Anhang

Cluster Computing Framework		Die verteilte Verarbeitung von großen Datenmengen führt zu einer hohen Netzwerkkommunikation, die hauptsächlich durch die Handhabung von Parametern und Gradienten verursacht wird. Um dem zu begegnen, entwickelt der Beitrag einen zeitlich angepassten Datenfluss. Zusammen mit einem zeitlich angepassten Parameterspeichersystem und einem hybriden Gradientenfilter reduziert der Ansatz die Netzwerkkommunikation. Experimente belegen die Effizienz der Lösung.
Rel.: 6	Nützl.: 5	
[TCNS2016]		Streaming Frameworks erlauben die verteilte Verarbeitung von voluminösen Ereignisströmen in geographisch getrennten Cloud Systemen. Nichtsdestotrotz sind derzeitige Systeme nicht für die Abfrage von geographisch entfernten Datenzentren konzipiert. Dies kann zu einer hohen Netzwerklatenz und zu global steigenden Berechnungszeiten führen. Infolgedessen entwickelt der Beitrag die stapelbasierte Streaming Middleware *JetStream*. Diese überwacht und berücksichtigt Netzwerkkapazitäten und Cloud Ressourcen, um ein effizientes mehrwegiges Streaming zu ermöglichen. Der Ansatz wird erfolgreich evaluiert und erlaubt einen leistungsfähigen Transfer von Ereignissen zwischen geographisch verteilten Datenzentren.
Cluster Computing Framework; Datenstromverarbeitung		
Rel.: 5	Nützl.: 4	
[TLLL2016]		Die gleichzeitige Verwendung von Hadoop und Hive ist in Organisationen häufig zu beobachten. Ein Schlüsselfaktor für die Abfragegeschwindigkeit ist das Shuffling zwischen zwei Ausführungsstufen (MapReduce). Derzeit werden wertvolle Informationen zwischen dem Shuffling und der Datenabfrage nicht geteilt. Infolgedessen entwickelt der Beitrag einen übergreifenden Shuffling Mechanismus für Hadoop und Hive. Dieser nutzt die Informationen zwischen beiden Schichten, um die systemweite Abfragegeschwindigkeit zu erhöhen. Evaluierungen anhand von etablierten Benchmarks bestätigen die Leistungsfähigkeit der Lösung.
MapReduce-Erweiterung		
Rel.: 6	Nützl.: 6	
[TMLL2016]		Häufige Datentransfers zwischen unterschiedlichen Racks und physischen Knoten führen zu einer hohen Netzwerkkommunikation und zu leistungsschwachen Hadoop Systemen. In diesem Zusammenhang entwickelt der Beitrag einen Datenplatzierungsalgorithmus, um die zugehörigen Map- und Reduce-Phasen in nahen Knoten, Clustern oder Racks zu planen und durchzuführen. Experimente zeigen, dass die Methode die Ausführungszeit reduziert und eine geringere Netzwerkkommunikation erzielt.
MapReduce-Erweiterung		
Rel.: 5	Nützl.: 5	
[TMMZ2013]		Die Verarbeitung am lokalen Speicherort beschleunigt die Berechnung von MapReduce Aufgaben und verringert die Netzwerkkommunikation. Zahlreiche Scheduling Ansätze ermöglichen eine lokale Verarbeitung in der Map-Phase, währenddessen bestehen für die Reduce-Phase lediglich Näherungslösungen. Um dem zu begegnen, entwickelt der Beitrag ein stochastisches Optimierungsframework, das die Reduce-Phase anhand einer Datenplatzierungsstrategie effizienter gestaltet. Experimente an realen und synthetischen Daten bestätigen die Leistungsfähigkeit des Verfahrens.
MapReduce-Erweiterung; Ressourcenzuweisung		
Rel.: 6	Nützl.: 6	
[VETT2016]		Mit wachsenden Datenmengen steigt die Belastung für gegenwärtige MapReduce Systeme. Neue Frameworks wie Apache Spark oder *DataMPI* versuchen dem mit leistungsfähigen Plattformen nachzukommen, gleichwohl es diesen Ansätzen an Kompatibilität zu existierenden MapReduce Applikationen fehlt. Um dem zu begegnen, entwickelt der Beitrag die ereignisorientierte MapReduce Architektur *Flame-MR*. Die Lösung vermeidet intensive Speicherkopien und Datentransfers, ohne den ursprünglichen Code der Applikation zu verändern. Im Rahmen der Evaluierung wird die Leistungsfähigkeit der Architektur an zwei realen Clustern bestätigt.
MapReduce-Erweiterung; Cluster Computing Framework		
Rel.: 5	Nützl.: 4	
[VMDA2013]		Die zunehmende Verbreitung und der vielfältige Einsatz von MapReduce offenbart, dass die enge Bindung an das Programmiermodell zu einer komplexen Entwicklung innerhalb der Ressourcen- und Aufgabenverteilung führt. Um die Implementierung von der Ressourcen- und Aufgabenverteilung zu trennen, entwirft der Beitrag die Ressourcenmanagementinfrastruktur YARN. Diese beinhaltet Scheduling Komponenten, die eine ausfallsichere und ressourceneffiziente Aufgabenausführung sicherstellen. Empirische Experimente demonstrieren die Leistungsfähigkeit der Lösung und bestätigen den flexiblen Einsatz in gängigen Cluster Computing Lösungen (Spark, Storm, MapReduce).
Scheduler; Cluster Computing		
Grundlagenwerk		
[WaBC2015]		

Scheduler; Cluster Computing Framework		Hadoop YARN entwickelt sich zum Industriestandard für die Ausführung von interaktiver SQL, Streaming, Data Science und Stapelverarbeitung. Nichtsdestotrotz ist das Scheduling von unterliegenden Aufgaben in der YARN-Engine problematisch und nicht präsent in der Forschung. Häufig wird das Scheduling von zusätzlichen Engines übernommen. Um dem zu begegnen, entwickelt der Beitrag das Scheduling Framework *Millipedes*. Hierbei erfolgt die Verteilung einer Menge von Unteraufgaben an Data Nodes. Anschließend führt der lokale Scheduler die Aufgaben bei dynamischer Ressourcenverwaltung in Echtzeit aus.
Rel.: 4	Nützl.: 4	
[WaSu2015]		Cloud Architekturen sind durch große Datenmengen stark belastet. Dies führt zu reduzierten Verarbeitungs- und Kommunikationskapazitäten. In diesem Zusammenhang wird ein dynamisch hierarchischer Ressourcenzuweisungsalgorithmus vorgeschlagen, der die Kollaboration von multiplen Nodes unterstützt. Unter Verwendung einer unscharf geprägten Mustererkennung teilt der Algorithmus Aufgaben und Knoten auf Grundlage von Rechenleistung und Speicherkapazität dynamisch in verschiedene Ebenen ein. Infolgedessen wird eine dynamisch angepasste Verknüpfung zwischen Aufgaben und Knoten generiert. Theoretische und experimentelle Ergebnisse zeigen, dass der vorgeschlagene Algorithmus den MinMin-Algorithmus in Bezug auf Kommunikationsverkehr und Bearbeitungsdauer übertrifft.
Cluster Computing; Scheduler		
Rel.: 6	Nützl.: 5	
[WGYW2014]		Die verteilte Verarbeitung von großen Datenmengen erlaubt zeitnahe Berechnungen. Ausgehend von existierenden Spark und MapReduce Lösungen entwickelt der Beitrag Mechanismen für Lastenmanagement und Scheduling. Experimente bestätigen die Leistungsfähigkeit der Lösung.
Scheduler; Cluster Computing		
Rel.: 5	Nützl.: 6	
[WILP2017]		Die Leistungsfähigkeit von Hadoop Architekturen ist abhängig von dem lokalen Speichermedium. Die globale Speicherung in *Lustre* stellt eine neue Möglichkeit dar. In diesem Zusammenhang entwirft der Beitrag ein neues YARN MapReduce Framework für HPC Cluster. Die Architektur gestattet die Ablage von Zwischenergebnissen in lokalen Festplatten und *Lustre*. Ausgehend von einem neuartigen Selektionsschema erlaubt ein RDMA erweitertes MapReduce Framework die Auswahl eines passenden Speichers. Im Vergleich zu konventionellen Ansätzen zeigt die Lösung eine erhebliche Leistungssteigerung.
MapReduce-Erweiterung; Verteiltes Dateisystem; Cluster Computing; RDMA		
Rel.: 6	Nützl.: 5	
[WLIP2014]		MapReduce wird häufig für die parallele Verarbeitung von großen Daten verwendet. Wesentliche Leistungsengpässe von RDMA-basierten Hadoop Implementierungen konnten durch neuartige Funktionen (bspw. In-Memory oder Zwischenspeicherung) gemindert werden. Die Überlappung von Shuffle- und Merge- mit der Map-Phase verspricht ein weiteres Verbesserungspotential. In diesem Zusammenhang entwickelt der Beitrag einen hybriden Ansatz zur Ausnutzung der maximalen Überlappung in RDMA-basierten MapReduce. Um signifikante Leistungsvorteile gegenüber dem konventionellen MapReduce Framework zu erzielen, entwickelt der Beitrag zwei neue Shuffle-Algorithmen. Leistungsevaluierungen zeigen beschleunigte Berechnungen.
MapReduce-Erweiterung; RDMA		
Rel.: 6	Nützl.: 5	
[WLLW2015]		Clusterknotenausfälle führen zu globalen Verzögerungen in der Aufgabenverarbeitung. Um dem zu beggnen, verwendet MapReduce die spekulative Ausführung, sodass verzögerte Aufgaben anderen Knoten zugewiesen werden. Nichtsdestotrotz ist die wiederholte Aufgabenverarbeitung meist zeitaufwändiger als die ursprüngliche Berechnung. In diesem Zusammenhang entwickelt der Beitrag eine partielle spekulative Ausführungsstrategie. Experimente in einem Hadoop Cluster zeigen eine verbesserte Verarbeitungsgeschwindigkeit und eine effizientere spekulative Ausführung.
MapReduce-Erweiterung; Scheduler		
Rel.: 5	Nützl.: 5	
[WuYW2014]		Aufgrund geringer Komplexität und hoher Skalierbarkeit besitzt MapReduce das Potenzial, große Datenmengen in Cloud Architekturen zu verarbeiten. Nichtsdestotrotz ist die Integration von MapReduce in Anwendungen kritisch, da das Framework die
MapReduce-Erweiterung		

Anhang

Rel.: 5	Nützl.: 6	Unabhängigkeit der Key-Value-Schlüssel voraussetzt. Um dem zu begegnen, erweitert der Beitrag das MapReduce Framework, indem die Abhängigkeit innerhalb einer Menge von Key-Value-Schlüsseln zugelassen, aber die Unabhängigkeit zwischen allen Datenmengen beibehalten wird. Nichtsdestotrotz bedingt diese Erweiterung notwendige Anpassungen in der Verarbeitungsstruktur. Infolgedessen verfolgt der Beitrag eine zweistufige Berechnung. Die Leistungsfähigkeit der Methode wird anhand einer Fallstudie evaluiert.
[WZZS2015] Non-Uniform Memory Access; Mehrkernprozessor		Aufgrund der potenziellen Leistungsfähigkeit findet die Non-Uniform Memory Access Architektur breite Verwendung in Servern mit Mehrkernprozessoren. Gleichwohl fehlen Anpassungen für BI spezifische Operatoren. Ein Beispiel sind Aggregationen, deren Verarbeitungsgeschwindigkeit durch rudimentäre hash-basierte Algorithmen in Non-Uniform Memory Access Architekturen reduziert wird. In diesem Zusammenhang entwickelt der Beitrag eine neue Partitionierungsmethode für Aggregation in großen Datenmengen. Der Ansatz berücksichtigt die Charakteristiken von Non-Uniform Memory Access Architekturen und vermindert den externen Speicherzugriff zwischen Prozessoren und Knoten. Die zusätzliche Implementierung eines effizienten Algorithmus zur Aggregation ermöglicht die zeitnahe parallele Verarbeitung der Partitionen. Experimente in einem realen Server belegen die Leistungsfähigkeit der Lösung.
Rel.: 6	Nützl.: 6	
[XCTS2014] Cluster Computing Framework; Scheduler; Datenstromverarbeitung		Storm ist eine etablierte Plattform für die Verarbeitung von Datenströmen. Nichtsdestotrotz fehlt ein belastungsbewusster Online Scheduler, sodass Ineffizienzen in der Verarbeitung sichtbar werden. Infolgedessen entwickelt der Beitrag das Streaming System *T-Storm*. Dieses erlaubt dynamische und belastungsbewusste Aufgabenzuteilungen, feingranulare Kontrollen über Knoten, Scheduler-Anpassungen im laufenden Betrieb und eine hohe Transparenz in der Zusammenarbeit mit Storm. Empirische Evaluierungen demonstrieren die Überlegenheit des Systems gegenüber Storm.
Rel.: 6	Nützl.: 6	
[XFYC2016] Graphverarbeitung; Non-Uniform Memory Access; Mehrkernprozessor		Viele Big Data Anwendungen verwenden Graphanalysen. Um eine hohe Berechnungsgeschwindigkeit zu erzielen, entwickelt der Beitrag ein System für die parallele Verarbeitung von Graphen. Dieses beinhaltet effiziente Strategien für die Zuweisung und den Zugriff auf Non-Uniform Memory Access Maschinen und hält Mechanismen für Scheduling und Lastenverteilung vor. Experimente an realen und synthetischen Daten bestätigen die Leistungsfähigkeit der Lösung.
Rel.: 5	Nützl.: 4	
[XuLa2017] Scheduler; Cluster Computing		Ein paralleler Verarbeitungsauftrag wird wesentlich verzögert, wenn einer seiner Aufgaben einer unzuverlässigen oder überlasteten Maschine zugewiesen wird. Um diesem Problem zu begegnen, verwenden Frameworks (bspw. MapReduce) Strategien, bei denen das System spekulativ zusätzliche Kopien der gleichen Aufgabe in unterschiedlichen Maschinen ablegt und ausführt. Abhängig von der Art des Datenaufkommens kann dies zu unnötigen Systembelastungen führen. In diesem Zusammenhang entwickelt der Beitrag ein spekulatives Ausführungsschema für unterschiedliche Belastungen. Hierbei wird bei geringer Auslastung ein intelligenter Cloning-Algorithmus verfolgt, der auf die Maximierung des Gesamtsystems abzielt. Im stark ausgelasteten Fall erweitert der Beitrag das Microsoft Mantri-Schema durch eine spekulative Erweiterung. Simulationen zeigen, dass die Algorithmen zu einer Verringerung der Ausführungszeit und Ressourcenbelastung führen.
Rel.: 5	Nützl.: 5	
[YLBG2015] MapReduce-Erweiterung; Cluster Computing Framework		Logfiles sind Datensätze, die von vielen Unternehmen zur Durchführung von Big Data Analysen genutzt werden. Häufig sollen zeitlich geordnete Ereignisse nach einer Benutzer-ID gruppiert werden, um das Benutzerverhalten zu analysieren. Nichtsdestotrotz ist die Verwendung von MapReduce aufgrund der internen Sort- und Merge-Mechanismen nicht effizient. In diesem Zusammenhang wird ein verteiltes Framework entwickelt, das die Verarbeitung von Merge- und Sort-Mechanismen als Gruppierung erlaubt. Die Evaluierung zeigt eine beschleunigte Berechnung.
Rel.: 5	Nützl.: 4	
[ZCDD2012]		

Cluster Computing Framework; Datenstromverarbeitung Grundlagenwerk	Derzeitige Cluster Computing Frameworks nutzen den Hauptspeicher ineffizient und verfolgen eine iterative oder interaktive Verarbeitung. Um dem zu begegnen, entwirft der Beitrag ein Modell für die verteilte Abstraktion des Hauptspeichers, das es Entwicklern ermöglicht, ausfallsichere In-Memory Programme zu implementieren. Die Lösung ist flexibel und gestattet die Nutzung verschiedener Programmiermodelle (z.B. Pregel). Betrieben wird das Modell anhand des eigens entwickelten Cluster Computing Frameworks Spark. Dieses beinhaltet Infrastrukturkomponenten (Scheduler, Aufgabenverteilung, etc.) und verwaltet den Betrieb. Die Leistungsfähigkeit des Frameworks wird im Rahmen von Experimenten erfolgreich bestätigt.
[ZCLL2013] Scheduler; Cluster Computing Rel.: 5 | Nützl.: 5	Die effiziente Berechnung großer Datenmengen und das einhergehende Scheduling sind komplex. In diesem Zusammenhang entwickelt der Beitrag einen neuen Scheduling Algorithmus. Dieser sendet Testaufgaben an Verarbeitungsknoten, um die Eigenschaften der Ressourcen vor dem eigentlichen Scheduling zu beziehen. Anschließend selektiert der Ansatz den Knoten, der eine optimale Ausführung der Aufgabe sicherstellt. Experimente zeigen, dass die Lösung eine hohe Durchsatzrate und Ressourcenausnutzung erzielt.
[ZCWY2015] MapReduce-Erweiterung Rel.: 4 | Nützl.: 5	Das konstante Aufkommen neuer Datenströme führt zur Veraltung von bereits trainierten Data Mining Modellen. Um die wiederholte Verarbeitung aller Daten zu vermeiden, entwickelt der Beitrag ein inkrementelles Verarbeitungsschema für MapReduce. Die Technik verringert die Ein- und Ausgabeberechnungen und betrachtet lediglich neue Datensätze. Am Beispiel von fünf Algorithmen wird die Leistungsfähigkeit der Lösung verdeutlicht.
[ZePl2014] Scheduler; Cluster Computing Rel.: 5 | Nützl.: 5	Die gemeinsame Nutzung von NoSQL Speichern zwischen unterschiedlichen Mietern erlaubt eine kosteneffiziente Nutzung. Gleichwohl bedarf es fairer Mechanismen, um möglichen Applikationsinterferenzen zu begegnen. Infolgedessen entwickelt der Beitrag einen fairen Scheduler für den Mehrmieterbetrieb in Cassandra. Der Ansatz nutzt das Round Robin Verfahren, um Mieteranfragen zu priorisieren. Empirische Ergebnisse bestätigen die Leistungsfähigkeit der Methode.
[ZGCY2013] Cluster Computing Framework; Grafikprozessor Rel.: 6 | Nützl.: 6	Hadoop erlaubt die Analyse und Speicherung großer Datenmengen. Um die Berechnungsgeschwindigkeit zu erhöhen, verfolgen neue Ansätze die Verarbeitung mittels Grafikprozessoren. In diesem Zusammenhang entwickelt der Beitrag das Framework Lit. Dieses erlaubt die gemeinsame Verwendung von Haupt- und Grafikprozessoren in Hadoop. Die Architektur beinhaltet Optimierungsstrategien und Compilererweiterungen. Experimente belegen, dass die gemeinsame Nutzung von Haupt- und Grafikprozessoren die Leistungsfähigkeit verdreifachen kann.
[ZhWu2013] MapReduce-Erweiterung Rel.: 4 | Nützl.: 4	Während der Verarbeitung erzeugt MapReduce große Mengen an Zwischendaten. Diese werden nach Abschluss der Aufgabe gelöscht. Um die Berechnungsgeschwindigkeit zu erhöhen, entwickelt der Beitrag eine MapReduce-Erweiterung, die die Zwischenergebnisse in einem Speicher ablegt. Bei Ausführung einer neuen Aufgabe überprüft der Speichermanager, ob die zu berechnenden Daten bereits im Speicher vorliegen. Infolgedessen können zuvor geplante Berechnungen ausbleiben, sodass die globale Verarbeitungsgeschwindigkeit beschleunigt wird. Experimente bestätigen die Effizienz der Lösung.
[ZLZL2016] Scheduler; Datenstromverarbeitung; Cluster Computing Rel.: 5 | Nützl.: 4	Apache Storm ist ein etabliertes System zur Verarbeitung von Datenströmen. Nichtsdestotrotz fehlt es an einem effizienten Scheduler, da die Standardvariante das Datenaufkommen zwischen den Knoten unbeachtet lässt. In diesem Zusammenhang entwickelt der Beitrag einen Scheduler für die Echtzeitverarbeitung von Datenströmen, der das Datenaufkommen berücksichtigt und die Verarbeitungskapazitäten der Knoten effizient aufteilt. Im Rahmen der Evaluierung wird deutlich, dass die Methode die durchschnittliche Latenz und kotneninterne Kommunikation um 50 Prozent reduziert.
[ZKSS2013] MapReduce-Erweiterung; Scheduler	Die Ausführung von Aufgaben in heterogenen Clustern führt zur Verzögerung von einzelnen Jobs und somit zur Verringerung der Leistungsfähigkeit. Konventionelle

Rel.: 5 Nützl.: 4	Verfahren begegnen diesem Umstand mit spekulativen oder mehrfachen Ausführungen der gleichen Aufgabe. Infolgedessen ist eine zusätzliche Ressourcenbelastung zu beobachten. Um dem zu begegnen, entwickelt der Beitrag eine MapReduce-Erweiterung, die die Anzahl der Jobslots und Knoten dynamisch an die Verarbeitungskapazität der Nodes und an den Verarbeitungsfortschritt der Aufgabe anpasst. Experimente an einem Hadoop Cluster bestätigen die Leistungssteigerung der Methode.
[ZYFL2014] Cluster Computing Framework Rel.: 5 Nützl.: 4	Um Echtzeitanalysen über große Datenmengen im Cloud Computing zu ermöglichen, entwickelt der Beitrag ein neues Software Framework. Dieses beinhaltet eine neue Abfrage-Engine und ein neues Speicherschema, das eine lokale Verarbeitung und einen schnellen Datenzugriff gestattet. Experimente belegen die Leistungsfähigkeit der Lösung gegenüber vergleichbaren Systemen (Hive, Impala).
[ZYFQ2015] Ressourcenzuweisung; Scheduler; Cluster Computing Rel.: 5 Nützl.: 5	Die Zuordnung von Aufgaben zu Clusterknoten ist essentiell, um eine effiziente Ressourcenauslastung und Leistungsfähigkeit zu gewährleisten. In diesem Zusammenhang entwickelt der Beitrag einen clusterbasierten Zuordnungsmechanismus, indem Aufgaben zusammen mit der Ressourcennutzung und Priorisierung als Vektor dargestellt werden. Anschließend erfolgt eine inverse Clusterung, um Aufgaben mit möglichst unterschiedlichen Attributen demselben Clusterknoten zuzuordnen. Infolgedessen werden unterschiedliche Ressourcen des Knotens gleichzeitig genutzt. Simulationen im Rahmen der Evaluierung bestätigen die Leistungsfähigkeit der Lösung.
Konsequenz (Bet3): Die manuelle administrative Verwaltung eines Clusters ist zu zeitaufwendig und benötigt eine automatisierte Optimierung.	
[ACPT2015] Leistungsüberwachung Rel.: 4 Nützl.: 4	Die Überwachung von Clusterressourcen ist für die Leistungsanalyse, Kapazitätsplanung und Betrugserkennung von entscheidender Bedeutung. Nichtsdestotrotz belastet die Entnahme von Dateninstanzen zum Zweck der Überwachung das unterliegende System. Um dem zu begegnen, entwickelt der Beitrag einen adaptiven Algorithmus, der die Entnahmefrequenz in Abhängigkeit von Datencharakteristik und administrativen Bedürfnissen anpasst. Experimente belegen die Leistungsfähigkeit der Lösung.
[BLXL2015] Optimierung der Konfiguration; Verteilte Datenbank Rel.: 4 Nützl.: 4	Aufgrund von steigenden Datenmengen ist die fortwährende Optimierung von verteilten Datenbanken relevant. In diesem Zusammenhang entwickelt der Beitrag ein halbautomatisches Werkzeug für die Optimierung der Datenladung in HBase. Hierbei gestattet das System die dynamische Konfiguration von Parametern. Die Evaluierung bestätigt die erhöhte Leistungsfähigkeit der Lösung.
[CGIP2015] Optimierung der Konfiguration; Cluster Computing Rel.: 6 Nützl.: 5	Die Überwachung der Leistungserbringung innerhalb einer Cloud Infrastruktur ist hoch komplex. Hierbei muss die Nebenläufigkeit von Applikationen evaluiert und ihre Skalierbarkeit über die Zeit modelliert werden. In diesem Zusammenhang entwickelt der Beitrag eine neue Modellierungstechnik, um Kosten, Risiken und Nutzen für korrekt dimensionierte Ressourcen aufzuzeigen.
[GHZP2016] Leistungsüberwachung Rel.: 4 Nützl.: 4	Die Leistungsüberwachung ist essenziell, um Engpässe in der Verarbeitung zu identifizieren. Traditionelle Ansätze formulieren kontinuierliche Systemanfragen, die die Leistungsfähigkeit der Infrastruktur verringern. Infolgedessen entwickelt der Beitrag einen Modellierungsansatz anhand historischer Logdaten, sodass die Infrastruktur im Betrieb nicht belastet wird. Experimente belegen die Vorhersagegenauigkeit der Methode in unterschiedlichen Clustern.
[GIKC2017] Benchmark Rel.: 5 Nützl.: 5	Die Bedeutung von Leistungsvergleichen im Rahmen von Big Data ist stark zunehmend. Vorangegangene Veröffentlichungen entwickelten den Benchmark *BigBench*, gleichwohl mit falschen Annahmen. In diesem Zusammenhang erweitert der Beitrag *BigBench* unter anderem um ein vereinfachtes Datenmodell und um Weblogs im Key-Value Format. Die Anwendung des Leistungsvergleichs wird erfolgreich demonstriert.
[HaXi2014] Benchmark	

Rel.: 6	Nützl.: 6	Die Bedeutung von Leistungsvergleichen innerhalb unterschiedlicher Big Data Lösungen ist stark zunehmend. Nichtsdestotrotz ist die Anwendung existierender Methoden auf spezielle Big Data Systeme begrenzt. Um ein breites Spektrum während eines Vergleichs abzudecken, entwickelt der Beitrag einen neuen Benchmark. Dieser beinhaltet verschiedene Daten und Workloads.
[ILWJ2014] Benchmark		Die Bedeutung von Leistungsvergleichen im Rahmen von Big Data ist stark zunehmend. Nichtsdestotrotz fehlt es an standardisierten Benchmarks, die die Evaluierung unterschiedlicher Cluster- und Netzwerkkonfigurationen von eigenständigen HDFS Systemen gestatten. Infolgedessen entwickelt der Beitrag eine Zusammenstellung von einzelnen Tests, die eine Leistungsüberprüfung von HDFS Operationen erlauben. Am Beispiel eines Clusters wird der Ansatz erfolgreich evaluiert.
Rel.: 4	Nützl.: 4	
[JaCa2016] Optimierung der Konfiguration; Datenstromverarbeitung		Die optimale Konfiguration von Streaming Systemen ist aufgrund der hohen Parameteranzahl komplex. Um dem zu begegnen, verfolgt der Beitrag eine heuristische Methode. Diese soll die automatische Ausführung von Konfigurationsexperimenten bei einem beschränkten Kontingent von Versuchen erlauben. Anhand der bayesianischen Optimierung demonstriert der Ansatz eine optimale Konfiguration und erlaubt einen hohen Leistungsgewinn. Die Methode findet Anwendung in Apache Storm.
Rel.: 5	Nützl.: 5	
[JuGM2012] Optimierung der Konfiguration; Cluster Computing		Entgegen weitläufiger Annahmen führt die Zunahme an Parallelisierung in Cloud Systemen nicht zwangsläufig zur Leistungssteigerung, da die Parallelisierung mit einem hohen Datenaustausch im Netzwerk einhergeht. Um dem zu begegnen, entwickelt der Beitrag eine Methode, die das zukünftige Datenaufkommen abschätzt und die optimale Knotenanzahl im Netzwerk ableitet, um einen simultanen Abschluss aller Aufgaben zu erzielen. Die Leistungsfähigkeit der Methode wird in der Evaluierung bestätigt.
Rel.: 6	Nützl.: 5	
[KHLT2017] Optimierung der Konfiguration; Cluster Computing		Hadoop beinhaltet mehr als 190 verschiedene Konfigurationsparameter. Die manuelle Optimierung dieser Parameter zum Zweck der Leistungsverbesserung ist komplex und zeitintensiv. Anhand genetischer Algorithmen entwickelt der Beitrag ein Modell, dass auf Grundlage von historischen Laufzeitdaten und verwendeten Parameterkonfigurationen die optimale Parameterausrichtung für Hadoop extrapoliert. Experimente belegen die Überlegenheit der Lösung gegenüber vergleichbaren Ansätzen.
Rel.: 6	Nützl.: 5	
[LoJK2015] Optimierung der Konfiguration; Datenstromverarbeitung; Cluster Computing		Häufig müssen große Datenströme in Big Data Applikation zügig und effizient analysiert werden. Der Beitrag entwickelt eine reaktive Strategie, die eine geringe Latenz für skalierbare Streaming-Engines garantiert. Das vorgesehene Modell erlaubt die Vorhersage von Latenzen bei verminderter oder erhöhter Ressourcenzuweisung, sodass eine kosteneffiziente Konfiguration bei Einhaltung des Service-Level-Agreements abgeleitet werden kann. Clusterexperimente bestätigen die Effizienz der Lösung anhand von realen und synthetischen Daten.
Rel.: 5	Nützl.: 5	
[LZZB2016] Optimierung der Konfiguration; Cluster Computing		Internetseiten nutzen Cloud Services, um Daten hochskaliert und effizient zu verarbeiten. Um die Vorteile der vorhandenen Plattformen zu nutzen, entwickelt der Beitrag einen verteilten Algorithmus, der das Nutzerverhalten vorhersagt und im Betrieb Modellanpassungen vornimmt. Experimente belegen die Leistungsfähigkeit der Lösung.
Rel.: 4	Nützl.: 4	
[Mart2014] Optimierung der Konfiguration; Cluster Computing		Die Optimierung der Leistungsfähigkeit von Hadoop ist komplex. In diesem Zusammenhang entwickelt der Beitrag *SARAH*. Das System analysiert sowohl Eingabedaten als auch Zwischenergebnisse und empfiehlt Parameterkonfigurationen und Optimierungsmechanismen für Hadoop. Die Evaluierung demonstriert, inwiefern anhand der gewonnenen Statistiken MapReduce Aufgaben verbessert werden können.
Rel.: 4	Nützl.: 4	
[MZCZ2016] Leistungsüberwachung		Die Leistungs- und Einsatzüberwachung von Cloud Systemen ist für die Einhaltung einer effizienten Pflege, Ausführung und Sicherheit unerlässlich. In diesem Zusam-

Anhang 307

Rel.: 5	Nützl.: 5	menhang können regelmäßige Systemmeldungen (Speicher-, Prozessor-, Netzwerkauslastung) als Zeitreihe für jedes einzelne System visualisiert werden. Nichtsdestotrotz scheitern existierende Lösungen sowohl am Datenvolumen als auch an der Multidimensionalität. In diesem Zusammenhang entwickelt der Beitrag ein Visualisierungswerkzeug für die Leistungsüberwachung von Cloud Systemen. Dieses analysiert die Verhaltensweisen einzelner Knoten als Verlauf, sodass Trends und Anomalien deutlich werden. Der Ansatz wird in einer Fallstudie erfolgreich getestet.
[NPDC2015] Benchmark		Die Bedeutung von Leistungsvergleichen im Rahmen von Big Data ist stark zunehmend. Häufig ist die Durchführung einer Hadoop Evaluierung unzureichend formalisiert. Infolgedessen entwickelt der Beitrag einen wohldefinierten Standard Benchmark, der sowohl Hardware- als auch Softwarekomponenten betrachtet. Im Rahmen einer Evaluierung wird der Vergleichstest erfolgreich demonstriert.
Rel.: 5	Nützl.: 5	
[PFRC2016] Optimierung der Konfiguration; Cluster Computing		Die Optimierung von Kommunikationswegen zwischen virtuellen Maschinen und Datenquellen erlaubt eine effizientere Nutzung von Speicher- und Verarbeitungskapazitäten im Cloudverbund. In diesem Zusammenhang entwickelt der Beitrag eine heuristische Suchprozedur, die eine optimale Lösung anhand von zufälligen Verknüpfungen bestimmt. Experimente belegen das Verbesserungspotenzial in einem realen Cloudverbund.
Rel.: 6	Nützl.: 5	
[PuAX2012] Optimierung der Konfiguration; Cluster Computing		Cloud Computing erlaubt die Reduktion der Verarbeitungskosten durch das Teilen und Virtualisieren von Ressourcen. Um eine hohe Effizienz zu erzielen, ist es notwendig, den Ressourcenbedarf für eine virtuelle Maschine vorab zu bestimmen. In diesem Zusammenhang entwickelt der Beitrag eine Methode, die die optimale Ressourcenmenge identifiziert und bedarfsgerecht zuteilt. Evaluierungen zeigen einen erfolgreichen Einsatz im Rahmen von Cloud Computing.
Rel.: 5	Nützl.: 6	
[RFDG2015] Benchmark		Die Bedeutung von Leistungsvergleichen im Rahmen von Big Data ist stark zunehmend. Vorangegangene Veröffentlichungen entwickelten den Benchmark *BigBench*. Dieser beinhaltet 30 realistische Abfragen für reale Big Data Fallstudien in Hadoop. Der Beitrag beinhaltet Aktualisierungen für Datensätze, Skalierbarkeitsfähigkeiten und Metriken.
Rel.: 6	Nützl.: 6	
[RuCC2015] Optimierung der Konfiguration; Cluster Computing		Die aufgabenbezogene Skalierung eines Hadoop Systems ist komplex. Oft erfolgt die Implementierung anhand von Erfahrungen. Gleichwohl führt eine Überdimensionierung zu unnötigen Kosten. In diesem Zusammenhang formalisiert der Beitrag das MapReduce Paradigma, um die Leistungsparameter und Knotenzahl mit der Verarbeitungszeit und den Ressourcenkosten in Beziehung zu setzten. Hierfür verwendet der Ansatz ein Petri-Netz, das das Systemverhalten simuliert. Die Evaluierung an einem realen Hadoop Cluster verdeutlicht eine genaue Vorhersage der zu erwartenden Leistung bei gegebenem Ressourceneinsatz und die Möglichkeit eines verbesserten Leistungs- und Kostenverhältnisses.
Rel.: 4	Nützl.: 4	
[ShYu2015] Leistungsüberwachung		Die Leistungsüberwachung von Workflows in Big Data Applikationen ist essenziel, um Engpässe in der Verarbeitung zu identifizieren. Um dem zu begegnen, identifiziert der Beitrag Lücken in bestehenden Überwachungssystemen und entwickelt anhand derer eine neuartige Plattform. Experimente bestätigen den Nutzen und die Leistungsfähigkeit der Lösung.
Rel.: 4	Nützl.: 4	
[WaXH2016] Optimierung der Konfiguration; Cluster Computing		Spark ist ein weitverbreitetes Framework für die verteilte Verarbeitung von großen Datenmengen. Nichtsdestotrotz ist die Konfiguration des Systems komplex und beinhaltet mehr als 180 Parameter. Um dem zu begegnen, entwickelt der Beitrag einen Data Mining Prozess, der anhand von historischen Daten das Laufzeitverhalten unter gegebenen Parametereinstellungen vorhersagt. Als Ergebnis entsteht ein Werkzeug, das eine granulare Optimierung der Systemparameter von Spark erlaubt. Experimentelle Studien belegen die Leistungsfähigkeit der Lösung.
Rel.: 6	Nützl.: 6	
[WYMS2014] Optimierung der Konfiguration; Cluster Computing		Hadoop ist für unerfahrene Nutzer zu komplex, um alle Systemparameter vollständig zu erfassen und entsprechend anzupassen. Bei der Stapelverarbeitung kann die standardmäßige Hadoop-Konfiguration zu einer ineffizienten Ressourcennutzung führen und die Ausführungszeit unnötig verlängern. Infolgedessen entwickelt der Beitrag

Rel.: 5	Nützl.: 5	die Hadoop-Erweiterung *FRESH*. Diese erlaubt die automatische Ableitung einer effizienten Parametrisierung und die dynamische Konfiguration von Slots. Experimentelle Ergebnisse zeigen eine verbesserte Verarbeitungsgeschwindigkeit und eine fairere Aufgabenverteilung.
[YWLE2013] Optimierung der Konfiguration; Cluster Computing		MapReduce und Hadoop haben in den letzten Jahren eine breite Akzeptanz gefunden. Nichtsdestotrotz ist die Optimierung von Hadoop aufgrund der Anzahl möglicher Parameter und unterschiedlicher Applikationen eine große Herausforderung. Derzeit erfolgt die Konfiguration manuell, wobei die optimale Lösung durch aufwendige Versuche gewonnen und bei neuen Clusterressourcen neubestimmt werden muss. Infolgedessen verfolgt der Beitrag einen lernbasierten Ansatz. Dieser prognostiziert anhand einer SVM die optimale Parameterkonfiguration, indem historische Konfigurationen, MapReduce Applikationen, Clustertechnologien und Leistungsvermögen in Beziehung gesetzt werden. Die Ergebnisse zeigen, dass der Ansatz bessere Resultate als konventionelle Lösungen bietet.
Rel.: 5	Nützl.: 5	
[ZGSJ2017] Optimierung der Konfiguration; Cluster Computing		Die effiziente Konfiguration von Cloud Systemen ist komplex. Da eine empirische Untersuchung der Leistungsfähigkeit die Entwicklung verzögert, entwirft die Veröffentlichung einen Simulator. Anhand gegebener Anforderungen und MapReduce Aufgaben bestimmt das System die Verarbeitungskapazität der Cloud Lösung. Eine reale Fallstudie belegt die Effizienz der Lösung und zeigt, inwiefern die Simulation zu Optimierungen führt.
Rel.: 4	Nützl.: 4	

Management der Speicherung
Speicher Technologien

Konsequenz (Spe1): Die Ablage des gestiegenen Informationsangebots bedingt neue Speichertechnologien.

[AHYM2015] Datenspeicher		Die Verarbeitung von großen Graphen ist zeit- und ressourcenintensiv. Neuere Ansätze adressieren diese Herausforderung mit In-Memory Technologien. Nichtsdestotrotz unterliegen gegenwärtige Speichermedien technologischen Restriktionen. Um dem zu begegnen, entwickelt der Beitrag eine neue Hardwarearchitektur anhand von 3D XPoint Speichermodulen. Diese erlauben eine nicht-volatile Verarbeitung im Hauptspeicher. Hierbei gestattet die Implementierung eines programmierbaren Beschleunigers eine zeitnahe Verarbeitung. Experimente an realen Datensätzen bestätigen die Leistungsfähigkeit der Lösung gegenüber traditionellen Technologien.
Rel.: 6	Nützl.: 6	
[KiSP2016] Datenspeicher; Verteiltes Dateisystem		Das Leistungsvermögen von Hadoop wird stark durch die Eingabe- und Ausgabefähigkeit der vorliegenden Speichertechnologie beeinflusst. Um unterschiedlichen Anforderungen gerecht zu werden, finden heutzutage hybride Speicherarten Verwendung. Nichtsdestotrotz kann HDFS die Speicherart bei Lesezugriffen nicht auslesen, sodass keine effektive Ausnutzung der heterogenen Speichertechnologien erfolgt. Infolgedessen entwickelt der Beitrag eine Methode zur selektiven Blockauswahl in HDFS. Diese betrachtet und priorisiert unterschiedliche Medien (bspw. SSD oder HDD) beim Lesen. Die erfolgreiche Steigerung der Leistungsfähigkeit wird anhand eines Benchmarks aufgezeigt.
Rel.: 6	Nützl.: 5	
[LFLT2016] Datenspeicher Architektur		Der Datenspeicher determiniert die Leistungsfähigkeit von Data Mining und IT Systemen. Während die Verarbeitungsgeschwindigkeiten von Servern in der Vergangenheit eine hohe Beschleunigung erfuhren, leiden derzeitige Speicherschnittstellen an langsamen Protokollen. Diese restriktivieren den Datendurchsatz und den Rohdatenzugriff von physikalischen Speichersystemen. Um dem zu begegnen, entwickelt der Beitrag eine neue Speicherarchitektur für Data Mining und Suchfunktionen. Hierbei integriert der Ansatz eine verteilte und eingebettete Such-Engine in jedes Speicherlaufwerk. In diesem Zusammenhang erfolgt eine parallele Suche in jedem Speicher, sodass die Ressourcen überliegender Ebenen geschont werden. Anschließend verarbeiten diese Ebenen lediglich Datenspeicher, in denen das gesuchte Schlüsselwort oder Muster vorliegt. Infolgedessen wird der Datendurchsatz verringert.
Rel.: 5	Nützl.: 5	
[OEYY2016]		

Datenspeicher Architektur; Datenspeicher	Die ständige Ablage von großen Datenmengen erfordert eine bedarfsgerechte Speichererweiterung. Traditionell erfolgt dies mithilfe von Scale-Out-Speichern, die einem Speichernetzwerk HDD Ressourcen flexibel zur Verfügung stellen. Heutzutage versprechen sich Unternehmen durch den Einsatz von SSD Technologien eine Leistungsverbesserung. Nichtsdestotrotz sind die unterliegenden Speichersysteme für den Betrieb von HDD optimiert und ermöglichen keine beschleunigte Berechnung. In diesem Zusammenhang entwickelt der Beitrag ein für SSD optimiertes Scale-Out-System. Der Ansatz beinhaltet verschiedene Optimierungsmethoden und Verarbeitungsprozeduren. Experimente zeigen eine Verbesserung der Schreibbefehle und der Lesezugriffszeit.
Rel.: 5 Nützl.: 4	
[WXMJ2014] Datenspeicher	Phase Change Memory ist ein Ersatzspeicher für DRAM und erlaubt eine energieeffiziente und skalierbare Verarbeitung. Nichtsdestotrotz gestattet das Medium lediglich langsame Schreibzugriffe. Infolgedessen entwickelt der Beitrag ein Deduplikationsschema für Phase Change Memory, um die Schreibzugriffe zu minimieren. Experimente belegen die Leistungssteigerung der Lösung.
Rel.: 5 Nützl.: 4	
[WYML2015] Datenspeicher	Einzelne SSD Speicher können den Anforderungen (Kapazität, Zugriffszeiten, etc.) von Big Data Systemen nicht entsprechen. Um dem zu begegnen, verwenden neuere Ansätze redundante Arrays von unabhängigen SSDs, die eine leistungsfähige und ausfallsichere Speicherung gestatten. Nichtsdestotrotz betrachtet keine Veröffentlichung die Größe der Chunks. In diesem Zusammenhang analysiert der Beitrag den Einfluss dieses Parameters und entwickelt ein multiples redundantes Array von unabhängigen SSDs unter Berücksichtigung der optimalen Größe eines Chunks. Experimente bestätigen die Überlegenheit der Lösung gegenüber vergleichbaren Speichermedien.
Rel.: 6 Nützl.: 6	
Management von Technikbündeln	

Konsequenz (Teb1): Big Data führt zu einer erhöhten Anzahl an Basistechnologien und zu einer verstärkten Komplexität im Management des Technikbündels.

[GoKN2015] Taxonomie	Die Implementierung von skalierbaren und hochverfügbaren Big Data Systemen ist eine große Herausforderung. Durch kontinuierliche Neuentwicklungen von Datenmodellen und Technologien sind Architekten zu einem fortwährenden Vergleich gezwungen, um die gewünschte Kostenaufwendung und Servicequalität sicherzustellen. Aufgrund der Komplexität und Vielzahl an möglichen Big Data Lösungen entwickelt der Beitrag eine Taxonomie, die den Vergleich zwischen verteilten Datenbanken erlaubt. Infolgedessen erhalten Anwender einen Überblick über vorhandene Lösungen und Servicequalität. Der Ansatz wird an unterschiedlichen Datenbanktechnologien erfolgreich evaluiert.
Rel.: 5 Nützl.: 5	
Technologie-Erkennung	

Konsequenz (Tee1): Die hohe Anzahl an Big Data Lösungen erschwert die Suche nach adäquaten Technologien.

[MSDS2016] Technologie-Roadmap	Die Anzahl der in den letzten Jahren hervorgegangenen Big Data Technologien erschwert die Identifikation von Potenzialen. In diesem Zusammenhang entwickelt der Beitrag eine Technologie-Roadmap, die von der Datensammlung bis zur Projektevaluierung alle Stufen eines Big Data Projekts betrachtet. Der Beitrag fasst in den einzelnen Phasen unterschiedliche Informationsbestände, Kommunikationsplattformen und Werkzeug zusammen. Diese sollen Entscheidungsträgern eine anforderungsgerechte Auswahl für Big Data Projekte erlauben. Die Methode wird erfolgreich an einer Fallstudie evaluiert.
Rel.: 6 Nützl.: 5	
Führungsaufgaben des Informationsmanagements	
Unternehmensstrategie	

Konsequenz (Unt1): Nur zuverlässige Analyseergebnisse ermöglichen eine positive Anpassung der Unternehmensstrategie.

[KLLK2016] Service Identifikation	Im Rahmen von Big Data werden unterschiedliche Datenbestände in verschiedenen Branchen gesammelt. Die Einordnung dieser Ressourcen ermöglicht die Verbesserung und Generierung von IT-Services. Am Beispiel des öffentlichen Nahverkehrs

Rel.: 5	Nützl.: 5	entwickelt der Beitrag ein neues analytisches Werkzeug. Dieses erlaubt ein verbessertes Verständnis von Daten und Kundenverhalten, um eine systematische Gestaltung von neuen IT-Services und Strategien zu erlauben.

Leistungserbringung

IT-Aufbauorganisation

Konsequenz (Auf2): Big Data Technologien bedingen eine Verlagerung der Arbeitsverteilung innerhalb der internen IT-Abteilung.

-

IT-Personalmanagement

Konsequenz (Per1): Steigende Personalanforderungen erschweren die Einstellung von Big Data Experten.

-

Anforderungen

Konsequenz (Anf1): Durch das steigende Informationsangebot wird ein erhöhtes Domänenverständnis beim Entwickler notwendig.

-

Konsequenz (Anf2): Durch das steigende Informationsangebot wird ein erhöhtes technisches Verständnis beim Entwickler notwendig.

[Gil2016] Lehrplan		Um den steigenden technischen Anforderungen zu entsprechen, entwickelt der Beitrag ein Workflow-Management System für die Vermittlung von Kenntnissen im Rahmen von Big Data Analytics. Schrittweise führt das System Studenten durch einen Prozess mit unterschiedlichen Aufgabenstellungen. Anhand von bereitgestellten Techniken (parallele Verarbeitung, HPC, Data Mining) und der praktischen Nutzung soll der Lernende in die Lage versetzt werden, die gesammelten Erfahrungen im späteren Gebrauch anzuwenden.
Rel.: 5	Nützl.: 4	
[GuGD2015] Lehrplan		Die Suche nach adäquaten Big Data Experten ist aufgrund eines Angebotsmangels erschwert und kostspielig. Der Beitrag entwickelt einen Big Data und BI Kursplan für Universitäten, um notwendige Kenntnisse bereits in der Lehre zu vermitteln. Infolgedessen soll die Expertennachfrage befriedigt werden.
Rel.: 5	Nützl.: 4	

The manufacturer's authorised representative in the EU is Springer Nature Customer Service Centre GmbH, Europaplatz 3, 69115 Heidelberg, Germany. If you have any concerns regarding our products, please contact ProductSafety@springernature.com

Printed and bound by CPI Group (UK) Ltd, Croydon, CR0 4YY
25/03/2026
02078214-0003